Diether Gebert, Sabine Boerner

Manager im Dilemma

Abschied von der offenen Gesellschaft?

W0215964

Campus Verlag
Frankfurt/New York

Die Deutsche Bibliothek – CIP-Einheitsaufnahme

Gebert, Diether:
Manager im Dilemma: Abschied von der offenen Gesellschaft? /
Diether Gebert; Sabine Boerner. – Frankfurt/Main; New York:
Campus Verlag, 1995
ISBN 3-593-35419-5
NE: Boerner, Sabine:

Das Werk einschließlich aller seiner Teile ist urheberrechtlich geschützt. Jede Verwertung ist ohne Zustimmung des Verlags unzulässig. Das gilt insbesondere für Vervielfältigungen, Übersetzungen, Mikroverfilmungen und die Einspeicherung und Verarbeitung in elektronischen Systemen.
Copyright © 1995 Campus Verlag GmbH, Frankfurt/Main
Umschlaggestaltung: Atelier Warminski, Büdingen
Druck und Bindung: KM-Druck, Groß-Umstadt
Gedruckt auf säurefreiem und chlorfrei gebleichtem Papier.
Printed in Germany

Inhaltsverzeichnis

Abbildungsverzeichnis

0. Das Problem

Dieses Buch wendet sich an Führungskräfte in Wirtschaft, Verwaltung und Politik. Wir wollen Führungskräfte sowohl in ihrer betrieblichen als auch in ihrer gesellschaftlichen Verantwortlichkeit ansprechen. Betrieb und Gesellschaft sind in bestimmter Weise miteinander verzahnt. Es geht uns darum, diese Verzahnung (und damit auch die Verantwortlichkeit der Führungskräfte) inhaltlich neu zu bestimmen. Wir sprechen im folgenden insofern nicht über den klassischen Bereich der „Humanisierung der Arbeitswelt“; es geht auch nicht um die aktuelle Dimension der Ökologie. Es geht uns vielmehr um ein grundlegenderes Problem, nämlich um die Stabilisierung der „offenen Gesellschaft“.

Wir wollen die Frage an Führungskräfte herantragen, wie die steigende Faszination der geschlossenen Gesellschaft in der Bundesrepublik erklärt werden kann und welche Chancen, aber auch welche Gefahren sich mit dieser geschlossenen Gesellschaft vermitteln. Zugleich wird erörtert, durch welches innerbetriebliche Handeln Führungskräfte — womöglich, ohne es zu wissen — einen gesamtgesellschaftlichen Trend zurück zur geschlossenen Gesellschaft unterstützen und damit möglicherweise gegen den eigenen Willen zur Destabilisierung der offenen Gesellschaft beitragen und insofern den „Abschied von der offenen Gesellschaft“ mit einleiten.

Eine Parteinahme zugunsten der offenen Gesellschaft ist notwendig, da die offene Gesellschaft ins Gerede gekommen ist:

Die für die offene Gesellschaft kennzeichnende Pluralität ist nicht nur Widerspiegelung von Individualität und Freiheit, sondern auch Last und Anlaß zu Dissens. Fremdes kann zur Bedrohung werden. Wandel schlägt unter Umständen in eine Orientierungskrise um. Demokratische Prozeduren kommen ins Gerede, da sie bei nicht immer überzeugendem Output sehr Input-intensiv sind; sie verlangen Kraft, Zeit, Kompromißbereitschaft usw. Politikverdrossenheit avancierte 1992 zum Stichwort des Jahres. Abwehrende Haltungen gegenüber Ausländern, zunehmender Rechtsradikalismus, der Ruf nach einer starken Justiz und verschärfenden Gesetzgebung, Sinnkrise, das Ende der Utopien und das Scheitern des „Projekts Moderne“ sind allseits bekannte Schlagworte, die reflektieren, daß mit unserer offenen Gesellschaft etwas nicht in Ordnung zu sein scheint.

Man kann sich insofern Sorgen um die offene Gesellschaft machen. Der Umstand, daß wir in Deutschland in Form des Nationalsozialismus einerseits und des gerade zusammengebrochenen realexistierenden Sozialismus andererseits hinreichend Gelegenheit hatten, auch die Schattenseiten der geschlossenen Gesellschaft zu erfahren, scheint kein hinreichender Garant für die Stabilität der offenen Gesellschaft zu sein.

Andererseits zeigt uns die jüngste innerdeutsche Geschichte mehr als deutlich, daß auch die geschlossene Gesellschaft kein stabiles System zu sein scheint. Die „Wende“ bzw. die weitgehend gewaltfreie Auflösung des realexistierenden Sozialismus in der DDR stellt einen sozialen Wandel von einer geschlossenen zu einer offenen Gesellschaft dar. Die Erfahrung, daß auch ein derart geschlossenes System labil ist, führt zu der Frage, ob nicht gesellschaftliche bzw. soziale Systeme prinzipiell instabil sind insofern, als die geschlossene Gesellschaft an ihrer Geschlossenheit und die offene Gesellschaft an ihrer Offenheit zugrundegeht. Um diesen Gedanken weiterverfolgen zu können, sollen unter anderem folgende Fragenkreise erörtert werden:

Welches sind die Kennzeichen der offenen bzw. der geschlossenen Gesellschaft? Was macht die geschlossene Gesellschaft so attraktiv, wo liegen aber auch die Gefahren dieser Gesellschaftsordnung? Was macht andererseits die offene Gesellschaft anziehend, und wo liegen ihre Preise?

Die innerdeutsche Wende als historisch beobachtbarer Prozeß eines sozialen Wandels liefert möglicherweise Ansatzpunkte dafür, wie der Wandel von einer geschlossenen in eine offene Gesellschaft erklärt werden kann. Wir fragen uns insbesondere auch, ob sich psychologische Erklärungsmuster für den Zusammenbruch des Sozialismus und damit für sozialen Wandel finden lassen. Unter welchen ökonomischen, soziologischen bzw. politischen Randbedingungen erhöht sich die Wahrscheinlichkeit dafür, daß die (möglicherweise) prinzipielle, latente Instabilität eines sozialen Systems zu einem manifesten Wandel führt?

Auf die im Augenblick häufiger im Kreuzfeuer stehende offene Gesellschaft bezogen heißt dies: Sind die zu diskutierenden Nachteile der offenen Gesellschaft systemimmanent? Auf der Basis welcher Dialektik richtet sich die offene Gesellschaft unter Umständen also selber zugrunde, und wie läßt sich damit der „Pendelschlag" des Übergangs von einer offenen zu einer geschlossenen Gesellschaft erklären? Wie ist in dieser Hinsicht die Lage in der Bundesrepublik einzuschätzen?

Kann auch der Betrieb als offenes bzw. geschlossenes System betrachtet werden? Auch innerbetrieblich gibt es derzeit Symptome für eine steigende Attraktivität geschlossener Muster. Auffällig ist z. B. die in den späten achtziger Jahren in den Vordergrund gerückte „Vision" bzw. visionäre/charismatische Führung. Das gerade auch in großen deutschen Firmen offenkundige Bemühen um eine „Vision", gleichgültig, ob im Bereich des Personalwesens oder des Marketing, kann nur richtig gewürdigt werden, wenn erkannt wird, daß damit ein (innerbetrieblich angemeldeter) Bedarf nach inhaltlicher Führung befriedigt wird, der wesentlich durch die Orientierungskrise der Gesellschaft (mit) ausgelöst wurde. Wenn in unserem Mekka der Manager, nämlich in Harvard, inzwischen unter dem Segel der visionären Führung Trainingsmodule zum Einüben charismatischer Führung erprobt werden — welche gesamtgesellschaftlichen Lücken werden hier innerbetrieblich zu schließen versucht? Die Frage ist, ob derartige Forcierungen der geschlossenen Muster im innerbetrieblichen Bereich eine heilsame oder aber eine gefährliche Rückkoppelung auf die Stabilität der offenen Gesellschaft auslösen. Da dieser Zusammenhang alles andere als klar und eindeutig ist, sind Denkprozesse erforderlich. Da die Art der innerbetrieblich nachgefragten „Führung" gesellschaftliche Hintergründe aufweist und andererseits die Art der innerbetrieblichen Führung auch auf den Offenheits- bzw. Geschlossenheitsgrad im Gesamtsystem (Gesellschaft) Rückkoppelungen aufweist, sollten „Führungs"-kräfte als Träger dieses Regelkreises eben diesen Regelkreis gedanklich zu durchdringen versuchen, um nicht Diener eines (politischen) Herrn zu werden, dem sie eigentlich nicht dienen wollen.

Entsprechend geht es auch um die Herausarbeitung der Frage, was denn eigentlich für einen offenen bzw. geschlossenen Betrieb charakteristisch ist. Damit stellt sich zum einen die Frage nach der Organisationskultur. Wie kann die Unternehmenskultur als geistige und bewußtseinsmäßige Grundorientierung eines Betriebes beschrieben werden, in dem tendenziell die offene bzw. die geschlossene Gesellschaft praktiziert wird? Zusätzlich interessiert uns, wie sich die skizzierten Grundorientierungen in der betrieblichen Realität konkret äußern. Was im einzelnen macht eine Führung zu einer eher offenen bzw. zu einer eher geschlossenen Führung? Müssen bekannte Führungspraktiken unter dem Scheinwerfer von Offenheit und Geschlossenheit sowohl aus gesellschaftlicher als auch aus betrieblicher Sicht neu bewertet werden? Unter der Perspektive der Kooperation bzw. innerbetrieblichen Zusammenarbeit wird gleichzeitig auf die Frage eingegangen, welche Form horizontaler Zusammenarbeit, genauer Gruppenarbeit, eher dem geschlossenen und welche eher dem offenen Pol zu dienen scheint. Indem wir Kriterien und Indikatoren für den offenen bzw. geschlossenen Betrieb auszudifferenzieren versuchen, wollen wir der Führungskraft erste Werkzeuge in die Hand geben, um die im eigenen Betrieb praktizierten Offenheits- bzw. Geschlossenheitsmuster zu diagnostizieren. Unter der Annahme, daß die prinzipielle Instabilität der offenen und geschlossenen Denk- und Handlungsmuster sich auch auf der betrieblichen Ebene widerspiegelt, soll die Führungskraft in die Lage versetzt werden, zumindest ansatzweise die Frage zu beantworten, wo der eigene Betrieb zwischen dem offenen und geschlossenen Pol einzuordnen ist.

Die dilemmatischen Denk- und Verhaltensmuster der offenen und geschlossenen Gesellschaft lassen sich offenbar sowohl auf der gesellschaftlichen Ebene als auch in der betrieblichen Realität nachzeichnen. Damit stellt sich zugleich die Frage nach den Handlungsoptionen.

Kann man gegensteuern? Wenn wir als Menschen sowohl die Vorzüge der offenen als auch die Vorzüge der geschlossenen Gesellschaft nachfragen, also im Grunde beides wollen, stellt sich natürlich die Frage nach den Möglichkeiten einer Synthese. Sind also die Strukturmuster der offenen und der geschlossenen Gesellschaft miteinander verträglich oder handelt es sich zumindest teilweise um eine Entweder-Oder-Beziehung? Haben wir also die Chance zu einer Balancefindung oder bleiben wir als Menschen prinzipiell und notwendig Wanderer zwischen zwei Welten? In der Bundesrepublik mehren sich Symptome dafür, daß der Bedarf nach geschlossener Gesellschaft nicht ignoriert werden kann. „Wieviel“ und welcher Art geschlossener Gesellschaft bedürfen wir also, um damit gerade die offene Gesellschaft zu stabilisieren? Wie kann man dieses aber erreichen, ohne die Substanz der offenen Gesellschaft im Kern zu verwässern? Was heißt das für uns selbst? Müssen wir möglicherweise erst einmal selbst insofern für die offene Gesellschaft reif werden, als wir gerade als Bürger dieser Gesellschaft unser paralleles Bedürfnis nach geschlossener Gesellschaft in uns selbst zu erkennen und zu akzeptieren lernen müssen?

Die Frage einer möglichen Balance betrifft nicht nur die gesellschaftliche Ebene. Innerbetrieblich wären z. B. der Grad bzw. die Qualität der jeweils praktizierten Offenheit oder Geschlossenheit unter dem Gesichtspunkt der ökonomischen Effizienz zu würdigen. Es könnte beispielsweise sein, daß bestimmte geschlossenheitsförderliche Führungsmuster in hohem Maße geeignet sind, noch schlummernde motivationale Ressourcen freizusetzen; vielleicht gilt aber gleichzeitig, daß eine geschlossenheitsförderliche Führung dem wachsenden Innovations- bzw. Kreativitätsbedarf nicht gerecht wird, so daß sich die Frage nach einer „klugen" Balance zwischen dem offenen und dem geschlossenen Pol nicht nur aus gesamtgesellschaftlicher, sondern auch aus betrieblicher Effizienzperspektive stellt.

Die entscheidende Anregung zu dieser Arbeit ging letztlich von dem Philosophen Karl Popper aus; er publizierte 1944 die Schrift: „Die offene Gesellschaft und ihre Feinde." Bei der Abfassung dieser Arbeit haben wir uns darüber hinaus wesentlich von neueren Diskussionen inspirieren lassen, wobei wir uns notwendigerweise in fachfremde Gebiete vorwagen mußten. Die Auseinandersetzung mit unserer Thematik bedingt das Studium einschlägiger philosophischer, soziologischer, historischer, politologischer und anthropologischer Schriften, so daß wir vor dem Hintergrund unserer akademischen Herkunft als Psychologe bzw. Betriebswirtin selbstverständlich ständig Gefahr laufen, dem Dilettantismus zum Opfer zu fallen.

Und es wird durchaus Kollegen geben, die den Versuch einer Aufarbeitung dieser Fragen, die sich bei näherer Beleuchtung als Menschheitsfragen schlechthin entpuppen, als Indikator für Größenwahn oder aber Dummheit werten. Wir haben aber (noch) den Mut zum partiellen Irrtum, wozu uns sowohl die Faszination als auch die Relevanz der hier behandelten Problemstellung beflügelte. Für den Leser bringt dies neben der genannten Gefahr den Vorteil, daß er ein grenzüberschreitendes Thema aus einem Guß präsentiert bekommt, was für das Verstehen von Zusammenhängen bekanntlich von erheblichem Vorteil ist.

Leser, denen es im wesentlichen darum geht, handwerkliches Wissen vermittelt zu bekommen, sollten dieses Buch schnell wieder aus der Hand legen; sie werden grundlegend enttäuscht. Unser Anspruch geht dahin, ein Wissen zu vermitteln, das heute gelegentlich als Orientierungswissen bezeichnet wird, also gerade dadurch definiert ist, daß es die Belange des Alltages zwar betrifft, in seiner erklärenden und interpretierenden Perspektive aber überschreitet. Gerade dieses, der viel zitierte Blick über den Tellerrand, ist es, was zunehmend nachgefragt wird, da sich die offene Gesellschaft, systematisch bedingt, schwertut, Orientierung zu vermitteln. An unserer eigenen Universität stellen wir fest, daß zunehmend mehr Studenten speziell aus den technischen Fächern zu uns kommen und konstatieren, daß ihnen die ausschließlich technische Blickweise nicht ausreiche und zu eng sei.

Wir gehen entsprechend davon aus, daß sehr viele Führungskräfte, die ein technisches bzw. naturwissenschaftliches oder ökonomisches Studium absolviert haben, im Laufe ihres Studiums mit den hier debattierten Fragen kaum in Berührung gekommen sind. Aller Erfahrung nach verbleibt diesen Führungskräften im Alltag wenig Zeit, sich damit zu befassen. Vor diesem Hintergrund haben wir die Hoffnung, Führungskräfte für etwas interessieren zu können, das bisher nicht im Mittelpunkt ihres Blickwinkels stand. Der Leser ist zum Nachdenken und zum kritischen Hinterfragen all dessen, was wir hier diskutieren, herzlich eingeladen.

Selbstverständlich wendet sich dieses Buch auch an unsere Fachkollegen aus der Betriebswirtschaftslehre, der Soziologie, der Politologie und Psychologie sowie der Verwaltungswissenschaften, die sich mit Personal- und Organisationsfragen befassen.

Zum Aufbau des Buches noch ein Hinweis: Wenn wir im ersten Teil des Textes die prinzipielle Instabilität sozialer Ordnungen erörtern, so beginnen wir unsere Diskussion mit einer Gegenüberstellung theoretisch denkbarer alternativer Sozialordnungen, der offenen und der geschlossenen Gesellschaft. Für Leser, die vor dieser abstrakten Erörterung an der Frage interessiert sind, wie sozialer Wandel im konkreten Fall der innerdeutschen Wende gedeutet werden kann, kann es stattdessen ebenso zweckmäßig sein, die Lektüre mit dem entsprechenden Abschnitt (vgl. Kap. 4.3) zu beginnen.

Schließlich bleibt uns noch zu danken. Unser Dank gilt in erster Linie Frau Ruth Stange, die den Text in mehreren Versionen und Überarbeitungen geschrieben hat und sich dabei nicht entmutigen ließ. Unser Dank gilt des weiteren Frau Birgit Majunke und Herrn Christian Weidner, die uns bei der Erstellung des Literaturverzeichnisses und verschiedener Graphiken unterstützten. Ganz besonderer Dank gilt Herrn Dr. Wenzel Matiaske, der sich trotz anderer Verpflichtungen die Zeit genommen hat, den Text am PC in eine fertige Druckvorlage zu verwandeln.

In inhaltlicher Hinsicht möchten wir uns bei den vielen Führungskräften der Wirtschaft bedanken, mit denen wir im Rahmen von Seminaren ausführlich über die hier behandelte Thematik diskutierten und deren Fragen wesentlich zur Klärung unserer eigenen Gedanken beigetragen haben.

Ganz besonders möchten wir schließlich auch der Daimler Benz AG, Stuttgart (Herrn Dr. Lepiorz) sowie der Allianz AG, München (Herrn Leiter) danken, die den erforderlichen Druckkostenzuschuß finanzierten und damit die Publikation dieser Arbeit entscheidend unterstützten.

Berlin, im März 1995 — Diether Gebert, Sabine Boerner

Teil I

Das gesellschaftliche Dilemma: Die prinzipielle Unzulänglichkeit und Labilität sozialer Ordnungen

1. Die philosophische Grundlegung durch Karl Popper — Was unterscheidet die offene von der geschlossenen Gesellschaft?

Wenn man verstehen will, was die offene Gesellschaft zu einer offenen (und die geschlossene Gesellschaft zu einer geschlossenen) Gesellschaft macht, so ist es nicht hinreichend, sich auf bestimmte Symptome, Verfahren und Regeln zu beziehen. Notwendig ist hier, das geistige Band zu verstehen, das die verschiedenen Teilaspekte des jeweiligen Gesellschaftstyps zusammenhält. Vor diesem Hintergrund sollen nachstehend die philosophischen Aussagen gekennzeichnet werden, die Karl Popper der offenen bzw. geschlossenen Gesellschaft zugrundelegt. Karl Popper veröffentlichte 1944 die Arbeit „Die offene Gesellschaft und ihre Feinde" (deutsch: 1980 a u. b). Da diese Arbeit bis in die heutige Zeit hinein nichts von ihrer Aktualität eingebüßt hat — auf Ergänzungen, Weiterführungen usw. werden wir ausführlich im zweiten Kapitel zu sprechen kommen —, soll die philosophische Fundierung der offenen bzw. geschlossenen Gesellschaft im wesentlichen durch Bezugnahme auf Karl Popper und die genannte Publikation geleistet werden. Wir beschränken uns dabei auf die Darstellung einführender Überlegungen; zur vertiefenden Betrachtung wird der Leser eingeladen, Poppers zitierte Arbeit im Original zu lesen. Popper versteht es in ausgezeichneter Weise, klar zu formulieren; wir werden von daher häufiger von der Methode des Zitats Gebrauch machen.

Die offene bzw. geschlossene Gesellschaft stellt etwas Mehrdimensionales dar. Um dem Leser eine erste Übersicht zu vermitteln, haben wir die Aspekte, die nachstehend erörtert werden, in der Abbildung 1 zusammengefaßt:

In den Kästchen sind die zentralen Werte der jeweiligen Gesellschaftsform angegeben. Die nachstehenden philosophischen Erörterungen beziehen sich auf die Dimensionen, die graphisch zwischen den links und rechts stehenden Kästchen eingetragen sind. In Anlehnung an Karl Popper unterscheiden wir (nicht nur in diesem, sondern auch in allen folgenden

geschlossene Gesellschaft				offene Gesellschaft
		A. Die anthropologische Dimension		
Stabilität, Vorausschaubarkeit	I. deterministisch	⟺	voluntaristisch	Prinzip Hoffnung, Innovation
		B. Die soziale Dimension		
		II. Vorherrschend ist		
Harmonie	Interessen-homogenität	⟺	Interessen-heterogenität	Pluralität
		III. Die Menschen sind		
stabiles Rollengefüge	ungleichwertig	⟺	gleichwertig	Chancengleichheit
		IV. Schutzbedürftig ist		
Sicherheit, Ordnung	das Kollektiv	⟺	der einzelne	Individualität, Freiheit
		C. Die erkenntnistheoretische Dimension		
Eindeutigkeit, Sinn	V. irrtumsfrei	⟺	irrtums-behaftet	Toleranz, Lernen

Abb. 1: Wertemuster und Bewußtseinsdimensionen der offenen und der geschlossenen Gesellschaft

Kapiteln des Buches) drei grundlegende Dimensionen:

- Die anthropologische Dimension
- Die soziale Dimension
- Die erkenntnistheoretische Dimension.

Die entscheidende Ausgangsthese lautet: Unser Denken über die Realität (also die Art unserer Philosophie) beeinflußt die Realität, wobei diese Realität ihrerseits natürlich auch wiederum auf das Denken über die Realität zurückwirkt. Beide Ebenen sind insofern regelkreisartig miteinander verbunden. Wollen wir die Realität ändern, so muß entsprechend auch das Denken über die Realität verändert werden. Exakt hierin liegt der Praxisbezug der obigen Ausgangsthese. Dabei ist bekannt, daß die Änderung grundlegender Denkmuster und Einstellungen einerseits notwendig, andererseits aber schwierig ist. Zugleich gilt aber, daß derartige Bemühungen auch nicht von vornherein zum Scheitern verurteilt sind, und von genau diesem „Aufklärungsoptimismus" lebt letztlich auch dieses Buch.

Zurückkommend auf die Abbildung 1 ist also nun zu fragen: *Wie* wird in der offenen bzw. geschlossenen Gesellschaft gedacht bzw. *welches* sind die Denkmuster und Philosophien, die den Praktiken der offenen bzw. geschlossenen Gesellschaft vorgeordnet sind?

1.1 Die anthropologische Dimension

Vereinfacht geht es um die Frage, ob der Mensch der Welt als Objekt (d. h. passiv als Opfer) oder aber als Subjekt (ausgestattet mit spezifischen Freiheitsgraden) gegenübersteht. Die „deterministische" Denkfigur betont dabei die Objekt-Seite, die „voluntaristische" Sicht (Voluntas = der Wille) die Subjekt-Seite. In der geschlossenen Gesellschaft, die durch deterministische Denkfiguren gekennzeichnet ist, lebt der einzelne in dem Bannkreis „unveränderlicher Tabus, Gesetze und Sitten, die als ebenso unvermeidlich empfunden werden wie der Aufgang der Sonne, der Kreislauf der Jahreszeiten oder andere klare Regelmäßigkeiten des Naturverlaufs" (Popper, 1980 a, S. 91). Naturgesetze (etwa in der Physik) einerseits und Sitten bzw. Gebräuche sowie gesetzliche Vorschriften andererseits seien aber insofern grundverschieden, als Gesetze in der Physik unveränderlich sind, während dies für Sitten und Gebräuche bzw. normative Regelungen nicht gelte. Naturgesetzlichkeiten können wir nicht verändern, sondern nur verstehen, um uns entsprechend anzupassen. Sittliche Regelungen seien dagegen solche, die zumindest im Prinzip auch geändert werden können. Wird dieser Unterschied zwischen den Naturgesetzen einerseits und den Sittengesetzen andererseits noch nicht erkannt, so handelt es sich im Sinne Poppers um eine geschlossene Gesellschaft, die durch ein insofern magisches Denken charakterisiert ist. Das Definitionskriterium für die magische Einstellung zu der sozialen Realität liegt nach Popper also darin, daß zwischen natur- und gesellschaftsbedingten Gesetzmäßigkeiten nicht unterschieden wird. In der geschlossenen Gesellschaft bleibt der einzelne damit Objekt (welcher Kräfte auch immer), obwohl die Chance zum Subjekt-Sein besteht. Der Gewinn dieser magischen Einstellung liegt darin, daß die Welt für den einzelnen ihre Ordnung hat; sie ist verläßlich, weil sie vor-geregelt ist.

Im Rahmen des deterministischen Musters fragt sich selbstverständlich, wer bzw. welche Kraft denn nun eigentlich das menschliche Zusammenleben determiniert. Soziale Realität (und um diese geht es uns) kann außerweltlich bzw. metaphysisch erklärt werden, indem die Realität wesentlich auf das Wirken von Schicksalsmächten oder mythischen Göttern zurückgeführt wird. Metaphysische Deutungen deterministischer Art sind auch für den philosophischen Idealismus kennzeichnend: Im Rahmen der platonischen Ideenlehre bewegt sich die Welt im Sinne eines zunehmenden Verfalls mehr oder weniger deterministisch von den Ideen weg; im Rahmen der Lehre vom absoluten Geist bei Hegel entwickelt sich die Welt dagegen im Sinne eines zunehmenden Fortschritts zu den Ideen hin (vermittelt über die bekannte Abfolge von These, Antithese und Synthese). Platon und Hegel werden damit auch für Popper zu den entscheidendsten Feinden der offenen Gesellschaft, da sie über ihre deterministischen Denkmuster (die Entwicklung der Menschheit vollzieht sich *notwendig* so, wie sie sich vollzieht) für den Menschen vorhandene Freiheitsgrade verschütten; wir werden auf diese Aspekte im zweiten Kapitel zurückkommen.

Ein geistesgeschichtlich interessantes Beispiel für erlebte Determiniertheit bzw. Fremdbestimmtheit (Heteronomie) findet sich aus anthropologischer Sicht bei Böhme (1985): Noch bei Homer nehmen sich die Menschen als Gefäße der Götter wahr bzw. als Schauplatz ihrer Auseinandersetzungen: Der Zorn in mir reflektiert nur das Rasen der Götter; erotische Empfindungen spiegeln nur wider, daß der Gott Eros das Zwerchfell umhüllt und verdunkelt. Die Gefühle haben also einen spezifischen externen Hintergrund, womit sich ein extremes Ausgeliefertsein des einzelnen ergibt. Der Übergang von der Heteronomie zur Autonomie wurde unter anderem dadurch geleistet, daß die Menschen lernten, daß sich Gefühle als etwas denken lassen, das in ihnen selbst geboren wird. Dies führte zur „Erfindung“ der Seele als einem System, das als Mittelpunkt und Kraftzentrum letztlich das organische System des Menschen beherrschen kann. Diese Uminterpretation der eigenen Gefühlswelt stellt geistesgeschichtlich insofern einen wichtigen Markstein auf dem Weg zur Selbstbefreiung des Menschen dar.

Im Rahmen der deterministischen Denkfiguren ist nicht nur an derartige oder andere metaphysische Deutungsmuster zu denken. Die soziale Realität kann auch innerweltlich deterministisch erklärt werden. Dies geschieht immer dann, wenn man auf die „Natur" des Menschen verweist. Streitigkeiten im sozialen Feld können z. B. im Rahmen des deterministischen Musters unter Rückgriff auf die Kategorie „Natur" als Ausdruck der Aggressivität des Menschen interpretiert werden. Innerweltliche Erklärungen (an Stelle metaphysischer Deutungen) sind also keinesfalls bereits Übergänge zur Betonung der Subjekt-Seite des Menschseins. Eben deswegen waren ja auch in der 68er-Phase der Bundesrepublik Deutschland, in der das voluntaristische Prinzip, also das Subjekt-Sein, forciert und leider überstrapaziert wurde, soziobiologische Deutungen menschlichen Zusammenlebens etwa durch Konrad Lorenz oder Irenäus Eibl-Eibesfeld so verpönt, da mit diesen soziobiologischen Deutungsmustern und Hinweisen auf die Kategorien „Natur" bzw. „Anlage" Grenzen menschlicher Freiheitsgrade beschrieben werden. Innerweltlich kann die soziale Realität schließlich auch durch spezifische kulturelle Mechanismen erklärt werden, und selbst dann kann es sich noch um deterministische Denkfiguren handeln. Popper verweist als Beispiel hierzu auf Karl Marx (Popper, 1980 b, S. 155 ff.) und illustriert, in welchem Sinne Marx die ökonomische und soziale Entwicklung der weiteren Menschheit hin zum kommunistischen System (fälschlich) deterministisch deutete.

Innerweltliche Erklärungsmuster der sozialen Realität garantieren also nicht einen voluntaristischen Denkansatz. Das voluntaristische Muster, also die Annahme einer aktiven Gestaltbarkeit der sozialen Realität, entwickelt sich erst dann, wenn die soziale Realität — zumindest teilweise — als Funktion von *Konventionen* interpretiert wird. Definitionsgemäß sind Konventionen Menschenwerk und damit im Prinzip durch Menschen auch anders gestaltbar. Erst wenn diese Unterscheidung verstanden worden ist — bestimmte Gesetze (der Physik) spiegeln Natur, andere Gesetze (z. B. im Bürgerlichen Gesetzbuch) Konventionen wider — ist nach Popper das Kriterium für die offene Gesellschaft erfüllt (Popper, 1980 a, S. 92 ff.). Mit der These, soziale Gesetze stellen Konventionen dar, soll im übrigen nicht behauptet werden, daß sie damit willkürlichen und beliebigen Inhalts seien; Konventionen seien auch nicht unbedingt bewußt geschaffen. Der entscheidende Punkt lautet: Normen sind im Prinzip hinterfragbar, und es ist den Menschen daher möglich, Normen auch zu verändern, und insofern sind sie moralisch auch verantwortlich für diese Normen.

Während letztlich im deterministischen Muster die Person vereinnahmt und ihrer Zukunft enteignet wird, geht es im voluntaristischen Muster gerade darum, diese Zukunft offen zu halten (Zöller, 1988, S. 14). So werden Hoffnung und Aufklärung (auch als Voraussetzung für Innovationen) zu Basisstrategien der offenen Gesellschaft. Damit wird in gewisser Weise auch die Zeitdimension zu einem Differenzierungskriterium zwischen der offenen und der geschlossenen Gesellschaft: Die geschlossene Gesellschaft legitimiert sich im wesentlichen durch die Vergangenheit, durch das also, was bisher war. Die offene Gesellschaft legitimiert sich dagegen durch die Zukunft bzw. durch das, was in der Zukunft sein soll. In diesem prinzipiellen Sinne hat die offene Gesellschaft damit in der Tat „Projekt"-Charakter. Diese Unterschiede, speziell von Lyotard (1990, S. 66 f.) herausgearbeitet, dürfen allerdings nicht zu dem nicht selten auftretenden Irrtum verleiten, die offene Gesellschaft mit dem Prinzip Hoffnung und die geschlossene Gesellschaft mit dem Prinzip Erfahrung gleichzusetzen. Bei näherer Beleuchtung ist hier unter anderem die folgende Präzisierung wichtig: In der Tat gilt, daß sich die offene Gesellschaft letztlich durch einen Entwurf legitimiert, also durch eine in der Gegenwart noch nicht beobachtbare Zukunft. Dies heißt aber natürlich noch nicht, daß dieser Entwurf illusionär sein muß, was gelegentlich mit dem Prinzip Hoffnung assoziiert wird. Im Gegenteil: Illusionär sind gerade die in der geschlossenen Gesellschaft anvisierten Ideale. Umgekehrt verbürgt die Vergangenheitszentrierung der geschlossenen Gesellschaft keine Sicherheit dadurch, daß sie sich angeblich auf Erfahrung stützt. So wie die Zukunft noch nicht beobachtbar ist, ist die Vergangenheit nicht mehr beobachtbar; deswegen sind Vergangenheitsanalysen notwendig auch Interpretationen, so daß die Zeugen der Vergangenheit von unklarer Beweiskraft sind. Die häufig vorgebrachte These, die geschlossene Gesellschaft stehe aufgrund ihrer Vergangenheitszentrierung und der entsprechenden Erfahrungsnähe auf einem solideren Fundament, kann vor diesem Hintergrund mit Recht grundlegend in Frage gestellt werden.

Die geschlossene Gesellschaft kann sich insofern als soziales System mit Pseudosicherheit erweisen. Während der Mensch, um an ein berühmtes Zitat von Kant anzuknüpfen, in der geschlossenen Gesellschaft in der selbstverschuldeten Unmündigkeit verbleibt, geht es in der offenen Gesellschaft gerade darum, durch Aufklärung die Differenz zwischen Natur- und Sozialgesetzen zu verdeutlichen, um letztlich den Rahmen bzw. die Chancen für ein Subjekt-Sein näher auszuloten. Das im folgenden wiedergegebene Zitat von Kant zeigt dabei, daß die Bejahung der offenen Gesellschaft nicht nur Aufgeklärtheit, sondern auch Mut verlangt:

„Aufklärung ist der Ausgang des Menschen aus seiner selbstverschuldeten Unmündigkeit. Unmündigkeit ist das Unvermögen, sich seines Verstandes ohne Leitung eines anderen zu bedienen. Selbstverschuldet ist diese Unmündigkeit, wenn die Ursache derselben nicht am Mangel des Verstandes, sondern der Entschließung und des Mutes liegt, sich seiner ohne Leitung eines anderen zu bedienen... ‚Habe Mut, Dich Deines eigenen Verstandes zu bedienen, ist also der Wahlspruch der Aufklärung' " (Kant, 1784). Wenn aber Mut verlangt ist, bedeutet dies offenbar, daß der Eintritt in die offene Gesellschaft ängstigen kann. Bereits hier wird eine Dialektik der Aufklärung angesprochen, die auf die Attraktivität der geschlossenen Gesellschaft verweist; wir kommen hierauf im zweiten Kapitel zurück.

1.2 Die soziale Dimension

Popper sieht die geschlossene Gesellschaft in der Nähe einer organischen bzw. biologischen Theorie des Staates. In der geschlossenen Gesellschaft stehen die verschiedenen Glieder der Gesellschaft in komplementärer Beziehung zueinander und dienen letztlich dem Bestand des Ganzen (Popper, 1980a, S. 233 f.). Die Rollen der einzelnen werden dabei wechselseitig nicht in Frage gestellt; die soziale Position ist vielmehr sakrosankt, was die Stabilität dieses Systems garantiert. Es herrscht die Annahme grundsätzlich gleicher Interessen aller Mitglieder, wie es auch im Familienmodell vorausgesetzt wird. Popper betont ausdrücklich, daß es aufgrund der angenommenen Homogenität der Interessen in der geschlossenen Gesellschaft vom Konzept her keine Klassenkämpfe geben könne. Vorhandene soziale Ungleichheiten, ausgedrückt in dem Unterschied zwischen Herrn und Knecht, sowie eine entsprechende Kasten- bzw. Klassenherrschaft oder Ständeherrschaft werden in der geschlossenen Gesellschaft im Sinne von Aristoteles als vernünftige Absicht der Natur interpretiert (Brunkhorst, 1994, S. 73) und insofern von allen als funktional erlebt.

Für die offene Gesellschaft ist dagegen konstitutiv, daß von einem Interessenplural ausgegangen wird. Popper nimmt im übrigen an, daß, historisch betrachtet, die latenten Spannungen zwischen den Klassen wesentliche Ursache dafür waren, daß die geschlossene Gesellschaft als Gesellschaftstyp zusammenbrach. In dem Umfang, wie ein Interessenplural für die offene Gesellschaft konstitutiv wird, wird ein Mechanismus nötig, um mit diesem Plural vernünftig umzugehen. Wenn man so will, stellt die Demokratie einen Mechanismus bzw. ein Verfahren dar, um Pluralität vernünftig abzuarbeiten. In Verbindung mit der erkenntnistheoretisch begründeten Forderung nach Toleranz (vgl. unten erkenntnistheoretische Dimension) ergibt sich in bezug auf die soziale Dimension als ganz entscheidende politische Forderung damit das Postulat der Gleichheit der Menschen vor dem Gesetz. Sowohl die geschlossene Gesellschaft als auch die offene Gesellschaft gehen davon aus, daß Menschen unterschiedlich sind, also ungleich*artig*. Doch betont die geschlossene Gesellschaft darüber hinaus die Ungleich*wertigkeit* der Menschen insofern, als der Herr das Recht hat, den „Sklaven" in Ketten zu legen, einige Menschen also das Recht haben, andere als Werkzeug zu verwenden. Dagegen wird in der offenen Gesellschaft gerade die Gleichwertigkeit der Menschen (bei Anerkenntnis ihrer Ungleichartigkeit) betont, wobei die Forderung nach Gleichheit vor dem Gesetz in die moderne Maxime der Chancengleichheit einmündet.

Diese Unterschiede zwischen der offenen und der geschlossenen Gesellschaft hängen letztlich zentral mit dem Aspekt zusammen, daß die geschlossene Gesellschaft eine kollektivistische Grundorientierung und die offene Gesellschaft eine individualistische Grundorientierung aufweist. Im Kern bedeutet dies: In der geschlossenen Gesellschaft ist das Individuum nicht Zweck, sondern Mittel im Hinblick auf die Aufrechterhaltung des Kollektivs. Im Unterschied dazu definiert sich die offene Gesellschaft umgekehrt als eine, in der das Individuum Letztzweck aller Bemühungen darstellt und die Gemeinschaft die Aufgabe hat, eben dieses Individuum in seiner Freiheit zu schützen. Soziale Mobilität und Pluralität von Meinungen und Denkhaltungen (die wesentlich die Chance zur Individualität reflektieren) werden damit zu wesentlichen Indikatoren der offenen Gesellschaft.

1.3 Die erkenntnistheoretische Dimension

Auch hier soll wiederum gefragt werden, *welche* Denkfiguren der offenen und *welche* der geschlossenen Gesellschaft vorgeordnet sind.

Im Rahmen der erkenntnistheoretischen Fragestellung geht es um das Problem, inwieweit menschliche Erkenntnis als potentiell irrtumsfrei betrachtet werden kann oder aber als prinzipiell irrtumsbehaftet eingestuft werden muß. Für die idealistische Philosophie (z. B. Platons Ideenlehre) ist Erkennen im wesentlichen ein Wiedererkennen. Im Sinne dieser Position, die der geschlossenen Gesellschaft nahesteht, ist es Aufgabe der Wissenschaft, die wahre Natur einer Sache zu erkennen bzw. freizulegen. Unter Bezugnahme auf das berühmte Höhlengleichnis von Platon kommt es darauf an, nicht nur der Schatten ansichtig zu werden; der Weisheitsliebende könne vielmehr durch eine geeignete Wesensschau zur Erkenntnis des Dinges an sich vordringen, womit sich ihm Wahrheit, und zwar definitive, offenbare.

Eine gegenläufige Position wird von Immanuel Kant vertreten. In der Vorrede zur 2. Auflage seines Werkes „Kritik der reinen Vernunft" (Neuausgabe 1982) stellt Kant heraus, daß unser Erkenntnisprozeß erst dann wesentliche Fortschritte gemacht habe, nachdem eingesehen war, daß Erkenntnisprozesse nicht eine kontemplative Wesensschau, sondern ein aktives geistiges Konstruieren der Realität widerspiegeln. Kant führt aus, daß der Forscher die Natur nötigen soll, auf seine Fragen zu antworten. Er soll sich nicht von der Natur am Gängelband leiten lassen. Der Forscher soll vielmehr eine Hypothese formulieren und sich dann aber nicht an die Natur wenden, um von ihr wie ein Schüler belehrt zu werden, der sich alles vorsagen läßt, was der Lehrer will. Vielmehr habe der Forscher die Funktion eines bestallten Richters, der die Zeugen nötigt, auf diejenigen Fragen zu antworten, die er ihnen vorlegt. Das prognostizierte Ereignis kann dann eintreten oder aber auch nicht. *Was* dagegen überhaupt prognostiziert und beobachtet wird, ist nicht eine Funktion der Natur an sich, sondern eine Funktion der an die Natur herangetragenen Denkperspektiven.

Ohne hier im einzelnen auf die Argumente einzugehen, die für bzw. gegen die jeweilige Position vorzubringen sind, sei angemerkt, daß in der modernen Wissenschafts- bzw. Erkenntnistheorie die Meinung zumindest recht verbreitet ist, daß die Struktur des Erkannten wesentlich auch eine Funktion des Erkennenden und der von ihm eingesetzten Methodik des Erkennens sei (Maturana, 1987). Der sogenannte Konstruktivismus ist eine eigene wissenschaftstheoretische Position, die den Gegenpart zur idealistischen Wissenschaftsauffassung am markantesten formuliert (vgl. Holzkamp, 1972).

Die anti-idealistische Position ist speziell von Popper weiter vorangetrieben worden. Im Rahmen seiner wissenschaftstheoretischen Ausführungen empfiehlt Popper, den Versuch aufzugeben, Theorien als wahr erweisen zu wollen, da ein derartiger Versuch prinzipiell vergeblich sei (Popper, 1984). Wesentlich bescheidener, aber den menschlichen Erkenntnismöglichkeiten angemessen, sei ein Wissenschaftsprogramm, das durch das sogenannte Falsifikationsprinzip gekennzeichnet ist. Dieses Prinzip besagt: „Methode der Wissenschaft ist die Methode der kühnen Vermutungen und der erfinderischen und ernsthaften Versuche, sie zu widerlegen“ (Popper, 1984, S. 82). Theorien bzw. daraus abgeleitete Hypothesen können immer nur als bislang nicht widerlegte Vermutungen gelten. Erkenntnisfortschritt wird im wesentlichen dadurch erzielt, daß Hypothesen in widerlegbarer Form formuliert werden und der Forscher nun Anstrengungen unternimmt, die Grenzen des für seine Thesen formulierten Gültigkeitsanspruchs auszutesten, da Wissensfortschritt im wesentlichen darin bestehe, als falsch Erkanntes auszuschließen. Wissenschaftliche Vernunft realisiere sich damit in der Offenheit für Kritik.

Der Leser sei darauf hingewiesen, daß diese wissenschaftstheoretische Position nicht unumstritten ist; speziell mit dem Falsifikationsprinzip setzt sich kritisch Stegmüller (1980) auseinander. Der springende Punkt für unseren Gedankengang liegt darin, daß das wissenschaftliche Prinzip der Offenheit für Kritik von Popper auf die Analyse und Gestaltung gesellschaftlicher Zusammenhänge übertragen wird: Der Entwurf großer Sozialutopien hat nach Popper entsprechend wenig mit Wahrheit und viel mit Dogmatik und Heilslehre zu tun. Irrtumsfreie, eindeutige und endgültige Vorstellungen über die Zukunft sind nur im Kontext der geschlossenen Gesellschaft denkbar. Für die offene Gesellschaft sei dagegen die These der Irrtumsbehaftetheit und Vorläufigkeit menschlicher Erkenntnis grundlegend, was Popper mit dem Ausdruck „kritischer Rationalismus“ belegt. Dieser Rationalismus „steht im Gewahrsein unserer Beschränkungen, der intellektuellen Bescheidenheit jener Menschen, die wissen, wie oft sie sich irren und wie sehr sie sogar in bezug auf dieses Wissen von anderen abhängen“ (Popper, 1980b, S. 279). Nicht (potentiell unterdrückende) Heilsoffenbarungen, sondern das Argument und die Kunst, auf Kritik zu hören, stellen die Grundlage der Vernünftigkeit dar.

Dieser Rationalismus wird von Popper als „kritischer“ Rationalismus insofern bezeichnet, als er gerade auch auf die Grenzen des Rationalismus selbst verweist (Popper, 1980b, S. 280 ff.). Auch das Plädoyer zugunsten von Argument und Offenheit für Kritik sei nicht gänzlich prämissenfrei, sondern reflektiere durchaus so etwas wie einen Glauben an die Vernunft und erweise sich letztlich als eine eher moralische Entscheidung. Referenzpunkt allen Denkens ist, von Popper gelegentlich auch ausdrücklich so bezeichnet, letztlich der Schutz des einzelnen Individuums und seiner Freiheit (vgl. oben soziale Dimension). Vor diesem Hintergrund erweist sich dann ein kritischer Rationalismus durchaus als eine zweckmäßige Strategie: Nicht unterdrückende Besserwisserei und Dogmatik, sondern Toleranz wird zu einem der entscheidenden Werte der offenen Gesellschaft.

1.4 Der theoretische Status der besprochenen Dimensionen

Nachdem die Frage beantwortet ist, welche Denkmuster der offenen bzw. geschlossenen Gesellschaft vorgelagert sind (und durch eine entsprechende Praxis der jeweiligen Gesellschaft wiederum verstärkt werden), sei abschließend auf einige Charakteristika der Grunddimensionen selbst eingegangen, woraus sich auch praktische Konsequenzen ergeben. Folgende vier Fragestellungen interessieren:

- Die erste Frage konzentriert sich auf das Problem, inwieweit den beschriebenen drei Grunddimensionen im historischen Sinne ein Erklärungswert zukommt, wenn man etwa in der Geschichtswissenschaft den Übergang von einer geschlossenen zu einer offenen Gesellschaft betrachtet. Popper bezieht sich immer wieder auf Griechenland und stellt dabei der oligarchischen Stammesgesellschaft Spartas als Modell der versteinerten, rigiden geschlossenen Gesellschaft das Gegenmodell Athen als demokratische, offene Gesellschaft gegenüber. Kann man also nun den historischen Übergang von einer geschlossenen zu einer offenen Gesellschaft (in der Abb. 1 definiert durch die eingekästelten Praktiken) durch die (parallele) Veränderung der Basisphilosophien (auf den drei Grunddimensionen) *erklären*? Kann man entsprechend auch — und hierin liegt die praktische bzw. politische Bedeutsamkeit der Fragestellung — *vorhersagen*, daß ein soziales System (z. B. die Bundesrepublik) bei einer Veränderung der beschriebenen grundlegenden Philosophien seine gesellschaftliche Praxis auf den Polen zwischen der offenen und der geschlossenen Gesellschaft entsprechend verändert?

Im historischen Längsschnitt betrachtet läßt sich zeigen, daß sich beispielsweise die von Dahl (1989) unterschiedenen beiden „demokratischen Transformationen" in der Geschichte der westlichen Zivilisation tatsächlich als parallele Veränderungen auf allen drei Dimensionen beschreiben lassen. So betraf die erste demokratische Transformation (Athen, römische Republik, Stadtstaaten Oberitaliens) vor allem die anthropologische und ansatzweise die soziale Dimension. Entscheidend waren zum einen die Einsicht in die Machbarkeit der gesellschaftlichen Wirklichkeit und die Reformierbarkeit der Welt sowie zum anderen der Gedanke der Gleichheit der Menschen vor dem Gesetz und damit verbunden Individualisierung und Chancengleichheit. Die zweite demokratische Transformation (Amerikanische und Französische Revolution, Beginn des heterogenen Nationalstaates) stabilisierte und institutionalisierte einerseits die begonnene Entwicklung auf der sozialen Dimension, indem sie Interessenharmonie durch abstrakte rechtliche Integration von Interessenkonflikten ablöste und gleichzeitig Homogenität durch Heterogenität von Status, Sprache, Rasse, Religion etc. ersetzte (Dahl, 1989, S. 18 f.). Zugleich wurde auf der erkenntnistheoretischen Dimension der Schritt von „höheren Wahrheiten" und Autoritäten zur menschlichen Vernunft als möglicher Erkenntnisquelle vollzogen. In diesem Sinne scheinen unsere Grunddimensionen dazu beizutragen, historische soziale Phänomene des Übergangs zu erklären.

Da wir Wissenschaft ja nicht nur mit einem Erkenntnisinteresse, sondern auch mit einem Gestaltungsanspruch betreiben, ist die Frage, inwieweit den beschriebenen Dimensionen nicht nur ein typologischer Beschreibungswert, sondern auch ein Erklärungswert und damit auch ein Vorhersagewert zukommt, von herausragender Bedeutung. Präziser formuliert lautet die Frage: Welche Aspekte des geschlossenen Denkens können den Übergang zu klassischen Formen der Diktatur erklären bzw. vorhersagen? In welchem Maße sind die verschiedenen Aspekte erklärungsmächtig? Der Stand der diesbezüglichen Diskussion kann etwa wie folgt wiedergegeben werden:

Das kollektivistische Moment (das Kollektiv ist alles, der einzelne nichts) einerseits, die als natürlich bzw. als gottgegeben erlebte Ungleichheit der Menschen vor dem Gesetz und die folgerichtig als notwendig erkannte Freiwilligkeit des Eingehens der Herr-Knecht-Beziehung andererseits und schließlich das magisch-deterministische Denkmuster (z. B. einer gottgewollten Ordnung bzw. des Wirkens einer Vorsehung) und die damit verbundene Annahme, man könne die Dinge „an sich" wahrnehmen, in ihrer „wahren" Natur (was in seiner negativen Form schnell in Dogmatik und Ideologie umkippen kann) — alles dies seien Qualitäten des geschlossenen Denkens, die in der Tat für die Entwicklung klassischer Diktaturen bedeutsam sind (vgl. hierzu auch H. Ahrendt, 1955). Da es Popper im wesentlichen darum ging, Denkmuster herauszuarbeiten, die eben der Unterdrückung respektive Befreiung des Menschen vorgelagert sind, kann man insofern feststellen, daß die von Popper beschriebenen Aspekte in der Tat Erklärungskraft aufweisen.

Spinner (1978) weist aber ausdrücklich darauf hin, daß die Erklärungskraft der Popperschen Dimensionen Grenzen aufweise. Diese Grenzen hingen zentral damit zusammen, daß die Struktur der zugrundeliegenden (Denk-)Dimensionen von Popper nicht hinreichend prägnant genug definiert und konkretisiert sei. Es ist in der Tat eindrucksvoll, welche Mühe Spinner in das Vorhaben investieren mußte, die von uns als Dimensionen bezeichneten Denkfiguren im Detail aus den Popperschen Texten heraus zu rekonstruieren. Dabei spricht einiges dafür, daß verbliebene Unschärfen der zugrundeliegenden Dimensionen weniger mit Unschärfen des Denkens, sondern mehr mit der Vielschichtigkeit des zu durchdenkenden Gegenstandsbereichs zusammenhängen. Dennoch lautet das Fazit: Die von Popper herausgearbeiteten Dimensionen weisen gegenüber der Entwicklung diktatorischer oder (spiegelbildlich) eher demokratischer Gesellschaftsstrukturen zwar durchaus Erklärungswert auf; da die Dimensionen aber vergleichsweise pauschal definiert seien, sei es nur sehr eingeschränkt möglich, den konkreten historischen Fall eines Übergangs von einer offenen zu einer geschlossenen Gesellschaft mit diesem Analyseraster zu erklären.

Darüber hinaus muß der prinzipiellen Einmaligkeit historischer Einzelfälle Rechnung getragen werden: Historische Wandlungsprozesse vollziehen sich immer in einer spezifischen Konstellation unter ganz spezifischen Randbedingungen, so daß der konkrete Einzelfall (eines Übergangs etwa zu einer geschlossenen Gesellschaft) selbst bei

Zugrundelegung eines sehr ausdifferenzierten dimensionalen Analyserasters Gefahr läuft, durch die Maschen dieses Analyserasters durchzufallen. Derartige Grenzen muß man selbstverständlich ernst nehmen. Sie bedeuten aber nicht, daß damit die Popperschen Dimensionen als irrelevant beiseite gelegt werden können. Die Folgerung kann nur lauten, unter Zugrundelegung der Popperschen Ausgangsdimensionen das Analyseraster zu differenzieren. Im Rahmen dieser Differenzierung kommt vor allem der Randbedingungsforschung eine erhebliche Bedeutung zu, um die Erklärungskraft der qualitativ relevanten Popperschen Dimensionen anzuheben. Unter welchen Randbedingungen also (z. B. zunehmende soziale Spannungen, ökonomische Krisen, Bedrohung durch einen gemeinsamen Feind usw.) steigt die Tendenz eines sozialen Systems, von einem Zustand in den anderen Zustand zu wechseln? Wir werden in einem eigenständigen Kapitel dieser Randbedingungsfrage näher nachgehen.

– Die zweite Frage konzentriert sich auf das Problem der irreführenden Gleichsetzung von „geschlossen" mit „alt" und „offen" mit „modern". Diese Gleichsetzung wäre ein Mißverständnis. Popper selbst formuliert (z. B. 1980a, S. 228 ff.) etwas mißverständlich so, daß man geneigt sein könnte, die geschlossene Gesellschaft mit einer historisch älteren, zurückliegenden Form des Zusammenlebens gleichzusetzen, die offene Gesellschaft dagegen mit der „Moderne" und entsprechend anzunehmen, daß wir in der Menschheit eine Entwicklung von der geschlossenen zur offenen Gesellschaft vollzogen haben bzw. im Begriff sind, diese zu vollziehen. Zu problematisieren ist die Gleichsetzung von geschlossen mit alt und offen mit modern.

In der Ethnologie werden als „primitiv" bezeichnete Gesellschaften beschrieben, die sich z. B. durch einen hohen Grad an Familienzentriertheit, durch charismatische Häuptlingsstrukturen, durch magische Rituale und insofern durch geschlossenheitsnahe Aspekte auszeichnen (Giesen, 1980, S. 142 ff., vgl. auch Vickers, 1976, im Hinblick auf die heute noch im südamerikanischen Busch lebenden Secoyas). Für viele dieser als „primitiv" geltenden Gesellschaften ist aber *zugleich* ein hoher Grad an Autonomie der einzelnen Gesellschaftsmitglieder und eine vergleichsweise egalitäre Struktur der Beziehungen untereinander typisch. Gerade unter der zentralen

Perspektive der Selbst- bzw. Fremdbestimmtheit sind die als „primitiv“ bezeichneten Gesellschaften im Vergleich zu zeitlich späteren Gesellschaftsformen häufig durch mehr Selbstbestimmtheit und weniger Selbstentfremdung gekennzeichnet. Und umgekehrt: Die Moderne, definiert unter anderem über Wissenschaft und Technik, Industrialisierung und Ausformungen der Institution Recht, kann mitnichten mit der offenen Gesellschaft gleichgesetzt werden. Die Praxis zeigt vielmehr, daß auch zeitlich nach Immanuel Kant in der heutigen Welt geschlossene Gesellschaften in unterschiedlichstem Gewand vorfindbar sind bzw. in einem Öffnungsprozeß befindliche Gesellschaften zu geschlosseneren Formen zurückzukehren versuchen (Fundamentalismus), womit die Menschen wieder in ihre selbstverschuldete Unmündigkeit zurückfallen. Pointiert formuliert Dettling (1994) in diesem Sinne eine aktuelle Diagnose im Rahmen der derzeitigen Demokratie-Diskussion in der Bundesrepublik Deutschland: „Demokratie, Marktwirtschaft und Sozialstaat haben viel gebracht; niemand im Westen möchte sie missen, jeder im Osten möchte sie möglichst schnell haben, und dennoch: Das individuelle und erst recht das kollektive Wohlbefinden braucht, so scheint es, mehr als Freiheit und Wohlstand. Kollektive Sehnsüchte sind nur die andere Seite einer individualisierten und pluralistischen Gesellschaft. Moderne, säkulare Gesellschaften produzieren eben beides: Fundamentalismus und Gleichgültigkeit.“

Die Gleichsetzung von alt und geschlossen bzw. modern und offen ist also irreführend. Ebenfalls irreführend ist die Gleichsetzung der geschlossenen Gesellschaft mit der sogenannten „traditionalen“ Gesellschaft. In der Entwicklungsländerpolitik spielen sogenannte Modernisierungstheorien eine zentrale Rolle: Die Entwicklungsländer seien häufig noch in einem traditionalen Zustand und eben deswegen unterentwickelt. Ihre Weiterentwicklung würde einen Modernisierungsprozeß voraussetzen, wobei es vor allem darum gehe, die Tradition zu überwinden, denn die Tradition behindere den Fortschritt. Tradition wird dabei häufig gleichgesetzt mit Unwissenheit, Aberglaube, klerikaler Dominanz, religiöser Intoleranz, hierarchischem Denken, Ungleichheit in der Verteilung von Wohlstand, Vergabe wichtiger gesellschaftlicher Positionen aufgrund von Geburt und ähnlichem mehr. Die Gleichsetzung aller genannten Attribute mit dem Begriff „Tradition“ ist aber sehr gefährlich, da selbstverständlich auch moderne Gesellschaften ihre Traditionen im Sinne von Erfahrungsspeichern aufweisen und auch moderne Gesellschaften ohne diese Erfahrungsspeicher nicht lebensfähig sind (Blanckmeister, 1992). Auch in einer offenen Gesellschaft gibt es insofern Traditionen, und schon Popper verweist auf den Punkt, daß die Kultivierung von Kritik in einer offenen Gesellschaft zur Tradition werden kann und werden sollte. Insofern kann gerade die Autorität einer Tradition wie z. B. des Menschenrechtekatalogs in der Verfassung der Bundesrepublik als Gegengewicht zu einer beliebigen Instrumentalisierung menschengemachter Rechtsordnungen beitragen (Brunkhorst, 1994, S. 85) und dadurch eine Destabilisierung der offenen Gesellschaft verhindern. Nicht „offene" Gesellschaft und „Tradition" stehen in einem Widerspruch; erst ganz bestimmte Inhalte (wie z. B. Aberglaube) ergeben, sofern tradiert, einen Widerspruch zur offenen Gesellschaft. Unterschieden werden muß auch im Hinblick auf den Umgang mit Traditionen. So zeichnen sich Traditionen insbesondere durch ihre relative Stabilität im Zeitablauf aus. Werden sie darüber hinaus unkritisch als Tabus übernommen, wird damit tatsächlich Fortschritt gebremst, doch ist diese Art des Umganges mit Traditionen nicht zwingend. Tradition „an sich" ist offenheits- bzw. geschlossenheitsneutral (Gebert, 1992).

– Nachdrücklich muß drittens des weiteren betont werden, daß es sich bei der Gegenüberstellung einer geschlossenen und einer offenen Gesellschaft um Idealtypen handelt. Dies wird von Popper (1980a) selbst so gesehen. In der Realität werden wir insofern „reinrassige" Ausprägungen einer offenen oder geschlossenen Gesellschaft bestenfalls als Ausnahme vorfinden; wie bei allen typologischen Ansätzen gilt auch hier, daß der Regelfall nur im Sinne einer Akzentsetzung als eher offenheits- bzw. geschlossenheitsnah gekennzeichnet werden kann. Die Realität wird mehr oder weniger durch eine Art von Übergangsstadium zwischen den beiden Polen der Offenheit und Geschlossenheit, also durch Mischungen und Kombinationen gekennzeichnet sein.

Bezogen auf den Nationalsozialismus z. B. gibt es gute Argumente dafür, dieses System einerseits als eine negative Version der geschlossenen Gesellschaft zu interpretieren. Das kollektivistische Moment des Aufgehens in einer Bewegung, der sich der einzelne untergeordnet hat, die Pervertierung der Ungleichwertigkeitsdimension in die Erfindung des „Untermenschen", das deterministische Denkschema der waltenden Vorsehung und die Blindheit der nationalsozialistischen Ideologie sprechen hier eine klare Sprache. Spinner (1978) verweist andererseits aber darauf, daß es unterschiedliche Formen totalitärer Systeme gebe. Er unterscheidet einen doktrinären Totalitarismus (Lenin, Stalin, Marx), in dem Dogmatismus und deterministisches Gedankengut vorherrschen, von einem doktrinlosen Totalitarismus, wie er von Hitler praktiziert wurde, wobei in diesem Totalitarismus deterministische Momente einerseits mit überzüchteten voluntaristischen Momenten andererseits kombiniert seien:

Im überzüchteten Voluntarismus nationalsozialistischer Prägung sei im Sinne des Übermenschen alles machbar, sowohl der Herrenmensch als auch das Konzentrationslager, wobei zur Legitimierung dieser Strategien gerade auch die Institution Wissenschaft gezielt eingesetzt worden sei. Insofern gebe es in der Moderne totalitäre Systeme, die bei aller Geschlossenheitsnähe durch die Integration von Teilaspekten der offenen Gesellschaft (Voluntarismus) gekennzeichnet seien. Die Folgerung hieraus lautet: Schwarz-Weiß-Malereien bzw. die dichotomisierenden Gegenüberstellungen von offen und geschlossen leiten in die Irre (Spinner, 1978, S. 476 ff.). Von zentraler Bedeutung ist, nicht so sehr typologisch, sondern dimensional zu denken, so daß Ausprägungsgrade zwischen den Polen vorstellbar sind, und dabei zugleich mehrdimensional zu denken, so daß Kombinationen der Dimensionen denkbar werden und eine konkrete Gesellschaft durch ein spezifisches Muster (pattern) auf diesen Dimensionen beschrieben werden kann (Gebert, 1992). Genau diese Forderung von Spinner, die von Popper natürlich auch schon vorbereitet ist, haben wir unserer Analyse zugrundegelegt. Die idealtypische Gegenüberstellung von offen und geschlossen dient also nur als Bezugssystem bzw. Anker, um die konkrete Realität mehrdimensional im Sinne eines Musters in verstehbarer Form beschreiben zu können.

– Als vierter und letzter Punkt sei die Frage angesprochen, welchen psychologischen Charakter diese von uns als Dimensionen bezeichneten Philosophien bzw. Denkfiguren aufweisen. Unsere Redeweise von Denkfiguren bzw. Philosophien ist insofern gefährlich und irreführend, als sie den Eindruck vermitteln könnte, es handle sich hierbei um Meinungen, die im wesentlichen auf der intellektuellen Ebene einstufbar sind, also im wesentlichen kognitive Prozesse beinhalten und entsprechend durch Information und Aufklärung veränderbar sind. Alle Erfahrung spricht dafür, daß dieser Glaube ein Irrtum wäre. Die von uns als Denkfiguren bezeichneten Philosophien bzw. Interpretationsschemata stellen vermutlich im psychologischen Sinne Einstellungen dar, die mit dem Selbstkonzept der Person verbunden sind (zu dieser Verbindung vgl. Ulrich, 1990) und beinhalten damit auch emotional-affektive Prozesse. Dieser Gesichtspunkt ist wiederum für die Praxis von herausragender Bedeutung: Will man z. B. zur Stabilisierung der offenen Gesellschaft die der offenen Gesellschaft vorgelagerten Basisphilosophien stärken, so heißt die praktische Frage, wie dies zu bewerkstelligen ist, wenn es sich nicht ausschließlich um kognitive Prozesse handelt. Hier werden Grenzen der Einwirkung auf soziale Systeme erkennbar, auf die noch einzugehen sein wird.

Mit vorstehenden Überlegungen wurde zu klären versucht, worin sich die offene Gesellschaft prinzipiell von der geschlossenen Gesellschaft unterscheidet. In den nun folgenden beiden Kapiteln (Kapitel 2 und Kapitel 3) versuchen wir, diese beiden Grundmuster insofern zu bewerten, als wir die Frage stellen, worin ihre jeweiligen Vor- und Nachteile liegen könnten. Diese Einschätzung ist notwendig, um zu verstehen, in welcher Beziehung die Muster der offenen und der geschlossenen Gesellschaft zueinander stehen. Dieser Frage werden wir anschließend im vierten Kapitel nachgehen.

2. Was macht die geschlossene Gesellschaft einerseits attraktiv, andererseits aber auch gefährlich? — Warum nicht zurück zur geschlossenen Gesellschaft?

Bei der Kennzeichnung der geschlossenen Gesellschaft auf den drei Dimensionen wurden bisher vor allem ihre Vorzüge im Vergleich zur offenen Gesellschaft sichtbar (vgl. Abb.1). In diesem Kapitel werden wir uns genauer damit auseinandersetzen, wie das Muster der geschlossenen Gesellschaft einzuschätzen ist. Zum einen betrachten wir im Detail, worin die Attraktivität des geschlossenen Musters für den Menschen liegt bzw. wie diese Attraktivität begründet werden kann. Umgekehrt interessiert uns gleichzeitig, worin möglicherweise die negative Kehrseite der geschlossenen Medaille liegt. Dazu stellen wir folgende Fragen:

- Worin liegen die historischen bzw. philosophischen Wurzeln des geschlossenen Denkmusters?
- Welcher Instrumente bedient sich eine geschlossene Gesellschaftsordnung?
- An welchen Symptomen kann man geschlossenheitsförderliche gesellschaftliche Handlungsmuster erkennen?
- Speziell interessiert uns vor diesem Hintergrund, in welcher Beziehung die von uns vermuteten Vor- und Nachteile stehen. Ist es möglich, die geschlossene Gesellschaft geschickt so zu praktizieren, daß ausschließlich ihre positiven Auswirkungen spürbar sind?

2.1 Worin liegen die Anreize der geschlossenen Gesellschaft?

Eine Übersicht vermittelt die Abb. 2.

Zu verstehen, was die geschlossene Gesellschaft attraktiv macht, dürfte nicht schwer fallen: Denkt man in Kategorien der Interessenhomogenität und nicht der Interessenheterogenität, denkt man also in Kategorien der Harmonie und nicht im Sinne des vielzitierten Konfliktmodells,

Attraktivität	Mühsal	Dimension
a.) statisch: Stabilität Vorausschaubarkeit/ Orientierung **b.)** dynamisch: Aufgehen in einer Bewegung Geborgenheit	Rigidität Erstarrung Gleichschaltung Verlassenheit	**A. anthropologisch:** I. deterministisch
Harmonie Bestätigung Vertrauen	Stillstand Infantilisierung Manipulierbarkeit Abschottung	**B. sozial:** II. Interessenhomogenität
stabiles Rollengefüge	Diskriminierung Herr und Knecht	III. ungleichwertig
äußere Sicherheit Ordnung	Hierarchie/Zwang Terror/Totalitarismus	IV. kollektivistisch
Eindeutigkeit/ Gewißheit Sinn	Dogmatik Ideologie	**C. erkenntnistheoretisch:** V. irrtumsfrei

Abb. 2: Die Attraktivität und Mühsal der geschlossenen Gesellschaft

so liegt eine entscheidende Attraktivität der geschlossenen Gesellschaft in dem Modell Familie sowie in der Wärme persönlicher Beziehungen, in der Zuneigung, Intimität usw. erfahren werden kann. Einer der zentralen Vorzüge der geschlossenen Gesellschaft liegt in der ungemein entlastenden Strategie des Vertrauens. In der Gegenwelt des Konfliktmodells werden politische Ranküne und taktische Winkelzüge nicht gerade als Ausnahmeerscheinung auftreten, so daß Mißtrauen das Feld beherrscht; die Welt wird als bedrohlich und unglaubwürdig erlebt, Sympathiebezeugungen werden auf ihre möglichen Instrumentalisierungsabsichten hin hinterfragt, und der einzelne steht in einem sehr fundamentalen Sinne vereinzelt, allein da. Umgekehrt formuliert: Das Familienmodell bietet die Chance, vertrauen zu dürfen, den anderen als glaubwürdig zu erleben, vom anderen verstanden zu werden, Gefühle zeigen zu dürfen, sich in eine solidarische Gemeinschaft eingebettet zu wissen — und in all diesen Aspekten liegen Kernattraktivitäten der geschlossenen Gesellschaft.

Ähnlich kann auch die Betonung der Ungleichheit und ungleicher

Rechte sowie die Betonung eines stabilen Rollengefüges durchaus ein nachgefragtes Gut darstellen: Eine stabile, unhinterfragbare Schichtung der Gesellschaft eignet sich für die Herrschenden hervorragend zur Legitimierung eben ihrer Herrschaftsansprüche; die Betonung der natürlichen bzw. gottgewollten Ungleichheit erleichtert die Akzeptanz der Untertanenrolle; sie bietet darüber hinaus für die Nachgeordneten innerhalb einer Sozialhierarchie die Chance der Verantwortungsabtretung und entspricht dem Bedürfnis, geführt zu werden und Orientierung zu erhalten. Indem eine solche Statushierarchie bzw. ständische Differenzierung wie in der Gesellschaft des 16. und 17. Jahrhunderts auch in äußerlicher Form (etwa durch die Kleidung) zum Ausdruck gebracht wird, erfüllt die so verstandene Differenzierung zugleich eine entscheidende Orientierungsfunktion im Alltag (Sennett, 1983).

Auch der kollektivistische Pol der geschlossenen Gesellschaft hat seinen Reiz: Indem z. B. die Rechte des einzelnen dem Gemeinwohl untergeordnet werden, wird Sicherheit bzw. „Recht und Ordnung" erlebbar, deren Verlust wir heute in der offenen Gesellschaft so häufig beklagen. Ähnlich erweist sich auch das deterministische Denkmuster als verlockend: Fühle ich mich in einen Strom der Ereignisse eingebettet, an dem ich teilhabe, ohne ihn aber verändern zu müssen, da man ihn weder verändern kann noch verändern darf, so wirkt dies auch beruhigend und erleichtert einen kontemplativen Rückzug der Person auf sich selbst; die Person wird zu einem Erkennenden, der sich aber nicht mehr mit der Last konfrontiert fühlt, für bestimmte soziale Tatbestände mitverantwortlich zu sein, und insofern nicht mehr die Rolle des Handelnden übernehmen muß.

Von herausragender Bedeutung ist schließlich die Attraktivität der erkenntnistheoretischen Position, zu definitiver Wahrheit vordringen zu können. Ein entscheidender Vorzug der geschlossenen Gesellschaft liegt offenbar darin, daß der nach Wahrheit und nach Sinn Fragende (Frankl, 1982) in der Welt der Eindeutigkeit und Gewißheit definitive Antworten erhält und nicht mit dem permanenten Zwang zum Weiterfragen konfrontiert wird. Sinn und Wahrheit sind dabei auch in einer bestimmten Weise miteinander verschränkt, weil Wahrheit „offenbarte" Wahrheit ist und insofern immer auch einen metaphysischen Sinnbezug aufweist. Die in der offenen Gesellschaft immer wieder beklagte Orientierungskrise ist der geschlossenen Gesellschaft fremd: Die geschlossene Gesellschaft weiß nicht nur, was richtig und falsch ist (Wahrheit), sondern auch, was gut und böse ist (Moral) sowie darüber hinaus, was vernünftig und unvernünftig ist (Sinn).

Es ist nicht ganz einfach, dem Leser plastisch genug vor Augen zu führen, wie eine solche geschlossene Welt außerhalb der großen politischen Strukturen im konkreten Vollzug des Alltags aussieht; gerade dies zu erkennen ist aber so wichtig, da wir nur dann zur Diagnose fähig werden, also erkennen können, in welcher Welt wir uns selber bewegen. Um dem Leser, dem alle diese Ausführungen sehr abstrakt und theoretisch erscheinen, eine Brücke zu bauen, sei nachstehend kurz auf einen deutschen Schriftsteller Bezug genommen, der zumindest in einigen seiner Bücher die Welt der geschlossenen Gesellschaft in manchen ihrer Schattierungen hervorragend illustriert. Es handelt sich um Ernst Wichert, wobei besonders das Buch „Die Jeromin-Kinder" (1945) als Beispiel für eine geschlossene Gesellschaft aufschlußreich ist.

Der Text beschreibt die recht deprimierende fiktive Geschichte einer Familie in einem Dorf am Randes des Waldes (mit der Randbemerkung, daß hier — und nicht in der Großstadt — die „Substanz" des Volkes noch anwesend sei). Die geschlossene Welt dieses Dorfes zeigt sich nicht nur in ihrer räumlichen, sondern vor allem auch in ihrer geistigen Geschlossenheit. Kennzeichnend ist z. B. die deterministische Grundorientierung; in der Sicht dieser Dorfgemeinschaft bedeutet dies: Das Schicksal nimmt nun einmal seinen Lauf. Die Dinge geschehen alle unausweichlich und notwendig. Es gibt Regelhaftigkeiten und Gesetzmäßigkeiten, so wie es immer die Abfolge Frühling, Sommer, Herbst und Winter gibt. So war es, so ist es, und so wird es sein. Die dahinterstehenden Kräfte heißen im wesentlichen Schicksal, Notwendigkeit, Gott, gelegentlich auch die Stimme in unserem Blut bzw. die Stimme in unserem Herzen, die uns auch dann bereits lenkt, wenn wir es noch gar nicht wissen.

Für „Die Jeromin-Kinder" ist neben der deterministischen Struktur das kennzeichnend, was man als erkenntnistheoretische Sicherheit bezeichnen kann. Dies geschieht bei Wichert in der Weise, daß jede Form von Erfahrung in einem biblischen Zusammenhang abgebildet und damit interpretiert wird. Der Text ertrinkt geradezu in Bibelsprüchen. Dies reflektiert aber einen spezifischen Geist: Die Menschen in diesem Dorf interpretieren alles in Worten der Bibel, womit alles zum einen seine Herkunft bzw. seine Ursache und zum zweiten sein Ziel bzw. seinen Sinn hat. Gewalt, Elend, Hungersnöte, Kriege, der Tod kleiner Kinder, der aufschießende Jähzorn im Menschen, die Sprachlosigkeit der Menschen untereinander, die die Welt dieser Dorfbewohner so bedrohlich macht — alles dieses in biblischen Worten gespiegelt hat dabei nicht nur Ursache und Sinn; der Alltag wird vielmehr, da er als Gottes Werk erscheint, zusätzlich in eine erhebliche Distanz gerückt, so daß man sich entsagungsvoll fügt. In der Sicht der Dorfbewohner heißt dies: Es gibt letzte Wahrheiten (die übrigens der Pastor und der Lehrer besser verstehen als das gemeine Volk), und es gibt einen Sinn hinter allem, selbst wenn dieser für uns Menschen nicht erkennbar wird.

In diesem Dorf gerät auch die soziale Differenzierung zur Selbstverständlichkeit: Der Großgrundbesitzer, der Schloßbesitzer oder auch der Landrat haben spezifische Verfügungsrechte (etwa über die jungen Mädchen im Dorf), die anderen selbstverständlich nicht zukommen; man kniet vor ihnen nieder, man küßt ihnen die Hände, sofern man etwas geschenkt bekommt usw.

Das interpretierte Gleichmaß des Geschehens besänftigt, erlöst, tröstet, befreit. Die Attraktivität dieser so geschilderten geschlossenen Gesellschaft kann insofern kaum überschätzt werden.

Um einem Mißverständnis in bezug auf Ernst Wichert vorzubeugen, sei folgendes angemerkt: Die Geschichte der Jeromin-Kinder nimmt ein sehr trauriges Ende, da der Nationalsozialismus in widerlichster Form in dieses Dorf hineinbricht. Es kann also kein Zweifel daran bestehen, daß Wichert den Nationalsozialismus als negative Ausprägung einer geschlossenen Gesellschaft geißeln möchte. Andererseits scheint aber zu gelten, daß die geistige Abgeschiedenheit dieser zutiefst geschlossenen und depressiven Gemeinschaft eine im Sinne des voluntaristischen Prinzips konstruktive Auseinandersetzung mit dem Nationalsozialismus unmöglich macht. Daß gerade in diesem von Wichert als ehrwürdig herausgestellten Muster der geschlossenen Dorfwelt ein Nährboden für das Heranwachsen auch der negativen Ausprägungen einer geschlossenen Gesellschaft gesehen werden kann, wird in diesem Text nicht erkenntlich.

Diese Anmerkungen dürfen den Leser aber nicht dazu verführen, die geschlossene Gesellschaft gleichsam zu exterritorialisieren: Die geschlossene Gesellschaft ist selbstverständlich nicht nur in Randgebieten und verlassenen Walddörfern, sondern auch in der Großstadt anzutreffen. Die geschlossene Gesellschaft beginnt z. B. überall dort, wo der Spießbürger zu Hause ist, und diesen gibt es bekanntlich überall, auch in Großstädten und auch in akademisch gebildeten Kreisen. Für den Spießer ist die Welt bedrohlich; draußen läuft im wesentlichen nur „Gesocks“ herum. Man zieht sich entsprechend in seine eigenen vier Wände zurück, findet Vertrauen und Bestätigung im Vereinsleben und Harmonie und Idylle in der Gartenlauben- bzw. Schrebergartenromantik. Hier sind die Blumen und Hecken in genormter Höhe und Breite aufgereiht, denn Ordnung muß sein. Ein liberaler Geist ist insofern gleichbedeutend mit Chaos und Toleranz und nur Ausdruck von Verluderung. Wer die Ordnung nicht einhält, ist ein Umstürzler, der mißtrauisch beäugt werden muß. Distanz zu sich selbst ist dem Spießer nicht möglich. Das Unordentliche und Irrationale in ihm selbst kann nur verdrängt oder nach außen projiziert werden, so daß das Andere, Fremde usw. schnell zum Sündenbock umfunktioniert wird. Spießbürger sind insofern in hohem Maße verführbar; das Spießertum stellt ein wesentliches Reservoir dar, aus dem der Nationalsozialismus seine Anhänger geschöpft hat (von Arnim, 1994).

Mit diesen Überlegungen leiten wir aber bereits von der Analyse der Attraktivität der geschlossenen Gesellschaft zur Analyse ihrer potentiellen Gefahren über (vgl. Abb. 2). Dem Leser, der die Attraktivität der geschlossenen Gesellschaft noch nicht hinreichend deutlich nachzuempfinden vermag, sei gesagt, daß wir noch ausführlich auf die Preise der offenen Gesellschaft zu sprechen kommen. Möglicherweise lassen sich diese anschaulicher schildern, so daß von daher, über die Beleuchtung der Mühsal der offenen Gesellschaft, noch einmal ein vertiefendes Verständnis für die Attraktivität der geschlossenen Gesellschaft entwickelt werden kann. Sofern der Leser fragt, *warum* wir so großen Wert darauf legen, die Attraktivität der geschlossenen Gesellschaft zu verdeutlichen, so lautet unsere Antwort:

Der *entscheidendste* Feind der offenen Gesellschaft ist genau dieses, nämlich die Attraktivität der geschlossenen Gesellschaft. Nur wenn wir diesen „Feind“ sehr genau kennen, haben wir die Chance, handlungsfähig zu werden.

2.2 Platon und Hegel als „Feinde“ der offenen Gesellschaft

In dem folgenden Gedankengang geht es darum, daß wir über verschiedene gedankliche Stränge Hinweise dafür geben möchten, daß in den herausgestellten Denkfiguren, die der geschlossenen Gesellschaft vorgelagert sind, der Keim für mögliche Negativausprägungen der geschlossenen Gesellschaft mit enthalten ist. Je mehr dies gilt, desto mehr zahlen wir für die Vorzüge der geschlossenen Gesellschaft nicht nur zufällig und gelegentlich, sondern *systematisch* und *immer* spezifische Preise. Es soll also geprüft werden, inwieweit in den deterministischen und kollektivistischen Denkfiguren sowie in der Überzeugung, es gebe endgültige Wahrheiten, solche Geisteshaltungen vorprogrammiert werden, die eine substantielle Nähe zu negativen Ausprägungen der geschlossenen Gesellschaft aufweisen. Je mehr die positive Seite der geschlossenen Gesellschaft im Keim bereits ihre negative Seite mitenthält, desto mehr ist die Warnung vor der Attraktivität der geschlossenen Gesellschaft begründet.

Nachstehend gehen wir zunächst kurz auf die Konzeption des griechischen Philosophen Platon ein. Für Popper ist Platon einer der entscheidenden Feinde der offenen Gesellschaft (Popper, 1980 a, speziell S. 126 ff.). Platon wird von Popper als Wegbereiter totalitärer und faschistischer Strukturen gebrandmarkt. Für jeden Leser, der im Rahmen seiner humanistischen Bildung auf der Schulbank die einschlägigen Dialoge Platons übersetzt hat und in dieser Gedankenwelt groß geworden ist, ist diese Attacke Poppers so etwas wie ein Schock. Es verwundert von daher auch nicht, daß Popper immer wieder der Vorwurf gemacht wurde, Platon einseitig interpretiert zu haben; bevor auf den Inhalt der platonischen Philosophie selbst Bezug genommen wird, sei zu dieser Kritik eine Anmerkung erlaubt:

In der Tat fällt auf, daß die von Popper zitierten Ausführungen Platons (im wesentlichen unter Bezugnahme auf „Der Staat“ und „Die Gesetze“) häufig mehrdeutig sind und die Popperschen Interpretationen nicht zwingend erforderlich machen. Poppers Deutung gewinnt im wesentlichen erst dann an Plausibilität, wenn man einzelne Zitate Platons netzwerkartig mit anderen Zitaten koppelt, die wiederum aber leider meist nicht in sich eindeutig sind, sondern wiederum erst durch den Rückgriff auf andere (in sich mehrdeutige) Argumente stichhaltig werden, so daß durch diesen ständigen Regreß zumindest bei dem ersten Durcharbeiten der Popperschen Thesen ein gewisses Unbehagen nachbleibt. Die Fülle der Detailargumente Poppers wirkt aber irgendwann so erschlagend, daß man den weiteren Folgerungen Poppers bereitwillig folgt. Der Leser sollte zusätzlich im Auge behalten, daß *unsere* zentrale Fragestellung nicht lautet, ob Popper Platon angemessen interpretiert und seine Intentionen richtig wiedergibt. Uns geht es nicht um die Person Platons, sondern um die Substanz des Arguments. Entsprechend soll nachstehend beleuchtet werden, in welchem Sinne das Denken Platons im Hinblick auf die von uns herausgearbeiteten Dimensionen als geschlossenheitseinschlägig betrachtet werden kann und ob es Argumente dafür gibt, daß, wenn man so denkt, als Effekt dieser Denkfiguren bestimmte unerwünschte Wirkungen zu erwarten sind. (Nichtsdestoweniger sind die Kritiken, die Popper mit seinen Attacken auf Platon auf sich gezogen hat, natürlich interessant: Sie illustrieren zum einen, wie schwierig es ist, in der Jugend aufgebaute und liebgewonnene Denkmuster in späteren Jahren zu revidieren und gegebenenfalls über Bord zu werfen. Sie illustrieren zum zweiten aber möglicherweise auch die Sensibilitäten aller derer, die im Bereich der humanistischen Bildung tätig sind; es ist immer zu bedenken, daß Popper nicht irgendeinen, sondern den Repräsentanten, wenn nicht gar die Inkarnation der humanistischen Bildung vom Sockel zu stürzen versucht. Selbstverständlich aktualisiert sich damit auch die interessante Frage, die wir hier aber nicht beantworten können, welcher Art Beziehung zwischen der humanistischen Bildung einerseits und der Förderung geschlossener Bewußtseinsstrukturen andererseits besteht).

In „Der Staat" behandelt Platon die Strukturähnlichkeit zwischen dem Aufbau der Person einerseits und dem Aufbau des Staates andererseits (Platon, Deutsche Ausgabe, 1963, S. 159 ff.). In der Person könne man drei Instanzen unterscheiden, die vereinfacht mit Geist/Vernunft, Mut und Begehren bezeichnet werden. Alle Tiefenpsychologien haben später eine derartige Schichtentheorie übernommen, indem sie ein Über-Ich, ein Ich und ein Es unterscheiden. Die zentrale Aussage Platons in bezug auf den Menschen ist die, daß diese drei Seelenteile in einer bestimmten Beziehung zueinander stehen sollen: Jeder dieser Seelenteile habe seine eigenen Funktionen; es sei aber offensichtlich, daß die Instanz Geist/Vernunft die Oberhand behalten muß. Zur Stabilisierung des Ganzen sei es durchaus klug, dem Anliegen des Begehrlichen zumindest partiell zu entsprechen. Zu verwerfen sei es aber, wenn das Begehrliche die Oberhand gewinnt und die Instanz Vernunft verdrängt. Dieses Bild wird nun auf den Staat übertragen. So wie es drei Seeleninstanzen gebe, gebe es im wesentlichen auch drei Stände im Staat, den Lehrstand bzw. die Philosophen und Pädagogen, den Wehrstand (Soldaten, Wächter usw.) sowie den Nährstand bzw. das gemeine Volk. Wie bei der Person komme es auch im Hinblick auf den Staat, also im Hinblick auf das Ganze, darauf an, daß jeder dieser drei Stände seine Funktion erfüllt. Entsprechend ihren ungleichen Begabungen und Neigungen sollen die Menschen diesen verschiedenen staatlichen Funktionen und damit Ständen ein für allemal und endgültig zugeordnet werden, da dies für das Ganze optimal sei. Denn wie schon bei der Person das Begehrliche nicht die Oberhand gewinnen dürfe, solle auch das Regierungsgeschäft nicht vom gemeinen Volk, sondern von den hierfür ausgewählten und ausgebildeten Philosophen getragen werden. Die Herrschaft der wenigen Weisen garantiere, wenn die anderen Stände ihre Funktion ebenfalls korrekt erfüllen, noch am besten, daß es dem Staat insgesamt gut gehe. Demokratische Muster, also die Herrschaft des Volkes, würden den Staat genauso ruinieren, wie die Herrschaft der Begehrlichkeit die Seele zerstöre.

Es fällt nicht schwer, in diesen Ausführungen die einschlägigen Geschlossenheitsdimensionen wiederzuerkennen: Durch den ständigen Verweis auf das Ganze, dem sich die Teile unterzuordnen haben, wird das kollektivistische Moment in den Vordergrund gerückt. Ein vielzitiertes Wort Platons lautet: „Ich gebe meine Gesetze im Hinblick auf das, was für den gesamten Staat das heilsamste ist, ... denn ich stelle die Wünsche des Individuums mit Recht auf eine niedrigere Wertstufe“ (Platon, Die Gesetze, S. 923 b). Zugleich wird im Sinne der Geschlossenheitsdimension ein stabiles Rollengefüge unterstrichen, das auf der angenommenen Ungleichwertigkeit der Menschen basiert: Ungleichheit wird vorausgesetzt und (unter anderem über Arbeitsteiligkeit) durch eine entsprechende Staatspraxis stabilisiert. Der zugewiesene Ort darf nicht verlassen werden. Stabilität (und nicht Wandel oder Mobilität) sind Zielwerte. Im Gegenteil wäre eine Veränderung dieses Zustandes von Übel, da ungerecht. Das einschlägige Zitat lautet: „Wir haben drei Klassen in unserem Staate, und ich nehme an, daß jedes derartige Komplott und jeder derartige Wechsel von einer Klasse in die andere ein großes Verbrechen gegen den Staat ist und mit Recht als die äußerste Schandtat bezeichnet werden muß? — Mit bestem Recht — Wirst Du aber nicht die größte Schandtat gegen den eigenen Staat die Ungerechtigkeit nennen? — Ganz gewiß —. Das also ist die Ungerechtigkeit. Andererseits aber laßt uns so sagen: Wenn die Klasse der Gewerbetreibenden, der Hilfstruppen und der Wächter jede für sich ihrer eigenen Arbeit nachgeht, so hat dies als die Gerechtigkeit zu gelten“ (Platon, Der Staat, S. 434 a-c).

Die so verstandene Gerechtigkeit läßt also nicht auf eine gleiche *Berechtigung* der einzelnen schließen: Das Kriterium für Gerechtigkeit liegt nicht darin, daß ungleichartige Personen vor dem Gesetz gleichberechtigt sind (dies ist, im Gegenteil, die Konzeption der offenen Gesellschaft); der Referenzpunkt für Gerechtigkeit liegt vielmehr wiederum in dem Wohlergehen des Staates, womit nochmals das kollektivistische Argument, der Staat sei letztlich alles, der einzelne nichts, unterstrichen wird. Herausgehoben sind die Philosophen-Könige. Sie haben selbstverständlich auch gesonderte Rechte, die den anderen vorenthalten werden. Sie haben z. B. das Recht, Sklaven zu halten. Sie haben darüber hinaus das Recht — und dies ist für unser modernes Denken möglicherweise der interessanteste Gesichtspunkt —, andere Menschen zu erziehen. Im Sinne der für das Ganze so wichtigen Arbeitsteilung darf es selbstverständlich nicht sein, daß die Erziehung der Kinder Beliebigen (Vätern und Müttern), also dem gemeinen Volk, überlassen wird. Speziell für die Entwicklung des Philosophen-Nachwuchses dürfen damit nicht mehr die leiblichen Eltern zuständig sein. Hier wird vielmehr das Erziehungsrecht entzogen.

Die Rollendifferenzierung bedeutet bei Platon also nicht nur Ungleichartigkeit und — im Sinne des Sozialstatus — Ungleichwertigkeit; aus der Kombination beider Aspekte folgt vielmehr auch die Ungleichheit der Rechte, also die Ungleichheit der Menschen vor dem Gesetz.

Die Philosophenkönige, die Liebhaber der Weisheit, seien zur Herrschaft insbesondere deswegen berufen, weil sie in besonderem Maße befähigt seien, das Wahre und Gute zu erkennen. Für diesen Erkenntnisprozeß sei es wichtig, daß die drei Seelenteile in der beschriebenen Weise zueinander stehen; nur dann sei etwas gegeben, das bei Platon als Harmonie bezeichnet wird, und hierin liege die Voraussetzung dafür, daß der Philosoph auf der Basis seiner besonderen Talente und entsprechenden Ausbildung nicht nur Schatten (im Sinne des Höhlengleichnisses) sehe, sondern der Wahrheit an sich ansichtig werde.

Wie schon ausgeführt, hat Platon angenommen, daß das Erkennen ein Wiedererkennen ist. Um der Wahrheit bzw. der absoluten Wahrheit ansichtig zu werden, bedarf es insofern einer Resonanz mit der Außenwelt. Der Erkenntnisprozeß beginnt mit der Phase des Staunens; in dem Augenblick des Staunens sieht der Philosoph in der Außenwelt etwas, das weitgehend mit den Ideen übereinstimmt, die in ihm gespeichert sind. Der Prozeß dieses Wiedererkennens setzt aber, wie schon ausgeführt, ein harmonisches Verhältnis der drei Seelenteile zueinander voraus, wozu aufgrund entsprechender Begabungen und Ausbildung im wesentlichen nur der Philosoph befähigt ist.

Der Philosoph wird dann von seiner Mitwelt als „schön“ erlebt. Schönheit ist nach Platon nicht nur eine Frage der äußeren Harmonie im Sinne der Symmetrie z. B. der Gesichtszüge (integritas); als schön erscheint vielmehr erst dann jemand, wenn er nicht nur äußerlich, sondern auch innerlich als harmonisch erscheint, da für diesen Fall die Geordnetheit der drei Seeleninstanzen untereinander im Sinne der Idee des Menschen durchscheint (claritas).

Mit diesen Ausführungen ist zugleich noch einmal der idealistische Bezug der platonischen Denkweise angedeutet. Versucht man sich nun zu fragen, welche *Konsequenzen* sich mit einem solchen Ansatz verbinden können, so sind die Trendaussagen bei aller Schwierigkeit im Detail doch wohl recht eindeutig. Im Sinne Platons kontrollieren sich die Philosophenherrscher selbst; da sie ausschließlich im Interesse des Ganzen denken, ist eine Kontrolle durch die Beherrschten weder notwendig noch sinnvoll. Genau dies ist die Prämisse, die angesichts der politischen Erfahrungen in dieser Welt wohl nur als Traum bezeichnet werden kann. Popper wird nicht müde, immer wieder die erlittene Erfahrung zu unterstreichen, daß unkontrollierte Macht den Geist verderben kann, so daß die Gefährlichkeit der elitären Philosophen- bzw. Aristokratenherrschaft nicht nachdrücklich genug unterstrichen werden kann, zumal der Philosophenkönig nach Platon durchaus auch zu Täuschung und Lüge verpflichtet sein kann, da für ihn besondere Maßstäbe gelten (Popper, 1980 a, S. 192).

Betont werden muß, daß Popper Platon und nicht Sokrates angreift. Im Gegenteil: Popper skizziert Sokrates (Platons Lehrer) als einen überzeugten Demokraten, der aus Überzeugung für die Demokratie die Gesetze der Demokratie nicht brechen wollte. Er wollte sie auch nicht symbolisch verletzen und hat deswegen die Chance zur Flucht nach seiner Anklage nicht wahrgenommen, um so seine Loyalität gegenüber der Demokratie zu demonstrieren. Im eklatanten Unterschied zu Platon war Sokrates (nach Popper) zugleich extrem selbstkritisch.

Der Philosoph Hegel ist für Popper der zweite entscheidende Feind der offenen Gesellschaft, da er gleichsam den Transmissionsriemen von Platon zur Moderne darstelle. Auch am Beispiel Hegels sei knapp rekonstruiert, in welchem Sinne dieses Denken als geschlossen betrachtet werden kann und welche Negativeffekte eines solchen Denkens damit angelegt sind.

Ähnlich wie bei Platon gibt es im Rahmen der idealistischen Grundauffassung Hegels einen absoluten Geist bzw. einen Weltgeist, der die Geschichte durchwaltet und sie vorantreibt. Auf dem Wege zu sich selbst vollzieht dieser Weltgeist eine dialektische Entwicklung von der ersten Stufe der orientalischen Despotie über die zweite Stufe der griechischen und römischen Demokratien und Aristokratien hin zur dritten und höchsten Stufe, nämlich der absoluten Monarchie. Damit hat die Geschichte, wie Hegel im 19. Jhd. schreibt, ihr Endziel auch erreicht. „Die monarchische Verfassung ist daher die Verfassung der entwickelten Vernunft; alle anderen Verfassungen gehören niedrigeren Stufen der Entwicklung und Realisierung der Vernunft an" (Hegel, zitiert nach Popper, 1980 b, S. 59).

Zur Selbstbestimmung ist nur ein Individuum legitimiert, nämlich der Monarch. Der Monarch wird gleichsam als Stellvertreter dieses objektiven Geistes interpretiert, der dem objektiven Geist dazu verhilft, Realität zu werden. Der Führende bzw. der Monarch und das ihn stützende monarchistische System sind damit als Inkarnationen des sich erfüllenden objektiven Weltgeistes selbstverständlich sakrosankt. Führt ein solcher Staat Kriege, so ist dies auch im wesentlichen nur die Vollstreckung des objektiven Geistes und dient dazu, der Gefahr der Fäulnis der Ruhe entgegenzuwirken. Der Monarch bzw. der Kriegsherr avanciert dabei zu einem Heroen, der nicht mehr an den mehr oder weniger spießigen Moralmaßstäben des regierten Volkes und der sonstigen Allgemeinheit gemessen werden darf; und es kommt auch nicht auf das platonische Ideal des sich selbst disziplinierenden philosophischen Herrschers an. Bei Hegel scheint die treibende Kraft des Auserwählten Größe zu sein, und Größe vermittelt sich wesentlich auch über Leidenschaft: „Große Menschen haben gewollt, um sich zu befriedigen, nicht um andere... Es sind große Menschen, eben weil sie ein Großes... gewollt und vollbracht haben. Nichts Großes in der Welt [ist] ohne Leidenschaft vollbracht worden... Das ist die List der Vernunft zu nennen, daß sie die Leidenschaft für sich wirken läßt..." (Hegel, zitiert nach Popper, 1980 b, S. 94). Diese Vollstrecker des geschichtlichen Willens, leidenschaftlich und in dieser Leidenschaft schrankenlos angetrieben, werden „andere große, ja heilige Interessen leichtsinnig behandeln, welches Benehmen sich freilich dem moralischen Tadel unterwirft. Aber solche große Gestalt muß manche unschuldige Blume zertreten, manches zertrümmern auf ihrem Wege" (Hegel, zitiert nach Popper, 1980 b, S. 95.)

Der Geschlossenheitscharakter dieses Denkens ist ebenfalls offenkundig. Indem der objektive Geist in der Geschichte waltet, gilt natürlich, daß das, was ist, auch notwendig so ist. Die deterministische Struktur in Verbindung mit dem Kult um den elitären Heroen, der im Rahmen der Vollstreckung des Weltgeistes legitimiert ist, auf diesem Weg Schutt und Asche hinter sich zu lassen — all dieses mutet uns nach 1945 zu haarsträubend an, als daß an der Gefährlichkeit derartiger Geschlossenheitsphilosophien gezweifelt werden kann. Nicht die einzelne Person, sondern der Staat, die Geschichte, die Nation und der Monarch zählen. (Popper vermutet entsprechend, daß es Hegel im wesentlichen darum ging, sich bei den politischen Machthabern anzudienen, so daß der politische Teil seiner Lehre hauptsächlich als Legitimationsbeschaffung fungierte.)

Unabhängig von den Personen Platon und Hegel kann die Substanz ihrer Argumentation zusammenfassend in der Tat als Gegenbild zur offenen Gesellschaft verstanden werden. Damit darf aber nicht der Eindruck vermittelt werden, daß die Feinde der offenen Gesellschaft im wesentlichen Verführer seien, die außerhalb von uns selbst stehen. Zumindest wäre diese Sichtweise eine sehr gefährliche Verkürzung. Bei aller potentiellen Schrecklichkeit der Effekte der geschlossenen Philosophien darf nicht übersehen werden, daß die geschlossenen Philosophien auch Attraktives zu bieten haben, wie vorher dargestellt wurde. Und dieses Attraktive ist nicht für irgend jemanden attraktiv, sondern auch für uns. Auch wir fragen die Vorzüge der geschlossenen Gesellschaft nach (nämlich Sinn, Harmonie, Orientierung, Stabilität usw.), so daß in der Folge gilt: Der Feind der offenen Gesellschaft steht nicht (nur) außen; er liegt zentral auch in uns selbst.

2.3 Totalitarismus als negative Variante der geschlossenen Gesellschaft

Es soll nun auf eine weitere potentielle Variante der geschlossenen Gesellschaft eingegangen werden, nämlich auf den sogenannten Totalitarismus. Zur Debatte stehen die Hitler- und Stalin-Diktaturen. Wiederum ist die Leitfragestellung die, ob und inwieweit derartige politische Muster systematisch mit den Denkfiguren der geschlossenen Gesellschaft in einem Zusammenhang stehen. Gerade die Schrecklichkeit dieser politischen Systeme macht es einerseits so schwer, andererseits so notwendig, die Frage nach den geistigen bzw. psychologischen Grundlagen zu stellen.

Während für Platon Ruhe einen Wert an sich darstellt, kehrt sich im Totalitarismus (definitionsgemäß) die Welt auf den Kopf: Im Mittelpunkt steht nicht Ruhe, sondern die „Bewegung“. Es ist die *dynamische* Variante der geschlossenen Gesellschaft mit eigenen Strukturmerkmalen und eigenen Effekten.

Nach dem Studium verschiedener anderer Quellen wird nachstehend vor allem auf die grundlegende Arbeit von Hannah Arendt, „Elemente und Ursprünge totaler Herrschaft“ (1955) Bezug genommen. Jeder Leser, der an den nun folgenden Fragestellungen Interesse findet, ist eingeladen, diese Quelle selber zu lesen, da dort in besonders eindrucksvoller und zugleich klarer Sprache argumentiert wird.

Drei Fragen werden nachstehend behandelt:

- Was kennzeichnet eine „Bewegung“?
- Welche Beziehung besteht zwischen einer Bewegung einerseits und den geschlossenen Denkmustern andererseits?
- Wie wird die Bewegung durchgesetzt?

Wir beginnen mit der ersten Frage.

Eine Bewegung braucht als erstes Kennzeichen eine Fiktion (würde man heute „Vision“ sagen?). Diese Fiktion heißt im Fall des Sozialismus „Der Sieg des Proletariats, die Abschaffung von Entfremdung“ usw.; im Fall des Nationalsozialismus formulierte Hitler (zitiert nach Arendt, 1955, S. 35): „Wie die künftige Sozialordnung ausschauen wird, das will ich Ihnen sagen: Das Deutsche Volk ist berufen, die neue Herrenschicht der Welt zu geben. Dann wird es aber noch die Schicht der unterworfenen Fremdstämmigen geben, nennen wir sie richtig die modernen Sklavenstämme“. Das zweite Kennzeichen ist — vor dem Hintergrund der Geschichte — die Betonung der Einzigartigkeit der sich damit heute schon stellenden Aufgaben, um dieser Fiktion näherzukommen. Man dient einer Bewegung, also einer besonders ausgezeichneten und relevanten Aufgabe, die geschichtliche Größe atmet. Der dritte tragende Aspekt einer Bewegung ist ihre metaphysische Verankerung. Die metaphysische Verankerung ihrerseits kleidet sich etwa im Fall des Nationalsozialismus in das Gewand der „Vorsehung“. Das vierte Kennzeichen ist die Streckung der Zeitachse. Die Fiktion liegt in weiter Zukunft. Himmler hat angeblich formuliert, daß sich SS-Männer nur für weltanschauliche Fragen von einer Bedeutung für Jahrzehnte und Jahrhunderte interessieren und daß sie im Augenblick einer in zweitausend Jahren nur einmal vorkommenden Aufgabe dienten; das SS-Schulungsamt gab ständig derartiges Indoktrinationsmaterial heraus (Arendt, 1955, S. 604). Die Bewegung kommt also nie an. Und dies ist die Überleitung zu dem fünften Kriterium, der Dynamik einer Bewegung: Die Bewegung soll auch gar nicht ankommen, denn nicht die Fiktion, sondern die Bewegung an sich ist das Ziel. Ankommen ist der Todesstoß einer jeden Bewegung, denn das Ankommen kann die mit dem „We've arrived-Syndrom" beschriebenen Gefühle der Frustration, Ziellosigkeit und des „burn out" auslösen (vgl. Collins, Lazier, 1992). Eine Bewegung darf nicht ankommen (aus naheliegenden Gründen), was unter anderem durch das Rechnen in Jahrtausenden sichergestellt wird.

Bereits an dieser Stelle kann die zweite Frage aufgeworfen werden, nämlich welche Art Beziehung besteht zwischen den Strukturmerkmalen einer Bewegung einerseits und den Denkfiguren der geschlossenen Gesellschaft andererseits. Indem die Bewegung eine metaphysische Verankerung aufweist und auf historisch übergreifende Gesetzmäßigkeiten Bezug nimmt, die dann (gerade im Fall des Sozialismus) zusätzlich pseudowissenschaftlich im Sinne des historischen und dialektischen Materialismus fundiert werden, nähert man sich auf der erkenntnistheoretischen Dimension deutlich dem Pol der irrtumsfreien Erkenntnis dessen, was die Welt und die Geschichte wirklich bewegt. Zugleich ergibt sich damit Orientierung und Sinn. Die „Bewegung" erfüllt zusätzlich das Kriterium der deterministischen Denkmuster. Die Geschichte entwickelt sich nicht zufällig, sondern notwendig so, wie sie sich entwickelt, denn wir sind nur die Vollstrecker der Kraft und Intention übermenschlicher Gesetze. Auf die stark deterministischen Denkfiguren innerhalb des Marxismus hat (wie schon ausgeführt) Popper (1980 b) sehr ausführlich Bezug genommen. Angesichts der unausweichlichen Gewalt der antreibenden Kräfte, die ihren metaphysischen Hintergrund haben, wäre es aussichtslos und sinnlos, sich als einzelner entgegenstemmen zu wollen. Vielmehr geht es darum, daß man dabei ist, also um ein Aufgehen in dieser Bewegung, womit eine Art kollektiver Identität aufgebaut wird. Da die Bewegung nicht nur unausweichlich, sondern auch sinnvoll ist, wird das Aufgehen in der Bewegung zum Gebot: Im Sinne der kollektivistischen Orientierung zählt letztlich nur noch die Bewegung, der einzelne dagegen nichts; vielmehr hat er sich darauf vorzubereiten, sich gegebenenfalls für die Bewegung zu opfern.

Bereits bei diesem Stand der Analyse kann kein Zweifel daran bestehen, daß die herausgestellten Kriterien für das, was man eine Bewegung nennt, in einem sehr engen Bezug zu den tragenden Dimensionen des geschlossenen Denkens stehen (Irrtumsfreiheit, Determinismus, Kollektivismus). Bewegungen, die systematisch im beschriebenen Sinne geschlossenes Denken voraussetzen, sind nun aber nicht nur attraktiv insofern, als sie dem einzelnen Standort, Sinn und Orientierung geben. Bewegungen, als Massenbewegungen verstanden, beinhalten die Gleichschaltung der Massen, und an genau diesem Punkt beginnt die attraktive Seite der Bewegung als eine Variante der geschlossenen Gesellschaft ihre negative Seite, also ihre Fratze, zu offenbaren.

Wir leiten damit zur dritten Frage über, nämlich zur Durchsetzung der Gleichschaltung der Massen. Massen von Menschen können gleichgeschaltet werden, sofern zuvor Personen als Individuen ausgelöscht wurden. Dies wiederum vollzieht sich nach Hannah Arendt im wesentlichen über drei Mechanismen:

- Juristische/organisatorische Maßnahmen
- Ausübung von Terror
- Fundierung und Durchsetzung einer Ideologie.

Die juristisch/organisatorischen Maßnahmen diskutiert Hannah Arendt unter dem Stichwort der totalen Organisation. Bewegungen leben nicht von der Originalität ihrer Fiktion (also ihrer Zielinhalte), sondern von der Originalität ihrer Organisation. Verlangt ist eine totale und zugleich lebendige Organisation (Arendt, 1955, S. 138 ff.). Das Totale der Organisation besteht im Kern darin, daß — und damit wird die Ungleichwertigkeitsdimension der geschlossenen Gesellschaft auf die Spitze getrieben — eine Person ein absolutes Machtmonopol zugesprochen bekommt, wobei sich diese Person ihrerseits nicht mehr vor dem Recht zu verantworten hat. Die NS-Formulierung: „Der Wille des Führers ist oberstes Gesetz" findet sich in allen Partei- und SS-Dienstanweisungen. Indem der Führer nicht mehr dem Recht untergeordnet wird, sondern der Wille des Führers oberstes Gesetz „ist" und damit zum Maß aller Dinge wird, ist die Rechtsstaatlichkeit abgeschafft. Genau hier liegt der entscheidende Unterschied zur Diktatur, gleich welcher Art auch immer. Hannah Arendt betont immer wieder, daß in einer Diktatur bzw. in einer stark hierarchisch organisierten Gesellschaft (oder auch beim Militär) Freiheitsgrade selbstverständlich mehr oder weniger eingeengt sind. Der entscheidende Punkt liegt aber darin, daß die Machtbefugnisse in einer Diktatur, wie ungleich sie auch verteilt sein mögen, planmäßig verteilt und nach dem Gesetz geregelt sind. Indem der niemals ruhende und sich ständig wandelnde Wille des Führers zum obersten Gesetz erhoben wird, ist ein qualitativer

Sprung vollzogen, auf den Hannah Arendt immer wieder hinweist. Die beschriebene Gleichsetzung von Wille und Gesetz macht das totalitäre System zu einem totalitären (und nicht die wie auch immer ausgeprägte Zentralisierung der Befehlsgewalt, die für orthodoxe Diktaturen kennzeichnend ist). Die geistigen Voraussetzungen für eine derartige Abschaffung der Rechtsstaatlichkeit und Heraushebung einer einzelnen Person liegen dabei sicherlich auch darin, daß (in Anknüpfung an Hegel) der Führer als Vollstrecker der geschichtlichen Vorsehung interpretiert wird und damit nicht mehr mit üblichem Maß gemessen werden darf. (In der offenen Gesellschaft wird demgegenüber ja gerade die Rechtsstaatlichkeit zum obersten Prinzip erhoben, dem sich alle Instanzen — auch alle Politiker — zu fügen haben).

Will man die totale Organisation Praxis werden lassen, also sicherstellen, daß in der Partei und in allen anderen Organen der Wille des Führers durchschlagend wirkt und entsprechend alle auf diesen Willen hin gleichgerichtet fixiert sind, so bedarf es neben der totalen Organisation der lebendigen Organisation. Eine bürokratische Struktur ist dafür im Höchstmaße ungeeignet. Die lebendige Organisation besteht in gewisser Weise darin, daß Chaos implementiert wird. Aber dieses Tollhaus hat System, wie Hannah Arendt (1955, S. 594 ff.) zeigt. Eine Spezialität von Himmler war es angeblich, zwei verschiedene Personen mit derselben Aufgabe zu betrauen. Dies ist unwirtschaftlich, aber machtpolitisch klug, da die beiden Instanzen, die dieselbe Aufgabe erarbeiten, voneinander natürlich nichts wissen, vielleicht sogar an verschiedenen Orten tätig sind (wie im Falle der Geheimdienste), und so in vorzüglicher Form gegeneinander ausgespielt werden können. Die dauernde Konkurrenz von Instanzen macht konzertierte Opposition schwierig, wenn nicht unmöglich.

Ähnliches gilt für die Hierarchie: Für moderne Ohren geradezu paradox besteht das Geheimnis lebendiger totalitärer Organisation gerade in einer Art von Enthierarchisierung. Dies aber nicht in dem Sinne, daß in geplanter Weise bestimmte Hierarchieebenen abgeschafft werden; Hannah Arendt betont vielmehr den Mechanismus der Abschaffung der Hierarchie an sich. Dies geschieht dadurch, daß alle Zwischenschichten zwischen dem Führer und den Beherrschten permanent im Fluß bzw. im Verschwimmen sein müssen. Keiner darf wissen, wer denn eigentlich letztlich zuständig und entscheidungsbefugt ist. Der Vorteil dieses Systems: In dieser allgemeinen Konfusion muß jeder jederzeit damit rechnen, direkt und unmittelbar mit dem Willen des Führers konfrontiert zu werden, da der Führer jederzeit und an jedem Ort leibhaftig auftreten kann und dabei selbst an keinerlei Hierarchie, auch nicht an die von ihm etablierte, gebunden ist. Zur lebendigen Organisation gehört neben gezielten Doppel- und Dreifachinstanzen und der Abschaffung der Hierarchie das Unterlaufen der Cliquenbildung. Für die Gleichschaltung der Masse ist deren Isolierung und Atomisierung von herausragender Bedeutung. Stalin hat Cliquenbildung im wesentlichen dadurch unterlaufen, daß er sie physisch aus dem Weg räumte. Hitlers Mittel war weniger dieses; die dauernde Verschiebung von Machtverhältnissen und der sehr häufige Wechsel in der Wahl der Vertrauten erreichten den gleichen Zweck. Auch so wird erreicht, daß potentiell gefährliche Solidarität unterlaufen wird.

Im historischen Fall des Nationalsozialismus wurde die Bewegung also zum einen durch die Installierung der totalen und lebendigen Organisation durchgesetzt. Hannah Arendt betont zum zweiten immer wieder die Bedeutsamkeit der Auslöschung der Person. Hierzu bedarf es spezifischer Terrorinstrumente. Wozu aber die Auslöschung der Person? Hannah Arendt führt aus, daß „Spontaneität als solche in ihrer Unberechenbarkeit das größte Hemmnis der totalen Herrschaft über den Menschen ist... Totale Macht ist zu leisten und zu gewährleisten nur, wenn es auf nichts anderes mehr ankommt als auf absolut kontrollierbare Reaktionsbereitschaft, auf restlos aller Spontaneität beraubte Marionetten" (1955, S. 667). Das für die offene Gesellschaft konstitutive Moment der Individualität, das sich unter anderem darin zeigt, daß Menschen sich eigene Gedanken machen, wird in Verbindung mit der Spontaneität, also mit der Fähigkeit des Menschen, überraschend einen neuen Anfang zu machen und etwas zu tun, das aus den Reaktionen der Machtinhaber selbst nicht erklärbar ist, zur Bedrohung totalitärer Macht schlechthin. Die Gleichschaltung setzt die Tötung der Spontaneität voraus. Die psychische Tötung der Menschen ist dabei unter anderem wichtig, damit sie im Rahmen der Bewegung auch andere zu töten imstande sind: „Der irrsinnigen Massenfabrikation von Leichen geht die historisch und politisch verständliche Präparation lebendiger Leichname voran... Der entscheidende Schritt in der Präparierung lebender Leichname ist die Ermordung der moralischen Person" (1955, S. 655/661).

Fragt man, *wie* die Auslöschung der Person bewirkt wird, so spielt nach Hannah Arendt Terror die entscheidende Rolle. Im Sinne der Gleichschaltung der Menschen ist insofern die totale und lebendige Organisation notwendig durch die Strategie des Terrors zu ergänzen. Der Terror vermittelt sich dabei im wesentlichen dadurch, daß nicht nur und primär Schuldige (Verbrecher), sondern vor allem Unschuldige ausgemerzt werden, wobei die Auswahl der Unschuldigen schlicht durch Willkür zustandekommt. Dadurch wird der Terror zu einem totalen, für alle. Die Willkür bezweckt dabei zugleich die Demonstration, daß der Wille des Führers und nicht das Gesetz letzthinnige Instanz ist. Durch die Praktiken der willkürlichen Auswahl wird die Entrechtung der Person auf die Spitze getrieben (1955, S. 660): Der Verbrecher wird z. B. nicht zur Strafe in das Konzentrationslager geschickt, denn auf diesem Wege würde ja implizit die Institution Recht noch als maßgeblich anerkannt. Nein, der Verbrecher sitzt zunächst seine Strafe im Gefängnis ab und wird anschließend, nach Verbüßung seiner juristisch verhängten Strafe, gleichsam als juristischer „Niemand" in das Konzentrationslager gebracht. Die Willkür der Inhaftierung hat dabei Konsequenzen, die Hannah Arendt (1955, S. 661) wie folgt beschreibt: „Die Frauen, die sich in der Sowjetunion sofort nach der Verhaftung des Mannes scheiden lassen, um ihren Kindern das Leben zu sichern, und den eventuell Zurückkehrenden verzweifelt, ja empört aus dem Hause weisen, gehören wohl mit zu den furchtbarsten Zeichen dessen, was Menschen aus Menschen machen können." Bezogen auf den einzelnen im KZ gilt dabei, daß er von einem allgemeinen Vergessen umgeben ist. Hannah Arendt (1955, S. 661): „Indem die Konzentrationslager den Tod selbst anonym machten — in der Sowjetunion ist es nahezu unmöglich, auch nur festzustellen, ob einer schon tot oder noch lebendig ist —, nahmen sie dem Sterben den Sinn, den es immer hatte haben können. Sie schlugen gewissermaßen dem einzelnen seinen eigenen Tod aus der Hand, zum Beweise, daß ihm nichts mehr, er niemandem mehr gehörte. Sein Tod war nur die Besiegelung dessen, daß es ihn niemals gegeben hatte".

Dies bedeutet Auslöschung der Person. Im Rahmen der „Bewegung" hat dies aber alles seinen Sinn: Der Terror ist nichts anderes als die notwendige Exekution der geschichtlichen Prozesse und Notwendigkeiten, womit der Terror zugleich auch seine Legitimierung erhält. Er wird in diesem interpretativen Kontext zu einem schlichten Katalysator, der die ohnehin vorgezeichnete Bewegung der Geschichte zielorientiert nur in zeitlicher Hinsicht beschleunigt.

Sind die Menschen entpersonalisiert und zugleich auf den Führer fixiert, so können sie nun leichter gleichgeschaltet werden. Unterstützend wird hierzu das dritte Basisinstrument eingesetzt (neben der totalen/lebendigen Organisation und dem Terror), nämlich die Ideologie. Gesucht ist ein Mindestmaß an Gefühl für die Größe, Erhabenheit und Gesetzmäßigkeit dessen, an dem man teilhat, und hierfür ist, um alle auf die Gleichschaltung vorzubereiten, sowohl die Vollstrecker wie die Opfer, Ideologie hilfreich. Wie in allen Ideologien wird dabei so verfahren, daß aus als zustimmungsfähig erscheinenden Basisthesen logisch gefolgert wird, so daß, in sich stimmig und widerspruchsfrei, ein spezifisches Gebäude entsteht, das der Interpretation der Realität dienlich ist. Dieses Gebäude wird dabei so breit angelegt, daß *jede* Erfahrung, gleich welchen Inhalts, stimmig in dieses Lehrgebäude zu integrieren ist. Das heißt im Kern auch, daß ein Lernzuwachs ausgeschlossen ist, da ein Irrtum nicht mehr vorkommen kann. Der Witz der Ideologie ist ja gerade, daß sie als eindeutig und klar und entsprechend als ewige Wahrheit erscheinen soll, an der keine Korrekturen vorgenommen werden müssen. Auf diesem Wege kippt die erkenntnistheoretische Dimension der Eindeutigkeit in ihre negative Ausprägung, nämlich in Dogmatik um.

Um das Problem der Mehrdeutigkeiten der Realität zu unterlaufen, werden Ideologien in der Regel mit dem Anspruch weltweiter Gültigkeit formuliert, so daß man zur Stützung der Ideologie hinreichend Chancen hat, passende Beispiele zu finden. Die Ideologie dient damit der Orientierung einerseits und — vermittelt über die gerade beschriebene Immunisierung — der Stabilisierung dieser Orientierung andererseits.

Für das Hitler- wie auch das Stalinsystem sei zusätzlich kennzeichnend gewesen, daß man die ideologischen Aussagen buchstabengetreu interpretiert und anwendet. Dieses Philisterhafte entspricht möglicherweise dem Bedürfnis nach Klarheit bei denjenigen, denen die ideologischen Teilfacetten der Bewegung zu komplex sind. Ein Beispiel von Hannah Arendt: „Macht man damit ernst, daß es im Leben der Völker ebenso wie im Leben der Natur „Parasiten“ gibt, so folgt daraus, daß man mit ihnen so umspringen darf wie mit Wanzen und Läusen, die man bekanntlich mit Giftgas ausrottet“ (1955, S. 690). Damit wird ein sehr wichtiger Mechanismus beschrieben: Indem die Ideologie nicht nur wörtlich interpretiert, sondern dann entsprechend im Sinne der Parasiten-Vernichtung auch wörtlich praktiziert wird, wird die Ideologie im Sinne von Hannah Arendt eingeübt. Sie wird nicht nur eingeübt und damit zu einer Selbstverständlichkeit, die genauso Wahrheitscharakter hat wie die, daß zweimal zwei vier ist; durch die buchstabengetreue Interpretation und Praktizierung der Ideologie materialisiert sich die Ideologie bzw. Propaganda (in Form entsprechender Einrichtungen in den Konzentrationslagern usw.). Die Ideologie wird also nicht mehr nur eingeübt; sie wird in ihrer materialisierten Form zum Beweis der Wahrheit.

Ideologien werden damit subjektiv wahr nicht durch Prozesse der Einsicht, sondern durch Prozesse der Gewohnheitsbildung im praktischen Tun. Bricht diese Praxis zusammen, nachdem — aus welchen Gründen auch immer — die Bewegung zusammengebrochen ist, so hören die Anhänger der Bewegung von einem Tag zum anderen Tag auf, an eben dieses Dogma bzw. diese Fiktion zu glauben, der sie gestern noch ihr Leben zu opfern bereit waren (Arendt, 1955, S. 537). Dies kann auch gar nicht verwundern, da das Denken durch ein entsprechend gleichgeschaltetes Handeln ersetzt wurde.

Die Ideologie dient also der Orientierung; die Immunisierung der Ideologie gegenüber abweichenden Erfahrungen dient der zeitlichen Stabilisierung der geistigen Fundamente, und über den Mechanismus der Praktizierung der Ideologie wird deren Verfestigung und Selbstbewahrheitung betrieben. Die Ideologie dient auf dem Wege der Gleichschaltung aber auch der Disziplinierung. Dieser Aspekt vermittelt sich vor allem über die Pseudo-Logik aller ideologischen Gebäude, deren Logik sich bei genauerer Beleuchtung in der Regel als Dogmatik herausstellt. Ein Dogma, also eine Lehre, soll natürlich, um möglichst wenig Verwirrung zu stiften, folgerichtig aufgebaut sein; es darf keine Widersprüche enthalten. Innerhalb einer Ideologie wird man so zu einem widerspruchsfreien Weiterfolgern veranlaßt. Als Bolschewist weiß man, daß die Partei immer recht hat. Im Sinne des Zwangs zur Folgerichtigkeit heißt dies: Wenn die Partei nun bestimmte Schritte für notwendig hält, so sind diese auch richtig, selbst wenn sie, gemessen an unseren traditionellen Moralmaßstäben, als problematisch erscheinen mögen. Wer also A sagt (und sich zum Sozialismus bekennt und zur Vorreiterrolle der Partei usw.), der muß auch B sagen, denn „du darfst dir nicht selbst widersprechen". Widerspruchsfreiheit im Handeln wird damit zu einem Wert an sich, unabhängig von der Sinnhaftigkeit des Tuns (Arendt, 1955, S. 691). Im Sinne der Forderung: Wer A sagt, muß auch B sagen, geht es darum, durch eine regelmäßige Praktizierung der Ideologie widerspruchsfreies Handeln einzuüben, womit letztlich die Menschen auf ihre Opfer- oder Heldenrolle zur Vollstreckung der übermenschlichen „Bewegung" vorbereitet werden sollen. Damit die Menschen zunehmend bereit werden, sich dieser Bewegungslogik zu unterwerfen, müssen sie vorher aber unter anderem über den Mechanismus

Terror so weit entpersonalisiert worden sein, daß keiner der Gleichzuschaltenden auf die Idee kommt, die eingeübten Logiken zu hinterfragen und möglicherweise sogar wieder neu von vorn anzufangen.

Die Analyse zeigt insofern, daß die Gleichschaltung die *Parallelität* aller drei Instrumentarien (die Etablierung der totalen und lebendigen Organisation, die Auslöschung der Person durch Terror und die Gleichschaltung der Personen über die Ideologie) voraussetzt. Der äußere Zwang muß durch den inneren Zwang ergänzt werden.

Wieder anknüpfend an die Unterscheidung einer offenen von einer geschlossenen Gesellschaft verweist Hannah Arendt zum Schluß auf einige interessante Differenzierungsmerkmale: Der Republik liegt die Basiserfahrung von Gleichheit (im Sinne von Gleichwertigkeit, nicht im Sinne von Gleichartigkeit) der Menschen zugrunde. Sie ist damit in unserem Verständnis der offenen Gesellschaft zuzuordnen. Der Monarchie liegt dagegen die Basiserfahrung der Ungleichheit (im Sinne von Ungleichwertigkeit) zugrunde. Damit ist bereits eine Ausprägung der geschlossenen Gesellschaft thematisiert. Mit der Diktatur korrespondiert das Herr und Knecht-Verhältnis, wo sich Ungleichmächtige, aber nicht Mächtige und Ohnmächtige gegenüberstehen. Die Tyrannis ist bereits eine Steigerungsstufe der Diktatur und vermittelt über die Ungeregeltheit bzw. Willkür aller Eingriffe das Gefühl von Ohnmacht. Der Gipfel ist das totalitäre System: Der Mensch wird als Mensch ausgelöscht, und die Basiserfahrung ist nicht die Einsamkeit (denn sie lebt noch von der zumindest subjektiv vorgestellten Möglichkeit einer Wiederanbindung an die soziale Welt), sondern die existenzielle Verlassenheit.

Im Fazit heißt dies: Die in der Abb. 1 bzw. in der Abb. 2 diskutierten Denkfiguren, die der geschlossenen Gesellschaft vorgelagert sind, vermitteln sich offensichtlich in attraktive Vorzüge; es scheint aber kein Zweifel daran zu bestehen, daß in der Struktur dieser Denkfiguren etwas angelegt ist, das bei entsprechender Kombination dieser Denkfiguren die diskutierten Gefahren der geschlossenen Gesellschaft heraufbeschwört. In diesem Sinne ist unsere Abb. 2 zu verstehen. *Unabhängig* von irgendwelchen Randbedingungen scheint also mit dem Vorzug von Eindeutigkeit, Gewißheit und Sinn usw. eine Nähe zu Dogmatik und Ideologie vorgeprägt zu sein. Die Betonung des stabilen Rollengefüges und der Ungleichwertigkeit steht in inhaltlicher Nähe zur Diskriminierung. Harmonie und Vertrauen stehen in inhaltlicher Nähe zu Stillstand und Infantilisierung. Kollektivismus hat eine substantielle Verwandtschaft zu

Freiheitsbeschneidung, totalitären Unterdrückungen usw. Das Aufgehen in einer kollektiven Massenbewegung steht in einem inhaltlichen Bezug zur Entpersönlichung. Und um es aus dem politischen Bezug etwas herauszulösen: So manche Sekte wird als eine beschrieben werden können, der deutlich geschlossene Denkfiguren zugrundeliegen. Die Zeitungen sind voll von Hinweisen, wie attraktiv derartige Sekten für manche Menschen sind; die Berichte, welche Schrecknisse den Sektenangehörigen begegnen können, spiegeln offenbar aber nur die andere Seite der Medaille wider. Das Anbieten geschlossenen Denkens trifft also auf Resonanz und befriedigt eine Nachfrage; die Preise scheinen aber nicht unerheblich zu sein.

Im Sinne der Verteidigung der offenen Gesellschaft sind alle Hinweise zur Frage wichtig, in welchem Gewand sich geschlossene Gesellschaften zu etablieren versuchen , um so den Blick und die diagnostische Kompetenz gegenüber den Eigentümlichkeiten der geschlossenen Gesellschaft zu schärfen. Deswegen soll an dieser Stelle auf zwei weitere Merkmale bzw. Illustrationen der geschlossenen Gesellschaft eingegangen werden, nämlich auf die sogenannte Priesterherrschaft einerseits und die revolutionäre Ganzheitsplanung andererseits.

2.4 Priesterherrschaft und revolutionäre Ganzheitsplanung

Unter dem Stichwort „Priesterherrschaft" oder „klerikale Herrschaft" wird nachfolgend das Phänomen beschrieben, daß es innerhalb der offenen Gesellschaft Bewegungen geben kann, die mit dem Ziel antreten, die offene Gesellschaft weiter zu öffnen, und dabei Methoden verwenden, die im Gegenteil schleichend den Weg in die geschlossene Gesellschaft ebnen.

Schelsky (1975) arbeitete in Anlehnung an Max Weber unter anderem die folgenden Kriterien für die klerikale Herrschaft heraus:

- Klerikale Herrschaft bzw. Priesterherrschaft (der Leser sollte zunächst einmal an die Institution Kirche denken) verfügt als Grundlage ihrer Macht über ein Monopol, nämlich das der Heilsvermittlung bzw. das der Erlösung.
- Klerikale Herrschaft formuliert ihre Ziele nie in meßbaren Kategorien und vertröstet in der Regel auf einen späten Zeitpunkt, im Extrem auf das Jenseits. Die sozialistischen Zielsetzungen waren zwar diesseitig, lagen aber auch in sehr weiter Zukunft und waren von

nebulöser Struktur (Kommunismus). In dieser Hinsicht ist die gegenwärtig hohe Attraktivität der sogenannten visionären Führung bemerkenswert. Es wird kaum ein Buch zur Unternehmensführung geschrieben, in dem nicht die Relevanz sogenannter Visionen thematisiert ist. Auch große deutsche Unternehmen üben sich auf diesem Feld, und wir werden entsprechend noch zu diskutieren haben, inwieweit, warum und mit welchen Folgen in Betrieben klerikale Herrschaft einzuziehen beginnt.

- Klerikale Herrschaft intensiviert die Nachfrage nach den angebotenen Gütern der Heilsvermittlung dadurch, daß die Gegenwart bzw. der Alltag als elend und unerträglich dargestellt werden. Sollten die Menschen (wie in der Bundesrepublik noch in den 60er-Jahren sehr ausgeprägt) gerade den Taumel des Wirtschaftswunders erleben und sollte entsprechend der Beleg durch die klerikale Herrschaft, die Gegenwart bestehe nur aus Elend, Sorge und Mühsal, nicht überzeugend genug darstellbar sein, so verfährt die klerikale Strategie nach dem Prinzip des „geborgten Elends" (Schelsky, 1975, S. 84): Dies geschah in der 68er-Phase etwa dadurch, daß man ständig auf die Elendsverhältnisse in Vietnam oder in Afrika verwies und diese zu Symbolen des „eigentlichen" Zustandes unserer eigenen Gesellschaft machte, wobei diese Gleichsetzung zu einer Negativierung des bundesrepublikanischen Status quo führen sollte.

- Klerikale Herrschaft etabliert eine Gemeinde von Brüdern und Schwestern um sich herum, wobei Nicht-Gläubige als Heiden bzw. Ketzer usw. verfolgt werden. Dieses sehr traurige Kapitel der Intoleranz in der Kirche hat sein Pendant in der 68er-Bewegung darin, daß die Nichtangehörigen der „Glaubensgemeinde" als Reaktionäre, Imperialisten und Kapitalistenknechte verketzert wurden.

- Die klerikale Herrschaft nimmt den gesamten Menschen in Anspruch und verfolgt gegenüber den Gemeindemitgliedern einen Totalanspruch der Heilsvergemeinschaftung. In Sekten ist dieses Phänomen wohlbekannt. In der 68er-Generation wird dieser Trend durch den Psychoterror mancher Wohngemeinschaften illustriert.

- Die „Gläubigen" sind in dem Maße von den klerikalen Herrschern abhängig, wie ihnen das Gut (der Heils-/Sinnvermittlung) wichtig ist und sie dieses Gut anderweitig nicht erhalten können. In dem Umfang, in dem die Gläubigen abhängig sind, kann die klerikale Herrschaft Macht ausüben. Machtausübung zeigt sich in der klassischen Fassung von Max Weber darin, daß man eine Person dazu bringt, etwas zu tun, das sie freiwillig nicht täte. Abstrakter formuliert: Machtausübung gegenüber Abhängigen zeigt sich darin, daß die Mächtigen den Abhängigen Kosten aufbürden. In diesem Kontext kann man im Rahmen von Sekten an die sexuelle und materielle Ausbeutung der Sektenmitglieder durch den Sektenführer denken.

- Klerikale Herrschaft weiß sich im Besitz von Wahrheit und definitiver Erkenntnis. Dies spiegelt sich in der 68er-Generation in der arrogant-elitären Bevormundung wider, in der die intellektuelle Elite den Arbeitenden gegenübertrat.

- Klerikale Herrschaft bedient sich exklusiver Sprache. Die Sprache muß (wie früher das Latein) für die Priester zugänglich, dagegen für die Glaubensgemeinschaft unzugänglich sein. Das Soziologen-Chinesisch der 68er-Phase erfüllte dieses Kriterium. Es erleichtert nicht nur die Elitenbildung und elitäre Abschirmung derjenigen, die Herrschaft beanspruchen, sondern schüchtert die anderen auch ein und erschwert das Rückfragen.

- Die Einführung neuer und die Vermeidung alter Begriffe ist immer auffällig, da die Wechsel derartiger Sprachgewohnheiten Versuche der Veränderung der geistigen Programmierung anderer indizieren. In der 68er-Phase sprach man nach Schelsky (1975) nicht mehr von Erlös, sondern von Profit; aus dem Gegner wurde der Klassenfeind, aus der Macht des wirtschaftlichen Systems wurde strukturelle Gewalt, aus dem Staat wurde Gesellschaft, und Toleranz wurde zum entscheidenden Schimpfwort: Die vielzitierten „liberalen Scheißer" praktizierten nämlich nur eine „repressive" Toleranz, die nichts anderes sei als die Stabilisierung des gegenwärtigen Elends. Die Sprache wird damit zu einem entscheidenden Medium der Veränderung. Vor diesem Hintergrund sind natürlich auch in der betrieblichen Praxis Änderungen von Sprachspielen in hohem Maße bedeutsam. In diesem Sinne ist es selbstverständlich auch nicht gleichgültig, ob wir z. B. vom kapitalistischen System oder von der sozialen Marktwirtschaft, vom Untergebenen oder vom Mitarbeiter sprechen.

- Klerikale Herrschaft ist im Höchstmaße daran interessiert, herrschaftsstabilisierende Begriffswahlen zu stützen. Von daher etabliert sie eine Zensur. Wie in der ehemaligen DDR hervorragend veranschaulicht, ist für die geschlossene Gesellschaft dabei zweierlei entscheidend: Zum einen kommt es darauf an, daß die Kontrolle und Sanktionierung auf gesamtstaatlicher Ebene zentral erfolgt. Darüber hinaus ist für das geschlossene System kennzeichnend, daß die Härte bzw. Schärfe der Sanktion erheblich ist.

Damit sei die Zusammenstellung einiger Indikatoren klerikaler Herrschaft zunächst einmal abgeschlossen. Wie schon gesagt, wird diese Frage im betrieblichen Kontext noch eingehend analysiert. Das zentrale Fazit von Schelsky (1975) lautet übrigens: Die linke Bewegung, die angetreten war, um die Aufklärung zu vollenden, sei im wesentlichen ein Rückschritt in die klassische Form der Priesterherrschaft gewesen, aus der die Aufklärung gerade herauszuführen versucht habe. Die Gegenaufklärung hat letztlich genau das bewirkt, was sie bekämpfte, nämlich Unmündigkeit.

Zwei Lehren sind aus dieser Erfahrung heraus destillierbar. Die eine Konsequenz besagt, daß eine ganz bestimmte Idee, nämlich die sozialistische Utopie, nicht Heil, sondern Unheil bringt. Die zweite Konsequenz ist, daß auch der beschrittene Weg dorthin ein gefährlicher war: Der Weg war gekennzeichnet durch die Strategie der revolutionären Ganzheitsplanung und nicht durch die (der offenen Gesellschaft nahestehende) Vorgehensweise der schrittweisen, evolutionären Verbesserung von Teilaspekten der Realität. Auf diese Unterscheidung sei nachstehend etwas genauer eingegangen, da sie das offene bzw. geschlossene Denken noch einmal in fundamentaler Weise charakterisiert.

Popper ordnet die Methode der Ganzheitsplanung der geschlossenen Gesellschaft zu. Indem ein soziales System als Ganzes gleichsam am Reißbrett entworfen wird (total) und als Weg dorthin die revolutionäre Beseitigung alles Alten vollzogen wird (radikal), erweist sich die Technik der Ganzheitsplanung als extrem kollektivistisch und elitär-dogmatisch, also als Reflex des geschlossenen Denkens. Der Anhänger der radikal-totalen Ganzheitsplanung fühlt sich dabei nicht in der Pflicht, den Beweis für die Vernünftigkeit seiner Utopie zu liefern; er verlangt vielmehr, daß seine Gegner Beweise für die Vernünftigkeit des Status quo zu erbringen hätten, so daß die Beweislast nicht beim Kläger, sondern bei dem (vom Utopisten) Angeklagten liege (Lübbe, 1975, S. 7 f.).

Die Gegenstrategie wird von Popper als die Sozialtechnik der Einzelprobleme bzw. als die Technik des schrittweisen Umbaus der Gesellschaftsordnung bezeichnet. Sie ist nicht total und radikal, sondern sektoral und schrittweise (Popper, 1980 a, S. 214). Diese schrittweise „Stückwerk-Technologie" (Alt, 1992, S.126) ist dabei systematisch mit der Logik des kritischen Rationalismus verbunden. Im Sinne der Irrtumsbehaftetheit aller Erkenntnisse soll vor vorschneller Ganzheitsplanung gewarnt werden und umgekehrt durch die Politik der kleinen Schritte die Revision von Einzelschritten immer noch möglich bleiben, um eben dem Postulat der Vorläufigkeit allen Erkennens immer wieder gerecht zu werden. Darüber hinaus geht es dem kritischen Rationalismus darum, Hypothesen über vernünftige Gestaltungsformen sozialen Lebens zunächst in der Empirie zu testen, also erfahrungsorientiert Hypothesen zu bilden und diese immer wieder neu einer Art von Belastungstest zu unterziehen, in dem versucht wird, die Hypothesen zu falsifizieren. Eine solche Wissensakkumulierung, die über ständige Feedbackschleifen gesteuert wird, kann sich selbstverständlich in der Praxis der Forschung nur auf Realitätsausschnitte beziehen. Eine zeitparallele Widerlegung all dessen zu leisten, was in einer Zeit insgesamt für richtig erachtet wird, ist unmöglich. Auch insofern ist das Gegenmodell der revolutionären Ganzheitsplanung im Kern irrational.

Nach Lübbe (1975) liegt die Beweislast für die Verbesserungswürdigkeit bzw. -fähigkeit eines Wirklichkeitsausschnitts im Sinne des offenen Denkmusters außerdem immer beim Kläger, wobei diese „Anklage" im Sinne der Aufklärung bzw. im Sinne von Popper immer eine erfahrungsorientierte Anklage sein soll. Dies heiße im übrigen durchaus nicht, daß alle anderen bisher unkritisiert gebliebenen Möglichkeitsausschnitte notwendig oder sinnvollerweise so sind, wie sie sind. Es heiße nur, daß sie, so lange sie nicht einer gehaltvollen Kritik unterzogen sind, die widerlegbare Vermutung der Vernünftigkeit für sich in Anspruch nehmen können.

Insofern sei auch Tradition nichts Negatives. Traditionale Sätze (wie die Alten sagten) sind nicht zwangsläufig richtig, aber qua Traditionalität haben sie zumindest einen gewissen Verdacht auf Richtigkeit, da sie sich in der Vergangenheit offensichtlich bewährt haben. Sie sind wichtig, weil nicht jedes Orientierungswissen nach wissenschaftlicher Methodik legitimiertes Wissen sein kann. Traditionale Sätze komplettieren unser notwendigerweise nur in Ausschnitten wissenschaftlich überprüftes Wissen und liefern damit einen für die Orientierung wichtigen Zusatzbaustein an Regeln. Damit wird im Prinzip auch Vertrauen ermöglicht: Man unterstellt, daß das Vergangene so bleiben wird und sich auch in der Zukunft so fortsetzt, womit es erleichtert wird, die im Prinzip unbestimmte Zukunft in ihrem Unbestimmtheitscharakter auszuhalten (Lübbe, 1975, S. 41).

Wie schon in dem einleitenden Kapitel unter 1.1 ausgeführt, ist Tradition also nicht eine Kategorie, die per se bereits der geschlossenen Gesellschaft zuzuordnen ist. Der entscheidende Vorteil von Traditionen liegt auf der Hand: Die Strategie, jeweils dem Kläger, der von der Tradition abweichen möchte, die Beweislast zuzuordnen und wissenschaftlich fundiertes Erfahrungswissen vorauszusetzen, bewirkt, daß die Realität entsprechend nur schrittweise und sektoral verändert wird, wodurch die Risiken der Veränderung minimiert werden. Die Umkehrung der Beweislast (das Neue hat im Prinzip die widerlegbare Vermutung von Vernünftigkeit für sich) sei der Utopieweg, der aufgrund einschlägiger Erfahrungen als Veränderungsstrategie aber zu gefährlich sei. In dieser Folgerung stimmen Lübbe und Popper zur Gänze überein. Das zentrale Problem dieser Stückwerktechnologie ist aber ebenfalls offenkundig:

Man begeistert sich für Utopien, aber kaum für Stückwerk-Reparaturen. Die Stückwerktechnologie ist mühselig und verlangt über die erforderlichen Feedbackschleifen eine geradezu asketische Haltung. Für ungeduldige junge Menschen muß die Stückwerktechnologie als ein fauler Kompromiß scheinen, da die Realität nur sektoral und selbst dort nur schrittweise verändert wird (und vieles — und dies auf längere Sicht — unverändert bleiben wird!). Dies ist die Implikation der Stückwerktechnologie, die jedem Praktiker zutiefst vertraut ist, und jeder weiß, wie schwierig es ist, Kompromisse in der Wahrnehmung der Betroffenen hinreichend hell und strahlend leuchten zu lassen. Da mit der Stückwerkstrategie ein Kernproblem der betrieblichen Praxis berührt ist, wird auf diese Frage noch ausführlich zurückgekommen. Das Faszinierende, aber auch die Schwächen der Gegenaufklärung, verdeutlicht über die Aspekte der Priesterherrschaft und der revolutionären Ganzheitsplanung, sind damit hinreichend verdeutlicht.

Als Fazit zum Dilemma der geschlossenen Gesellschaft seien nachstehend die zentralen Aussagen dieses Kapitels zusammengefaßt und im Vorgriff auf den zweiten Hauptteil dieses Buches ein Blick auf die Frage geworfen, worin die Bedeutung der skizzierten Aspekte für die betriebliche Realität bestehen könnte. Die Denkfigur der geschlossenen Gesellschaft weist auf allen von uns unterschiedenen Dimensionen offensichtliche Vorteile auf (vgl. Abb. 2). Umso dringlicher ist unter der Perspektive der Gestaltung menschlichen Zusammenlebens — in der Gesellschaft oder speziell in Unternehmen — daher die Frage zu klären, ob in der Konzeption der geschlossenen Gesellschaft möglicherweise zugleich die Wurzeln für potentielle Übel mit angelegt sind und worin diese Übel im einzelnen bestehen können. Zunächst betrachten wir als Beispiel für geschlossenheitsaffine Philosophien Platon und Hegel als „Feinde" der offenen Gesellschaft. Dabei erscheinen als gefährliche Implikationen einerseits die auffallende Dominanz der Herrschenden — der „weisen Philosophenkönige" bei Platon und der publizistisch operierenden „Repräsentanten des objektiven Geistes" bei Hegel. Diese Führer beanspruchen einerseits für sich ein Erziehungs- und Führungsmonopol (vgl. Platons „Führerprinzip") und verfügen andererseits über ein uneingeschränktes und unangreifbares Machtmonopol. Die Kehrseite ist die Entmündigung und die (kollektive) Unterdrückung der Masse der Geführten. Damit scheint erstens die Annahme bestätigt, daß — sei es im sozialen System Gesellschaft, sei es im Betrieb — geschlossene Muster negative Begleiterscheinungen in sich tragen. Zweitens zeigt der ambivalente Charakter der geschlossenen Gesellschaft, daß der „Feind" nicht nur außerhalb, sondern zugleich in uns liegt und damit in jedem sozialen System — auch im Unternehmen — vorhanden ist.

Exemplarisch betrachtete Manifestationen des Totalitarismus lenken den Blick vor allem auf spezielle Instrumente der negativen Ausprägung der geschlossenen Gesellschaft. Die von H. Arendt skizzierten Instrumente der totalen Organisation (Wille des Führenden = Gesetz) sowie der lebendigen Organisation (Entbürokratisierung, Enthierarchisierung, Unterbinden von Cliquenbildung) sind Eckpfeiler, an denen auch die betriebliche Realität gemessen werden kann. Es zeigt sich zugleich, wie darüber hinaus Willkür und Unterdrückung von Individualität mit der Verbreitung von Ideologien — Strategien, die im betrieblichen Kontext durchaus vorstellbar sind — als innerer Zwang nahezu unausweichlich der geschlossenen Gesellschaft zuarbeiten. Ausgewählte Symptome der geschlossenen Gesellschaft — Priesterherrschaft und revolutionäre Ganzheitsplanung — machen deutlich: Utopien (in Betrieben z. B. visionär-charismatische Führung, Missionen und verwandte Techniken; Sprachspiele, geistige Programmierung etc.) können negative Konsequenzen mit sich bringen. Der nicht „evolutionäre“, sondern „revolutionäre“ (Technik der Ganzheitsplanung) Weg zur Erreichung solcher Utopien (in Betrieben: z. B. organizational transformation statt organization development) kann ebenfalls negative Konsequenzen nach sich ziehen. Darauf werden wir später zurückkommen.

Fazit: Mit der geschlossenen Gesellschaft scheint es sich so zu verhalten wie mit der vielzitierten Büchse der Pandora. Pandora (griech.: die Allbeschenkte) hält für die Menschen heilbringende (Götter-) Geschenke bereit (Sinn, Orientierung, Geborgenheit etc.). Öffnet sie jedoch den Deckel ihrer Büchse, so werden unvermeidlich gefährliche Übel freigesetzt (Entmündigung, Unterdrückung, etc.). Aber: In der Büchse blieb als einziges Gut die Hoffnung. Nachdem wir nun die Übel in Umrissen kennen — sollte es möglich sein, den Deckel so vorsichtig anzuheben, daß die schlimmsten Übel ausbleiben?

Bevor wir uns im 3. Teil der Arbeit mit dieser Frage näher beschäftigen, wenden wir uns im folgenden dem Pendant der geschlossenen Gesellschaft zu, der offenen Gesellschaft.

3. Die Attraktivität und Mühsal der offenen Gesellschaft — Lohnt das Festhalten am Experiment der offenen Gesellschaft?

In diesem Kapitel steht die offene Gesellschaft im Mittelpunkt der Betrachtung. Dabei soll zunächst in Weiterführung der im ersten Kapitel herausgearbeiteten Kennzeichnungen verdeutlicht werden, in welchem Sinne sich die verschiedenen Aspekte der offenen Gesellschaft untereinander bedingen, wodurch der ganzheitliche Charakter des Konzepts der offenen Gesellschaft unterstrichen wird. Dieses sich klarzumachen ist für die Praxis wichtig, weil es die Grenzen der Möglichkeit aufzeigt, zwischen der offenen und der geschlossenen Gesellschaft dadurch vermitteln zu wollen, daß man beliebige Aspekte aus der offenen Gesellschaft herauszuschneiden versucht und diese mit beliebigen Aspekten der geschlossenen Gesellschaft kombiniert.

Nachdem im ersten Gedankengang die offene Gesellschaft unter besonderer Berücksichtigung ihrer Verfahren gekennzeichnet werden wird, soll im zweiten Abschnitt dieses Kapitels die Frage nach der Stabilität bzw. Instabilität der offenen Gesellschaft behandelt werden. Es werden die Sprengsätze präzisiert, die (möglicherweise) im Keim der offenen Gesellschaft selbst angelegt sind, um so die Fliehkräfte zu verdeutlichen, an denen die offene Gesellschaft zugrundegehen kann. Damit soll im zweiten Teil dieses Kapitels im einzelnen demonstriert werden, welche Aspekte der offenen Gesellschaft nicht nur Problemlösungen darstellen, sondern zugleich neue Probleme schaffen. Dies geschieht dadurch, daß wir im einzelnen nachzuzeichnen versuchen, in welchem Sinne sich bestimmte Aspekte der offenen Gesellschaft bzw. bestimmte Praktiken innerhalb der offenen Gesellschaft als mühselig erweisen (können), wobei die Mühsal unter Umständen so groß wird, daß das System der offenen Gesellschaft selber zur Disposition stehen könnte.

3.1 Die Logik der offenen Gesellschaft

Um die wechselseitige Bedingtheit der verschiedenen Teilaspekte der offenen Gesellschaft zu illustrieren, nehmen wir auf den Amerikaner John Rawls Bezug, der mit seiner Arbeit „Eine Theorie der Gerechtigkeit" (1971) eine die derzeitige Debatte beherrschende Konzeption der offenen Gesellschaft vorgelegt hat. Im deutschsprachigen Raum liegt eine Sammlung der entscheidenden Ausführungen in „Die Idee des politischen Liberalismus" (Rawls, 1992) vor. Mit seiner Liberalismuskonzeption zielt Rawls auf bestimmte Gestaltungsalternativen menschlichen Zusammenlebens („Politik"), womit zunächst Aspekte der von uns als „sozial" bezeichneten Dimension (B) der offenen Gesellschaft (vgl. Abb. 1) im Vordergrund zu stehen scheinen. Um die Vernetztheit der verschiedenen Dimensionen zu zeigen, werden wir im folgenden erstens jeweils auf die erkenntnistheoretischen Wurzeln (erkenntnistheoretische Dimension, C) der liberalistischen Konzeption verweisen und zum anderen zeigen, wie sich diese Konzeption im Hinblick auf unsere anthropologische Dimension (A) deuten läßt. Zweitens werden wir die Beschreibung und entsprechende Deutung der Rawlsschen Konzeption in zwei Schritten vornehmen: Zunächst beschreiben wir die theoretische Konzeption der offenen Gesellschaft, das „Was", in ihren Bezügen zu unseren Dimensionen und anschließend die von Rawls skizzierte Realisierung in der politischen Praxis, das „Wie". Indem wir zeigen, inwiefern das „Wie" das „Was" bedingt und stabilisiert, werden wir zugleich die Verzahnung beider Ebenen deutlich zu machen versuchen.

Um dem Leser die Übersicht zu erleichtern, haben wir uns bemüht, die Kernaussagen dieser Liberalismuskonzeption in der Abb. 3 zusammenzufassen.

Menschen verfolgen in einem sozialen System unterschiedliche Interessen und Ziele. Aufgrund unterschiedlicher Neigungen und Anlagen, aber auch aufgrund unterschiedlicher sozioökonomischer Ausgangslagen, aufgrund unterschiedlicher Familienverhältnisse, schulischer und betrieblicher Erfahrungen verdichten sich die Biographien der einzelnen zu unterschiedlichen „Konzeptionen des Guten". Die Redewendung „Konzeption des Guten" bezieht sich auf Überzeugungen, Präferenzordnungen, Lebenspläne, Ideale, Normen, Ziele, Tugendvorstellungen und entsprechend grundlegende Einstellungen, die das Denken und Handeln der Menschen maßgeblich bestimmen.

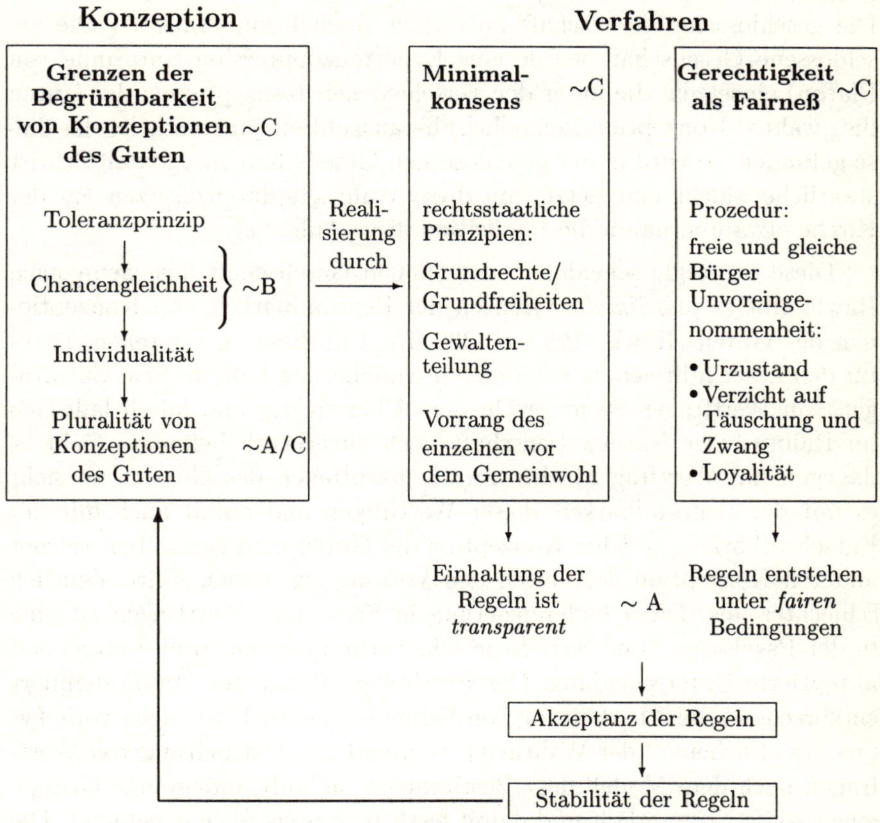

Widerspiegelung der Bewußtseinsdimensionen der offenen Gesellschaft

A ~ anthropologische Dimension (Voluntarismus)

B ~ soziale Dimension (Individualismus)

C ~ erkenntnistheoretische Dimension (Vorläufigkeit)

Abb. 3: Die Logik der offenen Gesellschaft in der Liberalismuskonzeption nach Rawls

In einem sozialen System gibt es nach Rawls eine erhebliche Pluralität von konkurrierenden „Konzeptionen des Guten", die nicht gleichzeitig realisiert werden können. Den Tatbestand von Pluralität voraussetzend, fragt er nun, wie man klugerweise mit dieser Pluralität umgehen soll. Die geschlossene Gesellschaft hätte hier schnell eine Antwort: Die geschlossene Gesellschaft würde eine Expertenkommission (im Sinne von Platon) einsetzen, die unter den verschiedenen Konzeptionen des Guten die „wahre" Konzeption (angeblich) herauszufiltern imstande ist. Ist diese gefunden, so wird in der geschlossenen Gesellschaft im zweiten Schritt staatliche Macht eingesetzt, um diese Wahrheit durchzusetzen (in der Kirche etwa übernahm die Inquisition diese Aufgabe).

Diese Strategie scheidet in der offenen Gesellschaft aus, denn nach Rawls gibt es *prinzipielle* Grenzen der Begründbarkeit von Konzeptionen des Guten (Rawls, 1992, S. 336 ff.). Um diese zu verstehen, ist es für den Leser hilfreich, in einer ersten Annäherung Fakten- bzw. Sachfragen von Wertfragen zu unterscheiden. Über richtig und falsch läßt sich im Rahmen der Naturwissenschaft noch zuverlässig befinden. Geht es dagegen um Wertfragen, also um „Konzeptionen des Guten", so sieht es mit der Begründbarkeit dieser Wertfragen und damit auch mit der Entscheidbarkeit, welcher Konzeption des Guten man gegenüber welcher anderen Konzeption des Guten den Vorrang einräumen sollte, deutlich schlechter aus. Diese Differenzierung in Sach- und Wertfragen ist eine in der Psychologie und Soziologie sehr verbreitete und wohl weitgehend akzeptierte Unterscheidung. Der Psychologe Hofstätter (1967) definiert entsprechend die Abarbeitung von Faktenfragen als Leistungen vom Typus des „Suchens" (der Wahrheit), während die Abarbeitung von Wertfragen nach dem Modell des „Bestimmens" abläuft, indem eine Gruppe eine soziale Norm erläßt und damit festlegt, was sie für gut befindet. Die Begründbarkeit von Wertfragen ist unter anderem deswegen so problematisch, weil dabei mit meist unscharfen Begriffen operiert werden muß und zusätzlich gelegentlich auf Erfahrungen (empirische Sachverhalte) verwiesen wird, deren Faktencharakter strittig und deren Generalisierbarkeit offen ist. Pluralität von Werten bzw. Konzeptionen des Guten ist nach Rawls in einer modernen Gesellschaft nicht Folge von Unwissenheit, Irrationalität oder Borniertheit. Pluralität ist nicht einfach eine Panne, die man mit etwas besserem Wissensstand und bei redlichem Bemühen beseitigen könnte. Die Pluralität von Konzeptionen des Guten spiegelt vielmehr die angedeuteten prinzipiellen, nicht aufhebbaren Grenzen der

Begründbarkeit von Konzeptionen des Guten wider. Damit zeigt sich ganz deutlich, daß Rawls die Poppersche Konzeption der Irrtumsbehaftetheit (erkenntnistheoretische Dimension) aller unserer Aussagen unterstreicht. (Der Leser sei gebeten, sich noch einmal die Abb. 1 aus dem ersten Kapitel ins Gedächtnis zurückzurufen, da es uns unter anderem darauf ankommt, gerade die Vernetztheit der verschiedenen Dimensionen untereinander zu illustrieren.)

Aus den Grenzen der Begründbarkeit von Konzeptionen des Guten folgt für Rawls das entscheidende Toleranzprinzip. Es gibt kein Argument, das Menschen dazu legitimieren könnte, nach dem Muster der geschlossenen Gesellschaft mit Hilfe staatlicher Zwangsgewalt Konzeptionen des Guten durchzusetzen, die die gleichermaßen gut begründeten Konzeptionen anderer in ihrer Einlösung verletzen. Der einzelne muß vielmehr vor einem entsprechenden staatlichen Übergriff geschützt werden. Dieses Toleranzprinzip (der offene Pol auf der erkenntnistheoretischen Dimension) führt im Sinne der Dimension der Chancengleichheit der offenen Gesellschaft (soziale Dimension) dazu, daß die Menschen frei und gleichermaßen berechtigt sein sollen, ihren gleichermaßen gut begründeten Konzeptionen des Guten zur Geltung zu verhelfen. Die Toleranzforderung mündet also in die Gleichberechtigungsmaxime ein. Dies gibt dem *einzelnen* die Freiheit bzw. die Chance, seine Konzeption des Guten zum Ausdruck zu bringen. Damit wird auf die individualistische Grunddimension der offenen Gesellschaft verwiesen. Es ist zusätzlich eine gängige Auffassung, daß wir als Menschen eine besondere Reife entwickeln, wenn wir eine eigene Lebensplanung entwerfen und zwischen verschiedenen Gestaltungsalternativen wählen können. Indem die Person wählt bzw. sich entscheidet, erweist sie sich insofern zugleich als Subjekt und nicht als Objekt. Selbstverständlich steht diese Maxime auch in der Tradition des „Werde, der Du bist“.

Indem Menschen in dieser Weise von ihrer Freiheit und Autonomie im anthropologischen Sinne Gebrauch machen, praktizieren sie zum einen den individualistischen Pol der offenen Gesellschaft und zugleich die voluntaristische Denkfigur, da sie sich in ihrer Lebensgestaltung und in ihrem Lebensentwurf nicht als von den Göttern oder sonstigen Mächten fremdbestimmt erfahren. Nehmen die Menschen in ihrer Verschiedenartigkeit die Chance wahr, ihrer jeweiligen Konzeption des Guten zur Geltung zu verhelfen, so bedingt dies wiederum Pluralität; Vielfalt und nicht Einheitlichkeit ist das Resultat.

Bereits über diese Gedankengänge wird deutlich, daß die verschiedenen in der Abb. 1 unterschiedenen Aspekte der offenen Gesellschaft zwingend aufeinander verweisen, weil sie sich gegenseitig bedingen. Gleichzeitig ist dabei festzustellen, daß die Pluralität nicht nur einen Ist-Wert darstellt; Pluralität wird auch zum Soll-Wert insofern, als sich in der Pluralität der Wert der Individualität gleichsam materialisiert: Die Pluralität wird zum *Gradmesser* der in einem sozialen System durch das Toleranzprinzip ermöglichten und praktizierten Individualität.

Bis hierher bezog sich unsere Beschreibung überwiegend auf die konzeptionelle Ebene des Liberalismus, das *„Was"*, indem wir die erkenntnistheoretische Grundposition und den normativen Anspruch für die soziale Dimension skizzierten sowie eine Deutung auf der anthropologischen Dimension formulierten. Im folgenden steht die Frage im Vordergrund, *wie*, mit welchen Verfahren, dieser konzeptionelle Anspruch im Kontext des politischen Liberalismus im Sinne von Rawls realisiert werden kann, wobei wir wiederum auf die erkenntnistheoretische und die anthropologische Dimension der offenen Gesellschaft Bezug nehmen.

Der nun folgende Abschnitt beinhaltet daher einen Wechsel in der Perspektive insofern, als wir nicht mehr die Zielrichtung der offenen Gesellschaft betrachten (Individualität zu ermöglichen), sondern nach *Verfahren* suchen, die diesen Zielen gerecht werden. Verfahren sind notwendig, weil sich mit der durch das Toleranzprinzip ermöglichten Pluralität ein spezifisches Problem ergibt: Die Tatsache von Pluralität anzuerkennen heißt, daß es eine Vielzahl vernünftig begründbarer und gleichwohl miteinander unvereinbarer Konzeptionen des Guten gibt. Da also nicht alle Konzeptionen des Guten zeitparallel zur Gänze realisierbar sind, weil sie zumindest partiell unvereinbar sind, müssen dem einzelnen bezüglich der Chance, seiner Konzeption des Guten zur Geltung zu verhelfen, Beschneidungen aufgebürdet werden. Wir suchen also nach einem Verfahren, das einerseits ein möglichst großes Maß an Pluralität bzw. Individualität ermöglicht, andererseits aber auch dem gerade erwähnten Beschneidungsbedarf des einzelnen gerecht wird und zugleich von den Beteiligten akzeptiert wird.

Vereinfacht ausgedrückt besteht dieses Verfahren zum einen in (rechtsstaatlich fundierten) demokratischen Prinzipien, womit Demokratie nicht Selbstzweck ist, sondern ein Verfahren bzw. eine Methode darstellt. Die demokratischen Prinzipien stellen insofern Regeln dar zur vernünftigen Abarbeitung und Gewährleistung von Pluralität. Zum anderen besteht dieses Verfahren darin, daß die rechtsstaatliche Fundierung der Demokratie in einer spezifischen Prozedur geschehen muß. Wir stellen im folgenden zunächst knapp die rechtsstaatlich fundierten demokratischen Prinzipien dar, auf die es nach Rawls (1992, S. 293 ff.) im Sinne einer liberalen Rechtsstaatlichkeit ankommt: Zum einen müssen die Grundrechte und Grundfreiheiten abgesichert und in der Folge davon Pluralität als schutzbedürftig erklärt werden. Es geht also um die Garantie der Denk-, Gewissens-, und Redefreiheit sowie um Versammlungs- und Pressefreiheit, wobei sehr wesentlich auch die Freiheit, politische Parteien zu gründen, zu erwähnen ist. Personen haben damit die Möglichkeit, ihre Konzeption des Guten zu gestalten, weiterzuentwickeln und im Rahmen der demokratischen Spielregeln öffentlich zu vertreten. Dies kann z. B. dadurch geschehen, daß Personen mit ähnlichen Konzeptionen des Guten eine Partei gründen und insofern im Sinne des voluntaristischen Prinzips die soziale Realität zu gestalten versuchen. An anderer Stelle vermerkt Rawls, daß speziell das Recht zur Revision eigener Konzeptionen des Guten ein wichtiges Kriterium für einen freien Bürger ausmache, womit zugleich das Prinzip der Irrtumsbehaftetheit und Vorläufigkeit menschlicher Erkenntnis (erkenntnistheoretische Dimension) angesprochen wird (wir werden an späterer Stelle auf die Frage einzugehen haben, ob man auch im Betrieb das Recht zu einer derartigen Revision hat, also der Frage nachgehen, inwieweit der Betrieb, unabhängig von seinen konkreten Ausprägungen, als Typ einer Organisation innerhalb einer Gesellschaft eigentlich als ein offenes System betrachtet werden kann).

Des weiteren verweist Rawls auf die Wichtigkeit der Begrenzung staatlicher Macht in Form einer Gewaltenteilung in Legislative, Exekutive und Judikative, um Übergriffe des Staates zu vermeiden, die zu einer Verletzung des Toleranzprinzips führen könnten. Als entscheidendes Grundprinzip sei dabei der Schutz der Rechtsstaatlichkeit an sich zu betonen, um der Verfassungsfrage ein hinreichendes Gewicht zukommen lassen zu können. Im Sinne einer liberalistischen Konzeption betont Rawls darüber hinaus, daß die Garantie der Grundrechte und Grundfreiheiten des einzelnen mit Vorrang gegenüber dem Allgemeinwohl und mit Vorrang auch gegenüber jeglichem Perfektionsanspruch formuliert sein sollte.

Neben diesen dem Leser vertrauten Positionen unterscheidet Rawls einen Aspekt, der gerade in der heutigen Bundesrepublik einen neuralgischen Punkt berührt: Rawls geht davon aus, daß die liberale Verfassung nur einen inhaltlichen Minimalkonsens zum Ausdruck bringen sollte. Aufgrund der prinzipiellen Grenzen der Begründbarkeit von Konzeptionen des Guten gelingt es eben in der politischen Praxis nicht, eine Vielzahl unterschiedlicher Konzeptionen des Guten mit Grund zu hierarchisieren, also in eine Rangreihe zu bringen. Eben weil dies nicht möglich ist, sei es klüger, den Konsens nur auf einige wenige Basisaussagen zu beschränken. Würden in der Verfassung dagegen auch nicht-konsensfähige Maximen verankert, so trägt dies zur Labilisierung der liberalen Strukturen durch latent bleibende Kontroversen bei (Rawls, 1992, S. 324).

Beschränkt man sich auf die Formulierung eines Minimalkonsens, so vermeidet man als Vorteil zum einen, daß (verfassungsbezogen) latent Kontroversen bestehen bleiben. Zum zweiten liegt der Vorteil einer derartigen Beschränkung darin, daß sich in einer so verfaßten liberalen Gesellschaft auch zentrale Werte durchaus verschieben und ändern können, ohne daß zugleich das System als solches, bezogen auf seine Verfassung, in Frage gestellt ist. Derartige Wandlungen werden vom System bzw. von der Verfassung her vielmehr von vornherein konzeptionell mit bejaht.

Das entscheidende Ziel hierbei lautet: Rawls will letztlich nicht spezifischen inhaltlichen Werten zur Geltung verhelfen, sondern nur eine Kooperation ermöglichen, die langfristig als fair erlebt wird. Er betont immer wieder seinen pragmatischen und insofern politischen Hintergrund und sucht nach einer Weise der Regelung des Zusammenlebens, die das Toleranzprinzip möglichst konfliktfrei langfristig stabilisiert. Je mehr umgekehrt das System bzw. die Verfassung durch Rekurs auf spezifische (z. B. spezielle christliche) Werte legitimiert und begründet wird, tangieren Veränderungen dieser Wertauffassungen sofort das System an sich. Die Strategie des kleinsten gemeinsamen Nenners scheint insofern als Chance, größere zeitliche Stabilität zu ermöglichen. Wir werden auf diese Frage der gesetzgeberischen Enthaltsamkeit auf dem Niveau der Verfassung noch zu sprechen kommen, wenn wir in einem späteren Kapitel Überlegungen darüber anstellen, wie man zwischen der offenen und der geschlossenen Gesellschaft einen Ausgleich schaffen könnte.

Eine rechtsstaatlich fundierte Demokratie, deren Verfassung sich auf möglichst wenige konsensfähige Grundaussagen konzentriert, ist die eine Seite des Verfahrens, das den Intentionen der offenen Gesellschaft entsprechen soll. Auf dem beschriebenen Wege werden Individualität und Pluralität vergleichsweise konfliktfrei praktizierbar. Daneben geht es aber um das Erfordernis, aufgrund der begrenzten Unverträglichkeit der Konzeptionen des Guten Beschneidungen der Rechte des einzelnen durchzusetzen. Auf diesen Verfahrensaspekt, der für ein demokratisches Grundverständnis grundlegend ist, sei nachstehend näher eingegangen. Dies tun wir zusätzlich in der Absicht, im Geist zugleich die betriebliche Praxis vergleichend zu beleuchten, die offenbar andere Wege beschreitet.

Die Suche nach politischer Gerechtigkeit beinhaltet die Frage, welche Konzeption von Gerechtigkeit bzw. welche Konzeption sozialer Kooperation zwischen als frei und gleich gedachten Personen die angemessenste ist (Rawls, 1992, S. 260). Hier zeigt sich, daß Rawls ein starker Verfechter des voluntaristischen Prinzips insofern ist, als er die Beantwortung dieser Frage in die Hand derer legt, die später mit dieser Konzeption leben sollen. Menschen kommen also in der Rawlsschen Gedankenführung zusammen, um sich über die Qualität ihres zukünftigen Zusammenlebens Gedanken zu machen. Eine sehr interessante und nicht leicht zu verstehende Strategie ist der Rückgriff auf den sogenannten Urzustand. Damit ist gemeint, daß die beteiligten Personen das Konzept der für sie später maßgeblich werdenden Gerechtigkeit in einem Bewußtsein ausarbeiten sollen, als würden sie noch nicht ihre jetzige soziale Stellung, ihre Privilegien und ihre Interessenlage kennen. Anderenfalls müßte nämlich befürchtet werden, daß die Betreffenden als Gerechtigkeitskonzeption nur ihren privilegierten Status quo fortschreiben wollen. Um dies zu vermeiden, müssen sich die Parteien hinter einen „Schleier der Unwissenheit" (Rawls, 1992, S. 273) zurückziehen, um unbeeinflußt von den historisch zufälligen Gegebenheiten des Hier und Jetzt die anstehenden Fragen erörtern zu können.

Der explizite Auftrag an die Gruppe heißt, eine Konzeption von Gerechtigkeit unter der Perspektive einer lebenslangen bzw. Generationen überdauernden Kooperation innerhalb einer Gesellschaft zu formulieren. Zu dem Verfahren gehört des weiteren, daß sich die als gleich und frei gedachten Bürger bei der Ausarbeitung ihrer Gerechtigkeitskonzeption nicht gegenseitig täuschen, keinen Zwang ausüben, nicht betrügen, keine Informationsvorsprünge taktisch ausschlachten usw. (Rawls, 1992, S. 263).

Ähnlich wie dem vielzitierten herrschaftsfreien Diskurs von Habermas (1981) immer der Utopie-Charakter entgegengehalten wird, hat man auch bei Rawls in bezug auf die Machbarkeit ein ungutes Gefühl, wenn von den Menschen verlangt wird, von ihrer Parteilichkeit abzurücken. Rawls betont einerseits selbst, daß die simulierte Einlösung des Urzustands die Fähigkeit und Bereitschaft des einzelnen voraussetzt, seine Konzeptionen des Guten und seine letzten Ziele kritisch zu hinterfragen; er präzisiert andererseits aber nicht die Voraussetzungen, unter denen Menschen zu einer derartigen selbstkritischen Betrachtung fähig und bereit sind, so daß die Realitätsnähe dieser Denkfigur zunächst auch offen bleibt. Wir kommen hierauf zurück.

Wenn es gelingt, Menschen dahingehend zu motivieren, daß sie sich zu einem entsprechenden Vorgehen aufraffen, dann ist als Folge dieser Prozedur allerdings zu erwarten, daß die entsprechend verabschiedete Konzeption der Gerechtigkeit als fair erlebt wird, da das Verfahren, das zu dieser Konzeption führt, als fair erlebt wird; es kommt also darauf an, daß sich freie und gleiche Bürger unter als *fair* erlebten Bedingungen auf etwas einigen. Und eben durch diese Fairneß wird die gemeinschaftlich entwickelte Gerechtigkeitskonzeption zu einer „gerechten" Konzeption (Merten, 1993, S. 88). Dies ist auf der theoretischen Ebene eine nicht unwichtige Aussage: Was gerecht ist, wird hier nicht primär metaphysisch und philosophisch festgelegt. Die *pragmatische* Konzeption von Rawls — und eben dieser Aspekt macht diese Konzeption ja so interessant — der „Gerechtigkeit als Fairneß" zeigt, daß Gerechtigkeit eine Frage des Verfahrens ist. Im Sinne seiner erkenntnistheoretischen Ausgangsthese, daß Konzeptionen des Guten nur schwer begründbar seien, ist auch eine substantielle Gerechtigkeitskonzeption kaum fundierbar. Insofern heißt die entscheidende strategische Schlußformel: Gerecht ist, worauf sich freie und gleiche Bürger unter fairen Bedingungen einigen.

In der Abb. 3 beziehen wir uns in dem Kästchen „Gerechtigkeit als Fairneß" exakt auf dieses Vorgehen. Die liberale Rechtsstaatlichkeit, *kombiniert* mit einer entsprechenden Prozedur der inhaltlichen Ausarbeitung dieser liberalen Rechtsstaatlichkeit, fördert dann natürlich auch die Regelakzeptanz. Hat man sichergestellt, daß das Verfahren von denjenigen entwickelt wird, die mit diesem Verfahren später leben sollen, und zugleich sichergestellt, daß die Einhaltung dieser gemeinsam verabschiedeten Regeln transparent ist, so wird dem Verfahren Legitimität zugesprochen. Und damit ergibt sich die entscheidende Konsequenz: Sofern die in der dargestellten Weise ausgearbeiteten Regeln nun auch transparent eingehalten werden, so wird den staatlichen Entscheidungen selbst dann, wenn sie Eingriffe in die eigenen Rechte implizieren, Legitimität zugeschrieben, da es sich um als fair wahrgenommene Prozeduren handelt. Anders ausgedrückt: Wird dem *Verfahren* Legitimität zugesprochen, so steigt die Chance dafür, daß auch der „Verlierer" des Verfahrens dem

Ergebnis Legitimität zuschreibt und damit das Ergebnis akzeptiert. Im Rahmen einer so ausgearbeiteten Gerechtigkeitskonzeption werden insofern auch die unabdingbaren Beschneidungen von Freiheit akzeptabel. Und eben dies war ja unser Ausgangsproblem, denn natürlich setzt das Leben mit einer Vielzahl gleich gut begründeter und gleichwohl miteinander unvereinbarer Konzeptionen des Guten Beschneidungen der Freiheit des einzelnen voraus. Zusammenfassend heißt dies: Die Stabilität der Regelakzeptanz im Sinne der Abb. 3 wird zum einen durch die Beschränkung auf den Minimalkonsens und zum zweiten durch die Qualität der Ausarbeitung dieses Minimalkonsensus gefördert. Ist dies wiederum der Fall, so ist damit der Raum für die weitere Praktizierung von Pluralität einer Gesellschaft eröffnet.

Da es uns vor allem darauf ankommt, zu zeigen, wie in der Rawlsschen Liberalismuskonzeption alle drei Dimensionen der offenen Gesellschaft miteinander verzahnt sind, sei dieser Bezug abschließend noch einmal hervorgehoben. Die *Konzeption* des Liberalismus wurzelt in der Annahme, es gäbe letztlich gleich gut begründbare Konzeptionen des Guten, was auf der erkenntnistheoretischen Dimension der Position der Vorläufigkeit entspricht. Diese Voraussetzung bedingt zugleich auf der anthropologischen Dimension die Annahme voluntaristischer Muster: Wenn es mehrere gleich gut begründbare Konzeptionen des Guten gibt, so ist es offensichtlich Aufgabe der Menschen, einer jeweiligen Konzeption den Vorzug zu geben und diese umzusetzen. Die dafür hilfreichen Prinzipien spiegeln das offene Muster auf der sozialen Dimension: Interessenheterogenität (Toleranzprinzip), Gleichwertigkeit der Menschen (Chancengleichheit) und Vorrang des einzelnen vor dem Kollektiv (Individualismus). Ähnliches gilt für die *Verfahrens*seite des Liberalismus. Minimalkonsens und Gerechtigkeit als Fairneß entspringen der erkenntnistheoretischen Vorläufigkeitsannahme, daß man weniger Inhalte, als vielmehr Methoden festlegen könne. Zugleich wird hier die voluntaristische Annahme insofern illustriert, als Menschen sich auf ein Verfahren einigen können, um die Regeln festzulegen, nach denen die soziale Realität gestaltet wird. Der pattern-Charakter der drei Dimensionen kommt zusätzlich dadurch zum Ausdruck, daß die beiden Hälften unserer Abbildung untrennbar miteinander verbunden sind: Die Konzeption lebt nur durch die entsprechenden Verfahren und wird nur durch sie aufrechterhalten.

Damit haben wir zugleich die *Intentionen* der offenen Gesellschaft im Sinne der Abb. 1 mit den *Verfahren* systematisch gekoppelt, und es dürfte deutlich geworden sein, daß es sich hier in der Tat um ein Muster handelt, aus dem man nur schwerlich bestimmte Aspekte wird herausbrechen können, ohne die Substanz der offenen Gesellschaft zu verletzen. Und genau dieses Problem wird uns an späterer Stelle noch beschäftigen müssen.

Kritisch ist in bezug auf die Position von Rawls aus unserer Sicht folgendes anzumerken: Zum einen scheinen speziell die unter der Perspektive des Verfahrens diskutierten Aspekte sehr voraussetzungsvoll. Rawls (1992, S. 177) läßt nur diejenigen Menschen als freie und gleiche Bürger gelten, die neben der Befähigung zu einer Konzeption des Guten den Sinn für Recht und Gerechtigkeit mitbringen: die Fähigkeit, faire Bedingungen der Kooperation zu achten. Er unterstellt weiter (1992, S. 327), daß die Einsicht in die Leistungsfähigkeit des liberalen Konzeptes notwendig ist, damit die Bürger sich in diesem Sinne „loyal" verhalten. Zudem überrascht der Optimismus, der durchklingt, wenn über die Chance gesprochen wird, Menschen zu der abverlangten Übernahme einer überparteilichen Perspektive zu gewinnen. Die von Rawls (1992, S. 325 ff.) dargelegten Argumente leiden vor allem daran, daß keine Randbedingungen angegeben werden, unter denen dieser Optimismus Gültigkeit haben könnte. Selbstverständlich sind Voraussetzungen vorstellbar, unter denen alles dies möglich ist; aber deren Präzisierung wäre für die Praxis so wichtig. Insofern könnte man fragen, ob nicht die Rawlssche Konzeption den Bürger prinzipiell überfordert und damit von vornherein als utopisch anzusehen ist und daher als realistische Gestaltungsalternative für die offene Gesellschaft ausscheidet. Bevor jedoch die Konzeption von Rawls als Utopie verworfen wird, sei folgendes angemerkt. Auch aus unserer Sicht ist die offene Gesellschaft ein in vielen Hinsichten voraussetzungsvolles und mühselig zu realisierendes Muster, und so liegt es uns fern, diesen Punkt an Rawls' Liberalismuskonzeption zu übersehen. Auch Popper spricht nicht ohne Grund von der „Last der Verantwortung" in der offenen Gesellschaft. Wir sind jedoch der Ansicht, daß diese Mühe lohnt und sind optimistischer in bezug auf das, was Menschen zugemutet werden kann; wir werden darauf noch im dritten Teil der Arbeit zu sprechen kommen. Was konkret Rawls betrifft, so nehmen wir an, daß sich Randbedingungen formulieren und realisieren lassen, unter denen zumindest eine Annäherung an das von ihm vorgeschlagene Prozedere denkbar wird.

Darüber hinaus fällt noch etwas Zweites auf: Man vermißt bei Rawls die Fragestellung, ob im Kern der liberalen bzw. offenen Gesellschaft auch Übel angelegt sind. Auf S. 327 werden einige Gefahren abstrakt angedeutet. Genau dies aber ist eine der entscheidenden Flanken der offenen bzw. der liberalen Gesellschaft. Es könnte sein, daß in den Prinzipien der Toleranz, der Pluralität und dem Freiheitsprinzip als solchen Dinge schlummern, die diffuge Kräfte freisetzen. Alles dies wird Rawls natürlich wissen; aber es wird zu wenig diskutiert, und insofern stellt sich die Frage, ob die vorgestellte Konzeption bereits genügend Überzeugungskraft aufweist, um mit diesen potentiell diffugen Kräften angemessen umzugehen.

Taylor (1993) kritisiert die Enthaltsamkeit der Rawlsschen Position in Wertungsfragen und spitzt die Problemstellung auf die Frage zu, ob es denn wirklich hinreiche, die offene Gesellschaft und die Demokratie im wesentlichen über die Zweckmäßigkeit spezifischer *Verfahren* zu legitimieren. Er stellt die Frage, ob man nicht doch, bei aller Schwierigkeit der Hierarchisierung von Konzeptionen des Guten, bestimmte inhaltliche Konzeptionen des Guten in den Vordergrund rücken sollte, damit man nicht nur ein Verfahren (Demokratie) verteidigt, sondern auch weiß, was man substantiell damit verteidigt (und ein solcher Verteidigungsbedarf ergibt sich, da die offene Gesellschaft, wie mehrfach schon angedeutet, zunehmend kritisiert wird).

Rawls selber deutet ähnliches an, indem er sagt, daß ein demokratischer Staat dauerhaft nur existieren wird, wenn er von einer beachtlichen Mehrheit der politisch aktiven Bürger in überzeugter Weise mitgetragen wird, womit sich wohl andeutet, daß dies eben als Effekt der bisher besprochenen Mechanismen nicht ohne weiteres vorausgesetzt werden kann.

Obwohl sich Rawls immer gegen metaphysische Ableitungen wehrt und immer wieder betont, daß er sich nach Möglichkeit nur an dem common sense der Bürger orientieren möchte, gibt es aber doch einen Aspekt, der substantieller Art ist: In der Konzeption von Rawls gibt es zwar keine Ethik des Guten im engeren Sinne, aber es gibt eine Ethik des Gerechten. Der substantielle Konsens, der offenbar als stabiler Felsen in der Rawlsschen Konzeption zu betrachten ist, ist letztlich die Herrschaft des fair erlassenen Gesetzes. Und diese Herrschaft des Gesetzes ist durchaus ein substantielles Gut, so daß die Kritik an Rawls, seine Verfahren seien nur am politisch Machbaren orientiert und nicht inhaltlich legitimiert, insofern nicht zur Gänze greift. Dennoch kann man sich natürlich fragen, ob eine in dieser Hinsicht durchaus auch inhaltliche Legitimierung der liberalen Gesellschaftskonzeption im Sinne einer engagierten Verteidigung ihres Bestandes ausreicht. Bevor wir diesen Faden weiterentwickeln, ist es aber an der Zeit, präziser zu erörtern, worin denn im einzelnen die potentiell destruktiven Kräfte innerhalb der offenen Gesellschaft zu liegen scheinen, denn nur wenn dies geklärt ist, können wir uns fragen, ob das Rawlssche Band hinreichende Bindungseffekte freizusetzen imstande ist.

3.2 Die Preise der offenen Gesellschaft

Die nachstehende Abbildung (Abb. 4) zeigt in erster Annäherung positive, aber auch mögliche negative Begleiterscheinungen der offenen Gesellschaft. Es werden im folgenden einige Beispiele dafür gegeben, daß durch das offenheitsförderliche Denken Rahmenbedingungen geschaffen werden, innerhalb derer sich unerwünschte Zustände ergeben können, um so die These von der Zerfallsgeneigtheit der offenen Gesellschaft zu illustrieren. Dieser Gedankengang wird später noch vertieft werden, wenn verstärkt die gegenwärtige Lage in ihrem historischen Kontext berücksichtigt wird und das zeitgeschichtlich aktuelle Schuldenkonto der offenen Gesellschaft skizziert wird.

Individualität wurde unter anderem als Chance zum Subjekt-Sein definiert, was die Gewährung bestimmter Grundfreiheiten voraussetzt. Worin liegen die Gefahren einer solchen Freiheitsgewährung? Ein Freiheitsverständnis, das Freiheit mit Emanzipation gleichsetzt, läuft Gefahr, daß die Selbstentfaltung des einen zu Lasten des anderen geht. Ein Freiheitsverständnis, das mit dem Recht gleichgesetzt wird, auch diese Norm der Freiheit in Frage zu stellen, kann zu dem Verlust von Traditionen, Takt und common sense führen und damit das Zusammenleben in fundamentaler Weise erschweren (Isensee, 1988). Die Kombination beider Freiheitsverständnisse mündet in anarchistische Strukturen ein, so daß staatliche Interventionen wahrscheinlich werden: Das staatliche Recht besetzt dann diejenigen Gebiete, aus denen sich die gesellschaftliche Selbstregulierung aufgrund einer allgemeinen Normenerosion zurückzieht (Isensee, 1988, S. 26). Die beiden gerade skizzierten Formen des Freiheitsverständnisses führen also zu ihrer eigenen Vernichtung, je mehr die für die Freiheitsstabilität konstitutive Funktionsfähigkeit dezentraler Selbstregulierung in Frage gestellt wird.

Eine etwas andere Denkfigur der Selbstauflösung von Freiheit wird

Attraktivität	Mühsal	Dimension
Prinzip Hoffnung Innovation Selbstorganisation Flexibilität Aufklärung/Bildung	Instabilität/Chaos Verantwortung/ Scheitern Opportunismen Machergläubigkeit Unzufriedenheit	**A. anthropologisch:** I. voluntaristisch
Pluralität Entwicklungspotential schöpferische Spannung	Streit/Konflikte Transaktionskosten Mißtrauen	**B. sozial:** II. Interessenheterogenität
Chancengleichheit Gleichbehandlung	Nivellierung	III. gleichwertig
Individualität Freiheit/Autonomie	Egoismen Einsamkeit Anarchie	IV. individualistisch
kritische Rationalität Toleranz Lernen	Beliebigkeit Orientierungslosigkeit Vorläufigkeit	**C. erkenntnistheoretisch:** V. irrtumsbehaftet

Abb. 4: Die Attraktivität und Mühsal der offenen Gesellschaft

von Tuschling (1978) in die Debatte gebracht, indem er die Theorie des Naturzustands im Sinne von Hobbes zu rekonstruieren versucht. Dabei geht es um die Freiheit der Aneignung und Nutzung von Gütern. In der Rekonstruktion von Tuschling ist die uneingeschränkte (!) Gewährung einer derartigen Freiheit selbstmörderisch insofern, als damit der Zustand des Krieges aller gegen alle ausgelöst werde (Tuschling, 1978, S. 217). Man müsse leider davon ausgehen, daß einzelne Individuen ihren Willen zu privater (d. h. alle anderen von der Verfügung ausschließenden) Aneignung von Objekten ohne Rücksicht auf die Interessen anderer durchsetzen würden. Als Folge sei anzunehmen, daß auch alle übrigen Individuen des sozialen Systems in ihrem eigenen Interesse bzw. zum Schutze ihrer Selbsterhaltung ebenfalls immer mehr Güter anzuhäufen versuchen, um der erfahrenen bzw. vermuteten Schädigung durch den Dritten zuvorzukommen. Ob es sich dabei um materielle oder immaterielle Güter (wie z. B. Macht) handelt, ist dabei nebensächlich. Das schrankenlose Streben einzelner setze im Sinne einer Verteidigungsreaktion eine entsprechende Bestrebung auch bei den anderen frei, unter Umständen sogar gegen deren Willen. Unter der Voraussetzung, daß keine die Individuen zur Respektierung der Ansprüche anderer und zur Einhaltung von Regeln zwingende staatliche Gewalt vorliege, komme es damit zum Krieg aller gegen alle und insofern zur Abschaffung der Freiheit. In dieser Denkfigur wird im übrigen nicht die Voraussetzung gemacht, daß die Menschen von Natur aus böse seien — vielmehr sei der Mensch im Interesse seines eigenen Überlebens darauf angewiesen, seinen Machttrieb gegenüber seinen Mitmenschen durchzusetzen (Schwan, 1992, S. 94); die Annahme heißt lediglich, daß sich einige „böse" verhalten (aus welchen Gründen auch immer), was entsprechende Kettenreaktionen zur Folge hat.

Auch das Prinzip der Chancengleichheit weist eine Kehrseite der Medaille auf: Im Sinne des individualistischen Denkansatzes (im Gegensatz zur kollektivistischen Orientierung) stellt die Herstellung von Chancengleichheit eine zentrale Aufgabe dar. In der offenen Gesellschaft gilt, daß die Frage der Herkunft bzw. Abstammung des einzelnen für die eingeräumten Chancen unwichtig sein soll. Insofern etabliert sich in der Leistungsgesellschaft eine Chancengleichheit im Beruf, die zunehmend von der sozialen Herkunft abstrahiert. Damit ergibt sich eine zunehmende soziale Mobilität. Auch Arbeiterkinder erhalten die Chance, Vorstandspositionen oder wichtige andere öffentliche Ämter zu übernehmen. Die Mobilität erhöht sich in einer offenen Gesellschaft zusätzlich insofern, als die Verheiratungsbedingungen nicht mehr so sehr im gleichen sozialen Status oder in bestimmten politischen Zweckmäßigkeitsüberlegungen liegen; als Basis für Eheentscheidungen wird vielmehr zunehmend stärker auf das Konzept Liebe verwiesen, so daß Ehen auch zwischen ehemals nicht Standesgleichen geschlossen werden.

Neben der sozialen Mobilität steigt die geographische Mobilität in einer offenen Gesellschaft: Als Ausdruck von Freiheit, Wahl und Autonomie verlagert man seinen Wohnsitz und stirbt nicht mehr dort, wo man geboren wurde. In einer offenen Gesellschaft steigt auch die politische Mobilität insofern, als man nicht ein Leben lang Stammwähler einer spezifischen Partei ist. Der zunehmende Anteil von Wechselwählern reflektiert dieses Phänomen (Zapf, 1994, S. 296). Walzer (1993, S. 157 ff.) zeigt z. B. für die amerikanischen Verhältnisse, daß die Mobilität auf diesen vier Feldern (Beruf, Ehe, Region, Politik), die direkt die individualistische Seite des offenen Denkens reflektiert, mit spezifischen Verlustgefühlen und insofern Preisen verbunden ist: Ohne Nachbarn, ohne Verwandte, ohne Arbeitskollegen und ohne politische Weggefährten sind die Menschen in der Tat einsamer (Walzer, 1993, S. 165). Mobilität zerstört als Preis der Freiheit Bindungen. Die Dialektik von Individualisierung auf der einen und Vereinsamung auf der anderen Seite ist nur eine der Manifestationen der der offenen Gesellschaft innewohnenden Dialektik von Freiheitsgewinn und Freiheitsverlust. So beschreibt Honneth (1994, S. 23), daß der Individualisierungsschub zwar einerseits die Befreiung des Subjekts aus traditionellen Sachbezügen bedeute, gleichzeitig jedoch auf der anderen Seite zu einer Standardisierung der Lebensformen geführt habe.

Auch im Zusammenhang mit dieser Mobilität kann eine offene Gesellschaft in eine sogenannte „abstrakte Gesellschaft" (Popper, 1989 a, S. 235) übergehen. Dieser Gesichtspunkt ist in der Soziologie schon sehr oft und ausführlich diskutiert worden (vgl. Schelsky, 1975). Ähnlich äußert sich Habermas (1992); sogenannte solidarische Beziehungen dürfen nicht mehr als konkrete naturwüchsige, leibhaftige Beziehungen mißverstanden werden. In einer modernen, großräumig integrierten Gesellschaft mit einem weltweiten Kommunikationsnetz seien solidarische Lebensverhältnisse selbst der Idee nach nur noch in abstrakter Form praktizierbar. Indem man sich z. B. an demokratischen Wahlen beteilige, verhalte man sich im abstrakten Sinne insofern solidarisch, als ein solches Verhalten die begründete Vermutung von Vernünftigkeit für alle für sich hat; man verhält sich solidarisch gleichsam nur noch in bezug auf das Gesamtsystem. Damit ergibt sich aber natürlich der Preis, daß der Wunsch nach unmittelbar gefühlter Solidarität nicht erfüllt wird. So besteht die Zugehörigkeit des einzelnen (citizenship) im Sinne von Rawls aufgrund bestimmter Merkmale (z. B. Geburt auf dem Staatsgebiet) und nicht aufgrund freundschaftlicher Beziehungen zu einer konkreten Gemeinschaft (Brunkhorst, 1994, S. 53). In diesem Sinne sind in der modernen „abstrakten" Gesellschaft notwendigerweise Defizite einprogrammiert, die natürlich umgekehrt die Nachfrage nach geschlossener Gesellschaft reaktivieren können (Habermas, 1992, S. 232 f.). Popper hat dieses Problem bereits Anfang der 40er-Jahre vorausgesehen, und in dem erstmals 1944 publizierten Grundlagenwerk geschrieben: „Die Menschen haben soziale Bedürfnisse, die sie in einer abstrakten Gesellschaft nicht befriedigen können" (Popper, 1989 a, S. 235).

Werte der offenen Gesellschaft wie Individualität, Freiheit, Autonomie und Mobilität haben also ihren Preis. Dies gilt selbstverständlich auch für das zentrale Konzept der Pluralität, die im Sinne von Rawls als Zeichen von Individualität zugleich Sollwertcharakter aufweist. Schwan (1992) bringt dies auf die Formel: Freiheit und Pluralität gehen zu Lasten von Ordnung und Einheit. Pluralität vermittelt sich in Konflikte. Parteien, Gewerkschaften, Unternehmerverbände, Kirchen, Universitäten, Bürgerinitiativen usw. stellen verschiedene Kräfte innerhalb der Gesellschaft dar, die innerhalb derselben Gesellschaft um Einfluß und Geltung ringen. Präziser: Sie konkurrieren im Sinne eines Verteilungskonflikts um Einfluß und Geltung, um ökonomische Ressourcen, um politische Macht usw., um ihren Zwecken zur Geltung zu verhelfen. „Konkurrenzsituationen und Konflikte bestimmen originär das Verhältnis der verschiedenartigen Kräfte in der pluralistischen Gesellschaft" (Schwan, 1992, S. 73). Pluralität schafft aber nicht nur dieses. Pluralität z. B. bezüglich weltanschaulicher Richtungen und normativer Vorstellungen schafft auch Schwierigkeiten für die Orientierung, die Identitätsbildung und Sinnfindung von Individuen und Gruppen, da die Vielzahl alternativer Sinnstiftungsangebote die Frage aktualisiert, mit welcher *Begründung* der eigene bisher favorisierte Weg anderen Wegen vorzuziehen ist.

Wie vorher schon diskutiert (Rawls, 1992), wird Pluralität als schützenswertes Gut unter anderem durch die Prozedur der Demokratie abzuarbeiten versucht. Daß diese Prozedur ihre eigenen Schwierigkeiten und Probleme aufwirft, ist jedem hinlänglich bekannt. In der Nationalökonomie diskutiert man den enormen Koordinations-, Kraft- und Zeitaufwand unter dem Stichwort der Transaktionskosten, die im Falle demokratischer Prozeduren erheblich sein können. Schon immer wurde (siehe bereits bei Platon) die These vertreten, daß in der Demokratie der Untergang der Demokratie schon vorprogrammiert sei, da sich die pluralistischen Kräfte wechselseitig lähmen und die Regierung Probleme nicht löse, sondern aussitze oder aber durch die Herbeiführung von faulen Kompromissen pseudo-löse (vgl. hierzu z. B. Hennis, W. u. a., 1977). Dem gewaltigen input an Transaktionskosten steht in der Demokratie häufig nur ein mäßig überzeugender output gegenüber.

Eine weitere Kernidee der offenen Gesellschaft ist der Gleichheitsgedanke. Im Zusammenhang mit dem demokratischen Grundverständnis bedeutet Gleichheit für Leisner (1980), daß Bürger nicht mehr übereinander, sondern nebeneinander stehen (Leisner, 1980, S. 30). Damit wird für eine Vielzahl von Menschen insofern mehr Freiheit ermöglicht, als die Machtdifferenz zwischen Herrschenden und Beherrschten tendenziell eingeebnet wird. Da durch eine zunehmende Egalisierung ungerechte Privilegien (Titel, Gehälter, Bildungschancen) abgebaut werden, verbindet sich mit zunehmender Gleichheit zugleich ein Mehr an Gerechtigkeit. Insofern ist an der Grundthese der französischen Revolution, über die Gleichheit werden Freiheit und Gerechtigkeit gefördert, durchaus ein wahrer Kern zu erkennen. Da der Abbau von Machtdifferenzen ein Freiheitsgewinn für viele ist, ist die Gleichheitsidee wohl auch so attraktiv. Das Problem bestehe allerdings darin, daß der Gleichheitsgedanke Gefahr laufe, verabsolutiert zu werden: Aufgrund der Gleichheitsphilosophie sei auch in der Bundesrepublik lange Zeit eine systematische Elitenförderung behindert worden. Dies habe zur Folge, daß nur mittelmäßige Personen in verantwortlichen Funktionen zu finden seien, was sich wiederum in einer entsprechenden Regierungs- und Staatsverdrossenheit dokumentiere. Die Gleichheitsidee zeige auch am Beispiel der Steuerprogression unerfreuliche Nivellierungseffekte, die den Leistungseinsatz lähmten (Leisner, 1980, S. 198).

Von Hayek (1981) bemerkt in diesem Zusammenhang, der Gedanke der Gleichheit beinhalte zunächst nur den Gesichtspunkt der Gleichbehandlung. Nicht gemeint sei eine Gleichheit der Ergebnisse (z. B. Reichtum). Da die Menschen vielmehr, was ihre Talente anbelangt, von Geburt ungleich seien, müsse auch eine Gleichbehandlung (etwa in der Frage der Beschulung) notwendig eine Ungleichheit der Ergebnisse erzeugen. Ungleichheit der Ergebnisse sei in einer offenen Gesellschaft insofern selbstverständlich, während in totalitären Gesellschaften vor allem sozialistischer Prägung auch die nivellierende Gleichheit der Ergebnisse angestrebt werde.

Die Vielschichtigkeit und der potentielle Problemgehalt der Gleichheitsidee zeigen sich auch in dem Konzept der sogenannten kompensatorischen Erziehung. Dieser Denkansatz hat einerseits natürlich seine Attraktivität insofern, als über den Abbau milieubedingter Benachteiligungen zur Chancengleichheit in der weiteren Karriere beigetragen werden soll. Dieser Leitidee sind sich auch viele Maßnahmen in der Bundesrepublik verpflichtet, indem sie z. B. für die Förderung der Durchlässigkeit zwischen den verschiedenen Schulen und Hochschulen eintreten. Die Janusköpfigkeit dieser Vorgehensweise wird erkennbar, wenn man die Erziehungsstrategie der ehemaligen DDR betrachtet. Ideologiebedingt herrschte etwa im Bildungsbereich nicht eine Gleichbehandlung, sondern eine Ungleichbehandlung insofern, als Kinder der Arbeiterklasse eine erhöhte Chance, Kinder der Nicht-Arbeiterklasse eine verkleinerte Chance hatten, z. B. einen Studienplatz zu erhalten. Daß mit dieser Ungleichbehandlung nicht nur alte Chancenunterschiede abgebaut, sondern auch neue Unterschiede aufgebaut und damit auch neue Ungerechtigkeiten erzeugt werden, liegt auf der Hand.

Wie unter 3.1 schon erörtert, stellt die Toleranz ein weiteres Basismerkmal der offenen Gesellschaft dar. Auch hiermit eröffnet sich eine Vielzahl von Schwierigkeiten. Nipperdey (1988) führt z. B. aus, daß unsere Kultur zunehmend enthierarchisiert sei, da unter anderem die Toleranzforderung Kriterien für eine Hierarchisierung von Kulturgütern zunehmend erschwere. Der Preis dafür heiße, daß Beliebigkeit und Orientierungslosigkeit das Feld beherrschen. Insofern bedürften wir gerade bei hoher Toleranz und entsprechender Freiheit der Kultur einer besonderen Kultur der Freiheit (Nipperdey, 1988, S. 119 ff.).

Es verbinden sich also alle Dimensionen des offenen Denkens mehr oder weniger eng mit spezifischen Preisen (vgl. hierzu auch Fest, 1993). Dies gilt selbstverständlich auch für die noch kurz anzusprechende Dimension des voluntaristischen Denkens. Indem unsere soziale Realität wesentlich auch als Kultur und Konvention interpretiert wird, konfrontiert die offene Gesellschaft das Individuum auch mit der Last, sich gegenüber bestimmten sozialen Tatbeständen (mit-) verantwortlich zu fühlen; und wer mitverantwortlich handelt, kann auch scheitern. Aktives Eingreifen setzt darüber hinaus in aller Regel Aufklärungsmaßnahmen voraus. Aufklärung wiederum heißt, Menschen mit möglichen Alternativen zu konfrontieren, vor deren Hintergrund der bisherige Ist-Zustand nach der Aufklärung kritischer bewertet wird als vorher. Selbst in der betrieblichen Praxis, viel deutlicher aber noch in der gesellschaftlichen Praxis, wird insofern Unzufriedenheit aufgebaut (von Rosenstiel, 1992), die nicht immer in die psychologisch gewünschte Qualität der konstruktiven Unzufriedenheit, sondern gelegentlich auch in die weniger erwünschte Qualität „fixierter Unzufriedenheit“ (Frustration) einmündet (Gebert, v. Rosenstiel, 1992). — Dies speziell dann, wenn sich das voluntaristisch aufgebaute Prinzip Hoffnung als Seifenblase entpuppt.

Zusammenfassend scheinen zentrale Kategorien der offenen Gesellschaft also eine Kehrseite der Medaille aufzuweisen, die unerwünscht ist. Die pragmatisch so entscheidende und auf der theoretischen Ebene so schwer zu beantwortende Frage lautet, in welchem Umfang man diese Kehrseite gleichsam als systemimmanente, also *unausweichliche* Kehrseite zu betrachten hat. Wir werden diese Fragestellung an verschiedenen Stellen dieser Arbeit erneut aufnehmen und müssen den Leser entsprechend bitten, die Frage zunächst noch offenzuhalten. Eines scheint aber schon jetzt plausibel zu sein: Offenbar darf keines der hier vertretenen Prinzipien verabsolutiert werden. In verabsolutierter Form scheinen alle herausgestellten Werte bzw. Strategien (der Chancengleichheit, der Individualität und Freiheit, der Pluralität, der Toleranz, des Prinzips Hoffnung und der Aufklärung usw.) in Negativmerkmale umzuschlagen. Eben von daher ist die Frage für die Praxis so entscheidend, *wie* man die Prinzipien der offenen Gesellschaft „klug" so begrenzen kann, daß einerseits das Auftreten der Negativmerkmale vermieden wird, andererseits aber die Qualität der zentralen Werte (wie Individualität, Freiheit usw.) nicht bis zur Unkenntlichkeit verwässert wird. Die Notwendigkeit dieser Begrenzungen *einzusehen*, wäre dabei schon ein wichtiger Schritt, da entsprechend die Ansprüche an die offene Gesellschaft modifiziert würden und die Gefahren der offenen Gesellschaft deutlicher verstanden würden: „Das Schicksal der offenen Gesellschaft hängt nicht so sehr von der Vision ab als vielmehr von der Einsicht in ihre Grenzen" (Hondrich, 1994).

Popper hat auf einige grundlegende Paradoxien der offenen Gesellschaft verwiesen: Wird etwa die These der Vorläufigkeit allen Wissens (als entscheidende Begründungsvoraussetzung für die Toleranzforderung) verabsolutiert, so liegt das Paradox darin, daß dann auch die These der Vorläufigkeit allen Wissens nur als vorläufig betrachtet werden kann (womit dann auch die hierauf aufbauende Toleranzforderung ins Schwanken gerät). Wird Pluralität in dem Sinne verabsolutiert, daß jede Gesellschaft bzw. jede Kultur von ihrem Standpunkt aus ebenso recht hat wie jede andere, dann hat natürlich auch eine Gesellschaft recht, deren Wert darin besteht, die Pluralität abzuschaffen.

In bezug auf die Freiheit und die Toleranz meint Popper (1989 a): Das Paradox der Freiheit besteht darin, daß die Freiheit im Sinne der Abwesenheit aller einschränkenden Kontrollen zu großer Einschränkung führen muß (also zur Vernichtung der Freiheit), da sie es dem Kriminellen ermöglicht, die Friedfertigen zu versklaven (Popper, 1989 a, S. 359). Und: „... uneingeschränkte Toleranz führt mit Notwendigkeit zum Verschwinden der Toleranz. Denn wenn wir die unbeschränkte Toleranz sogar auf die Intoleranten ausdehnen, wenn wir nicht bereit sind, eine tolerante Gesellschaftsordnung gegen die Angriffe der Intoleranz zu verteidigen, dann werden die Toleranten vernichtet werden und die Toleranz mit ihnen" (Popper, 1989 a, S. 359). Auf derselben Seite findet sich entsprechend das (natürlich auch nicht unproblematische) Zitat: „Wir sollten daher im Namen der Toleranz das Recht für uns in Anspruch nehmen, die Unduldsamen nicht zu dulden. Wir sollten geltend machen, daß sich jede Bewegung, die die Intoleranz predigt, außerhalb des Gesetzes stellt; wir sollten die Aufforderung zur Intoleranz als ebenso verbrecherisch behandeln wie eine Aufforderung zum Raub, zum Mord oder zur Einführung des Sklavenhandels".

Poppers Position ist hier also vergleichsweise eindeutig. Er verweist im übrigen auch noch auf das Paradox der Demokratie, nämlich auf die Möglichkeit, daß sich die Mehrheit in einem demokratischen System durchaus unter Beachtung aller Wahlrechte demokratisch zur Kür eines Diktators entscheiden kann. Das Ermächtigungsgesetz von 1933 illustriert diesen Sachverhalt.

Versuchen wir aus diesen Überlegungen ein Fazit zu ziehen, so lautet unsere Folgerung nicht, daß die offene Gesellschaft notwendig an sich selber zugrunde geht. Die bisherigen (noch nicht auf die gegenwärtige historische Lage konkretisierten) Überlegungen geben aber gute Hinweise dafür, daß mit den beschriebenen Kategorien des offenheitsförderlichen Denkens nicht nur die in der Abb. 4 genannten Vorteile zu erwarten sind; mit einem dem Offenheitspol zugewandten Denken wird vielmehr ein Rahmen angeboten, innerhalb dessen sich speziell unter noch zu definierenden Randbedingungen unerwünschte Entwicklungen vollziehen können, womit natürlich der kompensierende Ruf nach der geschlossenen Gesellschaft aktualisiert wird. Will man ein Umkippen verhindern, so heißt unser Fazit: Aufgrund der inhärenten Gefahren, die in den Wirkmechanismen der offenen Gesellschaft liegen, scheint sich eine „kluge" (wie oben definiert) Begrenzung der in der Abb. 4 herausgestellten Grundmaxime der offenen Gesellschaft zu empfehlen, was selbstverständlich aber auch zu einer Begrenzung ihrer Vorzüge führt! Damit schließt sich auch wieder der Gedankenkreis zu Rawls:

Die Frage ist, auf welchem Wege man eine solche Begrenzung für eine Gesellschaft akzeptabel machen kann. Wir haben gezeigt, welchen Weg Rawls hierfür vorschlägt. Popper spricht hier eine klare Sprache und verlangt von den Menschen viel: Die offene Gesellschaft verbindet sich mit der Last der Anforderungen der Zivilisation. „Es ist eine Last, die von allen getragen werden muß, die in einer offenen und teilweise abstrakten Gesellschaft leben und die sich bemühen müssen, vernünftig zu handeln, zumindest einige ihrer emotionalen und natürlichen sozialen Bedürfnisse unbefriedigt zu lassen und für sich und für andere verant-

geschlossene Gesellschaft		offene Gesellschaft	
+	–	+	–
		A.I.	
a.) statisch: Stabilität Vorausschaubarkeit/ Orientierung b.) dynamisch Aufgehen in einer Bewegung Geborgenheit	Rigidität Erstarrung Gleichschaltung Verlassenheit	Prinzip Hoffnung Innovation Selbstorganisation Flexibilität Aufklärung/Bildung	Instabilität/Chaos Verantwortung/ Scheitern Opportunismen Machergläubigkeit Unzufriedenheit
		B.II.	
Harmonie Bestätigung Vertrauen	Stillstand Infantilisierung Manipulierbarkeit Abschottung	Pluralität Entwicklungspotential schöpferische Spannung	Streit/Konflikte Transaktionskosten Mißtrauen
		B.III.	
Differenzierung	Diskriminierung Herr und Knecht	Chancengleichheit Gleichbehandlung	Nivellierung
		B.IV.	
Äußere Sicherheit Ordnung	Hierarchie/Zwang Terror/Totalitarismus	Individualität Freiheit/Autonomie	Egoismen Einsamkeit Anarchie
		C.V.	
Eindeutigkeit/ Gewißheit Sinn	Dogmatik Ideologie	kritische Rationalität Toleranz Lernen	Beliebigkeit Orientierungslosigkeit Vorläufigkeit

Abb. 5: Die Attraktivität und Mühsal der offenen und der geschlossenen Gesellschaft

wortlich zu sein. Wir müssen, glaube ich, die Last auf uns nehmen, als einen Preis, den wir zahlen müssen für jede neue Erkenntnis, für jeden weiteren Schritt zur Vernunft, zur Zusammenarbeit, zur gegenseitigen Hilfe; für jede Verlängerung des durchschnittlichen Lebensalters; und für jeden Bevölkerungszuwachs. Es ist der Preis für die Humanität" (Popper, 1989, S. 237 f.).

Popper selbst scheint also der Auffassung nahezustehen, es handle sich bei den in der Abb. 4 zusammengefaßten negativen Ausprägungen in der offenen Gesellschaft um *notwendige* (unausweichliche) Preise. Popper denkt insofern stark im Sinne eines Entweder-Oder und sieht offenbar wenig Kompromißmasse: Wir haben zwei Alternativen, die jeweils ihren Preis beinhalten; dies faßt noch einmal die Abb. 5 zusammen.

Entsprechend formuliert Popper (1989): „Wir können niemals zur angeblichen Unschuld und Schönheit der geschlossenen Gesellschaft zurückkehren. Unser Traum vom Himmel läßt sich auf Erden nicht verwirklichen. ... Für die, die vom Baume der Erkenntnis gekostet haben, ist das Paradies verloren. Je mehr wir versuchen, zum heroischen Zeitalter der Stammesgemeinschaft zurückzukehren, desto sicherer landen wir bei Inquisitionen, Geheimpolizei und einem romantisierten Gangstertum. ... Es gibt keine Rückkehr in einen harmonischen Naturzustand. Wenn wir uns zurückwenden, dann müssen wir den ganzen Weg gehen — wir müssen zu Bestien werden" (Popper, 1989 a, 267 f.).

Popper wird diese Ausführungen mehr im Sinne einer Warnung vor der geschlossenen Gesellschaft verstanden haben wollen und das Entweder-Oder nicht ganz so apodiktisch meinen, wie es klingt. Bevor wir dieses Entweder-Oder etwas zu flexibilisieren versuchen, soll im nächsten Abschnitt, wie angekündigt, zunächst einmal das Schuldenkonto der offenen Gesellschaft stärker in seinem historischen Bezug und in seiner gegenwärtigen Situation illustriert werden. Erst dann läßt sich deutlicher einschätzen, in welchem Sinne und in welchem Maße die geschlossene Gesellschaft inzwischen möglicherweise wieder an Attraktivität gewonnen hat. Erst dann läßt sich noch einmal die Frage aufwerfen, ob es vernünftig ist (wie Rawls vorschlägt), die offene Gesellschaft nicht primär normativ bzw. metaphysisch, sondern unter der Perspektive der praktischen Machbarkeit zu legitimieren. Umgekehrt stellt sich die Frage, ob nicht die offene Gesellschaft gerade angesichts ihrer steigenden Bedrohtheit noch deutlicher inhaltlich (normativ/metaphysisch) und erst in zweiter Linie prozedural-pragmatisch legitimiert werden sollte, um sie so besser gegenüber den „Feinden" der offenen Gesellschaft verteidigen zu können.

3.3 Die historische Einordnung der Gegenwart der offenen Gesellschaft - Die Ambivalenz des Projekts Moderne

Im vorausgegangenen Abschnitt wurde gezeigt, daß die offene Gesellschaft einen Rahmen bietet, der selbstzerstörerische Kräfte freisetzen kann. Derartige selbstzerstörerische Kräfte sind gerade aber heute möglicherweise dysfunktional, da wir nicht nur an den speziellen Problemen der in bestimmter Weise definierten offenen Gesellschaft laborieren; manche Autoren meinen, daß wir parallel hierzu eine andere Grundkrankheit mit uns herumschleppen, nämlich das angebliche Scheitern des Projekts Moderne. Wir laborieren insofern an einer tendenziell doppelten Front, wobei die Tiefenkrankheit des Scheiterns des Projekts Moderne den Bedarf nach aufmunternder Medizin, aber nicht nach weiteren spezifischen Schwierigkeiten der offenen Gesellschaft freisetzt. Unglücklicherweise ist die von uns in der beschriebenen Ausrichtung definierte offene Gesellschaft mit dem Projekt Moderne historisch systematisch gekoppelt. Obwohl es sich bei dem Projekt Moderne um ein wesentlich umfassenderes Problemfeld handelt, ist die inhaltliche Vernetzung des offenheitsförderlichen Denkens mit dem Projekt Moderne insofern gefährlich, als bei dem Zugrabetragen des Projekts Moderne das offenheitsförderliche Denken im ungünstigsten Fall gleich mitbeerdigt würde. Mit diesen (gedanklich selbstverständlich überzogenen) Formulierungen ist zugleich die Ausgangslage dieses Abschnittes markiert.

Das Projekt der Moderne, begriffen als der Versuch einer Selbstbefreiung des Menschen, erreichte ein wichtiges Zwischenstadium mit dem Sturz der griechischen Götter. Der Alltag war selbstverständlich unbeherrschbar, solange die Götter zur Erklärung dessen, was sich im Alltag ereignet, herangezogen wurden. Der Sturz der Götter eröffnete insofern Freiheitsgrade (Hübner, 1985). Dem Zuwachs an Freiheitspotentialen lief aber ein entsprechender Sinnverlust parallel: Es gab keine Instanzen mehr, durch deren Wirken Vergangenheit und Zukunft als sinnvoll gebündelt gedacht werden konnten. Christus vermittelte wieder Sinn; die Institution Kirche gebar aber neue Unfreiheit (klerikale Bevormundung, Inquisition, Kreuzzüge usw.). In der anschließenden Aufklärung ging es im wesentlichen darum, einerseits die Bevormundung durch kirchliche Instanzen abzubauen und den Menschen von der Furcht vor der Hölle zu befreien, nachdem diese Furcht vor der Hölle von vielen auch weltlichen Mächten geschickt zur Herrschaftsstabilisierung installiert und ausgebeutet wurde (Horkheimer, Adorno, 1947; 1971, S. 110); andererseits ging es aber auch darum, politische und staatliche Bevormundung im Sinne der französischen Revolution zu beenden.

Innerhalb dieses komplexen Aufklärungsprozesses gibt es zwei miteinander vernetzte Teilprozesse, die mit der Aufklärung zusammenhängen, aber ein Eigenleben zu führen begannen, nämlich zum einen die wissenschaftlich-rationale und zum anderen die technisch-industrielle Weltdurchdringung. Damit läuft ein Säkularisierungsprozeß parallel, der natürlich einerseits Befreiung von klerikaler Bevormundung, andererseits aber wiederum Sinn- und Orientierungsverlust beinhaltet. Für die wissenschaftlich-rationale und technisch-industrielle Welt zahlen wir aber noch Preise in anderer Währung; auf diese Preise sowie auf weitere Probleme der Aufklärung wird im folgenden etwas genauer eingegangen, damit erkennbar wird, auf welchem Erfahrungshintergrund die offene Gesellschaft heute problematisiert und möglicherweise auch zu Unrecht attackiert wird. Nicht nur auf der theoretischen, sondern gerade auch auf der pragmatisch-politischen Dimension ist es wichtig, potentielle Folgen des Scheiterns des Projektes Moderne von den Folgen der offenen Gesellschaft zu trennen, damit nicht die offene Gesellschaft für etwas verantwortlich gemacht wird, für das sie ursachenbezogen zumindest nicht allein geradezustehen hat. Unsere Absicht besteht also darin, einer globalisierenden Attacke auf die offene Gesellschaft durch eine Ursachendifferenzierung bezüglich verschiedener heute vorfindbarer Schwierigkeiten entgegenzuwirken.

Worin bestehen nun einige wichtige Preise der wissenschaftlich-rationalen bzw. technisch-industriellen Welt?

Der Mensch als Objekt

In dem Klassikertext „Dialektik der Aufklärung“ (1947) schreiben Horkheimer und Adorno, daß in der Aufklärung der wichtige Auftrag, das Denken zu denken und zu problematisieren, zugunsten einer Instrumentalisierung der Welt und einer vordergründigen Gestaltung von Praxis beiseite geschoben sei. Denken sei auf die Tätigkeit des Steuerns und Berechnens verkürzt, was symbolisch durch das mathematische Verfahren veranschaulicht werde. Zugelassen werde in dieser Denkwelt nur das mathematisch zu Erfassende, und das Unbekannte, als Unbekanntes in eine mathematische Gleichung eingesetzt, werde damit zum Altbekannten abgestempelt.

Weite Bereiche des Lebens würden der mathematischen Schematik und entsprechend unterstellten Regelhaftigkeiten unterworfen, womit zugleich auch Hoffnung zerstört werde, da Logik, Sachzwang und Determinismus das Feld beherrschten. Es gebe nur noch Vorausgesagtes, und dies sei im Prinzip immer Bekanntes.

Das Wissen schlage dabei in Regelvorgaben um. Das klassische Beispiel ist die ingenieurwissenschaftliche Kategorie des „one best way“, die, von Experten einmal im Sinne der Wissensakkumulierung erkannt, dann als Regelwerk für andere den Charakter einer Vorgabe annimmt. Die Logik der extrem atomisierten Arbeitsgestaltung und überzogenen Arbeitsteilung, das Fordsche Fließband und der Tayloristische Zugang zur Arbeitsgestaltung illustrieren die Folgen. Damit ergibt sich als entscheidende These: Die Aufklärung sei angetreten, die Menschen zu befreien; wissenschaftlich fundierte Technikvorgaben illustrierten aber nur, daß diese Aufklärung letztlich in neue Unfreiheit und Unterjochung einmünde.

Die steigende Unverständlichkeit der Welt

Die wissenschaftlich-technische Welt wird zunehmend unverständlich und für den einzelnen undurchschaubar. Nicht die von den Göttern geschaffene, sondern gerade die von den Menschen selbst geschaffene Welt (der Wissenschaft, der Technik, der Industrie usw.), die, weil vom Menschen selbst geschaffen, beste Chancen böte, vom Menschen verstanden zu werden, wird dies eben nicht mehr; vom Menschen Geschaffenes wird vom Menschen nicht mehr verstanden und damit subjektiv zur Bedrohung.

Eine mögliche Reaktion auf diese Bedrohung besteht in der Gefahr eines Rückschlages der technischen Rationalität in Mythos, in einer Selbstzerstörung der Vernunft, wie sie unter dem Stichwort der „Logosvergessenheit“ der Moderne thematisiert wird (Brunkhorst, 1994, S. 22 f.)

Zunehmende Anonymität

Nicht als Funktion der offenen Gesellschaft im engeren Sinne, sondern als Funktion extremer Arbeitsteiligkeit und als Ausdruck der abstrakten Steuerung der Welt durch Märkte und Institutionen vermittle sich so etwas wie Anonymität (Schelsky, 1975). Die wissenschaftlich-technische Welt raube außerdem über ihre Verkopfung die Chance, Selbstausdruck ermöglichende Rituale und symbolische Handlungen zu vollziehen, da diese als nicht-sachlich, als nicht zur Sache (der Wirtschaft bzw. der Politik) gehörig erlebt würden, so daß eine symbolische Selbstdarstellung in kollektiven Ritualen (selbst in der Kirche) rückläufig sei. Vor diesem Hintergrund verstehe sich die Attraktivität von Trachtenumzügen bzw. die Attraktivität von fähnchenschwingenden Menschenmassen in totalitären Systemen und von spezifischen rituellen Handlungen etwa des wechselseitigen Händedrucks zu Ostern in der Kirche. Unsere wissenschaftlich-rationale Welt erschwere ein Ausleben dieser symbolischen Selbstdarstellung, womit ein anthropologisches Grundbedürfnis blockiert werde

(Schelsky, 1975); die Versachlichung menschlicher Beziehungen und die Vereinsamung des Menschen seien damit unvermeidliche Preise der Aufklärung.

Diese Liste der Effekte der wissenschaftlich-rationalen und technisch-industriellen Welt ließe sich fortsetzen. Weitere Stichworte wären Kopernikus, Darwin und Freud, die das Selbstverständnis der Menschen in substantieller Weise nicht nur bereicherten, sondern auch irritierten. Max Weber hat die Folgen der wissenschaftlich-technischen Zivilisation unter dem Stichwort der „Entzauberung der Welt" zusammengefaßt.

Betrachten wir dies als den ersten Akt des Aufklärungsdramas, so beginnt genau an dieser Stelle der zweite Akt. Indem die Aufklärung einerseits Probleme löst, andererseits aber auch viele neue Probleme schafft und dabei auch speziell das Selbstverständnis der Personen in fundamentaler Weise irritiert, schlägt die Stunde der Gegenaufklärung: Die sozialistisch orientierte Gegenaufklärung versuchte den Menschen bei ihrer Suche nach der verlorengegangenen Identität eine neue Identität anzubieten, die sich in dem Einsatz und der Zustimmung zu spezifischen ganzheitlichen Gesellschaftsentwürfen realisiert (Lübbe, 1975). Der neugekürte Feind heißt nicht mehr Wissenschaft und Technik, sondern Kapitalismus.

Horkheimer und Adorno stellten in ihrem vielzitierten Buch die These auf, daß die kapitalistischen Verwertungsstrategien von Wissenschaft und Technik das eigentliche Kernübel ausmachen. Damit werde der Mensch sich selbst, aber auch die Menschen untereinander entfremdet. Über die ökonomische Tauschgesellschaft werde auch die wechselseitige Beziehung zwischen Menschen im Sinne eines Warentausches instrumentalisiert; die Folge: „Der Animismus hatte die Sache beseelt, der Industrialismus versachlicht die Seele" (Horkheimer, Adorno, 1971, S. 41). Die zentrale These der Autoren, daß sich die Selbstbefreiung der Menschen über die kapitalistische Produktionsweise in eine neue Unmündigkeit vermittle, wird in dem zitierten Buch allerdings noch nicht einmal ansatzweise begründet. Diese historisch sehr einflußreiche Arbeit beinhaltet so gut wie nichts an theoretischer Deduktion, sehr viel aber an essayartigen, dichterisch-suggestiven Formulierungen, die die Kritisierbarkeit der Gedanken entsprechend reduzieren.

Nachdem das große sozialistische Experiment, in den verschiedensten Ländern in verschiedenster Weise unter den verschiedensten Randbedingungen empirisch getestet, keinerlei Hinweise für die Angemessenheit marxistisch-sozialistischer Denkmuster und Handlungsanweisungen abgeworfen hat, sind wir heute inzwischen wohl klüger und werten die zentrale Horkheimer-Adorno-These als historischen Irrtum. Daß Popper schon zeitlich vor Horkheimer und Adorno eine sehr ausdifferenzierte Kritik an Marx formuliert hat, wurde schon erwähnt und sei nur noch einmal ins Gedächtnis zurückgerufen. Heute äußert sich auch der verbliebene Repräsentant der Frankfurter Schule, Jürgen Habermas, in einer Weise, die an Deutlichkeit nichts vermissen läßt (Habermas, 1992a). Habermas vertritt die These, daß die sozialistischen Theorieentwürfe von vornherein eine Reihe von Defiziten aufgewiesen hätten: Die einseitige Betonung der Frage des Eigentums an den Produktionsmitteln sei vergleichsweise dogmatisch. Die vorausgesagte Weiterentwicklung der wirtschaftlichen Rahmenbedingungen über verschiedene Zwischenstadien hinweg sei vereinseitigend deterministisch, was den realen Verhältnissen nicht entspreche. Zum dritten sei durch die Versprechung solidarischer Lebensverhältnisse (der Verbrüderung des Proletariats) ein harmonistisches Moment hineingetragen worden, das nur als romantisch-spekulativ bezeichnet werden könne. Ein in dieser Weise artikulierter Sozialismus sei nie ein realistisches Ziel gewesen. Geht man diese verschiedenen Argumente durch, so fragt man sich als Leser allerdings, wieso Habermas überhaupt den Begriff Sozialismus noch weiter verwendet bzw. fragt sich, ob der Begriff Sozialismus als theoretisches Konzept oder als pragmatische Handlungsmaxime noch etwas sagt, das mehr ist als der Appel an eine z. B. als christlich zu bezeichnende allgemeine Ethik.

Als Zwischenfazit ergibt sich: Die Gegenaufklärung im Sinne der sozialistischen Utopie ist gescheitert. Wo stehen wir also heute: Die sozialistische Idee propagierte ein Heil in dieser Welt, nachdem das Heil in der jenseitigen Welt verlorengegangen war. Haben wir nun nach dem Scheitern der sozialistischen Utopie ein Heil weder in der jenseitigen noch in der diesseitigen Welt? Haben wir also den jenseitigen Sinn *und* die diesseitige Hoffnung verloren? Und in dieser Konstellation sich auflösender jenseitiger Sinnstiftungen und platzender diesseitiger Utopien bekommen wir zusätzliche Probleme durch die spezifischen Schwierigkeiten der offenen Gesellschaft? Dies wäre in der Tat für die offene Gesellschaft nicht gut.

Einer solchen atmosphärischen Düsternis muß allerdings mindestens zweierlei entgegengehalten werden: Zum einen ist zu fragen, für *wen* die Welt so geworden ist. Die düstere Perspektive gilt wohl im wesentlichen für die Menschen, deren Herz — immer noch — „sozialistisch" schlägt. Für diese Menschen ist die Welt in der Tat ärmer geworden. Da es für die hier behandelte Thematik der möglichen Bedrohtheit der offenen Gesellschaft viel stärker auf das sozialistische Fühlen und nicht auf das sozialistische Denken ankommt, dieses sozialistische Fühlen bzw. Träumen aber schwerer vermeßbar ist, ist schlecht abzuschätzen, für wie groß diese Gruppe in der Bundesrepublik zu gelten hat, die in diesem Sinne heimatlos geworden ist. Wir wählen diese sentimentalen Begriffe mit Bedacht; die These ist, daß das für die offene Gesellschaft eigentlich bedrohliche Moment — wenn überhaupt — nicht in der Widerlegung von Theorieelementen des historischen oder dialektischen Materialismus besteht, sondern vielmehr in dem Zusammenbruch eines Traumes, von dem man so ungern abläßt.

Düsternis ist für diese Gruppe also einfühlbar. Aber es gibt noch eine andere Gruppe, und für die gilt, daß der Zusammenbruch der sozialistischen Bewegung auf der politischen Bühne ein längst fälliges Ende eines schrecklichen Experiments darstellt, das unendlich viel Schaden und Leid angerichtet hat und angesichts dessen Endes man eigentlich nur befreit aufatmen kann. Schließlich hat das Ende dieses sozialistischen Experiments der Bundesrepublik auch die Wiedervereinigung beschert. Ist dies nicht ein Sieg der offenen Gesellschaft, so daß die Welt nicht dunkel, sondern hell wird? Und wäre nicht eben dies eine positive Verstärkung des Musters der offenen Gesellschaft?

Wir werden auf dieses Problem zurückkommen. In bezug auf die Düsternisthese gilt einschränkend also zum einen, daß dies keinesfalls auf alle Menschen gleichermaßen zutrifft. Die zweite Differenzierung, die anzumerken ist, betrifft nicht die Frage, für wen, sondern *wodurch* sich die Düsternis vermittelt, und bei der Bearbeitung dieser Frage ergibt sich im Hinblick auf die offene Gesellschaft wohl eher eine etwas ungünstige Perspektive:

Oben wurde insofern ein gefährlich irreführender Denkansatz entwickelt, als unterstellt wurde, daß zwei Ereignisse, nämlich das Scheitern des Projekts Moderne und das Offenkundigwerden der prinzipiellen Schwierigkeiten und Dilemmata der offenen Gesellschaft, unabhängig voneinander zusammentreffen würden. Diese Sicht ist selbstverständlich einseitig: Einerseits gilt sicherlich, daß die offene Gesellschaft, wie bisher verstanden, mit dem Projekt Moderne nicht gleichgesetzt werden kann. Daher ist die Formulierung nicht unkorrekt, daß wir zusätzlich zu den von dem historischen Kontext unabhängigen prinzipiellen Dilemmata der offenen Gesellschaft noch mit einigen ergänzenden Schwierigkeiten zu rechnen haben, die aus dem Scheitern des Projekts Moderne resultieren. Die offene Gesellschaft, in Anlehnung an Rawls über Werte wie Toleranz, Individualität, Freiheit, Gerechtigkeit als Fairneß, liberale Rechtsstaatlichkeit usw. definiert, kann wohl kaum — zumindest nicht allein — verantwortlich gemacht werden für die Folgeprobleme der wissenschaftlich-rationalen, technisch-industriellen Welt, die unter den Stichworten der Verkürzung des Denkens auf Berechnen, der neuen Entmündigung durch verwissenschaftlichte Regelvorgaben, der Versachlichung und Verkopfung der Welt behandelt wurden. Oder um auf ein Problemfeld vergleichsweise jüngeren Datums Bezug zu nehmen: Es wäre grotesk, die Existenz der ökologischen Problematik direkt der offenen Gesellschaft (im Sinne von Rawls oder im Sinne von Popper) zuordnen zu wollen.

Wir haben insoweit in der Tat zwei geistige Krisenherde: Der eine besteht in den systemimmanenten Preisen der offenen Gesellschaft, die wir unter den Stichworten der Nivellierung, der immensen Transaktionskosten, der Egoismen, der Beliebigkeit, Vorläufigkeit und Orientierungslosigkeit bereits benannt haben. Daneben und zusätzlich haben wir die Folgeprobleme der wissenschaftlich-rationalen, technisch-industriellen Welt und all die Schwierigkeiten, die sich zumindest mit dem Infragestellen des Projekts Moderne angesichts des Scheiterns verschiedener Utopien ergeben.

Auf der anderen Seite kann natürlich auch dahingehend argumentiert werden, daß wir im Grunde nur einen Krisenherd vor uns haben, und dieser eine Krisenherd wäre unter einem weitgefaßten Begriff der Aufklärung korrekt zusammengefaßt, wenn man unter Aufklärung die Selbstbefreiung des Menschen versteht, die sich eben in verschiedenen Facetten und in verschiedenen historischen Phasen in unterschiedlichen Gewändern realisiert. Die Selbstbefreiung hätte demnach eine kognitive (wissenschaftlich-rationale), eine pragmatische (technisch-industrielle-ökonomische) und eine soziale (Freiheit, Individualität, Toleranz, Rechtsstaatlichkeit) Dimension, die nur unterschiedliche Facetten desselben Anliegens (der Selbstbefreiung) reflektieren. Bei einem solchen eher ganzheitlichen Verständnis der Aufklärung würden die verschiedenen Facetten der Selbstbefreiung nicht als voneinander unabhängig, sondern in Wechselwirkung zueinander betrachtet werden, und auch für dieses Aufklärungsverständnis wird es gute Argumente geben. Dann ist natürlich auch die offene Gesellschaft in dem bisher diskutierten Verständnis nicht einfach unschuldig, sondern mitverantwortlich für viele Aspekte, die unter dem Stichwort der Infragestellung des Projekts der Moderne diskutiert werden. Und genau dieser Gedankengang ist pragmatisch wiederum so gefährlich, da die Kritik an der wissenschaftlich-rationalen Dimension einerseits und der technisch-industriellen bzw. ökonomischen Dimension andererseits die soziale Dimension der Selbstbefreiung (die offene Gesellschaft im bisher verstandenen Sinne) mit in den Strudel der Kritik hineinziehen könnte, obwohl die offene Gesellschaft (ja nicht nur ihre eigenen Schwierigkeiten, sondern auch) ihre eigenen Chancen und Attraktivitäten aufweist und für manche Schwierigkeiten der wissenschaftlich-technischen Welt zu Unrecht angeklagt würde. Ursachendifferenzierung ist insofern sehr wichtig, und wir werden diese Frage im Auge zu behalten versuchen.

Bevor wir hier weitergehen, sei ein Zwischengedankengang eingefügt. Als Zwischenfazit ergibt sich:

Der Entzug des metaphysischen Bodens nahm uns Sinn, gab uns aber auch im Sinne des voluntaristischen Prinzips Freiheitsgrade. Die Nutzung dieser Freiheitsgrade für eine Selbstbefreiung des Menschen schuf als Folge der wissenschaftlich-technischen Welt eine Reihe unerfreulicher Sekundäreffekte, wobei sich zusätzlich bestimmte Hoffnungen als Illusion und Traum herausstellten. Der Selbstbefreiungsweg erwies sich in dieser Hinsicht als dornig und gefährlich, so daß in der Gegenwart offenbar nur noch der mühselige und die Phantasie nur so schwerlich beflügelnde Weg der kleinen Schritte nachzubleiben scheint. Wiederum überzeichnend, um zunächst die Problemfigur genauer herauszuarbeiten, sei der dritte Akt des „Aufklärungsdramas“ durch die These präzisiert: Es mehren sich in der heutigen Zeit Stimmen, die selbst dies, nämlich die Stückwerk-Strategie, in ihrer Machbarkeit hinterfragen.

Der Glaube an die Steuerbarkeit der sozialen Realität ist rückläufig (Luhmann, 1987). Dabei soll im folgenden zunächst nicht so sehr interessieren, was de facto der Fall ist, in welchem Grade also die Steuerbarkeits-These objektiv eine Überschätzung menschlicher Möglichkeiten darstellt. Für den derzeitigen Gedankengang interessiert stärker die Frage, welcher „Glaube“ diesbezüglich vorherrscht bzw. sich auszubreiten beginnt.

Fragt man nach den Quellen der resignativen Stellungnahmen, so kann man zum einen darauf verweisen, daß Interventionen in der Praxis nicht immer die gewünschten Effekte hatten. Im wirtschaftlichen Bereich etwa zeigt sich, daß das Ziel, die Arbeitslosigkeit zu senken, zugleich aber auch die Geldwertstabilität sicherzustellen, alles andere als einfach zu erreichen ist. Grenzen der Steuerbarkeit sind zumindest auf den ersten Blick vor allem auch im Bereich der Entwicklungshilfe offenkundig geworden und konkretisieren sich derzeit neu in der sogenannten Asylantenfrage, die auf weltweite Migrationsströme verweist (Jähner, 1993). Die Beispiele ließen sich beliebig vermehren. Eine zweite Quelle hat Grundlagencharakter und kommt aus dem Bereich der Wissenschaft. Hier ist das zentrale Stichwort das der „Selbstregulation“ bzw. das der „Autopoiese“. Innerhalb dieses Denkansatzes lassen sich zwei Varianten unterscheiden:

Die eine Variante fragt nach den Grenzen der Steuerbarkeit speziell sozialer Systeme und thematisiert die Frage, nach welchem Modell die Funktionsweise sozialer Systeme eigentlich gedacht werden muß. Man kann z. B. betriebliche Abläufe nach dem Maschinenmodell, dem organischen Modell und dem Modell humaner/sozialer Systeme zu begreifen versuchen (Morgan, 1986; Probst, 1987). Nach dem mechanischen Modell (Bild der Maschine) ist eine vergleichsweise hohe Steuerbarkeit gegeben, da die Maschine als zu steuerndes Objekt dem Steuernden passiv gegenübersteht, und die Transformationen eines Input in einen Output bekannt sind, weil die Maschine vom Menschen konstruiert wurde. Entsprechend ist das System beherrschbar, und die Effekte spezifischer Interventionen sind recht exakt voraussagbar. Interpretiert man innerbetriebliche Abläufe dagegen nach dem eher biologisch orientierten Organismusmodell, so wird z. B. der Aspekt betont, daß die Systemmitglieder lernfähig sind. Somit treten möglicherweise Zustandsveränderungen im System ein, die die Effekte bestimmter Interventionen schwerer vorhersagbar machen. Interpretiert man innerbetriebliche Prozesse im Sinne eines humanen und sozialen Systems, so kommen noch spezifische Aspekte hinzu:

1. Das System verhält sich reflexiv. Damit ist gemeint, daß das soziale System sich selbst zum Gegenstand der Betrachtung machen kann und im Rahmen dieser Selbstthematisierung z. B. fragt, „was bzw. wer bin ich?“.

2. Zum zweiten kommt der freie Wille hinzu. Das System fragt sich „was will ich?“ und kann zu den von außen kommenden Interventionsabsichten im Sinne der Reflexivität Stellung nehmen und als Ausdruck des freien Willens Kontra-Absichten artikulieren und durchzusetzen versuchen.

3. Das soziale System hat eine Identität. Es fragt sich z. B. „wer oder was war ich?“ und kann vor dem Hintergrund einer spezifischen eigenen Geschichte und Tradition die von außen kommenden Interventionsabsichten abstoßen, so, wie ein Implantat vom Organismus als nicht zugehörig abgestoßen werden kann. Die Reflexivität, der eigene Wille und das Bewußtsein seiner Selbst in Form von Identität befähigen ein soziales System zu spontaner Selbstregulation, wobei genau in dem Umfag, in dem die Potenz des sozialen Systems zur Selbstregulation zunimmt, die Steuerbarkeit des sozialen Systems von außen abnimmt.

Dies ist die eine Variante, nach der Grenzen der Steuerbarkeit unter dem Stichwort der Selbstregulation angenommen werden. Die andere Variante kommt aus der modernen chaostheoretischen Forschung und verbindet sich mit dem Namen Prigogine. Da wir auf diesen Denkansatz bei der Diskussion des potentiellen „Pendelschlags“ von der offenen zur geschlossenen Gesellschaft noch zurückkommen, sei an dieser Stelle verkürzt nur das folgende angemerkt: Prigogine (1990, S. 13) unterscheidet zwei Systemzustände, nämlich eine Systemstabilität und eine Systeminstabilität. Während unter der Randbedingung von Stabilität die Effekte steuernder Einflüsse von außen zumindest in Grenzen noch vorhersagbar sind, sind die Effekte identischer Interventionen dann, wenn sich das System im Zustand der Instabilität befindet, nicht mehr vorhersagbar, da im Zustand der Instabilität in ausgeprägtem Maße spontane Selbstregulationen ablaufen, die das Gesamtsystem in eine qualitativ nicht voraussagbare Richtung katapultieren. Insofern schließen auch Determinismus und Zufall einander nicht aus; sie reflektieren nur unterschiedliche Facetten derselben Sache bzw. unterschiedliche Systemzustände, womit die Steuerbarkeit eines Systems nicht prinzipiell, sondern nur in spezifischen Phasen bzw. Zuständen (nämlich der Instabilität) systematisch begrenzt ist. Diese zweite Variante der These der Grenzen der Steuerbarkeit ist in bezug auf den Steuerbarkeitspessimismus insofern eine mildere Variante, als sie für die Phase der Systemstabilität einem Handlungsoptimismus durchaus Raum gibt.

Bereits an dieser Stelle sei der Hinweis gegeben, daß die unter anderem aus der Biologie und Chemie kommenden Denkansätze zur Autopoiese alles andere als unumstritten sind und auch die chaostheoretischen Betrachtungen, die in der Physik entwickelt wurden, in ihrer Anwendbarkeit auf den sozialwissenschaftlichen Kontext alles andere als definitiv geklärt sind, so daß man hier derzeit bestenfalls von heuristischen Zwecken des Übertragens dieser Denkmodelle auf sozialwissenschaftliche Fragen sprechen kann (Müller, 1992; Gregersen u. a., 1993). Die Gedankengänge sind aber so spannend und auch so folgenreich, daß es sich lohnt, einmal so zu tun, als wären diese Denkfiguren auf den sozialwissenschaftlichen Bereich übertragbar, um sich dann zu fragen, was denn daraus praktisch folgen würde. Diesen Gedankengang werden wir an späterer Stelle wieder aufgreifen. Der in der Literatur geäußerte Pessimismus in bezug auf die Steuerbarkeit sozialer Systeme kommt also zum einen aus der erfahrenen bzw. erlittenen Schwierigkeit, steuernd zielgerichtet in die Lebenspraxis komplexer Systeme einzugreifen, und zum zweiten aus grundlagentheoretischen Erörterungen aus dem naturwissenschaftlichen Bereich, die sich unter dem Stichwort der Selbstregulation bzw. Selbstorganisation noch am besten zusammenfassen lassen.

Die dritte Quelle für einen gewissen Handlungspessimismus kann als Synthese der beiden vorher genannten Quellen interpretiert werden. Dieser Denkansatz wird auf die faszinierende und zugleich gefährliche Formel gebracht: Der Struktur und Dynamik moderner Gesellschaftssysteme unterlägen gerichtete Prozesse, die niemand steuert (vgl. Kernig, 1992, S. 21).

Beispiele für derartige Prozesse, die gerichtet ablaufen, die aber niemand steuert, liegen etwa in der Entwicklung der Weltbevölkerung, aber auch in verschiedenen ökologischen Prozessen wie etwa der Vergrößerung des Ozonlochs und der Veränderung des Klimas. Hinter der Metapher „gerichtete Prozesse, die niemand steuert" verbirgt sich das Stichwort Komplexität. Damit ist zum einen thematisiert, daß das, was wir derzeit an Problemen beklagen, von mehreren Bedingungen gleichzeitig abhängt. Diese multifaktorielle Bedingtheit konkretisiert sich dabei z. B. auch in dem Gesichtspunkt der Globalität und Internationalität von Ursachen (gerade im Bereich von Wirtschaft und Ökologie), so daß man zwar die Effekte multifaktorieller Bedingungsgefüge in Form gerichteter Prozesse feststellen kann, aber zugleich niemanden ausmachen kann, der diese Prozesse verantwortlich steuert. Komplexe Probleme sind aber nicht nur durch ihre multifaktorielle Bedingtheit definiert. Für derartige Probleme gilt vielmehr zusätzlich, daß die Bedingungsgrößen bzw. Einflußgrößen untereinander vernetzt sind, wobei der Prozeß der wechselseitigen Einflußnahme (auf der Zeitachse gesehen) in der Regel zumindest eine Strecke lang intransparent ist, so daß bestimmte Resultate erst beobachtbar werden, wenn es schon zu spät sein kann. Die Einflußgrößen sind außerdem dynamisch, was bedeutet, daß sie spontanen oder sonstwie zu erklärenden Veränderungen unterliegen, auch wenn der Mensch nicht eingreift.

Vereinfacht könnte man sagen: Komplexe Probleme, definiert über multifaktorielle Bedingtheit, Vernetztheit und spontane Variabilität der Bedingungen sowie Intransparenz der laufenden Prozesse, sind damit zugleich auch durch ihre geringere Beherrschbarkeit definiert. Wen wundert es also, wenn wir mit vielen negativen ungeplanten Sekundäreffekten an allen Fronten unseres Problemlösens zu rechnen haben?

Diese ungeplanten Sekundäreffekte werden von Kernig unter dem Stichwort der „Problem-Lösungs-Erzeugungsmaschine" behandelt (1992, S. 21). Damit ist gemeint, daß z. B. zur Bekämpfung der globalen weltweiten Ernährungsprobleme im Rahmen der Nahrungsmittelproduktion ein Energieeinsatz erforderlich wird, der über entsprechende CO2-Produktionen dergestalt auf das Klima zurückwirkt, daß sich die Bodenverhältnisse in spezifischer Weise so verändern, daß sich neue, vorher nicht dagewesene Engpässe bei der Nahrungsmittelproduktion ergeben. Dies wiederum führt zu vermehrtem Energieeinsatz, wobei über entsprechende positive Rückkopplungsschleifen durch die identischen Maßnahmen Probleme gelöst *und* erzeugt werden.

Der zunehmende Grad an Skepsis bezüglich der Gestaltbarkeit vieler relevanter Prozesse in dieser Welt resultiert dabei nicht nur aus der beschriebenen objektiven Komplexität der Probleme. Handlungsbegrenzend wirken nicht nur die noch verbliebene wissenschaftliche Unschuld, die Zirkularität von Ursache und Wirkung, das zeitlich verzögerte Feedback auf bestimmte Maßnahmen und vor allem auch nicht nur das Fehlen organisatorisch-institutioneller Regelungen, die notwendige Entscheidungen durchsetzbar werden ließen. Ein nicht zu unterschätzender Engpaß liegt darin, daß sich der einzelne Mensch in seinem Kopf subjektiv überfordert fühlt. Dieses letztere Stichwort wird von Dörner programmatisch in dem Titel seiner Arbeit „Die Logik des Mißlingens" (1984) zum Ausdruck gebracht. Die Dörnerschen Experimente zeigen in eindrucksvoller Weise, wie wir als einzelne im Umgang mit Komplexität überfordert sind und zu welchen versimplifizierenden Strategien wir neigen. Außerdem verdeutlichen sie, daß wir uns vor allem schwer tun, zum einen vernetzt und zum anderen im zeitlichen Längsschnitt in Entwicklungsprozessen zu denken, womit in der Folge individuelle Entscheider beim Umgang mit komplexen Problemen vor allem ungeplante Sekundäreffekte ihres eigenen Handelns unterschätzen.

Eine nicht unerhebliche Skepsis im Hinblick auf die Gestaltbarkeit sozialer Systeme ist zumindest in der wissenschaftlichen Szene, aber auch in manchen Kreisen der Praxis alles andere als unüberhörbar. Speziell im Bereich der sogenannten Transformation der geschlossenen Gesellschaft „DDR“ in die marktwirtschaftlich fundierte offene Gesellschaft (vgl. hierzu Meyer, 1992) hat sich ein anfänglich geradezu grotesk anmutender Gestaltungsoptimismus in Ernüchterung verwandelt. In der im Augenblick wohl auch unter dem Druck der Wiedervereinigung in Gang gekommenen Transformationsforschung ist nichts auszumachen, das auf die Ableitbarkeit hinreichend konkreter Handlungsempfehlungen verweist (Wagener, 1991, S. 15). Und auch die moderne Institutionsökonomie, die als theoretisches Konzept derzeit viel zitiert und arg strapaziert wird, ist zumindest derzeit noch nicht in der Lage, den Transformationsprozeß praktisch wirksam zu unterstützen (Krug, 1991). Mit etwas böswilliger Akzentsetzung kann man insofern auch fragen, ob die (vielleicht als Reaktion auf diesen Handlungspessimismus) von anderen Gruppen etwas forciert vorgetragene Fortschrittsgläubigkeit nicht wesentlich auch dem Mechanismus der Verdrängung, nämlich dem der Verdrängung der ungeplanten Sekundäreffekte des eigenen Handelns, zu verdanken ist (siehe die Problem-Lösungs-Erzeugungsmaschine). Und genau diese Verdrängung wird fatalerweise ja so leichtgemacht, weil die Sekundäreffekte mit erheblicher zeitlicher Verzögerung eintreten und dann natürlich aufgrund der prinzipiell multifaktoriellen Bedingtheit alles dessen, was wir sehen, auch ganz anderen Ursachen (und nicht dem eigenen Handeln) zugeschrieben werden können. Fortschrittsgläubigkeit gebiert damit Fortschrittsgläubigkeit. Genauso gilt natürlich, daß Handlungspessimismus seinerseits Handlungspessimismus zur Folge haben kann, und damit kommen wir wieder auf das Ausgangsproblem der Randbedingungen zurück, unter denen die offene Gesellschaft heute problematisiert wird.

Es dürfte bereits hinreichend dysfunktional sein, wenn sich Handlungspessimismus als Bewußtseinsstruktur breitmacht: Wenn man immer wieder die Begrenzung der Steuerbarkeit sozialer Systeme betont, wird die voluntaristische Wurzel der offenen Gesellschaft und damit ein Kern des der offenen Gesellschaft vorgelagerten Denkens in Frage gestellt. Auf der anderen Seite lehren uns „die neuen Grenzen des Wachstums“ (Meadows, 1992), daß wir Handlungsbedarf haben, und dies nicht irgendwann, sondern jetzt. Bewußtseinsmäßig ergibt sich somit eine Schere: Dem zunehmend auch im öffentlichen Bewußtsein größer werdenden Handlungsbedarf läuft ein Bewußtsein abnehmender Handlungschancen parallel. Diese Konstellation ist auch aus psychologischer Sicht interessant und wird im nächsten Abschnitt vertiefend erörtert. Im Augenblick heißt das Fazit: Angesichts dieser Schere stellt sich natürlich sofort die Frage, ob nun gerade die offene (demokratisch verfaßte) Gesellschaft ein geeignetes Forum darstellt, um mit dieser Schere wirkungsvoll umzugehen. Die offene Gesellschaft könnte vor diesem Hintergrund unter massiven Druck geraten.

Zusammenfassend zu diesem Abschnitt bleibt festzuhalten, daß die Ergebnisse der Selbstbefreiung des Menschen, verfolgt über alle drei Phasen der „Aufklärung", als ambivalent bezeichnet werden müssen. Dies ist der historische Hintergrund, in dessen Kontext die Problematisierung der offenen Gesellschaft gewürdigt werden muß. Es kann sein, daß berechtigte Kritik an der offenen Gesellschaft in anderen historischen Phasen und unter anderen Randbedingungen weniger brisant wäre; unsere These lautet, daß die Brisanz der Kritik an der offenen Gesellschaft heute gerade daher rührt, daß sie mit der Existenz vielfältiger anderer Problemlagen zeitlich zusammenfällt, vor deren Hintergrund der Ruf nach schnellem Handeln und nach einer starken Hand leicht einfühlbar ist (Beck, 1986). Daß die beiden Phänomene, die wir gedanklich getrennt und deshalb nacheinander dargestellt haben — nicht nur zeitparallel auftreten, sondern auch als *ein* Problem erlebt werden, zeigt das folgende aktuelle Zitat: „Das Dilemma der Moderne und das Unbehagen an der Demokratie (...) was die Moderne hervorgebracht hat, sind, recht besehen, folgende, nüchterne und deshalb erfolgreiche Strukturen: Demokratie, Marktwirtschaft, Sozialstaat. Allesamt jedoch zehren sie aber kollektive Gefühle, Traditionen und Bindungen nach und nach auf, ohne etwas Neues hervorzubringen. Die Widersprüche der Modernisierung auf der westlichen Seite und die Kosten einer furios nachgeholten Modernisierung auf der östlichen Seite verstärken das Unbehagen in und an der Modernität und setzen wieder ein Thema auf die Tagesordnung der Politik, das in der liberalen Demokratie aufgelöst schien: Fundamentale Kulturkonflikte, die Gefahr neuer Religions- und Glaubenskriege" (Dettling, 1994).

In bezug auf die Attraktivität und Mühsal der offenen Gesellschaft und ihre Relevanz für die betriebliche Realität ergibt sich als Fazit:

Die von uns unterschiedenen Dimensionen der offenen Gesellschaft (vgl. Abb. 1) sind miteinander vernetzt und lassen sich realisieren durch die Logik eines feinjustierten Zusammenspiels von konzeptionellen Grundwerten einerseits und spezifischen Verfahren andererseits (vgl. Abb. 3). Für die betriebliche Realität bedeutet dies erstens, daß sich nicht beliebige Aspekte von Offenheit herausgreifen und miteinander kombinieren lassen, sondern daß die tragenden Prinzipien der offenen Gesellschaft (Toleranz, Chancengleichheit, Individualität, Pluralität) tendenziell nur als Muster realisierbar sind. Zweitens muß in Unternehmen ein Bewußtsein für die praktizierten Verfahren und ihre Instrumentalität für die offene oder geschlossene Gesellschaft entwickelt werden. Alle von Rawls skizzierten Verfahrensregeln der offenen Gesellschaft (Grundrechte, Gewaltenteilung, Vorrang des einzelnen vor dem Gemeinwohl) sind analog auf Organisationen übertragbar: ein spezifisches Menschenbild, Partizipation, Dezentralisierung, Selbstorganisation etc. Dies deutet darauf hin, daß die Strategie des Minimalkonsens möglicherweise auch für Betriebe Bedeutung hat. Aspekte der von Rawls beschriebenen Prozedur (Beteiligung, Akzeptanz) zur notwendigen Beschneidung individueller Rechte berühren ebenfalls Aspekte betrieblichen Handelns (Mitbestimmung, Konfliktlösung). Ein Blick auf die Mühsal der offenen Gesellschaft (vgl. Abb. 4) zeigt die Grenzen auch dieses Denkmodells und verweist damit auf die Quellen für Dysfunktionalität und Unzufriedenheit in ausschließlich „offenen" Organisationen. Zugleich wird damit deutlich, daß sowohl das offene als auch das geschlossene Denkmuster Vor- und Nachteile aufweisen (vgl. Abb. 5).

Die Betrachtung des gegenwärtigen geistigen Kontextes (Projekt Moderne und seine Folgen) macht deutlich, vor welchem aktuellen Hintergrund unsere Überlegungen zur Etablierung und Förderung offener oder geschlossener Muster — sowohl in der Gesellschaft als auch in Organisationen — gesehen werden müssen: Angesichts der aktuell spürbaren Preise der offenen Gesellschaft scheint derzeit die Attraktivität geschlossener Denk- und Handlungsfiguren generell zuzunehmen.

Damit leiten wir zum nächsten Abschnitt über, in dem vertiefend unter anderem beleuchtet werden soll, in welcher Weise bei vielen Menschen das Bewußtsein für die Schwierigkeiten der offenen Gesellschaft gestiegen und zugleich die Attraktivität der geschlossenen Gesellschaft gewachsen ist.

Ein solcher Bewußtseinswandel ist bezüglich seiner möglichen Effekte aber nur bewertbar, wenn er systematisch in eine Theorie des sozialen Wandels von einer offenen zu einer geschlossenen Gesellschaft integriert wird.

4. Sozialer Wandel als „Pendelschlag“ zwischen offener und geschlossener Gesellschaft?

In diesem 4. Kapitel soll folgendes geleistet werden:

Wir wollen zunächst die prinzipiellen Mechanismen des denkbaren Umschlags einer offenen Gesellschaft in eine geschlossene Gesellschaft (und umgekehrt) verständlich zu machen versuchen und entwerfen daher zuerst eine theoretische Skizze dieses „Pendelschlags“. Dabei wird deutlich werden, daß das eigentlich Überraschende nicht im Wandel sozialer Systeme, sondern in deren Stabilität liegt.

Im nächsten Gedankengang wird der Bewußtseinswandel bezüglich der offenen bzw. der geschlossenen Gesellschaft in der Bundesrepublik Deutschland beschrieben und in diese Erklärungsskizze eingeordnet, um so zu analysieren, wie das spürbare Unbehagen an der offenen Gesellschaft zu erklären ist und wie mit diesem Unbehagen umgegangen wird. Im dritten Hauptgedankengang wird versucht, die psychologische Dynamik des „Pendelschlags“ in seinem Längsschnitt zu veranschaulichen, wobei auf den gerade zusammengebrochenen „real existierenden Sozialismus“ zurückgegriffen wird. Im letzten Unterabschnitt werden schließlich Randbedingungen eines „Pendelschlags“ zu präzisieren versucht, wobei besonders das Tempo sozialer Veränderungen als Katalysator des Wandels herausgearbeitet wird.

4.1 Die Dynamik des Wandels

Wenn wir hier von „Pendelschlag“ sprechen, so muß der Leser vor einem Mißverständnis gewarnt werden: Wir wollen mit dem Bild des Pendelschlags nicht suggerieren, die in der historischen Wirklichkeit beobachtbaren Hin- und Herbewegungen zwischen offenen und geschlossenen Mustern würden der physikalischen Gesetzmäßigkeit des Pendels unterliegen. Eine solche Auffassung wäre fatal: Sie würde eine Übertragung der Physik auf den sozialwissenschaftlichen Bereich bedeuten und wäre damit ein

Rückfall in Extremausprägungen des von Popper sogenannten Historizismus. Wir wollen ja gerade diese deterministischen Denkstrukturen überwinden, da wir sie für unangemessen erachten. Wir sprechen von Pendel insofern nur in bezug auf einen Sachverhalt, der als solcher erscheint; es gibt Prozesse in der Geschichte, die so aussehen, als unterlägen sie einer Pendelschlagdynamik. Die Benutzung des Begriffs „Pendelschlag" soll vom Leser also nicht mißverstanden werden; wir verwenden diesen Ausdruck im wesentlichen deshalb, weil er unser Ausgangsproblem in einer Kurzformel griffig zusammenfaßt.

Im folgenden werden wir zunächst die Merkmale dieser Dynamik beschreiben, bevor wir anschließend darauf eingehen, welche Randbedingungen den Verlauf der Dynamik beeinflussen können.

4.1.1 Antriebskräfte des Wandels

Die nachstehende Abbildung faßt zusammen, auf welche Aspekte des sozialen Wandels genauer eingegangen werden soll.

Wir unterscheiden im Rahmen unserer Erklärungsskizze eine historisch-soziologische Ebene von einer sozialpsychologisch-individuellen Ebene. Auf der soziologischen Ebene wurde oben (vgl. Abb. 4) erörtert, daß mit spezifischen Chancen der offenen Gesellschaft Rahmenbedingungen verbunden sind, innerhalb derer sich unerwünschte Zustände ergeben können. Die offene Gesellschaft weist also im Kern selbst destruktive Kräfte auf, was spiegelbildlich selbstverständlich, wie oben dargestellt (Kapitel 2.2 und 2.3), für die geschlossene Gesellschaft ebenso gilt. So wurde erörtert, daß der Freiheitsgebrauch zur Unterdrückung anderer führen kann, Mobilität Bindungen zerstört, Pluralität Konflikte wahrscheinlicher werden läßt, Gleichheitsideale in Nivellierungseffekte umschlagen können, demokratische Prozeduren mit hohen Transaktionskosten belastet sind usw.

Um einen möglichen Pendelschlag von einer offenen Gesellschaft zu einer geschlossenen Gesellschaft verständlich machen zu können, fragen wir uns, wie diese Nachteile der offenen Gesellschaft von der einzelnen Person wahrgenommen und verarbeitet werden. Hierzu ist es hilfreich, auf das psychologische Streß-Bewältigungsmodell von Lazarus (1966) zurückzugreifen. Auf dieses Modell wird nachstehend genauer eingegangen. Psychologisch deutbare Wahrnehmungs- und Bewertungsprozesse von Menschen erklären dabei zweierlei: Zum einen spielen solche Prozesse eine

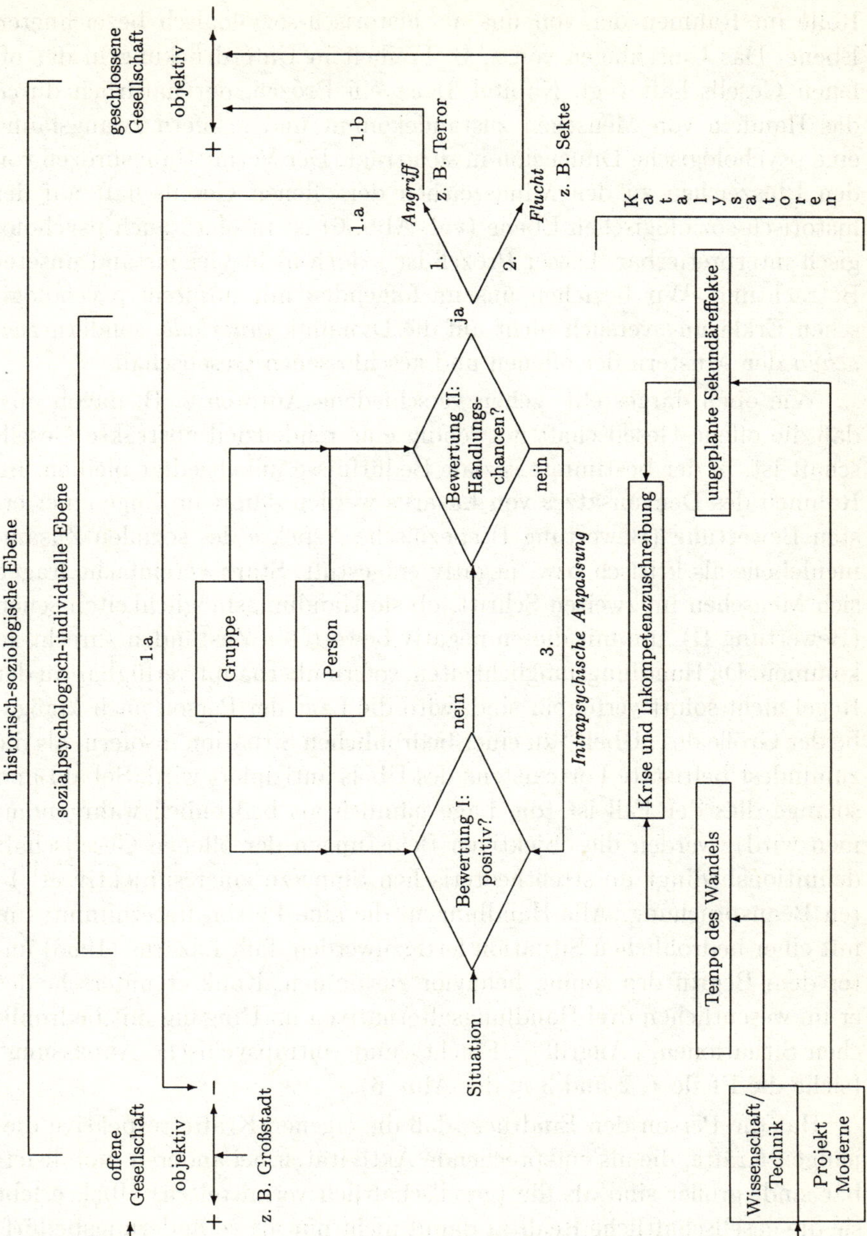

Abb. 6: Aspekte einer Erklärungsskizze zum sozialen Wandel

Rolle im Rahmen der von uns als historisch-soziologisch bezeichneten Ebene. Das Umschlagen von z. B. Freiheit in Unterdrückung in der offenen Gesellschaft (vgl. Kapitel 3) ist ein Prozeß, der natürlich durch das Handeln von Menschen zustandekommt und insofern zwangsläufig eine psychologische Dimension in sich trägt. Der Vermittlungsprozeß von den Pluszeichen zu den Minuszeichen der offenen Gesellschaft auf der historisch-soziologischen Ebene (vgl. Abb. 6) ist insofern auch psychologisch interpretierbar. Dieser Prozeß ist jedoch nicht Gegenstand unserer Betrachtung. Wir beziehen uns im folgenden mit unserem psychologischen Erklärungsversuch nicht auf die Dynamik *innerhalb*, sondern *zwischen* den Mustern der offenen und geschlossenen Gesellschaft.

Wie oben dargestellt, gehen verschiedene Autoren z. B. davon aus, daß die offene Gesellschaft notwendig eine tendenziell abstrakte Gesellschaft ist, in der bestimmte soziale Bedürfnisse unbefriedigt bleiben. Im Rahmen des Denkansatzes von Lazarus werden damit im Zuge einer ersten Bewertung (Bewertung I) spezifische Aspekte des sozialen Zusammenlebens als kritisch bzw. negativ eingestuft. Stark vereinfacht fragen sich Menschen im zweiten Schritt, ob sie Handlungsmöglichkeiten sehen (Bewertung II), um mit diesen negativ bewerteten Zuständen zurecht zu kommen. Da Handlungsmöglichkeiten, sofern überhaupt verfügbar, in der Regel nicht sofort verfügbar sind, wird die Lage der Person nach Maßgabe der Größe des „Übels" zu einer bedrohlichen Situation insofern, als die zumindest befristete Fortexistenz des Übels antizipiert wird. Sobald und solange dies der Fall ist (die Lage nämlich als bedrohlich wahrgenommen wird), werden die objektiven Belastungen der offenen Gesellschaft definitionsbedingt im streßtheoretischen Sinne zu einer subjektiv erlebten Beanspruchung. Alle Handlungen, die eine Person unternimmt, um mit einer bedrohlichen Situation fertigzuwerden, faßt Lazarus (1966) unter dem Begriff des coping behavior zusammen. Konkret unterscheidet er im wesentlichen drei Handlungsalternativen im Umgang mit bedrohlichen Situationen: „Angriff", „Flucht" und „intrapsychische Anpassung" (siehe die Pfeile 1, 2 und 3 in der Abb. 6).

Hat die Person den Eindruck, daß die eigenen Kräfte respektive diejenigen Kräfte, die als entsprechende Aktivitäten bei anderen mobilisierbar sind, größer sind als die (gesellschaftlich vermittelten) Übel, erlebt sie die gesellschaftliche Realität damit nicht nur als veränderungsbedürftig, sondern zugleich auch als veränderungsfähig. In diesem Fall wird sie versuchen, den als Übel erlebten Zuständen zu Leibe zu rücken und sich damit, auf welchem Wege auch immer, zur Wehr setzen (Gebert, 1981). Ein derartiges Sich-zur-Wehr-Setzen kann dabei durchaus innovativen Charakter haben (Gebert, 1987), wenn etwa im obigen Beispiel sozialer Anonymität durch entsprechende Aktivitäten in der eigenen Nachbarschaft, im Gemeinderat oder im Betrieb ein organisatorischer Rahmen geschaffen wird, der das Erleben sozialer Nähe und geistiger Gemeinsamkeit ermöglicht. Eine solche Strategie wäre in der Logik des skizzierten Modells als „Angriff" zu deuten: als Versuch, die aversive Situation durch eigene Aktivität zu beenden. Der Effekt dieses Handelns besteht letztlich darin — und hier zeigt sich, daß individuelles Handeln eine Rückkoppelung zur gesellschaftlich-soziologischen Ebene aufweist — daß die offene Gesellschaft durch die Abmilderung der als negativ erlebten Belastungsfaktoren stabilisiert wird. Vor diesem Hintergrund wird deutlich, daß die in der Demokratie implizierten, totalitären Regime dagegen fremden Möglichkeiten zum „Widerstand" (Demonstration, Volksbegehren, Mißtrauensvoten, Verfassungsbeschwerde etc.) in hohem Maße systemstabilisierenden Charakter haben.

Ein solcher „Angriff" ist aus der Sicht der offenen Gesellschaft konstruktiv insofern, als allein ihre Korrektur, aber nicht ihre Abschaffung intendiert ist. Die Kritik ist nur sektoral, denn sie betrifft lediglich spezifische Inhalte. Wird die Kritik dagegen zu einer totalen, wird also die offene Gesellschaft nicht nur in bezug auf einige Inhalte, sondern in ihrer Grundstruktur negativ bewertet, so wird die Person, sofern sie Handlungsmöglichkeiten erkennt, im Sinne der Kategorie „Angriff" nicht auf eine Korrektur, sondern auf die Abschaffung der offenen und die Einführung der geschlossenen Gesellschaft hinzuarbeiten versuchen. Dies wäre z. B. dann der Fall, wenn — was ebenfalls im Rahmen demokratischer Strukturen möglich ist — sich Gruppierungen bilden, die zur Radikalisierung neigen und deren Ziel darin besteht, das System an sich zu bekämpfen (z. B. terroristische Gruppierungen rechter und linker Couleur). Daß insbesondere moderne Demokratien den Kern der Radikalisierung in sich tragen, wird im Zusammenhang mit der politischen Entfremdung unter dem Stichwort der „Politikvergessenheit"— hier interpretierbar als wahrgenommener Mangel an politischer Situationskontrolle — an anderer Stelle diskutiert (Kapitel 4). Entsprechend finden sich in der Abb. 6, von der Kategorie „Angriff" ausgehend, ein Pfeil (1 a), der zur offenen Gesellschaft im Sinne einer Korrekturschleife zurückführt, sowie ein Pfeil (1 b), der in die geschlossene Gesellschaft einmündet. Beide

Formen des Angriffs können im Sinne des Streßbewältigungsmodells von Lazarus als coping behavior interpretiert werden, also als Versuche des Umgehens mit einer als bedrohlich empfundenen Situation.

Das der Soziobiologie nahestehende Streßbewältigungsmodell geht davon aus, daß, wenn zur Bewältigung der Übel keine Handlungsmöglichkeiten wahrgenommen werden, die Person Fluchtüberlegungen (Pfeil 2) anstellt. Ein gutes Beispiel hierfür ist der Beitritt zu einer Sekte: Die Anonymität und Orientierungskrise der offenen Gesellschaft werden negativ bewertet, wobei angesichts dieser als veränderungsbedürftig wahrgenommenen Realität aber keine Handlungschancen gesehen werden. Besteht (in der streßtheoretischen Sprache ausgedrückt) insofern für den einzelnen keine Situationskontrolle über die als aversiv erlebte Situation, wird die Realität damit zwar als veränderungsbedürftig, aber nicht als veränderungsfähig wahrgenommen, so ergreift die Person die Flucht und befriedigt ihre Nachfrage nach Wärme, Akzeptanz, sozialer Geborgenheit einerseits und geistiger Orientierung andererseits durch ihren Beitritt in eine Sekte. Über ein entsprechendes Fluchtverhalten aus der offenen Gesellschaft werden Merkmale der geschlossenen Gesellschaft verstärkt, wobei auch dieses (Flucht-)Verhalten als ein coping behavior zu interpretieren ist.

Mehren sich in diesem Sinne in einer Gesellschaft als Widerspiegelung einer als bedrohlich erlebten Situation derartige Angriffs- und Fluchtstrategien, die der geschlossenen Gesellschaft zuarbeiten, so ist damit der Pendelschlag von der offenen zur geschlossenen Gesellschaft zumindest teilweise erklärt:

Wir beschreiben auf der historisch-soziologischen Ebene auf der Zeitachse verschiedene Zustände eines sozialen Systems (einer Gesellschaft) und stellen im gedachten Fall als Zustand 1 eine offene Gesellschaft und als Zustand 2 eine geschlossene Gesellschaft fest. Der Übergang von der offenen zur geschlossenen Gesellschaft wird dabei erklärt, indem wir die offene Gesellschaft in ihren Negativausprägungen als Stressor interpretieren und entsprechend annehmen, daß die Bemühungen um eine Bewältigung dieser als bedrohlich erlebten Situation geschlossenheitsaffine Muster begünstigen. Eine erste Aussage lautet daher: Auf der historisch-soziologischen Ebene beschreibbare Veränderungen werden durch den Rekurs auf die beschriebene sozialpsychologisch-individuelle Ebene und die hier skizzierten Prozesse der ersten und zweiten Bewertung erklärbar. Auf die psychologische Dimension des Überganges von der geschlossenen Gesellschaft zur offenen Gesellschaft und die Dynamik dieser Tatsache verweist Popper selbst (1980a, S. 20): „Es [das Buch ‚Die offene Gesellschaft und ihre Feinde', d. Verf.] versucht zu zeigen, daß sich diese Zivilisation noch immer nicht vom *Schock* ihrer Geburt erholt hat — vom Schock des Überganges aus der Stammes- oder „geschlossenen" Gesellschaftsordnung, die magischen Kräften unterworfen ist, zur „offenen" Gesellschaftsordnung, die die kritischen Fähigkeiten des Menschen in Freiheit setzt. Es versucht zu zeigen, daß der Schock dieses Überganges einer der Faktoren ist, die den Aufstieg jener *reaktionären* Bewegungen ermöglichten, die auf den Sturz der Zivilisation und auf die Rückkehr zur Stammesgebundenheit hingearbeitet haben und noch hinarbeiten" (Hervorh. d. Verf.). Mit unserem Erklärungsversuch soll jedoch keinesfalls einem psychologischen Reduktionismus das Wort geredet werden; es soll also nicht behauptet werden, daß allein die auf der personalen Ebene ablaufenden Vorgänge für den „Pendelschlag" von dem einen zu dem anderen Gesellschaftssystem bedeutsam sind. Es wird lediglich behauptet, daß der „Pendelschlag" auch eine Funktion dieser psychologischen Prozesse ist, so daß neben anderem auch diese psychologische Ebene näher beleuchtet werden muß. Eben dies wird in den weiteren Unterabschnitten verstärkt der Fall sein.

Ein derartiger Erklärungsansatz ist nicht ohne Ertrag: Den Beitritt in die Sekte als Fluchtverhalten im Sinne einer Bedrohungsbewältigungsstrategie zu deuten, verweist nicht nur auf die Effekte dieses Verhaltens, sondern vor allem auch auf seine Bedingungen. Und eben auf diese Bedingungen kann man Einfluß zu nehmen versuchen, wie im 7. Kapitel ausführlich zu erörtern sein wird. So könnte es z. B. im konkreten Fall darauf ankommen, vorhandene, aber nicht erkannte Handlungsmöglichkeiten (z. B. zur Überwindung sozialer Anonymität) transparent werden zu lassen, um so ein Fluchtverhalten durch ein konstruktives Angriffsverhalten zu ersetzen, indem sich der einzelne realitätszentriert mit der Beeinflussung von Defiziten der offenen Gesellschaft auseinandersetzt.

Über eine soziologische bzw. politologische Betrachtung kann zusammenfassend vermutlich verständlich gemacht bzw. erklärt werden, wie spezifische Vorzüge der offenen Gesellschaft zu Rahmenbedingungen führen, die die Entwicklung der unerwünschten Zustände der offenen Gesellschaft begünstigen (vgl. Kapitel 3). Die sozialpsychologisch-individuelle Ebene vermag dagegen die Verarbeitung eben dieser negativen Zustände zu erklären, womit deutlich wird, daß soziologische bzw. politologische

Erklärungsversuche und psychologische Deutungen nicht in einem widersprüchlichen, sondern in einem komplementären Verhältnis stehen.

Um die psychologischen Verarbeitungs- und Reaktionsweisen von Personen erklären zu können, ist zu berücksichtigen, daß der einzelne nicht als isoliertes Individuum handelt, sondern stets in Beziehung zu einem sozialen Gefüge agiert. Diese Tatsache wirkt sich sowohl auf die *Bewertung* des Ist-Zustandes (Bewertung I) aus als auch auf die Wahrnehmung von *Situationskontrolle* (Bewertung II). Da die soziale Einbindung des einzelnen insofern die beschriebenen psychologischen Prozesse beeinflußt, sprechen wir von der *sozial*psychologisch-individuellen Ebene (vgl. Abb. 6).

In sozialen Gemeinschaften bilden sich spezifische Ansichten darüber aus, was als Wahrheit gilt bzw. wie die Realität beschaffen ist. Die in einer Gruppe wahrgenommene Realität muß daher nicht in allen Punkten den objektiven Gegebenheiten entsprechen, sondern über Mechanismen der Interaktion und Kommunikation (z. B. spezifische Symbole wie Begrüßungs- oder Flaggenzeremonien, Sprachgebrauch etc.) wird die Realität in einer Gemeinschaft teilweise „konstruiert" (Berger, Luckmann, 1982). Besonders groß ist diese Neigung in totalitären Systemen, wo durch Sanktionen unliebsame Bereiche der Realität tabuisiert werden und deshalb eine Nachfrage nach „Ersatzwirklichkeiten" entsteht. Die Parolen der Massenmedien „bieten für das öffentliche Gespräch ihnen [den Herrschenden, d. Verf.] angenehme Inhalte, über die sich die Bürger gefahrlos unterhalten können. Und wie wir aus historischer Erfahrung wissen, ist es nicht ausgeschlossen, daß aus derartigen Kommunikationsprozessen Schein-wirklichkeiten entstehen, die für den durchschnittlichen Bürger immer mehr ihren Scheincharakter verlieren und irgendwann als ‚tatsächliche Realitäten' sowohl in seinen als auch in den ‚kollektiven Gedächtnisfundus eingehen'" (Gessenharter, 1994, S. 27). Insofern ist die spezifische Persönlichkeitsdispositon des einzelnen auch sozial vermittelt.

Die in einer Gruppe konstruierte und für gültig erklärte Auffassung von der Realität kann sich zum einen darauf auswirken, wie die einzelnen den Status quo *bewerten.* So kann eine objektiv bestehende Bedrohung durch derartige Konstruktionsprozesse von den einzelnen als mehr oder weniger bedrohlich empfunden werden (Bewertung I). Beispiele für kollektiv vermittelte Eskalationen von Bedrohung sind unter dem Begriff der „Panikmache", z. B. in wirtschaftlichen Krisensituationen, bekannt. Ein aktuelles Beispiel ist möglicherweise die Diskussion des

„Ausländerproblems“ in der Bundesrepublik bei einem vergleichsweise geringen Ausländeranteil (Oberndörfer, 1994). Der umgekehrte Mechanismus einer kollektiven Deeskalierung von Bedrohung wäre eine kollektive Beschwichtigungsstrategie, z. B. duch erhöhte Risikobereitschaft in Gruppen, durch Verantwortungsdiffusion oder durch die in der Gruppe vermittelte Geborgenheit und Sicherheit. Als historisches Beispiel für diesen Mechanismus kann die kollektive Verharmlosung des Naziterrors gesehen werden, die ein kollektives „Wegsehen“ zur Folge hatte. So zeigt Gessenharter (1994), wie das verordnete kollektive Nichtwissen um das Geschehen in den Konzentrationslagern (wobei es individuelles Wissen um die KZ-Greuel gegeben hat) der Manipulation von Informationen durch die Parolen der Herrschenden Vorschub geleistet hat.

Zum anderen spielen kollektive Bewertungs- und Wahrnehmungsprozesse eine Rolle bei der individuellen Wahrnehmung von Situationskontrolle (Bewertung II). So kann sich eine kollektiv empfundene Ohnmacht („Man kann ja doch nichts machen“) auf den einzelnen übertragen, so daß auch er keine Handlungschancen mehr sieht. Dieses Phänomen liefert vermutlich eine Teilerklärung für die häufig gebrauchte Formulierung der Überlebenden des Nazi-Regimes: „Ich als einzelner konnte da ja doch nichts machen“. Umgekehrt ist auch denkbar, daß individuelle Situationskontrolle durch das Gefühl kollektiver Situationskontrolle ersetzt wird: Die kollektiven Handlungsoptionen (des Volkes, der „Herrenrasse“) gegenüber inneren (Judenverfolgung) und äußeren Feinden (Mobilmachung) wurden im Dritten Reich systematisch überschätzt. Die vorstehend skizzierten psychologischen Mechanismen und die nachfolgend beschriebenen Phänomene sind also stets vor diesem sozialpsychologischen Hintergrund zu sehen.

Aus individualpsychologischer Perspektive ist in streßtheoretischer Sicht ganz speziell eine Konstellation interessant, in der eine Person in einer als bedrohlich erlebten Situation weder Angriffs- noch Fluchtchancen sieht. Nach Meinung verschiedener Autoren ist dies eine in ganz besonderem Maße beanspruchende Konstellation. Die Dramatik dieser Konstellation wird zumindest angedeutet, wenn man sich vor Augen führt, daß die experimentell herbeigeführte Blockierung von Angriff und Flucht in einer als bedrohlich erlebten Situation im infrahumanen Bereich tödlich sein kann: Werden Ratten mittels einer Zange über einige Stunden festgehalten (ohne daß sie an der Atmung behindert werden), also in einer solchen als aversiv erlebten Situation an der Durchführung von Angriffs-

und Fluchtverhaltensweisen gehindert — dies angesichts des Umstandes, daß sie Adrenalin ausschütten, um sich zu kurzfristiger Angriffs- bzw. Fluchthandlung zur Bewältigung der bedrohlichen Situation zu präparieren —, so ist dies für die Ratten tödlich (Gray, 1971). Unter Bezugnahme auf das (nicht unumstrittene) Konzept der „erlernten Hilflosigkeit" (Seligman, 1979) kann man annehmen, daß die tödliche Wirkung einer solchen Konstellation (Blockierung von Angriff und Flucht in einer als bedrohlich erlebten Situation) nicht nur physiologisch zu klären ist; es können auch kognitive Prozesse ergänzend eine Rolle spielen, wenn der Organismus die aversive Situation als aussichtslos einstuft.

Im Unterschied zum infrahumanen Bereich gibt es im humanen Bereich als dritte Bedrohungsbewältigungsstrategie die Möglichkeit der intrapsychischen Anpassung (Pfeil 3): Sie besteht im wesentlichen darin, daß die Person, sofern sie weder angreifen noch flüchten kann, ihren Anspruch („Soll-Wert") gegenüber der Realität (hier: der offenen Gesellschaft) senkt und/oder die Bewertung der gegenwärtigen Lage beschönigt, also den „Ist-Wert" subjektiv anhebt. Auf diese Weise wird die ehemals bestandene Differenz zwischen Soll und Ist nicht objektiv (über entsprechende Handlungen), sondern ausschließlich auf subjektivem Wege eingeschmolzen.

Über Veränderungen der Bewertungsraster, gestützt durch selektive Wahrnehmungen der Realität, wird die Wirklichkeit zumindest subjektiv für den einzelnen erträglich und „rosa-rot" gemacht. Diese Anpassungsschleife spielt im Humanbereich eine grundlegende Rolle und kann bei etwas kritischerer Betrachtung als Resignation, bei wohlwollenderer Perspektive als unausweichliche psychologische Überlebensstrategie bzw. noch positiver als Anzeichen für Reife und Einsicht in die Struktur der Realität qualifiziert werden.

Für uns ist dabei die Rückkoppelung dieser individual-psychologischen Strategie zur gesellschaftlichen Ebene bedeutsam: Intrapsychische Anpassungsprozesse haben für die Person den eminenten Vorteil, daß auf diesem Wege in der Tat Beanspruchung (Streß) gesenkt werden kann (jeder weiß dies aus eigener Erfahrung); aus gesellschaftspolitischer Sicht und im Interesse der Stabilisierung der offenen Gesellschaft argumentiert, ist diese Strategie der intrapsychischen Anpassung aber kritisch zu beleuchten, da sie durch Handlungsverzicht zur Stabilisierung der negativen Situationsanteile der offenen Gesellschaft beiträgt. Macht man die zusätzliche Annahme, daß im Sinne einer Längsschnittanalyse der

Problemdruck in einer offenen Gesellschaft im Zeitverlauf, systematisch bedingt, zunimmt, so stellt diese intrapsychische Anpassung als Bedrohungsbewältigungsstrategie auch deswegen einen gefährlichen Mechanismus dar, weil sie zumindest indirekt der geschlossenen Gesellschaft zuarbeitet.

Sieht eine Person in einer als bedrohlich eingestuften Situation weder Angriffs- noch Fluchtchancen, so kann die intrapsychische Anpassung schließlich auch noch durch einen entsprechenden Drogenkonsum gestützt werden. Schmidtchen (1993) berichtet Daten, anhand derer fast ein Drittel der untersuchten Jugendlichen durch Drogenkonsum bzw. Medikamentenmißbrauch gekennzeichnet ist.

Die im betrieblichen Bereich vielzitierte innere Kündigung (Hilb, 1992), die dann wahrscheinlich wird, wenn eine als aversiv erlebte Situation als nicht beseitigungsfähig eingestuft wird und die Person zugleich keine Fluchtchancen (bzw. Chancen zur äußeren Kündigung) sieht, stellt insofern nicht nur ein immer wieder beobachtetes betriebliches Problem dar; die innere Kündigung wird vielmehr in dem Umfang auch zu einem gesellschaftspolitischen Phänomen, in dem Menschen auch gesellschaftspolitische Verhältnisse als aversiv einstufen und dabei weder Korrekturchancen erkennen noch die Möglichkeit sehen, sich diesen Verhältnissen äußerlich zu entziehen.

Wenn im übrigen in den letzten Jahren der Psychoboom gerade im Westen ganz besondere Blüten getrieben hat, Psychotherapie in allen möglichen Formen und Varianten angeboten wird, so kann dies durchaus in unserem Kontext bedeuten, daß auch die offene Gesellschaft ein erhebliches Stressorenpotential freisetzt, was eine entsprechende Nachfrage nach psychologischer Hilfestellung bedingt.

Die beschriebene Art der Verzahnung soziologischer Prozesse mit psychologischen Vorgängen macht dabei auch ein Oszillieren zwischen dem geschlossenen und dem offenen Pol verständlich:

Wachsen im Zuge der Praktizierung der offenen Gesellschaft als Effekt eben dieser Praktizierung ihre negativen Ausprägungen im Zeitverlauf an und sehen die hiervon betroffenen Personen zunehmend weniger Handlungsmöglichkeiten, sich mit Aussicht auf Erfolg konstruktiv mit diesen Schwierigkeiten auseinanderzusetzen, so steigen die Bedrohungsbewältigungsstrategien, die der geschlossenen Gesellschaft zuarbeiten und bereits beschrieben worden sind. Kippt irgendwann das System in eine geschlossene Gesellschaft um, so wird die geschlossene Gesellschaft praktiziert. Wie wir im Abschnitt 2.2. und 2.3. erörtert haben, sind im Keim der geschlossenen Gesellschaft aber wiederum neben ihren Vorzügen auch Nachteile angelegt, wobei anzunehmen ist, daß diese Nachteile im Zeitverlauf ebenfalls objektiv zunehmen und auch subjektiv zunehmend deutlicher wahrgenommen werden, womit das Bedrohungspotential der geschlossenen Gesellschaft entsprechend anwächst. Angesichts erfahrener oder vermeintlicher Schwierigkeiten einer Veränderung eben dieser Probleme der geschlossenen Gesellschaft steigen die Sehnsüchte nach der offenen Gesellschaft. Der offenen Gesellschaft werden in zunehmendem Maße attraktive Merkmale zugeschrieben, so daß Bedrohungsbewältigungsstrategien im Rahmen der geschlossenen Gesellschaft wahrscheinlich werden, die dieser offenen Gesellschaft zuarbeiten, womit alle Prozesse spiegelbildlich wieder von vorn beginnen. (Vgl. hierzu die Motivationsthese von Spinner (1978), nach der die Nachteile des einen Typs der Gesellschaft den Ruf nach den Gütern des anderen Typs der Gesellschaft aktualisieren.) Unter exakt dieser Perspektive ist in der Tat nicht ein Systemwandel, sondern der Zustand der Systemstabilität erstaunlich und erklärungsbedürftig.

Diese Annahme eines tendenziell vorprogrammierten Oszillierens zwischen den Polen ist in der Psychologie eine vertraute Perspektive. Fromm hat schon 1941 das Problem in seinem programmatischen Buchtitel „Die Furcht vor der Freiheit" thematisiert und zum Ausdruck gebracht, daß die Freiheit „von etwas" bedrohlich werden kann, sofern nicht gleichzeitig geklärt ist, zu welchen Zwecken diese Freiheit inhaltlich genutzt werden kann und die Freiheit „von etwas" insofern nicht in eine Freiheit „zu etwas" übergeht. Angesichts dieser Doppelgesichtigkeit der Freiheit werden im tiefenpsychologischen Sinne Angstabwehrmechanismen eingesetzt, wobei Fromm im wesentlichen zwei Abwehrstrategien diskutiert (1991, S. 102 ff.): Die Unterwerfung unter eine zentrale Autorität einerseits sowie die Unterwerfung unter die Normen der Mehrheit andererseits mit dem Ergebnis des konformistischen Spießers. Indem sich der einzelne dem „Führer" oder den Normen des Kollektivs unterwirft und insofern eine neue Knechtschaft eingeht, hat er den Vorteil einer „negativen Verstärkung" im Sinne des Abbaus von Angst und zugleich den „positiven Verstärker" einer tröstenden, tendenziell symbiotischen Beziehung zu anderen. Da auf diesem Wege aber auch die Behauptung der eigenen Identität blockiert wird, ist eine Vertreibung aus dieser symbiotischen Wärme bereits wiederum vorprogrammiert.

Unter Bezugnahme auf C.G. Jung könnte man in Anlehnung an Morgan (1986) auch sagen, daß Institutionen bzw. Organisationen jeweils immer nur die eine Seite der menschlichen Psyche realisieren und damit häufig die andere Seite unterdrücken. Die Angst vor Chaos und ähnlichem führt zu reglementierenden bürokratischen Strukturen, die als Abwehrmechanismus begriffen werden können. Im Sinne der klassischen Tiefenpsychologie sind Abwehrprozesse unbewußt. Die Mitglieder einer solchen Organisation leben insofern aufgrund eines kollektiven Verdrängungsprozesses in einem Zustand, der dem Höhlengleichnis von Platon entspricht, nämlich in einem Zustand von Dunkelheit und Unwissenheit. Die ergänzende zweite Seite von C.G. Jung wird erkenntlich, wenn die reglementierenden Strukturen zu einengend werden und der Bedarf nach Spontaneität in meist schlecht artikulierten Ausbrüchen zum Ausdruck kommt. Der psychoanalytischen Progression folgt also eine Regression, die wieder von einer Progression abgelöst wird usw.

Wandel stellt unter dieser Perspektive einen inhärenten Bestandteil jeglichen sozialen Systems dar. Stellt man im Sinne von Wagener (1991) die beiden Begriffe Transformation und Evolution einander gegenüber, so beziehen wir uns im Augenblick auf evolutionäre Prozesse, die durch spontane Selbstregulation gekennzeichnet sind. Damit hat unsere Erklärungsskizze aber eine wichtige praktische Implikation: Macht man mit der These Ernst, daß aufgrund der antagonistischen Ausgangsstruktur des offenen wie des geschlossenen Pols und der spezifischen Verarbeitungsstrategien dieser antagonistischen Strukturen durch die Personen Wandlung ein inhärentes Merkmal jeglichen sozialen Systems darstellt, so kann dies nur bedeuten, daß man, wenn man sich nicht passiv auf die Zuschauerrolle beschränken möchte, den Versuch unternehmen müßte, aktiv steuernd in diesen Wandlungsprozeß so einzugreifen, daß zumindest ein blindes Oszillieren oder größere Ausschläge in unerwünschte Richtung unterbleiben. Insofern bedingt das Wunschbild einer „gelenkten" Evolution kompensatorisch eine aktive Steuerung des sozialen Systems, die von Wagener (1991) als Transformation bezeichnet wird. Anders ausgedrückt, hat unsere Erklärungsskizze die praktische Implikation, daß Transformation bzw. das Management des Wandels zu einer Daueraufgabe für verantwortliche Führungskräfte wird.

Eine so verstandene Transformation im Sinne eines geplanten Wandels setzt neben vielem anderen voraus, daß man die Quellen versteht, aus denen heraus eine Situation bedrohlichen Charakter annehmen kann.

Zumal unter 4.3 unter Bezugnahme auf den Zusammenbruch des real existierenden Sozialismus hierauf noch einmal näher eingegangen wird, seien als systematischer Bestandteil unserer Erklärungsskizze folgende drei Bedrohungsquellen noch einmal unterstrichen:

- Die erste und zentrale Bedrohungsquelle liegt selbstverständlich in den Nachteilen der offenen bzw. der geschlossenen Gesellschaft, die bereits ausführlich erörtert wurden.

- Eine zweite Gruppe von Bedrohungen resultiert aus der Einschränkung dessen, was in der Streßtheorie als Situationskontrolle bezeichnet wird. Im Rahmen des geplanten organisatorischen Wandels ist in bezug auf den innerbetrieblichen Anwendungsbereich von Kirsch u. a. (1979) die Strategie des „Bombenwurfs" hinreichend plastisch beschrieben worden. Diese allen Betriebspraktikern vertraute Strategie besteht im wesentlichen darin, daß gravierende Strukturveränderungen in einem Betrieb weitgehend ohne Beteiligung der hiervon Betroffenen von oben herab angeordnet und durchgesetzt werden, womit die grundlegende Erfahrung vermittelt wird, daß man innerhalb dieser Wandlungsprozesse nicht Subjekt, sondern Objekt ist. Die dabei einmal aufgebaute Erfahrung des Verlustes von Handlungsmöglichkeiten (bzw. Situationskontrolle) kann zeitlich und inhaltlich fälschlich in die Zukunft und auf andere Anwendungsgebiete hin generalisiert werden (Seligmann, 1979), womit die Welt notwendig als zunehmend bedrohlich wahrgenommen wird.

  Nicht nur in der Substanz der Veränderung an sich (dem Was), sondern auch in der Weise der Durchführung der Veränderung (dem Wie) können also wesentliche Bedrohungsquellen liegen.

- Die bisher genannten beiden Gruppen von Bedrohungsquellen sind systematisch aus dem Bedrohungsbewältigungsmodell von Lazarus (1966) ableitbar und untereindander verbunden.

  Die dritte Quelle folgt aus dem Umstand, daß Wandlungsprozesse eine zeitliche Erstreckung aufweisen. Ein soziales System geht nicht nahtlos von einem Zustand in einen anderen Zustand über. Insofern gibt es ein Zwischenstadium der Heimatlosigkeit, in der Personen dem alten System nicht mehr angehören (sich aus ihm mehr oder weniger vertrieben fühlen), gleichzeitig im neuen System aber noch nicht hinreichend fußgefaßt haben. Neben der Substanz der Veränderung (dem Was) und dem Modus der Veränderung (dem Wie) liegt eine dritte Bedrohungsquelle also in einer spezifischen Phase (dem Wann) des Veränderungsprozesses.

Bemühungen, evolutionäre Prozesse kompensatorisch durch Transformation zu beeinflussen, müßten daher unter anderem diese drei Aspekte im Auge zu behalten versuchen. Je mehr dabei in einem sozialen System von einer sektoralen Kritik zu einer globalen Kritik übergegangen wird und/oder die Situationskontrolle über eben diese Kritikpunkte als abnehmend eingestuft wird, desto mehr werden Bedrohungsbewältigungsstrategien freigesetzt, die den Gegenpol fördern. Exakt unter diesen Bedingungen führt die regelkreisartige Vernetzung psychologischer und soziologischer Prozesse aus dem Zustand der Stabilität in den Zustand der Instabilität, wobei noch einmal darauf hingewiesen sei, daß wir nicht *individual*psychologische, sondern *sozial*psychologische Prozesse betrachten. Transformationsbemühungen könnten an diesem Sachverhalt anzusetzen versuchen.

4.1.2 Randbedingungen des Wandels

Nicht nur die nachfolgende Bedrohungsbewältigungsstrategie, sondern bereits die Einstufung der Situation als bedrohlich spiegelt dabei immer neben Situationseigenheiten auch Personeneigenheiten wider — und hierin liegt eine ergänzende Erklärungsperspektive. So reflektieren z. B. resignative Antwortmuster nicht nur Situationsmerkmale, sondern auch Persönlichkeitsstile. Es gibt Hinweise darauf, daß manche Personen aufgrund spezifischer Persönlichkeitsdispositionen („locus of control") zu einer — umgangssprachlich ausgedrückt — eher optimistischen oder eher pessimistischen Weltsicht neigen und damit eher aktiv oder eher passiv-resignativ zu handeln geneigt sind (Phares, 1976; Schneewind, 1973). Analog hierzu spiegelt auch die Einstufung der Bedrohlichkeit personale Eigenheiten wider (vgl. Abb. 6). In Analogie zu geschlossenen Gesellschaften kann man auch von „geschlossenen" Personen sprechen. Rokeach (1960, S. 391 f.) spricht von „closed minded" Personen, die im Gegensatz zu den „open minded" Person dadurch definiert sind, daß sie die Welt als bedrohlich wahrnehmen und als Abwehrstrategie vor allem eine höhere Autoritätsgläubigkeit einsetzen, womit zwar Meinungen Wahrheitsgehalt und Gewißheit zugeschrieben werden, die ihnen objektiv nicht zukommen, dafür aber subjektiv die Welt an Bedrohlichkeit verliert.

Menschen ziehen angeblich generell solche Personen für ihren persönlichen Kontakt vor, die ihr persönliches Überzeugungssystem (belief system) teilen. Ein derartiger persönlicher Kontakt dient der konsensualen Validierung der Realität: Man ist sich darüber einig, wie die Realität einzuschätzen ist. In dem Umfang, in dem dies der Fall ist, muß die für die offene Gesellschaft konstitutive Pluralität von Meinungen und Normen prinzipiell irritieren, da damit die konsensuale Validierung erschwert wird. Eine derartige Irritation gilt dabei nach Rokeach (1960) besonders für solche Personen, die in dem von ihm definierten Sinne als geschlossen zu betrachten sind, womit gerade diese Personen eine stärkere Affinität zur geschlossenen Gesellschaft (und dabei speziell zu dem Pol Dogmatismus) aufweisen (Rokeach, 1960, S. 397).

Die Einstufung einer Situation als bedrohlich und die entsprechende Bedrohungsbewältigungsstrategie reflektieren neben Personeneigenheiten aber auch das jeweilige setting (den situativen Kontext), innerhalb dessen die Person agiert. Die Großstadt stellt ein derartiges setting dar, das in unserem Zusammenhang interessant ist, da sich dort die Nachteile der offenen Gesellschaft möglicherweise deutlicher entfalten; im Rahmen unserer Erklärungsskizze stellt der Großstadtfaktor ein setting dar, das eine Art von Katalysatorfunktion erfüllt und das Auftreten der ohnehin vorprogrammierten Minuszeichen der offenen Gesellschaft im Sinne einer Randbedingung beschleunigt. Das Großstadtmilieu beinhaltet dabei aber noch ein eigenständiges Bedrohungspotential, das zu dem der offenen Gesellschaft noch hinzukommt, womit im Rahmen der subjektiven Verarbeitung dieser Situation natürlich wiederum die Gefahr besteht, daß die einschlägigen Großstadtprobleme mit den Problemen der offenen Gesellschaft verwechselt werden und die offene Gesellschaft damit zumindest teilweise wieder zu Unrecht auf die Anklagebank gesetzt wird. Diese Überlegungen machen die Frage interessant, worin in unserem Zusammenhang die Großstadtproblematik inhaltlich eigentlich zu liegen scheint. Hierauf sei nachstehend knapp eingegangen.

Milgram (1977) vertritt die These, daß sich die Menschen in ihrer Persönlichkeitsstruktur in der Großstadt und im Dorf wenig unterscheiden. Der entscheidende Punkt sei, daß die Großstadt eine besondere, andersartige Situation darstelle, auf die die Menschen auch in spezifischer Weise reagieren. Die ausschlaggebenden Merkmale des Großstadt-setting seien auf der objektiven Ebene die folgenden (Milgram 1977, S. 131 ff.):

- eine Vielzahl von Menschen
- auf engem Raum (große Dichte)
- bei erheblicher Heterogenität der Bevölkerung (hohe Pluralität).

Diese drei objektiven soziologischen Merkmale wirkten sich psychologisch so aus, daß eine Überbelastung (overload) zustande komme. Overload ist nach Milgram gegeben, wenn aus der Umgebung eine zu große Menge einströmender Input-Reize zu verarbeiten ist bzw. die zeitlichen Abstände zwischen den inputs zu klein geworden sind. Die oft beklagten Großstadtreaktionen seien letztlich nichts anderes als Anpassungen an diese Überbelastung. Insofern könne man sie auch als Abwehrmechanismen im Umgang mit bedrohlichen Situationen interpretieren. Die adaptive Reaktion bestehe unter anderem darin, daß dem einzelnen input nicht viel Aufmerksamkeit gewidmet werden könne, da die Verarbeitungskapazität zu klein sei. Viele Auffälligkeiten, die im kleinstädtischen oder dörflichen Bereich bereits zu Reaktionen führen würden, würden hier in der Großstadt tendenziell übersehen. Die zur Verfügung stehende Verarbeitungsenergie werde in stärkerem Maße selektiv eingesetzt. Da zu jeder Zeit ein Höchstmaß an Aufmerksamkeit gefordert sei, würden bestimmte Randbedingungen als weniger wichtig abgeschirmt, so daß etwa die Höflichkeit abnehme und die kleineren Nöte einer anderen Person nicht mehr beachtet würden.

Dieser individuelle Abwehrmechanismus wird in einer Großstadt zur sozialen Norm erhoben, womit sich die Egozentrik auch auf kollektivem Niveau stabilisiert und die Erfahrung von Anonymität an Verbreitung zunimmt. Betroffenheit zeigt man im wesentlichen nur gegenüber Bekannten und nicht gegenüber Fremden; wird ein Fremder überfallen, so zeigt sich, daß mit zunehmender Menge der anwesenden Menschen — und dies ist ja für die Großstadt konstitutiv — eine Verantwortungsdiffusion stattfindet, so daß sich der einzelne auf die Zuschauerrolle beschränkt oder aber wegsieht.

Milgram vertritt zusammenfassend die These, daß das generalisiert abnehmende prosoziale Verhalten im Sinne einer Bedrohungsbewältigung funktional sei und insofern eine erklärliche Reaktion darstelle.

Im Resümee heißt dies, daß es personale *und* situative Kontextbedingungen gibt, die die regelkreisartige Verzahnung der psychologischen mit der soziologischen Ebene moderieren; derartige Moderatorvariablen können den Oszillationsprozeß zwischen dem offenen und dem geschlossenen Pol entsprechend „anheizen", aber auch bremsen. „Geschlossene" Personen, die zugleich in einer Großstadt leben, leiden also ohnehin schon unter einem vergleichsweise hohen Bedrohungspotential und werden damit gegenüber den Lockrufen aus der geschlossenen Gesellschaft vergleichsweise aufgeschlossen sein.

Unser Erklärungsansatz verweist also auch auf spezifische Randbedingungen. Es ist ein immer wieder beklagtes Phänomen in den Sozialwissenschaften, daß die dort formulierten Hypothesen zu wenig situationsspezifisch bzw. zu wenig randbedingungsspezifisch und damit unzulässig pauschalisierend formuliert werden. Vor diesem theoriebezogenen Hintergrund sowie aufgrund unseres pragmatischen Anspruchs, Handlungskonsequenzen im Sinne des Gegensteuerns abzuleiten zu versuchen, ist eine sorgfältige Analyse der Struktur der Randbedingungen sehr wichtig.

Zumindest im Sinne einer Akzentsetzung unterscheiden wir dabei zwei Typen von Randbedingungen: Zum einen gibt es Randbedingungen, die auf der objektiven Ebene das Umschlagen der Pluszeichen eines sozialen Systems in die jeweiligen Minuszeichen beeinflussen. Daneben gibt es Randbedingungen, die zumindest zusätzlich deutlicher auch die subjektive Ebene insofern berühren, als die Minuszeichen subjektiv deutlich erkannt und zu verarbeiten versucht werden; es gibt somit Randbedingungen, die den Prozeß der Bedrohlichkeitseinstufung intensivieren und das Bewußtsein einer Krisensituation entstehen lassen.

Zu den zuletzt angesprochenen Randbedingungen (die sich von der ersten Gruppe natürlich nicht trennscharf abgrenzen lassen) zählt der historische Kontext, in dem die offene Gesellschaft derzeit einer Kritik unterzogen wird. Wir hatten bereits dargestellt, daß das Projekt Moderne zwiespältige Resultate erbracht hat, wobei sich bewußtseinsmäßig eine Schere zu entwickeln scheint: Dem zunehmend auch im öffentlichen Bewußtsein größer werdenden Handlungsbedarf (Stichwort „Ökologie" und „Arbeitslosigkeit") läuft ein Bewußtsein abnehmender Handlungschancen parallel. Unter 3.3 wurde ausführlich erörtert, worauf diese Überzeugung abnehmender Situationskontrolle zurückgeführt werden könnte. Eine Durchsicht einschlägiger politologischer Arbeiten ergab, daß genau diese Konstellation nicht ungefährlich ist: Demokratische Gesellschaften wurden speziell dann von geschlossenen Gesellschaften abgelöst, wenn einerseits krisenartige Entwicklungen konstatiert wurden und zugleich den

Regierenden Inkompetenz in bezug auf die Bearbeitung dieser Krisen zugeschrieben wurde (Linz, 1980). Streßtheoretisch und individualpsychologisch bedeutet dies, daß Bedrohungsbewältigungsstrategien an Boden gewinnen, die geschlossenheitsförderlich wirken (siehe vorher).

Neben den ungeplanten Sekundäreffekten wirkt auch das Tempo des Wandels dahingehend, daß sich im Bewußtsein vieler eine krisenartige Situation ergibt. Das Tempo des Wandels droht die Menschen in der Gesellschaft zu überfordern und ist ungünstigerweise auch noch systematisch mit der offenen Gesellschaft verbunden (vgl. Abb. 6). Auf diesen Zusammenhang wird unter anderem aus chaostheoretischer Sicht näher unter 4.4 eingegangen.

Vor dem Hintergrund dieser Erklärungsskizze sollen nun zunächst die Bedingungen und Effekte der gegenwärtig festzustellenden Problematisierung der offenen Gesellschaft in der Bundesrepublik erörtert werden. Dabei werden wir zu zeigen versuchen, wie das zunehmende Infragestellen der offenen Gesellschaft vor dem Hintergrund unseres Erklärungsmodells einzuschätzen ist. So betrifft die Kritik an der offenen Gesellschaft zum einen die Kategorie der *Bewertung* der Situation (Bewertung I) — das Schwinden verläßlicher und allgemeingültiger Maßstäbe verdichtet sich zur Orientierungskrise. Gleichzeitig nimmt auf der *Handlungs*ebene die Wahrnehmung von Situationskontrolle ab (Bewertung II) — dokumentiert unter anderem in dem Stichwort „Politikverdrossenheit“.

4.2 Das Unbehagen an der offenen Gesellschaft der Bundesrepublik Deutschland — Vorbote eines Wandels?

In den vorausgegangenen Unterabschnitten 2.2 und 3.2 wurde herausgearbeitet, daß die Grundstruktur jeglichen sozialen Systems — der offenen wie der geschlossenen Gesellschaft — dilemmatisch ist. Vor dem Hintergrund der unter 4.1 dargelegten Erklärungsskizze zur Dynamik des Wandels sozialer Systeme wird in diesem Unterabschnitt die These zu untermauern versucht, daß die zunächst einmal nur potentiellen Nachteile der offenen Gesellschaft zwischenzeitlich in der Bundesrepublik in einem solchen Ausmaß Realität geworden sind, daß sich die objektive dilemmatische Struktur im Bewußtsein der Menschen, also auf der subjektiven Ebene, widerspiegelt, so daß negative Bewertungsprozesse gegenüber der offenen Gesellschaft zunehmen. Spezifischer formuliert lautet die These, daß die offene Gesellschaft heute, nachdem Erfahrungen zu ihrer Funktionsweise vorliegen, kritischer beurteilt wird als zur Zeit der Gründung bzw. der Anfänge der offenen Gesellschaft, z. B. in den 50er Jahren in der Bundesrepublik. Dabei wird die Problematisierung der offenen Gesellschaft — und hierin liegt die entscheidende Hypothese — inhaltlich *parallel* auf allen Dimensionen geführt, die für die offene Gesellschaft konstitutiv sind (die anthropologische, soziale und erkenntnistheoretische Dimension). Zum Beleg für die Behauptung eines zunehmend spürbaren Unbehagens an der offenen Gesellschaft wird vor allem auf vier Sachverhalte verwiesen:

- Die der offenen Gesellschaft inhärenten Desintegrationsprozesse haben inzwischen nicht nur Minderheiten am Rande der Gesellschaft, sondern alle Subsysteme der Gesellschaft erreicht und werden in all diesen Subsystemen der Politik, Kunst, Wissenschaft und Wirtschaft zunehmend nachdrücklicher erörtert.
- In der Wissenschaft wird die dilemmatische Struktur der offenen Gesellschaft als solche zum gesonderten Tagesordnungspunkt erhoben und eigens diskutiert (sogenannte Kommunitarismus-Debatte).
- Die dilemmatische Struktur wird zunehmend mehr auch in einer breiteren Öffentlichkeit diskutiert, ablesbar an entsprechenden Beiträgen in Tages- und Wochenzeitungen. So erörtert z. B. Dettling (1994) in einem Artikel (Die Zeit) die beiden politischen Reaktionsmuster, die angesichts des erkennbaren Dilemmas zur Auswahl stehen: „Rückzug in die Wagenburg oder Renaissance der Politik?“: „Das Jahr 1994 wird auf allen Ebenen und in allen Wahlkämpfen zwei Arten von Politik anbieten: Politik als Rückzug, Reaktion und Resignation; oder Politik, sei es auch wider alle Hoffnung, als Versuch, der gemeinsamen Vernunft eine Chance zu geben. Das eine Szenario wäre: die Politik der Wagenburg, draußen Rebellion aus Angst und Langeweile, die sich weder sozial und ökonomisch besänftigen noch durch Maßnahmen der inneren Sicherheit unterdrücken läßt. Die andere Möglichkeit: die Renaissance einer Politik, die sich mutig einläßt auf die veränderte Welt, in der Überzeugung allerdings, daß das Versprechen von Demokratie und Marktwirtschaft, von Freiheit und Wohlstand nicht im moralischen Zynismus enden muß.“

– Es mehren sich Symptome für eine steigende Attraktivität der geschlossenen Gesellschaft (z. B. Sekten, Rechtsradikalismus).

Das Phänomen der Problematisierung der offenen Gesellschaft (eingeordnet in die Abb. 6) wird dabei unter zwei Stichworten behandelt, die der Reihe nach abgearbeitet werden; es geht zum einen um die vielzitierte Orientierungskrise und zum anderen um die Stichworte Politikverdrossenheit und Neokonservativismus. Dabei wird deutlich werden, inwiefern die Art der Problematisierung der offenen Gesellschaft selbst problematisch ist. Das wahrgenommene Unbehagen an der Offenheit führt weniger zu einer aktiven Verteidigung der offenen Gesellschaft im Sinne der „Angriffs-“ Strategie, sondern tendenziell eher zu resignativen Reaktionsmustern. Auf diese Weise wird sowohl auf der Bewertungsebene als auch auf der Handlungsebene kontinuierlich der Boden für ein Handeln entzogen, wodurch sich die Problematisierung selbst anheizt und damit das Unbehagen immer größer wird.

4.2.1 Orientierungskrise: Bedingungen und Effekte

Gründe, Symptome und Verbreitung

Die These einer Orientierungskrise in einer sich verändernden Welt — und zwar nicht als Möglichkeit, sondern als tatsächliches Datum der Realität vieler westlicher Länder — scheint derzeit zwischen Experten konsensfähig zu sein, und seit etwa Ende der 80er Jahre wird diese Orientierungskrise in der Literatur auch zunehmend erörtert (vgl. z. B. Dahrendorf, 1987; Folkers, 1987; Nipperdey, 1988; Schwan, 1992; Dubiel, 1993; Wagner, 1993; Honneth, 1994).

Unabhängig von den Eigentümlichkeiten der offenen Gesellschaft liegen Wurzeln der Orientierungskrise in den bereits besprochenen ambivalenten Ergebnissen des Projekts Moderne: Zielbezogen ergibt sich eine Orientierungskrise insofern, als sich der Entwurf diesseitiger Utopien als wenig tragfähig erwies. Verfahrensbezogen ergibt sich eine Orientierungskrise wegen vielfältiger negativer Sekundäreffekte des technisch-industriellen Vorgehens einerseits und des wissenschaftlich-rationalen Vorgehens andererseits (vgl. hierzu auch Heitmeyer, 1993).

Selbstverständlich liegen auch in der offenen Gesellschaft selbst und hier vor allem in ihrem zentralen Kennzeichen der Pluralität, also in dem Gradmesser liberaler Politik zum Schutz des Individuums (Rawls, 1992), wesentliche Quellen der derzeitigen Orientierungskrise, und insofern verwundert es nicht, daß eben auch die offene Gesellschaft zunehmend mehr im allgemeinen Bewußtsein mit auf die Anklagebank gesetzt wird. Besonders pointiert wird speziell die Toleranz unter dem programmatischen Buchtitel „Die Niederlage des Denkens“ von Finkielkraut (1989) attackiert:

Eine Kultur, die eine Ehebrecherin mit dem Tode bestraft oder in der die Aussage eines Mannes soviel wert ist wie die von zwei Frauen, sei eben keine Kultur; unter dem Deckmantel der Toleranz und dem Bemühen um antirassistische Tendenzen sei uns der Mut zur Wertung mit der Folge aberzogen worden, daß nicht mehr zwischen besser und schlechter, sondern nur noch zwischen gleich und anders unterschieden wird, von der Bewertung auf die Beschreibung ausgewichen wird und in der Folge gleich bewertet wird, was ungleichwertig ist. Dieser Etikettenschwindel sei speziell gegenüber Entwicklungsländern sehr verbreitet und stabilisiere dort nur einen höchst problematischen Status quo. „Andersartigkeit“ werde dabei im interkulturellen Vergleich nicht nur zu einem Ist-Wert, sondern vor dem Hintergrund einer überzogenen Pluralitätsnorm zu einem Soll-Wert, so daß sich der andere in der Folge nur dann als vollwertig erleben könne, wenn er seine Andersartigkeit, also seine Abweichung speziell von den westlichen Standards, deutlich markiere. Dies sei eine Reinkarnation der alten Volksgeisttheorie, so daß letztlich im Namen der Aufklärung und Toleranz gegenüber anderen Kulturen nur neue Knechtschaft und Intoleranz aufgebaut werde. Da die Andersartigkeitsdoktrin Pluralität an sich als Wert erscheinen lasse, unabhängig von der Frage, was jeweils substantiell praktiziert wird, werde dabei zugleich auch eine Orientierungskrise vorprogrammiert.

Die Orientierungskrise vermittelt sich unter der Perspektive der offenen Gesellschaft also zum einen über den Zwilling Toleranz/Pluralität. Aber auch die anderen Aspekte der offenen Gesellschaft leisten hier ihre problematischen Beiträge: In einer offenen Gesellschaft gehört es zur Programmatik, daß Normen im sozialen Bereich als Konventionen interpretiert und damit im Prinzip als revidierbar betrachtet werden. In Kombination mit der erkenntnistheoretischen Position, daß alles Erkennen vorläufigen Charakters ist, ergibt sich auch daher immer wieder Veranlassung zum Überdenken und zur Revision dieser Normen. In der Folge heißt dies (neben anderem), daß sich soziale Normen, auf der Zeitachse betrachtet, zunehmend schneller wandeln, so daß das Tempo der Veränderungen (vgl. Abb. 6) steigt. Was heute Geltung hat, galt gestern noch nicht und morgen nicht mehr.

Auch auf diesem Wege des steigenden Tempos der Veränderungen vermittelt sich selbstverständlich ein Orientierungsvakuum, und auch auf die ansonsten hochgelobte Innovativität (viele Neuerungen pro Zeit) fällt in diesem Zusammenhang ein etwas anderes Licht: Der Innovator lebt von dem Optimismus, er werde ein solches Neues hervorbringen, daß es nach ihm kein Neues mehr geben kann, da eine Bestlösung erreicht sei. Mit zunehmender Innovativität eines sozialen Systems (also mit einer zunehmenden Anzahl qualitativ hochwertiger Neuerungen pro Zeit) wird aber genau dieser Optimismus widerlegt, und der Rezipient von Innovationen handelt insofern völlig vernünftig, wenn er den Begeisterungsstürmen des Innovators zum Zwecke der Legitimierung seiner Innovationsabwehr den Vorläufigkeitscharakter *jeder* Innovation entgegenhält (Groys, 1992). Innovativität konterkarriert sich gleichsam selbst, und vor diesem Hintergrund verwundert es nicht, daß als Symptom der Orientierungskrise bzw. einer veränderten Bewußtseinsstruktur nicht nur der Zwilling Toleranz/Pluralität, sondern auch die für die offene Gesellschaft konstitutive Dimension der Innovativität in ihrer Sinnhaftigkeit grundlegend hinterfragt und problematisiert wird.

Im Zuge eines derartigen Bewußtseinswandels kann es nicht ausbleiben, daß die liberale Gesellschaftskonzeption nicht nur in spezifischen Hinsichten, sondern generell und von ihren substantiellen Prämissen her zunehmend kritisch beleuchtet wird. In der wissenschaftsinternen Auseinandersetzung ist dies bereits der Fall:

In der politologisch bzw. soziologisch ausgerichteten amerikanischen Philosophie wird derzeit als Reaktion auf die erkannten Probleme der liberal-offenen Gesellschaftskonzeption eine Debatte geführt, die unter der mißverständlichen Bezeichnung „Kommunitarismus“ zusammengefaßt wird. (Eine gute Einführung in diese Debatte findet sich in Honneth, 1993.)

Im Kern geht es in dieser Debatte um die Frage, inwieweit es klug ist, die offene Gesellschaft bzw. die liberale Konzeption ausschließlich dadurch stützen zu wollen, daß man die Vernünftigkeit der Verfahrensseite (und zwar letztlich für alle Beteiligten) zu unterstreichen versucht. Die sogenannten Kommunitaristen, zu denen etwa auch C. Taylor, C. Larmore und M. Walzer gehören, betonen im Unterschied zu den Vertretern der primär *prozeduralen* Legitimierung der liberalen Gesellschaftskonzeption (vor allem Rawls), daß es darauf ankomme, in kluger Weise Anleihen an Denkinhalte der geschlossenen Gesellschaft zu machen, um so eine tolerablere Balance zwischen der offenen und der geschlossenen Gesellschaft herzustellen. (Es sei betont, daß die genannten Autoren sich dabei nicht dieser Sprachregelung bedienen; ihre Ausführungen können aber in diesem Sinne interpretiert werden).

Durchaus also in der Absicht einer Verteidigung der offenen Gesellschaft und nicht mit dem Ziel ihrer Abschaffung diskutieren die Kommunitaristen die Frage, ob man nicht für die Fundierung einer gemeinsamen geistigen Plattform *inhaltlich* auf bestimmte Überlieferungen und moralische Traditionen rekurrieren müsse, um so die offene Gesellschaft in Ergänzung zu ihrer verfahrensbezogenen Legitimierung auch substantiell abzustützen. Die Frage nach der konkreten Ausbalancierung offener und geschlossener Aspekte betrifft direkt die im 7. Kapitel zu behandelnde Frage nach Möglichkeiten des Gegensteuerns und wird deswegen hier nicht weiter verfolgt. Hier sei nur festgehalten: Der Tatbestand, daß eine derartige Kommunitarismus-Debatte nicht in den 50er Jahren, sondern erst in jüngster Zeit — und dies mit erheblicher Publikumswirksamkeit — geführt wird, ist ein weiteres Indiz für ein der offenen Gesellschaft gegenüber gewandeltes Bewußtsein.

Unter der Perspektive der subjektiven Verarbeitung der Dilemmata der offenen Gesellschaft ist der Hinweis von Bellah u. a. (1987) interessant, daß im amerikanischen Sprachraum auf der Basis ausführlicher Interviews (vor allem mit gut gebildeten Berufstätigen) nostalgische Rückwendungen erkennbar wurden. Auf der subjektiven Ebene ergaben sich Hinweise für die Koppelung von Orientierungskrise einerseits und sozialer Isolierung andererseits. Entsprechend wird von den Interviewten zum einen ein erheblicher Bedarf nach Religion und zum anderen eine steigende Nachfrage nach dezentraler, harmonisch und konsensual getragener Gemeindepolitik zum Ausdruck gebracht. Im Kern konstatieren Bellah u. a. (1987) insofern, daß es darauf ankomme, an traditionelle Sitten und Gebräuche anzuknüpfen, mit denen die Menschen groß geworden seien und die ihnen ans Herz gewachsen seien. Diese Sitten und Gebräuche wurden von Tocqueville, ins Englische übersetzt, als die habits of the heart bezeichnet. Und genau dies: „The Habits of the Heart" ist der Titel des Buches von Bellah u. a. in der amerikanischen Originalausgabe, das im Deutschen unter dem Titel „Gewohnheiten des Herzens"(1987) erschienen ist.

Für die untersuchten amerikanischen Stichproben gilt also, daß als Widerspiegelung der dilemmatischen Grundstruktur der offenen Gesellschaft eine deutliche Nachfrage nach Orientierung und sozialer Einbindung im Sinne der geschlossenen Gesellschaft artikuliert wird.

Die Kommunitarismusdebatte wird inzwischen auch im deutschen Sprachraum aufgegriffen und dies bezeichnenderweise nicht nur in der akademischen Szene. Die Süddeutsche Zeitung diskutiert etwa seit dem Frühjahr 1993 in regelmäßigen Abständen im Feuilleton Facetten dieses Problems unter der programmatischen Überschrift „Wieviel Konsens braucht der Staat?".

Aus dem Umstand, daß diese Diskussion inzwischen auch in der Bundesrepublik und hier auch in den Zeitungen geführt wird, kann geschlossen werden, daß die offene Gesellschaft in ihrer dilemmatischen Struktur in der Tat zunehmend als problematisch erlebt wird (vgl. Keupp, 1993; Dubiel, 1993). Die in der Wissenschaft und in den Zeitungen geführte Debatte kann insofern im Sinne von Dahrendorf (1987) als der Versuch einer Neuformulierung eines Gesellschaftsvertrages interpretiert werden, um die der Orientierungskrise wesentlich mit zugrundeliegende Normenerosion und Anomie zu überwinden.

Die Problematik der dilemmatischen Grundstruktur der offenen Gesellschaft wird inzwischen auch in der Wirtschaftspraxis erörtert. So hat z. B. die vor fünf Jahren von den deutschen Arbeitgeberverbänden gegründete „Intermedia-Stiftung für Gesellschaftswissenschaften und Publizistik" 1993 ein Symposium zu dem Thema „Was nun — was gibt uns Halt?" veranstaltet. Eigene Vorträge des Verfassers zu diesem Themenbereich in Management-Seminaren verweisen auf eine hohe Aufgeschlossenheit von Führungskräften für diese Thematik, was offenbar reflektiert, daß das Unbehagen in bezug auf die offene Gesellschaft inzwischen weit verbreitet ist, Führungskräfte aber zugleich Schwierigkeiten haben, dieses Unbehagen auf den Begriff zu bringen. In diesem Kontext sind auch die Tagungen der Hanns-Martin-Schleyer-Stiftung zu sehen: Diese Stiftung veranstaltete 1992 z. B. ein Symposium mit dem Titel „Kirche als Heilsgemeinschaft — Staat als Rechtsgemeinschaft: Welche Bindungen akzeptiert das moderne Bewußtsein?". Es liegt damit auf der Hand, daß die offene Gesellschaft nicht mehr nur für vernachlässigungswerte Minderheiten ein Problem darstellt.

Fragt man nach weiteren Indikatoren einer Orientierungskrise, so fällt auf, daß eine Orientierungskrise nicht nur in bezug auf die Zielstruktur der Gesellschaft insgesamt festzustellen ist; parallele Orientierungskrisen scheinen vielmehr auch in einzelnen Subsystemen dieser Gesellschaft erkennbar zu sein, z. B. in den Subsystemen Wissenschaft und Kunst, die ihre eigene Zielstruktur und Systemlogik kritisch hinterfragen.

In der geschlossenen Gesellschaft der ehemaligen DDR dominierte in der Kunst eine Art von Werktätigen-Realismus, der in seiner inhaltlichen Stromlinienförmigkeit im Bereich der Malerei peinlich wirkte und von einer Orientierungskrise in der Kunst nichts erkennen ließ, da es eine solche Krise nicht geben durfte. Selbstverständniskrisen sind dagegen im Bereich der Kunst für die offenen Gesellschaften des Westens geradezu konstitutiv, und wenn in der Malerei „Die neuen Wilden" nicht in der DDR, sondern in der Bundesrepublik antraten, so liegt die These auf der Hand, daß Orientierungsprobleme im Subsystem der Kunst zumindest partiell mit Strukturmerkmalen der offenen Gesellschaft insgesamt zusammenhängen.

Die Orientierungskrise der offenen Gesellschaft zeigt sich im Sektor der Malerei darin, daß die Kriterien für Schönheit bzw. Ästhetik einerseits immer unklarer und andererseits zeitlich instabiler werden. In der Kunst sei als Gipfel dieser Selbstverständniskrise z. B. die grundlegende Idee, die Kunst bilde eine innere oder äußere Realität außerhalb des Kunstwerkes ab, fallengelassen worden (Groys, 1992); indem das Kunstwerk brutto für netto steht, sich im Sinne der Blechdose gleichsam selber zitiert, wird es auf eine triviale Weise insofern „wahr", als seine Übereinstimmung mit der äußeren Wirklichkeit zwangsläufig gegeben ist. Die bekannte Aussage „Alles ist Kunst" wird zwar nicht ganz wörtlich genommen, führt aber natürlich zu einer ständigen Einebnung der Differenz zwischen Kunst und profaner Welt, also zwischen Kunst und Nicht-Kunst. Dies bedeutet zugleich eine Abwertung dessen, was man bisher unter Kunst verstanden hat, bzw. eine Aufwertung des bisher für profan Gehaltenen und impliziert insofern eine Orientierungskrise. Das Metakriterium für Kunst liegt nicht mehr in der Übereinstimmung des Kunstwerkes mit einer inneren oder äußeren Realität, also in Eigentümlichkeiten des Produkts, sondern in Eigentümlichkeiten des Entstehungsprozesses: In den Status von Kunst wird erhoben, was durch spezifische Prozeßeigentümlichkeiten erklärlich wird. Die Blechdose, z. B. als Ausdruck surrealistischer, unbewußter Impulse interpretiert und damit erklärt, wird insofern gleichermaßen zu einem Kunstwerk wie ein surrealistisches Bild von Max Ernst oder René Magritte. Je schneller sich dabei im Rahmen einer derartigen Orientierungslosigkeit die Kriterien für Kunst wandeln, desto mehr entsteht natürlich auch der Eindruck von Beliebigkeit. Die pseudo-liberale bzw. pseudo-tolerante Konzeption „Alles ist Kunst" wirkt selbstvernichtend auf die Kunst zurück.

Ähnlich wie in der Malerei vor allem durch Marcel Duchamp das bisherige Kunstverständnis radikal in Frage gestellt wurde, geschah dies im Bereich der Musik insbesondere durch den amerikanischen Komponisten John Cage. Auch bei Cage besteht der Kern der Neuerung darin, daß Musik nicht mehr als Ausdruck von etwas betrachtet wird; Notenkombinationen bzw. Klänge stehen nur noch für sich selbst (Gottwald, 1990; Metzger, 1990). Um die Töne von der Subjektivität des Komponisten zu entlasten und die Interpreten der Töne von der (angeblichen) Knute des Komponisten und des Dirigenten zu befreien (die als repressive Instanz auch über jedem kammermusikalischen Quartett schwebe), besteht das neue Prinzip der Musik folgerichtig aus zwei Grundelementen: Zum einen werden die Noten über bestimmte Zufallsarrangements erzeugt (indem Noten etwa dort auf das Papier gezeichnet werden, wo das Papier Unebenheiten aufweist, und indem anschließend nach einem Zufallsprinzip Notenlinien auf dem Papier verteilt werden); zum anderen gibt es keine klaren Regeln der Wiedergabe der (wie eindeutig auch immer bezeichneten Töne); die Wiedergabe ist vielmehr weitgehend beliebig, zumal kein gemeinsames Zeitmaß besteht, also nicht von vornherein festgelegt ist, welche Instrumente wann ihre Töne erzeugen.

Diese beiden Grundprinzipien der zufälligen Tonerzeugung und beliebigen Tonwiedergabe stellen in der Tat das bisherige Musikverständnis in radikaler Form in Frage. Wie in der Malerei spielt damit auch in der Musik nicht mehr das fertige Ergebnis, sondern der (Ausführungs-) Prozeß die tragende Rolle. In diesem Prozeß soll sich Freiheit ereignen, und genau an dieser Stelle zeigt sich auch die politische Intention von John Cage. Cage hat in Interviews (wiedergegeben in Metzger, 1990) erklärt, daß er seine Musik auch als einen Beitrag zur Entwicklung einer politischen Struktur interpretiere und mit seiner Musik vor allem auch die Praktikabilität der Anarchie demonstrieren möchte. Cage hielt in den 70er Jahren vor einem Orchester eine Rede (Metzger, 1990, S. 59), in der sich folgendes Zitat findet: „Ich habe mich bemüht, ein Stück zu schreiben, in dem es offenkundig ist, daß jeder — sei es der Dirigent, sei es der Komponist — auf Kontrolle verzichtet. Ich will also nicht als Polizist fungieren. Sie haben hier vielmehr eine Möglichkeit, ein Individuum eigenen Rechts zu sein und aus Ihrem eigenen Zentrum heraus zu handeln, und ich wäre selbstverständlich entzückt, wenn Sie das nobel täten."

Wen wundert es, daß die so angesprochenen Orchestermusiker sich außerordentlich schwer taten, diese Freiheit nun auch zu nutzen?

Groys vertritt die These, daß in der Wissenschaft ähnliches der Fall sei (Groys, 1992). Wie in der Kunst die Kriterien für Schönheit immer mehr ins Wanken geraten seien, so sei in der Wissenschaft das Kriterium für Wahrheit zunehmend umstritten. In dieser Trendaussage wird man Groys zustimmen können. In der Tat fällt auf, daß das klassische Wahrheitskriterium der Übereinstimmung zwischen prognostizierten Daten und beobachteten Daten — und dies war ein Fels der Wahrheitsdefinition — zunehmend mehr hinterfragt wird. Ironischerweise ist gerade Popper mit seinen Ausführungen zur Unmöglichkeit von Verifikationen bestimmter Hypothesen an dieser Erosion der Wahrheitskriterien nicht unbeteiligt. Paul Feyerabend (1980) hat mit der immer wieder zitierten Formulierung „Anything goes" in der wissenschaftstheoretischen Debatte eine Akzentsetzung formuliert, die von ihm selber eindeutig nicht so gemeint war (vgl. Feyerabend, 1980, S. 97 f.), von seinen Gegnern aber natürlich als Widerspiegelung eines chaotischen Wissenschaftsprozesses interpretiert wurde, in dem auch die Wahrheit als eindeutiger Fixpunkt wissenschaftlicher Orientierung zunehmend mehr abdanke. Nach all den vielen wissenschaftstheoretischen Debatten, die sich unter anderem in dem bekannten (in seiner Bedeutung offenbar überschätzten) Positivismus-Streit konkretisierten (rückblickend hierzu Albert, 1993), fällt es in der Tat nicht mehr so ganz leicht, Kriterien für Wahrheit bzw. für gute Forschung gerade auch im sozialwissenschaftlichen Bereich zu definieren.

Im Hinblick auf die Orientierungskrise analysiert fällt des weiteren auf, daß in vielen Wissenschaften gehäuft Lehrstühle für die Geschichte des jeweiligen Faches ausgeschrieben werden. Dies könnte dahingehend interpretiert werden, daß die Fächer durch den Bezug auf ihre eigene Vergangenheit ihre eigene Identität zugleich neu zu gewinnen versuchen. Orientierungskrise im wissenschaftlichen Bereich wird selbstverständlich auch dann signalisiert, wenn ein führender Soziologe, nämlich Hondrich (1992), für sein eigenes Fach die Frage nach dem „Versagen der Soziologie" auf einem Soziologenkongreß aufwirft und die These formuliert, daß in der Soziologie ganz spezifische Fragen systematisch nicht untersucht worden seien, womit das Problem kollektiver Blindheit auch im wissenschaftlichen Bereich angesprochen wird.

Als Fazit ergibt sich der Eindruck, daß die vielzitierte Orientierungskrise nicht nur in bezug auf den sozio-politischen Bereich (Kritik an der Liberalismus-Konzeption), sondern auch in spezifischen Subsystemen, z. B. im Bereich der Kunst und der Wissenschaft als Erosion überkommener Prinzipien, bewußtseinsmäßig nachzeichnungsfähig ist. Zumal sich inzwischen auch Wirtschaftsverbände und Manager mit analogen Fragen befassen, ist erkennbar, daß diese Fragen auch im Bereich des Subsystems der Wirtschaft an Bedeutung gewonnen haben, und zweifelsfrei gibt es Hinweise für eine Orientierungskrise gerade auch im wirtschaftlichen Bereich:

Die aufgeregten Versuche einer Austarierung ökonomischer und ökologischer Anforderungen, das Bemühen um Sozialbilanzen, das gegenwärtige Arbeiten an der sogenannten Organisationskultur, die Erarbeitung von Leitlinien und missions, die Präzisierung der corporate identity, die ganz plötzlich auftretende Konzeption der visionären Führung und die Debatte um die Unternehmensethik — alles dies sind deutliche Hinweise auf eine Orientierungskrise bzw. den Versuch einer Neuorientierung auch im wirtschaftlichen Bereich.

Reaktionsmuster: Der Umgang mit der Orientierungskrise

Eine Orientierungskrise also in vielen Köpfen an vielen Orten im Hinblick auf unterschiedliche Aspekte — alles dies aktualisiert die Frage, wie denn nun im Rahmen unserer Erklärungsskizze (vgl. Abb. 6) mit einer derartigen Orientierungskrise umgegangen wird. Im wissenschaftlichen Bereich sieht man z. B. eine Rehabilitation des Mythos; stellvertretend zeigt dies der Buchtitel von Hübner: „Die Wahrheit als Mythos" (1985). Auf diese Fragestellung werden wir später noch etwas näher eingehen. Die in Amerika beobachtete tendenziell nostalgisch-romantische Rückwendung wurde bereits erwähnt. Im Sinne dieser romantischen Grundhaltung einer spezifischen Sehnsucht zitieren wir nachstehend den berühmten Medien-Kritiker Neil Postman; Postman konstatiert als Ausgangsproblem, daß wir kein zureichendes Bewußtsein mehr dafür haben, was sinnvoll und bedeutsam ist. Im Sinne einer Problemlösungsstrategie formuliert Postman (1992, S. 62): „Um dieses Bewußtsein zu entwickeln, brauchen die Menschen eine glaubwürdige Erzählung. Unter Erzählung verstehe ich hier eine Geschichte über die Geschichte der Menschheit, die der Vergangenheit Bedeutung zuschreibt, die Gegenwart erklärt und für die Zukunft

Orientierung liefert. Eine Geschichte, deren Prinzipien einer Kultur helfen, ihre Institutionen zu organisieren, Ideale zu entwickeln und ihrem Handeln Autorität zu verleihen".

Interpretiert man das Umgehen mit der Orientierungskrise als das Umgehen mit einer bedrohlichen Situation, so ergibt sich als Bedrohungsbewältigungsstrategie (Abb. 6) also z. B. die verstärkte Zuwendung zur Kategorie Mythos, die Zuwendung zur Geschichte bzw. zu Geschichten, der Einsatz visionär-charismatischer Führung sowie — in Anknüpfung an Bellah u. a. (1987) — eine verstärkte Nachfrage nach Religion und harmonisch konsensualer Gemeinsamkeit in dezentraler Gemeindearbeit in einer überschaubaren Welt. In Ergänzung hierzu vertritt Sebald (1987) die These, daß auch Magie und Hexerei letztlich ein coping behavior darstellen, also der Abwehr einer bedrohlichen Situation dienen, wie jede Zauberei dem Streben nach Kontrolle über die Naturgewalten dient; Hexerei, Aberglaube, Magie usw. seien speziell immer dann wichtig, wenn die Welt als bedrohlich erlebt wird. Für unseren Zusammenhang ist nun interessant, daß nach Sebald die Neigung zu derartigen magischen Weltdeutungen und ähnlichem mehr in den letzten Jahren sowohl in den USA als auch in der Bundesrepublik zunimmt, was nach Sebald im wesentlichen eine Reaktion auf die Preise der offenen Gesellschaft darstellt. Und so, wie magische Denkmuster eine Reaktion auf die Grenzen der Verwissenschaftlichung der Welt reflektierten, stellten darüber hinaus meditative Strategien sowie die Attraktivität der Passivität des Buddhismus im Sinne eines Pendelschlages eine Reaktion auf überzogenen Aktivitäts- und Macherglauben dar (Sebald, 1987). Auch die verstärkte Hinwendung zu esoterischen Praktiken ist in diesem Zusammenhang erwähnenswert.

Zumal diese (!) Methoden der Bedrohungsbewältigung nicht die Gesamtheit aller praktizierten Strategien darstellen, können noch keine definitiven Folgerungen gezogen werden. Je mehr sich aber herausstellen sollte, daß die Struktur der Bedrohungsbewältigungsstrategien generell in der angedeuteten Richtung liegt (und hier drängt sich der Eindruck von „Flucht" auf), wird einerseits noch einmal die vorhandene bewußtseinsmäßige Nachfrage nach Aspekten der geschlossenen Gesellschaft unterstrichen. Andererseits wird aber gleichzeitig die Frage akut, ob die beschriebenen Handlungsweisen geeignet sind, zur Stabilisierung der offenen Gesellschaft beizutragen, oder aber nicht in verdeckter Form deutlicher der geschlossenen Gesellschaft zuarbeiten. So dienen z. B. vergangenheitsbezogene Geschichten und Mythen häufig der Legitimierung unbegründeter Autorität und arbeiten damit der geschlossenen Gesellschaft zu (Lyotard, 1990, S. 65 ff.). Je mehr letzteres der Fall sein sollte, desto mehr kommt es natürlich darauf an, alternative bzw. ergänzende Bedrohungsbewältigungsmuster (anknüpfend an die Kommunitarismus-Debatte) zu entwerfen, um so nicht zur Destabilisierung, sondern Revitalisierung der offenen Gesellschaft beizutragen. Daher werden wir ausführlich im 7. Kapitel auf das Problem des Gegensteuerns eingehen.

Unter der Fragestellung, wie die Orientierungskrise derzeit subjektiv zu verarbeiten versucht wird, ist schließlich noch eine Reaktionsweise anzusprechen, die wir schon in anderem Zusammenhang diskutiert haben, nämlich der Pessimismus der Postmoderne. Man hat das Gefühl, in diesem Pessimismus, auf den wir unter 3.3. ausführlich Bezug genommen haben, schwingt eine resignative Komponente mit. Da eine derartige Resignation im Sinne der Kategorie „Flucht" im Effekt nicht problemlösend, sondern Problem-aufschiebend und damit letztlich Problem-intensivierend auf die offene Gesellschaft zurückwirkt, soll dieser resignative Prozeß noch etwas genauer beleuchtet werden.

Ein Repräsentant dieser pessimistischen Postmoderne scheint Groys (1992) zu sein. Er schreibt in seiner Einleitung zu dem Buch „Über das Neue" (1992, S. 9): „Kein Thema scheint in unserer postmodern genannten Zeit so unzeitgemäß zu sein wie das Neue: Das Streben nach dem Neuen wird gewöhnlich assoziiert mit Utopie, mit der Hoffnung auf einen neuen historischen Anfang und auf radikale Veränderung der menschlichen Existenzbedingungen in der Zukunft. Doch genau diese Hoffnung scheint heute fast vollständig verlorengegangen zu sein. Die Zukunft verheißt anscheinend nichts Neues mehr, viel eher stellt man sich eine endlose Abwandlung des Vorhandenen vor".

Bezogen auf die Erklärungsskizze zum sozialen Wandel in der Abb. 6 hat diese Grabesstimmung im Kern zwei Wurzeln: Zum einen gibt es prinzipielle Schwierigkeiten auf der Ebene der Bewertung der Situation; da die Kriterien für wahr und falsch bzw. schön und häßlich bzw. besser und schlechter an Konsensfähigkeit verloren haben (vgl. ähnliche Überlegungen im Bereich des Wertewandels [v. Rosenstiel u. a., 1989], scheint eine begründete Selektion spezifischer Zielinhalte subjektiv nicht mehr möglich zu sein. Sollte es zumindest in Grenzen noch sozial akzeptierte Kriterien für besser und schlechter usw. geben, so liegt andererseits die Wurzel der resignativen Grundhaltung in der Überzeugung eklatant eingeschränkter Handlungsmöglichkeiten.

Vereinfacht formuliert lautet die entscheidende Fragestellung vor diesem Hintergrund wie folgt: Stellt die Postmoderne, definiert durch ihren grundlegenden Zweifel an der Möglichkeit von wesentlich Neuem und Besserem, eine Einsicht in gegebene Sachzusammenhänge dar oder zumindest partiell auch einen Irrtum, der psychologischen Abwehrcharakter aufweist? Reflektiert das Bewußtsein der Postmoderne nicht allein Erkenntnis, sondern wesentlich auch Versuche der Bedrohungsbewältigung? Die letztere Hypothese erscheint als so abwegig nicht: Ausführlich wurde bereits darauf eingegangen, wie mühselig die Belastungen sind, die aus den prinzipiellen erkenntnistheoretischen Zweifeln resultieren, die für die offene Gesellschaft konstitutiv sind. Das Scheitern von Utopien und Hoffnungen als Produkt einer überzogenen voluntaristischen Interpretation der Realität tut ein Übriges und läßt resignative Anpassungsprozesse als einen friedvollen Ort erscheinen, an dem man von jedem Handlungsdruck befreit ist und gegenüber prinzipiellen Unvorhersehbarkeiten und Überraschungen des Lebens gefeit zu sein scheint. Resignative Anpassungsprozesse haben subjektiv (!) sehr wohl Problemlösungscharakter (Lazarus, 1966), und eben dies macht den postmodernen Pessimismus so verdächtig.

Dabei sei unterstrichen, daß diese resignative Grundstimmung nicht nur auf die Probleme in der Wirklichkeit intensivierend und verlängernd zurückwirkt und insofern der geschlossenen Gesellschaft zuarbeitet; zumindest atmosphärisch hat sich die Postmoderne aus der dem Voluntarismus eigenen Aufbruchstimmung schon verabschiedet und sich zumindest auf dieser Dimension emotional bereits in der geschlossenen Gesellschaft eingenistet.

Negative Gefühle sind speziell auch bei Jugendlichen beobachtet worden. Schmidtchen (1993) verweist z. B. auf die negative Gefühlswelt in der jugendlichen Heavy Metal-Musik sowie auf entsprechend aggressiv-destruktive Texte, die früher undenkbar gewesen wären. Dabei ist noch auf einen wesentlichen Mechanismus hinzuweisen: Wenn heute die schmalzigen Tango-Melodien der 50er Jahre oder Texte wie „Am Sonntag will mein Süßer mit mir segeln gehen ...“ keine Hochkonjunktur haben, so ist dies einerseits Ausdruck einer veränderten Mentalität. Zugleich aber ist zu bedenken, daß eine veränderte Musik auf den postmodernen Trübsinn auch verstärkend zurückwirkt. Wird man — extrem formuliert — von morgens bis abends z. B. im Autoradio in trübsinnig-aggressive Endzeitstimmung versetzt, so entfaltet sich hier eine emotionale Dynamik, die ein Eigenleben zu entwickeln beginnt und die negative Gefühlswelt bei vielen Jugendlichen entsprechend nur stabilisiert.

Vor dem Hintergrund dieser Effekte ist die Analyse der Bedingungen dieser resignativen Prozesse unter der Perspektive des „Gegensteuerns" von zentraler Bedeutung: In dem Umfang, wie aus Gründen der Bedrohungsabwehr Schwierigkeiten der Bewertung systematisch *über*schätzt und Chancen der Handlungssteuerung systematisch *unter*schätzt werden (vgl. Abb. 6), geht es beim Gegensteuern unter anderem darum, genau auf diese Differenzen hinzuweisen und Auswege zu erörtern, die *dann* als prinzipiell möglich erscheinen!

Man könnte kritisch einwendend fragen, warum überhaupt soviel Aufhebens um die Postmoderne gemacht wird, wenn diese doch möglicherweise nur das Denken einiger weniger reflektiert. Exakt diese Form der Relativierung aber ist gefährlich, denn es scheint so etwas wie einen kollektiven Irrtum, zumindest aber kollektive Denkmuster, zu geben:

Diese These ist immer wieder speziell von Foucault (1974) formuliert worden. Die Selektion des Gegenstandsbereichs sei auch in der Wissenschaft eine Funktion kollektiver Interpretationsschemata. Der Charakter des Kollektiven zeige sich im zeitlichen Querschnitt darin, daß in verschiedenen Wissenschaftsdisziplinen zum gleichen Zeitpunkt ähnliche Denkstile vorherrschten, und zum anderen darin, daß sich diese Denkstile im zeitlichen Längsschnitt betrachtet in den verschiedenen Wissenschaften parallel veränderten. Foucault führt aus, daß sowohl in der Biologie als auch in der Ökonomie als auch in der Sprachwissenschaft des 16. und 17. Jahrhunderts klassifikatorische Vorgehensweisen kennzeichnend gewesen seien, wobei Strukturmerkmale herausgearbeitet wurden. In allen drei Wissenschaften sei am Ende des 18. bzw. am Anfang des 19. Jahrhunderts ein kollektiver Umbruch insofern erfolgt, als jetzt in allen drei Wissenschaften die den Strukturmerkmalen zugrundeliegenden dynamischen Prozesse einer näheren Analyse unterzogen wurden. Während im 16. und 17. Jahrhundert in der Sprachwissenschaft im Sinne der Strukturanalyse eine allgemeine Grammatikanalyse dominierte, im ökonomischen Feld das Strukturmerkmal der Wohlstands- bzw. Reichtumsverteilung im Vordergrund stand und in der Biologie klassifikatorische Botanik (Größe und Form von Blättern usw.) das Feld beherrschte, werden im 18. und 19. Jahrhundert — zeitparallel! — in den drei Wissenschaften die Prozeß-Kategorien Sprache, Arbeit und Leben entdeckt. Speziell versucht Foucault dabei die These zu belegen, daß diese kollektiven Interpretationsschemata der Gegenstandsbestimmung in den jeweiligen Fächern nicht folgen, sondern ihr vorausgehen.

Vorsichtig formuliert könnte man insofern sagen, daß es, wenn schon nicht einen kollektiven „Irrtum", so zumindest kollektive (und damit zeithistorisch relative) „Einseitigkeiten" der Wirklichkeitsselektion und -betrachtung gibt. In Anknüpfung an die hier diskutierten Überlegungen könnte solchen Einseitigkeiten eine kollektive Erfahrungsbildung und vor allem eine kollektive Form der Verarbeitung dieser Erfahrung (im Sinne des Lazarus-Modells) zugrundeliegen, so daß sich in den Ausführungen von Groys (1992) nicht die Individualität seiner Person, sondern schlicht der pessimistische Zeitgeist ausdrückt. (Hat Nietzsche dies gemeint, als er in „Die fröhliche Wissenschaft" schrieb „Nicht ich denke, sondern es denkt."?)

Die Postmoderne kann in dieser Hinsicht als ein kollektives Interpretationsschema (ähnlich in organisationstheoretischer Sicht: Weick, 1979) interpretiert werden, das genau die Gegenstandsbereiche fokussiert, die Schema-affinen Charakter aufweisen. Konkret heißt dies: Notwendig steigen am Firmament des postmodernen Wissenschaftshimmels die Kometen Francisco Varela und Humberto Maturana auf (die als Naturwissenschaftler eine wesentliche Basis für die aktuelle Autopoiese-Diskussion gelegt haben). Das postmoderne Interpretationsschema reproduziert sich auf diesem Wege immer wieder neu und immunisiert sich zugleich gegenüber Falsifikationsversuchen, so daß die Einseitigkeit und das Irrtumspotential dieser kollektiven Brille nicht mehr erkennbar werden. Da die Autopoiese-Diskussion geradezu gespenstisch um sich greift und berühmte Soziologen sich diesem Gleichschritt anschließen (und zugleich widerrufen, was eine ganze Generation ihrer Diplomanden, Doktoranden und Habilitanden als Wahrheit zitierte), nimmt es nicht Wunder, daß diese Irritationen irgendwann auch in die allgemeine Öffentlichkeit vordringen und auch hier Pessimismus entstehen lassen. In diesem Sinne läßt sich die Bemerkung von Ritter (1993, S. 27) zitieren: „... Überdies übt die Einschwärzung der Dinge eine große Anziehungskraft aus, sie nährt sich, zumal in Deutschland, nicht nur aus wirklichen Faktalitäten, sondern aus einem lemmingartigen Hang, in den Stau hineinzufahren ...".

Damit die Kollektivität dieser Denkschemata nicht nach dem Muster, „Was alle denken, muß wohl richtig sein", unter der Hand zu einem Wahrheitsbeleg umfunktioniert wird, ist genau an dieser Stelle offenbar eine neue Form von Gegenaufklärung verlangt.

Vor diesem Hintergrund zeitrelativer kollektiver Denkschemata bekommt es im übrigen einen besonderen Sinn, wenn Nietzsche in „Die fröhliche Wissenschaft“ die Aufgabe des Philosophen dahingehend bestimmt, die Zeit in sich zu überwinden.

4.2.2 Politikverdrossenheit: Bedingungen und Effekte

Symptome, Gründe und Verbreitung

Bezogen auf die Erklärungsskizze zum sozialen Wandel unter 4.1 bedeutet Politikverdrossenheit, daß die offene Gesellschaft bzw. spezifische Aspekte in ihr zunehmend negativ bewertet werden. Der Begriff Politikverdrossenheit ist in den Zeitungen (als Ausdruck seiner besonders häufigen Verwendung?) für das Jahr 1992 zum Ausdruck des Jahres gekürt worden; daher soll zunächst auf einige Beobachtungen verwiesen werden, die als Beleg für eine Politikverdrossenheit gewertet werden können. Anschließend wird auf ihre Bedingungen und Effekte eingegangen.

Parteien und die in ihr arbeitenden bzw. sie repräsentierenden Politiker stellen in einer offenen Gesellschaft ein entscheidendes Fundament dar, da sie — in Anlehnung an Rawls (1992) argumentiert — die für die offene Gesellschaft konstitutive Pluralität bündeln und organisieren, um so der jeweiligen Konzeption des Guten zur Geltung zu verhelfen. Eine Krise der Parteien und der sie repräsentierenden Politiker stellt insofern auch eine Krise der offenen Gesellschaft dar. Vor diesem Hintergrund ist die Analyse von Scheuch u. a. (1992) wichtig, in der die These aufgestellt wird, daß sich die Parteien bzw. das Berufspolitikertum in der Bundesrepublik Deutschland in der Tat in einer fundamentalen Krise befinden. Als Beleg für die Vertrauenskrise bezüglich der Parteien und der Politiker wird unter anderem auf folgendes verwiesen:

– Die Mitgliederzahlen in den Parteien seien rückläufig. Dies gelte besonders für die CDU seit 1983. „Seither sinkt die Mitgliederzahl und nähert sich im Jahre 1991 mit nahezu 20 % Austritten pro Jahr dem freien Fall“ (Scheuch u. a., 1992, S.15).

– Ebenfalls seit etwa 1983 sei die Wahlbeteiligung in den Landtagswahlen und in den Bundestagswahlen deutlich rückläufig.

– Einer größeren Gleichgültigkeit bei der Mehrheit gegenüber politischen Fragen stehe eine zunehmende Entschiedenheit der Vertreter von Minderheitenpositionen gegenüber; es steige die Zahl der Protestwähler. Speziell die Wahl der Republikaner wird von Scheuch als Protestwahl interpretiert. Unter diesen Wählern fänden sich vergleichsweise viele ehemalige CDU- und SPD-Wähler, so daß die Wahl der Republikaner, die institutionell ohnehin wenig gefestigt zu sein scheinen, nicht so sehr die Wahl einer spezifischen inhaltlichen Programmatik zum Ausdruck bringe, sondern eher als Symbol für diffuse Wünsche und Ärgernisse zu interpretieren sei. Entsprechend hatte die Kurzformel der Reps „Uns reicht es" wahlplakativ großen Erfolg.

- Das Ansehen der Politiker verfalle weiter. Auf der Basis einer EMNID-Umfrage aus dem Jahre 1991 ergab sich, daß bei einer Prestigeeinstufung von 25 Berufen Bundestagsabgeordnete auf Platz 19 und damit weit abgeschlagen auf hinterste Rangplätze verwiesen wurden (Scheuch u. a., 1992, S. 16). Das in diesem Zusammenhang vielleicht noch wichtigere Datum lautet: Auf den bekannten in der Meinungsforschung eingesetzten Skalen zur Messung des Ansehens erhielten früher die Politiker der Parteien in der Regel bessere Zensuren als die Parteien selbst. Dies sei heute anders geworden. Heute genössen die Politiker weniger Renommee als ihre Parteien, wobei man zugleich wissen müsse, daß auch die Parteien selbst bei einem Vergleich mit anderen Institutionen in der Bundesrepublik (Gericht, Schulen, Universitäten, Kirche usw.) in bezug auf den Grad des Vertrauens, den man diesen Institutionen entgegenbringt, auf den allerletzten Rangplätzen lägen (Scheuch u. a., 1992, S. 40). Eine wesentliche Folgerung lautet entsprechend, daß heute nicht nur das geringe Maß an Attraktivität politischer Parteien, sondern auch und vor allem die geringe Wertschätzung der führenden Politiker aufklärungsbedürftig sei.

Nimmt man diese genannten vier Sachverhalte als Beleg für eine Verdrossenheit der Bürger mit der Institution Partei und den sie tragenden Politikern, so kann die These der Negativierung wichtiger Träger der offenen Gesellschaft als tendenziell bestätigt gelten. Für unsere Betrachtung interessieren im folgenden die Gründe für diese Negativierung. Scheuch u. a. (1992) haben eine eigene Untersuchung im Kölner Raum durchgeführt und darüber hinaus verschiedene Analysen anderer Autoren ausgewertet. Ihr Fazit ist einigermaßen niederschmetternd, und es kann nur jedem interessierten Leser geraten werden, selber einen Blick in diese Studie zu werfen. Der Vertrauenskrise gegenüber Parteien und Politikern liegen danach unter anderem folgende Faktoren zugrunde:

- Für die politische Karriere sei nicht Sachkompetenz, sondern sogenannte kommunikative Kompetenz und Anpassung an den Zeitgeist erforderlich (dies zeige sich speziell bei der Besetzung von Minister-Sesseln).

- Für den Aufstieg seien politische Seilschaften das A und O. Es komme zunehmend zu einer Feudalisierung innerhalb der Parteien, wobei Treue und Loyalität gegenüber der Seilschaft zum obersten Gebot und Karrierekriterium würden.

- Parteien seien im Grunde nichts anderes als ein Kartell zur Postenverteilung auf Zeit und dienten wie Großagenturen der informellen Stellenvermittlung und personalpolitischen Kontrolle. In einem nach außen hin abgeschotteten System, in dem sich die Parteien auch gegenseitig stützten, würden groteske Privilegien kostenintensivster Art verteidigt und ausgebaut, wobei der Trend zur allgemeinen Vorteilsnahme in der Politik deutlich zunehme (der Leser, der hier an einer Fülle von Beispielen demonstriert bekommt, wie in den politischen Parteien Pöstchen und Privilegien untereinander verteilt werden, braucht in der Tat einige Zeit, um zu glauben, daß alles dies für die Bundesrepublik Deutschland kennzeichnend sein soll.) Die Autoren vertreten hier eine klare Meinung: Die Vorteilsnahme durch Cliquen und Seilschaften sei kein Ausrutscher, sondern konstitutiver Bestandteil des Systems. Und als Gipfel des Ganzen gilt:

- Einer Kritik an Politikern folge Bestrafung oder Ächtung. Scheuch u. a. (1992, S.121) kommen damit zu dem Fazit: „Wir sind — bisher weitgehend ohnmächtige — Zeitzeugen eines Ansehensverfalls von Politikern und Parteien in der ganzen Bundesrepublik.“ Noch wichtiger sei, daß Kritik von der Kaste der Politiker nicht mehr ernstgenommen werde und ein Ansehensverlust als Kommunikationsproblem weginterpretiert werde. Die politische Klasse sei dabei mit Bezug auf das schon angesprochene Autopoiese-Konzept als selbstreferentiell in dem Sinne zu interpretieren, daß das System nur noch auf Veränderungen im eigenen System reagiere, sich nach außen also abschotte und nur auf sich selbst beziehe: „Die Politik in der Bundesrepublik ist selbstreferentiell als Koalition von verbeamteten Politikern und politisierten Beamten, umgeben von Journalisten im öffentlich-rechtlichen Rundfunksystem" (Scheuch u. a., 1992, S. 121), womit sich die Chancen, von außen auf das System einzuwirken, dem Grenzwert null annnäherten. (Zur Würdigung dieser Interpretationen muß der Leser wissen, daß Erwin Scheuch nicht der Frankfurter Schule angehört, sondern als Kölner Soziologe dem konservativen Spektrum zuzurechnen ist und der CDU nahesteht).

Parteien sind schon immer dem Verdacht ausgesetzt worden, daß sich in ihnen ein Herrschaftsapparat herausbilden könne, der den jeweiligen Staat als eigenen Besitz betrachtet und eine Herrschaft im Sinne einer Oligarchie installiere (vgl. Michels, 1989). Der Grad, in dem Politiker heute Parteien und Parteien letztlich den Staat für eigene Zwecke zu instrumentalisieren scheinen, nimmt auf der Basis der Scheuch-Studie aber ein Ausmaß an, das das Vorstellungsvermögen vieler überschreiten dürfte. Nicht die Größe und Dramatik spezieller Skandale (Flick, Barschel usw.), sondern die Regelmäßigkeit von Skandalen — es vergeht fast kein Tag, ohne daß auf irgendwelche illegitimen Vorteilsnahmen herausgehobener Politiker verwiesen wird — machen den eigentlichen Skandal aus.

Ein derartiger Parteienapparat, der zusätzlich über entsprechende Einflußnahmen auf Stellenbesetzungen in öffentlichen Ämtern (Gerichte, Rundfunk usw.) und über entsprechende Proporz-Verfahren sogar das Prinzip der Gewaltenteilung tangiert, stellt insofern eine substantielle Gefährdung der offenen Gesellschaft dar. Fragt man nach den Hintergründen einer derartigen Fehlentwicklung, so sind, wie immer, verschiedenste Einflußgrößen bedeutsam; hier sei lediglich betont, daß die Vertrauenskrise gegenüber Politikern und Parteien mit der im vorigen Unterabschnitt behandelten Orientierungskrise zusammenhängt. Das Verschwimmen von Werten, der Vorgang der Normenerosion bzw. der Zustand der Anomie dürften einen nicht unwichtigen Hintergrund dafür abgeben, daß illegitimes Verhalten bzw. am Rande der Legitimität einzuordnendes Verhalten, Opportunismus usw. zunehmend häufiger auch bei Inhabern hoher Ämter zu finden sind, da eben die Kriterien für legitim, richtig und falsch usw. nicht mehr konsensfähig sind.

Wichtig ist zu betonen, daß die genannten Eigentümlichkeiten des politischen und parteilichen Agierens, die zu den genannten Symptomen der Politikverdrossenheit führen, zumindest nicht zur Gänze als unausweichlicher Ausdruck der offenen Gesellschaft betrachtet werden müssen. Mit anderen Worten: Die in dem Bericht von Scheuch u. a. (1992) beschriebenen Mißstände werden nicht unbedingt als zwingende und notwendige Begleiterscheinung der offenen Gesellschaft zu interpretieren sein. Scheuch u. a. (1992) attackieren z. B. den Umstand, daß unsere Politiker selbst in hohen Ämtern zum Teil noch nicht einmal eine Berufsausbildung abgeschlossen haben, geschweige denn eine Zeitlang berufstätig waren und erfolgreich ihren Lebensunterhalt verdienten. Die Autoren erörtern entsprechend die Möglichkeit, inwieweit man durch eine veränderte Praxis der Auswahl bzw. Rekrutierung von Politikern, durch eine Steuerung von Karriereschritten und die Vermeidung von Ämterhäufungen den hier diskutierten Mängeln entgegenwirken könnte. Exakt in dem Umfang, in dem dies als möglich erscheint, würden also spezifische Ärgernisse in der heutigen Bundesrepublik nicht unbedingt Systemmängel widerspiegeln, sondern Mißstände reflektieren, die zumindest in Grenzen abbaubar zu sein scheinen, ohne damit zugleich die Substanz der offenen Gesellschaft (das System der Demokratie, der Gewaltenteilung, das Parteiensystem usw.) in Frage stellen zu müssen. Genau in diesem Hinweis liegt der entscheidende konstruktive Beitrag der Scheuch-Studie im Rahmen unserer Denkansätze, um damit der Gleichsetzung von „Cliquen, Klüngel und Karrieren“ (der Buchtitel von Scheuch u. a., 1992) mit der offenen Gesellschaft und letztlich einem möglichen Sturm auf die offene Gesellschaft zuvorzukommen.

Dies ist die positive Seite der Problemdiagnose. Gleichzeitig gilt aber:

In dem Maße, wie das Parteien- und Politikerverhalten tatsächlich selbstreferentiell reguliert ist, das hier gemeinte politische System also Kritik und Ansehensverlust nur als Kommunikationsproblem behandelt, heißt dies im Rahmen der Streßbewältigungstheorie von R. S. Lazarus, daß für den Bürger keine Handlungsmöglichkeiten erkennbar werden. Was dann für den Bürger verbleibt, ist im wesentlichen Rückzug (Hirschmann, 1974). Werden konstitutive Aspekte der offenen Gesellschaft negativ bewertet und bestehen in der Wahrnehmung der Bürger diesbezüglich wenig oder keine Handlungsmöglichkeiten, werden tragende Aspekte der offenen Gesellschaft demnach zwar als veränderungsbedürftig, aber nicht als veränderungsfähig wahrgenommen, so liegt hierin der beste Garant dafür, die offene Gesellschaft in der Tat zu labilisieren. Die Beschneidung der Situationskontrolle gegenüber den Mängeln der offenen Gesellschaft ist für die offene Gesellschaft mittelfristig selbst destruktiv; es werden Mängel stabilisiert, die im Prinzip auf der Basis der obigen Problemdiagnose abbaubar wären, ohne die Substanz der offenen Gesellschaft in Frage zu stellen.

Es ist nicht unbedeutend, sich vor Augen zu führen, daß unsere Situationsdiagnose sich auf eine spezifische Staatsform bezieht, in der zugleich Gefahren und Chancen liegen. So besteht zum einen die Gefahr der allen modernen Demokratien innewohnenden Tendenz zur politischen Entfremdung (Brunkhorst, 1994, S. 82 ff.). Diese Entfremdung vermittle sich über die Erfahrung der Bürger, daß mit der historisch zunehmenden Ausweitung des allgemeinen Wahlrechts zugleich das Gewicht der eigenen Stimme relativ abnehme, womit der Eindruck von Ohnmacht und abnehmender Situationskontrolle entstehe. Dieses unter dem Stichwort „Politikvergessenheit“ diskutierte Phänomen der Entpolitisierung in modernen Demokratien beruht damit auf den Eigenschaften des Systems selbst und muß insofern ergänzend zu der von Scheuch u. a. dokumentierten Politikverdrossenheit gesehen werden, die primär personenbedingt ist. Die beschriebene Tatsache der Entfremdung sei zum einen ein unvermeidliches Grundphänomen moderner Gesellschaften, „ein Stachel ihrer ungeheuren Dynamik“ (Brunkhorst, 1994, S. 83) und stelle zugleich eine permanente Gefährdung dar, die speziell für unsere Frage eines „Pendelschlages“ von Bedeutung ist: „Die Entpolitisierung aktiv intervenierender Öffentlichkeiten zu einem bloß passiv konsumierenden Publikum ist der Einstieg zum Umstieg von liberalen auf totalitäre Regime“ (ebenda, S. 21).

Andererseits wird der Verlust an Situationskontrolle in unserem psychologischen Erklärungsmodell als Wahrnehmungsphänomen gedeutet. Unter dieser Bedingung verdient das Paradox Beachtung, daß das Gefühl fehlender Handlungsmöglichkeiten ausgerechnet in einem politischen System zum Ausdruck gebracht wird, das vergleichsweise große Chancen zur Überwindung politischer Entfremdung bietet. Das Phänomen der Politikverdrossenheit beinhaltet im Kern die Spaltung zwischen den (gewählten!) politischen Akteuren und den verdrossenen (Wahl-) Bürgern: „... die einen machen Politik, die anderen begnügen sich mit Verdrossenheit“ (v. Weizsäcker, 1993). Gerade diese Konstellation widerspricht jedoch dem demokratischen Grundgedanken. In seiner Rede zur Verleihung des

Geschwister-Scholl-Preises 1993 weist von Weizsäcker darauf hin, daß gerade das demokratische System Chancen bietet, Mißstände abzuschaffen: „Wer Grund hat, sich zu ärgern über das Verhalten von Personen, Parteien und Organisationen, denen es um die Macht geht, der soll sich der Politik zuwenden, anstatt ihr verdrossen den Rücken zu kehren“ (zitiert nach Gessenharter, 1994, S. 268). Umso mehr Beachtung verdient die beobachtbare Resignation auf das Unbehagen.

Man könnte einschränkend einwenden, daß die Bürger angesichts dieser Lage bestenfalls Verdruß, Empörung oder Wut erleben. Diese Sicht dürfte aber unzureichend sein. Das Stichwort von der Vertrauenskrise verweist auf den hier einschlägigen Sachverhalt. Erweisen sich Politiker als solche, die sich selber nicht mehr an die von ihnen vertretenen Regeln halten, so sinkt die zugeschriebene Verläßlichkeit des Systems und steigt damit der Bedarf nach Eigenabsicherung, da man nicht weiß, von wem man selber übervorteilt werden könnte. Über entsprechende Modell-Lernprozesse diffundiert das Politikerverhalten in die gesamte Gesellschaft und intensiviert damit den Prozeß der Normenerosion und der Anomie (vgl. Gebert, 1992).

Die z. B. in der Barschel-Affäre zum Ausdruck gebrachte Reaktion des „Das kann doch nicht wahr sein“ verweist auf einen offenbar von vielen geleisteten Vertrauensvorschuß; in dem Umfang, in dem sich ein derartiger Vertrauensvorschuß (subjektiv und objektiv) als naive Illusion erweist, wird die Welt in besonderem Maße bedrohlich. Als Ergebnis eines solchen Prozesses könnte sich die paradoxe Situation ergeben, daß Politiker ernsthaft daran gehen, ihre Selbstreferentialität einzuschränken und sich der Kritik der Bürger in substantieller (und nicht nur symbolischer) Weise zu stellen, die Bürger dieses ernstgemeinte Angebot als solches aber nicht mehr als glaubwürdig betrachten. In diesem Fall würden die Bürger schließlich ihrerseits in eine selbstreferentielle Abschottung gegenüber den Politikern treten und nur noch mit destruktivem Rückzug antworten, der tendenziell der geschlossenen Gesellschaft zuarbeitet, obwohl korrigierende Kritik zugunsten einer Stabilisierung der offenen Gesellschaft möglich wäre. Genau hier erkennt man die politische Bedeutsamkeit der diskutierten Vertrauensfrage.

Politik- und Parteienverdrossenheit bedeuten aber noch nicht notwendig Demokratieverdrossenheit. Bei Scheuch u. a. (1992, S. 39) ergeben sich Hinweise darauf, daß die Akzeptanz des demokratischen Systems als solchem in der Bundesrepublik im internationalen Vergleich hoch und zeitlich vergleichsweise stabil ausfällt. Zugleich sollte die Gefahr aber auch nicht verniedlicht werden, da die beschriebene Politik- und Parteienverdrossenheit zumindest unter spezifischen situativen Rahmenbedingungen (z. B. Krisensituationen) negativ auf die Akzeptanz des demokratischen Systems an sich durchschlagen könnte.

Ein anderes Ärgernis, das in einem Zusammenhang mit der offenen Gesellschaft gesehen werden muß und das öffentliche Bewußtsein sehr deutlich berührt, ist der Aspekt der Kriminalität. Prozesse der Infragestellung von Normen, der Normenerosion, der Anomie — Aspekte also, die in einer offenen Gesellschaft selbstverständlich wahrscheinlicher sind als in einer geschlossenen Gesellschaft — dürften einen nicht unwesentlichen Hintergrund für die steigende Kriminalität abgeben, wenngleich hier Verallgemeinerungen außerordentlich gefährlich sind. Bezieht man sich speziell auf Anschläge mit politisch rechtem Hintergrund, so meldet das Bundeskriminalamt für das Jahr 1992 3.300 Anschläge, während es 1991 1.871 Anschläge verzeichnete (Herz, 1993, S. 235).

Heitmeyer (1993) bringt das sehr traurige Problem der gewalttätigen Fremdenfeindlichkeit in einen unmittelbaren Zusammenhang mit dem Verfall von Werten und Normen und mit Desintegrationserscheinungen sowohl im Bereich der Familie wie auch der Politik. Alles dies führe unter Jugendlichen zu Handlungsunsicherheit, Ohnmachts- und Vereinzelungserfahrungen und einer Suche nach Gewißheit, die Gewaltakzeptanz zumindest vorbereiten und auch nationalen Zugehörigkeitsbestrebungen gegenüber förderlich seien. Daß im Zuge der wachsenden Arbeitslosigkeit auch ökonomische Ängste im Spiel sind, die zu Ressentiments gegenüber ausländischen Arbeitnehmern führen können, ist bekannt. Erklärt man in diesem Sinne gewalttätige Fremdenfeindlichkeit als Funktion von Konkurrenz und Angst, so ließe sich dieses Verhalten genauso wie vorher die Wahlverweigerung bzw. die Protestwahl als Versuch einer Bedrohungsbewältigung interpretieren. Noch pointierter deutet Hondrich (1994) das Problem der Gewalt als unausweichliche kollektive Bedrohungsbewältigungsstrategie. Seine These lautet, daß die offene Gesellschaft als bedrohlich erlebt werde und damit in ihrem Innern gleichsam reflexartig zu Schließungstendenzen neige, die sich in einem Rückzug auf die kollektive nationale Identität äußerten und speziell rechtsradikale Gewalt erklärten. „In Wirklichkeit zeigt sich das doppelte Gesicht des Fortschritts: Je offener die Gesellschaft, desto mehr Gewalt und Nationalismus. Wer dies nicht wahrhaben will, riskiert letztlich die Selbstzerstörung der offenen Gesellschaft." Und: „Wer eine Gesellschaft nach außen uneingeschränkt öffnen und offenhalten will, der muß riskieren, daß sie sich in ihrem Innern schließt: letztlich auch mit Ausbrüchen von Gewalt." (Im Gegensatz dazu vertritt Oberndörfer (1993) die These, daß die Bundesrepublik gerade durch Öffnung in multikultureller bzw. multiethnischer Hinsicht vor dem „Wahn des Nationalen" befreit werden müsse. Wir werden im dritten Teil der Arbeit darauf zurückkommen, inwieweit wir der Ansicht Hondrichs folgen, daß die beschriebenen Schließungstendenzen tatsächlich einen unausweichlichen und selbstzerstörerischen Reflex der offenen Gesellschaft darstellen.) Die Substanz gewalttätiger Aktionen baut für andere aber wiederum Bedrohungen auf, worauf das politische System mit entsprechenden sicherheitsorientierten Beschränkungen von Freiheitsrechten antwortet. Und hiermit werden Rückkopplungseffekte freigesetzt, die für die offene Gesellschaft zumindest nicht ohne Risiken sind (Heitmeyer, 1993). Damit wird bereits zu den Reaktionsmustern übergeleitet.

Reaktionsmuster

Die mit der offenen Gesellschaft und ihrer Normenerosion usw. zusammenhängende Kriminalität scheint also letztlich Kollektivismus-orientierte Politiken zu begünstigen. Betont wird nicht mehr die individualistische Dimension der offenen Gesellschaft mit ihren Werten wie Freiheit und Autonomie, sondern die kollektivistische Schutzorientierung mit den Attributen Sicherheit und Ordnung. Leicht (1993) hält diese Entwicklung für beunruhigend und sieht die Kronzeugen-Regelung, den „großen Lauschangriff" und die angeblich nötige Verschärfung des Jugendstrafrechts nur als Symptome einer insgesamt restriktiven Entwicklung. Die Behandlung der Asylantenfrage und die Veränderung des Grundgesetzartikels 16 können ebenfalls in diesem Kontext als restriktive Politiken interpretiert werden. Gerade die Asylantenfrage verweist aber noch auf ein weiteres Symptom einer tendenziell steigenden kollektivistischen Orientierung in der Bundesrepublik Deutschland: Es ist interessant, daß gerade in den letzten Jahren die Frage nach einer kollektiven bzw. nationalen Identität und damit das Problem des Nationalismus überhaupt neu erörtert wird:

Die Diskussion einer nationalen Identität ist nach 1989 zum einen durch den Zusammenbruch des real existierenden Sozialismus ausgelöst worden, da der Westen seine politische Identität auch als Differenz zu den Mustern des real existierenden Sozialismus definierte. Nachdem dieser nicht mehr existiert, ist auch die eigene Identität zunächst einmal in Frage gestellt, zumindest so lange kein neuer Bezugspunkt gefunden ist. Dieser Mechanismus hat aber nichts mit der Struktur der offenen Gesellschaft an sich zu tun, wie z. B. ein Blick auf die ehemalige Sowietunion zeigt. „Eine der Konfliktlinien verläuft zwischen den Protagonisten der offenen und denen der geschlossenen Zukunftsgesellschaft in der sich globalisierenden Moderne. Nicht nur der Kapitalismus, sondern der Neonationalismus erscheint — vorläufig — als der Sieger im Ost-West-Konflikt" (Beck, 1994, S. 468). Doch wie bei allen hier erörterten Fragestellungen sind zumindest indirekte Rückkopplungen der offenen Gesellschaft zur nun neu aufkommenden Nationalismusfrage denkbar: Anknüpfungspunkt ist vor allem die für die offene Gesellschaft fundamentale Pluralität.

Wie schon bei den Preisen der offenen Gesellschaft diskutiert, kann z. B. eine ethnische Pluralität in einem Land wie der Bundesrepublik zu Problemen führen, wenn etwa, so das Beispiel von Hondrich (1992), in manchen Stadtschulen nichtdeutsche Kinder die Majorität stellen. Hondrich hält es für plausibel, daß beobachtbare Abwehrreaktionen der Eltern auch auf eine gekränkte ethnokulturelle Identität zurückgeführt werden können. Die Menschen definierten sich auch in einer modernen Gesellschaft wesentlich über ihre ethnokulturelle Herkunft (gemeinsame Sprache, gemeinsame Religion, gemeinsame Kultur), und es sei insofern unrealistisch, davon auszugehen, daß derartige dezentrale, lokale Identitäten ungestraft verletzt und beiseite geschoben werden könnten. (Hondrich verweist in diesem Zusammenhang auch auf das Versagen der Wissenschaft, das nämlich darin besteht, daß die Wissenschaft so etwas wie eine ethnokulturelle Identität nicht mehr auf der theoretischen Ebene abgebildet hat und von daher den Bedarf hiernach in der konkreten Praxis auch nicht mehr wiedererkennen konnte). In diesem Zusammenhang vertritt Haferkamp (1992) die These, daß die Nachfrage nach einer kollektiven Identität speziell dann in einer Gesellschaft wieder akut werde, wenn die lokalen traditionellen Identitäten in einem Modernisierungsprozeß verfallen. Da Identität (wie auch immer begründet) ganz entscheidend eine Orientierungsfunktion erfüllt (Gebert, 1992), wird für den Fall des Verlustes dezentraler Identitäten die Nachfrage nach kollektiver Identität im Sinne eines Ersatzes entsprechend virulent (Kadritzke, 1992).

Die zuletzt angesprochenen Probleme der offenen Gesellschaft (Normenerosion und Kriminalität einerseits sowie Pluralität und Gefährdung dezentraler lokaler Identitäten andererseits) arbeiten also letztlich der geschlossenen Gesellschaft zu.

Neben Einschränkungen individueller Rechte im Sinne einer zunehmenden Sicherheitsorientierung und neben einer neuen Aktualisierung der Nationalismusfrage, die dem kollektivistischen Pol und damit der geschlossenen Gesellschaft zuzuordnen sind, ist schließlich noch auf eine Erscheinung zu verweisen, die unter dem Begriff des Neokonservativismus behandelt wird, der ebenfalls der geschlossenen Gesellschaft nahesteht. Hierauf sei abschließend kurz eingegangen:

Habermas (1992a) kennzeichnet den Neokonservativismus im engeren Sinne über folgende Aspekte:

- Neokonservativisten plädieren für eine kritische Hinterfragung der postmaterialistischen Werteorientierungen zugunsten einer funktionierenden Arbeitsgesellschaft und einer entpolitisierten Öffentlichkeit.
- Im Neokonservativismus wird die These der Anspruchsinflation und der damit zusammenhängenden Unregierbarkeit unseres Systems vertreten.
- Kennzeichnend ist schließlich eine angebotsorientierte Wirtschaftspolitik mit Einschränkungen sozialstaatlicher Leistungen.

Es kann kein Zweifel daran bestehen, daß der letztere Gesichtspunkt speziell zur Jahreswende 1993/94 die wirtschaftspolitische Debatte dominierte.

Über die beiden zuerst genannten Kriterien wird zumindest indirekt die offene Gesellschaft an sich auf die Anklagebank gesetzt. Neokonservative konstatieren einen Autoritätsverlust tragender Institutionen des politischen Systems, führen diesen bezeichnenderweise aber nicht auf die Scheuchschen Argumentationsfiguren zurück, also im wesentlichen auch auf die Politiker selbst, sondern einerseits auf die Bürger, die durch eine Inflationierung ihrer Erwartungen und Ansprüche die Politiker zu einer drastischen Erweiterung staatlichen Aufgabenvolumens veranlaßt hätten, wobei ursächlich für den Autoritätsverlust der politischen Institutionen zum anderen die Parteienkonkurrenz und der Verbandspluralismus angeführt werden, die nur zu wechselseitigen Blockierungen überzogener

Erwartungshaltungen führen könne usw. Der Autoritätsverlust tragender Institutionen wird nach den bisherigen Ausführungen aber nicht allein den Strukturen der offenen Gesellschaft anzulasten sein. Unabhängig von den spezifischen Schwächen des Politikerverhaltens selbst (Scheuch, u. a., 1992) ist als wesentliche Quelle eines Autoritätsverlustes tragender Institutionen zusätzlich darauf hinzuweisen, daß wir neben einer möglichen Anspruchsinflation auch eine Art von Probleminflation haben, zumindest aber eine Form von Problemintensivierung, die sich in entsprechenden Bürgerinitiativen und Forderungsanmeldungen dokumentiert — nicht als Ausdruck überzogener Erwartungen, sondern als Ausdruck eines wachsenden objektiven Problemdrucks (unter anderem Ökologie) und einer wachsenden Problemsensibilität (vgl. hierzu Noelle-Neumann, Strümpel, 1984; Habermas, 1992a), ohne daß die Politiker hierauf bisher angemessen geantwortet hätten.

Man hat also den Eindruck, daß im Neokonservativismus eine Neigung besteht, Grundmuster der offenen Gesellschaft pauschalisierend zu negativieren, was insofern nicht ungefährlich ist, als die entscheidende Begleitthese der abnehmenden Regierbarkeit zumindest aus historischer Sicht in eine grundsätzliche Legitimitätskrise von Machtinhabern übergehen kann und damit das demokratische System an sich in Frage stellt (Linz, 1980).

Noch ein weiterer Aspekt ist innerhalb der neokonservativen Kritikformulierung bemerkenswert. Die vorher bereits angesprochene neu in die Debatte gebrachte Frage nach einer nationalen Identität muß auch vor dem Hintergrund dieser neokonservativen Strömungen betrachtet werden:

Habermas vertritt die These, daß die neokonservative Neuformulierung der nationalen Identität im wesentlichen darin bestehe, daß unsere Identität gerade nicht mehr, wie es für die Gründer der offenen Gesellschaft in der Bundesrepublik konstitutiv war, wesentlich durch die Abhebung von der nationalsozialistischen Vergangenheit und damit von der geschlossenen Gesellschaft definiert werde. Die neokonservative Identitätsdebatte versuche vielmehr den Bruch zum Nationalsozialismus als identitätsstiftendes Merkmal durch den Verweis „Wir sind wieder ein ganz normaler Staat“ zu überwinden — und dies bedeutet in der hier verwendeten Sprache doch wohl, daß das Selbstverständnis der Bundesrepublik Deutschland als einer offenen Gesellschaft in fundamentaler Weise relativiert wird. Zusätzlich wird in der neokonservativen Identitätsdebatte eine tendenziell rückwärtsgewandte, sich abschottend kollektivistische Neigung insofern erkennbar, als diese neokonservative Identitätsdebatte in engem Zusammenhang z. B. mit der Forderung diskutiert wird, die Bundesrepublik Deutschland solle sich innerhalb eines politischen Europas nicht zu viel ihrer Eigenständigkeit wegnehmen lassen.

Beide Argumentationsstränge verweisen auf eine Nähe zum geschlossenen Pol, und von daher interessiert, inwieweit neokonservative Strömungen eine geistige Affinität auch zu rechtsradikalen Strategien aufweisen. Hennig (1983) fragt z. B., inwieweit Konservativismus und Rechtsextremismus nur graduell verschiedene Dinge seien oder sich auf unterschiedliche qualitative Bewußtseinstrukturen bezögen. Zu diesem Problem gebe es auch unterschiedliche Meinungen. Hennig selbst vertritt die These, daß die Differenzen zwischen Konservativismus und Rechtsextremismus im Zuge von Krisen kleiner werden können und sich dann unter Umständen auf den Unterschied zwischen Tätern (Rechtsextremismus) und Tolerierern (Konservativismus) reduzieren (Hennig, 1983).

In derselben Richtung argumentiert Pflüger (1994), wenn er heute Anzeichen für eine „Konservative Revolution“ wahrzunehmen glaubt, wie es sie zur Zeit der Weimarer Republik schon einmal gegeben hat: abnehmendes politisches Engagement der Bürger (Politikverdrossenheit mit Tendenz zur Demokratieverdrossenheit), Forderungen nach einem starken Staat, Rückkehr zum Mystizismus, völkische Ideologien und antieuropäische Tendenzen (Deutschland als „Zahlmeister Europas“ etc.). Vor diesem Hintergrund ist sein zentrales Anliegen, seine eigene Partei (CDU/CSU) davor zu warnen, sich von den rechten Revolutionären vereinnahmen zu lassen — ähnlich wie dies in der Weimarer Republik geschah. Das Vorgehen der Konservativen Revolutionäre beschreibt Pflüger wie folgt: „Hier werden ideologische Fetzen von rechtsaußen ein wenig entschärft, etwas aufpoliert und zur Mitte weitergereicht. So werden die Themen der Rechtsradikalen in der bürgerlichen Mitte salonfähig“ (Pflüger, 1994, S. 122).

In diesem Zusammenhang ist auch die derzeitige Diskussion um die sogenannte „Neue Rechte“ in der Bundesrepublik aufschlußreich. So gibt es Gründe für die These, neurechtes Gedankengut füge sich ideologisch wie ein Scharnier zwischen Rechtsextremismus einerseits und Neokonservativismus andererseits ein (Gessenharter, 1994, S. 121). Dabei sind die Protagonisten der Neuen Rechten nicht als feste Organisation oder Partei faßbar, sondern es handelt sich um „eine Vielzahl kaderförmiger Kleingruppen" (Greß u. a., 1990, S. 352) — etwa Zeitschriftenprojekte oder kulturelle Projekte, die sich als Neue Rechte oder Junge Rechte bezeichnen und als Multiplikatoren neurechter Gedanken wirken. Das politische Programm dieser Strömung speist sich zum großen Teil aus nationalistischem Gedankengut (vor allem des NS-Staatsrechtslehrers Carl Schmitt) und trägt deutliche Züge der geschlossenen Gesellschaft. Ausgangspunkt ist auf der sozialen Dimension der absolute Vorrang des Kollektivs, der Gemeinschaft, vor dem Individuum. Damit verbindet sich zum einen das Postulat eines starken Staates, vor allem gegenüber allen von der Norm abweichenden Gruppen und Personen, was ein gegen Liberalismus, Pluralismus und soziale Demokratie gerichtetes Politikverständnis zur Folge hat. Zweitens ergibt sich aus dem Vorrang des Kollektivs das Ziel, die Lebensfähigkeit der Nation zu wahren und zu verteidigen. Dabei erscheint die Nation deshalb als schützenswertes Kollektiv, weil sie eine weitgehende Homogenität der Gesellschaft insofern garantiert, als die mit der Zugehörigkeit zu unterschiedlichen Völkern, Volksgruppen oder Rassen einhergehende Heterogenität der Interessen, Weltanschauungen und politischen Ziele vermieden wird. Der Kampf gegen „ethnische Überfremdung" ist daher die Lebensvoraussetzung des nationalen Kollektivs. Zugleich wird auf der erkenntnistheoretischen Dimension die Position der Endgültigkeit eingenommen. Der kollektivistische Ansatz wird als die wahre Realität ausgegeben, „deren Erkennen die conditio sine qua non sei, die politische Situation der Bundesrepublik Deutschland zum Besseren zu wenden" (Gessenharter, 1994, S. 91).

Vor diesem Hintergrund läßt sich die Scharnierfunktion der Neuen Rechten zwischen Rechtsextremismus und Neokonservativismus präzisieren. Die Neue Rechte (auch „Junge Konservative", „Neue Konservative") knüpft insofern an den Neokonservativismus an, als die Forderung nach einem starken Staat übernommen wird. Konservative Positionen, die die Freiheit des einzelnen Individuums gegenüber dem Staat betonen, werden dagegen bekämpft (Gessenharter, 1994, S. 61). Mitte der 70er Jahre haben sich die letzten Gruppierungen aufgelöst, die sich selbst als Neue Rechte bezeichneten. Unter anderem deshalb fällt es schwer, die Träger neurechten Gedankenguts organistorisch zu fassen. Gessenharter (S. 123 f.) skizziert die damit entstandene „organisierte Verwirrung" dadurch, daß Vertreter der neurechten Ideologien auch organisatorisch sowohl im verfassungsfeindlichen rechtsextremen Umfeld als auch in konservativen Kreisen zu finden sind.

Als Beispiel für eine Gruppierung neurechter Prägung sei das zu Beginn der 80er Jahre in Kassel gegründete „Thule-Seminar“ genannt. In Anlehnung an die französische Nouvelle Droite lautet die Programmatik des Seminars Anti-Amerikanismus als Befreiungskampf gegen die Überfremdung und gegen universalistische und egalitaristische Ideologien von Ost und West, verbunden mit rassistischen Zügen (Gessenharter, S. 132) und auf einen „heidnisch-germanischen Fundamentalismus“ hinauslaufend (Gilbhardt, Goblirsch, 1989). Im Zusammenhang mit der Behauptung der Neuen Rechten, das Grundgesetz der Bundesrepublik sei nichts anderes als ein Produkt der „Umerziehung“ der Deutschen durch die USA und die Sowjetunion nach dem verlorenen Zweiten Weltkrieg, besteht vor diesem Hintergrund die Gefahr, daß die Neue Rechte ein „mehr oder weniger lautloses Kippen des bisherigen Verfassungskonsens“ auslösen könne (Gessenharter, S. 69).

Da es für die Einschätzung des geistigen Zustands der Bundesrepublik Deutschland in unserer Erklärungsskizze des sozialen Wandels wichtig ist, wie der Zustand der Bundesrepublik in einer breiten Öffentlichkeit bewertet respektive problematisiert wird, sei noch angemerkt, daß als Widerspiegelung einer offenbar gestiegenen Sensibilität die Erörterungen neokonservativistischer und rechtsradikaler Probleme in den Medien einen außerordentlichen Umfang einnimmt. Dieser Trend kann wohl tendenziell im Sinne einer Verteidigung der offenen Gesellschaft positiv bewertet werden. Einschränkend gilt gleichwohl, daß erstens unter Umständen nicht die Verteidigung der offenen Gesellschaft, sondern die Selbstverpflichtung der Medien zur aktuellen Berichterstattung die eigentliche Absicht sein könnte (Kowalsky, 1993) und daß zweitens nicht auszuschließen ist, daß die Vertreter neurechten Gedankenguts ihrerseits die Medien instrumentalisieren, um ihr Weltbild zu verbreiten (Gessenharter, 1994, S. 185 ff.).

Im Interesse einer Stabilisierung der offenen Gesellschaft ist zusätzlich zu begrüßen, daß in der Zwischenzeit auch in der Intellektuellenszene dieses Problem zunehmend häufiger thematisiert wird und dies nicht nur in der Bundesrepublik Deutschland, sondern europaweit (Eco, 1993).

Habermas hat 1992 in der Zeitung „Die Zeit“ einen Beitrag unter dem Titel publiziert: "Die zweite Lebenslüge der Bundesrepublik: Wir sind wieder ‚normalgrq“. Liest man diesen Beitrag, so hat man trotz der gerade genannten Argumente einer gestiegenen Sensibilität für die Problematik rechtsradikaler Neigungen und einer europaweiten Kampagne gegen eine Verharmlosung dieser Tendenzen dennoch das Gefühl, daß die Attraktivität der geschlossenen Gesellschaft in einem schon beunruhigenden Maße zugenommen hat. In seiner unübertrefflich scheinenden Formulierungskunst schreibt er: „Wenn die sympathisierende Bevölkerung vor brennenden Asylantenheimen Würstchenbuden aufstellt, ist für die Mehrheitsbeschaffer keine offensive Überzeugungsarbeit angesagt, sondern symbolische Politik — eine Politik der Verfassungsänderung, die nichts kostet, auch nichts ändert, aber den dumpfesten Gemütern die Botschaft zukommen läßt: Das Problem am Fremdenhaß sind die Fremden." Habermas attackiert darüber hinaus die geistige Annektion der DDR, die intolerante Abwicklung von wissenschaftlichen DDR-Institutionen, die populistische Asylantenpolitik, die Ersetzung inhaltlicher Politik durch symbolische Rituale, die Nationalstaatlichkeitsdebatte und die Neigung vieler Politiker, gerade in der Asylantenfrage sich am Rande der Legitimität am Grundgesetz bzw. dessen Intentionen vorbeimogeln zu wollen.

Dieser kritischen Einschätzung stehen andererseits neben den oben schon genannten noch andere positive Signale gegenüber: In verschiedenen Großstädten haben als Reaktion auf rechtsextremistische Gewalttaten offensive Gegendemonstrationen stattgefunden, die daraufhin deuten, daß unter spezifischen Bedingungen eine Bereitschaft, offensiv für die offene Gesellschaft einzutreten, auch in breiten Bevölkerungskreisen aktivierbar ist. Andere Beispiele alltäglich gewordenen unspektakulären Engagements der Bürger weisen in dieselbe Richtung (Flüchtlingshilfen, Spendensammlungen, Kirchenasyle, multikulturelle Feste, Hausaufgabenhilfen für ausländische Kinder etc.).

Als weiteres Beispiel für die prinzipielle Akzeptanz und für das konkrete Eintreten der Bürger für die offene Gesellschaft sei ein 1993 in Buxtehude durchgeführtes Forschungsprojekt erwähnt, in dem die Zusammenarbeit mit Ausländern im Mittelpunkt stand (Gessenharter, u. a., 1994). Vor dem Hintergrund des Modells der „offenen Bürgergesellschaft" wurden im Dialog mit den Bürgern (unterschiedlicher Weltanschauungen und politischer Meinungen) in dialogischen Interviews, moderierten Gruppengesprächen und „Planübungszellen" Bürgergutachten zum Thema „Asylanten" erarbeitet. Die Ergebnisse dieser (mit 300 Teilnehmern durchgeführten und erst in Teilen ausgewerteten) Studie liefern Anzeichen für eine hohe Verteidigungsbereitschaft der offenen Gesellschaft. Die Auswertung der Interviews (70 Teilnehmer) erbrachte beispielsweise, daß nur 20 % der Bürger, die sich für das Interview zur Verfügung gestellt haben, aus Befürchtungen kamen, die Ausländerfrage könne uns über den Kopf wachsen; daß für fast alle Befragten die Deutschen zumindest mitverantwortlich waren für die meisten der genannten Gründe, die Ausländer nach Deutschland führen; und daß auf die Frage, was einen Deutschen von einem Ausländer unterscheide, eher mit den formaljuristischen Merkmalen Staatsbürgerschaft oder Paß als mit ethnisch-biologischen Kriterien wie Abstammung oder Hautfarbe argumentiert wurde.

Als Fazit zur Problematisierung der offenen Gesellschaft sei herausgearbeitet:

Für das postmoderne Bewußtsein erscheint im Sinne der Orientierungskrise ein Verschwimmen von Maßstäben einerseits und der Glaube an ein Zerrinnen von Steuerungspotentialen andererseits kennzeichnend zu sein. Dabei werden Bewertungsschwierigkeiten möglicherweise überschätzt und die Steuerungspotentiale systematisch unterschätzt — letzteres als Ausdruck einer kollektiven Bedrohungsbewältigungsstrategie, die damit in sachlich unnötigem Maße eine Problem-intensivierende und -verlängernde resignative Atmosphäre fördert. Hier könnte eine neue Form von „Gegenaufklärung" hilfreich sein, die auch die Struktur und Funktion der verschiedenen geschilderten „Fluchtstrategien" kenntlich machen müßte. Die in der offenen Gesellschaft und natürlich auch durch die offene Gesellschaft selbst mit ausgelöste Orientierungskrise wird in ihren potentiellen Rückkoppelungseffekten zur Destabilisierung der offenen Gesellschaft erst einschlägig bewertbar, wenn man zugleich den zweiten Aspekt, nämlich den der Politikverdrossenheit und des Neokonservativismus miterörtert:

Im Rahmen unserer Erklärungsskizze zeigt sich unter der Perspektive der Situationsbewertung, daß es zum einen eine sektorale Negativierung tragender Fundamente der offenen Gesellschaft gibt, die sich vor allem auf das Parteien- und Politikerverhalten selber konzentriert. Zum zweiten scheint unter dem Stichwort Neokonservativismus eine mehr geistig-ideologische Fundamentalkritik der offenen Gesellschaft stattzufinden, so daß die offene Gesellschaft derzeit sowohl sektoral als auch global kritisch beleuchtet wird. Unter der Perspektive einer Status quo-Diagnose gilt auf der Ebene der Handlungsqualitäten unter Bezugnahme auf die Abb. 6, daß zweierlei zu unterstreichen ist: Zum einen fällt auf, daß (im Sinne von Wahlenthaltung) angesichts der Negativierung bestimmter Bereiche der offenen Gesellschaft Rückzugsneigungen, also ein Ausbleiben aktiver Verteidigung der offenen Gesellschaft, zuzunehmen scheinen. Unter dem Stichwort der Politikverdrossenheit hat dies seinen systematischen Grund in der Selbstreferentialität (Scheuch u. a., 1992) des politischen Systems. Wie oben erkennbar wurde, gibt es selbstverständlich auch Gegenbewegungen zu diesen tendenziellen Rückzugsneigungen — wir haben Beispiele für das Engagement der Bürger auf verschiedenen Gebieten genannt. Indem wir die genannten Rückzugsneigungen beschreiben, wollen wir daher keineswegs derartige resignative Tendenzen weiter fördern und Gegenströmungen ignorieren — wir versuchen lediglich, das Ausbleiben einer aktiven Verteidigung der offenen Gesellschaft im Trend zu beschreiben. Als zweite Tendenz sind auf der Handlungsebene kollektivistische Züge erkennbar: Dies zeigt sich zum einen in der Sicherheitspolitik, die individuelle Rechte einzelner eingrenzt, sowie zum anderen in der erneuten Aktualität der Debatte einer kollektiven Identität (dies im Zusammenhang mit der Asylantenfrage, der Nationalismus- sowie der Europa-Debatte und einer Negativierung der offenen Gesellschaft [Neokonservativismus]).

Die Tatsache, daß das Unbehagen an und in der offenen Gesellschaft offenbar nicht zur einer aktiven Verteidigung der offenen Gesellschaft führt, sondern eher zu resignativen Rückzugstendenzen, verhindert, daß sich die offene Gesellschaft als Reaktion auf ihre Defizite selbst erneuert und so stabilisiert. Das skizzierte Unbehagen stellt an sich noch keinesfalls eine hinreichende Bedingung dafür dar, daß sich das „Pendel" in Richtung auf die geschlossene Gesellschaft in Bewegung setzt. In offenen Gesellschaften können sich verschärfende Problemlagen auch dadurch abgearbeitet werden, daß sich problembezogen soziale (Protest-) Bewegungen herausbilden (Neidhardt, Rucht, 1993). Solche sozialen Bewegungen innerhalb der offenen Gesellschaft würden diese nicht zerstören, sondern verändern, z. B. zu einer „Bewegungsgesellschaft" und damit letztlich stabilisieren. Da es uns um eine solche Stabilisierung der offenen Gesellschaft geht und wir im dritten Teil der Arbeit zu erörtern versuchen, wie dies bewerkstelligt werden kann, sei vor dem Hintergrund der obigen Situationsdiagnose auf die Frage eingegangen, wie die Chancen einer sozialen Bewegung im Sinne von Neidhardt und Rucht in der Bundesrepublik Deutschland einzuschätzen sind.

Für die Entstehung und Stabilisierung sozialer Bewegungen müssen spezifische Bedingungen der Problematisierung, der Mobilisierung und der Stabilisierung erfüllt sein, und zwar jeweils auf der individuellen Erfahrungsebene, der kollektiven Deutungsebene und auf der Ebene gesellschaftlicher Strukturen (Neidhardt, Rucht, 1993). Da die Entstehung solcher sozialen Bewegungen — als Alternative zur gedachten „Pendeldynamik" — folglich in den Kategorien unserer Abb. 6 erklärt werden kann (historisch-soziologische Ebene, sozialpsychologische Ebene und individuelle Ebene einerseits sowie andererseits die Unterteilung in Bewertung und Handlung), soll nachstehend untersucht werden, für wie wahrscheinlich ein eventuelles Abfedern des „Pendelschlages" vor dem Hintergrund unserer obigen Situationsdiagnose gehalten werden kann.

Auf der Strukturebene scheinen die Voraussetzungen für eine soziale Bewegung in der Bundesrepublik Deutschland derzeit durchaus gegeben: So existieren strukturelle Spannungen z. B. zwischen Funktionsdifferenzierung und Integration (Neidhardt, Rucht, 1993, S. 312 f.); ebenso sind die Voraussetzungen für eine Mobilisierung insoweit gegeben, als sich traditionelle Bindungen zunehmend aufzulösen beginnen (vgl. Beck, Beck-Gernsheim, 1994). Der stärkste Impuls für eine mögliche soziale Bewegung scheint jedoch von den „gesellschaftlichen Gelegenheitsstrukturen" auszugehen, worunter insbesondere das von uns bereits erwähnte Versagen von Parteien und Verbänden verstanden wird sowie eine „korporatistische Schließung der Politik" (von uns als Selbstabschottung des politischen Systems beschrieben).

Während auf der strukturellen Ebene also die von Neidhardt und Rucht beschriebenen Bedingungen für eine soziale Bewegung zugunsten der offenen Gesellschaft gegeben zu sein scheinen, sind gegenwärtig gleichzeitig Blockaden auf den anderen beiden Ebenen erkennbar: der individuellen Erfahrungsebene und der kollektiven Deutungsebene. Diese betreffen jedoch nicht die Problematisierung der offenen Gesellschaft an sich: Wir hatten oben dargestellt, wie sowohl auf der individuellen Ebene „Deprivation" festgestellt werden kann — als Folge der Moderne sowie in Form der Orientierungskrise — sowie auf der kollektiven Deutungsebene sogenannte „Skandalisierungsmuster" in Gestalt kollektiver Unzufriedenheiten (mit den Politikern, der Demokratie etc.) auftreten. Wie wir in Abb. 6 herausgearbeitet haben, besteht die Gefahr eines Umschlagens in die geschlossene Gesellschaft weniger in mangelndem Problembewußtsein als vielmehr in der aktuellen resignativen Bewertung von Handlungschancen. Diese Aspekte fassen Neidhardt und Rucht als Bedingungen zusammen, die eine soziale Bewegung stabilisieren: Den individuellen „Erfolgswahrnehmungen“ einerseits entsprechen andererseits auf der kollektiven Deutungsebene sogenannte „Strategieprogramme“ der Bewegung. Wie wir oben gesehen haben, scheinen derzeit in der Bundesrepublik spiegelbildlich sowohl die individuellen Erfolgswahrnehmungen (angesichts mangelnder Situationskontrolle, Resignation, Entfremdung) als auch die kollektiven Strategieprogramme (kollektive Politikverdrossenheit, kollektive Rückzugsneigungen) eher gering ausgeprägt zu sein.

Insgesamt gesehen scheinen damit einerseits Bedingungen dafür gegeben zu sein, daß sich innerhalb der offenen Gesellschaft als Reaktion auf das Unbehagen soziale Bewegungen im Sinne einer Verteidigung der offenen Gesellschaft (vgl. Angriffstrategie in Abb. 6) herausbilden. Andererseits sinkt die wahrgenommene Chance, die offene Gesellschaft mit Aussicht auf Erfolg verteidigen zu können, so daß soziale Bewegungen zur Stützung der offenen Gesellschaft eher unwahrscheinlich werden. In Verbindung mit den beschriebenen kollektivistischen Trends deutet sich insofern an, daß die offene Gesellschaft an Attraktivität eingebüßt und die geschlossene Gesellschaft an Attraktivität gewonnen hat.

Generell scheint die offene Gesellschaft ohnehin als „Handlungsrahmen der Kontinuität und Berechenbarkeit, ohne den das Wagnis der Freiheit in Anarchie enden müßte“ (Guggenberger, 1994), als solche mühsam und damit in unvermeidbarer Weise immer gefährdet: „Und ganz ohne Zweifel begründet eben dieser Diziplinierungsvorgang, der uns zu berechenbaren Akteuren macht, diese Anstrengung, mit der alle Freiheit anhebt, auch den periodisch sich wiederholenden Aufstand gegen die Politik, die Reflexe des Überdrusses und des Unbehagens — ob wir nun an das Ende der attischen Demokratie denken, an die Bilder und Sehnsüchte der politischen Romantik [...] und die Ideenwelt des aufziehenden Nationalismus oder aktuelle Anzeichen einer beginnenden Erosion des Politischen. Die Gegenbilder bezeugen fast immer die Befreiung von den Lasten und Nötigungen der politischen Freiheit, die archaische Lust einer Rückkehr ins Kollektiv, das Glück des Wiederfindens, des Einverständnisses mit der ephemeren Existenz, die beständig zu leugnen uns die moderne Lebensform aufdrängt“ (Guggenberger, 1994).

Daß die Bundesrepublik zwischen den beiden Polen in Bewegung gekommen zu sein scheint, läßt sich sicherlich nicht unmittelbar als „Vorbote eines Wandels“ deuten. Doch ist unter der Perspektive einer klugen Balancefindung, sofern man die offene Gesellschaft letztlich erhalten möchte, doch wohl Aufmerksamkeit angebracht. Vor allem ist vor diesem

Hintergrund noch einmal auf die Gefährlichkeit der postmodernen Resignation (Orientierungskrise) zu verweisen, da sie ein Katalysator dafür darstellen könnte, daß eben auch der Balancierungsprozeß selbst als unsteuerbar wahrgenommen wird, was bereits für sich alleine bedrohlich wäre und bei Vorliegen spezifischer Randbedingungen, auf die unter 4.4. eingegangen wird, noch an Bedrohlichkeit gewinnt.

Wenn wir behaupten, daß die Bundesrepublik zwischen den beiden Polen in Bewegung geraten ist, so beobachten wir dabei selbstverständlich auch Gegenbewegungen in Richtung auf den offenen Pol. So gibt es derzeit z. B. im ökonomischen Bereich durchaus Öffnungstendenzen wie beispielsweise Deregulierungen und Privatisierungen großer öffentlicher Unternehmen, die Indikatoren dafür sind, wie politisch bzw. gesamtgesellschaftlich gedacht wird. Solche Unterströmungen lassen sich als Gegenbewegung zu der von uns diagnostizierten Neigung zur geschlossenen Gesellschaft deuten und dürfen daher bei einer Einschätzung der gegenwärtigen Balance nicht übersehen werden. Da es uns jedoch darauf ankommt, die offene Gesellschaft zu stabilisieren, richten wir unser Hauptaugenmerk auf erkennbare Destabilisierungspotentiale. Aus diesem Grund stellen wir hier die beschriebenen Schließungstendenzen in den Vordergund.

4.3 Die innerdeutsche Wende als Veranschaulichung eines sozialen Wandlungsprozesses

Unsere Erklärungsskizze zum sozialen Wandel beinhaltet die Aussage, daß die Person letztlich, im Längsschnitt betrachtet, immer *zwischen* zwei in sich dilemmatischen Grundstrukturen steht (offene Gesellschaft und geschlossene Gesellschaft) und *in* einer dieser dilemmatischen Strukturen bestenfalls vorübergehend eine Heimat finden kann; Modellannahmen, die von einer mehrfachen „Vertreibung“ des Individuums im Laufe seiner Biographie ausgehen, kommen den realen Verhältnissen vermutlich am nächsten.

In diesem Kapitel soll dabei eine stärker psychologische Perspektive dominieren. Um die Dynamik des sozialen Wandels zu illustrieren, versuchen wir gedanklich einen Längsschnitt durchzuführen. In diesem Sinne werden nacheinander drei Fragen gestellt:

– Wie nistet sich die Person subjektiv in einer dilemmatischen Grundstruktur ein? Was erleichtert es der Person, die dilemmatische Grundkonstellation so zu verarbeiten, daß sie dennoch, zumindest vorübergehend, eine Heimat zu finden scheint?

- Was vertreibt die Person aus dieser Heimat, und wie verarbeitet sie diesen Prozeß?

- Wie erlebt die Person die Phase des sozialen Wandels, innerhalb dessen sie nicht mehr *in* einer der beiden dilemmatischen Strukturen, sondern *zwischen* ihnen steht? Und wie verarbeitet sie diese Situation?

Das theoriebezogene Ziel dieses Abschnitts liegt darin, Stabilität und Wandel sozialer Systeme über das bisher Gesagte hinaus vertiefend verständlich zu machen und durch Bezugnahme auf Daten aus der ehemaligen DDR zu illustrieren.Anwendungsbezogen geht es in dieser Analyse darum, bei der Beschreibung der Mechanismen, die Stabilität respektive Wandel erklären, nach solchen Mechanismen innerhalb dieses spontan-evolutionären Prozesses Ausschau zu halten, die im Sinne einer gezielten Transformation bzw. Steuerung zum Zwecke einer Ausbalancierung zwischen den dilemmatischen Grundmustern Ansatzpunkte zum Handeln erkennbar werden lassen.

Dabei wird so vorgegangen, daß wir entsprechend den obigen Leitfragen von einer Zweiteilung ausgehen und zunächst die Aufbauphase der DDR und im zweiten Teil die Phase vor und nach 1989 erörtern.

4.3.1 Die Aufbauphase der DDR

Die in jedem Prozeß des sozialen Wandels irgendwann fällige Vertreibungsdynamik kann nur verstanden werden, wenn die Beheimatungsdynamik verstanden ist, die dieser Phase vorausgeht. Von daher wird zunächst die Phase der Beheimatung dargestellt.

Fragt man, wie man in der ehemaligen DDR in der Aufbauphase in einer geschlossenen Gesellschaft — also *in* einer dilemmatischen Grundstruktur — (dennoch) eine Heimat finden konnte, so lautet eine zentrale Antwort: Die DDR ermöglichte bzw. forcierte die Entwicklung einer sowohl emotionalen wie auch kognitiven Identifikation mit dem System „Sozialismus“ und der ihn tragenden Partei. Vermittelt wurde eine Art kollektiver Identität, in der sich der einzelne nicht so sehr durch seine Einzigartigkeit und durch das definiert, was ihn von anderen unterscheidet; die Identitätsbasis liegt vielmehr in der gemeinsamen Zugehörigkeit zu einer Partei und Bewegung, die einem zugleich Schutz und Orientierung gibt.

Der Umstand, daß gerade die Partei eine emotionale Identifikation mit dem System mit ermöglichte und so etwas wie Schutz, Wärme und Anerkennung bot, ist wiederum nur verständlich, wenn man davon ausgeht, daß es überhaupt eine verstärkte Nachfrage nach Schutz, Wärme und Anerkennung in der DDR gab. Damit nähert man sich der zentralen These des DDR-Psychotherapeuten Maaz, der in einem Gespräch mit seinem bundesrepublikanischen Kollegen Moeller (Moeller, Maaz, 1993) die These vertritt, daß die Menschen in der DDR (gezielt?) verletzt, verunsichert und ängstlich gemacht wurden, so daß eine Nachfrage nach Schutz und Wärme usw. aufgebaut wurde, die anschließend von der Partei und dem System Sozialismus in institutionalisierter Form zu befriedigen versucht wurde. Im einzelnen führt Maaz in seinem Gespräch mit Moeller und auch an anderer Stelle (Maaz, 1993) hierzu im wesentlichen folgendes aus:

Der erste Verunsicherungsmechanismus lag in der abrupten Trennung des Kindes von der Mutter nach der Geburt; ein sogenanntes rooming-in gab es nur in Ausnahmefällen. Bezugnehmend auf die bekannten Untersuchungen von Spitz (1957) über die Folgen einer frühzeitigen Trennung des Kindes von der Mutter wird man dieser Maßnahme auch ohne jegliche tiefenpsychologischen Interpretationen eine gewisse Gefährlichkeit für die weitere Entwicklung des Kindes nicht absprechen können. Maaz behauptet, daß diese Massenerscheinung in der DDR ein Tabu war.

Diese erste existentielle Verunsicherung durch ein Trennungstrauma wird durch einen zweiten Schritt, nämlich durch die Überweisung in eine Tageskrippe, intensiviert, die für die weit überwiegende Mehrheit der Kinder kennzeichnend war. (Man denke an den extrem hohen Anteil berufstätiger Frauen in der ehemaligen DDR). In dieser Kinderkrippe wurde angeblich ein autoritäres Erziehungsregime realisiert und alles Spontan-Kreative behindert. Die Leitvorstellung war im wesentlichen die Einordnung in eine gegebene Hierarchie. Dabei ist eine Spezifikation bedeutsam: Maaz führt aus, daß in der Kinderkrippe Gefühlsausdruck schlechthin nicht erlaubt war. Die Instruktion hieß immer: Du darfst nicht laut sein, du darfst nicht so herumtollen, was sollen denn die Leute denken usw.

Dies heißt, daß die Kinder nicht nur Ärger und Verdruß, sondern auch positive Gefühle nicht zeigen durften. Über die entsprechend abverlangte Affektkontrolle wurde eine Selbstzensur installiert, die Spontaneität schon im Keime zu ersticken droht, so daß die Person nach außen hin entsprechend als gehemmt und überkontrolliert erscheint.

In bezug auf die Unterdrückung speziell negativer Gefühle (z. B. Aggressivität) gilt, daß nach traditioneller tiefenpsychologischer Auffassung die Aggressivität, sofern sie bei Kindern nicht nach außen ausgelebt werden kann und darf, unter Umständen gegen die eigene Person zurückgewendet wird. Die Rückwendung der Aggressivität gegen die eigene Person stellt dabei eine psychologische Abwehrstrategie dar, für die die Person teuer bezahlt: Viele Tiefenpsychologen interpretieren depressive Gehemmtheiten als Folge einer gegen die eigene Person zurückgewendeten Aggression.

In Verbindung mit der generalisierten Affektkontrolle ist insofern die These von Maaz, DDR-Kinder fielen im Vergleich zu bundesrepublikanischen Kindern durch ein höheres Maß an Ängstlichkeit, Unsicherheit und Gehemmtheit auf (Moeller, Maaz, 1993, S. 44 ff.), nicht unplausibel. Da nicht die Auseinandersetzung mit den erziehenden Instanzen (geschweige denn Widerspruch) eingeübt wird — der Pfeil 1a („Angriff") in der Lazarus-Schematik wird in seiner Funktionalität nicht hinreichend erfahren — wird das, was man in der Psychologie als Eigenmachtgefühl beschrieben hat (Lersch, 1951) nicht aufgebaut; passive Muster des coping behavior (Lazarus, 1966) sind vor diesem Hintergrund einer spezifischen Primärsozialisation wahrscheinlich, und es verwundert daher nicht, daß Führungskräfte in den neuen Bundesländern auch im betrieblichen Bereich im Vergleich zu ihren westdeutschen Kollegen deutlich höhere Grade an Angepaßtheit, Gehorsamsbereitschaft und Ausweichverhalten praktizieren (Altschuh, Schultz-Gambard, 1993, S. 100 f.)!

Neben dem Trennungstrauma nach der Geburt und der Kinderkrippenerfahrung verweist Maaz als dritten verunsichernden Grundmechanismus in der ehemaligen DDR auf die tägliche Arroganz des Systems auch im Erwachsenenalter. Immer wieder sei man in demütigender Weise vom Apparat bzw. von offiziellen Institutionen zurechtgewiesen und abgekanzelt worden, so daß sich die Diktatur des Systems immer wieder in Miniatur-Diktaturen des Alltags konkretisierte und die Unsicherheit und Gehemmtheit nur verstärkte. In der hier gewählten Sprache heißt dies, daß Bemühungen im Sinne des Pfeiles 1a, als unangenehm erlebte

Zustände durch „Angriff" zu verändern, sofern überhaupt ausprobiert, an der Arroganz des Systems bzw. seiner Repräsentanten scheiterten, womit die vorausgegangenen negativen Kinderkrippenerfahrungen auch im Erwachsenenalter gleichgerichtet verstärkt wurden.

Die auf diesem Wege mehrfach bewirkte Verunsicherung des Eigenmachtgefühls und Selbstwertgefühls induzierte eine entsprechende Nachfrage nach kompensatorischer Stützung, und genau diese Funktion übernahm nach Maaz die Partei, die dem einzelnen Bürger sagte, daß sie ihn brauche, daß er wichtig sei, daß er hier Schutz und Anerkennung und ähnliches mehr finde. Die Partei sei es, über die die Person die fundamentale Erfahrung des Angenommenseins vermittelt bekomme (Moeller, Maaz, 1993, S. 80).

Die Arbeit und Mitgliedschaft in der Partei bot neben dieser eher emotionalen Identifikation gleichzeitig die Chance zu einer kognitiven Orientierung; diese vermittelte sich auf der Basis der Beschreibungen von Maaz wiederum über verschiedene Teilmechanismen:

- Orientierung vermittelte sich selbstverständlich zunächst einmal über die einschlägige Ideologie, die die Person, im zeitlichen Längsschnitt betrachtet, auf den Sieg des Sozialismus hoffen ließ und gleichzeitig, gleichsam im Querschnitt betrachtet, eine Abgrenzungschance nach außen anbot, indem Wachsamkeit gegenüber dem kapitalistischen Klassenfeind propagiert wurde.

- Für den Sieg des Sozialismus war die Steigerung der Produktivität entscheidend, weswegen der Arbeit ideologisch ein besonderer Stellenwert beigemessen wurde. Arbeit wurde heroisiert, wie sich nicht nur in den Arbeiterdenkmälern, sondern auch in den vielen Gemälden zum Werktätigen-Realismus zeigte, und es ist in diesem Kontext selbstverständlich kein Zufall, daß die Berufstätigkeit der Frau als höchster Maßstab der Emanzipation galt. Das tägliche Tun bzw. die täglichen Opfer wurden damit aufgewertet, was auch der Selbstwertstabilisierung diente.

- Typisch für geschlossene Gesellschaften (und damit auch für die ehemalige DDR) sind die endlosen Demonstrationen, Kundgebungen, Unterschriftsaktionen usw. Ideologie wird also nicht nur angeboten, sondern durch entsprechendes Handeln immer wieder praktiziert, wodurch Ideologie subjektiv irgendwann auch zur Wahrheit wird (vgl. die Ausführungen von H. Arendt (1955) unter 2.3).

- Ideologie wird aber nicht nur praktiziert und eingeübt. Demonstrationen, Unterschriftsaktionen und Kundgebungen stellen zugleich auch eine Form von öffentlicher Verpflichtung auf eben diese Ideologie dar, worin nach den Ergebnissen der Einstellungsforschung (Frey, 1978) einstellungsstabilisierende Effekte freigesetzt werden.

- Schließlich wird von Maaz betont, daß über derartige Aktivitäten und die unendlich vielen Wettbewerbe die Menschen schlicht immer wieder beschäftigt waren, die „Bewegung“ also in „Bewegung“ blieb, so daß kaum Raum für Nachdenk- und Kritikprozesse vorhanden war.

Insofern vermittelte sich unter aktiver Beteiligung der Person letztlich auch eine geistige Orientierung, so daß das System insgesamt eine kollektivistische Identität aufbaute, die dem einzelnen einerseits Sinn und Orientierung und andererseits über eine entsprechende Systemkonformität emotionale Akzeptanz sowie eine Stabilisierung des Selbstwertgefühls gewährte. Beim Aufbau dieser kollektivistischen Identität mögen auch Mechanismen mitgewirkt haben, die wir oben unter der Bezeichnung „kollektive Realitätskonstruktion“ beschrieben haben: Speziell der Alltag der DDR war von einer Fülle symbolischer Prozesse geprägt (Aufmärsche, Paraden, Sondereinsätze etc.) und verwendete z. B. die Sprache in entsprechender Weise („anitfaschistischer Schutzwall“, „Klassenfeind“, „sozialistische Brudervölker“).

So betrachtet ist zunächst einmal festzustellen, daß die DDR in der Aufbauphase ihren Bürgern fundamental bedeutsame Güter vermittelt hat, so daß allein schon von daher die DDR sehr wohl zu einer Heimat werden konnte. Nach den bisherigen Darstellungen ist aber die dilemmatische Grundstruktur der ehemaligen DDR genauso offensichtlich, und man könnte fast versucht sein, dieses ambivalente Muster als ein Paradebeispiel dilemmatischer Strukturen zu interpretieren, da sich die Vor- und Nachteile dieses Systems offenbar wechselseitig bedingten: Das erwähnte Trennungstrauma nach der Geburt, das autoritäre Erziehungsregime in der Kinderkrippe und die tägliche Arroganz des Systems in seiner praktischen Umsetzung können auch als Terror beschrieben werden; die auch von DDR-Bürgern in der Rückwärtssicht beklagte „Bevormundung“

durch das System (vgl. Oesterreich, 1993) stellt insofern eine noch sehr euphemistische Umschreibung dieses Sachverhaltes dar. Genauso beinhaltet die ideologisch vermittelte geistige Plattform nicht nur eine Orientierung, sondern auch eine geistige Vereinnahmung, so daß die Preise dieses Systems bereits in seinen Anfangsstadien unübersehbar sind.

Die Vorteile des Systems sind dabei vielschichtig mit den Nachteilen verbunden: Die Vorteile des System bedingen einerseits ihre Nachteile — Klarheit und Gewißheit in der geistigen Orientierung machen den Vorgang einer geistigen Vereinnahmung wahrscheinlich. Die Vorteile setzen andererseits aber auch spezifische Nachteile voraus: die Partei wird in dem Umfang Basis für eine emotionale Identifikation, in dem die Person vorher verunsichert und verängstigt wurde. Die dilemmatische Struktur in der ehemaligen DDR ist insofern Wasser auf die Mühlen all derer, die die dilemmatische Struktur nicht als Ergebnis zufälliger historischer Kontingenzen, sondern als Produkt systematischer (und damit partiell *unaufhebbarer*) Wechselwirkungen interpretieren.

Umso mehr stellt sich die Frage, wie man denn in einer solchen ambivalenten Struktur Heimat finden kann, nachdem die „objektive" Realität nicht nur zum Verweilen, sondern ganz offensichtlich auch zur Flucht einlädt; auf diese Frage wird nachstehend genauer eingegangen.

Selbst in der Aufbauphase waren natürlich schon einige Nachteile offensichtlich; die immer wieder beschriebene Selbstherrlichkeit des Systems, Bevormundungen durch die Partei im gesellschaftlichen wie im betrieblichen Bereich, groteske Fehlplanungen und Versorgungsengpässe, die Beschneidungen der Freiheit bei der Berufswahl (man hatte im Sinne der Unterordnung unter das kollektive Ziel den Beruf zu ergreifen oder das Studium zu wählen, der bzw. das gesellschaftlich jeweils erforderlich war) — alle diese größeren und kleineren Preise des Systems waren den Bürgern selbstverständlich bewußt, so daß sich für manche in der Tat insgesamt ein negativer Saldo ergab und einige — vor 1961 — von ihrer damals noch gegebenen Fluchtmöglichkeit auch Gebrauch machten. Für andere Personen fiel die Saldierung zugunsten der Entscheidung aus, in der DDR zu bleiben, was genauso verständlich ist, zumal sich die DDR noch in der Aufbauphase befand und eine innerhalb des Ostblocks beachtliche wirtschaftliche Entwicklung vollzogen hatte, was es dem System zusätzlich ermöglichte, den Bürgern ein vergleichsweise hohes Maß an sozialer Sicherheit zu bieten.

Nach dem Mauerbau (1961) änderten sich die psychischen Voraussetzungen für den Saldierungsprozeß angesichts der dilemmatischen Grundstruktur aber gravierend; bezugnehmend auf die Lazarus-Schematik wird man wie folgt argumentieren können: Der Pfeil 1a (vgl. Abb. 6), also Aktionen im Sinne einer *sektoralen* Kritik zum Abbau erkannter Mängel in der DDR, wird kaum die bevorzugte Strategie gewesen sein, nachdem — wie dargestellt — die Äußerung konstruktiver Unzufriedenheit als Strategie nicht nur nicht eingeübt, sondern im Gegenteil in der Primärsozialisation eher wegsozialisiert wurde. Darüber hinaus dürfte angesichts der Arroganz des Systems — die der von Scheuch u. a. (1993) kritisierten Selbstreferentialität des politischen Systems in der Bundesrepublik ähnelt — die Situationskontrolle über die als aversiv eingestuften Bedingungen in der subjektiven Wahrnehmung des einzelnen äußerst gering gewesen sein. Damit unterblieb auch eine negative Rückkoppelung (in Form von Beschwerden, geäußerter Unzufriedenheit, Änderungswünschen etc.) gegenüber dem politischen Apparat, wodurch sich die Selbstherrlichkeit dieses Apparats nur noch vergrößert haben wird. *Gundlegendere* Kritik am System war ohnehin aufgrund negativer Sanktionen im juristischen oder außer-juristischen Feld ausgeschlossen.

Die nachstehenden Auszüge aus einem Interview mit einer Führungskraft der ehemaligen Reichsbahn illustrieren diese Mechanismen des Erstickens von Kritik (Nietsch, 1995): „... man hat intern, im Kollegenkreis, wo man sich eben im klaren war, mit dem kannst Du sprechen, jetzt nachher sicherlich nicht ganz, nachdem man jetzt so von den ganzen IM so liest, hat sich herausgestellt, daß man auch falsch kalkuliert hatte. Aber wo man sich einigermaßen sicher war, mit dem kann man sprechen, wurden natürlich solche Dinge (Mißstände bei der Reichsbahn) kritisch auch diskutiert und man hat sich im Kollegenkreis in der kleinen Runde, wenn es eben einmal, was weiß ich, beim Bier oder beim Schnaps oder beim Kaffee, wurde mal dem Herzen Luft gemacht und der ganze Frust, der sich dann so angesammelt hat, wurde einmal losgelassen, aber man hat es nie öffentlich getan so etwas.

... Weil diese allgemeinen Angaben nach oben, wie schon einmal gesagt, sicher gefärbt wurden. Die spiegelten ja nicht die Wirklichkeit wider. Und die Frage, die Sie gestellt haben, hat man das an der obersten Spitze geglaubt, die ist auch nicht zu beantworten. Man kann es vermuten. Das hängt wahrscheinlich von der Ehrlichkeit oder sagen wir einmal auch so ein bißchen vom geistigen Potential der einzelnen Leute ab. Die alten Herren, die ganz oben an der Spitze waren, die waren in ihren Idealen so verbohrt und verbissen, daß selbst, wenn man das ihnen ins Gesicht geschrien hätte, sie es nicht geglaubt hätten. Es durfte eben nicht sein, was ihrem Weltbild, was sie erzeugt haben, nicht entsprach, der kann in solchen Dimensionen nicht denken. Das ist so verkrustet. Und diese Führungsclique, denen hätten sie alles erzählen können. Die haben sich ja berauscht an diesem Grußerfolg, ich weiß nicht, haben Sie vielleicht schon einmal gehört, daß jedem, wenn der Geburtstag hatte oder wenn eben 1. Mai war, dann wurden in den Betrieben von den Werktätigen große Erfolgsmeldungen „lieber Genosse Erich Honnecker, wir haben zu Deinem Geburtstag oder zu dem und dem eine Sonderschicht gefahren, haben so und soviel Kosten gespart, haben dies und dies gemacht usw." Und der hat sich an die Brust geklopft, welch ein Glück, wie stehe ich da. Ich bin ja der Kaiser von China."

Frage: „Aber haben sie denn die Augen total verschlossen beispielsweise davor, daß ja die Eisenbahn konkret, also daß sich der Zustand der Eisenbahn immer verschlechtert hat, daß das Schienennetz desolat war, daß es zu verstärkten Verspätungen kam, daß alles schmutziger wurde, kaputt ging?"

Antwort: „Das hat man bewußt verdrängt, und das ist auch gar nicht in die Spitze hineingetragen worden."

Frage: „Ja, aber die haben das doch gesehen?"

Antwort: „Nein, überhaupt nicht."

Frage: „Die hatten ihre Limousinen?"

Antwort: „Die sind mit dem Auto durch die Gegend gefahren. Und das möchte ich einmal sehen, wenn da einmal jemand mit dem Zug gefahren ist, da wurde alles gesperrt."

Frage: „Da ist niemand einmal vorbei gekommen von der Spitze und hat sich vor Ort direkt informiert, im Arbeiter- und Bauernstaat? Keine Besuche, um Hände zu schütteln, auch bei dem einfachen Arbeiter auf die Schulter zu klopfen?"

Antwort: „Ja mei, die sind nicht gerade auf dem Bahnhof oder in dem Stellwerk gewesen, wo nun praktisch der technische Zustand aus den Jahren 1905 Standard gewesen ist. Natürlich nicht. Die wurden dort hingeführt, wo eben Neubauten gewesen sind. Die haben eben eine neue Strecke oder was weiß ich elektrische Fahrleitung angebracht, das sah doch wunderbar aus. Ein neues Kleid, schön weiß und alles noch sauber usw., dort wurden sie hingeführt. Da haben sie das rote Band oder das weiße Band durchschnitten und dann war alles gut. Oder sie haben sich eben ein neues Sozialgebäude, wo eben eine Küche oder eine Kantine oder was, da sind sie schon einmal hingekommen. Oder es standen ja dann viele Leute herum, die wurden dann alle von den Arbeitsplätzen befohlen, daß die nun Spalier bilden, das war auch so ein typisches Prinzip. Dann mußten wir aus der Verwaltung hin, und wenn eben dann irgendwo so ein großer Staatszug war, dann mußten alle hinaus, sich links und rechts der Straße postieren, winken, wenn die Autos vorbeifuhren, und dann sind wir wieder nach Hause gegangen. Dann konnte man sich wieder an seinen Arbeitsplatz setzen, ja klar, das ist geschätzt worden. Dann haben sie zwischendurch auch noch ein Bier getrunken, weil es sich ja meistens verzögerte, sie mußten ja auch rechtzeitig kommen, dann die Fähnchen schwingen und hurra brüllen und so, ich will einmal sagen, man hat sich bewußt das Bild verkleistert."

Zur selben Problematik der Beschönigung der Realität gegenüber der Führungsspitze führt ein anderer Manager der ehemaligen Reichsbahn aus (Nietsch, 1995):

„... Es wurde geschönt, richtig. Wir hatten zum Beispiel jeden Tag eine sogenannte betriebliche Lage, das war 7 Uhr 10, da war dann der Leiter des Reichsbahnamtes oder ich und ein Mitarbeiter der politischen Abteilung, die den vorherigen Tag ausgewertet haben, die die Problematik des derzeitigen Zeitpunktes festgelegt haben und Maßnahmen, mit denen man die Aufgaben lösen sollte, besprachen. Da wurde in den meisten Fällen das Gute hervorgehoben und das Schlechte unter den Tisch fallengelassen. Das Gleiche hat man in der nächst höheren Instanz gemacht in der Direktion, dann noch einmal im Ministerium und dann noch einmal gegenüber Partei und Regierung. Das ist eben ein Riesenmangel gewesen, daß über diese Schönung der Situation genau genommen, man sich von dem Problem und dessen Lösungsmöglichkeiten abwandte und einfach ein Schaubild definierte, was gar nicht der Realität entsprach. Das ist ein Riesenmangel gewesen, weil auch die oberste Heeresführung und auch Partei und Regierung von meiner Warte aus sich schon näher dem Kommunismus glaubten, als es in Wirklichkeit war. Das ist bescheuert gewesen. Man durfte an der Stelle nicht zu ehrlich sein, dann war man systemkritisch. Genauer genommen hat sich da alles mehr oder weniger angepaßt."

Mit dem Mauerbau 1961 ist nun aber nicht nur der Pfeil 1a („Angriff"), sondern auch der Pfeil 2 („Flucht") blockiert. Reibt sich die Person am System, so mündet dies nicht mehr in eine Aktion ein, da sowohl Angriff als auch Flucht blockiert sind. Wie unter 4.1 beschrieben, stellt die Handlungsblockierung in einer als bedrohlich erlebten Situation für die Person eine erhebliche Beanspruchung dar; die Person erlebt dann nicht Furcht (wie im Rahmen der Kategorie Flucht), sondern diffuse Angst, die im wesentlichen intrapsychisch durch eine Veränderung des Wahrnehmungs- und Bewertungssystems abgewehrt wird. Und genau hier liegt eine entscheidende Antwort auf die eingangs gestellte Frage: In einer (systematisch bedingt) dilemmatischen Grundstruktur gelingt es einer Person dennoch (also trotz erkannter Mängel) eine Heimat zu finden, weil diese Mängel einer zunehmenden Leugnung, Bagatellisierung, Verdrängung, Rosarot-Positivierung, also einer intrapsychischen Anpassungsleistung, unterworfen werden.

Lazarus (1966) bezeichnet diesen Weg des coping behavior als Notlösung: Lösung insofern, als die Beanspruchung sinkt und die Angst, zumindest oberflächlich betrachtet, beseitigt ist; Not-Lösung insofern, als sich an den objektiven Verhältnissen nichts verändert hat. Paradoxerweise hat also eine objektive Verschlechterung der Situation (Mauerbau) über die Abschneidung des streßtheoretisch fundamentalen Fluchtkanals subjektiv letztlich zu einer Positivierung der Situation und damit zu ihrer Stabilisierung beigetragen; diese Stabilität ist aber im Sinne der Not-Lösung selbstverständlich nur eine Pseudo-Stabilität.

Wird die Situation im Zeitverlauf durch intrapsychische Anpassung positiviert, so ist natürlich auch das berühmte „Mitmachen" auf der Zeitachse zunehmend weniger einstellungsdiskrepant und konfliktär. Dabei erleichtern nicht nur intrapsychisch vollzogene Einstellungsänderungen die Praktizierung des gewünschten konformen Verhaltens auch nach außen. Selbstverständlich gilt auch die umgekehrte Einflußrichtung: Hat die Person etwa durch die Teilnahme an Wettbewerben, Kundgebungen, Unterschriftsaktionen usw. gelegentlich auch über ihre eigene persönliche Meinung hinausgehend positiv für das System votiert und sich entsprechend verhalten, so paßt sie dem bereits vollzogenen Verhalten nachträglich die entsprechende Einstellung an, womit auch auf diesem Wege kognitive Dissonanzen beseitigt werden (grundlegend hierzu Frey, 1978).

Im Kern heißt dies: Sind Angriff *und* Flucht als Bedrohungsbewältigungsstrategien im wesentlichen blockiert, so wird über die beschriebenen Dissonanzreduktionsmechanismen die dilemmatische Grundstruktur - schleichend - zunehmend unkenntlicher und damit letztlich erträglich.

Wem die intrapsychische Anpassung nicht ganz gelingt, der kann, so

Maaz (1993), schließlich auch dadurch gut überleben, daß er sich („wissentlich") fügt, anpaßt und brav ist. „Stillhalten" ist eine kluge Strategie, denn es gilt: „Wer sich nicht bewegt, der spürt seine Fesseln nicht" (Moeller, Maaz, 1993, S. 42; ähnlich Pollack, 1992).

Eine ehemalige Führungskraft der Reichsbahn äußert sich hierzu wie folgt (Nietsch, 1995):

„... Aber damit hat man sich eben abgefunden. Man hat gesagt, wie sollen wir denn aus dieser Situation herauskommen. Die Stasi und die Partei und das System ist ja allumfassend, die waren ja alle umklammert, und es war insofern eine tiefe Resignation und auch eine Hoffnungslosigkeit vorhanden bezüglich der Möglichkeiten, irgendetwas zu verändern. Also das hat man abgeschrieben, eigentlich jeder fast für sein ganzes Leben hat gesagt, ich werde wohl bis an mein Lebensende hier in diesem System bleiben. Ich habe keine Chance, also entweder ich gehe unter oder ich paß mich einigermaßen an. Und das ist eben damals einer der Beweggründe gewesen, weswegen sich das System so lange halten konnte. Eigentlich haben die meisten oder die überwiegende Mehrheit hat sich eben mehr oder weniger, ja vielleicht nicht identifiziert, das wäre vielleicht falsch, aber der hat das geduldet und hat eben mitgemacht. Man hat eben mitgemacht im Rahmen seiner Möglichkeiten im Betrieb, der eine hat sich mehr angepaßt, der andere weniger. Der eine hat nun einmal mehr durch die Gegend gesprochen, der andere weniger, und viele haben überhaupt nichts gesagt und waren eben ruhig, waren also die schleichende, große, stille Masse und hat sich eben so ziehen lassen wie so eine Herde Vieh ..."

Schließlich kann der Druck in Richtung auf eine intrapsychische Anpassung auch machttheoretisch verständlich gemacht werden: Die Partei war in gewisser Weise allmächtig insofern, als sie einerseits der Person viele nachgefragte Güter vermitteln konnte (materieller und immaterieller Art) und andererseits bezüglich der Vergabe vieler Güter eine Monopolstellung innehatte. In dem Umfang, wie eine Person diese Güter nachfragt und *zugleich* diese Güter außerhalb der Beziehung zur Partei nicht erhalten kann (die Verfügbarkeit der Güter für die Person außerhalb der Beziehung zur Partei zu gleichen Kosten nicht gegeben ist), befindet sich die Person austauschtheoretisch in einer Abhängigkeitssituation. Je größer diese Abhängigkeit ist, desto größer ist umgekehrt die Macht des Systems über die Person. In Anlehnung an das klassische Machtverständnis von Max Weber zeigt sich Macht darin, daß das System der Person Kosten aufbürden kann. Dies kann das System z. B. dadurch, daß es Systemkonformität (z. B. Beteiligung an Demonstrationen und Wettbewerben) abverlangt, die die Person freiwillig nicht zu zeigen bereit wäre. Folglich verhält sich die Person auch mehr oder weniger systemkonform, da die Partei über eine Art von Schicksalsmacht verfügt. Wie bereits erwähnt, fördert ein derartiges Verhalten aber eine entsprechende Angleichung der Einstellung gegenüber dem, was durch die Partei repräsentiert wird, womit generalisierende Positivierungen des Systems tendenziell zunehmen. Man darf also nicht übersehen, daß intrapsychische Anpassungsleistungen nicht nur durch die Blockierung von Angriff und Flucht, sondern auch durch die Etablierung einer spezifischen Abhängigkeitssituation gefördert werden.

Das vorläufige Fazit lautet: Im Sinne des Paradoxons von der „Freiheit des Gefangenen“ kann man verständlich machen, unter welchen Voraussetzungen und über welche Mechanismen eine objektiv dilemmatische Gesellschaftsstruktur subjektiv ihren dilemmatischen Charakter zugunsten positivierender Pauschalisierungen einbüßt, so daß die Person schließlich nicht nur mitmacht, sondern — im Extremfall, der wohl nur für eine Minderheit gegolten hat — sogar gerne mitmacht.

Da das Einnisten in einer solchen Gesellschaft aber aufgrund der dilemmatischen Struktur notwendig auch intrapsychische Anpassungen voraussetzt, die Stabilität also immer nur eine vorübergehende ist und insofern als Pseudo-Stabilität zu bezeichnen ist, interessiert die Frage, welche weiteren Mechanismen diesen Einnistungsprozeß stützen. Hierbei dürfte eine Variable interessant sein, auf die wir abschließend zu sprechen kommen möchten und die in der Streß-Literatur unter dem Stichwort der sozialen Unterstützung (social support) abgehandelt wird.

Soziale Unterstützung erfährt eine Person, die sich von einer anderen Person geliebt bzw. von einer Gruppe anerkannt, geschätzt und geachtet fühlt. Es gibt noch eine zweite Quelle sozialer Unterstützung, auf die später eingegangen wird. In der Streßforschung ist die soziale Unterstützung über die sogenannte Puffer-Hypothese bekannt geworden (vgl. Gebert, 1981): Die Puffer-Hypothese besagt, daß bei gleicher objektiver Belastung durch Streßfaktoren die subjektive Beanspruchung einer Person sinkt, wenn die Person zugleich soziale Unterstützung erfährt. Erklären läßt sich dies wie folgt: Eine Person, die sich geliebt fühlt, erfährt bei ansonsten gleicher Belastung zusätzlich Positives, das das Negative kompensiert. Wenn sie sich geliebt, akzeptiert und anerkannt fühlen, haben Menschen zugleich auch positivere Zukunftserwartungen in dem Sinne, daß sie für den Fall kritischer Ereignisse mit hinreichender Unterstützung durch andere rechnen können. Da auch diese positive Zukunftsantizipation eine optimistischere und positivere Grundgestimmtheit bereits jetzt in der Gegenwart vermittelt, ist zusätzlich verständlich, daß unter der Randbedingung hohen social supports die subjektiv erlebte Beanspruchung sinkt.

Diese Mechanismen werden in der ehemaligen DDR eine nicht unerhebliche Rolle gespielt haben:

Von Angehörigen der ehemaligen DDR wird immer wieder behauptet, daß es so etwas wie Wärme und Solidarität gegeben habe, was man als besonders wohltuend erlebt habe (vgl. z. B. Oesterreich, 1993). Dies dürfte mit einem bei Pollack (1992) erörterten Phänomen zusammenhängen: Aufgrund der Ineffizienz und der Rationalitätsdefizite im offiziellen Bereich entwickelten sich kompensatorisch im informellen Sektor Netzwerke (Matiaske, 1993), die die Funktion einer informellen Notgemeinschaft übernahmen, um die gelegentlich grotesken Mängel der Planwirtschaft auszugleichen. Die Versorgungslage machte es notwendig, daß man nach dem Muster eines mittelalterlichen Tauschhandels notwendige Güter austauschte, wobei vor allem das sogenannte „Organisieren“ dieser Güter wesentlich war (Moeller, Maaz 1993). In einer merkwürdigen Form der Uminterpretation kollektiven Eigentums wurden im Rahmen der Materialbeschaffung vor allem auch die Betriebe in nicht unerheblichem Maße belastet, was aber dann solidarische Hilfestellung in den Netzwerken (z. B. bei Auto- und Wohnungsreparaturen) ermöglichte. Diese gleichsam strukturbedingten informellen Netzwerke stellten den Ort der Erfahrung von social support dar. Es versteht sich von selbst, daß im Rahmen dieser Netzwerke auch emotionale Bindungen entstanden, die die Erfahrung von Nähe, Akzeptiertsein usw. ermöglichten. Insofern gilt auch hier das schon mehrfach angetroffene Paradoxon, daß Mängel bzw. Negativa des Systems systemstabilisierende Kompensationseffekte freisetzen, die das Leben in dieser dilemmatischen Struktur erträglich werden lassen.

Maaz behauptet für seine eigene Person, daß er selber das System ohne derartige soziale Beziehungen kaum ausgehalten hätte. Gleichzeitig ist eine relativierende Aussage interessant: In der Rückwärtssicht meint Maaz, daß in diesen Netzwerkaktivitäten geschäftiges Treiben und Tauschen dominierend gewesen seien, so daß man sich fragen könne, ob es sich nicht doch um eine vergleichsweise oberflächliche Form von Solidarität gehandelt habe, die vielleicht nur aus heutiger Sicht systematisch verklärt wird (Moeller, Maaz, 1993, S. 52).

Zusammenfassend ergibt sich damit: Das Einnisten in eine im Prinzip dilemmatische Grundstruktur wurde angesichts weitgehend blockierter Angriffs- und Fluchtstrategien und fundamentaler Abhängigkeitsverhältnisse wesentlich auch durch intrapsychische Anpassungsleistungen und die Erfahrung sozialer Unterstützung möglich.

Zu betonen bleibt, daß die bevorzugt eingesetzten Mechanismen zur Bewältigung der Negativaspekte (intrapsychische Anpassung, Praktizierung sozialer Unterstützung) nicht dazu führten, diese Aspekte zu beseitigen, sondern zur Stabilisierung eben dieser Negativmerkmale beigetragen haben, so daß es sich im Prinzip um eine labile Konstellation handelte. Dies zeigt sich in der Spätphase der DDR überdeutlich, worauf im folgenden eingegangen wird.

4.3.2 Die DDR kurz vor und nach 1989

Bis in die Mitte der siebziger Jahre hinein wurde die geschlossene Gesellschaft der DDR offenbar von der Mehrheit der Bevölkerung unterstützt, zumal die bis dahin sichtbaren Ergebnisse sowohl im Vergleich zum Beginn der DDR als auch im Vergleich zu den sozialistischen Bruderländern durchaus beeindruckend waren (Berg u. a., 1993). Es wird in der Literatur immer wieder berichtet, daß es in dieser Aufwärt sentwicklungsphase, die natürlich auch vom „Prinzip Hoffnung" getragen war, nachdem der Staat in erheblichem Maße einschlägige Versprechungen abgegeben hatte, nicht wenige Bürger gab, die auf das bisher Erreichte und auf das noch zu Erwartende stolz waren. Von daher ist die Annahme, daß es auch eine emotionale Identifikation mit dem System gab, wohl kaum von der Hand zu weisen.

Die desintegrierenden Kräfte liegen aber auf der Hand: Die Negativmerkmale des Systems waren ausgeprägt und wurden auch nicht z. B. durch entsprechende Bürgerinitiativen reduziert, sondern über die beschriebenen Strategien der intrapsychischen und verhaltensbezogenen Anpassung letztlich stabilisiert, so daß sie sich nur auf der subjektiven Ebene verkleinerten. Bei dieser prinzipiellen Labilität der Lage dürften kleinste Anlässe ausreichen, um die Pseudo-Stabilität dieses Gefüges offenkundig werden zu lassen. Nachdem ein Destabilisierungsprozeß natürlich im wesentlichen von der dilemmatischen Grundstruktur der geschlossenen

Gesellschaft selbst gespeist wird, soll nachstehend besonders auf einige interessant erscheinende Randbedingungen eingegangen werden, die einen solchen Destabilisierungsprozeß förderten, und gefragt werden, wie dieser Prozeß von den Personen verarbeitet wurde.

In psychologischer Hinsicht ist die Rolle des West-Fernsehens bemerkenswert. Das West-Fernsehen konfrontierte die DDR-Bürger mit der Alternative, nämlich mit der offenen Gesellschaft. In der Literatur wird der Eindruck vermittelt, daß die Bürger tagsüber DDR-Bürger waren und abends in die fiktive Welt des freien Westens auswanderten. Dies kann wohl nur heißen, daß der mehr oder weniger mühsame subjektive Ausbalancierungsprozeß erheblich gestört wird: Das Fernsehen verweist durch die Demonstration der Vorzüge des offenen Systems damit auch auf die Mängel des DDR-Systems. In dem Umfang, wie die im West-Fernsehen dokumentierten Struktur-Eigentümlichkeiten der Bundesrepublik positiv bewertet werden und einem Wunschbild nahe kommen, bedeutet dies, daß der Grad der Identifikation mit dem DDR-System tendenziell abnimmt. Zudem ist einleuchtend, daß ein Vergleich mit der wirtschaftlichen und politischen Situation in Westdeutschland wegen der gemeinsamen Sprache, Kultur und Geschichte bis 1945 und der geographischen Nähe besonders nahe lag. Ein solcher Vergleich „provoziert nicht nur eine starke negative Bewertung der eigenen Situation, sondern auch das Bewußtsein einer ungerechten Benachteiligung bei der Verfügbarkeit über erstrebenswerte materielle und geistige Güter durch staatliche Willkür und ideologische Verblendung“ (Thomas, 1992, S. 345).

Dabei ist zu bedenken, daß der DDR-Bürger alltäglich mit einem Wunschbild konfrontiert wurde, das einzulösen ihm durch die Blockierung des Fluchtkanals unmöglich war. In der Tat liegt die Folgerung nahe, daß die DDR-Bürger insofern besondere Verdrängungsleistungen vollbringen mußten (Pollack, 1992). Auf der anderen Seite muß man sich aber fragen, wie eine solche Verdrängungsleistung vollbracht werden kann, wenn man die attraktiven Wunschbilder in den leuchtendsten Farben plastisch jeden Abend unmittelbar vor sich sieht. Anders gefragt: Wie hält ein Bürger die ständige Differenz zwischen Soll und Ist aus, wenn er sie weder durch aktives Handeln noch durch Flucht und auch nicht durch intrapsychische Anpassung beseitigen kann? Im Sinne des Bedrohungsbewältigungsmodels von Lazarus ergibt sich ja die ganz eigenartige Konstellation, daß die Differenz subjektiv, also im Bewußtsein der Handelnden, TV-bedingt immer wieder neu aktualisiert wird. Aber auch für diese Konstellation sind offenbar eigene Abwehrstrategien entwickelt worden: Es findet sich häufig der Hinweis darauf, daß die DDR-Bürger mit einer gleichsam multiplen Identität gelebt hätten, und dies könnte heißen, daß die Differenz psychisch insofern umgearbeitet wird, als aus der Differenz subjektiv eine Summe, also ein „sowohl als auch", gemacht wird: Man lebt in den Vorzügen der geschlossenen Gesellschaft der DDR (mit sozialer Absicherung, ohne Existenzangst usw.) und zugleich in der Wunschwelt der Bundesrepublik. Das Fernsehen hätte dann die Funktion eines kompensatorischen Tagtraums, der psychisch seine eigene Realität aufweist.

Ein zweiter Mechanismus kommt hinzu: Die Wunschrealität wird zumindest ersatzweise de facto gelebt. So könnte man zumindest die Beobachtung von Maaz (Moeller, Maaz, 1993) interpretieren, daß nämlich Symbole westlichen Lebens (z. B. leere Bierdosen oder Plastiktüten mit Reklameaufschriften) zur Dekoration verwendet wurden und einen echten Tauschwert innerhalb der DDR-Gesellschaft annahmen. So lebt man nicht nur auf der virtuellen, sondern auch auf der symbolischen Ebene in der Wunschwelt, die man substantiell (noch) nicht erreichen kann. Ein derartiges Leben aus der zweiten Hand würde damit gesellschaftspolitisch nicht System-destabilisierend, sondern sogar eher System-stabilisierend wirken.

Der entscheidende Desintegrationsprozeß scheint Mitte der achtziger Jahre einzusetzen; es ergeben sich erhebliche technologisch-ökonomische Rückstände im Vergleich zur Bundesrepublik, und diese haben eine Reihe negativer Effekte. Der Spielraum für die DDR, eine sozialpolitische Befriedungspolitik zu betreiben, sinkt. „Fortschritt" schrumpfte im wesentlichen auf den sozialen Wohnungsbau zusammen. Die Vorzüge des Sozialismus reduzierten sich zentral auf die Arbeitsplatzsicherheit (Adler, 1992). Prozesse der Umweltzerstörung, der Verfall von Städten, die verschlissene Infrastruktur, Versorgungsmängel, alles dieses vermittelte Diskrepanzen zwischen den Versprechungen einerseits und den real gemachten Erfahrungen andererseits, aufgrund derer das System an sich in eine erhebliche Glaubwürdigkeitskrise geriet. Frustration, Resignation und ähnliche Prozesse nahmen angeblich zu; die Antragstellungen, ausreisen zu dürfen, erreichten einen Höhepunkt usw. (Adler, 1992). 1987 hat dann diese Erosion offenbar auch breite Kreise der SED erfaßt.

Wie in unserer Erklärungsskizze dargestellt, kommt es für die Beschleunigung des Desintegrationsprozesses aber nicht allein auf derartige Krisenverläufe an, sondern parallel auch darauf, daß die Bevölkerung dem System nicht mehr zutraut, diese Probleme lösen zu können. Diese Zuschreibung von Problemlösungsinkompetenz scheint de facto der Fall gewesen zu sein (Berg u. a., 1993, S. 221 ff.). Reformunfähigkeit wurde aus der innerparteilichen Erstarrung und Verkrustung heraus abgeleitet. Reformunwilligkeit wurde daran ablesbar, daß die repressiven Maßnahmen gegen Oppositionelle immer ausgeprägter und sichtbarer wurden. Zugleich war den Bürgern offenbar klar, daß ernsthafter Widerstand von den Bürgern selbst nicht zu erwarten war, da die entscheidende Sozialisationsstrategie gerade darin bestand, zu Anpassung und Unterordnung zu erziehen (Berg u. a., 1993).

In dieser Konstellation der Kombination aus Krise und zugeschriebener Inkompetenz zur Krisenbewältigung wird die problematische Grundstruktur dieses Gesellschaftstyps offensichtlich. Die Preise zentralistischer Staats- bzw. Parteibürokratie, die sich in diesem Fall auf das engste mit den ökonomischen Negativentwicklungen der zentralen Planwirtschaft verbanden, waren beim besten Willen nicht mehr zu übersehen; und auch dieser beste Wille wurde offenbar zunehmend geschwächt: Lehrlinge in der DDR stimmten 1984 noch zu 92 % der Aussage zu: „Der Sozialismus wird sich in der ganzen Welt durchsetzen". 1988 sank dieser Prozentsatz bereits auf 42 % (Berg u. a., 1993, S. 212).

Versucht man, den Wandlungsprozeß auf der Ebene des subjektiven Bewußtseins auf der Zeitachse zu rekonstruieren — und hierin liegt eine zentrale Aufgabenstellung für jede Bemühung um eine Theorie des Wandels — , so fällt folgendes auf:

Es kommt nicht nur zu einer zunehmenden Negativierung der DDR-Gesellschaft, sondern parallel hierzu offenbar auch zu einer Idealisierung des Gegenmodells (der offenen Gesellschaft Bundesrepublik); letzteres zeigte sich in einer geradezu grotesk *selektiven* Wahrnehmung der Realität der Bundesrepublik.

Es hat den Anschein, als seien die Menschen nicht imstande, die dilemmatische Grundstruktur einer Gesellschaft bewußtseinsmäßig auszuhalten. In der Psychologie würde man sagen: Die Menschen haben eine geringe Ambiguitäts-Toleranz. So wie sich viele DDR-Bürger das Leben in der dilemmatischen DDR-Struktur durch subjektive (!) Dissonanz-Reduzierung erleichtern, so scheint jetzt umgekehrt zu gelten, daß die Verhältnisse der Bundesrepublik Deutschland in abenteuerlicher Weise glorifiziert werden. Repräsentant und Symbol und von allen Seiten idealisiert und bestaunt ist das West-Auto. Daß das West-Auto mit Verkehrsstau, Verkehrstoten, Parkproblemen und Umweltfragen zu tun hat — dies waren Punkte, die nicht gleichzeitig (!) wahrgenommen wurden. Pollack (1992) schreibt, daß die meisten DDR-Bürger kaum genauere Kenntnis von der Lebensweise und den Existenzproblemen im Westen gehabt hätten; es stellt sich nur die Frage, wie dieses Faktum angesichts des Umstandes zu erklären ist, daß die DDR-Bürger täglich (!) West-Fernsehen genossen haben und dabei natürlich mit allen Problemen bekannt gemacht wurden, die es nun einmal auch bei uns gibt. Informationen über Arbeitslosigkeit, Kriminalität, Drogenprobleme, usw. sind angeblich von vielen DDR-Bürgern so nicht geglaubt worden, wobei diese Selektivität der Wahrnehmung wohl im wesentlichen nur über einen entsprechenden Idealisierungsdruck im Sinne der obigen Tagtraum-Interpretation erklärt werden kann. Genau hier liegt dann aber auch der Keim für die vorher formulierte These einer zumindest latent *prinzipiellen* Heimatlosigkeit des Menschen:

Der ersten Vertreibung aus dem DDR-System kann über entsprechende Ernüchterungen, also über die Erfahrung der selbstverständlich ebenfalls dilemmatischen Grundstruktur der offenen Gesellschaft Bundesrepublik Deutschland nur eine zweite Vertreibung folgen, wie wir weiter unten ausführen werden.

Die damalige Idealisierungsdynamik weist noch eine Besonderheit auf: Die SED versuchte verständlicherweise, die Schattenseite des Kapitalismus durch den Verweis auf die gerade genannten Stichworte propagandistisch auszuschlachten. Moeller und Maaz (1993) schildern, daß dies aber genau das Gegenteil bewirkt hat: Der Westen erschien den DDR-Bürgern nur noch umso glänzender. Weil die SED immer weniger Akzeptanz hatte und immer mehr abgelehnt wurde, glaubte man ihr auch diese Aussagen nicht — zumal die propagandistische Verzerrung der bundesrepublikanischen Realität in den DDR-Medien durch die gleichzeitig verfügbare Darstellung in den West-Medien zumindest partiell offenbar wurde — , so daß die Bundesrepublik aus der Sicht der DDR-Bürger immer mehr verklärenden Glanz annahm, je mehr sie von der DDR-Führung propagandistisch niederzumachen versucht wurde.

Versucht man dies zu verstehen, so liegt die Annahme nahe, daß der DDR-Bürger spätestens seit Mitte der achtziger Jahre und der dramatisch zunehmenden Krisensymptome die Vertreibung aus einem System erlebt, mit dem er sich zumindest eine Zeitlang und zumindest partiell emotional und kognitiv identifiziert hat, so daß eine neue Heimat gesucht wird. Je mehr sich der einzelne durch das alte System enttäuscht fühlte, desto mehr wird das neue System mit überzogenen Erwartungen überfrachtet. Die Bundesrepublik, die Demokratie, der freie Westen, der Wohlstand (oder was auch immer assoziiert wurde) werden damit zu einer Vision und übernehmen die motivationale Kraft einer Utopie. Zumal unmittelbarer Kontakt mit den Menschen im Westen über persönliche Interaktionen für die meisten DDR-Bürger nach wie vor nicht möglich war, sind die allfälligen korrigierenden Erfahrungen angesichts der dilemmatischen Grundstruktur auch der Bundesrepublik hinausgezögert, so daß der Idealisierungsdynamik Vorschub geleistet wird.

Auf der theoretischen Ebene dürfte zu betonen sein, daß der soziale Wandel bei aller Relevanz der (subjektiven) Wahrnehmungs- und Bewertungsveränderungen natürlich seine objektive Basis hat: Im Fall der DDR liegt die entscheidende Aussage darin, daß die Negativseite der geschlossenen Gesellschaft „DDR" in Form ihrer zentralistisch-bürokratisch-autoritären Bevormundung der Menschen vor allem im ökonomischen Bereich (aber nicht nur hier) notwendige Modernisierungsprozesse systematisch blockiert hat, so daß eine *tatsächlich* zunehmende Verschlechterung der Lage, systematisch durch die Schwachstellen des Systems selbst bedingt, den Ausgangspunkt der Desintegration dieser dilemmatischen Struktur bildet. Wiederum unter Betonung der Dimension Zeit gilt also, daß, zumindest im Fall der DDR, die immanenten Schwachstellen des Systems auf der Zeitachse gleichsam die Chance bekommen müssen, heranzureifen, damit sie so offenkundig werden, daß die Desintegration dann auch auf der subjektiven Ebene beginnt (Negativierung der DDR, Positivierung der Bundesrepublik).

Im Rahmen der Analyse der Vertreibungsdynamik sei noch knapp auf die Zeit des Sommers 1989 eingegangen. Bezugnehmend auf die Demonstrationen in Leipzig usw. meint Maaz, daß diese Demonstrationen nicht unbedingt eine zielgerichtete Handlungsweise im Sinne einer politisch präzisierten Strategie und Gesamtkonzeption reflektieren; die Demonstrationen drückten vielmehr eine affektive Verbundenheit aus, das Aufatmen und verborgene Sehnsüchte. „Das Gebeugte konnte sich aufrichten, das Angestaute fand ein Ventil und konnte sich abreagieren" (Moeller, Maaz, 1993, S. 86). Maaz beschreibt diese Zeit als eine Zeit voller Ideen und Initiativen, und es war für ihn selbst unvorstellbar, wieviel Kraft und Mut in den gebeugten und (angesichts von Stasi-Aktivitäten) vorsichtig gewordenen Menschen doch noch schlummerte.

Die für eine Theorie des Wandels zentrale Frage lautet, was denn den Menschen diesen Mut gab, jetzt endlich eine Form kollektiven Widerstands zu zeigen. Was war es, das psychologisch die Öffnung des „Angriffs"-Kanals 1a (vgl. Abb. 6) ermöglichte? Wir haben hierzu leider keine befriedigende Antwort; immer wieder wird herausgestellt: Es gab eine historisch einmalige Konstellation, die unter anderem durch alle vorausgegangenen Fakten, dann aber durch die Aktivitäten Gorbatschows, durch den Besuch Gorbatschows in Ost-Berlin, durch die Öffnung der ungarischen Grenze, durch die Aktivitäten der Kirche usw. gekennzeichnet war, so daß es schwerfällt, einzelne Bedingungen als besondere Erklärungsgrößen herauszustellen.

Etwas anderes ist aber formulierbar: Die Demonstrationen fanden zunehmend häufiger in einer immer größer werdenden Anzahl von Städten mit einer immer größer werdenden Teilnahme durch die Bevölkerung statt. Dieser progressive Verlauf entfaltet seine eigene und sehr wichtige Dynamik: Es gibt so etwas wie eine kollektive Situationskontrolle (über als aversiv erlebte Bedingungen); dieser Sachverhalt liegt vor, wenn die Person zu der Überzeugung neigt, daß sie zwar nicht alleine, aber im Verbund mit anderen zur Beseitigung als negativ eingestufter Sachverhalte betragen kann (Frese, 1978). Mit zunehmender Verbreitung der Demonstrationsaktivitäten dürfte ein solches Gefühl kollektiver Kontrolle vermittelt worden sein, was durch das Ausbleiben negativer Sanktionen durch den herrschenden Apparat ganz entscheidend verstärkt wurde. Es kommt gleichsam zu einer Vernetzung von Netzwerken, wobei die massenmedial vermittelte Öffentlichkeit der Selbstdeutung „Wir sind das Volk!" der Vernetzung von Netzwerken weiteren Auftrieb gegeben haben dürfte (Bergmann, 1987).

Erwähnenswert ist in diesem Zusammenhang der Ansatz des Soziologen Karl-Dieter Opp (1991), die Protestbewegungen in der DDR zu erklären, die neben anderen Formen des Widerstandes (Gründung von Oppositionsgruppen, öffentliche Erklärungen und Petitionen, Abwanderung) die politische Veränderung im wesentlichen ausgelöst haben. Opp erklärt die wachsende Teilnahmebereitschaft der Bürger an den Demonstrationen mit Hilfe der Wert-Erwartungstheorie. Danach ist die Teilnahmebereitschaft des einzelnen davon abhängig, inwieweit ein potentieller Teilnehmer erstens glaubt, daß er durch Protestteilnahme ein wünschenswertes Kollektivgut erreichen kann, inwieweit er zweitens denkt, daß die Gruppe, in der er protestiert, erfolgreich sein wird, und inwieweit er drittens der Ansicht ist, daß die Gruppe nur dann Erfolg haben wird, wenn sich alle Mitglieder beteiligen. Diese Faktoren bezeichnet er als „wahrgenommenen politischen Einfluß“, der vorhanden sein muß, um die empfundene Unzufriedenheit als Katalysator wirken zu lassen. Die immer größer werdende Protestbewegung läßt sich als ein Prozeß beschreiben, in dessen Verlauf aus der Sicht der Bürger die Kosten einer solchen Teilnahme sukzessive sanken, während gleichzeitig die Anreize sukzessive anstiegen. Die Erwartung, daß gemeinsamer Protest erfolgreich ist, stieg mit zunehmenden Protesthandlungen, während gleichzeitig die Kosten einer Protestteilnahme kontinuierlich sanken, bis zuletzt bei den Demonstrationen am 9. Oktober jegliche staatliche Repressalien unterblieben.

In einem zweiten Erklärungsschritt beschreibt Opp die Koordination vieler einzelner protestierender Bürger mit Hilfe des spontanen Kooperationsmodells. Gleichgerichtetes Verhalten vieler einzelner entsteht dadurch, daß die Personen unabhängig voneinander zu derselben Entscheidung gelangen. Dazu müssen sie zur gleichen Zeit über identische Informationen verfügen und zusätzlich erwarten, daß viele andere Bürger gleiche politische Ziele verfolgen und ebenfalls bereit sind, Kosten zu tragen und sich aktiv zu beteiligen. Opp illustriert die Prozesse spontaner Koordination am Beispiel der Montags-Demonstrationen (Auszüge aus einer Rundfunkreportage): „Um 5.oo Uhr zum Gebet ist sie (die Nikolei-Kirche in Leipzig) überfüllt, wie schon seit Wochen. (...) Es liegt etwas in der Luft, ein seltsames Gefühl unausgesprochener Gemeinsamkeit ... Glockenschlagen 6 Uhr abends. Die Kirche leert sich ... Gegen 6.45 Uhr beginnt sich der Kern der Menge zu bewegen, läuft los, raus in die Fußgängerzone Grimmaischenstraße. Keiner zu erkennen, der anführt, rüber zum Karl-Marx-Platz, ... Und plötzlich: Dort sind es ein paar Tausend. Zuschauer reihen sich ein, die Straße wird überflutet... Am 2. Oktober war alles wie eine Woche zuvor. Nur waren es dreimal so viele Leute... Man wußte schon, wo's langgeht, man wußte schon, was zu rufen war: ‚Wir bleiben hier!grq und zum ersten Mal, ‚Wir sind das Volk!grq

Hat insofern die (zugeschriebene) Situationskontrolle, wenngleich kollektiv vermittelt, z. B. in Form von wahrgenommenem politischem Einfluß, aus der Sicht des einzelnen einen bestimmten Grad erreicht, so steigt die Bereitschaft, statt mit resignativer Zufriedenheit mit konstruktiver Unzufriedenheit emotional und kognitiv zu antworten. Subjektiv eingeschmolzene Soll-Ist-Differenzen werden angesichts vermuteter steigender kollektiver Situationskontrolle nicht mehr verdrängungsbedürftig, sondern zunehmend bewußtseinsfähig. Dies bedeutet nichts anderes, als daß der Druck zur psychischen Abwehr exakt in dem Umfang abnimmt, wie subjektiv der Grad an Situationskontrolle zunimmt. Insofern wird es im Sommer 1989 verständlicherweise zunehmend mehr Menschen gegeben haben, die nicht nur vor anderen, sondern auch vor sich selbst imstande waren, das System in seiner Grundstruktur kritisch zu hinterfragen. Da man über die subjektiv gestiegene Situationskontrolle den Utopien näherzukommen meint, steigt wohl zusätzlich die Idealisierungsneigung gegenüber der Alternative der offenen Gesellschaft Bundesrepublik, da der Anreizwert mit zunehmender Annäherung an den Zielort zu steigen pflegt. Auch hier liegt eine der Kraftquellen für den Mut, sich an derartigen Demonstrationen zu beteiligen.

Daß dieser rauschartigen Solidarität (Moeller, Maaz, 1993, S. 86) eine Phase der Ernüchterung folgen mußte, liegt auf der Hand. Bereits der Übergang von der Unfreiheit in die Freiheit erweist sich nicht als problemlos; eine Ballettänzerin äußert sich hierzu 1993 in Ostberlin wie folgt (Roggel, 1994; wörtliche Zitate eines Tonbandprotokolls):

„... Da war die Mauer, da war das System, da war die Unfreiheit. Das war das einzige Ding, wogegen man gekämpft hat. Und deswegen hat auch diese Revolution funktioniert, die wußten alle, wir sind gegen das Eine, aber wofür sie sind, das wußte niemand. Das wußte ich auch nicht. Und wofür zu sein, das zu begreifen, das ist viel schwieriger als zu begreifen, wogegen man ist, das ist einfach. Das war auch die Wende, da war so eine Solidarität unter den Leuten gewesen, ich war auch auf der Straße, bin mitgelaufen und Leute standen neben dir, und man hatte ein ganz tolles gemeinsames Gefühl gehabt: Wir wollen alle dasselbe, wir sind alle gegen diese eine Scheiße. Und der, der damals neben mir stand, ist jetzt vielleicht ein Faschist und der hat etwas ganz anderes mit seiner Utopie gemeint als ich ... Wenn Du Dir „Die letzte tanzende Kommunistin vom Prenzlauer Berg“ (ein Theaterstück) ansiehst, der Käfig ist abgesteckt, also Du weißt genau, in welchem Terrain Du Dich bewegen kannst. Der Käfig geht immer auf, es ist ein Loch da, man kann rausgehen, aber niemand geht raus. Wenn er offen ist, fängt das Problem an. Nicht der Käfig ist das Problem, sondern die Freiheit ist das Problem. Und mit Freiheit umzugehen ist, glaube ich, wirklich ein Problem. Das ist auch für mich schwierig gewesen, ...“

Auch die Konfrontation mit der Kriminalität stellt ein Problem dar.

Ein Angestellter der Reichsbahn äußert sich wie folgt (Roggel, 1994): „... In der DDR gab es viele kulturelle Möglichkeiten. Die gibt es heute auch, aber sehr teuer, und da spielen auch andere Sachen eine Rolle. Wer geht heute gerne abends auf die Straße? Oder wer fährt denn abends mit der S-Bahn? Das trägt auch dazu bei, daß man nicht mehr soviel unternimmt. Ich muß sagen, ich habe keine Lust mehr, nach 20 Uhr in die Stadt zu fahren. Gucken Sie mal, was für Typen da fahren. Wenn man manchmal von einer Dienstreise um 23 Uhr kommt, dann ist man froh, wenn man wieder Haus und Hof erreicht hat. Früher konnten Sie zu allen Zeiten durch einen dunklen Wald laufen, da ist nichts passiert. Es gab auch mal was, aber das war so selten. Heute sieht man das auch selbst, was jeden Tag zerschlagen wird, die Scheiben überall, die Einbrüche. Ich wohne im Hochhaus und kann in die Stadt gucken. Fast jeden Tag brennt das hier irgendwo. Also so eine Demokratie, da habe ich manchmal Angst, ob die in der Lage ist, auch wirklich auf Dauer erhalten zu bleiben. Weil die Mittel, die die Demokratie nutzt, nicht ausreichen, um hier Zucht und Ordnung — wir wollen um Gottes Willen keine KZs, und ich will keine Nazis sehen, um Gottes Willen nicht — aber wenn Veranstaltungen stattfinden, wie man mit den jungen Leuten da umgeht, man soll dort nicht an Ort und Stelle gleich verprügeln, aber es wäre doch sicher erforderlich, wenn die Demokratie etwas anders mit diesen Menschen umgeht, die da Asylantenheime oder Asylbewerberheime anzünden. Für mich ist das in dem Moment erst mal Mordanschlag, und da muß man das auch entsprechend „honorieren". Aber es geht nicht. So kann es passieren, daß die Demokratie hinten runter fällt. Und wir wollen jetzt nicht hier die Phase haben, wie 1933 schon mal, da hab ich zwar noch nicht gelebt. Da gab es auch Arbeitslosigkeit, aber die Stimmen, die für die Nazis da sind, die sind erstmal da, und die ziehen in den Bundestag vielleicht nachher und gewinnen die Oberhand. Die Zeiten wollen wir um Gottes Willen nicht mehr haben. Das sind also Dinge, da hatten wir wesentlich mehr geordnete Verhältnisse".

Eine vergleichsweise jüngere Tänzerin aus Ostberlin berichtet in bezug auf die Zeit nach der Wende (Roggel, 1994):

„... Und dann bin ich die ersten zwei Jahre ganz selten rüber gefahren, weil, das war mir einfach zuviel. Das war mir einfach zuviel, diese Bettler da zu sehen, die nicht beachtet worden sind, diese Glimmerscheiße, dies was auf mich zukommt, ich hab Angst gehabt, daß ich aufhöre zu arbeiten, daß ich runterfalle. Da fing ein anderer Prozeß an, der zuviel war: Gehe nicht raus. Ich bin abends, wenn ich vom Training gekommen bin, hab ich mich umgedreht, weil ich gedacht hab, du bist jetzt dran. Also bei mir sind ganz dolle Angstzustände entstanden. Wir sind früher schwarz Taxe gefahren, nachts um vier, wir sind irgendwo eingestiegen, das würde ich nicht mehr machen. Also bei mir ist voll die Angst hochgekommen. Das war ziemlich schrecklich."

Die Ernüchterung war nach der Wende auch deswegen vorprogrammiert, weil es sich bei dem Übergang nach 1989 nicht nur um einen Wechsel des gesellschaftspolitischen Systems im engeren Sinne handelte; dominierend war vielmehr der Wechsel des ökonomischen Systems, also der Übergang in die Marktwirtschaft. Vergleichsweise abrupt wurden mit der Einführung der D-Mark, den Privatisierungsanstrengungen, den Treuhand-Aktivitäten usw. Rahmenbedingungen gesetzt, in denen das eigentliche ökonomische Desaster der ehemaligen DDR überhaupt erst offenkundig wurde. Viele erfuhren dies wesentlich auch durch die Bedrohung oder den Verlust des Arbeitsplatzes, wobei der Anteil der ostdeutschen Bevölkerung, die direkt alimentiert wird (Arbeitslose, Kurzarbeiter, Vorruheständler, Rentner, Sozialhilfeempfänger, ABM-Kräfte) immer noch ansteigend ist (Koch, 1993, S. 166). Da in dem alten System nicht nur faktisch ein Recht auf Arbeit bestand (Berg u. a., 1993, S. 229), sondern der einzelne sein Selbstbewußtsein wesentlich aus der Berufsarbeit ableitete (Pollack, 1992, S. 277), impliziert die Arbeitslosigkeitsdimension natürlich nicht nur eine ökonomische Existenzfrage, sondern eine Infragestellung der bisherigen Identität der Person.

Eine ganze Gesellschaft wird plötzlich aus der Kontrollfürsorge des Staates entlassen. Das Leistungsprinzip (hier vor allem: Nicht nur Arbeit an sich wird gewürdigt, sondern Arbeit pro Zeit) beginnt in einer Weise in den Vordergrund zu rücken, daß zumindest Ältere, Frauen und Randgruppen in Schwierigkeiten geraten, da sich die Kriterien, nach denen die Gratifikationen des Staates vergeben werden, grundlegend verändern.

Die Angst vor der Zukunft wird so zu einem beherrschenden Aspekt. Die subjektiven Schwierigkeiten illustriert dabei das folgende Protokoll eines Interviews mit einem Reichsbahnangestellten in Ostberlin (Roggel, 1994):

„... Das ist eine Unsicherheit, das kannten wir alle nicht. Das Damoklesschwert, das schwebt natürlich. Ich hoffe, daß sich das abbaut. Daß man doch einen gesicherten Arbeitsplatz hat, daß langsam wieder Ruhe ist, daß man dann zuversichtlicher in die Zukunft schauen kann. Aber gegenwärtig kann ich das nicht. Weil ich nicht weiß, was sich ergibt."

Frage: „Leben Sie aus dem Grunde auch anders?"

Antwort: „Nein, man muß sich zwingen, sich das nicht so zu Herzen zu nehmen. Es ist für mich eine furchtbare Situation, aber es hat keinen Zweck, darüber zu diskutieren, wir müssen jetzt erstmal 94 abwarten und dann können wir weitersehen. Da wird sich schon eine Lücke ergeben. Man muß schon zuversichtlich sein. Es wird schon alles gut gehen."

Frage: „Aber Sie resignieren auch nicht?"

Antwort: „Nein, weil man ja doch noch soweit auf dem Damm ist, daß man noch was erleben möchte, und man möchte nicht hungern. Aus diesem Grunde ist man doch guter Hoffnung. Bisher hat es auch geklappt. Man muß sich an die veränderten Lebensbedingungen erst gewöhnen. Man muß eben auch mit dem Gedanken ruhig schlafen, du könntest morgen auf der Straße sitzen."

Im Streß-theoretischen Sinne handelt es sich in dieser Phase um eine doppelte Ungewißheit. Es ist nicht nur ungewiß, *was* passieren wird; es ist zusätzlich ungewiß, *wann* etwas passieren wird. Es ist einfühlbar, daß eine derartige Kombination in besonderem Maße belastend wirkt (Einzelheiten hierzu bei Gebert, 1981, S. 158 ff.).

Der Tatbestand zukunftsbezogener Ängste kann auch aus dem folgenden Befund abgelesen werden: Einerseits ist es so, daß nur 25 % der in einer (anderen) Analyse befragten DDR-Bürger im Vergleich zum früheren DDR-Zustand eine Verschlechterung ihrer materiellen Lage konstatieren; für die anderen 75 % muß also (in welchen Lebensbereichen auch immer) offenbar anderes (positiveres) gelten. Dennoch wird gleichzeitig festgestellt, daß sich die allgemeine Grundstimmung und Lebenszufriedenheit bei der Mehrheit der befragten DDR-Bürger verschlechtere (Reißig, 1993, S. 31). Die auch die Gegenwart beherrschenden Zukunftsängste könnten zur Erklärung dieser Diskrepanz herangezogen werden. Da derartige Stimmungen natürlich auch auf die objektiven gesellschaftlichen Verhältnisse zurückwirken können, wird deutlich, wie komplex ökonomisch-sozialpolitische Verhältnisse einerseits mit subjektiven Verarbeitungsprozessen andererseits wechselseitig verzahnt sind und sich in schwer entwirrbarer Form durchdringen.

Fragt man, was in der vergleichsweise abrupten Wende-Phase bzw. Übergangsphase zusätzlich dazu beigetragen hat, daß die Situation für viele einen durchaus auch bedrohlichen Charakter annahm, so ist auf ein wiederum das Selbstwertgefühl tangierendes Problem zu verweisen, nämlich auf den Tatbestand, daß 80 % der Ostdeutschen der These, „Bürger zweiter Klasse" zu sein, 1990 zugestimmt haben.

Die Empfindlichkeiten in diesem Feld werden gut aus dem folgenden Protokollauszug aus einem Gespräch mit einer Führungskraft bei der Reichsbahn ersichtlich (Roggel, 1994):

Frage: „Wie ist das z. B. mit der Selbstdarstellung heute? Ist die im Westen anders?"

Antwort: „Ja, die äußere Form war anders, die DDR-Bürger waren bescheidener, das muß ich ganz klar mal sagen, und man sah das ja, wenn man mal irgendwo direkt mit dem Westen aufeindander prallte. Die reden geschliffener, ist ganz anderes Verhalten und der DDR-Bürger: Darf ich Platz nehmen? So ungefähr. Wir sind doch eingeschüchtert, wie man uns in der Vergangenheit immer so schön vorgeworfen hat."

Frage: „Aber nicht von Natur aus?"

Antwort: „Das sind die 40 Jahre, die Erziehung, 40 Jahre nicht rauskommen, wir haben das alles noch nicht gesehen, ich sagte eben schon, wenn wir also nach Ungarn in den Urlaub fahren konnten, und man ist dann irgendwo mal Essen gegangen, und wir durften nur einen bestimmten Anteil der Währung umtauschen, während der Westbürger da beliebig sein Westgeld auf den Tisch legen konnte, nach einem wesentlich höheren Umtauschsatz, wenn man das dann gesehen hat, wie die da ankamen, so richtig wie Weltbürger. Und Sie als Ostdeutscher hatten eine wesentlich höhere Qualifikation und alles, und dann kam Onkel Otto von irgendwo her und ist da aufgetreten und hat dann den ganzen Laden eingekauft und angegeben, was er für ein Auto hat, und unsereins kam dann mit einem Wartburg an, und in dieser Form hab ich das nach der Wende sehr stark gespürt, nicht direkt mit den Arbeitskollegen, mit denen wir hier zu tun haben, das kommt manchmal auch durch; aber doch so, wenn man mal durch die Stadt geht, man will auch so auftreten und geht auch nicht gleich aus dem Weg, wenn Onkel Otto aus dem Westen kommt, das sagt man nicht, aber man gewöhnt sich das natürlich langsam an, man will auch nicht der letzte Dreck sein, aber das ist schon relativ klar gewesen."

Zum Bürger zweiter Klasse wird man auch, wenn man nicht genug Geld hat, gleichzeitig aber davon ausgeht, daß Geld ein wesentliches Prestigemerkmal darstellt. Eine Tänzerin (Ostberlin) reagiert hierauf wie folgt (Roggel, 1994):

„... Ich hab ein ganz, ganz bedrückendes Gefühl empfunden, als ich mal den Kudamm entlang ging und wußte, da gibt es Geschäfte, da hast du einfach nichts drin zu suchen, da würdest du dir komisch vorkommen, da kannst du zwar reingehen, aber kein Stück bezahlen. Im dem Moment wurde mir erstmal bewußt, so was kannte ich gar nicht, so was gab es nicht, so ein Statusgefühl, gesellschaftlich."

Frage: „Wie kamst Du Dir da vor?"

Antwort: „ Ich kam mir irgendwie mies vor, schlecht, bzw. was mich also ganz schön wütend gemacht hat, daß mir Menschen, wer eigentlich, vorschreiben, daß ich so und so zu leben habe, also daß es wirklich Leute gibt, die sich erdreisten, aufgrund einer Funktion, die sie innehaben, Sachen zu entscheiden, für andere. Ich muß dann leben in diesen Verhältnissen."

Frage: „Und so hast Du jetzt erst empfunden?"

Antwort: „Ja. Es ist so eine Degradierung."

Bürger zweiter Klasse zu sein, beinhaltet also sehr viel Verschiedenes. Es bedeutet nicht nur, den Bewertungsmaßstäben und Anspruchsniveaus westlicher Partner nur ungenügend zu entsprechen; mit der Formel „Bürger zweiter Klasse" kann auch der häufig vorgebrachte Angriff verbunden sein, überhaupt ein falsches Leben geführt zu haben und das in seiner Unterlegenheit offenkundig gewordene Mängelsystem der DDR nicht nachhaltig genug bekämpft zu haben, so daß mit der Zustimmung zum „Bürger zweiter Klasse"-Sein die Unterlegenheitsgefühle gegenüber dem „Sieger", der Bundesrepublik, zum Ausdruck kommen.

Hier dürfte wieder ein interessanter systematischer Aspekt sozialen Wandels erkennbar werden: Wenn denn in der Tat die unausweichlich dilemmatische Grundstruktur innerhalb eines sozialen Systems so schwer erträglich ist und wenn dabei in der geschlossenen Gesellschaft ein bevorzugter Weg dieser Dilemmaeinebnung in der gezielten Entwicklung und Förderung einer emotionalen und kognitiven Identifikation mit dem System besteht, in diesem Sinne also eine kollektive Identität vermittelt wird, dann bedeutet nach dem Zusammenbruch des Systems ein Angriff auf das System für viele zugleich einen Angriff auf ihre Person. Insofern überrascht nicht, daß bei aktuellen Erhebungen zum Befinden der Ostdeutschen Identitätsprobleme auffallend häufig thematisiert werden (Oesterreich, 1993, S. 27).

Bedrohlich wird die Situation aber nicht nur durch die Substanz dessen, was (auch persönlich) zusammenbricht; bedrohlich wird die Situation auch durch das *Wie* dieses Zusammenbruchs:

Der in der Literatur als Transformation bezeichnete Wandlungsprozeß vollzog sich zumindest in den Augen der DDR-Bürger im wesentlichen im Sinne einer Annektion und Anschlußpolitik (Berg u. a., 1993, S. 236). Mayer (1992) bezeichnet diesen Vorgang angesichts der abrupten ökonomischen Zusammenbrüche vieler DDR-Unternehmen und der Abwicklung wesentlicher geistiger und sozialpolitischer Institutionen nicht als Transformation, sondern schlicht als gewaltsamen Abbruch des alten Systems. Im Rahmen unserer Erklärungsskizze bedeutet dies, daß auf diesem Wege die Situationskontrolle für den einzelnen objektiv und subjektiv extrem reduziert wurde, so daß aus der (wenn auch nur vorübergehenden, so doch aber kraftspendenden) „Täter"-Rolle im Sommer 1989 nach der Wende sehr abrupt wieder eine „Opfer"-Rolle wurde. In den Worten der Wert-Erwartungs-Theorie (vgl. Opp, 1991) ausgedrückt, wurde der wahrgenommene politische Einfluß dadurch geringer, daß die Anreize einer Beteiligung sanken (bei der Übernahme eines kompletten Systems gibt es wenig zu gestalten), während gleichzeitig die Kosten für ein solches Engagement stiegen (als Ostdeutscher mußte man sich zunächst in die politischen Mechanismen Westdeutschlands einarbeiten). Passive Bedrohungsbewältigungsstrategien sind damit vorgezeichnet, wobei vor allem zu beachten ist, daß hier eine Erfahrung gemacht wird, die die DDR-Bürger nicht das erste Mal machen: War es früher vor allem eine politische Unterdrückung und Entmündigung, so führen nunmehr ganz andere Zwänge existentieller Art zu neuer Unterordnung und Anpassung (aus personalwirtschaftlicher Sicht vgl. hierzu Scholz, 1990, S. 9 ff.), und eine aktive Beteiligung an dem grundlegenden Wandlungsprozeß erscheint als so illusionär wie eh und je. Es ist also die Wiederholung der Ohnmachtserfahrung (Berg u. a., 1993, S. 233), die im Kern demoralisiert. Maaz beklagt entsprechend, daß heute statt der Politbürokratie das westliche Management herrsche und sich an dem Entmündigungsstatus der Bürger nichts geändert habe. „Wir hatten 1989 Kontakt zu unserer Lebendigkeit gefunden — und die ist wieder verloren gegangen" (Moeller, Maaz, 1993, S. 49).

Das Gefühl des Bevormundet-Seins und Überrumpelt-Worden-Seins wird durch das folgende Zitat aus einem Gespräch mit einem ostberliner Schauspieler veranschaulicht (Roggel, 1994):

„... Für ein paar Wochen gab es in der DDR dieses Gefühl: Es ist alles möglich. Jetzt haben wir zum ersten Mal die Chance, alles besser zu machen. Dann gab es diese runden Tische, wo alle gesellschaftlichen

Interessengruppen vertreten waren, von links bis rechts, von oben bis unten und debattierten da um Sachfragen. Noch nie hatten wir vorher und auch nie wieder nachher vormittags den Fernseher an, verfolgten diese endlos langen, aber wahnsinnig spannenden Debatten am runden Tisch. Das muß man sich mal vergegenwärtigen, wenn man im Westen lebt, daß hier eine Situation war, die war schon vergleichbar mit der Situation nach der Französischen Revolution, also dieses Gefühl, du kannst alles machen, alles ist möglich. Und alle Scheiße, die hier so stattgefunden hat, die jetzt zu überwinden. Und Stück für Stück sickerte dann die Erkenntnis durch, daß ja eigentlich, eigentlich war alles schon geregelt. Der übermächtige Sieger hat hinter den Kulissen alles schon geregelt. Denn was dann auch immer vorgeschlagen wurde, nein, der Igel war längst schon da. Wirklich, es war alles schon bestimmt, und Stück für Stück merkten wir dann, daß das, was dort stattfand, mit dem runden Tisch, das war geduldetes Theater. Die Deutsche Bank und der Bundeskanzler, die dachten, laß die mal machen. Wir waren längst eingekauft und längst eingetütet, und die Schachteln waren alle schon da ... ".

Speziell vor dem Hintergrund der DDR-Biographie wirkt die Bombenwurf-artige Überstülpung unserer Rechts- und Wirtschaftsordnung insofern in der Tat passivierend, so daß abwartende, zuschauende, sich versteckende und ähnliche Bedrohungsbewältigungsstrategien keine Ausnahme darstellen (Koch, 1993, S. 172; Fischer, 1992, S. 219). Der mit dem neuen Modewort „Transformation" bezeichnete Wandlungsprozeß erweist sich als einer, der nicht von dem Geist systemischer Beratung beseelt war, sondern vielmehr nach dem Schema des (eigentlich als antiquiert geltenden) Maschinen-Modells (Morgan, 1986) durchexerziert wurde.

Nicht nur in der Substanz bzw. dem Was des Wandels, sondern auch in dem Wie des Wandels liegt also eine strategisch wichtige Weichenstellung, über die zusätzliche Bedrohungspotentiale aufgebaut werden.

Dabei ist zu bedenken, daß die Situationskontrolle nicht nur insofern niedrig ist, als die ehemaligen DDR-Bürger z. B. nicht das in das neue System einbringen konnten, was sie gerne eingebracht hätten (z. B. die Fristenregelung beim Schwangerschaftsabbruch; Oesterreich, 1993, S. 25); die eingeschränkte Situationskontrolle gilt vor allem auch für die konkrete Bewältigung des Alltags: Dies hängt damit zusammen, daß den Bürgern in der alten DDR bestimmte Schleichwege und Routinen bekannt waren, wie man trotz größter Schwierigkeiten kompensatorisch Hilfestellungen erlangen kann. Genau dieses Wissen aber ist in der offenen Gesellschaft der Bundesrepublik so nicht anwendbar, zumal den Bürgern der DDR auch die verschiedensten Verwaltungsvorschriften und ähnliches mehr noch nicht hinreichend vertraut sind.

Eine dritte Bedrohungsquelle liegt in dem für jeden sozialen Wandlungsprozeß konstitutiven Tatbestand, daß es ein zeitliches „dazwischen" gibt, und damit kommen wir zu unserer dritten eingangs gestellten Frage:

Viele Bürger haben keine Heimat mehr in der geschlossenen Gesellschaft der DDR, aber auch noch keine Heimat in der offenen Gesellschaft der Bundesrepublik (Oesterreich, 1993, S. 22), so daß die Frage nach der eigenen Identität aktualisiert wird. In dieser Phase eines „dazwischen" ist es im Sinne des Ziels, die eigene Person zu stabilisieren, wichtig, den Kern des eigenen Selbstverständnisses nicht zu verraten. Das Bemühen hierum illustriert z. B. das folgende Zitat aus einem Gespräch mit einer ostberliner Tanzlehrerin (Roggel, 1994):

Frage: „Mußt Du Dich mehr auf die Leute einstellen als früher?"

Antwort: „Nee, kann ich nicht sagen. Wenn sie schon mal im Saal stehen, dann behandle ich sie genauso wie früher, nur *welche* Leute kommen, das hat sich geändert. Die erste, die Anfangsgruppe, die habe ich abgegeben, das konnte ich nicht. Das war ohne Vorkenntnisse, aber das hätte ich normalerweise machen müssen, wegen Geld oder so was, aber das ist so ein Punkt, wo ich nein sage. Das kann ich nicht und das mach ich nicht, auch nicht wegen Geld, da gehe ich lieber putzen oder so was, das ist außerhalb meiner Erfahrungswelt."

Frage: „Wenn Laien tanzen, ist Deine Motivation, denen etwas beizubringen, dann anders?"

Antwort: „Nee, also das muß ich mir zugute halten. Ich fühle immer Verantwortung, wenn ich da vorne stehe, und das ist, was mich so umbringt, ich weiß, daß ich das seriös machen will und mir diese Mühe gebe, und womit ich nicht zurecht komme, ist, wenn da Leute stehen und ich merke, die denken, so, jetzt hab ich Geld bezahlt und jetzt mach mal, biete mal was, biete mal ein Produkt an, was mir gefällt, so dieser Austausch, Geld gegeben und jetzt will ich was sehen — das ist mir vorher nicht passiert, auch bestimmte Sachen, ich kann auch nicht haben, wenn jemand dasteht und Kaugummi kaut während des Unterrichts, das ist für mich eine Rohheit, das ist eine Unkultur. Geld gegeben, also kann ich auch Kaugummi kauen. Alles bezahlbar machen, in Geld bewerten lassen. Das geht nicht alles, und das ist für mich auch ein Stück Emanzipation, wenn man das unterscheiden könnte."

Auch das folgende Zitat (Roggel, 1994) mit einer ostberliner Schauspielerin verweist auf das Bemühen, die eigene Identität zu stabilisieren:

(Im Zusammenhang mit dem Thema Reisen): „... Ich bin aber noch immer nicht in dem Traumland gewesen, weil ich entweder keine Zeit hab oder kein Geld. Es ist ein gutes Gefühl, daß man weiß, man könnte jederzeit abhauen, das ist auf alle Fälle eine große Erleichterung. Das war, was eingeengt hat, da wußtest du, du kannst eben nur nach Ungarn, Polen, Tschechei oder an die Ostsee fahren, das hat dich belastet und du hast dich im Ausland immer als Mensch dritter Klasse gefühlt. Jetzt ist es belastend, daß du derjenige bist, den du früher zum Kotzen fandest, nämlich der reiche Wessi, der in Ungarn billig Urlaub machen kann, und das ist total erniedrigend, und ich fahr auch nicht mehr nach Ungarn. Nicht weil ich Ungarn zum Kotzen finde, sondern ich will damit nicht konfrontiert werden, das ist ganz komisch, ich flüchte da so richtig davor."

Die Phase des „dazwischen" hat also zum einen eine subjektive Dimension insofern, als es darum geht, Wichtigeres und Unwichtigeres in bezug auf das bisherige Selbstverständnis zu unterscheiden und den Kern der eigenen Person zu bewahren. Die Phase des „dazwischen" hat darüber hinaus natürlich auch eine objektive Dimension, nämlich Übergänge in ökonomischer bzw. sozialpolitischer Hinsicht. Auch ein diesbezügliches „dazwischen" und eine entsprechende Überganspphase dürften bei Oszillationen zwischen den dilemmatischen Grundstrukturen unvermeidlich sein. Dieser Vorgang ist ohnehin schon für den einzelnen kritisch genug. Er erhält seine zusätzliche Note dadurch, daß diese Phase wieder alte DDR-Erinnerungen aktualisiert: „Wir werden wieder auf die Zukunft vertröstet, doch damit hatte der Sozialismus uns auch schon vier Jahrzehnte hingehalten" (Moeller, Maaz, 1993, S. 111). Und weiter heißt es: „Und die Empörung wächst mit der Art und Weise, wie wir politisch, ökonomisch und letztlich auch menschlich okkupiert und erneut mit den alten Tricks unterworfen werden, daß dies nur zu unserem Besten geschieht. So argumentierten schon unsere Eltern und erst recht die jeweiligen Funktionäre. Auf die alten Demütigungen, Kränkungen und Einengungen werden noch neue gesetzt, und vor allem sollen wir auch noch optimistisch sein. Das waren ja nur die Schwierigkeiten der Übergangszeit, hatte schon die Politbürokratie behauptet. Also zur alten Wut kommt die neue hinzu" (Moeller, Maaz, 1993, S. 111).

Diese Stellungnahme beinhaltet aus der Sicht einer Theorie des Wandels einen interessanten Hinweis. Übergangsphasen (auf der objektiven und subjektiven Ebene) sind bei derartigen Transformationsprozessen natürlich zwingend (was nichts daran ändert, daß das Management dieser Zeitdimension sowohl in der Theorie als vor allem auch in der Praxis bisher stiefmütterlich vernachlässigt wird). Da Versprechungen im alten System ein systematischer Bestandteil der Strategie waren, über dilemmatische Grundstrukturen hinwegzutäuschen, werden jetzt in einer Übergangsphase abgegebene Versprechungen nicht geglaubt. Man unterscheidet jetzt insofern nicht mehr zwischen der offenen Gesellschaft bzw. der Marktwirtschaft einerseits und einer Übergangsphase dorthin andererseits, sondern nimmt die Übergangsphase als hinreichende Beschreibung des neuen Systems. Objektiv wird man aber sagen können, daß es in den neuen Bundesländern in der Tat noch Rahmenbedingungen gibt (bis hin zu den vielzitierten ungeklärten Eigentumsverhältnissen), die eben nicht typisch und repräsentativ für die bundesrepublikanische Demokratie oder Marktwirtschaft sind, und insofern muß objektiv zwischen dem Übergangszustand einerseits und der Kultur der offenen Gesellschaft andererseits tatsächlich unterschieden werden. Im Zuge der den früheren Idealisierungen heute notwendigerweise folgenden Enttäuschungen wird das Denken in Zeitdimensionen aber mit Weltbild-bereinigendem Effekt abgebrochen und der Status quo mit dem Prinzip der offenen Gesellschaft gleichgesetzt.

Ähnlich sieht Westle (1992) Anzeichen dafür, daß bei ehemaligen DDR-Bürgern zwischen dem System der Demokratie einerseits und den konkreten Realisierungsbedingungen dieses Systems in den neuen Bundesländern andererseits nicht hinreichend genau differenziert wird, was nicht ungefährlich ist: Werden im Zuge einer pauschalisierenden Negativierung und im Sinne einer Verdrußabfuhr negative Übergangssymptome und Durchführungsmängel des demokratischen Systems mit Genugtuung als Beleg für die Mangelhaftigkeit des Systems an sich gewertet, so ist dies psychisch nicht gerade der Weg, der den Eintritt in die offene Gesellschaft der Bundesrepublik erleichtert, sondern eher ein Weg, der die vorher besprochende Politikverdrossenheit auch in den neuen Bundesländern begünstigt.

Der Inhalt des Wandels, die Weise des Wandels und die Zeitdauer des Wandels — dies waren die drei bisher besprochenen inhärenten Belastungsquellen jeglichen sozialen Wandels, die wir anhand des Zusammenbruchs der DDR illustrierten. Unter dem Stichwort des Inhalts des Wandels sei abschließend auf einen spezifischen Umstand eingegangen:

Für viele ehemalige DDR-Bürger sind die sozialen Netzwerke zerrissen. Es gibt keinen Befund, der mit ähnlich hoher Übereinstimmung in allen empirischen Untersuchungen bestätigt wird, die den Wandlungsprozeß der DDR verfolgt haben. Die weit überwiegende Mehrheit der ehemaligen DDR-Bevölkerung ist der Meinung, daß es die frühere Form des Zusammenhalts und der Solidarität untereinander in den neuen Bundesländern nicht mehr gebe (Koch, 1993, S. 171; Heidenreich, 1993, S. 92). Natürlich auch durch entsprechende Vorurteile überlagert, wird umgekehrt die (neue) offene Gesellschaft in den neuen Bundesländern dahingehend charakterisiert, daß Konkurrenzangst, Ellenbogenmentalität, Rücksichtslosigkeit, Tendenz zur Kälte, Egoismus usw. zunehmen würden. Der Verlust an Wärme wird entsprechend auch in einschlägigen betriebspsychologischen Untersuchungen immer wieder beklagt (vgl. von Rosenstiel, 1992 sowie Maier u. a., 1994). Daß bei derartigen Analysen nicht nur pauschalisierende Negativierungen und Vorurteilsbildungen zum Ausdruck kommen, sondern daß mit diesem Verlust von Wärme natürlich auch Realität beschrieben wird, liegt auf der Hand, nachdem wir auf die potentiellen Preise der offenen Gesellschaft bereits ausführlich eingegangen sind. Dies ändert aber nichts daran, daß derartige Klagen dennoch in gewisser Weise naiv sind: Der große subjektive Irrtum der von einem System zum anderen System Wandelnden besteht in der Hoffnung eines Vorteils-*Zugewinns*; die Realität dilemmatischer Grundstrukturen belehrt uns aber darüber, daß es sich häufig nur um einen Vorteils*tausch* handeln kann!

Je mehr dies gilt, desto mehr ist eindeutig, daß ein Zerreißen der bisherigen sozialen Netzwerke den einzelnen auf sich selbst zurückwirft und damit das ohnehin hohe Belastungspotential entsprechend erhöht. Insofern ist an dieser Stelle an die Ergebnisse der life-event-Forschung zu erinnern: Die Häufung aversiver, nicht kontrollierbarer Ereignisse in einer bestimmten Lebensperiode kann zu einer Beanspruchungskumulierung führen, aufgrund derer die Person eher erkrankt, als dies ohne eine derartige Beanspruchungskumulierung der Fall gewesen wäre (Gebert, 1981, S. 74 ff.). Vor diesem Hintergrund verdienen die Analysen der Entwicklung der Selbstmordrate sowie der Alkoholismusabhängikeit in der DDR durchaus Aufmerksamkeit (Müller, 1992; Tasseit, 1992).

Bei all diesen Ausführungen darf aber natürlich nicht übersehen werden, daß die Verarbeitung der Nach-Wendezeit von Person zu Person bzw. von Gruppe zu Gruppe völlig anders aussieht, da sich sowohl die situativen als auch die personalen Voraussetzungen gravierend unterscheiden. Zum Abschluß dieser Ausführungen sei insofern noch die Bandbreite der Verarbeitungsmuster näher zu charakterisieren versucht (vgl. hierzu auch Koch, 1973, S. 173 ff.).

Die Nach-Wendezeit als Herausforderung

Ein schon etwas älterer ostberliner Schauspieler berichtet (Roggel, 1994): „... Für mich selber, beruflich, hat sich auch eigentlich alles verändert. Aus einer festen Anstellung bin ich in die Selbständigkeit gegangen, und da ich auch nicht mit ABM arbeiten wollte, so daß es sofort aufs volle Risiko ging. Entweder freier Flug oder freier Fall, also beides war möglich. Und daß es der Flug geworden ist, ja, da bin ich eigentlich ganz froh.... Vom Lebensgefühl ist das sehr schön für mich, also da hat sich viel verändert für mich, während ich am Theater immer irgendwelche Vorgesetzten hatte, habe ich jetzt keinen Chef vor mir, so lange, ich laß mich nicht engagieren für längere Zeit. Ich kann alles selbst unternehmen, und der Erfolg hat nur den einen Vater und nicht viele, der Mißerfolg hat dann auch nur einen Vater. Am Theater, wenn was schief ging, dann war ich das, ganz klar, und wenn das Stück toll war, dann waren so viele da. Jetzt ist das nicht, keiner sagt, geh mal beiseite hier, das war mein Applaus, sondern alles, was ich mache, ob ich nun spiele oder die Entwicklung der Agentur betreibe, das, was stattfindet, findet aus mir statt, und es ist entweder ein Erfolg oder nicht."

Die Konfrontation mit der Andersartigkeit als Irritation und Chance zur Befreiung

Eine ostberliner Tänzerin berichtet (Roggel, 1994):

Frage: „Was sagst Du zu diesen vielen Tänzern, die allein oder zu zweit auftreten?"

Antwort: „Also teilweise war es so, daß mich diese Freiheit, diese unheimliche Extravertiertheit oder dieses Sich-Zeigenwollen sehr erstaunt hat, und daß sie mir teilweise peinlich war: Peinlich deshalb, weil ich doch dasaß und diese Offenheit der anderen spürte, die mir selbst nicht eigen war, daß ich mir verklemmt vorkam, daß ich dasaß und dachte, das ist ja eigentlich toll, wenn man sich so äußern kann, aber irgendwie war man auch abgestoßen über dieses Sich-Zeigenwollen. Und erst nach und nach nahm man das an, daß das möglich war, daß man auch freier wurde."

Frage: „Gab es da Unterschiede im Sich-Zeigen?"

Antwort: „Das gab's früher nicht, daß sich einzelne auf der Bühne zeigten, der Mut, sich zu zeigen, ist größer. Gerade durch den Pluralismus leben einzelne Künstler vielleicht auch andere Extreme aus."

Frage: „Woran liegt es, daß der Mut, sich zu zeigen, früher fehlte?"

Antwort: „Man konnte sich nicht so zeigen. Es wurde auch einfach zu viel zensiert, nicht alles wurde zugelassen. Die Orte existierten auch nicht, wo man was zeigen konnte. Das ging dann auch nur über Insidertips in irgendwelchen Clubs. Und als anerkannte Gruppe war es leichter, etwas zu schaffen, als allein aufzutreten."

Frage: „Wo könnte der Grund hierfür liegen?"

Antwort: „Erstmal gab es nicht so viele Gruppen oder so viele einzelne Künstler, die sich auf diese Art darstellen wollten, wobei auch Kunst schwieriger zu betreiben war. Es war eingebunden in ein gewisses staatliches System, was wieder einen gewissen Aussagegehalt haben sollte, alles was darüber hinaus war, was die Grenzen aufzeigte, war ja wieder vielleicht nicht erwünscht. Ich hatte damals so den Eindruck, daß man mehr die großen und professionellen Gruppen sehen konnte und Werke, aber die kleinen Dinge waren mehr in Kirchen oder in Jugendclubs, und das stand eben in keiner Zeitung, das ging über Plakate, Insidertips, also es war viel schwieriger als jetzt."

Frage: „Warum war es peinlich, abstoßend, eine starke Extravertiertheit zu sehen?"

Antwort: „Man war nicht weltoffen genug, in einer gewissen Art und Weise verklemmt, man war so abgeschottet, so abgetrennt — so hat man sich dann gefühlt, weil man das gesehen hat, das Neue und staunte, was machbar ist oder wie man sich darstellen kann."

Frage: „Was haben die Künstler denn so gezeigt?"

Antwort: „Vielleicht teilweise Gefühle nur gezeigt oder teilweise schon freier Oberkörper auf der Bühne, oder sich schlagen oder an gesellschaftliche Grenzen, teilweise an Kritik heran, das gab's ja damals nur im Kabarett, und darüber konnte ich damals überhaupt nicht lachen, weil es teilweise Pseudoprobleme waren, nur ein Ablaßventil, weil man Dinge einfach nicht am Schopf packte..."

Konfliktleugnungs- und Vermeidungsstrategien

Hierzu zählt z. B., sich äußerlich in der Kleidung und im Verhaltensstil dem „Wessi“ anzupassen, den Trabi auf dem Hinterhof abzustellen bzw. Kontakte mit Westlern (so zumindest im Bereich Berlin) zu vermeiden. Wenn man den Übeln nicht aus dem Weg gehen kann, so werden Wahrnehmungsfilter eingesetzt; ein Reichsbahnangestellter führt aus (Roggel, 1994): „... Wenn Sie heut sehen, wieviele Menschen arbeitslos sind und wie die vor der Kaufhalle sitzen mit Bier, und was dann alles so passiert mit den Jugendlichen, das sind dann Dinge, die stimmen einen sehr nachdenklich. Man muß sich dann doch angewöhnen, darüber nicht nachzudenken. Und wenn einer auf der Straße sitzt und bettelt, dann kann man offensichtlich kein Geld geben. Manchmal ist das vielleicht sogar Getue, Gehabe, aber so etwas kannten wir eben nicht, daß jemand auf der Straße sitzt und die Hände aufhält. Und daß die kleinen Kinder bei der Kälte dann da sitzen, nein, oder wenn ich die Drogensüchtigen sehe, wir hatten ja Gott sei Dank, wenn, dann gab es ja wenige, die ich gesehen hatte. Das sind so Erscheinungen, die muß man dann offensichtlich übersehen.“

Frage: „Das ist Ihre Art, mit sowas heute umzugehen?“

Antwort: „Ja, anders geht das ja auch nicht. Wie früher das Verhalten bei der Partei und so, das muß man jetzt übersehen. Wenn Sie heute Zeitung lesen, die sind also heute teilweise viel, na ja, es gibt nur ganz wenige Zeitungen, die große, breite Masse, das sind doch Zeitungen mit solchen großen Buchstaben, katastrophal. Ich habe, ich muß das mal so klar und deutlich sagen, meiner Frau verboten, eine einzige Zeitung zu kaufen. Das bringt nichts.“

Die „das habe ich doch gleich gewußt“-Haltung: Festhalten an Vorurteilen

Manche Personen versuchen, Enttäuschungen dadurch abzuarbeiten, daß sie an alte sozialistische Vorurteile anknüpfen, obwohl die eigene unmittelbare Berufserfahrung diese Vorurteile nicht unbedingt stützt; ein Vorgesetzter bei der Reichsbahn argumentiert in diesem Sinne (Roggel 1994):

Frage: „Sie haben eben gesagt, alles, was uns früher im Sozialismus negatives gesagt wurde, das ist eingetroffen. Was war das konkret?“

Antwort: „Die Rücksichtslosigkeit im Geschäftsgebahren“.

Frage: „Die erfahren Sie auch hier?“

Antwort: „Nein: Bei uns traut sich keiner, wir (die Reichsbahn) haben ja das Geld. Wir sind ja nun einer der größten Auftraggeber. Wir haben uns gleich von den Firmen nichts gefallen lassen, und dadurch hat man es dann erst gar nicht probiert. Aber es gibt eben im Wirtschaftsleben sehr viele Betrügereien, die es im Osten nicht gegeben hat. Dann dieser Slogan: Für Geld geht der Kapitalist über Leichen. Das stimmt."

Frage: „Wo haben Sie das erfahren?"

Antwort: „Bei uns nicht, soweit ist es heute zum Glück noch nicht. Leute werden betrogen, massiv, Firmen gehen in betrügerischen Konkurs, technische Vorschriften werden mißachtet, gesetzliche Vorschriften werden mißachtet. Der letzte Busunfall. In Berlin waren die Konzessionen entzogen worden, irgendeine bayerische Hinterwaldgemeinde, wer weiß, wieviel sie dem Bürgermeister geschmiert haben, hat die Konzession erteilt. Um Geld zu sparen, haben sie einen Fahrer gespart und die Leute tot gekriegt. Für Geld geht der Kapitalist über Leichen, stimmt. Hoechst."

Der nostalgische Blick nach rückwärts

Der Idealisierungsphase vor der Wende entspricht eine deutliche Negativierungsphase gegenüber der Bundesrepublik nach der Wende. Im Sinne der Pauschalisierungsneigung ist es im Rahmen des Umgangs mit den dilemmatischen Grundstrukturen der offenen Gesellschaft so unplausibel nicht, wenn dieser Negativierungsphase nun eine rückwärtsgewandte Phase der Idealisierung der ehemaligen DDR folgen würde; in der Tat ist dies bereits mehrfach beobachtet worden (Westle, 1992, S. 465). Auch Koch (1993, S. 185) verweist hier auf einen interessanten Punkt, den er unter dem Stichwort der „Revitalisierung kollektiver Identitäten" abhandelt: Zu einer derartigen Revitalisierung der alten Identität zählt z. B. die markant gestiegene Bereitschaft, etwa im Bereich des Zigarettenkonsums durch einen zunehmenden Kauf von im Osten hergestellten Produkten zu einer symbolischen Aufwertung des im Osten Hergestellten beizutragen, um insofern wieder an die alte Identität anzuknüpfen. Gibt es von daher vielleicht nicht nur in der Bundesrepublik, sondern auch in der ehemaligen DDR inzwischen wieder eine Neigung „zurück zur geschlossenen Gesellschaft?"

Die Analyse des „Pendelschlages" von der geschlossenen Gesellschaft der DDR zur offenen Gesellschaft der Bundesrepublik läßt sich wie folgt zusammenfassen: Für die Einnistung in die dilemmatische Grundstruktur der ehemaligen DDR scheinen Prozesse der kognitiven und emotionalen Identifikation mit dem System hilfreich gewesen zu sein. Die Identifikation wurde zum einen durch Anfangserfolge in der Aufbauphase der ehemaligen DDR gestützt. Die speziell emotionale Identifikation mit der Partei muß aber auch vor dem Hintergrund der Abwehr sozialisationsbedingter Deprivationen und entsprechender Ängste gesehen werden. Angesichts weitgehend blockierter Angriffs- und Fluchtmöglichkeiten sowie angesichts zentraler Abhängigkeiten speziell von der Partei kann die kognitive und emotionale Identifikation mit dem System im Sinne einer intrapsychischen Anpassungsleistung auch als Strategie zur Dissonanzreduktion gedeutet werden, die den Prozeß des Einnistens durch entsprechende subjektive Positivierungen des Systems erleichterte. Die Erfahrung sozialer Unterstützung tat ihr übriges. Die zur Bewältigung der Negativaspekte eingesetzten Mechanismen trugen damit wesentlich zur Stabilisierung eben dieser Negativmerkmale bei, so daß es sich im Prinzip um eine labile Konstellation handelte.

Die Vertreibungsdynamik wurde wesentlich über die technologisch-ökonomischen Rückständigkeiten und die entsprechenden sozialen Begleiteffekte eingeleitet, wobei dem System zugleich auf längere Sicht hin keinerlei Problemlösungskompetenz zugeschrieben wurde. Die insofern objektiv vermittelte Vertreibungsdynamik wurde durch entsprechende (subjektive) Negativierungen gegenüber dem alten System und Positivierungen gegenüber dem neuen System (freier Westen) erheblich beschleunigt.

Am Beispiel des Zusammenbruchs der ehemaligen DDR läßt sich illustrieren, daß der Wandlungsprozeß nicht nur insofern belastet, als spezifische Inhalte bzw. Vorzüge des alten Systems verlorengehen. Auch in der Art des Wandels sowie in seiner zeitlichen Erstreckung liegen eigenständige potentielle Belastungsquellen. Die Konfrontation mit der ebenfalls dilemmatischen Struktur der offenen Gesellschaft läßt der ersten Vertreibung notwendig eine zweite Vertreibung folgen, womit Bemühungen um eine Stabilisierung der eigenen Identität vordringlich werden; es zeigt sich, daß dabei von Person zu Person bzw. von Gruppe zu Gruppe sehr unterschiedliche Stabilisierungsstrategien zum Einsatz kommen.

In theoretischer Hinsicht scheint uns als Ergebnis dieser Analyse unterstreichenswert zu sein, daß eine Theorie des Wandels stärker als bisher die Muster der Bewußtseinsveränderungen — im Längsschnitt auf individuellem wie auf kollektivem Niveau — in ihrer Wechselwirkung mit

Veränderungen der objektiven gesellschaftlichen Realität fokussieren sollte, um so die Zeitdimension des Wandels stärker in den Brennpunkt der Analyse zu rücken.

4.4 Die Beschleunigung gesellschaftlicher Veränderungen als zusätzlicher Destabilisierungsfaktor — Folgerungen für die Stabilisierung der offenen Gesellschaft

Die oben beschriebene prinzipielle Labilität sozialer Systeme wird zusätzlich dadurch verstärkt, daß das Tempo gesellschaftlicher Veränderungen im Zeitablauf zunimmt. Im folgenden werden wir beleuchten, inwieweit dadurch speziell die offene Gesellschaft zusätzlich destabilisiert wird und was daraus für eine Stabilisierung der offenen Gesellschaft folgt, wobei wir auf chaostheoretische Überlegungen Bezug nehmen.

Als Folgelasten der unter 3.3 bereits beschriebenen wissenschaftlich-rationalen bzw. technisch-industriellen Welt haben wir eine Reihe von Problemen bzw. ungeplanten Sekundäreffekten beschrieben, die den Prozeß der Attraktivitätseinbuße der offenen Gesellschaft beschleunigen, sofern

- das Problemvolumen hinreichend groß bzw. intensiv geworden ist
- die Probleme massenmedial vermittelt zur offiziellen Agenda werden und damit in das allgemeine Bewußtsein eindringen
- die alte bzw. die bisherige Ordnung der offenen Gesellschaft zumindest als Teilursache für diese Probleme betrachtet wird und
- der alten Ordnung zugleich keine hinreichende Problemlösungskapazität zugesprochen wird, mit derartigen Problemen erfolgreich umgehen zu können.

Unter diesen Voraussetzungen kommt es (vgl. Abb. 6) zu einer intensiven kollektiven Problematisierung des Status quo und auch zu Ausdifferenzierungen kollektiver Bedrohungsbewältigungsstrategien. Die Situation wird zunehmend als krisenhaft eingestuft (vgl. hierzu im gesellschaftlichen Feld etwa Beck, 1986; im ökonomischen Feld Strümpel, Schramm, 1989; Schramm, 1993).

Im Sinne der Erforschung von Randbedingungen, denen im Rahmen des sozialen Wandels eine Katalysatorfunktion zukommt, soll nachstehend auf einen hiermit verwandten Katalysator eingegangen werden, nämlich auf das *Tempo* des Wandels. Dabei werden zunächst kurz die Quellen des zunehmenden Tempos des Wandels skizziert. Anschließend wird herauszuarbeiten versucht, in welchem Sinne und auf welchem Wege das Tempo des Wandels zu einer Destabilisierung des sozialen Systems beitragen kann, um so die Bedeutung dieses Katalysators besser abschätzen zu können, woraus sich verschiedene praktische Folgerungen ergeben.

Der Wandel vollzieht sich am offensichtlichsten im ökonomischen, im technischen und im sozialen Bereich. Gerade am Beispiel von Entwicklungsländern läßt sich im übrigen gut demonstrieren, wie sich Wandlungsprozesse in diesen drei Feldern wechselseitig bedingen (Gebert, 1992, S. 56 ff.).

Fragt man nach den wesentlichen Quellen des erheblichen Tempos dieses Wandels, so wird man zum einen, wie bereits ausführlich dikutiert wurde, auf das Projekt Moderne verwiesen. Das komplexe Zusammenspiel zwischen Wissenschaft und Technik schafft immer wieder neue Lösungsmethoden, leider dabei aber auch häufig neue Probleme. Zum anderen ist von einem ökonomisch vermittelten, wettbewerbsbedingt wachsenden Problemlösungsdruck auszugehen, der in immer kürzer werdenden Zeitabständen neuartige Problemlösungen abverlangt (was sich im ökonomischen Bereich z. B. in der Forderung zeigt, zunehmend mehr den Aspekt „time to market" zu beachten), so daß sich die Veränderungsrate pro Zeit erhöht. Die zunehmende Internationalisierung und Vernetzung aller Teile der Welt untereinander tut ihr übriges, da Veränderungen in einem Subsystem der Welt mit erhöhter Wahrscheinlichkeit Rückkopplungen gegenüber anderen Subsystemen aufweisen, so daß auch von daher das Tempo der Veränderungen zunimmt.

Aus der hier eingenommenen Sicht ist der Hinweis wichtig, daß auch die offene Gesellschaft das Tempo des Wandels beschleunigen dürfte. Auch dies war bereits mehrfach angesprochen: In dem Umfang, in dem Innovation zur sozialen Norm wird, die Infragestellung aller möglichen Sachverhalte zum Programm erhoben wird und Experimente als Lernmedium interpretiert werden, muß als Folge der voluntaristischen Grundorientierung einerseits in Kombination mit der erkenntnistheoretischen Grundposition der Vorläufigkeit und damit Revisionsbedürftigkeit jeder

Aussage andererseits eine Dynamik freigesetzt werden, die die Veränderungsrate pro Zeit anhebt. Dabei dürfte es für die offene Gesellschaft spezifisch sein, daß das voluntaristische Denken und die Strategie der kritischen Rationalität gerade auch und insbesondere substantiell auf den sozialen Bereich bezogen wird; sozialer Wandel wird damit in allen seinen Facetten geradezu zum konstitutiven Merkmal der offenen Gesellschaft. Wertebezogen bedeutet dies, daß wir in einer offenen Gesellschaft als Widerspiegelung der Prinzipien Toleranz und Individualität eine erhebliche Pluralität nicht nur im zeitlichen Querschnitt, sondern gerade auch im zeitlichen Längsschnitt zu erwarten haben (vgl. hierzu Klages, 1984). In dem Umfang, in dem gilt, daß das *Tempo* des Wandels innerhalb eines sozialen Systems zu dessen Destabilisierung beitragen kann, gilt dann entsprechend auch, daß sich die offene Gesellschaft eben auch auf diesem Wege systematisch selber destabilisiert; exakt dieser Fragestellung soll nun etwas genauer nachgegangen werden: Auf welchem Wege und in welchem Sinne wirkt ein gestiegenes Tempo des Wandels destabilisiernd?

Ergeben sich in immer kürzeren Zeitabständen neue Probleme und neue Lösungsmethoden zur Abarbeitung dieser Probleme, so liegt hierin nicht nur eine Herausforderung und Chance, sondern schnell auch eine Bedrohung insofern, als durch diese Entwicklung bisherige Erfahrung entwertet wird. In dem Umfang, indem dies der Fall ist, bisheriges Wissen und bisherige Erfahrung zur Bearbeitung neu auftretender Probleme nicht mehr hinreichen, sinkt das Eigenmachtgefühl der betroffenen Personen. Im betrieblichen Bereich zeigt sich dies z. B. dann, wenn speziell der technische Wandel bisherige Qualifikationen entwertet und völlig neue Qualifikationen erforderlich macht. Zumindest in einem Übergangsstadium kommt es damit zu einem Verlust an kognitiver Kontrolle über die Situation, so daß die Konstellation tendenziell als bedrohlich erlebt wird. Dies gilt umso mehr, je mehr die Maxime des lebenslangen Lernens nicht konsequent genug eingelöst wird und Betriebe häufig noch die Tendenz zeigen, nicht primär zukunftsorientierte Schlüsselkompetenzen, sondern stärker vor allem im Augenblick verwertbare tätigkeitsspezifische Qualifikationen zu vermitteln (Gebert, 1994). Die Menge neuartiger Probleme kann insofern im Bewußtsein der Betroffenen zu einer Problemlawine werden, unter der sie unterzugehen befürchten. In dem Umfang, in dem berufliche „Meisterschaft“ konstitutiv für das Selbstwertgefühl ist, wird aus einer Eigenmachtkrise im Zuge des Tempos des Wandels damit auch eine Selbstwertkrise.

Die das Eigenmachtgefühl berührenden Wandlungsprozesse reflektieren primär Effekte der wissenschaftlich-rationalen bzw. technisch-industriellen Welt. Der soziale Wandel zeigt sich vor allem in einem Wandel der Werte und Grundorientierungen. Ein derartiger Wandel kann selbstverständlich wiederum einerseits zur Befreiung beitragen, andererseits aber auch zur Bedrohung werden:

Es war bereits auf das Stichwort der sozialen Unterstützung Bezug genommen und dargestellt worden, daß mit der Erfahrung von social support, also der Erfahrung von Wertschätzung und Liebe, streßabpuffernde Effekte freigesetzt werden. Social support vermittelt sich aber nicht nur über die Kategorie der Wertschätzung und Liebe; die zweite wesentliche Quelle liegt in der Zugehörigkeit zu einer Gruppe, die sich durch ein stabiles Normengefüge verbunden fühlt.

Eine Person definiert sowohl ihr Eigenmacht- als auch ihr Selbstwertgefühl nicht in einem luftleeren, sondern in einem sozial definierten Raum. Ihr Eigenmachtgefühl ist ausgeprägt, wenn sie von der Gruppe als relevant erachtete Problemstellungen zu meistern imstande ist. Analog ist ihr Selbstwertgefühl positiv ausgeprägt, wenn es dem von der Gruppe inhaltlich vorstrukturierten Idealich nahekommt, also den Normen entspricht, die von der Gruppe als relevant erachtet werden. Verändert das soziale Kollektiv seine Ziele und damit die Bewertungsmaßstäbe und zielrelevanten Anforderungen an die Person, so löst sich das soziale Koordinatensystem auf, in dem die Person bisher ihr Eigenmacht- und ihr Selbstwertgefühl definiert und verankert hatte. Bisher sozial relevante Könnens-Aspekte werden nicht mehr gewürdigt; Ideale, die für das bisherige Selbstverständnis konstitutiv waren, zählen nicht mehr, womit eine Selbstverständniskrise vorgezeichnet ist. (Durkheim stellte bereits 1897 in einer berühmt gewordenen Studie die höhere Selbstmordrate bei Protestanten im Vergleich zu Katholiken gedanklich in einen ähnlichen Zusammenhang insofern, als er die niedrigere Selbstmordrate bei den Katholiken u. a. im Zusammenhang mit der höheren Normenstabilität innerhalb der katholischen Kirche diskutierte; Durkheim, 1973).

Mit zunehmendem Tempo des sozialen Wandels, also auch einer zunehmend häufigeren Veränderung von Normen und Bewertungsrastern, geraten gegensteuernde Versuche der Normenstabilisierung außerdem zunehmend in den Verdacht, bestenfalls eine neue Mode darzustellen, die letztlich aber nur der allgemeinen Beliebigkeitstendenz zum Opfer fallen wird: Die grundlegende Problematik eines zunehmenden Tempos des sozialen Wandels liegt nämlich darin, daß es einem sozialen Kollektiv zunehmend schwerer fällt, zu einem *neuen* Normenkonsens zu finden, da die Konsensvoraussetzungen immer kleiner werden. Ein solcher Wirkmechanismus scheint eine positive (und damit das Veränderungstempo beschleunigende) Rückkopplungsschleife in dem Sinne aufzuweisen, daß die abnehmende Konsensfähigkeit den Prozeß der Normenerosion begünstigt, der wiederum nur Normenerosion produziert. Die Verläßlichkeit der sozialen Beziehungen sinkt, und die Ungewißheit steigt. Da das Unterstützungspotential (social support) nicht mehr prognostizierbar ist, wird die Zukunftsperspektive bedrohlicher. Die Situationskontrolle für den einzelnen sinkt.

Zusammenfassend heißt dies, daß sowohl die Veränderungsrate in der wissenschaftlich-rationalen bzw. technisch-industriellen Welt als auch das durch die offene Gesellschaft mitbedingte hohe Tempo des sozialen Wandels Selbstwertprobleme und Beeinträchtigungen des Eigenmachtgefühls sowie das Gefühl des Verlustes von Situationskontrolle aktualisieren, was die Menschen nach Neuem Ausschau halten läßt. Ist dieses Bewußtsein für viele Menschen kennzeichnend, handelt es sich also um ein kollektives Phänomen, so wirkt dieses selbstverständlich nicht stabilisierend auf die offene Gesellschaft zurück, zumal der eine oder andere das Unbehagen des Wandels im Sinne der Empfindung einer Problemlawine und des „ich komme nicht mehr mit“ ursächlich der offenen Gesellschaft mit anlastet.

Der Umstand, daß sich viele Menschen als einzelne überfordert fühlen, wirkt allein schon tendenziell instabilitätsförderlich. Für die weitere Dynamik dürfte wichtig sein, ob die vielen einzelnen zugleich das Gefühl haben, daß auch das soziale System als Ganzes unter massivem Problemdruck (z. B. ökonomischer oder ökologischer Art) steht und dabei offenbar nicht in der Lage ist, dieser Probleme Herr zu werden. Kommt es also zu einer doppelten Inkompetenzzuschreibung (vgl. Abb. 6) in dem Sinne, daß sich die Überzeugung verbreitet, die bisherige Ordnung löse weder die Probleme des einzelnen noch die Probleme der Gesamtgesellschaft und trage im Gegenteil vielleicht sogar noch zu einer Problemverschärfung bei, so schlägt die Stunde für Gurus, Visionäre und sonstige Verführer. Es ergibt sich aus chaostheoretischer Sicht ein Zustand der Instabilität, auf dessen Struktur und Effekte nachstehend eingegangen wird.

Wir hatten bereits an anderer Stelle erwähnt, daß in der Chaos-Theorie ein Zustand der Stabilität von dem der Instabilität unterschieden wird (Prigogine u. a., 1990, S. 13 ff.). Unter dem Gesichtspunkt der Steuerbarkeit eines sozialen Systems ist dabei die Phase der Stabilität günstig, da in dieser Phase spezifische Interventionen weitgehend vorhersagbare Effekte aufweisen. Anderes gilt für die Phase der Instabilität, die aus chaos-theoretischer Sicht nicht mehr beherrschbar ist. In der Phase der Instabilität nimmt die Chance zur Regulierung von außen ab, da diese Phase durch spontane Selbstregulationen gekennzeichnet ist.

Im folgenden werden wir versuchen, chaostheoretische Zusammenhänge im Sinne von Prigogine u. a. (1990) auf unser Ausgangsproblem zu übertragen. Dabei interessiert uns insbesondere die Frage, ob und wie sich die prinzipielle Labilität der offenen Gesellschaft so handhaben läßt, daß ein „Umkippen" in das Gegenmodell der geschlossenen Gesellschaft vermieden werden kann. Um dem Eindruck entgegenzuwirken, daß die chaostheoretischen Zusammenhänge uneingeschränkt auch für soziale Systeme gelten, sei nochmals mit Nachdruck auf die Position von Müller (1992) verwiesen, nach der eine Übertragbarkeit derartiger (aus den Naturwissenschaften kommenden) Denkmodelle auf den Bereich sozialer Systeme alles andere als bereits bestätigt bzw. abgesichert betrachtet werden könne, so daß man nur von einer hilfreichen Heuristik sprechen könne (Müller, 1992, S. 371). Und es ist insofern eigentlich nur bedenklich, wenn man auch in einschlägigen Fachzeitschriften chaostheoretische Extrapolationen angeboten bekommt, ohne daß die Gegenstandsangemessenheit derartiger Interpretationen hinterfragt wird (vgl. die Beiträge von Leifer, 1989 und Gersick, 1991). Auch im deutschen Sprachraum hat das Gerede über „Fraktale" inzwischen ein gewaltiges Ausmaß angenommen (vgl. den Buchtitel „Die fraktale Fabrik", Warnecke, 1992), wobei die Verwendung dieses Begriffes in der Regel nur Marketing-Funktionen erfüllt. Man kann aber dennoch versuchen, diese Konzepte eben im Sinne einer Heuristik probeweise auf den sozialwissenschaftlichen Bereich zu übertragen und sich dann fragen, was denn die Folgerungen wären, sofern chaostheoretische Konzepte auch im sozialwissenschaftlichen Bereich Gültigkeit aufweisen würden. Im Sinne einer derartigen heuristischen Betrachtung sind die folgenden Ausführungen zu verstehen.

Der Zustand der Stabilität ist durch einen sogenannten Gleichgewichtszustand definiert. Prigogine u. a. (1990) kennzeichnen diesen Zustand wie folgt: Der Gleichgewichtszustand des Systems ist nur ein besonderer Fall. Er ist ein singulärer Zustand, in welchem die Korrelationen zwischen verschiedenen Systemteilen gleich Null sind. Dies bedeutet, daß jede Region unempfindlich gegenüber möglichen Abweichungen vom

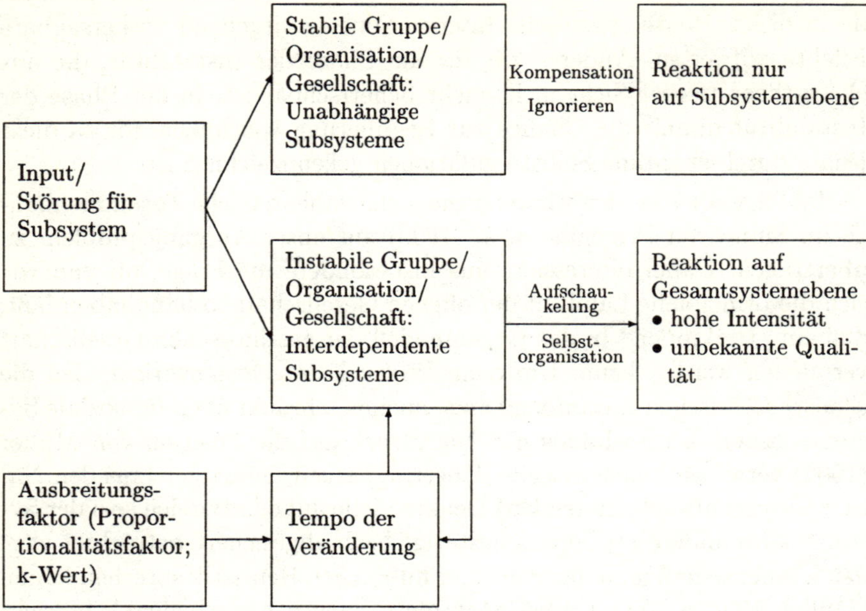

Abb. 7: Instabilität in sozialen Systemen : Bedingungen und Effekte

Mittelwert in einer benachbarten Region ist. Die Instabilitätszone fern vom Gleichgewicht entspricht im Gegensatz dazu einer Situation, in der Korrelationen makroskopischer Art und Intensität auftreten. Das System verhält sich dann als Ganzes, welches empfindlich zum Geschehen in jedem seiner Bereiche ist.

Einige Vertreter der Chaos-Theorie nehmen an, daß sich Chaos-theoretische Zusammenhänge auch auf soziale Systeme übertragen lassen. Dabei ist es für den Leser reizvoll, Gleichgewichtszustände bzw. Ungleichgewichtszustände gedanklich parallel auf der Ebene der Person, der Gruppe, der Organisation (Betrieb) und der Gesellschaft zu denken.

Die Abbildung 7 verweist auf Bedingungen und Effekte einer solchen Stabilität bzw. Instabilität:

Während das System innerhalb der stabilen Phasen auf Störungen in einem Subsystem nur insofern reagiert, als diese Störungen durch das Subsystem selbst aufgearbeitet werden, so daß auch keinerlei Reaktionen auf der Ebene des Gesamtsystems festzustellen sind, kommt es in den sensitiven Phasen einer hohen Instabilität dazu, daß die gleiche Störung nicht mehr in dem Subsystem abgearbeitet wird, sondern über Aufschaukelungseffekte makroskopische Auswirkungen aufweist, also Veränderungen auf dem Niveau des Gesamtsystems bewirkt (Pohlmann u. a., 1990, S. 64 ff.); die Reaktion auf der Ebene des Gesamtsystems sei dabei zugleich durch eine hohe Intensität *und* unbekannte Qualität gekennzeichnet.

Abhängig von dem jeweiligen Zustand des sozialen Systems hat der gleiche Input damit völlig unterschiedliche Effekte. Für den Fall der Instabilität gilt insofern, daß kleine Ursachen große Wirkungen von unbekannter Qualität aufweisen können; als Beispiel hierzu wird immer auf den berühmten Flügelschlag eines Schmetterlings verwiesen, der eine riesige Flutwelle erzeugen kann. Wenn Bewegungen auf dem Mikroniveau zu gewaltigen Veränderungen auf dem Makroniveau führen, spricht man auch von der Durchtunnellung von der Mikro- zur Makroebene.

Der Begriff Chaos wird dabei der Phase der Instabilität zugeordnet. Von Chaos zu sprechen, ist dabei allerdings mißverständlich, denn eine der interessanten Entdeckungen liegt gerade darin, daß dieser Zustand durchaus eine Struktur aufweist (von Prigogine als sogenannte dissipative Struktur bezeichnet), die darüber hinaus auch mathematisch mit Hilfe der sogenannten fraktalen Geometrie beschreibbar ist. Insofern stehen sich auch nicht Ordnung und Chaos, sondern unterschiedliche Qualitäten von Ordnung gegenüber, so wie sich auch Deterministisches und Zufälliges nicht als unvereinbare, gegensätzliche Kategorien erweisen, sondern sich im Grunde nur auf unterschiedliche Systemzustände beziehen.

Für die Phase der Instabilität sind, wie ausgeführt, selbstregulative Prozesse kennzeichnend. Dabei bilden sich im Verlaufe der Instabilitätszunahme Verzweigungspunkte (Bifurkationen), wobei aber nicht mehr vorhersagbar ist, welche der bei einer Wegegabelung zur Verfügung stehenden alternativen Wege vom sozialen System jeweils beschritten werden.

Wir hatten vorher festgestellt, daß als Folge eines vergrößerten Tempos des Wandels und des parallelen kollektiv empfundenen Problemdrucks eine kollektive Suche nach Problemlösestrategien freigesetzt wird. Im Längsschnitt betrachtet, läßt sich genau in dieser Suchphase ein Anschluß an die Beschreibungen der Selbstorganisation herstellen; Niedersen u. a. (1990, S. 35 ff.) diskutieren diesen Prozeß unter dem Stichwort der Innovation in der folgenden Weise:

Entscheidend sei, daß in einer Organisation ein Innovationspotential vorhanden ist. Dies kann z. B. in einem einzelnen Indiviuum bestehen, das eine charismatische Ausstrahlung besitzt. In einem stabilen Gesamtsystem wird dieses einzelne Individuum mit seinen spezifischen Aktionen und Worten bestenfalls in seiner Bezugsgruppe für vorübergehende Irritationen sorgen können, aber keinerlei Veränderungen im Gesamtsystem bewirken. Im Zustand der Instabilität dagegen, und dies heißt wohl im Zusammenhang mit unserer Analyse: In der Phase einer kollektiven Suche nach Wegen der Überwindung der kollektiven Probleme, wird derselbe einzelne unter Umständen bedeutungsvoll, sofern ihm kollektiv Problemlösepotenzen zugeschrieben werden.

Damit dies der Fall ist, der einzelne also als ein „Ausgezeichneter“ wahrgenommen werden kann, sei es wichtig, daß sich der einzelne von den anderen in vieler Hinsicht deutlich unterscheide. Wir brauchen insofern latent ein hohes Maß an Heterogenität in einer Organisation für die Freisetzung von Innovationen, da dies gleichsam das innovative Problemlösungsreservoir kennzeichnet, auf das im Zustand des Nichtgleichgewichts zurückgegriffen werden kann. Bei der kollektiven Suche nach einem neuen Ordnungszustand schauen notwendig alle auf bisherige Außenseiter respektive auf interessante Sinngebungsangebote von außen, da bisher weder von der eigenen Person noch von der eigenen Bezugsgruppe (also von innen) Lösungsangebote generiert wurden. Dabei recken alle ihre Hälse in die gleiche Richtung, aus der heraus eine als attraktiv empfundene Botschaft zu kommen scheint. Etwa hier scheint der Durchtunnellungsvorgang zu beginnen, wenn nämlich die kollektive Problemlösungsnachfrage und das Problemlösungsangebot des einzelnen über eine fit-Zuschreibung (das Angebot paßt zur Nachfrage) kollektiv kurzgeschlossen wird. Die spezifische Person wird eine Anhängerschaft nach sich ziehen, so daß es in der Sprache der Selbstorganisation über den Mechanismus der Taktgebung und der Taktbefolgung zu einer Angleichung vieler anderer an diesen einzelnen Ausgezeichneten kommt. Das System würde im Rahmen seiner Instabilitätszunahme also einen ersten Bifurkationspunkt insofern erreichen, als sich eine Wegegabelung (dem Guru folgen bzw. nicht folgen) anbietet.

Unter der Randbedingung dieser kollektiven fit-Zuschreibung werden die identischen Worte desselben Gurus also nun nicht mehr überhört, sondern gehört, da ein kollektiver Suchprozeß die Ohren sensibilisiert hat und die Botschaft attraktiv klingt. Man könnte sich dies in der Praxis so vorstellen, daß sich die verschiedenen Subsysteme (etwa in einem Betrieb) im Rahmen der Erörterung der neuen Botschaften wechselseitig begeistern und stimulieren, womit der Durchtunnellungsvorgang, also eine Reaktion auf der Ebene der Gesamtorganisation, immer wahrscheinlicher wird.

Das Wirksamwerden des Zufalls kann man sich so vorstellen, daß zur gleichen Zeit im gleichen Betrieb möglicherweise mehrere Taktgeber zur Verfügung stehen. Die Frage, welchem Taktführer nun die größere Problemlösungskompetenz zugesprochen wird, hängt dabei insofern von Zufälligkeiten ab, als der eine Taktgeber möglicherweise rhetorisch begabter ist und suggestiver auftreten kann als der andere, wobei diese Talentverteilung, über die verschiedenen Taktgeber hinweg betrachtet, zufallsbedingt ist, womit letztlich dann auch die Präferenzbildung zugunsten gerade des einen Taktgebers Zufallseinflüsse mit reflektiert. Zufall kann insofern auch eine Rolle spielen, als die Unvorhersehbarkeit gruppendynamischer Prozesse instabile Koalitionsbildungen zwischen Meinungsführern begünstigen könnte, die zum kritischen Abstimmungszeitpunkt die Präferenzen gerade zugunsten des Taktgebers X und nicht zugunsten des Taktgebers Y entwickeln lassen. Vorhersagbar ist in einer solchen Phase der Instabilität in Kenntnis der im sozialen System potentiell vorhandenen „Gurus" also bestenfalls, daß sich das soziale System für die Alternative X oder Y entscheiden wird. Die Frage, wer letztlich die Funktion des Taktgebers übernehmen wird, ist dagegen nicht voraussagbar.

Dies kann im Einzelfall natürlich bedeuten, daß eine Organisation einer Konzeption folgt, die mitnichten imstande ist, dem kollektiven Problemlösungsbedarf gerecht zu werden. Deutet man die Ausrichtung der vielen auf den einen in der Tat im Sinne einer Bifurkationsgabelung, also mehr oder weniger als Zufallsprodukt, so ist kollektiver Irrtum sogar sehr wahrscheinlich. Diese Vorstellung ist natürlich mit der Annahme durchaus kompatibel, daß im weiteren Zeitverlauf bei den verschiedenen Bifurkationen dysfunktionale Lösungsvarianten in den Hintergrund und funktionalere Lösungsvarianten in den Vordergrund rücken. Über Prozesse der Selbstorganisation werden Bifurkationspunkte produziert und Lösungspfade abgearbeitet, die das Überleben des jeweiligen Systems langfristig wahrscheinlicher werden lassen (Ebeling, 1990, S. 59). In der Tat spielen ja auch in den modernen Organisationstheorien Vorstellungen einer Organisationsevolution (vgl. hierzu Kieser, 1993), gestützt durch Prozesse des organisationalen Lernens (Pawlowsky, 1992; Wörner, 1993) eine wesentliche Rolle. Langfristig, so wird angenommen, würden also über Selbstorganisationsprozesse freigesetzte Lösungsvarianten eine besondere Chance erhalten, die misfit-beseitigende Effekte aufweisen und insofern einen Selektionsvorteil bieten. Zufälliges und Gerichtetes (nämlich u. a. über organisationales Lernen Gerichtetes) ergänzen sich demnach im Prozeß des sozialen Wandels.

Der beschriebene Durchtunnelungsprozeß birgt zwar einerseits die Chance, Innovationen einzuleiten, doch könnten sich andererseits insofern Probleme ergeben, als die Richtung der innerbetrieblichen Gleichschaltung prinzipiell nicht vorhersehbar ist.

Es ist nicht ohne Reiz, die offene Gesellschaft selbst oder die geschlossene Gesellschaft bzw. Mischungen dieser beiden Gesellschaftsformen in diesem Sinne als Problemlösungsvarianten zu interpretieren, die damit natürlich immer nur einen zeitrelativen Problemlösewert aufweisen und über gesellschaftliche Lernprozesse in ihrem Problemlösewert verfeinert werden können. Und es liegt natürlich auch die Analogie nahe, die geschlossene Gesellschaft mit dem Zustand der Stabilität und die offene Gesellschaft dagegen mit dem Zustand der Instabilität in systematischen Zusammenhang zu bringen. Im historischen Längsschnitt könnte man also beide Gesellschaftsformen nur als unterschiedliche Zustände des gleichen Systems charakterisieren, die sich in einer bisher allerdings nicht voll verstandenen Dynamik wechselseitig ablösen. Je mehr man dabei allerdings der Meinung ist, daß das Abarbeiten der Bifurkationspunkte letztlich irreversible Prägungen hinterläßt, (also zu nicht reversiblen qualitativen Zustandsänderungen des Systems führt, so daß man nicht einfach wieder zum Zustand der Unschuld der paradiesischen Geschlossenheit zurückkehren kann, wenn man denn einmal schon vom Baum der Erkenntnis gegessen hat), umso mehr wird die Frage aktuell, wie man versuchen kann, vergleichsweise blinde Ausrichtungen des Oszillationsprozesses, die nur geringen Problemlösegehalt aufweisen, von vornherein in ihrer Ausdifferenzierung zu unterlaufen.

Überträgt man den Gedanken der Bifurkation in den Kontext der offenen Gesellschaft, so läßt sich ansatzweise die Dynamik erhellen, die innerhalb der offenen Gesellschaft einem denkbaren Übergang zu geschlossenen Mustern zugrundeliegen könnte. (Im Rahmen der geschlossenen Gesellschaft dagegen scheint der Bifurkationsmechanismus deswegen weniger relevant, weil per definitionem in der geschlossenen Gesellschaft weniger Alternativen existieren und somit die Wahrscheinlichkeit von Bifurkationen systembedingt geringer sein wird.) Es wäre denkbar, daß sich in der offenen Gesellschaft die als Bifurkationen beschriebenen Gabelungsprozesse dann vollziehen, wenn spezifische Problemlagen auftreten oder verstärkt in das Bewußtsein der Menschen gelangen, die nach Lösungen verlangen. Der dadurch möglicherweise ausgelöste Bifurkationsprozeß beruht beispielsweise auf den unterschiedlichen Betroffenheitsgraden oder den unterschiedlichen Lösungsvorstellungen (Konzeptionen des Guten) der Beteiligten und spiegelt insofern Merkmale der Grundkonzeption der offenen Gesellschaft im Sinne von Rawls (vgl. oben).

Die denkbare Bifurkationsdynamik sei nachfolgend am Beispiel der sogenannnten Ausländerproblematik erläutert. Angenommen, eine bestimmte Eskalationsstufe der Ausländerdiskriminierung (z. B. brennende Asylantenwohnheime, brennende Wohnhäuser ausländischer Familien) rückt das Problem in das öffentliche Bewußtsein und löst eine Diskussion über Lösungsmöglichkeiten aus. Es werden sich einerseits Stimmen finden, die unter dem Motto „Schuld am Ausländerproblem haben die Ausländer“ eine Ausgrenzung ausländischer Mitbürger fordern und damit tendenziell dem geschlossenen Muster das Wort reden. Gleichzeitig wird es Stimmen geben, die die Ursache des Problems nicht bei den Ausländern sehen, sondern in der mangelnden Toleranz der Inländer, die daher auf verstärkte Integration der Ausländer setzen und damit prinzipiell der offenen Gesellschaft zuarbeiten. (Die hier beschriebene einfache Unterscheidung zwischen zwei Richtungen ist selbstverständlich, gemessen an der Realität, stark vereinfacht und dient hier ausschließlich der Illustration. Dennoch wird derzeit in der Bundesrepublik z. B. die Frage diskutiert, inwieweit „Aufschaukelungsphänomene“ etwa zwischen Links- und Rechtsextremismus existieren [Uhrlau, 1994].) Es ist nun vorstellbar, daß sich diese zu Beginn der Gabel herausgebildeten beiden konträren Positionen („Ausländer-Desintegration“ versus „Ausländer-Integration“) im Zeitablauf in einem wechselseitigen Aufschaukelungsprozeß extremisieren und damit zunehmend weiter voneinander entfernen. Ähnlich wie in der Sozialpsychologie die Bildung der eigenen Identität als Prozeß der Abgrenzung von anderen interpretiert wird, kommt es in Abgrenzung und als Reaktion auf das jeweils andere Lager zu zunehmenden Polarisierungen und Extremisierungen. Konkret: Die „Ausländer raus“-Fraktion könnte fordern, ausländischen Mitbürgern bestimmte Rechte zu entziehen (begrenzte Aufenthaltserlaubnis, Verschärfung des Asylrechtes etc.), woraufhin die „Integrations-Fraktion" mit der Forderung reagiert, im Gegenteil die Rechte der Ausländer zu erweitern (doppelte Staatsangehörigkeit, liberalisierter Zuzug von Angehörigen etc.). Wiederum als Reaktion darauf ist vorstellbar, daß die Desintegrations-Partei als weitere Maßnahme in Erwägung zieht, Ausländer etwa in bestimmten Wohnbereichen, Berufen etc. nicht zu dulden oder in bestimmten Wohnbereichen etc. zusammenzufassen, woraufhin die Gegenpartei ihrerseits mit noch weitergehenden Integrationsbemühungen (Konzept der multikulturellen Gesellschaft etc.) reagiert.

Es dürfte deutlich geworden sein, daß wir uns den Verlauf einer ständig größer werdenden Gabel als einen Polarisierungsprozeß denken, in dem die Gegenpole in wechselseitiger Aktion und Reaktion eskalieren. Wichtig ist dabei zu betonen, daß der Beginn eines solchen Gabelungsprozesses nicht in der Trennung von „Guten" und „Bösen" liegt, sondern in unterschiedlichen Problemlösungsansätzen von Menschen. Die Unterschiedlichkeit der (zunächst noch nicht eskalierten) Problemlösungsmuster könnte dabei z. B. in unterschiedlicher persönlicher Wahrnehmung (Bedrohlichkeit im Sinne von Lazarus) oder in unterschiedlichen Graden persönlicher Betroffenheit (unmittelbare Konkurrenz durch Ausländer) begründet liegen.

Wir haben gezeigt, daß sich im Verlaufe des Bifurkationsprozesses (in unserem idealtypischen Modell) zwei unterschiedliche Richtungen oder Ideologien herausbilden können, die sich zunehmend voneinander entfernen, wobei wir unterstellen, daß die Integrationsanhänger einer zunehmenden Öffnung zuarbeiten, während die Desintegrations-Befürworter zu einer Schließung des Systems neigen. Wenn diese beiden Stränge sich im Rahmen der offenen Gesellschaft immer weiter voneinander entfernen, so stellt sich die Frage, wann die Grenzen der offenen Gesellschaft verlassen werden. Wir hatten im Rahmen unseres sozial-psychologischen Erklärungsansatzes sozialen Wandels (vgl. Abb. 6) bereits auf den Umstand hingewiesen, daß im Zeitablauf im Rahmen der Praktizierung der offenen Gesellschaft ihre Nachteile zunehmend problematisiert werden, während gleichzeitig ihre Vorteile als selbstverständlich hingenommen und damit subjektiv entwertet werden, wodurch die Attraktivität des geschlossenen Gegenmodells sukzessive ansteigt. Unterstellt man, daß im Zuge des beschriebenen Bifurkationsprozesses die Probleme der offenen Gesellschaft nicht nur subjektiv, sondern auch objektiv zunehmen dürften (z. B. Überforderung der Menschen angesichts kultureller Pluralität;

vgl. oben), so wird der Wunsch nach Geschlossenheit tendenziell zunehmen und das „Umkippen" in das geschlossene Muster wahrscheinlicher. Die Radikalisierung und Praktizierung des offenen Astes der Bifurkationsgabel führt damit möglicherweise in sein Gegenteil.

Noch eindeutiger wird die Gefahr des geschlossenen Stranges („Ausländer raus") erkennbar: Im Zuge einer Extremisierung dieses Lagers werden die Grenzen der offenen Gesellschaft genau dann überschritten, wenn im Rahmen der Ausgrenzungsmechanismen spezifische Grundwerte und Verfahren der offenen Gesellschaft unterhöhlt werden. Mit einer Abschaffung des Rechtes auf freie Religionsausübung oder des Rechtes der freien Wohnraumwahl z. B. würden die Eckpfeiler des demokratischen Systems verlassen und damit irreversible Entscheidungen zugunsten des geschlossenen Systems getroffen.

Fazit: Als innerbetriebliche Folge der Instabilität sozialer Systeme ergibt sich das Problem, daß die Durchtunnelungswahrscheinlichkeit und damit die Gefahr einer Gleichschaltung mit unklarer und unvorhersehbarer Richtung zunimmt. Zusätzlich besteht auf der gesellschaftlichen Ebene die Gefahr von Polarisierungen, die durch Mechanismen der gegenseitigen Abstoßung extremisiert werden und damit die Gefahr in sich bergen, die Grenzen der offenen Gesellschaft zu überschreiten.

Damit leiten wir zur Frage über, welche praktischen Folgerungen aus dieser chaostheoretischen Sicht gezogen werden können. Es scheinen vor allem zwei Fragen zu sein, die von zentraler Bedeutung sind und die damit bereits zum 7. Kapitel, nämlich zu dem Problem des Gegensteuerns, führen:

- Die erste und ganz pragmatische Frage konzentriert sich auf das Problem, wie man den Übergang von dem Zustand der Stabilität in den Zustand der Instabilität innerhalb eines sozialen Systems rechtzeitig erkennen kann. Will man den makroskopischen Bewegungen von hoher Intensität und unbekannter Qualität zuvorkommen, ist eine solche Diagnose des Instabilitätsbeginns von herausragender Bedeutung. Genau dies ist die Frage, die im Augenblick in der Medizin als Konsequenz aus den chaostheoretischen Erwägungen erörtert wird. Der Übergang geordneter Herzmuskelerregungen in chaotische Erregungsmuster ist in der Kardiologie offenbar inzwischen bekannt und scheint sich an ganz spezifischen Indikatoren zu zeigen (Höger, 1992, S. 227). Ähnlich versucht man in der Psychiatrie den Beginn schizophrener Schübe, also den Übergang zu Zuständen extremer Instabilität, mit Hilfe chaostheoretischer Modellvorstellungen präziser zu diagnostizieren (Schiepek u. a. 1991, S. 101 f.).

– Neben diesem Aspekt der Diagnose des Instabilitätsbeginns stellt sich in praktischer Hinsicht die Frage nach den Chancen einer Instabilitätsprophylaxe. Definiert man die Instabilität im Sinne von Prigogine (siehe vorher), so könnte es angesichts der heute auf der betrieblichen Ebene geführten Debatte um die Organisationskultur hilfreich sein, wenn man sich gerade von den zentralen vereinheitlichenden Tendenzen des Kulturkonzeptes verabschiedet und statt dessen im Sinne einer Instabilitätsprophylaxe einer Kultur*pluralität* das Wort redet. Damit würde, innerbetrieblich argumentiert, über hinreichend unterschiedlichen Geist in den verschiedenen Subsystemen die Wahrscheinlichkeit gesenkt, daß Störungen (Gurus usw.) makroskopisch durchschlagen. Eine Instabilitätsprophylaxe bestünde also in allem, was die Unabhängigkeit der Subsysteme untereinander fördert, und vor diesem Hintergrund sind die modernen Schlagworte von der einheitlichen Unternehmenskultur und dem einheitlichen Unternehmensverständnis (corporate identity) sowie die Schlagworte der angeblich unbedingt notwendigen Vernetzung und Integration aller mit allen höchst fragwürdige Basisstrategien. Auch die visionär-charismatische Führung, auf die wir noch zurückkommen werden, erscheint in einem zwiespältigen Licht insofern, als hier Beziehungen wesentlich auf emotionalem Wege fundiert werden, und genau die Emotionalisierung ist möglicherweise einer derjenigen Faktoren (die dem k-Wert [als Ausbreitungs- oder Proportionalitätsfaktor] in der Abb. 7 entsprechen), über die ein u. a. über das Tempo des Wandels ausgelöster Destabilisierungsprozeß *zusätzlich* angeheizt werden kann.

Ähnlich lautet ein speziell organisationstheoretischer Ansatz zur Bewältigung des Dilemmas zwischen Stabilität und Instabilität (Stacey, 1992). Der Vorschlag Staceys lautet, in Organisationen weder Flexibilität noch Stabilität, sondern begrenzte Instabilität (bounded instability) zu etablieren. Um die unvorhersehbare Zukunft (the unknowable) zu bewältigen, sei es gefährlich, sogenannte flexible Organisationen einzurichten (flache Hierarchien mit unklaren, überlappenden Rollen, empowerment mit Partizipation und Teamwork in self-managed teams), weil diese Art der Organisation ihrerseits spezifische Integrationsmechanismen (starke Ideologie, Visionen, einheitliche Werte, charismatische Führung, einheitliche Kultur) erzwinge, die wiederum die Kreativität und Innovationsfähigkeit der Organisation gefährden würden. Stattdessen komme es aus chaostheoretischer Perspektive darauf an, diejenigen Hindernisse auszuräumen, die die Interaktion und Prozesse des Lernens verhindern (Stacey, 1992, S. 125). (Diese Strategie erinnert im übrigen an die Stückwerktechnologie des Vermeidens von Übeln in der offenen Gesellschaft.) So sei eine sogenannte dynamische Organisation zu schaffen, die gerade dazu beiträgt, durch permanente Herausforderung und Provokation die bestehenden „belief systems" immer wieder zu zerstören (S. 178 ff.). Dies geschieht durch Selbstorganisation und Begrenzung von Instabilität. Es werden informelle Netzwerke zugelassen, die zu spontaner Selbstorganisation fähig sind. Diese dürfen jedoch weder ohne jede Begrenzung arbeiten, da sie dann hyperaktiv werden könnten und die Organisation in Anarchie stürzen würden; noch dürfen ihre Grenzen zu eng gezogen werden, da sie dann entweder inaktiv (und stabil) werden oder subversive Aktivitäten entfalten und damit instabil und unbeherrschbar werden.

Der Vorschlag Staceys, einerseits Instabilität zu begrenzen, ohne andererseits die Kreativität der Organisation zu gefährden, sieht zwei Begrenzungsmechanismen vor: Hierarchie und Macht einerseits und Organisationskultur andererseits. Die organisationale Hierarchie, die zur Aufrechterhaltung einer kurzfristigen Kontrolle ohnehin notwendig ist, bedingt, daß das, was in den informellen Netzwerken entwickelt wird, sich nicht unkontrolliert verselbständigen kann, sondern sich im Rahmen der bestehenden hierarchischen Struktur bewähren und legitimieren muß. Die ungleiche Machtverteilung in der Organisation führt dazu, daß „politische Aktivität" (Überzeugung, politische Unterstützung) notwendig ist, um Änderungen durchzusetzen. Organisationskultur als zweiter stabilitätsförderlicher Mechanismus ist so zu handhaben, daß einerseits eine schwach ausgeprägte Kultur von allen geteilt wird und andererseits jedes informelle Netzwerk seine eigene Kultur hat. Eine solche Kulturpluralität führt dazu, daß zum einen Instabilität erzeugt wird, weil jedes Netzwerk im Zuge organisationaler Lernprozesse unterschiedliche Änderungsvorschläge hervorbringt; zum anderen wird diese Instabilität gleichzeitig dadurch begrenzt, daß sich letztlich nur diejenigen Änderungen durchsetzen lassen, die sich in der Auseinandersetzung mit den anderen Netzwerken (und der offiziellen Hierarchie) bewähren. Auf diese Weise vermeidet man mentale Integrationsmechanismen, die Kreativität und Innovationsfähigkeit hemmen, und schafft „begrenzte Instabilität" durch selbstorganisierende Netzwerke, ihrerseits begrenzt durch Hierarchie, Machtdifferenzen und kulturelle Pluralität.

- Auf der Ebene der Gesamtgesellschaft zielt eine mögliche Instabilitätsprophylaxe darauf, der beschriebenen Polarisierungs- und Extremisierungstendenz entgegenzuwirken. Wenn die skizzierte Dynamik darin besteht, daß sich gegensätzliche ideologische Stränge wechselseitig abstoßen, bis sich die Bandbreite so vergrößert, daß das offene System gesprengt wird, so könnte die entsprechende Gegenstrategie lauten, die Bandbreite möglicher Polarisierungen (und damit die Varianz denkbarer Ideologien) zu reduzieren. Wie können die äußeren Begrenzungen der Bandbreite festgelegt werden? Die äußeren Begrenzungen für Polarisierungen scheinen in der offenen Gesellschaft dort zu liegen, wo der sogenannte Minimalkonsens der demokratischen Grundordnung verlassen wird. Unter Bezugnahme auf John Rawls (vgl. oben) geschieht dies genau dann, wenn die demokratischen Verfahren (Gerechtigkeit als Fairneß) ausgehebelt werden, die die Realisierung der grundlegenden Prinzipien der Liberalismuskonzeption (Individualität, Toleranz, Freiheit) gewährleisten. Der Versuch, die prinzipielle Labilität offener Gesellschaften so zu begrenzen, daß die Gefahr des „Umkippens" in die geschlossene Gesellschaft gemildert wird, führt damit zur prozeduralen Rahmensetzung im Sinne von Rawls zurück.

Im Fazit heißt dies: Das Tempo des Wandels erweist sich in der Tat als ein Katalysator, der über entsprechende Selbstdefinitionsirritationen, Einschränkungen des Eigenmachtgefühls und Beeinträchtigungen der Situationskontrolle zu einer Destabilisierung des sozialen Systems beitragen kann. Unter Bezugnahme auf chaostheoretische Zusammenhänge lassen sich Vermutungen darüber anstellen, wie einer derartigen Destabilisierungstendenz entgegengewirkt werden könnte: Fragen der Instabilitätsdiagnose einerseits und der Instabilitätsprophylaxe (Anti-Durchtunnelung auf der betrieblichen Ebene und Anti-Extremisierung auf der gesellschaftlichen Ebene) andererseits rücken in den Vordergrund. Selbstverständlich stellt sich hier die Frage, wie denn im Falle akuter Instabiltiät nach „mißlungener“ oder unzureichender Prophylaxe gegengesteuert werden kann — auf diese Frage werden wir in Teil III der Arbeit eingehen.

Wie läßt sich zusammenfassend der Wandel zwischen dem offenen und dem geschlossenen Muster erklären? Die prinzipielle Labilität sozialer Systeme läßt sich teilweise damit erklären, daß sowohl die offene als auch die geschlossene Gesellschaft neben Vorteilen auch spezifische Nachteile bedingen, die im Zeitablauf irgendwann den Wunsch nach dem jeweiligen Gegenmodell aktualisieren. Sozialpsychologisch-individuelle Wahrnehmungs- und Bewertungsprozesse können in Wechselwirkung mit historisch-soziologischen Rahmenbedingungen einen sozialen Wandel von einem System in das andere verständlich machen. Bezogen auf die offene Gesellschaft der Bundesrepunblik Deutschland werden derzeit unter anderem Symptome sichtbar für eine Bewertung der Situation als tendenziell bedrohlich (Orientierungskrise) und zugleich für eine als gering wahrgenommene Situationskontrolle bzw. Handlungschance (Politikverdrossenheit), und zwar sowohl auf der individuellen Erfahrungsebene als auch auf der kollektiven Deutungsebene. In Verbindung mit gleichzeitig beobachtbaren Schließungstendenzen kann man daraus ableiten, daß die Attraktivität der geschlossenen Gesellschaft zugenommen hat, was als Anzeichen dafür interpretiert werden könnte, daß die Bundesrepublik zwischen den Polen der offenen und geschlossenen Gesellschaft in Bewegung geraten ist.

Anhand der „Wende“ von der geschlossenen Gesellschaft der DDR zur offenen Gesellschaft der Bundesrepublik läßt sich die Dynamik des sozialen Wandels veranschaulichen. An diesem Beispiel wird deutlich, wie individuelle und kollektive Bewußtseinsphänomene und ökonomische und soziologische Gegebenheiten sich in ihrer Wirkung gegenseitig verstärken.

Insbesondere innerhalb der offenen Gesellschaft wirkt zusätzlich das zunehmende Tempo gesellschaftlicher Veränderungen als Katalysator des sozialen Wandels. Vor diesem Hintergrund wird die Frage aktuell, wie man speziell die prinzipielle Instabiltiät der offenen Gesellschaft handhaben kann.

Bevor wir der Frage nachgehen, was neben Instabilitätsdiagnose und Instabilitätsprophylaxe getan werden kann, wird im folgenden untersucht, in welchem Sinne sich das auf der gesellschaftlichen Ebene analysierte Spannungsfeld zwischen der offenen und der geschlossenen Gesellschaft auch in der betrieblichen Realität widerspiegelt.

Teil II

Die Widerspiegelung offener und geschlossener Ordnungen auf der betrieblichen Ebene — Charakteristika offener und geschlossener Unternehmen

Bisher wurde beschrieben, worin sich die Konzeptionen der offenen und der geschlossenen Gesellschaft unterscheiden, worin ihre jeweiligen Attraktivitäten, aber auch Gefahren liegen und wie der Übergang von einem Muster in das andere verständlich gemacht werden kann. In diesem zweiten Hauptteil der Arbeit steht die Frage im Vordergrund, ob auch Betriebe als offene oder geschlossene Systeme beschrieben werden können und welche Konsequenzen sich daraus für die betriebliche Praxis ergeben. Es wird also versucht, das oben beschriebene Denkmuster „offene versus geschlossene Gesellschaft" auf die betriebliche Realität zu projizieren.

Indem wir hier nicht mehr die Gesellschaft als ganze, sondern nur noch das soziale Subsystem Betrieb betrachten, verengen wir den Bezugsrahmen unserer Analyse erheblich. Daher stellt sich zunächst die Frage, inwieweit man die Gesellschaftskonzeption der offenen und geschlossenen Gesellschaft auf den Betrieb übertragen kann. Sind Betriebe eher offene oder eher geschlossene Subsysteme? Es ist anzunehmen, daß das soziale System Betrieb im Vergleich zum sozialen System Gesellschaft in der Tendenz vergleichsweise geschlossen ist. Legt man die Maßstäbe von Offenheit — z. B. die Kriterien der Rawlsschen Liberalismuskonzeption (vgl. Abb. 3) — zugrunde, so ergibt sich allenfalls eine begrenzte Offenheit in Betrieben.

So wird man im Rahmen einer offenen Gesamtgesellschaft zwar davon ausgehen können, daß Unternehmen sich zu konzeptionellen Werten der offenen Gesellschaft bekennen (Toleranz, Chancengleichheit, Individualität, Grundrechte und Grundfreiheiten); gleichwohl gibt es für die Führung eines Unternehmens weniger denkbare „Konzeptionen des Guten", weil durch ökonomische Zwänge gewissermaßen natürliche Grenzen des Machbaren vorgegeben sind. So ergeben sich insbesondere auf der Verfahrensseite gravierende Einschränkungen der Offenheit. Zum einen folgen Unternehmen in der Regel einer bestimmten ökonomischen Zwecksetzung. Daher kann im Betrieb nicht der Vorrang des einzelnen gelten, sondern für alle im Betrieb arbeitenden Individuen haben im Prinzip die Unternehmensziele (unterschiedlicher Art) Vorrang. Damit hängt zusammen, daß unter der Perspektive ökonomischer Effizienz zwar zunehmend auch langfristig gedacht und geplant wird, jedoch läßt sich das Gebot der Unvoreingenommenheit bei der Regelfestlegung im Sinne von Rawls nicht realisieren. Unternehmen bzw. Unternehmensleitungen haben nicht die Chance, sich hinter den „Schleier der Unwissenheit" (Rawls) zurückzuziehen und ausschließlich für eine ferne Zukunft zu entscheiden. Einerseits besteht in Betrieben ein Entscheidungsbedarf für die unmittelbare Gegenwart; andererseits ist ein Engagement im Betrieb tendenziell nur dann zu erwarten, wenn die im Unternehmen Handelnden eine Chance sehen, auch gerade ihre eigenen Interessen zu verfolgen. Schließlich ist auch das Prinzip der Gewaltenteilung „unter freien und gleichen Bürgern" (Rawls) nicht realisierbar — so ist ein Merkmal jeder betrieblichen Organisation in der Regel eine mehr oder weniger ausgeprägte Hierarchie und damit eine ungleiche Machtverteilung. Verglichen mit dem sozialen Gesamtsystem Gesellschaft scheint also prinzipiell der Spielraum für Offenheit (definiert in den Rawlsschen Kategorien) in Unternehmen als zielorientierte „Subsysteme" enger zu sein — es gibt somit ökonomische Grenzen offener Betriebe.

Dennoch läßt sich feststellen, daß in Unternehmen unter anderem im Gefolge der 68er-Bewegung in bezug auf alle oben genannten Bereiche Öffnungsprozesse stattgefunden haben. Was die Ebene der „Konzeption des Guten" betrifft, so ist beobachtbar, daß sich die Zielsetzung von Unternehmen insofern erheblich gewandelt (geöffnet) hat, als das anfängliche Ziel der Gewinnmaximierung abgelöst wurde durch breitere Zielsetzungen (vgl. Kirsch, 1992). In dieser Verbreiterung des Zielkorridors ist auch angelegt, daß Unternehmen den Zielen verschiedener Personengruppen verpflichtet sind: nicht mehr nur dem Eigentümer, sondern auch den Mitarbeitern und nicht zuletzt einer breiteren Öffentlichkeit. In dem Maße, wie Unternehmen auch gesellschaftliche Verantwortung wahrnehmen (Unternehmensethik, Sozialbilanzen, Ökobilanzen etc.), wird zugleich die Rawlssche Forderung der Unvoreingenommenheit in Teilen erfüllt. In dieser Hinsicht wird in Betrieben auch langfristig und unter kurzfristiger Zurückstellung eigener ökonomischer Gewinninteressen gedacht — nicht nur, was das eigene langfristige Überleben angeht, sondern auch bezogen auf die langfristige gesellschaftliche Verantwortung. Vor diesem Hintergrund hat sich auch die Machtbalance in Betrieben verändert. Von der ursprünglichen Allmacht des Alleineigentümers hin zu unterschiedlichsten Formen der gesetzlich fundierten Mitbestimmung (industrielle Demokratie) einerseits, andererseits durch strukturelle Veränderungen im Unternehmen (flache Hierarchien, Empowerment, Dezentralisierung, Selbstorganisation etc.), die zu einer gleichmäßigeren Verteilung von (Entscheidungs-) Macht geführt haben.

Im Fazit bedeutet dies: Im Vergleich zur Gesamtgesellschaft stellen Betriebe tendenziell eher geschlossene Interaktionsmuster dar. Wenn sich etwa seit den späten 60er Jahren in verschiedenen Hinsichten deutliche Öffnungstendenzen abzeichnen, so stellen diese Öffnungen vorsichtige, experimentelle Liberalisierungen eines an sich eher geschlossenen Grundmusters dar. Ebenso wie das Gesellschaftssystem ist auch die Orientierung von Betrieben in bezug auf Offenheit oder Geschlossenheit keinesfalls als stabil zu betrachten. Und so stellt sich auch auf der betrieblichen Ebene die Frage, wo Betriebe heute zwischen den Polen der offenen und der geschlossenen Gesellschaft stehen. So fällt auf, daß etwa seit den 80er Jahren neben den heute bestehenden Öffnungstendenzen (interne Märkte, laterale Kooperation, Dezentralisierung, Organizational Learning etc.) in Betrieben auch solche Interaktionsmuster forciert werden, die der geschlossenen Gesellschaft nahestehen (visionäre Führung, einheitliche corporate identitiy, reengineering etc.). Wir haben oben dargestellt (vgl. Teil I), daß etwa zur selben Zeit auf der Ebene der Gesellschaft Tendenzen zur geschlossenen Gesellschaft spürbar sind — gibt es also möglicherweise parallel auch in Betrieben Bestrebungen „zurück zur geschlossenen Gesellschaft"?

So wie es auf der gesellschaftlichen Ebene unterschiedliche Öffnungs- und Schließungsgrade gibt, existieren vermutlich auch unterschiedlich „offene" und „geschlossene" Betriebe. Im folgenden stehen hier jedoch weniger die Unterschiede zwischen verschiedenen Betrieben im Vordergrund, sondern es wird vor allem darum gehen, die Binnenvarianz innerhalb eines Betriebes zu analysieren. Letztlich geht es in diesem Teil der Arbeit um die Frage, wie sich das Spannungsverhältnis zwischen Offenheit und Geschlossenheit auf der betrieblichen Ebene äußert, bevor wir im dritten Teil zur Frage übergehen, welche — gesamtgesellschaftlichen und betrieblichen — Handlungsoptionen zur Handhabung des Dilemmas denkbar sind. Vor diesem Hintergrund interessieren uns im folgenden zunächst drei Fragestellungen.

- Wie lassen sich „offene" und „geschlossene" Betriebe *beschreiben*? Um diese Frage zu klären, greifen wir auf die im ersten Kapitel beschriebenen drei Bewußtseinsdimensionen der offenen und geschlossenen Gesellschaft zurück. Der Leser sei insofern gebeten, sich diese Bewußtseinsdimensionen noch einmal ins Gedächtnis zurückzurufen. Aus Vereinfachungsgründen haben wir dabei für jede Dimension eine zentrale Fragestellung formuliert (vgl. Abb. 8). Die Leitfrage für die von uns als anthropologisch bezeichnete Dimension (A) lautet: Welche Freiheitsgrade hat der Mensch als Mensch? Die Gedankengänge, die im ersten Kapitel als Antwortalternative der offenen Gesellschaft erläutert wurden, werden hier unter dem Stichwort „Voluntarismus“ zusammengefaßt. Die Variante der geschlossenen Gesellschaft wird im Gegensatz dazu als „Determinismus“ bezeichnet. Die im ersten Kapitel dargestellten verschiedenen Annahmen der sozialen Dimension (B) fassen wir in der Leitfrage zusammen: Was steht im Vordergrund — Individuum oder Kollektiv? Dabei bezeichnet „Individualismus“ den offenen Pol und „Kollektivismus“ den geschlossenen Pol. Schließlich ist die erkenntnistheoretische Dimension mit der Frage umschrieben: Wie zuverlässig ist menschliche Erkenntnis? Als Gegensatzpaar werden hier die Begriffe „Vorläufigkeit“ für die offene und „Endgültigkeit“ für die geschlossene Gesellschaft verwendet.

Die in Abbildung 8 zusammengestellten Leitfragen stellen insofern Vereinfachungen dar, als sie möglicherweise nicht alle Nyancen der offenen und geschlossenen Gesellschaft wiedergeben, wie sie im ersten Kapitel ausführlich beschrieben wurden. Wir sind jedoch der Ansicht, mit diesen Dimensionen und den formulierten Leitfragen wichtige Unterschiede zwischen Offenheit und Geschlossenheit erfaßt zu haben und nehmen diese Vereinfachung deshalb in Kauf, weil es für unsere jetzige Fragestellung auf ein handhabbares Analyseinstrument ankommt. Die in der Abbildung 8 skizzierten Dimensionen bilden daher die Grundlage für alle weiteren Überlegungen. Wir werden im folgenden zu beschreiben versuchen, wodurch z. B. ein voluntaristisch orientierter Betrieb im Gegensatz zu einem eher deterministisch ausgerichteten Betrieb gekennzeichnet ist. Dabei konzentrieren wir unsere Beschreibung auf drei Bereiche: Zum einen werden wir die geistige Grundorientierung eines Unternehmens betrachten und zu beschreiben versuchen, was eine eher offene von einer eher geschlossenen Unternehmens- bzw. Organisationskultur unterscheidet (Kapitel 5). Im Anschluß daran werden wir — wiederum bezogen auf unsere drei Leitfragen — zu präzisieren versuchen, wie sich „Offenheit“ bzw. „Geschlossenheit“ in der betrieblichen Interaktion (Führung, Gruppenarbeit) äußert (Kapitel 6).

Methodisch gehen wir dabei so vor, daß wir unsere Beschreibungen

Offene Gesellschaft	Geschlossene Gesellschaft
A. Anthropologische Dimension: *Welche Freiheitsgrade hat der Mensch als Mensch?*	
Voluntarismus	**Determinismus**
Alternativen, soziale Realität als Widerspiegelung des menschlichen Willens (Konventionen)	Alternativenlosigkeit, Historizismus, soziale Realität als Widerspiegelung von Sachzwängen oder „höherer“ Mächte
B. Soziale Dimension *Was steht im Vordergrund — Individuum oder Kollektiv?*	
Individualismus	**Kollektivismus**
Freiheit, Gleichheit der Chancen (Gleichheit der Ausgangsbedingungen), soziale Mobilität (Status erworben), Pluralität	Unfreiheit (Zwang), Ungleichheit der Chancen, soziale Immobilität (Status zugeschrieben), Gleichschaltung (Gleichheit der Ergebnisse); Uniformität
C. Erkenntnistheoretische Dimension *Wie zuverlässig ist menschliche Erkenntnis?*	
Vorläufigkeit	**Endgültigkeit**
Fallibilismus, Fehlbarkeit, Unsicherheit, Stückwerktechnologie, kritischer Rationalismus: Toleranz, Offenheit, Dynamik	Gewißheit, Unfehlbarkeit, Ganzheitsplanung, Pseudorationalismus: Dogmatik, Starrheit, Ideologie

Abb. 8: Dimensionen der offenen und geschlossenen Gesellschaft

jeweils in theoretischen Denkfiguren („Konstrukten“) zusammenfassen. Beispielsweise werden wir auf der anthropologischen Dimension die voluntaristische Orientierung einer Organisationskultur anhand verschiedener Merkmale beschreiben und diese Beschreibung dann im Konstrukt „Planungssubjekt“ verdichten. Dabei sei der Leser darauf hingewiesen, daß diese Denkfiguren vor allem typologischen Charakter haben. Wir haben uns bemüht, Begriffe zu finden, die das mit den Merkmalen Gemeinte jeweils möglichst treffend bezeichnen und daher in manchen Fällen auch überzeichnen. Dies nehmen wir aus Gründen der größeren Anschaulichkeit in Kauf und weisen deshalb darauf hin, daß diese Bezeichnungen nicht zu konkret verstanden werden sollten. Wenn wir unten z. B. eine Führungskraft, die im Sinne der geschlossenen Gesellschaft führt, als „Guru“ bezeichnen, so wollen wir damit nicht zum Ausdruck bringen, daß jeder annähernd „geschlossen“ Führende in diesem Sinne diffamiert werden müsse.

- Woran kann man offene bzw. geschlossene Betriebe *erkennen*? Für die betriebliche Praxis ist nicht nur die Frage interessant, wie offene bzw. geschlossene Betriebe beschrieben werden können, sondern auch — vor allem mit Blick auf mögliche Handlungsoptionen — woran man in Unternehmen z. B. voluntaristische oder deterministische Orientierungen erkennen kann. Aus diesem Grund ist unser Ziel, ein Instrumentarium zu entwickeln, mit Hilfe dessen man offene und geschlossene Strukturen in Betrieben diagnostizieren kann.

  Dazu versuchen wir, aus den oben erwähnten Beschreibungen (Konstrukten) offener und geschlossener Organisationskultur, Führung und Gruppenarbeit mögliche betriebliche Erscheinungsformen abzuleiten, die als Indikatoren für die jeweiligen Konstrukte dienen. Diese Indikatoren verdeutlichen, wie die Denkfigur jeweils in der betrieblichen Realität aussieht, und illustrieren sie durch Beispiele. Die Indikatoren sollen es der Führungskraft dann im konkreten Fall erleichtern, zu erkennen, ob sie eher im Sinne der offenen oder der geschlossenen Gesellschaft führt.

  Bei den Beispielen handelt es sich ebenfalls um typische betriebliche Phänomene. Es werden jeweils solche betrieblichen Erscheinungsformen benannt, die den Inhalt der jeweiligen Denkfigur exemplarisch verdeutlichen. Keinesfalls verfolgen wir damit den Anspruch, eine vollständige Liste aller in Frage kommenden Erscheinungen zusammenzustellen. Noch eines sei in diesem Zusammenhang betont: Mit der Entwicklung von Konstrukten und Indikatoren geht es uns nicht darum, jeweils ein vollständiges Muster des „offenen“ oder „geschlossenen“ Betriebes zu entwerfen. Unsere Absicht ist vielmehr, dem Leser unsere Konstrukte so plastisch vor Augen zu führen, daß er anschließend zur Einschätzung der Nähe des eigenen Betriebes zum offenen oder geschlossenen Pol diejenigen Phänomene selbst zuordnen kann, die für seinen Betrieb bedeutsam sind.

- Wie wünschenswert ist ein eher offener bzw. ein eher geschlossener Betrieb? Unterstellt man, daß sich Betriebe sowohl im Sinne der überwiegend offenen als auch im Sinne der überwiegend geschlossenen Gesellschaft gestalten lassen, so stellt sich in der betrieblichen Praxis die Frage, für welche Alternative man sich entscheiden soll. Dafür ist es hilfreich zu überlegen, welche Konsequenzen sich jeweils aus überwiegend offenen oder geschlossenen innerbetrieblichen Strukturen ergeben könnten. Ein Kriterium für die Zweckmäßigkeit betrieblicher Strukturen und Prozesse ist allgemein die ökonomische Effizienz. Es wäre also zu fragen, wie sich die ökonomischen Daten eines Betriebes verändern, wenn sich seine Grundorientierung in Richtung Offenheit oder Geschlossenheit verändert. Spräche also aus ökonomischer Sicht etwas für den offenen oder den geschlossenen Betrieb? Speziell ließe sich untersuchen, welche Strategien für bestimmte ökonomisch relevante Ziele empfehlenswert sind. Fördert z. B. der offene Betrieb speziell Kreativität und Innovationsbereitschaft? Wäre andererseits das geschlossene Muster vorzuziehen, um die Integration und die reibungslose Kooperation im Unternehmen zu verbessern? Ebenfalls von Bedeutung ist natürlich in diesem Zusammenhang die Frage, ob und wie man in Betrieben offene und geschlossene Muster miteinander kombinieren sollte. Derartige Fragen können sicherlich nur unter den Bedingungen des konkreten Einzelfalls entschieden werden — wir werden diese Problematik daher jeweils nur auf einer abstrakteren Ebene andeuten können, zumal die rein ökonomische Betrachtung nicht im Vordergrund unserer Analyse steht.

Im Kontext unserer Problematik — dem Dilemma zwischen der offenen und der geschlossenen Gesellschaft — steht dagegen eine andere Frage im Vordergrund: Wenn auf der Ebene der Gesamtgesellschaft (wie oben beschrieben) die Muster „offen“ und „geschlossen“ jeweils im Zeitablauf variabel sind und ineinander übergehen können, so liegt der Hauptakzent auf der Frage, ob es Wechselwirkungen zwischen der gesellschaftlichen Ebene einerseits und der betrieblichen Ebene andererseits gibt, die den sozialen Wandel beeinflussen können. Dabei geht es nicht primär um Wechselwirkungen ökonomischer Art (im volkswirtschaftlichen Sinne), sondern um Wechselwirkungen auf der geistig-kulturellen Ebene. Denkbar sind solche Abhängigkeiten, weil Menschen als Träger der geistigen Dimensionen in Ausübung ihrer verschiedenen Rollen beiden Systemen angehören. Worin können solche Abhängigkeiten substantiell bestehen? Unterstellt man, daß sowohl auf gesamtgesellschaftlicher Ebene (vgl. Kapitel 4) als auch in Betrieben als „small societies“ (Argyris, Schön, 1978, S. 326) Wirklichkeiten nicht nur „entdeckt“, sondern in nicht unwesentlichem Umfang auch „konstruiert“ und sozial vermittelt werden (Berger, Luckmann, 1982), so könnte man fragen, wie sich die Wirklichkeitskonstruktionen in Unternehmen und der Gesellschaft gegenseitig beeinflussen. Wie Gesellschaften, so erzeugen auch Betriebe als Ausschnitte der sozialen Realität Bewußtsein, Überzeugungen und Werthaltungen, und es ist anzunehmen, daß dies nicht unabhängig von dem jeweiligen gesellschaftlichen Kontext geschieht, der seinerseits wieder davon nicht unbeeinflußt bleiben dürfte.

Wie können solche Rückkoppelungen von der betrieblichen Ebene zur gesellschaftlichen Ebene aussehen? Betriebliche Grundorientierungen können vermutlich dazu beitragen, daß auf der Ebene der Gesellschaft das Muster der offenen Gesellschaft stabilisiert oder destabilisiert wird. Man könnte einerseits annehmen, daß offene und geschlossene Muster partiell vereinbar sind, so daß Stabilität erzeugt wird, indem sich Effekte der offenen und der geschlossenen Gesellschaft in ihrer Wirkung ergänzen. Dann wird ein Betrieb eine offene (Gesamt-) Gesellschaft gerade dadurch stärken, daß er gewissermaßen als „geschlossene Insel“ die Bedürfnisse nach Geschlossenheit befriedigt und somit die Defizite der offenen Gesellschaft (vgl. Kapitel 3) abfedert. In diesem Fall wäre es sinnvoll, in Betrieben teilweise geschlossene Strukturen zu etablieren, um damit die offene Gesellschaft insgesamt zu stabilisieren. Es könnte umgekehrt aber auch sein, daß geschlossenheitsförderliche Praktiken in Betrieben insgesamt die Sehnsucht nach der geschlossenen Gesellschaft aktualisieren und steigern. In dem Maße, wie Menschen z. B. die Vorteile von Geschlossenheit (vgl. Kapitel 2) im Unternehmen erfahren, fragen sie diese vielleicht auch in anderen Lebenszusammenhängen nach. Denkbar ist auch, daß in geschlossener Weise Geführte — wir werden unten (Kapitel 6) darauf zurückkommen, wie eine geschlossenheitsförderliche Führung aussehen könnte — möglicherweise die Fähigkeit verlieren, die Herausforderungen der offenen Gesellschaft zu bestehen. Wir haben oben (vgl. Kapitel 4) erwähnt, daß derzeit parallel auf der gesellschaftlichen und auf der betrieblichen Ebene neben einigen Öffnungstendenzen auch Schließungstendenzen erkennbar sind.

Das Problem der Wechselwirkungen bzw. der Rückkoppelungen zwischen Gesellschaft und Betrieb und damit die Frage der Wünschbarkeit offener bzw. geschlossener Betriebe werden wir im dritten Teil der Arbeit unter dem Stichwort der Balancefindung zwischen dem offenen und dem geschlossenen Pol ausführlicher diskutieren.

5. Kennzeichen offener und geschlossener Unternehmenskultur

Bei der Beschreibung der offenen und der geschlossenen Gesellschaft im ersten Kapitel sind wir davon ausgegangen, daß sich Offenheit und Geschlossenheit hinsichtlich bestimmter Denkmuster und Einstellungen unterscheiden. Dabei haben wird die beiden Gesellschaftsmuster anhand verschiedener Wertemuster und Bewußtseinsdimensionen beschrieben (vgl. Abb. 1). Wenn man diese Denkmuster auf die betriebliche Realität beziehen will, lautet die entscheidende Frage, worin sich solche Denkfiguren in Betrieben äußern.

Etwa seit Beginn der 80er Jahre wird versucht, Unternehmen als Miniaturgesellschaft, als „small society" (Argyris, Schön, 1978, S. 326), zu interpretieren und die in einer Unternehmung vorherrschenden Werte, Normen, Denkmuster und Verhaltensweisen unter dem Begriff der „Unternehmenskultur" oder auch „Organisationskultur" zusammenzufassen. Inzwischen entstand eine Fülle theoretischer Kultur-Konzeptionen, die sich z. B. darin unterscheiden, ob eher der interpretative Aspekt (Organisationskultur als Angebot an Werten und Denkmustern) oder der funktionalistische Aspekt (Organisationskultur als betriebliches Gestaltungsinstrument) im Vordergrund stehen. Eine gute Übersicht über diese unterschiedlichen Ansätze findet sich in Dülfer (1991). Ohne auf diese theoretischen Unterscheidungen näher einzugehen, verstehen wir für unseren Zweck Unternehmens- oder Organisationskultur als geistigen Überbau, der Denk- und Verhaltensweisen in einem Betrieb bestimmt. Die Verhaltensweisen selbst werden wir dabei gesondert betrachten, wenn wir im anschließenden Kapitel 6 konkrete Formen der Interaktion in Unternehmen analysieren. Im ersten Teil (Kapitel 6.1) wird zunächst Führung als vertikale Form der Interaktion untersucht, während anschließend (Kapitel 6.2) eher offene und eher geschlossene Gruppenarbeit als Beispiel für horizontale Zusammenarbeit thematisiert wird.

Da es für unsere spezifische Fragestellung vor allem auf Bewußtseins-

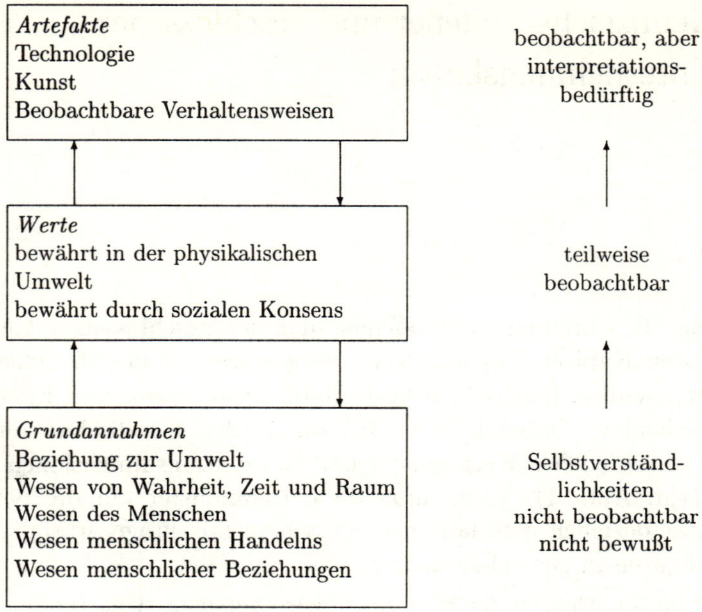

Abb. 9: Ebenen von Organisationskultur nach Schein

dimensionen ankommt, die dem Handeln vorgelagert sind (vgl. Abb. 1), orientieren wir uns an einem Modell von Unternehmenskultur, das die Bedeutung solcher Bewußtseinsdimensionen hervorhebt. Das Organisationskultur-Konzept nach E. H. Schein (1987) nimmt an, daß das Fundament jeder Organisationskultur von sogenannten Grundannahmen (basic assumptions) gebildet wird. Schein geht davon aus, daß Organisationskultur auf drei Ebenen beschreibbar ist, die miteinander verbunden sind, wobei er unsichtbare (Grundannahmen) von sichtbaren (Werte und Artefakte) Ebenen unterscheidet (vgl. Abb. 9).

Nach Schein bestimmen die sogenannten Grundannahmen jeweils die Werte, die in der Unternehmung als gültig anerkannt werden, und diese Werte manifestieren sich wiederum in sichtbaren „Artefakten". Zu diesen Artefakten zählen z. B. die Verhaltensmuster in einem Betrieb und die verwendete Technologie, aber auch die (künstlerische) Gestaltung des Unternehmens wie z. B. die Architektur.

Da wir, wie oben erwähnt, im weiteren Verlauf zwischen Denkweisen einerseits und Verhaltensweisen andererseits unterscheiden, interessieren uns unter dem Aspekt der Organisationskultur in diesem Kapitel insbesondere die genannten Grundannahmen. Wenn es also im folgenden darum geht, eine eher offene bzw. geschlossene Organisationskultur zu beschreiben, werden wir uns hier hauptsächlich darauf konzentrieren, denkbare offene bzw. geschlossene Grundannahmen zu skizzieren. Erst unter der Perspektive einer möglichen Diagnose offener und geschlossener Organisationskultur werden wir auf Werte und Artefakte zurückkommen, jedoch nur insoweit, als sie sich nicht mit den Variablen Führung oder Gruppenarbeit des nächsten Kapitels überschneiden. Um zu verdeutlichen, welcher Art die hier betrachteten Grundannahmen sind, seien im folgenden die Merkmale dieser basic assumptions im Sinne Scheins kurz dargestellt.

- Die Grundannahmen sind für die Mitglieder der Unternehmung uneingeschränkt gültig und werden von ihnen unbewußt wahrgenommen. Sie bestimmen in hohem Maße das Verhalten der Organisationsmitglieder.

- Sie reduzieren Unsicherheit und Angst der Organisationsmitglieder, weil sie die interne (betriebliche) und externe (außerbetriebliche) Umwelt vorhersehbar machen. Insofern besteht eine enge Verbindung zu dem jeweiligen kulturellen Umfeld der Unternehmung.

- Grundannahmen sind gelernte Lösungen für Probleme der Umweltbewältigung (external adaptation) und der Integration (internal integration), die von den Mitgliedern der Organisation entdeckt oder weiterentwickelt wurden und die sich wiederholt bewährt haben.

- Grundannahmen werden im Rahmen von Sozialisationsprozessen an neue Unternehmensmitglieder weitergegeben und sind nur schwer zu verändern.

- Als letzten Aspekt seiner Definition betont Schein, daß Basisannahmen gleichzeitig Wahrnehmung, Denken und Fühlen der Organisationsmitglieder bestimmen.

Wir haben bereits oben bei der Frage nach dem theoretischen Status unserer Grunddimensionen (vgl. Kapitel 1) darauf hingewiesen, daß diese sowohl kognitive als auch emotionale Prozesse beinhalten und insofern schwer zu verändern sind. Diese Ähnlichkeit im psychologischen Charakter zwischen unseren Dimensionen der offenen und geschlossenen Gesellschaft einerseits und den Scheinschen Grundannahmen andererseits hat uns dazu veranlaßt, zunächst die basic assumptions Scheins zu betrachten. Als Beispiele für solche Basisannahmen nennt Schein (1) Annahmen über das Verhältnis Mensch-Natur, (2) Annahmen über das Wesen von Realität und Wahrheit, (3) Annahmen über das Wesen des Menschen, (4) Annahmen über das Wesen menschlichen Handelns und (5) Annahmen über das Wesen menschlicher Beziehungen.

Speziell für unsere Fragestellung ist von Bedeutung, was eine „offene" von einer „geschlossenen" Organisationskultur unterscheidet. Daher werden wir das von Schein vorgegebene Grundmuster mit Inhalten zu füllen versuchen, die in bezug auf unsere Polarisierung „offen versus geschlossen" aussagekräftig sind. Wir unterstellen dabei, daß sich die von Schein entwickelten Basisannahmen auch auf solche Inhalte beziehen lassen, wie wir sie oben zur Unterscheidung offener und geschlossener Gesellschaften verwendet haben (vgl. Abb. 8).

Im folgenden werden wir beschreiben, welche Grundannahmen jeweils für eine mehr oder weniger offene bzw. geschlossene Organisationskultur kennzeichnend sind und in welchen Werten und Artefakten sich diese Orientierungen möglicherweise im Unternehmen manifestieren. Stellenweise werden wir dabei auch von Schein vorgegebene Inhalte unmittelbar übernehmen. Wir orientieren uns dabei an den drei Dimensionen (anthropologisch, sozial, erkenntnistheoretisch) und entwickeln pro Dimension jeweils Grundannahmen eher offener und eher geschlossener Organisationskultur. Dabei versuchen wir zunächst, die oben skizzierten Leitfragen dieser Dimensionen (Abb. 8) in entsprechende Grundannahmen offener bzw. geschlossener Organisationskultur umzuwandeln (vgl. Abb. 10). Im zweiten Schritt führen wir aus, was diese eher abstrakten Grundannahmen im einzelnen bedeuten, und formulieren konkretere Grundannahmen. Drittens leiten wir aus diesen konkreten Basisannahmen Indikatoren ab — Werte und Artefakte als betriebliche Erscheinungsformen, an denen die jeweilige Ausrichtung der Organisationskultur in der betrieblichen Realität erkannt werden kann. Wie gesagt, haben diese Indikatoren selbstverständlich exemplarischen Charakter — der Leser ist dazu eingeladen, weitere Artefakte aus seiner betrieblichen Praxis in diesem Sinne zu ergänzen.

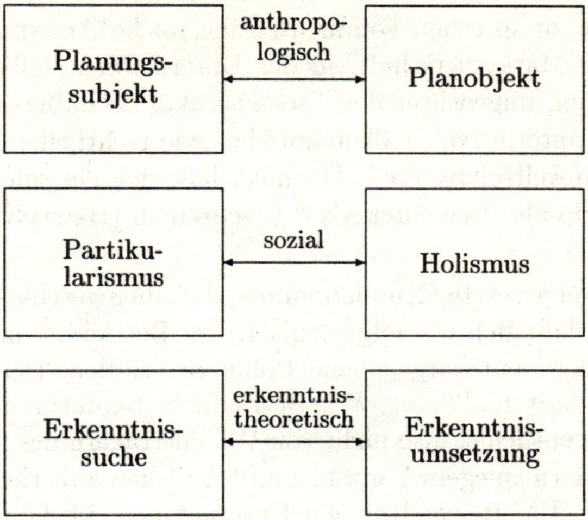

Abb. 10: Grundannahmen „offener" und „geschlossener" Organisationskultur

5.1 „Pionier-Betrieb" oder „Schicksalsgemeinschaft"?

Der anthropologischen Dimension liegt die Frage zugrunde, welche Freiheitsgrade der Mensch besitzt (vgl. Abb. 8). Um für diese Dimension entsprechende Grundannahmen einer Organisationskultur abzuleiten, übertragen wir gedanklich die Freiheitsgrade des Menschen auf die Freiheitsgrade der Organisation. Die Frage lautet also entsprechend, welche Freiheitsgrade der Betrieb in seinem Handeln besitzt. Dabei lassen sich zwei theoretische Denkfiguren (Konstrukte) unterscheiden.

Grundannahmen von Pionier-Betrieb und Schicksalsgemeinschaft

Eine Grundannahme im Sinne des Voluntarismus der offenen Gesellschaft lautet, der Betrieb sei in der Lage, eigene Pläne aufzustellen, an denen er seine Handlungsstrategien orientiert. In diesem Fall ist der Betrieb Subjekt von Handlungsplänen (*Planungssubjekt*). Das bedeutet, daß betriebliche Strukturen und Abläufe im wesentlichen so gestaltet werden, wie es dem „Willen" des Unternehmens entspricht. (Damit ist natürlich noch nichts darüber ausgesagt, wie dieser Wille zustandekommt bzw. wessen

Wille in einem Betrieb realisiert wird. Auf dieses Problem werden wir an anderer Stelle zu sprechen kommen.) Eine solche Annahme findet man z. B. in einer Marktwirtschaft, in der Unternehmen selbst Handlungspläne aufstellen, ungeachtet der Tatsache, daß sie dabei selbstverständlich Grenzen unterliegen — ökonomischer wie rechtlicher Art (z. B. Arbeitsrecht, Umweltschutz etc.). Dennoch läßt sich ein solches Unternehmen im Prinzip als „free enterprise" beschreiben (Hawrylyshyn, 1980, S. 5).

Die entgegengesetzte Grundannahme, die einen geschlossenen Betrieb kennzeichnet, läßt sich wie folgt denken: Der Betrieb ist nicht planendes Subjekt, sondern hat vorgegebene Pläne zu erfüllen. Das entsprechende Konstrukt lautet „*Planobjekt*". Betriebliche Strukturen und Prozesse werden im wesentlichen also nicht von Willensträgern des Unternehmens gestaltet, sondern spiegeln Vorgaben und Auflagen außerbetrieblicher Instanzen wider. Ein Beispiel für ein Unternehmen, in dem diese Grundannahme gilt, ist ein Betrieb in einer Zentralverwaltungswirtschaft, wie er beispielsweise von Hawrylyshsyn (1980, S. 5) als „command-state-enterprise" benannt wird. Aus der Praxis solcher Zentralverwaltungswirtschaften (z. B. ehemalige DDR, VR China) ist bekannt, wie nachhaltig, umfassend und wie detailliert staatliche Wirtschaftspläne betriebliches Handeln bestimmen können (z. B. in bezug auf Beschaffung von Material, Produktionsanlagen, personelle Ausstattung, Absatz).

Die oben beschriebenen abstrakten Grundannahmen („Planungssubjekt" und „Planobjekt") lassen sich präzisieren, wenn man aus ihnen konkretere Basisannahmen ableitet. Diese betreffen zum einen die Frage, inwiefern Handlungsalternativen bestehen, und zum anderen, wie sich das Unternehmen bei auftretenden Schwierigkeiten verhält. Eine offenheitsnahe Organisation (Planungssubjekt) verbindet sich mit der Annahme von Handlungsalternativen. Die in der Unternehmung geltenden Regelungen (z. B. organisatorische Regelungen) sind das Ergebnis von Aushandlungsprozessen — z. B. wurde die Arbeitszeitregelung zusammen mit dem Betriebsrat entwickelt, ohne daß sich unternehmensexterne Instanzen beteiligt haben. Keine Handlungsalternativen zu besitzen, wäre umgekehrt die entsprechende Grundannahme einer geschlossenen, deterministischen Organisation. Für den Betrieb als Planobjekt stellen folglich die geltenden Regelungen Sachzwänge dar — so könnten z. B. die Arbeitszeiten für alle Arbeitnehmer in allen Betrieben zentral durch staatliche Verfügung geregelt sein.

Eine weitere Unterscheidung zwischen offener und geschlossener Organisationskultur betrifft die Reaktion auf auftretende Schwierigkeiten. In der Unternehmung als Planungssubjekt gilt die Annahme, bei Schwierigkeiten zu handeln und aktiv nach Lösungsmöglichkeiten zu suchen. Der Wettbewerb zwischen Unternehmen, der sie zwingt, ständig nach neuen Lösungen zu suchen, ist z. B. ein konstitutives Merkmal von Marktwirtschaften. Dagegen herrscht in Unternehmen mit der Leitmaxime, Planobjekt zu sein, wegen fehlender Handlungsalternativen die Neigung, bei Schwierigkeiten abzuwarten. In Zentralverwaltungswirtschaften z. B. besteht wegen fehlenden Wettbewerbs zum einen keine unmittelbare Veranlassung, etwa bei nachlassender Produktivität oder schwindender Effizienz Konsequenzen zu ziehen, zum anderen fehlen auch die Möglichkeiten, von den Vorgaben des staatlichen Planes abzuweichen.

Hinweise auf Pionier-Betrieb und Schicksalsgemeinschaft

Woran ist in der betrieblichen Realität zu erkennen, welche der skizzierten Grundannahmen in einem Unternehmen gelten? Zum einen werden sich offene und geschlossene Betriebe im Hinblick auf die Werte unterscheiden, an denen die Mitglieder sich orientieren. Wie aus der untenstehenden Abbildung 11 hervorgeht, stehen z. B. Selbständigkeit und Spontaneität für die offene „Pionier-Unternehmung“, während im Gegenteil Unselbständigkeit und Lethargie die geschlossene „Schicksalsgemeinschaft“ charakterisieren.

Deutlicher noch manifestiert sich offene oder geschlossene Organisationskultur in den Artefakten, z. B. in den Mythen und Geschichten, die in einem Betrieb kursieren. Neuberger und Kompa (1987, S. 59 ff.) beschreiben, wie man aus solchen Mythen auf die Organisationskultur einer Unternehmung schließen kann. Ein „Mythos“ enthält eine Wirklichkeitserklärung, die für eine Gruppe zu einer Art frageloser Selbstverständlichkeit geworden ist. (Im Gegensatz zu unserem Verständnis von Mythen gehen Neuberger und Kompa so weit, Mythen mit Basisannahmen gleichzusetzen. Wir verstehen dagegen hier unter Mythen Geschichten, Legenden, Erzählungen usw., aus denen man auf die zugrundeliegenden Basisannahmen schließen kann.) Wenn bestimmte Geschichten in einem Betrieb immer wieder erzählt werden, werden die darin verschlüsselten Basisannahmen oder Denkschemata „eingeschliffen“ und bestätigt. Neuberger und Kompa beschreiben, wie solche Mythen gleichzeitig Handlungsprogramme sind, die die Mitglieder der Organisation beeinflussen. Indem man Geschichten bzw. Mythen zu dechiffrieren versucht, kann man also auf die ihnen zugrundeliegenden Grundannahmen schließen. Ein Beispiel für einen offenheitstypischen Mythos wäre die Erzählung von einer Neuorientierung in der Unternehmensgeschichte, z. B. einer Änderung der Produktpalette oder der Kundengruppe, der Unternehmensphilosophie oder des Selbstverständnisses.

Offene und Geschlossene Organisationskultur	
Die anthropologische Dimension	
Voluntaristische Grundannahme ⟺	*Deterministische Grundannahme*
Planungssubjekt: (betriebliche) Realität als Widerspiegelung des Willens der Organisation	**Planobjekt: (betriebliche) Realität als Widerspiegelung von Sachzwängen**
Konkretisierung der Grundannahmen	
Es existieren Handlungsalternativen/ Optionen (Regeln = Konventionen)	Es existieren keine Handlungsalternativen/ Optionen (Regeln = Sachzwänge)
Aktivität/Aktion: Bei Schwierigkeiten wird gehandelt	Passivität/Reaktion: Bei Schwierigkeiten wird abgewartet
Indikatoren	
„Pionier-Unternehmung“	„Schicksalsgemeinschaft“
1. Werte:	
Selbständigkeit, Entscheidungsfreiheit Initiative, Engagement, Spontaneität, Dynamik, Abenteuer, Risikobereitschaft	Abhängigkeit, Unselbständigkeit, Traditionalismus Lethargie, Schutz vor Mißerfolg, Risikofeindschaft
2. Artefakte:	
„Pionier-Mythos“, „Wende-Mythos“; organisatorische Neuerungen	„Traditions-Mythos“; organisatorischer Konventionalismus

Abb. 11: Kennzeichen offener und geschlossener Organisationskultur auf der anthropologischen Dimension

Ein weiteres Kennzeichen für eher offene (hier: voluntaristische) oder eher geschlossene (hier: deterministische) Grundannahmen ist das Verhalten gegenüber jeder Art von organisatorischen Neuerungen. Während der Betrieb als „Schicksalsgemeinschaft“ Neuerungen eher ablehnend gegenübersteht und einen organisatorischen Konventionalismus pflegt, zeigt sich die „Pionier-Unternehmung“ Neuerungen gegenüber aufgeschlossen.

5.2 „Verein“ oder „Apparat“?

Grundannahmen von Verein und Apparat

Die Kernfrage der sozialen Dimension besteht darin, ob der einzelne oder die Gemeinschaft als primär schützenswert angesehen werden (vgl. Abb. 8). Die Grundannahme der offenen (hier: individualistischen) Organisation, schutzwürdig sei vor allem der einzelne, bezeichnen wir mit „Partikularismus“. Damit ist gemeint, daß sich der Betrieb als das Ganze primär an seinen einzelnen Teilen (lat. „partes“) orientiert. Die partikularen Interessen einzelner Organisationsmitglieder sollen im Prinzip gegenüber den Interessen des Betriebes im Vordergrund stehen. Ein solcher Betrieb ist schlagwortartig mit einem Verein vergleichbar, hier verstanden als eine Vereinigung, die sich zum Ziel setzt, in erster Linie das Wohl ihrer Mitglieder zu schützen und zu fördern.

Was diese Annahme für den Betrieb bedeuten kann, wird z. B. im Rahmen des Organisationalen Lernens (Morgan, 1986) beschrieben. Eines der Prinzipien des Morganschen Lernansatzes lautet „get the whole into the parts“ und bedeutet, daß im Sinne einer Selbstorganisation z. B. Wissen oder Entscheidungskompetenzen dezentralisiert werden sollen, also den einzelnen Unternehmensteilen bzw. einzelnen Mitarbeitern zugänglich gemacht werden sollen. Eine dieser „partikularistischen“ Sichtweise nahestehende Position nimmt auch Rawls (1991, S. 165) in seiner Theorie der Gerechtigkeit ein, wenn er fordert, daß beispielsweise die Grundfreiheiten der einzelnen nicht aus beliebigen Gründen des öffentlichen Wohls eingeschränkt werden dürfen (vgl. Kapitel 3).

Demgegenüber gilt im kollektivistisch orientierten Betrieb die Annahme, die einzelnen Mitglieder seien auf das Wohl des Ganzen verpflichtet. Für diese Annahme steht der Begriff des „Holismus“ im Sinne von Einheitlichkeit bzw. von Ganzheitlichkeit. Laut Popper (1980a, S. 266) ist die Sehnsucht des Menschen nach Einheit, Vervollkommnung und Schönheit,

„dieser Ästhetiszismus, Holismus und Kollektivismus — [...] Wirkung und Symptom des verlorenen Gruppengeistes des Stammes.“

Diese übergreifenden Grundannahmen (Partikularismus und Holismus) lassen sich in drei weiteren Annahmen konkretisieren. In der individualistischen Organisation („Verein“) lautet eine Grundannahme, Menschen seien zum einen gleichwertig und gleichberechtigt und darüber hinaus zum anderen verbesserungsfähig. Weiter wird unterstellt, daß Menschen ein Bedürfnis danach haben, sich innerhalb eines sozialen Gefüges zu behaupten. Mit diesen beiden Annahmen verbindet sich die Auffassung, daß in einem Betrieb jedes Mitglied im Prinzip seine Stellung selbst bestimmen kann. Dahrendorf (1991, S. 179) nennt ähnlich als Merkmal offener Gesellschaften, daß der einzelne darin seinen Status *erwerben* könne.

Im kollektivistischen „Apparat“ herrscht dagegen die Annahme, Menschen seien ungleichwertig, nicht gleichberechtigt und nicht verbesserungsfähig. Besonders pointiert kommt dieses pessimistische Menschenbild in politisch artikulierten Formen des Kollektivismus zum Ausdruck: So formuliert der nationalsozialistische Staatsrechtslehrer Carl Schmitt (1969), die menschliche Natur erfordere Gehorsam gegenüber dem Staat. Ähnlich sprechen Vertreter der Neuen Rechten (vgl. Kapitel 4) von einer „inneren Frontlinie“ in einem Kollektiv: „Jeder einzelne Mensch als einzelner stellt eine potentielle Bedrohung der jeweiligen Ordnung dar“ (Gessenharter, 1994, S. 67). Vor diesem Hintergrund gebietet es die Selbsterhaltung des Kollektivs, Schutz und Gehorsam miteinander zu verbinden und vom einzelnen zu verlangen, daß er sich bedingungslos unterordnet.

Es wird darüber hinaus angenommen, Menschen besäßen ein natürliches Bedürfnis, in einer Gemeinschaft „aufzugehen“. Wir haben oben (vgl. Kapitel 1) gezeigt, daß es zur Logik der geschlossenen, kollektivistischen Gesellschaft gehört, Ungleichheiten in Form von Klassen- oder Kastenherrschaft zu akzeptieren. Im Sinne der totalitären Ethik Platons, die auf den kollektiven Nutzen ausgerichtet ist, gehört zur kollektivistischen Annahme auch die Tugend, seinen Platz in der Sozialordnung beizubehalten: „Gerechtigkeit bedeutet, seinen Platz beizubehalten“ (Popper, 1980a, S. 142). Aufgrund dieser Voraussetzungen erhält jedes Mitglied entsprechend seinen Fähigkeiten seine feste Position im Unternehmen zugewiesen — im Sinne Dahrendorfs (1991) wird damit der Status innerhalb des Gemeinwesens nicht erworben, sondern *zugeschrieben.* Was das bedeutet, illustrieren die Kulturanthropologen Kluckhohn und Strodtbeck

(1973, S. 19) mit dem Prinzip der „Linearität“: Vertikale menschliche Beziehungen werden in einer Organisation so geregelt, daß jedem einzelnen eine feste Position in einer Stellenhierarchie zugeordnet wird. Schein (1987, S. 101) bezieht sich auf dieses Linearitätsprinzip und formuliert gleichzeitig eine Verhaltenserwartung an die Mitarbeiter: Der einzelne habe sich als loyaler und verantwortungsvoller „good soldier“ zu verhalten. Anschaulich wird diese Situation mit dem Bild der „Rollenkultur“ beschrieben (Handy 1988, S. 28), in der die Erfüllung von Aufgaben im Vordergrund steht: „Der einzelne ist daher in der Rollenkultur ein Teil der Maschinerie, das auswechselbare menschliche Teil in Henry Fords Traum [...] Die Tatsache, daß er eine Persönlichkeit besitzt, ist ohne Belang, weil er dann versucht sein könnte, seine Persönlichkeit in seiner Rolle auszudrücken und die Rolle somit zu verändern [...] ‚Ein auswechselbares menschliches Zahnrädchen‘ [...] Für viele ist die reine Rollenkultur eine Absage an die Menschlichkeit, weil sie auf Konformität besteht.“

Hinweise auf Verein und Apparat

Welche Hinweise findet man in Betrieben auf die Grundannahmen „Partikularismus“ und „Holismus“? Im individualistisch geprägten Betrieb („Verein“) stehen andere Wertorientierungen im Vordergrund als im „Apparat“ (kollektivistischer Betrieb). Die Wertorientierung im „Verein“ ließe sich mit Hawrylyshyn (1989, S. 4 f.) als „individualistic-competitiv“ bezeichnen: Jedes Individuum ist einzigartig. Es ist legitim für jeden einzelnen, sich um seine eigenen Bedürfnisse und Wünsche zu kümmern und Selbstbestätigung zu suchen. Mit dieser Auffassung verbinden sich weitere Werte wie Emanzipation, Eigenwilligkeit und Vertrauen in den Mitarbeiter.

Dagegen kennzeichnet die Wertorientierung „group-cooperative“ (Hawrylyshyn 1980, S. 5) den Betrieb als „Apparat“: Der einzelne ist lediglich ein Teil der „sozialen Fabrik“. Jeder soll sich darum bemühen, die ihm zugewiesene Rolle darin zu spielen. Das bedeutet, daß jeder sich den „höheren“ Zielen des Betriebes freiwillig unterordnet, seine Pflicht erfüllt und sein eigenes Schicksal erst in der Zusammenarbeit mit anderen erfüllt. Damit zusammenhängende Werte sind etwa Fügsamkeit, Konsens und Kontrolle der Mitarbeiter. Weitere denkbare Werte der unterschiedlichen Grundannahmen sind aus der untenstehenden Abbildung 12 zu entnehmen.

Nachstehend seien einige Artefakte beschrieben, die die Unterschiede zwischen Partikularismus und Holismus veranschaulichen. Unterschiede lassen sich z. B. in bezug auf die Aufstiegsmöglichkeiten in einem Betrieb vermuten. E. H. Schein (1972, S. 140 ff.) stellt sich die Organisation als dreidimensionalen Kegel vor und unterscheidet die Entwicklungsmöglichkeiten des einzelnen im Unternehmen nach drei Richtungen: Eine Bewegung in horizontaler Richtung bedeutet, daß ein Mitarbeiter innerhalb der Organisation die Funktion oder die Abteilung wechselt; in vertikaler Hinsicht geht es um eine Arbeitsanreicherung, die gleichzeitig einen Aufstieg in der Unternehmenshierarchie (Beförderung) bedeutet. Daneben gibt es noch eine Bewegung in radialer Richtung, auf das Innere des Kegels zu. Der Grad der „Zentralität" deutet an, inwieweit man zum inneren Zirkel einer Organisation gehört. Bewegungen in diesen drei Richtungen sind vermutlich nicht unabhängig voneinander: So bringt eine Rangerhöhung (eine Bewegung in vertikaler Richtung) in der Regel auch jeweils eine Zunahme der Zentralität mit sich. Nach allen Richtungen sind vor einer Weiterentwicklung innere Barrieren zu überwinden: Ranggrenzen zwischen den Hierarchieebenen, Grenzen, die zentrale Individuen oder Gruppen voneinander trennen, und Funktions- oder Abteilungsgrenzen.

Für unsere Fragestellung ist interessant, wie viele solcher Grenzen in einer Organisation bestehen, wie durchlässig diese Grenzen sind und insbesondere, nach welchen Kriterien „gefiltert" wird. Es ist anzunehmen, daß in einem individualistisch orientierten Betrieb vergleichsweise wenige Grenzen existieren und daß diese Karrierefilter in allen Richtungen eher „dünn" und insofern relativ leicht zu durchbrechen sind, damit die Voraussetzungen dafür geschaffen werden, daß jeder seinen Status „erwerben" kann. Aufgrund der Annahme, daß alle Mitarbeiter gleichwertig und gleichberechtigt sind, ist zu erwarten, daß die bestehenden Karrierefilter nicht diskriminieren, etwa nach Alter, Geschlecht, Nationalität, Religionszugehörigkeit, politischer Überzeugung oder anderen Kriterien.

In einem kollektivistischen Betrieb („Apparat") herrscht dagegen die Auffassung, Mitglieder erhalten ihr Positionen zugeschrieben und jeder stehe dauerhaft an dem ihm zugewiesenen Platz, weshalb viele und eher undurchlässige Filter zu erwarten sind. Wenn Menschen als auswechselbare Zahnrädchen einer Maschinerie gesehen werden, so werden die Grenzen in horizontaler Richtung — zwischen den Funktionen und Abteilungen — im Extremfall unüberwindlich hoch sein, damit jeder an seinem Platz bleibt. Ebenso undurchlässig werden die Grenzen zwischen den Hierarchieebenen sein. Für Ranggrenzen und für Zugehörigkeitsgrenzen (Grenzen, die den Grad der inneren Zugehörigkeit betreffen) dürfte darüber hinaus gelten, daß sie in verschiedenen Hinsichten (Alter, Geschlecht, Religionszugehörigkeit, Nationalität etc.) diskriminieren. Unter der Annahme, daß die Menschen ungleichwertig sind, ist es zu rechtfertigen, daß nur Menschen mit bestimmten Eigenschaften, „die Auserwählten", zum obersten bzw. innersten Kreis gehören dürfen. Solche Kriterien können sich ändern, je näher man zum inneren Kern vorstößt. „Leistung" mag zur Überwindung der äußeren Grenzen ausschlaggebend sein, aber andere Faktoren, wie Persönlichkeit, Seniorität und „die Bereitschaft, eine gewisse Art politischen Spiels mitzumachen", können ausschlaggebend sein, wenn es darauf ankommt, ein Mitglied des inneren Kreises zu werden (Schein, 1972, S. 143).

Auch werden die Kriterien für die Zugehörigkeit zum Kreis der Insider häufig nicht offengelegt, sondern sind verdeckt und informell wirksam. Typische Beispiele für eine solche Organisationskultur finden sich überall dort, wo etwa ethnische Minderheiten nur in bestimmten — meist untergeordneten — Positionen der Unternehmenshierarchie anzutreffen sind. Beispiele gibt es auch in totalitären Regimen, wo privilegierte Stellungen in Unternehmen nicht ohne die Zugehörigkeit zu einer bestimmten Partei eingenommen werden können. Eine ebenso verbreitete wie in diesem Zusammenhang verständliche Strategie der Mitglieder solcher Organisationen besteht darin, eben ihr „Fähnchen entsprechend nach dem politischen, religiösen oder weltanschaulichen Wind zu hängen".

Wir haben oben (vgl. Kapitel 2) die sogenannte klerikale Herrschaft (Schelsky, 1975) als Erscheinung der geschlossenen Gesellschaft dargestellt. Ebenso haben wir unter der Perspektive eines sozialen Wandels von der offenen zur geschlossenen Gesellschaft (vgl. Kapitel 4) die Tendenzen, in der Politik solche inneren Zirkel als politische Seilschaften zu etablieren, als geschlossenheitsnahe Strategie und insofern als Krisensymptom der offenen Gesellschaft gedeutet. Die Phänomene der Selbstabschottung des politischen Systems, die wir oben unter dem Stichwort „Priesterherrschaft" (Schelsky, 1975) oder „Klüngel und Cliquen" (Scheuch, 1992) diskutiert haben, lassen sich insofern unter anderem durch den von Schein beschriebenen Mechanismus erklären, Zentralitätsbarrieren zu errichten und sie mit besonderen Filtereigenschaften auszustatten: Parteizugehörigkeit, politische Gesinnung, persönliche Freundschaft etc.

Mit den skizzierten Aufstiegsmöglichkeiten verbindet sich ein weiterer Indikator für die Grundannahme der sozialen Dimension, wenn man unterstellt, daß auch die Personalauswahlstrategien von dieser Grundorientierung beeinflußt werden. Die Auswahlmechanismen stellen gewissermaßen die äußere Grenze für den Eintritt in eine Organisation dar. Im „Verein" wird die Zusammensetzung der Belegschaft eher heterogen sein — im gesamten Betrieb sind unterschiedliche Menschen (in bezug auf Alter, Geschlecht etc.) anzutreffen und auf die verschiedenen Positionen etwa gleich verteilt. Eine multikulturelle Unternehmung, in der Menschen aus verschiedenen Kulturen zusammenarbeiten und gleichberechtigt sind, wäre das Ideal eines solchen „Vereins". Demgegenüber wird die Belegschaft aufgrund der strengen Auslesestrategien und Zugangsbarrieren im kollektivistischen Betrieb eher homogen sein. Es gibt Beispiele von Unternehmen, in denen solche Zugangsbarrieren nicht nur informell wirksam sind, sondern die Ausschlußkriterien (z. B. Religionszugehörigkeit) offiziell kundgetan werden.

Wie oben erwähnt, offenbart sich die Kultur eines Unternehmens auch in den kursierenden Mythen und Geschichten. In individualistischen Betrieben sind solche Geschichten zu erwarten, die die Leistungen einzelner Mitarbeiter oder die gemeinsamen Anstrengungen für einen einzelnen zum Inhalt haben. Beispiele sind die „Gründer-Mythen", die in manchen Unternehmen gepflegt werden und die von der mutigen und einsamen „Heldentat" des Unternehmensgründers berichten.

Symptomatisch für kollektivistisch ausgerichtete Betriebe sind dagegen Erzählungen von gemeinsamen Anstrengungen für das Unternehmen oder von der aufopferungsvollen Leistung eines einzelnen für das Kollektiv. Dahinter steht die oben genannte Grundannahme, daß Menschen sich für die Gemeinschaft aufopfern wollen bzw. nur in der Gemeinschaft sich selbst verwirklichen zu können glauben. Weitere Beispiele wären Erzählungen vom kollektiven Verzicht der Belegschaft auf Lohn in Krisenzeiten oder kollektiven unbezahlten Sonderleistungen für das Unternehmen.

Die „Freiwilligen-Arbeit" an Wochenenden oder Feiertagen in der ehemaligen DDR ist ebenfalls in diese Kategorie zu zählen. Sichtbare Zeichen der Anerkennung solcher Anstrengungen zum Wohle des Kollektivs waren z. B. die in der ehemaligen DDR verliehenen Auszeichnungen „Nationalpreis" für Aktivisten und Neuerer der Produktion und „Held der Arbeit" für verdienstvolle Werktätige. In einer Rede Wilhelm Piecks anläßlich der Auszeichnung von Werktätigen mit dem Titel „Held der Arbeit" im Jahr 1950 spiegelt sich wider, in welcher Weise der Mensch im Sinne des Kollektivs instrumentalisiert wurde: „In unserem Staat der Arbeiter und Bauern ist der Mensch das wertvollste Gut. Die ‚Helden der Arbeit' beweisen es durch ihre Initiative, ihr Streben nach neuen Kenntnissen und nach voller Entfaltung ihrer Arbeitsfähigkeit. Sie beschleunigen damit das Tempo unseres Aufbaus und dienen dem Wohlstand des Volkes" (FDGB, 1985, S. 383).

Beispiele für entsprechende, mit erzieherischer Absicht verbreitete Vorbild-Mythen einzelner sind die Geschichte des „braven Soldaten Lei Feng", die in chinesischen Betrieben in Form von Plakaten die Wände der Werkhallen beherrscht, oder die Legende um den vorbildlichen Werktätigen Adolf Hennecke in der ehemaligen DDR. Dieser Steinkohle-Hauer, der 1948 im Auftrag der SED in einer Sonderschicht eine „Tagesnormerfüllung" von 387% erreichte, liefert in seiner Begründung dieser Tat zugleich ein Bekenntnis zur kollektivistischen Grundannahme: „Als Arbeiter in einem volkseigenen Betrieb sehe ich meine vornehmste Aufgabe in der Verpflichtung unserem Volke gegenüber. Meine Arbeitskraft muß ich dafür einsetzen, daß ich durch Leistungssteigerung dazu beitrage, aus den heutigen Engpässen in unserer Wirtschaft herauszukommen und damit nicht nur mir selbst, sondern darüber hinaus unserem Volke ein besseres Leben zu ermöglichen" (FDGB, 1985, S. 301 f.).

Solche Vorbilder leben indes nicht nur in Mythen oder Geschichten, sondern werden auch in der Gegenwart motivationssteigernd eingesetzt. So wurde mit der Leistung Adolf Henneckes in der ehemaligen DDR die sogenannte Aktivisten-Bewegung als Aufruf zur kollektiven Übererfüllung der Norm eingeleitet und verbreitet. Für eine unmittelbare Dokumentation der Bemühungen der Betriebe sorgten außerdem die für entsprechende Leistungen verliehenen „Aktivisten-Abzeichen der Volkseigenen Betriebe" oder das „Jungaktivistenabzeichen".

Weitere Unterschiede zwischen dem „Verein" und dem „Apparat" sind denkbar in bezug auf individuelle Entlohnung versus Gruppenentlohnung. Beispiele für individualisierte Entlohnung sind etwa „Cafeteria-Systeme", bei denen die Mitarbeiter aus einer Reihe von meist zusätzlichen Entgeltungsangeboten (zusätzliche Sozialleistungen, Firmenwagen, Firmenbeteiligungen etc.) nach ihren eigenen Präferenzen wählen können (Hentze 1990, S. 154 f.). Hinweise auf eine individualisierte Organisationskultur kann man auch darin sehen, daß Weiterbildungsmöglichkeiten bestehen, die auf die jeweiligen Bedürfnisse und Wünsche der Mitarbeiter Rücksicht nehmen, indem sie zum Beispiel Wahlmöglichkeiten bieten oder auch solche Angebote umfassen, die außerbetrieblich nutzbares Wissen vermitteln.

In kollektivistischen Unternehmen dagegen sind Weiterbildungsangebote weniger zu erwarten, zum einen weil Menschen generell als nicht verbesserungsfähig, also auch nicht als lernfähig gelten, und zum anderen, weil es gar nicht erwünscht ist, daß Mitarbeiter sich weiterqualifizieren und damit Ansprüche auf entsprechend höhere Positionen im Unternehmen anmelden. Diese Erwartung würde der Auffassung widersprechen, daß jeder seinen Platz zugewiesen bekommt und ihn dauerhaft behält.

Denkbare Individualisierungschancen bieten darüber hinaus z. B. Möglichkeiten der Arbeitszeitflexibilisierung oder der Vergütung (Drumm, 1989, S. 6 f.), z. B. über die Gestaltung von individuellen Anreizsystemen (Wagner, Grawert, 1989). Artefakte der kollektivistischen Organisationskultur wären dagegen gemeinsame Feiern, Abzeichen und Symbole der Zugehörigkeit (Neuberger, Kompa, 1987).

In diesem Zusammenhang sei noch auf ein letztes Phänomen hingewiesen, das sich als Artefakt einer kollektivistischen Unternehmenskultur in dem hier spezifizierten Sinne deuten läßt. Im Zuge zunehmender Technisierung wird häufig behauptet, daß es mehr oder weniger zwangsläufig zu einer innerbetrieblichen Segregation komme (Kern, Schumann, 1984): Es wird innerhalb eines Betriebes ein zweigeteilter Arbeitsmarkt eingerichtet, mit sogenannten „Jedermannarbeitsplätzen", die nur eine geringe Qualifikation erfordern (Randbelegschaft), einerseits und Expertenarbeitsplätzen mit hohen Qualifikationsanforderungen andererseits (Kernbelegschaft). Wird in einem Unternehmen so vorgegangen und sind diese beiden Teilarbeitsmärkte so voneinander abgeschottet, daß ein Wechsel insbesondere in das höher dotierte Expertensegment ausgeschlossen ist, so läßt sich diese Strategie ebenfalls als Ausdruck der Annahme prinzipieller Ungleichwertigkeit der Mitarbeiter verstehen.

Offene und Geschlossene Organisationskultur

Die soziale Dimension

Individualistische Grundannahme ⟺	*Kollektivistische Grundannahme*
Partikularismus: Schutzwürdig ist das Individuum	**Holismus: Schutzwürdig ist das Kollektiv**
Konkretisierung der Grundannahmen	
Der einzelne kann seine Position selbst bestimmen (Status erworben)	Der einzelne erhält seine Position zugewiesen (Status zugeschrieben)
Menschen sind gleichwertig und verbesserungsfähig	Menschen sind ungleichwertig und nicht verbesserungsfähig
Menschen haben ein Bedürfnis nach Abgrenzung/Selbstbehauptung	Menschen haben ein Bedürfnis, in einer Gemeinschaft aufzugehen/Selbstaufgabe
Indikatoren	
„Verein“	„Apparat“
1. Werte:	
„individualistic-competitive“: Fairneß, Emanzipation, Leistung, Rivalität, Wettbewerb, Egoismus, Prestige, Selbstbestimmung, Erfolgsorientierung, Dynamik, Mobilität	„group-cooperative“: totalitäre Gerechtigkeit, Fremdbestimmung, Gehorsam, Disziplin, Pflichterfüllung, Dienst, Bewahrung des Bestehenden, Immobilität, Starrheit („heilige Ordnung“), Fügsamkeit, Unterordnung , Anpassung
Chancengleichheit, Vertrauen in die Mitarbeiter, „Selbstverwirklichung“, Menschlichkeit, Selbstachtung, Würde, Mündigkeit, Mensch als Ziel	Ungleichheit der Chancen, Autorität, Mißtrauen gegenüber den Mitarbeitern, Kontrolle, Hierarchie, Mensch als Mittel
Heterogenität, Unabhängigkeit, Eigenwilligkeit, Eigenart, Selbstbewußtsein, Identität, Persönlichkeit, Pluralität, Minoritätenschutz, Privatheit, Rücksicht, Subjektivismus	Orientierung, Sinn, Schutz, Loyalität, Treue, Sicherheit, Geborgenheit, Nähe, Harmonie, Selbstbeherrschung, Einheitlichkeit, Homogenität, Zugehörigkeit, Identifikation, Gleichgesinntheit, Solidarität, Vergesellschaftung, Selbstaufgabe, Konsens, Commitment, Altruismus, Öffentlichkeit
2. Artefakte:	
gleiche Karrierechancen, keine diskriminierenden Barrieren („Filter“); heterogene Belegschaft (Konfession, Nationalität, politische Überzeugung etc.): multikulturelle Unternehmung;	ungleiche Karrierechancen, diskriminierende Barrieren („Filter“); homogene Belegschaft;
Mythos vom Aufstieg einzelner, Mythos vom Einsatz für einen einzelnen;	Mythos vom erfolgreichen „Ziehen an einem Strang“, Mythos von der „Zähmung“ eines „Widerspenstigen“, Vorbild-Mythos („Held der Arbeit“); „Gruppensprache“ (Geheimzeichen, Abkürzungen);
individuelle Anreizsysteme, individualisierte Personalentwicklung, Arbeitszeitindividualisierung	Gruppenlohn, gemeinsame Feiern, Abzeichen, Symbole der Zugehörigkeit, Segregation, standardisierte Personalentwicklung

Abb. 12: Kennzeichen offener und geschlossener Organisationskultur auf der sozialen Dimension

5.3 „Forschungs-Institut“ oder „Zensur-Behörde“?

Grundannahmen von Forschungsinstitut und Zensur-Behörde

Wie oben erwähnt (vgl. Abb. 8), bezieht sich die erkenntnistheoretische Dimension auf die Frage, wie zuverlässig menschliche Erkenntnis ist. In einer tendenziell offenen Organisationskultur gilt die Grundannahme, alles betriebliche Handeln diene der Erkenntnissuche. Da es das optimale Verfahren etc. jeweils nicht gibt bzw. man niemals davon ausgehen kann, eine Lösung gefunden zu haben, die sich nicht weiter verbessern läßt, kann man das Handeln im Unternehmen als Bemühen um kontinuierliche Verbesserung verstehen. Einen Betrieb, in dem diese Grundannahme gilt, bezeichnen wir schlagwortartig als „Forschungs-Institut“.

Aus der Endgültigkeitsannahme der geschlossenen Organisation (vgl. Abb. 8) leitet sich dagegen eine andere Grundannahme ab: Wenn menschliches Wissen endgültig und unfehlbar ist, so braucht im Unternehmen dieses Wissen nur noch umgesetzt zu werden. Da also jeweils beste Verfahren und Methoden auf der Grundlage gesicherter Erkenntnis entwickelt werden können, besteht betriebliches Handeln darin, die jeweiligen Idealvorstellungen kompromißlos umzusetzen. Da es dabei natürlich auch darauf ankommt, „Irrwege“ als Abweichungen von diesen Bestlösungen zu vermeiden, nennen wir eine solche Unternehmung „Zensur-Behörde“.

Diese unterschiedlichen Grundannahmen lassen sich konkretisieren, wenn man sie darauf bezieht, (1) wie im Unternehmen Wahrheit gefunden wird, (2) wie das Handeln verstanden wird und (3) wie die Macht in der Organisation verteilt ist. In der offenen Unternehmenskultur des „Forschungs-Instituts“ gilt die Annahme, „Wahrheit“ — also das, was jeweils in einer Situation das Richtige ist — werde in einem Prozeß allmählich gefunden oder entdeckt. Schein (1987, S. 91) veranschaulicht diese Grundannahme über das Wesen von Realität und Wahrheit mit einem Bild: Die Unternehmung sei mit einem offenen Marktplatz unterschiedlicher Ideen zu vergleichen, die miteinander in Wettbewerb stehen. Welches nun die jeweils „richtige“ oder „beste“ Idee ist, wird in einem Verfahren bestimmt, das Schein „Pragmatismus“ nennt. In Diskussionen und Debatten, in denen Konflikte ausgetragen werden, stellt sich unter Abwägung verschiedener Meinungen heraus, was das jeweils Richtige ist. „Wahrheit“ ist in diesem Fall also das *Ergebnis* eines solchen rationalen

Verfahrens, bzw. das, was in Scheins Bild „Konflikt und Debatte überlebt“.

Ebenso ist Popper (1962) der Ansicht, daß man Objektivität in der Wissenschaft als Wahrheitssuche nur durch die Wahl einer geeigneten Methode erreichen kann. Nicht der einzelne Wissenschaftler muß objektiv sein, sondern es muß eine Methode gefunden werden, die der kritischen Tradition entspricht: „Der Naturwissenschaftler ist ebenso parteiisch wie alle anderen Menschen, und er ist leider [...] gewöhnlich äußerst einseitig und parteiisch für seine Interessen eingenommen. [...] Was man als wissenschaftliche Objektivität bezeichnen kann, liegt einzig und allein in der kritischen Tradition; in jener Tradition, die es trotz aller Widerstände so oft ermöglicht, ein herrschendes Dogma zu kritisieren. Anders ausgedrückt, die Objektivität der Wissenschaft ist nicht eine individuelle Angelegenheit der verschiedenen Wissenschaftler, sondern eine soziale Angelegenheit ihrer gegenseitigen Kritik, der freundlich-feindlichen Arbeitsteilung der Wissenschaftler, ihres Zusammenarbeitens und auch ihres Gegeneinanderarbeitens.“

Dagegen wird in der geschlossenen „Zensur-Behörde“ die „Wahrheit“ nicht entdeckt, sondern „enthüllt“. Da Erkenntnis als gesichert und unfehlbar gilt, wird das „Richtige“ als Dogma verkündet. Dabei ist es natürlich nur bestimmten Personen vorbehalten, solche Dogmen zu verkünden; nach Schein (1987, S. 92 f.) sind dies „weise Männer, Propheten oder Könige“, deren Autorität außer Zweifel steht. Die Begründung für die Wahl eines Verfahrens klingt dann z. B. wie folgt: „Unser Präsident möchte es so“ oder „Unsere Berater oder Experten empfehlen, daß wir so vorgehen.“

Entsprechend unterschiedlich sind (2) auch die Grundannahmen über das Handeln in der offenen bzw. geschlossenen Organisationskultur. In der offenen Kultur des „Forschungs-Instituts“ läßt sich das Handeln interpretieren als Versuch der Komplexitätsbewältigung. Wie wir oben beschrieben haben (vgl. Kapitel 3), bedeutet Komplexität in diesem Zusammenhang, daß die Zusammenhänge in der betrieblichen Realität in vielen Hinsichten undurchschaubar und unvorhersehbar sind, weil sie von mehreren Faktoren verursacht werden, miteinander vernetzt und spontan veränderbar sind. Aufgrund dessen ist es unmöglich, ein Optimum im Sinne einer definitiven und dauerhaften Bestlösung vorzugeben. Wir haben oben gezeigt, daß eine solche Grundannahme auch ein wesentliches Element der Rawlsschen Gerechtigkeitstheorie ist (vgl. Kapitel 3).

Es gibt keinen Mechanismus, der es erlaubt, aus den unterschiedlichen Konzeptionen des Guten (Rawls, 1991, S.10) — in unserem Sinne könnten dies z. B. Vorstellungen über angemessene Verfahrensweisen sein — die eine „beste“ Konzeption als solche zu beweisen.

Dieser Tatsache begegnet die offene Unternehmung mit einer Vorgehensweise, die als „Stückwerktechnologie“ (Alt, 1992, S. 126) bezeichnet werden kann (vgl. Kapitel 2). Das bedeutet, daß man sich der Bestlösung — sofern es sie überhaupt geben sollte — jeweils nur durch schrittweise Verbesserungen annähern kann. Dieser Gradualismus verpflichtet das Unternehmen auf eine kontinuierliche Korrektur von Fehlentwicklungen. Kleine Veränderungen von Verfahrensweisen sollen jeweils korrigierbar sein, wenn sie sich als ungünstig erweisen. Da das „Beste“ (z. B. Entscheidungen über Ressourcenbezug, über Produktionsverfahren, über Absatzwege etc.) nicht auf Anhieb zu erkennen ist, empfiehlt sich die Strategie, wenigstens „Übel“ zu vermeiden. Solche Mißstände (z. B. zu späte Lieferung von Material, Ausschuß bei der Produktion, kostenintensive Absatzwege) sind leichter zu erkennen, und über bestehende Übel ist auch leichter eine Einigung aller zu erreichen. Indem man also aufgetretene Fehler in kleinen, korrigierbaren Schritten beseitigt, nähert man sich gleichsam automatisch besseren Lösungen.

Die geschlossene „Zensur-Behörde“ pflegt eine gänzlich andere Grundannahme über ihr Handeln. Die Komplexität inner- wie außerbetrieblichen Geschehens wird aus der Perspektive des Unternehmens dadurch reduziert oder vernichtet, daß die eine (angenommene) Bestlösung, das Optimum, realisiert wird. Wir haben oben dargestellt (vgl. Kapitel 3), was eine solche Grundannahme im Kontext der Rawlsschen Theorie der Gerechtigkeit bedeuten würde: Eine Expertenkommission würde einfach die „beste“ Konzeption des Guten festlegen und Wege zu ihrer Realisierung vorschlagen. Dieses Verfahren beschreibt Popper (1980a, S. 213) als Sozialtechnik der Ganzheitsplanung oder utopische Sozialtechnik, wie sie in der geschlossenen Gesellschaft angewandt wird (vgl. oben Kapitel 2). Dieses utopische Ziel wird dann nicht schrittweise, sondern im Rahmen eines radikalen Umbaus des sozialen Systems (hier: des Unternehmens) realisiert. Im betrieblichen Kontext entspräche eine solche Grun dannahme der mit dem Taylorismus verfolgten Strategie, den „one best way“ zu verwirklichen.

Die letzte Grundannahme betrifft die Art und Weise, wie Erkenntnissuche bzw. Erkenntnisumsetzung betrieben werden. Der Prozeß der

Erkenntnissuche zielt primär darauf, neue Gedanken und Ideen hervorzubringen. Aus dieser Perspektive ist es sinnvoll, wenn sich möglichst viele Organisationsmitglieder daran beteiligen. Daher ist es notwendig, einen Teil der Macht im Unternehmen an nachgeordnete Instanzen abzugeben.

Demgegenüber impliziert die Grundannahme der Erkenntnisumsetzung in der geschlossenen Organisation, daß vorhandene Ideen umgesetzt werden. Dies läßt sich umso leichter durchführen, je stärker die Machtkonzentration im Unternehmen ist — ein Aufweichen des Machtmonopols der Weisen ist nicht notwendig bzw. sogar schädlich. Schein (1987, S. 105 f.) nennt „Autokratie“ als ein mögliches Prinzip der Verteilung von Macht in Organisationen. Dieses Prinzip impliziert die Grundannahme, daß diejenigen, in deren Händen die Macht im Unternehmen liegt (Führungskräfte, Eigentümer etc.), auch das uneingeschränkte Recht haben, diese Macht auszuüben.

Hinweise auf Forschungsinstitut und Zensur-Behörde

Woran kann man erkennen, ob ein Unternehmen eher als „Forschungs-Institut“ (Erkenntnissuche) oder eher als „Zensur-Behörde“ (Erkenntnisumsetzung) einzuschätzen ist? Zentrale Werte in „Forschungs-Instituten“ sind beispielsweise Toleranz und Pluralität, Experimentieren und Konfliktfreundlichkeit. Die Wertorientierungen in einer geschlossenen „Zensur-Behörde“ lassen sich dagegen beschreiben mit Uniformität, Ideologie und Autokratie.

Einen Hinweis auf die Grundannahmen in einer Organisation liefert die Art, wie in Unternehmen Entscheidungen getroffen werden. Kennzeichnend für das „Forschungs-Institut“ ist, daß z. B. Entscheidungen grundsätzlich in Diskussionen vorbereitet werden. Dabei werden nicht nur die Mitarbeiter mit formaler Entscheidungskompetenz berücksichtigt, sondern es werden zusätzlich auch Mitarbeiter befragt, die unter Umständen von den anstehenden Entscheidungen betroffen sind.

Schrittweises Annähern an die Bestlösung und eine Beteiligung vieler als Grundannahmen finden auch Niederschlag in einem betrieblichen Vorschlagswesen. Der Hintergrund einer solchen Einrichtung ist gerade die Annahme, daß den Mitarbeitern im täglichen Geschäft Mißstände auffallen und gleichzeitig Verbesserungsmöglichkeiten einfallen. Durch ein Vorschlagswesen, das die Mitarbeiter dazu anregt, Verbesserungsvorschläge zu entwickeln und diese entsprechend honoriert, kann daher gerade der Prozeß der Stückwerktechnologie unter Beteiligung aller, also von „unten nach oben", angeregt und stabilisiert werden.

In der geschlossenheitsnahen „Zensur-Behörde" werden Entscheidungen dagegen grundsätzlich „von oben" „verkündet" bzw. verfügt. Nur die jeweils als entscheidungskompetent Geltenden treffen solche Entscheidungen, wobei sie sich von ihren Idealen und Dogmen, von der Unternehmenstradition („Das haben wir immer so gemacht") oder von Expertenurteilen leiten lassen. Alle übrigen Organisationsmitglieder sind, sofern sie überhaupt informiert werden, lediglich Empfänger solcher Verfügungen und Anweisungen.

Als weiteres Artefakt für die Erkenntnissuche bzw. Erkenntnisumsetzung kann die Art der innerbetrieblichen Mitbestimmung betrachtet werden. In der Vorstellung des Gesetzgebers (des Betriebsverfassungsgesetzes) — auch eine Grundannahme — ist die Aufgabe des Betriebsrates, die Interessen der Arbeitnehmer gegenüber dem Arbeitgeber wahrzunehmen. Diesem Auftrag liegt die Annahme zugrunde, daß Arbeitnehmer und Arbeitgeber aus ihren unterschiedlichen Perspektiven heraus im Prinzip gegensätzliche Interessen verfolgen und daß es deshalb notwendig ist, einen Interessenausgleich herbeizuführen.

Kotthoff (1981) hat in einer empirischen Studie die Stellung der Betriebsräte in deutschen Unternehmen untersucht und dabei die Deutungsmuster der Betriebsräte als Interessenvertreter und gleichzeitig Beschäftigte den Ordnungsvorstellungen der Geschäftsleitungen gegenübergestellt. Dabei zeigte sich, daß die Stellung der Betriebsräte in der Mehrzahl der untersuchten Fälle nicht der Absicht des Gesetzgebers entspricht, sondern offenbar andere Grundannahmen vorherrschen, die Kotthoff in sechs typischen Partizipationsmustern aggregiert hat.

Als bezeichnend für die offene Unternehmenskultur kann man zwei Formen von Betriebsräten ansehen, die Kotthoff (1981, S. 177 ff.) als „respektiert standfest" und als „kooperative Gegenmacht" (ebenda, S. 212 ff.) bezeichnet. In diesem Betriebsrat verstehen sich die Mitglieder als Interessenvertreter der Arbeitnehmer und deuten die Arbeitnehmer-Arbeitgeber-Beziehung als „regulierte Konfliktbeziehung" (S. 210). Der Betriebsrat als kooperative Gegenmacht versteht sich ausdrücklich als Teil der gewerkschaftlichen Interessenvertretung und steht in vertrauensvoller Kommunikation mit dem Management. Die Geschäftsleitungen andererseits haben den Vertretungsanspruch des Betriebsrates und damit die Konfliktgegnerschaft akzeptiert. In dieser Konstellation lassen sich die Grundannahmen eines tendenziell konfliktären rationalen Prozesses und der Machtteilung wiedererkennen (vgl. Abb. 13).

In seiner Studie fand Kotthoff über diesen Typus hinaus fünf weitere Betriebsrat-Typen, die veranschaulichen, wie — immer im Rahmen der Bestimmungen des BetrVG — durch Mißachtung oder geschickte Instrumentalisierung (offen oder verdeckt) des Betriebsrates die Zielsetzung des BetrVG unterlaufen wird. Alle diese Typen illustrieren unterschiedliche Facetten der denkbaren Organisationskultur einer „Zensur-Behörde".

Der Typus des „respektierten zwiespältigen Betriebsrates als Ordnungsfaktor" (S. 137 ff.) wird von der Geschäftsführung versteckt instrumentalisiert. Die Strategie der Geschäftsleitung ist insofern zweigleisig, als sie sich offiziell zwar zu einem „pluralistisch-liberalen Modell des Interessenausgleichs" bekennt, dieses aber faktisch nicht zuläßt. Begründet wird dieses Vorgehen mit der Annahme, als aufgeschlossenes Management von sich aus die Interessen der Arbeitnehmer und die sozialen Belange bereits angemessen zu berücksichtigen. Damit wird in bezug auf unsere Grundannahmen an der Oberfläche zwar eingeräumt, daß im Prinzip eine Machtteilung (im Sinne der offenen Organisationskultur) notwendig ist, doch wird gleichzeitig durch die Vereinnahmung der Gegenseite ein Machtmonopol der Weisen installiert und verteidigt, die die Bestlösung auch für Mitbestimmung kennen und durchsetzen. Die Methode der Geschäftsführung besteht dabei darin, über informelle Kontakte zu loyalen Betriebsratsmitgliedern den Betriebsrat zum Katalysator bzw. Assistenten des Managements zu machen. Indem der Betriebsrat Beschwerden und Proteste der Arbeitnehmer abfängt und im Sinne der Unternehmensleitung entschärft, handelt er als Ordnungsfaktor für den Betrieb.

Eine offene Instrumentalisierung des Betriebsrates durch die Geschäftsleitung liegt im Fall des „Betriebsrates als Organ der Geschäftsleitung" (S. 101 ff.) vor. Dieser Konstellation liegt als Idealbild eine „Familien-Philosophie" zugrunde, bei der Interessengegensätze von vornherein geleugnet werden. Insofern kann man dieses Partizipationsmuster auch als Indikator für den kollektivistischen „Apparat" (vgl. oben) deuten. Der Betriebsrat wird in die bestehende Hierarchie (meist patriarchalischer Privatunternehmen) integriert und als „Vasall" der Geschäftsführung mit Autorität gegenüber der Belegschaft ausgestattet. Aufgabe des Betriebsrates ist es, dafür zu sorgen, „daß die Arbeitnehmer

Einsicht haben" in die Entscheidungen des Managements (S. 136). Bezogen auf unsere Grundannahmen (vgl. Abb. 13) ist der Betriebsrat damit ausschließlich gewissermaßen der Transmissionsriemen für die dogmatische Durchsetzung für definitiv erklärter Ideale der Geschäftsführung im Sinne der Grundannahme „Erkenntnisumsetzung".

Ein historisches Beispiel für eine ideologisch begründete mehr oder weniger offene Instrumentalisierungsstrategie ist die Rolle des FDGB in der ehemaligen DDR. Zwar bestand einerseits der verfassungsmäßige Auftrag (Art. 44 Verf. der DDR) des FDGB in der Interessenvertretung der Arbeitnehmer, doch galt gleichzeitig mit der Abschaffung des Privateigentums an Produktionsmitteln die Annahme der Interesseneinheit aller gesellschaftlichen Kräfte und damit der Klassenkonflikt als aufgehoben. Dieser Widerspruch ist nicht zufällig; Lenin selbst brachte ihn wie folgt zum Ausdruck: „Einerseits ist die wichtigste Methode ihrer [der Gewerkschaften] Wirkweise die Überzeugung, die Erziehung; andererseits negieren nicht einmal sie selbst, daß sie Teilhaber der Staatsmacht, der Zwangsausübung sind. Einerseits besteht ihre Hauptaufgabe im Schutz der Interessen der Arbeitermassen im unmittelbarsten und engsten Sinne des Wortes, andererseits können wir nicht bestreiten, daß sie an der Unterdrückung teilnehmen, indem sie an der Ausübung der Staatsmacht teilhaben und die ganze Volkswirtschaft aufbauen. [...] Diese Widersprüche sind nicht zufällig und können erst nach Ablauf mehrerer Jahrzehnte beseitigt werden" (zit. nach Endruweit u. a., 1985, S. 284 f.). Vor diesem Hintergrund wurden aus den Gewerkschaften „Schulen des Kommunismus", die als „Transmissionsriemen" (Lenin, 1927, S. 11) die kommunistische Partei mit den Massen verbinden.

Der „isolierte Betriebsrat" (S. 63 ff.) ist zwar in bezug auf die Geschäftsordnung formal korrekt etabliert, hat jedoch keinerlei Mitspracherechte. Vielmehr wird er dazu benutzt, Regelverletzungen der Geschäftsleitung durch erzwungene Zustimmung zu legitimieren. Die Strategie der autoritären Geschäftsleitung besteht darin, den Betriebsrat mit repressiven Maßnahmen von der Belegschaft zu isolieren (Einschränkung der Kommunikation) und Widerstände entsprechend zu sanktionieren, mit der Folge, daß engagierte Betriebsratsmitglieder entweder resignieren oder den Betrieb verlassen. Einer solchen Geschäftsführung ist der Betriebsrat ein „Feind", den es zu bekämpfen und zu eliminieren gilt. Insofern geht es hier nicht allein um die Durchsetzung des Optimums, sondern auch darum, ideologische Gegner unschädlich zu machen.

Weniger aggressiv, aber womöglich im Ergebnis noch wirksamer, ist die Konstellation im Fall des „ignorierten" Betriebsrates (S. 46 ff.). Es wird ein Nebeneinander von Betriebsrat und Management praktiziert, wobei der Betriebsrat von der patriarchalisch-autoritären Führung weder beteiligt noch informiert wird. So besitzt der Betriebsrat keinerlei Arbeits- und Mitwirkungsmöglichkeiten. Faktisch findet keinerlei Vertretung von Arbeitnehmerinteressen statt, und zwar weder im Selbstverständnis der Betriebsratsmitglieder noch im Bewußtsein der Arbeitnehmer. Vor allem dieser letzte Punkt enthält einen entscheidenden Hinweis darauf, daß die prinzipiell auch in den anderen Modellen implizierte Grundannahme der Erkenntnisumsetzung in diesem Fall nicht nur von der Geschäftsleitung, sondern bereits von den Arbeitnehmern selbst übernommen und internalisiert wurde. Insofern scheint dieses Muster das wirksamste Beispiel „geschlossenheitsnaher" Mitbestimmung als Realisierung einer geschlossenen Organisationskultur darzustellen.

Ergänzend zu dieser Studie sei noch erwähnt, daß der zuletzt genannte Betriebsrats-Typ und der Betriebsrat als Organ der Geschäftsleitung überwiegend bei kleineren (Privat-) Unternehmen auftrat, der „ignorierte" bei mittelgroßen Betrieben und daß mit wachsender Unternehmensgröße die Tendenz zum „respektiert standfesten" Betriebsrat zunimmt.

Wie bei den ersten beiden Dimensionen von Organisationskultur, so lassen sich auch für die erkenntnistheoretische Dimension Mythen vorstellen, die in der offenen oder geschlossenen Unternehmung kursieren und Hinweise auf Grundannahmen enthalten können. In der offenen Organisation („Forschungs-Institut") wird man vielleicht solche Geschichten antreffen, die die Offenheit des Systems (vgl. oben) thematisieren: Mythen über die erfolgreiche Teilnahme an Forschungsprojekten, über erfolgreiche Kooperationen oder über den „frischen Wind", der durch den Eintritt neuer Mitarbeiter zustande kam. In der „Zensur-Behörde" sind dagegen eher Mythen zu erwarten, die die eigene Überlegenheit und Unfehlbarkeit und die spiegelbildliche „Dummheit" der anderen betonen: Mythen über eigene Erfolge, über Mißerfolge anderer, über die Weisheit der eigenen und die Beschränktheit der anderen Unternehmensleitungen.

Ein weiterer Indikator für die geschlossene „Zensur-Behörde" könnte darüber hinaus die Verwendung einer eigenen, einheitlichen Unternehmenssprache bzw. einer speziellen Expertensprache sein, die andere ausgrenzt.

Als betriebliche Strategie, die die Grundannahme der Erkenntnissuche (Vorläufigkeitsannahme) der offenen Unternehmung gut veranschaulicht, sei hier abschließend das Konzept des Organizational Learning beschrieben. Da diese Strategie alle drei Konkretisierungen dieser Grundannahme (vgl. Abb. 13) miteinander verbindet, wird sie hier abweichend von unserem bisherigen Vorgehen nicht nur als Indikator verwendet, sondern wir werden zunächst ihre theoretische Konzeption darstellen und anschließend Indikatoren ableiten.

Zunächst ist zu klären, warum wir die Strategie des Organisationalen Lernens an dieser Stelle einführen, also im Rahmen von Organisationskultur behandeln. Zu diesem Zweck sei daran erinnert, daß wir oben Organisationskultur als Rahmen von Interpretations- und Interaktionsmustern definiert haben, also als Rahmen von Denk- und Verhaltensweisen. Organisationales Lernen läßt sich beschreiben als Prozeß, der über eine Veränderung von Interpretationsmustern versucht, die Interaktionsmuster einer Organisation zu verändern. Ziel dieses Prozesses ist eine bessere Systemanpassung und eine erhöhte Problemlösungsfähigkeit der Organisation (Pawlowski, 1992). Gleichzeitig wirken Organisationen durch ihren Lernprozeß auch verändernd auf die Umwelt — Organisationales Lernen besteht insofern in einer Kombination aus adaptiver Anpassung und manipulativer Einwirkung (Hedberg, 1981, S. 1).

Welche Interpretationsmuster stehen bei diesem Lernprozeß im Vordergrund? Organisationales Lernen zielt auf eine Veränderung der „Wissensbasis“ der Organisation (Pawlowski, 1992). Diese Wissensbasis wird in den verschiedenen Ansätzen des Organizational Learning unterschiedlich ausgefüllt: Handlungstheorien (Argyris, Schön, 1978); die Fähigkeit, Informationen zu verarbeiten (Morgan, 1986); die Fähigkeit, Strategien zu formulieren (Shrivastava, 1983); kognitive Landkarten (Hedberg, 1981).

In unserem Zusammenhang ist der handlungstheoretische Ansatz von Argyris und Schön (1978) von Bedeutung, der als Wissensbasis spezielle Handlungstheorien zugrundelegt. Wie einzelne Individuen, so besitzen auch Organisationen als Ganze Handlungstheorien. Dabei geht es nicht um rein verbale Äußerungen, wie man sich z. B. in bestimmten Situationen verhalten sollte (sogenannte „espoused theories“), sondern es geht um die tatsächlich zur Ausführung kommenden Handlungspläne — sogenannte „theories-in-use“: die impliziten Annahmen, die tatsächlich das Verhalten bestimmen, die das Wahrnehmen, Denken und Fühlen der Gruppenmitglieder bestimmen (Argyris, Schön, 1978, S. 20). Bei dieser

Beschreibung wird die Parallelität zu den Scheinschen Grundannahmen sichtbar. Tatsächlich hebt Schein (1987, S. 18) hervor, daß seine Basic assumptions im Sinne dieser „theories-in-use" zu verstehen sind.

Vor diesem Hintergrund wird Organisationales Lernen als ein Prozeß verstanden, in dem die bestehenden Handlungstheorien einer Organisation überprüft und verändert werden. Inhalte solcher Handlungstheorien können z. B. Normen und Strategien sein. Aus diesem Grund läßt sich Organisationales Lernen als Illustration der Grundannahme „Erkenntnissuche" deuten: Das Handeln der Organisationsmitglieder besteht darin, kontinuierlich die Zweckmäßigkeit der bestehenden Handlungstheorien zu überprüfen und diese jeweils schrittweise zu korrigieren.

Worin besteht der organisationale Lernprozeß? Wir sind gewohnt, Lernen als einen Prozeß zu verstehen, bei dem ein einzelnes Individuum sein Wissen erweitert oder aufgrund von Erfahrung sein Verhalten ändert. Da Organisationales Lernen als Lernprozeß gedacht wird, der die ganze Organisation betrifft, ist zunächst zu fragen, wie man das individualistisch geprägte Lernen in einen kollektiven Lernprozeß umwandeln kann.

Damit ist eines der Kernprobleme des Organisationalen Lernens angesprochen: Die Organisation kann nur mit Hilfe der einzelnen Individuen lernen. Es reicht nicht aus, daß die einzelnen Organisationsmitglieder lernen — das Wissen der einzelnen ist nicht identisch mit dem Wissen der Organisation. Vielmehr ist es so, daß beispielsweise in einer Unternehmung, die viele Spezialisten beschäftigt, das Wissen dieser Spezialisten zusammen wesentlich größer ist als das Wissen der Organisation. Ein Lernprozeß, bei dem nur der einzelne sein Wissen erweitert, dieses aber nicht an die Organisation weitergibt, führt nicht zu einer Veränderung der organisationalen Wissensbasis. Beispiele hierfür sind Weiterbildungsveranstaltungen, bei denen Inhalte vermittelt werden, die sich im betrieblichen Alltag nicht anwenden lassen. Problematischer noch scheinen aber diejenigen Fälle, in denen zwar betriebsrelevantes Wissen vermittelt wird, dieses aber aufgrund anderer Hemmnisse nicht umgesetzt werden kann. Dieser Zusammenhang wird unter dem Stichwort Transferproblematik von Weiterbildungsmaßnahmen in der betrieblichen Realität diskutiert (vgl. Krapp, Weidenmann, 1992). In unserem Kontext wird ersichtlich, daß Transferhindernisse damit auch entscheidende Barrieren für Organisationales Lernen sein können. Ein krasses Beispiel dafür, daß ein individueller Wissenszuwachs nicht zu einer Erweiterung der organisationalen

Wissensbasis führt, ist natürlich der Fall, in dem ein Teilnehmer einer Weiterbildungsmaßnahme unmittelbar darauf das Unternehmen verläßt. Auch diese Problematik wird unter dem Stichwort Weiterbildung und Mobilität thematisiert (Gebert, Steinkamp, 1990).

Es gibt weitere Anzeichen dafür, daß Organisationen häufig weniger wissen als ihre Mitglieder (Hedberg, 1981, S. 6). So führen z. B. Kommunikationsprobleme (z. B. Filter, Selektion, unzureichende Informationskanäle) dazu, daß das Ganze weniger ist als die Summe seiner Teile (Argyris, Schön, 1978). Sichtbar wird dies besonders in Krisen, wenn schnelle Umweltveränderungen die Kommunikationsnetze überlasten.

Andererseits ist Organisationales Lernen mehr als nur das Aggregat des Lernens der Mitglieder. Zwar besitzen Organisationen kein Gehirn, doch gibt es kognitive Systeme und Gedächtnisspeicher. Dieses organisationale Gedächtnis bewahrt Verhaltensweisen, geistige Landkarten, Normen und Werte auch dann, wenn Mitglieder und Führungskräfte die Organisation verlassen (Hedberg, 1981, S. 6). Dazu gehören z. B. Organisationsstrukturen und -prozesse, die über längere Zeiträume hin entwickelt wurden und innerhalb der Organisation gewissermaßen „weitervererbt" werden.

Da es mithin einen Unterschied zu geben scheint zwischen der Wissensbasis der Organisation und dem Wissen der einzelnen Organisationsmitglieder, kommt es beim Organizational Learning darauf an, organisationales und individuelles Wissen miteinander zu verzahnen. Wir werden sehen, daß dazu ein Prozeß notwendig ist, der eines unserer Konstruktmerkmale veranschaulicht: Ungewißheit bzw. Ideengenerierung erfordert die Beteiligung vieler (vgl. Abb. 13).

Organisationales Lernen findet statt, wenn die einzelnen Organisationsmitglieder als „learning agents" (Argyris, Schön, 1978) für die Organisation tätig werden. Ihre Aufgabe besteht darin, die Handlungstheorien der Organisation auf Fehler zu untersuchen und gegebenenfalls entsprechende Korrekturen vorzunehmen. Wenn das Ziel von Organisationalem Lernen darin besteht, die Anpassung der Organisation an ihre Umwelt und damit die Problemlösefähigkeit der Organisation zu erhöhen (Pawlowski, 1992), dann können Fehler in den Handlungstheorien der Organisation nur in Auseinandersetzung mit der Organisationsumwelt aufgedeckt werden. In der Sprache der Systemtheorie ausgedrückt, liegt dem Lernprozeß das Prinzip der negativen Rückkoppelung zugrunde: Die Organisation wird z. B. mit einem Gehirn verglichen, mit einem informationsverarbeitenden System, das versucht, sich an die sich ändernden Umweltbedingungen anzupassen (Morgan, 1986). Das System lernt immer dann, wenn sich die bisher verfolgte Strategie als nicht mehr zweckmäßig erweist, ein vorgegebenes Ziel zu erreichen. Die „learning agents" reagieren also auf Veränderungen in der internen oder externen Umwelt der Organisation, indem sie Fehler in den organisationalen Handlungstheorien aufdecken. Ihre Aufgabe besteht anschließend darin, die entdeckten Fehler zu korrigieren und diese Korrekturen sowohl in ihre eigenen Handlungstheorien (images) als auch in die der Organisation (shared maps) zu integrieren (Argyris, Schön, 1978).

Das Organisationale Lernen wird auch als Lernzirkel gedeutet, in dem sich die Organisation mit ihrer Umwelt auseinandersetzt (Hedberg, 1981). Dabei wird bezug genommen auf die behavioristischen Lerntheorien, bei denen bestimmte Reaktionen als Antwort auf bestimmte Reize gelernt werden. Beim klassischen Konditionieren (Pawlow) zum Beispiel lernt ein Hund, auf ein Glockenzeichen hin Speichel abzusondern. Ähnlich lernen Organisationen, auf bestimmte Umweltreize (z. B. Nachfragerückgang) mit spezifischen Reaktionen (z. B. Preissenkung) zu reagieren. Erfolgreiche Reiz-Reaktions-Verbindungen werden als Erfahrungen in der organisationalen Wissensbasis gespeichert.

Die Rolle der einzelnen Organisationsmitglieder in diesem Lernprozeß läßt sich z. B. folgendermaßen beschreiben: Sie handeln als „Schauspieler" in einem Stück, das in der Organisation als „Bühne" aufgeführt wird (Hedberg, 1981, S. 6). Die Individuen sind zwar die Handelnden, aber sie werden dadurch gelenkt, daß sie bestimmte Rollen spielen und vorgegebene Texte sprechen und daß sie durch die Normen, Überzeugungen und Verhaltensweisen des Theaters sozialisiert werden. Insofern werden Organisationen nicht passiv durch das Lernen ihrer Mitglieder gesteuert, sondern beeinflussen ihrerseits das Lernen der Mitglieder — und sie bewahren die „Sedimente" dieser individuellen Lernprozesse auch dann noch, wenn die Lernenden selbst ausgeschieden sind. Organisationales Lernen ist also darauf angewiesen, daß die einzelnen Mitglieder als learning agents handeln. Es kann kein Organisationales Lernen stattfinden ohne individuelles Lernen, und individuelles Lernen ist eine notwendige, aber nicht hinreichende Bedingung für Organisationales Lernen.

Das Überprüfen von Handlungstheorien und das Aufdecken von Fehlern ist aber nur dann möglich, wenn den einzelnen ausreichende Freiräume und Kompetenzen gewährt werden. Unter den Bedingungen eines absoluten Machtmonopols der „Weisen", wie wir es als Grundannahme der geschlossenen Organisationskultur formuliert haben (vgl. Abb. 13), ist Organisationales Lernen daher schwer vorstellbar. Wenn nur die „Weisen" — die Unternehmensleitung — im Sinne der Organizational Learning-Strategie nach Fehlern suchen, verzichten sie freiwillig auf das Potential der untergeordneten Mitarbeiter, die vermutlich bestimmte Arten von Problemen wesentlich genauer kennen als die Unternehmens-Spitze. Organisationales Lernen impliziert daher die Grundannahme der offenen Organisationskultur, möglichst viele Mitarbeiter am Lernprozeß zu beteiligen.

Wenn wir den Lernprozeß genauer betrachten, werden wir sehen, daß Organisationales Lernen darüber hinaus die Grundannahme illustriert, Handeln sei Komplexitätsbewältigung. Organisationales Lernen läßt sich im Sinne der Stückwerktechnologie als schrittweises Korrigieren von vorläufigen Bestlösungen interpretieren. Die Basis solcher Lernprozesse bilden dabei jeweils Vergleichs-Veränderungs-Rückkoppelungs-Mechanismen, die in den verschiedenen Ansätzen unterschiedlich beschrieben werden. Je nachdem, wie tiefgreifend die Wissensbasis der Organisation verändert wird, kann sich Organisationales Lernen auf verschiedenen Ebenen vollziehen (Argyris, Schön, 1978).

Die einfachste Rückkoppelungsschleife (single loop learning) besteht darin, zu überprüfen, ob die derzeit angewendeten Strategien sich als effizient erweisen. Werden Ineffizienzen erkannt, so werden nach dem Prinzip der negativen Rückkoppelung diese Strategien entsprechend verändert. Das Kriterium für die Veränderungsbedürftigkeit ist dabei, ob die praktizierten Methoden zu den Soll-Zielen führen, die in den organisationalen Normen verankert sind. Ein Beispiel wäre die Überprüfung, ob das Ziel „Umsatzsteigerung" mit der Strategie „Preisnachlaß" zu erreichen ist. Eine Veränderung könnte z. B. darin bestehen, dieses Ziel künftig durch die Strategie „intensivere Werbung" oder „Direktabsatz" besser zu erreichen.

Tiefgreifendere Veränderungen sind mit einem Lernprozeß verbunden, den Argyris und Schön als „double-loop-learning" bezeichnen. Die doppelte Lernschleife ergibt sich insofern, als nicht einfach Abweichungen von den bestehenden Soll-Vorgaben (Normen) korrigiert werden, sondern die organisationalen Normen selbst untersucht werden. Die Organisation als komplexes kybernetisches System, als „Gehirn", ist in der Lage, zusätzlich Fehler in den Normen zu erkennen und diese zu korrigieren (Morgan, 1986). In unserem Beispiel könnte ein double loop-Lernprozeß darin bestehen, daß das Ziel nicht mehr heißt „Umsatzsteigerung", sondern künftig „Qualitätssteigerung".

Diese Art des Lernens setzt einen gemeinsamen Untersuchungsprozeß voraus, in dem Widersprüche in den Normen der Organisation selbst aufgedeckt werden sollen. Solche Widersprüche äußern sich häufig in unvereinbaren Anforderungen in den Handlungstheorien, die zu Konflikten in der Organisation führen. Der Untersuchungsprozeß im Rahmen des double loop learning ist also ein Konfliktlösungsprozeß, bei dem es darauf ankommt, die zugrundeliegenden konfligierenden Anforderungen aufzudecken. So könnte z. B. die Ursache für einen Konflikt zwischen zwei Bereichen darin liegen, daß die Unternehmensleitung gleichzeitig Kostensenkung und Qualitätssteigerung fordert. Ein Konfliktlösungsversuch könnte die Tatsache erhellen, daß hier konfligierende Normen aufeinandertreffen, und das Ergebnis dieses Prozesses könnte sein, daß die Unternehmensleitung sich für eines der beiden Soll-Ziele entscheidet. Am Ende dieses Prozesses wird folglich eine neue Norm verabschiedet, die entweder einen Kompromiß darstellt oder nur noch eine der beiden konträren Anforderungen bzw. Ziele enthält. Um den Konflikt zu lösen, ist es also in jedem Fall notwendig, die bestehenden Normen zu hinterfragen, z. B. indem die Befürworter der konfligierenden Normen jeweils offenlegen und gegenüber den anderen begründen müssen, warum sie ihre Norm (z. B. Kostensenkung) für effizienzfördernd halten. Diese neue oder veränderte Norm findet dann Eingang in die Wissensbasis der Organisation.

Eine noch höhere Ebene des Organisationalen Lernens wird als „deutero learning" bezeichnet. Dabei steht das Lernen selbst im Vordergrund — es geht um das Lernen des Lernens, also um die Frage der Lernfähigkeit einer Organisation als solcher. Gegenstand ist das Wissen darüber, wann die Organisation welchen Lernprozeß wie einsetzen sollte. Ein Beispiel für deutero single loop learning wäre das Erfahrungskurvenkonzept als Anwendung von single loop learning Prozessen (Reinhardt, 1993, S. 67 ff.). Im Fall des deutero learning lernen die Organisationsmitglieder etwas über die Verfahren des Organisational Learning, über die Implementation von Lernergebnissen etc.

Allen diesen Formen des Organisationalen Lernens ist gemeinsam, daß nicht etwa eine Verfahrensverbesserung oder eine neue Strategie im Sinne einer Bestlösung (wie in der geschlossenen Organisationskultur) in einem einmaligen Prozeß installiert wird. Organisationales Lernen verlangt vielmehr ständige Rückkoppelungsschleifen, bei denen jeweils schrittweise

Offene und Geschlossene Organisationskultur	
Die erkenntnistheoretische Dimension	
Grundannahme Vorläufigkeit ⟺	*Grundannahme Endgültigkeit*
Erkenntnissuche: Handeln als kontinuierliches Verbesserungsbemühen (Stückwerktechnologie)	**Erkenntnisumsetzung: Handeln als dogmatische Durchsetzung für definitiv erklärter Ideale (Ganzheitsplanung)**
Konkretisierung der Grundannahmen	
Wahrheit als Ergebnis eines rationalen Prozesses	Wahrheit als offenbartes Dogma
Handeln als Komplexitätsbewältigung; schrittweises Korrigieren von vorläufigen Bestlösungen (Suboptima)	Handeln als Komplexitätsreduktion/-vernichtung; Realisierung der Bestlösung (Optimum, Ideal)
Ungewißheit/Ideengenerierung erfordert Teilnahme vieler: Machtteilung	Gewißheit/Ideenimplementierung legitimiert Machtmonopol der „Weisen"
Indikatoren	
„Forschungs-Institut"	„Zensur-Behörde"
1. Werte:	
Austausch, gegenseitige Bereicherung, Wahrheitsähnlichkeit, Offenheit, Toleranz, Universalismus, Pluralität	Anti-Universalismus, Abschottung, Uniformität, Bewahrung der Gruppeneigenheiten, Gewißheit, Sicherheit, Dogma, Ideologie, Tradition
Vermeidung von Übel, Vorsicht, Bescheidenheit, Geduld, Versuch und Irrtum, Experimentieren, Unvorhersehbarkeit	Vorhersehbarkeit, Planbarkeit, Berechenbarkeit, Überblick, Ideal, Glück aller
Partizipation	Autorität, Autokratie, Hierarchie
2. Artefakte:	
Entscheidungen werden in Diskussionen vorbereitet;	Entscheidungen werden auf der Grundlage von Dogmen, Traditionen oder Expertenurteilen verkündet;
Mitbestimmung: „respektierter" Betriebsrat;	Mitbestimmung: „isolierter", „korrumpiert-integrierter" oder „ignorierter" Betriebsrat;
Mythos über erfolgreichen Austausch mit anderen;	Mythen (Stereotype) über die „dummen" „Anderen" und über die eigene Überlegenheit;
Organisationsentwicklung, Teamentwicklung	Sprache vereinheitlichend, Expertensprache

Abb. 13: Kennzeichen offener und geschlossener Organisationskultur auf der erkenntnistheoretischen Dimension

Veränderungen vorgenommen werden. Es wird jeweils die Strategie oder Methode verbessert, die sich momentan als unzulänglich erweist. Diese Stückwerktechnologie wird im Gegensatz zum Vorgehen der geschlossenen Gesellschaft von unten nach oben durchgeführt: Die learning agents entdecken Fehler und regen damit den Organisational Learning Prozeß an.

Woran ist erkennbar, ob eine Organisation lernfähig ist? Lernfähig ist eine Organisation dann, wenn sie in der Lage ist, den Prozeß des ständigen Überprüfens und Verbesserns aus sich selbst heraus zu initiieren und zu erhalten. Diese Reflexivität haben wir bereits oben im Zusammenhang mit Selbstorganisation erwähnt (vgl. Kapitel 3). Die Reflexivität schlägt sich in der Organisation selbst nieder und in ihren Beziehungen zur Umwelt. Nach außen ist eine gewisse Offenheit des Systems Organisation von Bedeutung. Systemoffenheit ist daran zu erkennen, daß ein Austausch zwischen der Organisation und ihrer Umwelt stattfindet. Ein Indikator für die Lernfähigkeit der Organisation könnte also sein, wie vielfältig die Beziehungen und Kontakte z. B. zu anderen Institutionen oder anderen Organisationen sind. Die Formen dieses Austausches können z. B. vom einfachen Informationsaustausch bis zur Kooperation auf verschiedenen Gebieten reichen, Beteiligung an Forschungsprojekten, Präsentation auf Messen etc. Der Informationsaustausch ließe sich etwa danach differenzieren, wieviel Information, aus welchen Bereichen, wie verfügbar und genau und wie aktuell die Information ist (Hedberg, 1981, S. 16). Im Inneren der Organisation zeigt sich diese Reflexivität unter anderem in dem Ausmaß, in dem Kommunikation von unten nach oben möglich ist und dadurch bottom up Prozesse der Rückkoppelung stattfinden können.

Ein weiteres Kriterium ist die Konfliktfreundlichkeit der Organisation: Werden Konflikte erkannt und thematisiert oder „unter den Teppich gekehrt"? Ebenso ergibt sich ein Hinweis durch das Ausmaß der Fehlertoleranz. Werden ausreichend Freiräume und Ressourcen gewährt, um Experimentieren zu können und Fehler machen zu können? Sind die Vorgaben hinreichend mehrdeutig, so daß Spielräume bleiben, die jeweils situativ ausgefüllt werden können? Hedberg (1981, S. 16) spricht in diesem Zusammenhang von einem bestimmten „level of confusion", der diese Spielräume ermöglicht. Werden Fehler als Lernchance zugelassen oder werden sie so sanktioniert, daß die Mitarbeiter Angst haben, Neues auszuprobieren? Vor allem im Zusammenhang mit Innovationen wird häufig darauf hingewiesen, daß die Angst vor Fehlern in vielen Fällen eine der Bremsen für Innovationen darstellt (Volk, 1993).

Diese Indikatoren stellen nur Beispiele für die Implikationen dar, die sich aus der Umsetzung des Organisationalen Lernens ergeben. Diejenigen Implikationen, die sich speziell auf Führung oder Gruppenarbeit beziehen, werden wir weiter unten als Indikatoren für offene und geschlossene Führung und Gruppenarbeit erörtern.

6. Kennzeichen offener und geschlossener Führung und Gruppenarbeit

6.1 Eigenheiten offener und geschlossener Führung

Führung in Unternehmen zielt meistens darauf, das Verhalten von Mitarbeitern zu beeinflussen. Dabei geht es in der Regel darum, die Geführten im Sinne des Betriebes zu motivieren und ihnen die Ziele des Unternehmens wirksam zu vermitteln. Im Zeitablauf verändern sich die Annahmen darüber, wie man Mitarbeiter motivieren kann, weil sich die Annahmen darüber verändern, welche Motive und Bedürfnisse der Mitarbeiter zugrundegelegt werden müssen. Auffallende Veränderungen von Mitarbeiter-Präferenzen werden z. B. derzeit im Rahmen der Diskussion über den sogenannten Wertewandel (v. Rosenstiel u. a., 1989) thematisiert.

Es ist anzunehmen, daß Führung nicht nur das Verhalten der Mitarbeiter beeinflußt, sondern ebenso einwirkt auf ihre Einstellungen, Denkweisen und Wertorientierungen, da Führungskräfte immer auch als Modell für Einstellungen etc. fungieren. Außer der Motivationsfunktion werden eine Reihe weiterer Führungsfunktionen angenommen (Neuberger, 1990a): kognitive Funktion (Ideologie als Wahrnehmungs- und Denkraster), affektive (stimulieren und beruhigen), identitätsstiftende (Sinn), normative (Ideologien begründen und rechtfertigen) und soziale Funktion (Zusammenhalt fördern). Aus diesem Grund gehen wir davon aus, daß die Variable „Führung“ dazu beitragen kann, aufzudecken, wie Denkmuster und Handlungsweisen in Betrieben zustandekommen. Während wir im vorangegangenen Kapitel schwerpunktmäßig die Denk- und Deutungsmuster betrachtet haben, stehen hier zunächst Handlungsweisen im Vordergrund, wenn wir Führung als vertikale Interaktion in Unternehmen analysieren.

Es geht uns nicht darum, ein Modell offener oder geschlossener Führung zu entwerfen und dem Leser eine der Varianten zu empfehlen. Es ist auch nicht unsere Absicht, die Vielfalt der bestehenden Führungstheorien oder -modelle (z. B. die unterschiedlichen „Management by…"- Konzepte) oder Führungs-Leitfäden einzeln daraufhin zu untersuchen, ob sie unserem Verständnis nach als eher „offen" oder eher „geschlossen" einzustufen sind. Unser Ziel ist es vielmehr, ein Denkschema zu entwickeln, mit dessen Hilfe Führungskräfte ihr eigenes Verhalten (und die jeweilige Reaktion ihrer Mitarbeiter) daraufhin untersuchen können, ob sie sich in der Nähe der offenen oder der geschlossenen Gesellschaft befinden. Wir hatten bereits darauf hingewiesen, daß unsere Konstrukte idealtypisch sind — besonders zur Kennzeichnung offener Führung beschreiben wir häufig sehr voraussetzungsvolle Führungsmuster, die vermutlich in der Praxis nicht in dieser Form anzutreffen sind. Wenn wir im folgenden Kategorien offenheitsförderlicher und geschlossenheitsförderlicher Führung und Beispiele als Indikatoren entwickeln, so werden dabei selbstverständlich auch gängige Führungspraktiken einbezogen, wenn sie eine Facette offener oder geschlossener Führung gut veranschaulichen.

Worin besteht nun eher offenes oder eher geschlossenes Führungsverhalten, und woran ist es erkennbar? Um offenheitsnahe von geschlossenheitsnaher Führung zu unterscheiden, greifen wir wieder auf unsere Dimensionen der offenen und geschlossenen Gesellschaft zurück (vgl. Abb. 8). Welche Bedeutung haben diese Dimensionen, wenn man sie auf Führung, genauer: die Beziehung zwischen dem Führenden und dem Geführten anwendet? Wir haben uns gefragt, was die jeweilige Leitfrage jeder Dimension für die Führungsbeziehung bedeuten kann und haben jede Leitfrage in eine spezielle führungsrelevante Leitfrage übersetzt (vgl. Abb. 14).

Die erste Dimension (die Frage nach den Freiheitsgraden des Menschen) verändern wir so, daß wir jetzt die Freiheitsgrade des Geführten in der Führungsbeziehung in den Vordergrund stellen. Wichtig ist dabei, daß wir nicht die tatsächliche, objektive Freiheit betrachten, sondern eine subjektive, vom Geführten *wahrgenommene* Freiheit. Anders gewendet betrachten wir, ob der Geführte glaubt, Ereignisse selbst steuern zu können, oder ob er sich als Opfer irgendwelcher „höheren Mächte" sieht.

Dieser Zusammenhang wird im Konzept der Lokation der Kontrolle im Sinne von Rotter (vgl. Heckhausen, 1989, S. 423 ff.; Weiner, 1988; Phares, 1976) problematisiert. Beschreiben läßt sich die hier gemeinte subjektive Handlungsfreiheit auch mit dem Begriff der Situationskontrolle, der eine zentrale Variable in dem von uns oben (vgl. Kapitel 4)

Dimensionen der offenen bzw. geschlossenen Gesellschaft	Führungsbezogene Leitfragen
Anthropologische Dimension	
Welche Freiheitsgrade hat der Mensch als Mensch?	Welche Kontrollerwartung hat der Geführte? (internal – external)
Soziale Dimension	
Was steht im Vordergrund: das Individuum oder das Kollektiv?	Was ist Ziel des Führenden? (Pluralität – Uniformität)
Erkenntnistheoretische Dimension	
Wie zuverlässig ist menschliche Erkenntnis?	Welcher Einfluß dominiert in der Führungsbeziehung? (einseitig – zweiseitig)

Abb. 14: Dimensionen der offenen und geschlossenen Gesellschaft und führungsbezogene Leitfragen

verwendeten Streß-Modell von Lazarus darstellt. Offene und geschlossene Führung können also auf der anthropologischen Dimension danach unterschieden werden, welche Kontrollerwartung des Geführten gefördert wird: internale Kontrollerwartung — diese Annahme entspricht dem Voluntarismus: der Wille des Menschen als „Täter" ist ausschlaggebend für die Gestaltung der sozialen Realität — oder externale Kontrollerwartung im Sinne der deterministischen Annahme, die Welt sei vorherbestimmt und der Mensch im wesentlichen „Opfer" des Weltgeschehens.

Die zweite Dimension (soziale Dimension) läßt sich auf Führung beziehen, wenn man das Ziel des Führenden betrachtet: Pluralität oder Uniformität? Je nachdem, ob eine Führungskraft darauf zielt, die Unterschiedlichkeit der Mitarbeiter zu betonen und zu fördern oder, im Gegenteil, alles zu tun, um eine Einheitlichkeit der Geführten herzustellen, kann man auf individualistische oder kollektivistische Grundannahmen schließen.

Die erkenntnistheoretische Dimension (Vorläufigkeit versus Endgültigkeit) versuchen wir darin widerzuspiegeln, welche Art von Einflußnahme in der Führungsbeziehung vorherrscht. Wenn Führung als Beziehung zwischen Führendem und Geführtem verstanden wird, so interessiert die

Frage, wie innerhalb dieser Beziehung der Austausch zwischen Führer und Geführtem stattfindet. Ist es ein einseitiger Transfer (Informationsaustausch) dergestalt, daß der Führende informiert und der Geführte reagiert, oder findet tatsächlich ein zweiseitiger Austausch in dem Sinne statt, daß Informationen ausgewogen in beide Richtungen fließen?

Mit diesem Satz an Leitfragen haben wir die betriebsbezogenen Dimensionen offener und geschlossener Organisation im Hinblick auf Führung konkretisiert. Wir werden diese führungsbezogenen Leitfragen im folgenden dazu nutzen, gedankliche Konstrukte offener und geschlossener Führung zu entwerfen. Einen Überblick über alle Führungskonstrukte bietet die untenstehende Abbildung 15.

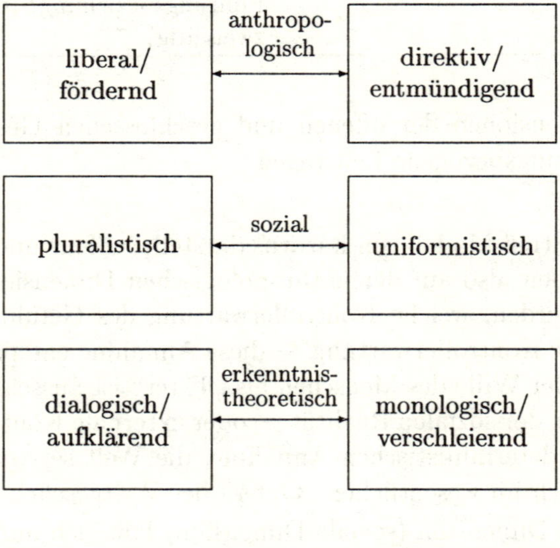

Abb. 15: Konstrukte „offener“ und „geschlossener“ Führung

6.1.1 Fördern oder Entmündigen?

Wir erschließen diese Dimension, indem wir die Perspektive des Geführten einnehmen. Mit der Leitfrage „Welche Kontrollerwartung hat der Geführte?“ wird zwischen offener und geschlossener Führung danach unterschieden, ob der Geführte subjektiv den Eindruck hat, Ereignisse selbst steuern zu können, oder ob er im Gegenteil davon überzeugt ist, passiv von „höheren Mächten" gesteuert zu werden und sich insofern als „Opfer" erlebt.

Wir haben weiter oben (vgl. Kapitel 4) die streßtheoretische Bearbeitung und Deutung dieses Zusammenhanges ausführlich dargestellt: In einer Situation, die der Betreffende als bedrohlich erlebt, ist es für sein Verhalten von Bedeutung, ob er glaubt, Situationskontrolle zu besitzen. Falls er diesen Eindruck hat, also glaubt, Ereignisse selbst steuern zu können, kann er die bedrohliche Situation entweder verlassen („Flucht") oder sie zu verändern versuchen („Angriff"). Fehlt dagegen die Situationskontrolle, fühlt er sich also als „Opfer", so bleibt nur die Strategie der intrapsychischen Anpassung: Die Misere wird so umgedeutet, daß sie nicht mehr bedrohlich wirkt, sondern erträglich erscheint.

Die Frage der Kontrollierbarkeit von Situationen wird auch in anderen Kontexten untersucht. Unseren Überlegungen zur anthropologischen Dimension liegt eine aus der Motivationstheorie stammende Sichtweise zugrunde. Bei der Frage, welche Ursachen Menschen für die Ergebnisse ihres Handelns verantwortlich machen, unterscheidet die Attributionstheorie verschiedene Aspekte (vgl. Heckhausen, 1989, S. 423 ff.). In seiner Theorie der Lokation der Kontrolle unterscheidet Rotter (1966) danach, ob ein Umweltereignis für kontrollierbar bzw. für steuerbar gehalten wird oder nicht. Er geht davon aus, daß sich die unterschiedlichen Zuschreibungsmuster von Personen auf ihr spezifisches Kontrollbewußtsein auswirken. Danach lassen sich eine internale und eine externale Kontrollerwartung unterscheiden. Internale Kontrollerwartung bedeutet, daß der Sitz des Kontrollmechanismus (locus of control) in der Person selbst liegt, während entsprechend bei externaler Kontrollerwartung die Steuerquelle außerhalb der Person angenommen wird. Weiner (1988) unterscheidet nach personalen und situativen Ursachen: Die Ursache für ein Ereignis kann primär in der Situation gesehen werden (z. B. in den Arbeitsbedingungen) oder primär in der Person selbst (Fähigkeiten, Anstrengung). Zusätzlich kann man diese Ursachen als zeitlich stabil (Fähigkeiten) oder als variabel (momentane Anstrengung) betrachten.

Die entscheidende Aussage der Attributionstheorie, auf die wir unten zurückkommen werden, ist dabei die, daß Menschen die beschriebenen Ursachen jeweils zuschreiben (attribuieren), daß diese Zuschreibung ein subjektiver Prozeß ist und dieser Prozeß das „Opfer-" oder „Täter"- Bewußtsein mitbedingt. Die zugeschriebene Ursache für ein Ereignis, z. B. einen Erfolg oder einen Mißerfolg, muß also keineswegs der Realität entsprechen. So könnte es z. B. sein, daß eine Person einen Mißerfolg auf die angenommene eigene Unfähigkeit zurückführt (personal, stabil), während die tatsächliche Ursache vielleicht einfach nur „Pech“ war (situativ, variabel).

Merkmale von Fördern und Entmündigen

Für unsere Ableitung von Führungskonstrukten ist entscheidend, daß die Zuschreibungsmuster der Mitarbeiter durch Führung beeinflußt werden können. Daher unterscheiden wir Führung in dieser Dimension danach, ob sie eher internale Kontrollerwartungen der Geführten fördert (offene Führung) oder eher externale Kontrollerwartungen (geschlossene Führung). Die entsprechenden Führungskonstrukte bezeichnen wir als *liberale/fördernde* Führung im Fall der internalen Kontrollerwartung und als *direktive/entmündigende* Führung im Fall der externalen Kontrollerwartung.

Bevor wir diese Führungsalternativen näher betrachten, werden wir den Zusammenhang zwischen Führung und der Art der Kontrollerwartung genauer untersuchen. Wie oben erwähnt, zielt Führung unter anderem darauf, die Leistungsmotivation der Mitarbeiter zu steigern. Es läßt sich zeigen, daß erstens zwischen der Leistungsmotivation und den Zuschreibungsmustern von Menschen ein Zusammenhang besteht und daß zweitens durch Führung die Art und Weise der Zuschreibung beeinflußt werden kann. Zur Erklärung von Leistungsmotivation beziehen wir uns hier auf die Erwartungs-Wert-Theorie der Motivation von Vroom (1964). Darin behauptet Vroom den folgenden Zusammenhang zwischen Leistungseinsatz, der subjektiven Erwartung, daß der Leistungseinsatz zum erwünschten Ergebnis führt, und der subjektiven Wertigkeit (Valenz) dieses Ergebnisses (vgl. Abb. 16).

Die Bewertung des Leistungsergebnisses (E1) ist davon abhängig, wie die Aussichten sind, mit diesem Ergebnis einen gewünschten Nutzen (E2) zu erzielen. Die Enge der Verknüpfung zwischen E1 und E2 (Instrumentalität) kann unterschiedlich sein. Ein E1 (z. B. Leistungssteigerung) kann zu mehreren Ergebnissen 2 führen, die von unterschiedlichem subjektivem Nutzen sein können (z. B. mehr Lohn, aber gleichzeitig weniger Freizeit). Insgesamt entscheidet daher die Summe aller mit einer bestimmten Wahrscheinlichkeit zu erwartenden Ergebnisse 2 über den Nutzen von E1 und damit über die Valenz von E1. Nach Vroom ist der Leistungseinsatz einer Person also vermutlich dann hoch, wenn sie erstens erwartet, daß sie mit ihrem Leistungseinsatz das angezielte E1 auch erreichen kann und wenn zweitens die Erwünschtheit (Valenz) dieses Ergebnis 1 hoch ist, weil es mit ausreichender Wahrscheinlichkeit (Instrumentalität) zu positiv bewerteten E2 führt.

Welche Rolle spielen die Zuschreibungsmuster für die Entstehung der so erklärten Leistungsmotivation? Ein Faktor, der die resultierende Leistungsbereitschaft beeinflußt, ist im Modell Vrooms die Erwartung. Gemeint ist die Erwartung, daß mit eigener Anstrengung das anvisierte E1 erreicht werden kann. Es ist unmittelbar einsichtig, daß diese Erwartung umso höher ist, je eher der Handelnde annimmt, selbst steuern zu können. Bei internaler Kontrollerwartung also, wenn der Handelnde annimmt, durch seine Anstrengung das E1 zu erreichen, und sich für dieses Ergebnis verantwortlich fühlt, wird die Erwartung also besonders groß sein. Im Fall externaler Kontrollerwartung dagegen, wenn der Geführte annimmt, es unterliege nicht seinem Willen bzw. seiner Anstrengung, ob er E1 erreicht oder nicht, wird diese Erwartung entsprechend geringer ausfallen. Vorstellbar ist diese Konstellation z. B. an einem hochgradig technisierten Arbeitsplatz, wo der Output im wesentlichen von der Maschinenleistung abhängt und nur noch marginal von der Anstrengung des Bedieners abhängt (z. B. Wartung, Versorgung mit Material).

Neben solchen externen Arbeitsbedingungen spielen auch die beschriebenen Zuschreibungsmuster eine Rolle. Neigt ein Mitarbeiter dazu, einen Erfolg (also das Erreichen von E1) auf eine stabile Ursache (nämlich seine Fähigkeiten) zurückzuführen, so wird seine Erwartung, bei künftigen Anstrengungen dieses Ergebnis wieder zu erreichen, höher ausfallen, als wenn er seinen Erfolg auf bloßen Zufall (variable Ursache) zurückführt (Weiner, 1988). Die Erwartung wird auch dann hoch sein, wenn er den Erfolg auf eigene Fähigkeiten (personale Attribution) anstelle auf die Umstände der Situation (situative Attribution, z. B. leichte Aufgabe) zurückführt. Die Zuschreibung eines Erfolges (E1) auf stabile internale Ursachen erhöht also die Erwartung, das Ergebnis 1 wieder zu erreichen und stabilisiert die Annahme, das Erreichen von Ergebnis 1 selbst steuern zu können (internale Kontrollerwartung).

Die Kategorie „Lokation“ (Person oder Situation?) wirkt darüber hinaus auf eine weitere wichtige Komponente des Motivationsmodells ein. Die Annahme, ob ich selbst oder die Situationsumstände für einen Erfolg verantwortlich gemacht werden können, beeinflußt die subjektive Bewer-

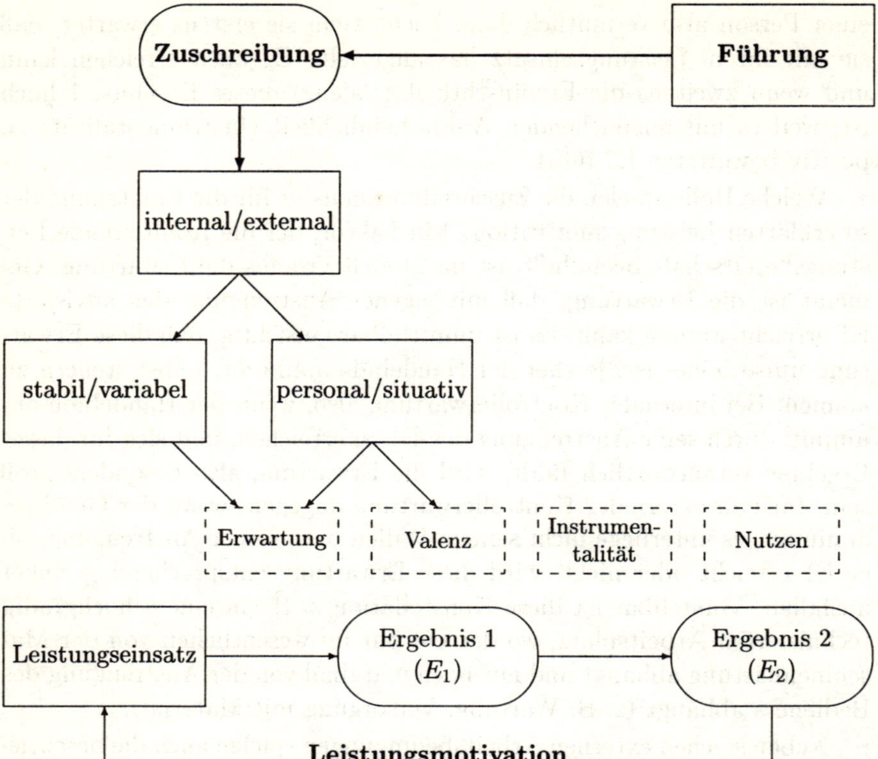

Abb. 16: Die Beeinflussung der Leistungsmotivation durch Führung

tung dieses Erfolges. Die „Valenz" des Ergebnis E1 (unabhängig von seiner Instrumentalität für E2) ist subjektiv umso größer, je eher ich einen Erfolg auf meine Person zurückführen kann. Stolz, Freude usw., Gefühle, die das Selbstwertgefühl stabilisieren, sind besonders bei internaler Zuschreibung zu erwarten (Weiner, 1988). Zusätzlich zur Erwartung wird also mit der Kategorie Lokation die Valenz der Ergebnisse beeinflußt: internale Zuschreibung von Erfolg im Leistungskontext steigert auch die Erwünschtheit des anvisierten Handlungsergebnisses. Der hier angenommene Zusammenhang zwischen Ursachenzuschreibung und Motivation wird in der Abbildung 16 zusammengefaßt.

Für unsere Unterscheidung zwischen offener und geschlossener Führung kommt es nun darauf an, wie die Art der Zuschreibung und damit die Entstehung internaler oder externaler Kontrollerwartung der Geführten beeinflußt werden kann. Wir bezeichnen ein Führungsverhalten, das internale Kontrollerwartungen der Geführten fördert, als liberale/fördernde Führung. Dabei verweist das Attribut liberal darauf, daß der Führende dem Mitarbeiter entsprechende Freiräume läßt, damit er sich nicht als Opfer irgendwelcher Zwänge erlebt, sondern sich als steuerndes Subjekt bzw. als „Täter“ wahrnimmt. Gleichzeitig bemüht sich der Vorgesetzte, den Geführten in dieser Wahrnehmung gezielt zu fördern. Aus der Sicht der Geführten wird damit die voluntaristische Annahme gestützt, die soziale Realität sei im wesentlichen eine Widerspiegelung des menschlichen Willens und daher beeinflußbar.

Die geschlossene Alternative Führung nennen wir direktive/entmündigende Führung. Der Führende nimmt dem Geführten jedes Gefühl von Eigenmacht und gestaltet die Bedingungen der Situation so, daß dem Geführten jede Chance zur Selbststeuerung genommen wird. Der so Entmündigte wird eher externe Kontrollerwartungen aufbauen und damit im Sinne des deterministischen Musters empfinden, die Realität sei in erster Linie das Ergebnis von nicht beeinflußbaren Sachzwängen, denen er sich als Objekt oder Opfer zu fügen habe.

Wir haben oben (vgl. Kapitel 2) erwähnt, daß Platon als ein Vertreter der geschlossenen Gesellschaft gesehen wird. In seinem Führerprinzip illustriert er das, was wir mit direktiver/entmündigender Führung meinen: „Niemand, weder Mann noch Weib, soll jemals ohne Führer sein. Auch soll niemandes Seele sich daran gewöhnen, etwas ernsthaft oder auch nur im Scherz auf eigene Hand allein zu tun. Vielmehr soll jeder, im Kriege und auch mitten im Frieden, auf seinen Führer blicken und ihm gläubig folgen. Und auch in den geringsten Dingen soll er unter der Leitung des Führers stehen. [...] Kurz, er soll seine Seele durch lange Gewöhnung so in Zucht nehmen, daß sie nicht einmal auf den Gedanken kommt, unabhängig zu handeln, und daß sie dazu völlig unfähig wird“ (zitiert nach Popper, 1980a, S. 29).

Die beiden Führungsalternativen werden plastischer, wenn man ihre konkreten Vorgehensweisen miteinander vergleicht. Wir stellen einen solchen Vergleich an, indem wir die Merkmale dieser beiden Führungskonstrukte liberale/fördernde Führung und direktive/entmündigende Führung einander gegenüberstellen (vgl. Abb. 17).

Der liberal/fördernde Führer bemüht sich, das (leistungsbezogene) Selbstvertrauen der Mitarbeiter zu stärken, während der direktiv/entmündigend Führende das Selbstvertrauen der Geführten tendenziell vermindert. Weitere Unterschiede zeigen sich in bezug auf die Gestaltung der Situation. Der liberal/fördernd Geführte wird in vergleichsweise hohem Maße Situationskontrolle wahrnehmen, wenn er sich als Täter bzw. Handlungssubjekt fühlt. Im Zusammenhang des oben dargestellten Streß-Modells würde dies bedeuten, daß er Chancen sieht, eine unangenehme Situation (z. B. ungünstige Arbeitsbedingungen, über- oder unterfordernde Arbeitsaufgaben etc.) zu verändern oder sich durch Flucht zu entziehen (z. B. Versetzung). Dagegen wird der direktiv/ entmündigend Geführte aufgrund seiner Unfreiheit keine Situationskontrolle wahrnehmen: „The more that leadership is directive, the more dependence or the less control the employee will tend to experience“ (Argyris, 1973, S. 144). In einer unangenehmen oder bedrohlichen Situation bleibt dann dem Mitarbeiter als „Opfer“ nur, die Situation durch subjektive Umdeutung erträglich werden zu lassen. Entweder dadurch, daß das Anspruchsniveau gesenkt wird, also der Mitarbeiter seinen ursprünglichen Anspruch aufgibt, eine interessante Arbeit zu machen, oder dadurch, daß die Misere als „nicht so schlimm“ interpretiert wird.

Diese Art der Situationsumdeutung wird unter dem Stichwort der resignativen Arbeitszufriedenheit diskutiert (Bruggemann et al., 1975). Mögliche Folge ist die Entfremdung des Mitarbeiters von seiner Arbeit und dem Betrieb, die mit dem Stichwort „innere Kündigung“ bezeichnet wird (Hilb, 1992). Wir haben oben (vgl. Kapitel 4) erörtert, daß solche resignativen Anpassungsstrategien unter den Bedingungen der geschlossenen Gesellschaft der DDR durchaus üblich waren. So kann empirisch gezeigt werden, daß in den neuen Bundesländern größere Handlungs- und Verantwortungsspielräume häufiger als im Westen abgelehnt werden (Kontrollablehnung), und zwar aus Resignation und Abwehr (Frese u. a., 1994). Ein Blick auf die in der ehemaligen DDR üblichen Führungsmuster könnte also dazu beitragen, Indikatoren für das Führungskonstrukt direktiv/entmündigend zu entwickeln. Mit Blick auf die Frage der Balance zwischen offener und geschlossener Führung könnte eine solche Betrachtung gleichzeitig dazu beitragen, aufzuklären, wie eine solche Führung aus Sicht der Führenden und der Geführten erlebt wurde.

Die Ausbildung von internaler Kontrollerwartung ist umso wahrscheinlicher, je mehr Macht der Geführte im Verhältnis zu seinem Vorgesetzten zu besitzen glaubt. Wenn die Führungsbeziehung eher ein Austausch von Macht und Gegenmacht ist, so wird die Annahme gefördert, sich selbst als Steuerquelle für Handlungen zu erleben. Unwahrscheinlich ist diese Annahme dagegen im deterministischen Führungskonstrukt: Unter dem Machtmonopol des Führenden ist offensichtlich, daß der Geführte die Situation nur noch bedingt selbst steuern und kontrollieren kann.

Unser letztes Führungsmerkmal betrifft die Frage, wie die Mitarbeiter die Regelungen wahrnehmen, die der Führungsbeziehung zugrundeliegen. Im voluntaristischen Konstrukt (liberale/fördernde Führung) interpretiert der Mitarbeiter solche Regelungen (z. B. Kompetenzen, Machtbefugnisse etc.) als Konventionen. Sie sind in Aushandlungsprozessen entstanden, sind veränderbar und spiegeln folglich eher menschlichen Willen wider. Im deterministischen Muster (direktive/entmündigende Führung) werden die bestehenden Regelungen dagegen als unveränderbare Sachzwänge aufgefaßt.

Hinweise auf Fördern und Entmündigen im Betrieb

Woran ist in der betrieblichen Realität zu erkennen, ob eher liberal/fördernd oder eher direktiv/entmündigend geführt wird? Im Fall des voluntaristischen Führungskonstruktes kann man die Führungsbeziehung mit dem Verhältnis zwischen „Berater" (Führender) und „Klienten" (Geführter) vergleichen. Der Vorgesetzte fördert den Mitarbeiter, läßt ihm aber als liberal Führender gleichzeitig die Freiheit, seinen Vorschlägen zu folgen oder nicht. Wir haben oben dargestellt, daß eine liberale/fördernde Führung dazu beitragen sollte, internale Kausalattributionen der Geführten (personale und stabile Ursachen) zu stabilisieren. Da es außerdem darauf ankommt, das Selbstvertrauen der Mitarbeiter zu stärken, ist das Führungsziel also vor allem die internale Kausalattribuierung von Erfolgen. Wie kann eine Führungskraft diese Zuschreibungsmuster stützen?

Wir nehmen an, daß eine Einflußmöglichkeit darin liegt, die Schwierigkeit der Aufgaben entsprechend zu steuern. Ist die Aufgabe im Verhältnis zu den Fähigkeiten des Geführten leicht, so ist seine Erfolgswahrscheinlichkeit besonders hoch; bei zu leichten Aufgaben jedoch wird der Geführte den Erfolg nicht mehr sich selbst, sondern der Einfachheit der Aufgabe zuschreiben, also nicht personal, sondern situativ erklären. Um personale Attributionen von Erfolgen zu stimulieren, kommt es also darauf an, die Aufgabenschwierigkeit angemessen auszubalancieren, d. h. solche Aufgaben auszuwählen, die den Mitarbeiter weder unter-, noch überfordern.

Unterstützend zur Wahl der Aufgabenschwierigkeit kann der Führende zusätzlich die personale Zuschreibung unterstützen, indem er selbst solche Zuschreibungen äußert. Das hieße also z. B., den Erfolg eines Mitarbeiters dem Mitarbeiter gegenüber nicht mit „Glück gehabt" (situativ, variabel) zu kommentieren, sondern eher mit „Ich wußte, daß Sie das können" (personal, stabil). Die wahrgenommene Stabilität der Ursachen erhöht sich außerdem dann, wenn der Geführte mehrfach Erfolge in Leistungskontexten erlebt.

Verstärkend kann noch auf die personale Art der Zuschreibung eingewirkt werden, indem die Arbeitsbedingungen so gestaltet werden, daß Situationskontrolle möglich wird. Der Geführte erhält Vollmachten und Kompetenzen und wird an Entscheidungen beteiligt.

Das gegenteilige Attributionsmuster des „Opfers" bei der direktiv/entmündigenden Führung wird mit dem Bild „Puppenspieler" (Führender) und „Marionette" (Geführter) illustriert. Wenn der Führende nicht auf eine angemessene Aufgabenschwierigkeit achtet, ist denkbar, daß der Geführte überfordert ist und dadurch Mißerfolge erlebt. Führt der Mitarbeiter Mißerfolge zusätzlich nicht auf die zu große Schwierigkeit der Aufgaben oder auf „Pech" (situativ) zurück, sondern auf mangelnde eigene Fähigkeiten (personal), so ist zu erwarten, daß sowohl seine Erwartung sinkt, künftig erfolgreich zu sein, als auch die Valenz (subjektive Bewertung) möglicher Erfolge, da diese ja nicht der Person selbst zugeschrieben werden. Der so geförderte Attributionsstil wird mit Mißerfolgsmotivation („Furcht vor Mißerfolg") bezeichnet (Vollmer, 1991, S. 61). In dieser Weise mißerfolgsmotivierte Mitarbeiter neigen dazu, einen Erfolg im Arbeitskontext weniger der eigenen Person (Fähigkeiten und Anstrengung) als vielmehr den Umständen der Situation zuzurechnen. Bei einem Mißerfolg dagegen wird angenommen, daß dieser vor allem auf mangelnde Fähigkeiten zurückzuführen ist. Damit werden folglich vor allem externale Kontrollerwartungen und die Annahme gefördert, eher Mißerfolge zu erleben, wobei die externalen Kontrollerwartungen noch durch eingeschränkte Rechte, Vollmachten und Entscheidungsmöglichkeiten des Mitarbeiters wahrscheinlicher werden.

Das Beispiel der Führung in der ehemaligen DDR zeigt zusätzlich, daß ein geringer Handlungsspielraum des einzelnen Mitarbeiters einen Hinweis auf direktiv/entmündigende Führung liefert. Der wahrgenommene Handlungsspielraum vermittelt sich über spezifische Führungsstile einerseits und spezifische Arbeitsbedingungen andererseits und bestimmt das Ausmaß, in dem Mitarbeiter ihrerseits Handlungs- und Verantwortungs-

Offene und Geschlossene Führung	
Die anthropologische Dimension	
Voluntarismus ⟺ Determinismus	
liberale/fördernde Führung:	**direktive/entmündigende Führung:**
Geführter als Subjekt/Täter	**Geführter als Objekt/Opfer**
Merkmale der Führung	
Selbstvertrauen des Geführten stärken	Selbstvertrauen des Geführten schwächen
Der Geführte besitzt Situationskontrolle/ Freiheit	Der Geführte besitzt keine Situationskontrolle/ Unfreiheit
Machtteilung: Austausch von Macht und Gegenmacht	Machtmonopol des Führenden
Regeln (Rechte, Vollmachten) sind Konventionen	Regeln (Rechte, Vollmachten) sind Sachzwänge
Indikatoren	
„Berater"- „Klient"	„Puppenspieler"-„Marionette"
angemessene Aufgabenschwierigkeit und personale Attribution von Erfolg	unangemessene Aufgabenschwierigkeit und personale Attribution von Mißerfolg
umfassender Handlungs- und Verantwortungsspielraum (Rechte und Vollmachten des Geführten; partizipative Entscheidungsfindung); internale Kausalattribuierung	sehr eingeschränkter Handlungs- und Verantwortungsspielraum (wenig Rechte und Vollmachten des Geführten; autoritäre Verfügung und Verkündung von Entscheidungen; externale Kausalattribuierung)
Initiative, Engagement, Selbständigkeit	Passivität, Abwarten, Hilflosigkeit

Abb. 17: Kennzeichen offener und geschlossener Führung auf der anthropologischen Dimension

spielräume annehmen oder ablehnen. Dieses als „Kontrollablehnung" bezeichnete Phänomen konnte auf die Interpretation „Resignation und Abwehr" zurückgeführt werden (Frese u. a., 1994). Gemeint ist damit das Gefühl, „das Arbeitsleben und die Anforderungen durch Verantwortung nicht meistern zu können" (ebenda, S. 23). Gleichzeitig wird berichtet, daß der Führungsstil in der ehemaligen DDR überwiegend deutlich autoritäre Züge trug (Altschuh, Schultz-Gambard, 1993) und daß, bedingt durch die Planwirtschaft, das Kommando von „oben nach unten" ging und die einzelnen Mitarbeiter daher keine Verantwortung zu übernehmen hatten (vgl. die Interviewprotokolle in Kapitel 4). Weitere Gründe für die Kontrollablehnung können zudem in den Arbeitsbedingungen gesehen werden: So wird berichtet, daß im Osten häufig tayloristische Arbeitsstrukturen herrschten, die eine klare Arbeitsteilung und eine genaue Vorgabe der einzelnen Arbeitsverrichtungen verlangen, was bedeutet, daß Entscheidungsspielräume und Verantwortung des einzelnen reduziert waren (Frese u. a., 1994).

Die Konstrukte liberale/fördernde Führung und direktive/entmündigende Führung sind also zum einen am Verhalten der Führenden erkennbar: welche Art der Kontrollerwartung wird gefördert? und zum anderen durch die vorherrschenden Attributionsstile der Geführten, die z. B. über entsprechende Fragebögen erfaßt werden könnten (Heineken, Habermann, 1989, S. 19 ff.).

6.1.2 Pluralität oder Uniformität?

Merkmale von Pluralität und Uniformität

In dieser Dimension wird offene und geschlossene Führung danach unterschieden, welche Zielsetzung der Führende verfolgt. Mit der individualistischen Annahme der offenen Gesellschaft verbindet sich die Auffassung, primär stehe das Individuum im Vordergrund. Da gleichzeitig angenommen wird, daß die einzelnen Individuen ungleichartig sind und unterschiedliche Interessen verfolgen (Interessenheterogenität; vgl. Kapitel 1), besteht das Ziel individualistischer Führung darin, ein Maximum an unterschiedlichen Denk- und Handlungsmustern zu realisieren. Das Führungsziel Pluralität ist insofern die zwingende Konsequenz der Förderung unterschiedlicher Individuen.

Grundpfeiler des individualistischen Führungskonstruktes sind Chancengleichheit und Differenzierung (vgl. Abb. 18). Chancengleichheit bedeutet, daß für gleichwertig gedachte Individuen gleiche Ausgangbedingungen geschaffen werden, damit sich jeder entsprechend seinen persönlichen Stärken und Schwächen entfalten kann. Die Gleichheit der Chancen stellt insofern die Voraussetzung dafür dar, daß sich Pluralität entwickeln kann. Die individualistische Führung bringt außerdem mit sich, daß unterschiedliche Meinungen, Einschätzungen und Perspektiven herrschen und daß derartige Auffassungsunterschiede (Dissens) zur Normalität gehören. Ebenso wird toleriert, daß sich die Geführten in ihren Verhaltensweisen unterscheiden. Pluralistische Führung wird aber nicht nur Unterschiede zwischen den Geführten passiv akzeptieren, sondern diese zusätzlich aktiv fördern, indem die Mitarbeiter unterschiedlich — differenziert — behandelt werden, entsprechend ihren unterschiedlichen Fähigkeiten, Neigungen, Wünschen etc. Wenn unterschiedliche Menschen in unterschiedlicher Weise geführt werden, wird nicht nur Pluralität bewahrt, sondern weiteres Potential für Vielfalt erschlossen.

Uniformistische Führung folgt dagegen der kollektivistischen Annahme einer grundsätzlichen Interessenhomogenität der Menschen und zielt daher auf ein Maximum an Einheitlichkeit. Das Ziel ist mithin nicht die *Gleichheit der Ausgangsbedingungen* der Geführten, sondern die *Gleichheit der Ergebnisse* des Führungsprozesses (vgl. v. Hayek, 1981). Daher werden diejenigen bevorzugt, die dem Einheitsideal des Führenden bereits nahekommen, und diejenigen diskriminiert, die diesem Einheitsideal nicht entsprechen. Zum Beispiel führte das nationalsozialistische Ideal des „Herrenmenschen" dazu, daß dieser Typus Mensch gefördert wurde und gleichzeitig alle Menschen, die von diesem Ideal abwichen, diskriminiert wurden. Abstrakter formuliert lautet das Gleichheitsziel in der Formulierung des NS-Staatsrechtlehrers Carl Schmitt: „Zur Demokratie gehört also notwendig erstens Homogenität und zweitens nötigenfalls die Ausscheidung oder Vernichtung des Heterogenen" (Schmitt, 1969, S. 15).

Das Ziel, im Unternehmen alle gleich zu machen, macht es unmöglich, allen die gleichen Entwicklungschancen zu gewähren. Das Gebot der Einheitlichkeit bezieht sich ebenso auf die Denkweisen (Situationsdefinitionen, Ziele etc.) der Geführten: Die Annahme grundsätzlicher Interessenhomogenität führt dazu, daß Dissens nicht zugelassen wird, sondern Konsens und einheitliche Verhaltensweisen aller Mitarbeiter angestrebt werden. Gleichzeitig besteht die Strategie des uniformistischen Führers darin, nicht nur Uniformität zu wahren, sondern diese durch die schematische Behandlung der Mitarbeiter aktiv herbeizuführen. Die einzelnen Geführten werden alle an denselben Maßstäben gemessen, es gilt für alle dasselbe, unabhängig von persönlichen Fähigkeiten oder gar Wünschen. Ausnahmen oder Sonderbehandlungen würden die Einheitlichkeit des Ganzen gefährden und sind deshalb unerwünscht.

Wie äußert sich pluralistische bzw. uniformistische Führung in der Praxis? Man könnte das pluralistische Führungskonstrukt als die Beziehung zwischen Mentor und Trainee bezeichnen. Darin kommt zum Ausdruck, daß der Mentor zwar Vorgaben macht und Autorität ausübt, daß es ihm aber stets um die individuelle Entwicklung seines Schützlings geht. Ein Trainer oder Coach beim Sport hat z. B. ausschließlich die Leistungsfähigkeit und den Erfolg seines Sportlers im Auge. Eine Parallele im betrieblichen Bereich wäre ein Trainee-Programm als Berufseinstieg, das nicht in erster Linie den Belangen des Betriebes folgt, sondern jeweils so zusammengestellt wird, daß der neue Mitarbeiter speziell das lernen kann, was ihm in seiner persönlichen Ausbildung noch fehlt und seinen Talenten besonders entgegenkommt.

Ein pluralistisch Führender wird sich dafür einsetzen, daß alle Geführten die gleichen Förder- und Entwicklungsschancen haben. Wir haben diese Problematik bereits oben im Zusammenhang mit den Aufstiegschancen in einer Unternehmung diskutiert (vgl. Kapitel 5). Der individuelle Beitrag der einzelnen Führungskraft könnte z. B. darin bestehen, dieses Prinzip bei der Beurteilung von Mitarbeitern zu berücksichtigen. Sollen alle die gleichen Entwicklungschancen bekommen, so käme es darauf an, die Beurteilung nicht an subjektiv ausgewählten Metakriterien wie z. B. Alter, Geschlecht oder Parteizugehörigkeit zu orientieren, sondern zu versuchen, jeden möglichst objektiv nach vorgegebenen Leistungskriterien einzuschätzen. Wie schwierig dieses Prinzip zu realisieren ist, zeigt die Kritik an den praktizierten Beurteilungsverfahren in Unternehmen etwa dahingehend, daß durch die Verfahren häufig ein bestimmter Typ von Mitarbeiter die besten Chancen erhalte — nämlich der, der dem gegenwärtigen Management, das die Beurteilung durchführt, vergleichsweise ähnlich ist — und daß sich so in einem Betrieb bestimmte Managertypen fortsetzen. Um Pluralität zu fördern, könnten Führungskräfte versuchen, bewußt andere Eigenschaften (z. B. Werte und Einstellungen) zu fördern als diejenigen, die die momentane Führungsmannschaft kennzeichnen. Die Diskussion um den sogenannten Wertewandel bei Führungsnachwuchskräften (v. Rosenstiel u. a., 1987) deutet darauf hin, daß eine solche Strategie notwendig ist, um jüngere Führungskräfte mit „gewandelten" Werten an ein Unternehmen zu binden.

Darüber hinaus könnte man pluralistische Führung an dem Grad der

Flexibilisierung bzw. an dem Toleranzspielraum festmachen, der mit den Anweisungen und Vorgaben des Führenden verbunden ist. Dies kann zum einen inhaltlich bedeuten, daß der Vorgesetzte zwar Ziele vorgibt, aber für die Wege zum Ziel mehrere Alternativen freistellt, aus denen der Mitarbeiter auswählen kann (Führung durch Zielvereinbarung, vgl. Gebert, 1995a). Der Auftrag könnte z. B. lauten, den Umsatz mit einem bestimmten Kunden zu steigern, wobei es dem Mitarbeiter überlassen bleibt, wie er das Mix der verschiedenen Möglichkeiten (zusätzliche Produkte, mehr der bisherigen Produkte etc.) zusammenstellt. Ein anderes inhaltliches Merkmal, das etwas über die Individualisierungs- bzw. Pluralisierungsneigung der Führungskraft aussagt, ist das Maß, in dem individuelle Ausnahmen von den grundsätzlichen Verfahren (z. B. von der Autonomieregelung) zugelassen werden.

In zeitlicher Hinsicht besteht eine Individualisierungschance darin, den Mitarbeiter selbst entscheiden zu lassen, in welcher Reihenfolge er seine Aufgaben erledigt. Das setzt natürlich voraus, daß dem Mitarbeiter nicht kurzfristig höchst dringende Aufgaben gegeben werden, sondern daß er den Zeithorizont seiner verschiedenen Aufgaben und der einzelnen Aufgabenschritte möglichst langfristig kennt und dann innerhalb dieses Spielraumes selbst disponieren kann. So kann er die Aufgaben gegebenenfalls seinem persönlichen Zeitrhythmus anpassen bzw. sich dadurch entlasten, daß er nach seinen Bedürfnissen zwischen verschiedenen Aufgaben abwechselt.

Individualistische Führung läßt sich darüber hinaus auf der Grundlage der situativen Führungstheorien konzipieren (Drumm, 1989, S. 10 ff.). Lautet die Grundforderung der situativen Führungsansätze, als Führender den jeweiligen Umständen der Situation Rechnung zu tragen, so läßt sich diese Forderung dahingehend präzisieren, insbesondere auf den jeweiligen Geführten einzugehen. Vor diesem Hintergrund ist es beispielsweise zweckmäßig, die Bedürfnisse des jeweiligen Mitarbeiters zu kennen, weil nur dann sichergestellt sein kann, daß die jeweiligen Belohnungen für gute Leistungen auch den entsprechenden individuellen Belohnungswert besitzen. Von Bedeutung sei ebenfalls ein Vertrauensverhältnis zwischen Vorgesetztem und Mitarbeiter, das sich ebenfalls nur dann herstellen läßt, wenn auf das Individuum des Geführten Bezug genommen wird. Dieses individuumzentrierte situative Vorgehen könnte so aussehen, daß Aufgaben individuell zugeschnitten bzw. mit Rücksicht auf die unterschiedlichen Präferenzen und Fähigkeiten einzelner (um-) verteilt werden.

Der uniformistische Führer ist dagegen daran interessiert, Einheitlichkeit herzustellen. Der Fall der uniformistischen Führung läßt sich mit folgendem Bild veranschaulichen: Der Geführte fühlt sich als „Rädchen im Getriebe“ — seine Existenz hat nur im Kontext des Ganzen Sinn, und sein Handeln ist daher ausschließlich darauf ausgerichtet, sich möglichst reibungslos in das „Getriebe“ einzupassen. Der Führende ist der „Kontrolleur“ der ganzen Maschinerie, der dem Rädchen seinen Platz zuweist und sein Funktionieren überwacht.

Ein Beispiel für eine teilweise uniformistische Führung ist die von Pfeffer (1981) beschriebene Strategie der symbolischen Führung. Damit bezeichnet Pfeffer das Vorgehen des Managements, durch symbolische Handlungen zu verschleiern, wie Entscheidungen auf den obersten Führungsebenen zustandekommen. Während im Management tatsächlich Meinungsverschiedenheiten (Dissens) bestehen und als politische Entscheidungen behandelt werden, wird den Geführten suggeriert, das Management sei einer Meinung (Konsens) und entscheide ausschließlich rational. Alle Führungsstrategien, die dazu beitragen, bestehenden Dissens zu verschleiern und stattdessen Konsens zu demonstrieren (z. B. demonstratives Händeschütteln in einer Vorstandssitzung), können in diesem Sinne als Strategien uniformistischer Führung gedeutet werden, da sie die Situationsinterpretationen der Geführten uniformisieren.

Dies entspricht der von Neuberger (1990) dargestellte „Herrschaft dritten Grades“, die Führungskräfte ausüben. Damit ist gemeint, daß eine Herrschaft zwar nicht unmittelbar ausgeübt wird, z. B. über direktive Anweisungen, sondern sozusagen mittelbar über eine „mentale Programmierung“ der Mitarbeiter. Gelingt es, die Denkweisen, Einstellungen, Werte etc. der Geführten zu uniformisieren, so ist es nicht mehr notwendig, auf der Verhaltensebene zu steuern. Aufgrund ähnlicher Denkweisen sind auch ähnliche Verhaltensweisen zu erwarten. Ein — sehr extremes — Beispiel für eine solche mentale Programmierung wird in George Orwells utopischem Roman „Nineteen Eighty-Four“ beschrieben. Das Denken der Menschen wird programmiert und zensiert, unerwünschte Gedanken als „crimethink“ diffamiert und sanktioniert in der Erwartung, dadurch eine Normierung der Verhaltensweisen unterstützen zu können.

Umgekehrt wirkt die Strategie der „forced compliance“, der erzwungenen Einwilligung (Festinger, Carlsmith, 1959), bei der es darum geht, durch eine erzwungene Verhaltensänderung der Menschen allmählich auch ihre Einstellungen zu verändern. Eine geistige Uniformisierung der

Offene und Geschlossene Führung	
Die soziale Dimension	
Individualismus ⟺ Kollektivismus	
pluralistisch: Chancengleichheit / Differenzierung	**uniformistisch: Ergebnisgleichheit / Schematisierung**
Merkmale der Führung	
Führender bewahrt Pluralität und Freiheit, Gleichheit der Ausgangsbedingungen (Chancengleichheit); unterschiedliche Situationsdefinitionen und Perspektiven (Dissens);	Führender bewahrt Uniformität und Unfreiheit, Ungleichheit der Ausgangsbedingungen (Diskriminierung); einheitliche Situationsdefinition (Konsens) und einheitliche Zielvision (Gleichheit der Ergebnisse);
unterschiedliche Verhaltensweisen der Geführten	einheitliche Verhaltensweisen der Geführten
Führender erschließt Potential für Pluralität; differenzierte (ungleiche) Behandlung der Mitarbeiter	Führender entwickelt /sichert Uniformität; schematisierte (gleiche) Behandlung der Mitarbeiter
Indikatoren	
„Mentor" - „Trainee" gleiche Förderungschancen für alle;	„Kontrolleur" - „Rädchen im Getriebe" symbolische Führung, „Herrschaft dritten Grades", visionäre Führung, charismatische Führung, „forced compliance";
Flexibilität (inhaltlich, zeitlich; Ausnahmen)	Starrheit (keine inhaltliche oder zeitliche Flexibilität, keine Ausnahmen) negative Sanktion von Abweichungen,
situative Führung; Individualisierung: auf den einzelnen abgestimmte Aufgabenschneidung und -verteilung	Standardisierung von Verhaltensweisen; Einheitskonzepte für Aufgabenschneidung und -verteilung, Stellenbesetzung und Personalentwicklungsmaßnahmen („on/off the job")

Abb. 18: Kennzeichen offener und geschlossener Führung auf der sozialen Dimension

Mitarbeiter könnte also auch dadurch erreicht werden, daß man ihre Verhaltensweisen unter Zwang vereinheitlicht. Solche Überlegungen mögen z. B. in den Jugendorganisationen totalitärer Regime eine Rolle spielen bzw. gespielt haben. Ein Ziel sowohl der Hitlerjugend als auch der FDJ war es, durch Einübung kollektiver Verhaltensweisen das Bewußtsein einer kollektiven Existenz zu fördern — umso wirksamer, je jünger die Teilnehmer sind und je länger sie Mitglieder dieser Massenorganisationen sind. Wir hatten bereits oben im Zusammenhang mit totalitären Regimen erwähnt, daß mit solchen Vorgehensweisen kollektive Schein-Realitäten konstruiert werden, die dann als kollektive Realitäten gelten. Aktuell werden derartige Methoden den Führern von Sekten zugeschrieben, die damit ihre Anhänger von sich abhängig zu machen versuchen (Faller, Gehrmann, 1994).

Parallel zum pluralistischen Führungs-Konstrukt kann auch für den Uniformitätsgrad von Führung die zugelassene Verhaltensflexibilität der Geführten Hinweise geben. Man kann sich uniformistische Führung so vorstellen, daß der Führende inhaltlich keine Ausführungsalternativen offenläßt, sondern den Weg zum Ziel detailgenau bestimmt, ohne Ausnahmen zuzulassen. Im Gegenteil werden Abweichungen vom vorgegebenen Schema negativ sanktioniert. Wenig Spielraum gibt es auch in zeitlicher Hinsicht: Der Führende legt genau fest, wann und in welcher Reihenfolge die einzelnen Aufgaben auszuführen sind. Ein weiteres Merkmal uniformistischer Führung wäre die Standardisierung des Führungsverhaltens insoweit, als z. B. bei der Schneidung und Verteilung von Aufgaben nicht auf die Belange des einzelnen Rücksicht genommen wird, sondern im Sinne des Ganzen entschieden wird, was die einzelnen Stellen beinhalten und wer sie zu bekleiden hat.

6.1.3 Dialog oder Monolog?

Führender und Geführter sind darauf angewiesen, sich in irgendeiner Form auf das zu verständigen, was als „Wahrheit“ gelten soll. Beispielsweise muß eine Abstimmung darüber erfolgen, welche Verfahren und Methoden in einer konkreten Situation anzuwenden sind, oder es sind Entscheidungen darüber notwendig, in welcher Reihenfolge einzelne Arbeitsschritte am besten abzuwickeln sind. Wir unterscheiden auf der erkenntnistheoretischen Dimension Führung danach, ob diese „Wahrheit“ in einem Austausch zwischen Vorgesetztem und Mitarbeiter ermittelt wird (zweiseitiger Transfer, Dialog) oder ob die „Wahrheit“ einseitig vom Vorgesetzten festgelegt wird (einseitiger Transfer, Monolog).

Merkmale von Dialog und Monolog

Wird Führung als Austausch zwischen dem Vorgesetzten und dem Mitarbeiter praktiziert, sprechen wir von der dialogisch/aufklärenden Führung. Dabei gehören die beiden Attribute zusammen, um eine Führungsbeziehung zu beschreiben, die der Vorläufigkeits-Annahme der offenen Gesellschaft (vgl. Abb. 8) entspricht. Wenn man davon ausgeht, daß menschliche Erkenntnis irrtumsbehaftet und unsicher ist, so kann es nicht „die“ von vornherein festgelegte und gültige Wahrheit geben. Insofern besteht auch kein Grund zu der Annahme, daß etwa der Führende im Besitz solcher endgültigen Wahrheiten sei und diese nur zu vermitteln brauche.

Vielmehr gelten Vorgesetzte und Mitarbeiter als prinzipiell gleichberechtigte Wahrheitsquellen. Unter den Bedingungen der Vorläufigkeitsannahme kann davon ausgegangen werden, daß Wahrheit oder Erkenntnis ständig gesucht werden, und zwar in einem graduellen Prozeß, in dem der aktuelle Wissensstand permanent hinterfragt und verändert wird. Im Dienste einer „Wahrheitssuche“ wird die Führungsbeziehung als ein gemeinsamer Versuchs- und Irrtumsprozeß verstanden, in dem Mitarbeiter und Vorgesetzter gemeinsam nach „dem“ jeweils richtigen Verfahren usw. suchen. Das setzt erstens voraus, daß der Geführte über das Sachproblem und mögliche Lösungsalternativen *aufgeklärt* wird, daß ihm also ein Problembewußtsein vermittelt wird, um sich an der Lösungsfindung zu beteiligen. Dem Mitarbeiter wird beispielsweise nicht mitgeteilt „Sie müssen schneller produzieren“, sondern „Unser Problem besteht darin, daß wir den Kunden X nicht rechtzeitig beliefern“.

Wenn also die Lösung für ein Problem gemeinsam erarbeitet werden soll, so setzt dies zweitens voraus, daß beide miteinander im *Dialog* stehen, damit ein Austausch der jeweiligen Perspektiven möglich ist. Voraussetzung für einen solchen Dialog zwischen in gleichem Maße informierten Partnern ist dabei, daß sie argumentieren, sich also *rational* verhalten, und daß sie in ihren Argumentationsfiguren tendenziell voneinander *unabhängig* sind. Ein solcher Dialog wäre z. B. nicht möglich, wenn der Mitarbeiter befürchten müßte, daß Einwände gegen den Vorschlag des Chefs negativ sanktioniert werden, weil der Vorgesetzte diesen Einwand nicht auf der Sachebene, sondern auf der Beziehungsebene (Watzlawick

u. a., 1990) wahrnimmt und sich möglicherweise in seiner Autorität und Kompetenz bedroht fühlt. Andererseits darf auch nicht die Abhängigkeit des Mitarbeiters so groß sein, daß er nicht mehr dazu in der Lage ist, eigenständig Vorschläge zu entwickeln, weil er die Denkweise seines Vorgesetzten internalisiert hat.

Die hier beschriebene Führungssituation ist also nicht voraussetzungslos. Verlangt wird einerseits auf der Seite des Geführten ein gewisses Maß an Zivilcourage, seine Ansichten zu äußern, sowie andererseits auf der Seite des Führenden die soziale Kompetenz, mit Argumenten des Mitarbeiters umzugehen. Daß vor allem letzteres nicht selbstverständlich ist, zeigt sich z. B. dann, wenn Verbesserungsvorschläge der Mitarbeiter nicht oder nur sehr unvollständig umgesetzt werden. Ein Grund dafür könnte darin liegen, daß sich gerade Angehörige des Middlemanagements durch gute Vorschläge ihrer Mitarbeiter tendenziell bedroht fühlen (Gebert, v. Rosenstiel 1993, S. 113 ff.) Bedrohlich sind gute Ideen der Mitarbeiter vor allem dann, wenn der Führende seine Führungsautorität dadurch definiert, daß eigentlich er selbst die guten Ideen haben müßte — diese Annahme entspräche dem geschlossenen Pol der monologisch/ verschleiernden Führung. Für einen solchen Führer wäre es eine „verkehrte Welt“, wenn die „Anweisungen“ plötzlich von unten kämen. Die damit verbundene Neuinterpretation der Machtverteilung scheint in der Praxis noch keinesfalls selbstverständlich zu sein (Wunderer, 1992, S. 309).

In diesem Zusammenhang wird deutlich, daß die von uns beschriebenen Führungsmuster nicht nur der offenen Gesellschaft zuarbeiten, sondern ihrerseits durch die Praktizierung der offenen Gesellschaft stabilisiert werden. Genauso wie der Geführte mit der Zeit lernen muß, daß er seine Verbesserungsvorschläge wagen kann, muß der Vorgesetzte zu akzeptieren lernen, daß auch von „Untergebenen“ gute Ideen kommen können, und daß daraus für ihn keine Bedrohung entsteht.

Unter der Annahme, es gebe sichere und letzte Wahrheiten, wird Führung dagegen monologisch/verschleiernd praktiziert. Der Vorgesetzte weiß sich kraft seiner Funktion und seiner Biographie (z. B. Alter, Unternehmenszugehörigkeit, Bildungsniveau) im Besitz dieser endgültigen Wahrheit, d. h. er verfügt über das jeweils relevante Wissen in bezug auf Verfahrensweisen, Zeitpunkte usw. Folglich steht nicht mehr zur Diskussion, auf welchem Wege die „Wahrheit“ gefunden wurde, sondern es geht nur noch darum, die jeweilig vorhandene Bestlösung „an den Mann zu bringen“, d. h. dem Geführten zu *vermitteln*.

Je mehr die vom Vorgesetzten für gut gehaltene Methode bereits ausgereift bzw. erprobt ist, desto eher kommt es darauf an, sie nicht zu verwässern, sondern sich als Mitarbeiter genau daran zu halten. Der Vorgesetzte ist daher nicht an einer Stellungnahme des Geführten interessiert, sondern an der möglichst unmißverständlichen Übermittlung und unverfälschten Ausführung seiner Anordnungen. Insofern ist es auch nicht notwendig, den Geführten über mehr zu informieren, als was er zur Ausführung der Anweisungen unbedingt wissen muß. Im Gegenteil: Am besten ist es, ihn über alles weitere, z. B. den eigentlichen Zweck oder eventuell noch bestehende Unklarheiten der Strategie im unklaren zu lassen, d. h. solche Tatsachen zu verschleiern, damit er sich nicht unnötige Gedanken und Sorgen macht und damit die Illusion des allwissenden „Führers" aufrechterhalten bleibt. Dennoch auftretende Einwände des Mitarbeiters werden daher abgewehrt, allenfalls interessiert die Rückkoppelung, ob die jeweilige Anweisung richtig verstanden wurde (z. B. Wiederholung des Befehls beim Militär). Es existiert also nur eine Wahrheitsquelle, und der Transfer zwischen Führendem und Geführtem spielt sich einseitig als Monolog des Führenden ab, als Wahrheitstransfer vom Sender zum Empfänger.

Für eine unverfälschte Aufnahme (und Umsetzung) der Anweisungen des Vorgesetzten ist es hilfreich, wenn der Geführte in hohem Maße *abhängig* ist, so daß er bei unkorrekter oder unvollständiger Ausführung mit Sanktionen rechnen muß (Befehl - Gehorsam). Förderlich ist auch eine *emotionale* Bindung insofern, als etwa Verehrung oder Hingabe an den Führenden zum einen die Akzeptanz und das Vertrauen in die Anordnungen erhöht, zum anderen die Bereitwilligkeit fördert, den Anweisungen zu folgen („blinder Gehorsam"; „Heldentod" für Führer und Vaterland), und zum dritten die Fähigkeit mit sich bringt, unklare oder unvollständige Anweisungen notfalls selbst im Sinne des Vorgesetzten zu ergänzen (vorauseilender Gehorsam).

Hinweise auf Dialog und Monolog im Betrieb

Woran ist in der Führungspraxis zu erkennen, ob Wahrheitssuche (Dialog) oder Wahrheitsvermittlung (Monolog) stattfindet? Als Beispiel einer in diesem Sinne „partnerschaftlichen" Führungsbeziehung sei das Konzept „Führung von unten" (Wunderer, 1992) skizziert, das zeigt, wie einerseits den Geführten Einfluß gewährt werden kann, und welche Strategien andererseits die Geführten bevorzugt einsetzen. Diesem Modell liegt der Gedanke zugrunde, daß Führung nicht per se als Einflußnahme des Führenden auf den Geführten zu verstehen ist, sondern als ein Interaktionsprozeß, bei dem sich die Partner wechselseitig mit unterschiedlicher Intensität und Ausprägung beeinflussen. Dabei wird die Tendenz einer zunehmenden Einflußnahme „von unten nach oben" begründet mit dem Qualifikationswandel der Mitarbeiter (Vermehrung von „Professionals"), mit Dezentralisierungstendenzen in Organisationen, dem technologischen Wandel und vor allem dem Wertewandel (Werte wie Unabhängigkeit und Gleichberechtigung verdrängen Werte wie Gehorsam, formale Autorität und Einordnung).

Wie stark die jeweilige Einflußchance des Mitarbeiters ist, läßt sich zum Beispiel anhand einer Skala (Tannenbaum, Schmidt, 1958) unterscheiden, die mißt, ob die Willensbildung ausschließlich beim Vorgesetzten liegt (autoritärer Führungsstil) oder ausschließlich beim Mitarbeiter (autonomer Führungsstil). Führung von unten würde nach dieser Skala etwa dort einsetzen, wo zwar der Vorgesetzte entscheidet, aber zugunsten der von den Mitarbeitern favorisierten Alternative (kooperativ). Dieses Vorgehen setzt nicht nur eine allseitige Information der Mitarbeiter voraus (z. B. im Sinne des informierenden Führungsstils), sondern macht einen echten Dialog zwischen Vorgesetztem und Mitarbeiter notwendig.

Interessant ist im Zusammenhang mit dieser theoretischen Einteilung, daß die diesbezüglichen empirisch ermittelten Ist-Werte keineswegs mit den Soll-Werten übereinstimmen. Nach einer (1986-1990 durchgeführten) Umfrage bei Mitarbeitern (Wunderer, 1990a) wird deutlich, daß z. B. in der (alten) Bundesrepublik in der Wahrnehmung der Mitarbeiter insgesamt 60 % der Vorgesetzten patriarchalisch (11 %), informierend (14 %) oder beratend (35 %) führen, während sich über 88 % der Mitarbeiter einen zumindest beratenden Führungsstil wünschen. In der ehemaligen DDR dagegen nahmen insgesamt 73 % der Mitarbeiter den Führungsstil ihrer Vorgesetzten als patriarchalisch (26 %), informierend (29 %) oder beratend (18 %) wahr, wohingegen sie sich vor allem den beratenden (42 %) oder kooperativen (22 %) Stil wünschten. In gleich hohem Umfang (22 %) wurden hier der patriarchalische (Vorgesetzter entscheidet und versucht, von seiner Entscheidung zu überzeugen) und der delegative (Mitarbeiter entscheidet innerhalb vorgegebener Grenzen) Führungsstil als wünschenswert angegeben; gleichermaßen wenig erwünscht (2 %) waren die Extrema autoritär (Vorgesetzter entscheidet allein) und autonom (Mitarbeiter entscheidet allein). Insgesamt scheint also der Wunsch nach Einflußnahme auf seiten der Geführten in der ehemaligen DDR nicht so ausgeprägt zu sein wie in der ehemaligen Bundesrepublik, wobei die Akzeptanz bzw. Erwünschtheit patriarchalischer und informierender Führungsstile mit 20 % deutlich über dem Wert der Bundesrepulik (1 %) liegt. Auch in diesem Ergebnis könnte ein Hinweis dafür liegen, daß eine in diesem Sinne offene Führung nicht nur eine Voraussetzung, sondern auch ein Produkt der offenen Gesellschaft ist.

Für Führung von unten ist neben der Frage der Entscheidungsstile (Partizipation) vor allem die Beziehungsebene von Bedeutung, weil Mitarbeiter gerade über die Beziehungsebene („Freundlichkeit") ihre Vorgesetzten leichter beeinflussen können. Diese Dimension ist am ausgeprägtesten beim kooperativen Führungsstil. Nach einer empirischen Untersuchung (Kipnis et al., 1984) werden als Strategien einer Führung von unten von den Mitarbeitern vor allem rationale Argumentation (reasoning), freundliches, unterstützendes Verhalten (friendliness), Bestimmtheit und Konsequenz (assertiveness) und Koalitionsbildung mit anderen Mitarbeitern (coalition) angewendet. Andere Untersuchungen (Schilit, Locke, 1982) zeigen, daß die rationale, logische Präsentation von Ideen und Vorschlägen durch die Mitarbeiter die mit Abstand am häufigsten genannte Strategie ist. Dieses Ergebnis spricht insbesondere für die oben beschriebene Bedingung der gedanklichen und emotionalen Unabhängigkeit des Mitarbeiters. Zugleich wird damit deutlich, in welchem Maße dieses Führungsmuster auf „Aufklärung" in dem von uns beschriebenen Sinne angewiesen ist: Ohne eine hinreichende Information über das Problem ist der Mitarbeiter gar nicht in der Lage, seinerseits Vorschläge zu präsentieren, geschweige denn Vorschläge von solcher Qualität, daß sie den Vorgesetzten überzeugen.

Auffällig ist der Befund zu den angenommenen Gründen für einen Erfolg oder Mißerfolg der jeweiligen Einflußnahme auf den Vorgesetzten (Schilit, Locke, 1982): Aus der Sicht der Mitarbeiter liegt das Scheitern eines Einflußversuches vor allem an der engstirnigen geistigen Haltung des Chefs, während aus der Sicht der Vorgesetzten primär der Inhalt des Einflußversuches dafür verantwortlich gemacht wird. Erfolgreiche Interventionen der Mitarbeiter führten dagegen beide auf den günstigen Inhalt des Vorschlages zurück. Insofern wird hier unsere Annahme gestützt, daß die wesentlichen Barrieren bzw. Voraussetzungen für eine Führung von unten eher auf der Beziehungsseite (Mut und Geschicklichkeit zur Einflußnahme auf der Seite des Geführten bzw. soziale Kompetenz und Toleranz, sich beeinflussen zu lassen, auf der Seite des Führenden) liegen als auf der Sachebene. Abgesehen von Maßnahmen, die unter dem Begriff der Führungskultur zusammengefaßt werden können (Verankern von Kooperation in einer Führungsphilosophie oder in Führungsgrundsätzen) ist an weiteren Einzelmaßnahmen zu erkennen, daß ein Verhalten des Mitarbeiters als Entrepreneur erwünscht ist: Delegation von Sonderaufgaben zur Aktivierung der bottom-up-Mitwirkung von Mitarbeitern, Vertretung des Vorgesetzten, Vorgesetztenbeurteilung (wie z. B. bei der Esso-AG; Daniel 1982).

Vor allem unter der Perspektive der Gewährung von Geführteneinfluß ist als weiteres Beispiel für das Muster der dialogisch/aufklärenden Führung die Förderung von „Querdenkern" (Gaitanides, 1992) erwähnenswert. Unter Querdenken wird ein Prozeß verstanden, der für unsere Frage der Erkenntnisgewinnung von hoher Bedeutung ist. So wird als Grundlage des Querdenkens angenommen, daß bestimmte Prämissen, die unserem Denken zugrundeliegen, hinterfragt und verändert werden. Dabei wird unterstellt, daß sich in sozialen Bezügen (z. B. in Unternehmen) bestimmte Konstellationen von Prämissen herausbilden, und daß die jeweilige Auswahl und Stabilisierung der Prämissen z. B. durch Unternehmens- oder Gruppen- oder Führungskulturen geleistet wird. Dabei beziehen sich diese Prämissen nicht nur auf die Daten, sondern auch z. B. auf die Art, in der wir Schlußfolgerungen ziehen: Beispiele wären Vorurteile, Stereotype, Dogmen oder „herrschende Meinungen". Die Leistung des Querdenkers besteht also darin, die in einer Gruppe geltenden Prämissen zu hinterfragen und damit die bestehenden Denk- und Handlungsroutinen zu durchbrechen (vgl. oben Organizational Learning).

Bezogen auf unsere Kategorie der Wahrheitssuche entspricht dieses Vorgehen der Annahme, die bisher gültigen Denk- und Handlungsprämissen stellen keine endgültigen Erkenntnisse dar (dies wäre der Fall der „Betriebsblindheit"), sondern sind nur vorläufige, da irrtumsbehaftete Versionen, die es jeweils neu zu überprüfen gilt. Es liegt nahe, daß ein so definiertes Querdenken z. B. für Innovationen und Reorientierungen unabdingbar ist — die Frage ist, wie sich ein solches Denken im Führungsprozeß fördern und stabilisieren läßt. Qua definitionem stellen sich Geführte als Querdenker gegen die in ihrem Umfeld herrschenden Denkprämissen: Will der Führende solche innovativen Umdeutungen von Daten und Sachverhalten (Watzlawick, 1977) fördern, geht es also darum, eine Balance zu finden zwischen dem Zulassen solcher Ideen und der zu befürchtenden Anarchie einer Ablehnung oder völligen Umdeutung sämtlicher Grundlagen. Notwendig ist also die Toleranz gegenüber zunächst abwegig scheinenden Meinungen, Mißerfolgen und Fehlern, um querdenkerisches Potential zu erschließen — Wahrheitssuche wird hier insofern als gemeinsamer Versuch- und Irrtumsprozeß gedeutet, bei dem beiden Partnern die Chance zugebilligt wird, Fehler machen zu dürfen. „Arroganz gegenüber lateralem (querem) Denken ist jedoch den Vertretern prämissenverschonenden Denkens meist eigentümlich. Deshalb müssen Querdenker Sponsoren finden, die für ihre Sicht der Dinge Freiräume schaffen und sie von negativen Sanktionen freihalten. So haben Querdenker und Hofnarren des Mittelalters nicht wenige Gemeinsamkeiten" (Gaitanides, 1992, S. 267).

Die Rolle von Führungskräften würde demnach darin bestehen, den Geführten gegenüber diese Sponsorenrolle zu übernehmen, um deren Potential an „querem" Denken auszuschöpfen. Ähnlich schwierig sei die Gratwanderung, die der Geführte zu leisten habe. So soll er einerseits neue und unkonventionelle Ideen produzieren und riskiert damit Konflikte, ist jedoch andererseits geneigt und gefordert, im Zuge von Sozialisationsprozessen sich die Weltanschauungen des Unternehmens zu eigen zu machen und eben nicht mehr zu hinterfragen (Schein, 1965). Voraussetzung auf seiten des Geführten ist kritische Loyalität: mit einem Mindestmaß an Konfliktpotential leben zu lernen, und nicht zugunsten harmonischer Abläufe auf eigene Ideen zu verzichten. Die Aufgabe der Führungskraft wäre es dann, die Akzeptanz von Konflikten zu fördern, sie als Normalität zu interpretieren und dem Geführten auf andere Weise als über gemeinsame Weltanschauung Anerkennung zuteil werden zu lassen.

Zugleich können aber auch Führungskräfte selbst aktiv eine Rolle als Querdenker übernehmen. Zwar betont Gaitanides (ebenda), daß Führung gleichbedeutend sei mit der „Homogenisierung von Denk- und Handlungsprämissen" und darauf ziele, im Sinne betrieblicher Effizienz die „Verhaltensvarianz zu reduzieren". Doch besteht nach Meinung der Autoren eine Chance, Führung und Querdenken miteinander zu vereinbaren und „die Führungssituation durch eine Dialogsituation zu überwinden" (ebenda, S. 270). Damit ist gemeint, daß in der Führungsbeziehung die Prämissen gemeinsam von Führendem und Querdenker konstruiert werden. Das bedeutet, daß sich in einem Prozeß der Wahrheitssuche

Offene und Geschlossene Führung	
Die erkenntnistheoretische Dimension	
Vorläufigkeit $\Longleftrightarrow$ *Endgültigkeit*	
dialogisch/aufklärend: Führung als zweiseitiger Transfer	**monologisch/verschleiernd: Führung als einseitiger Transfer**
Merkmale der Führung	
Wahrheitssuche: gemeinsamer Versuch- und Irrtumsprozeß/Kompromiß; gleichberechtigte Wahrheitsquellen Rationalität/Unabhängigkeit	Wahrheitsvermittlung: einseitige Anordnung und Kontrolle/Kompromißlosigkeit; eine Wahrheitsquelle Emotionalität/Abhängigkeit
Indikatoren	
„Partner“	„Guru“- „Jünger“ oder „Lehrer“ - „Schüler“
Ziel- und Verfahrensoptionen (z. B. MbO), Ausprobieren, Experimentieren; zweiseitige Kommunikation, argumentative Sprache (Diskussion, Debatte, Diskurs), voneinander Lernen;	Vorgabe und Kontrolle von Zielen und Wegen zum Ziel (Musterlösungen, „Schema F“); einseitige Kommunikation, manipulative Sprache (Belehrung, Erziehung, Indoktrination, Suggestion)
Führender ist hinterfragbar: Feedback, Kritik, Beurteilung von unten nach oben, Führung von unten;	Wahrheitsmonopol des Führenden (nicht hinterfragbar);
Querdenken, kritische Loyalität, Souveränität („Aufwands-Ertrags-Kalkül“ des Geführten);	Autorität, Hierarchie, Führerprinzip: z. B. visionäre Führung, charismatische Führung, Befehl-Gehorsam; Identifikation, Loyalität, Verehrung, vorauseilender Gehorsam

Abb. 19: Kennzeichen offener und geschlossener Führung auf der erkenntnistheoretischen Dimension

gleichberechtigte Partner über die geltenden Prämissen und Denkmuster verständigen. Der Dialog dient dabei dazu, Denk- und Verhaltensmuster zu hinterfragen und zu begründen. Führung von und durch Querdenker würde dann bedeuten, daß individuelle Einstellungen und Verhaltensmuster ausgetauscht werden und in Übereinkünften festgelegt werden.

Führung als Wahrheitsvermittlung dagegen, als Monolog des Führenden, zeigt sich in der betrieblichen Realität daran, daß klare Ziele und Wege zum Ziel (Musterlösungen) vorgegeben werden und die Einhaltung dieser Muster streng kontrolliert wird. Bezogen auf die Entscheidungsfreiheit der Geführten illustrieren autoritäre und gegebenenfalls informierende Führungsstile (Tannenbaum, Schmitt, 1958) diese Denkfigur. Die autoritäre Alleinentscheidung des Führenden trifft dabei das Bild des allwissenden Gurus, der seinen Jüngern lediglich das Resultat seiner Überlegungen in Form von Anordnungen mitteilt. Im Unterschied dazu bemüht sich der ebenfalls monologisch/ verschleiernd führende „Lehrer" zusätzlich darum, eine Akzeptanz seiner Entscheidung zu erzielen: Er versucht, die Geführten („Schüler") — möglicherweise aus pädagogischen Gründen — von der Richtigkeit seiner Entscheidung zu überzeugen.

Eine weitere Lockerung der dennoch als geschlossen einzustufenden autoritären Führung wäre der als informierend bezeichnete Führungsstil, der den Mitarbeitern gestattet, Fragen zu den Entscheidungen des Vorgesetzten zu stellen. Kennzeichen all dieser und ähnlicher Führungsstile ist die Annahme des weisen, nicht hinterfragbaren „Führers", der den Geführten überlegen ist. Auf der Beziehungsebene betrachtet, ist für die monologisch/verschleiernde Führung kennzeichnend, daß der Geführte den Vorgesetzten verehrt, sich mit ihm zu identifizieren sucht und sich uneingeschränkt loyal verhält. Der Führende stützt diese Qualität der Beziehung durch Strategien der Manipulation, Indoktrination und Suggestion, um die geistige und emotionale Abhängigkeit des Untergebenen zu bewahren.

6.2 Eigenheiten offener und geschlossener Gruppenarbeit

Als letzter Bereich, in dem Denk- und Handlungsweisen von Menschen in Unternehmen einerseits geprägt werden und in dem sie andererseits zum Ausdruck kommen, soll anschließend die Zusammenarbeit primär unter dem Aspekt horizontaler Interaktion untersucht werden. Dabei geht es nicht so sehr um Hierarchien — also die vertikale Seite, sondern eher um die Art der Zusammenarbeit von Mitarbeitern auf derselben Hierarchiestufe. In Betrieben läßt sich die Zusammenarbeit in Gruppen auf unterschiedliche Weise gestalten.

Die Einrichtung und Forcierung von Gruppenarbeit als betriebliche Form der Arbeitsteilung wurde dabei aus ökonomischer Sicht mit einer bestimmten Zielsetzung verbunden, die sich im Laufe der Zeit gewandelt zu haben scheint. Ging es im Rahmen der Gruppenarbeitskonzepte der 70er Jahre vor allem um die Humanisierung des Arbeitslebens, so scheinen bei den heute diskutierten und praktizierten Formen der Gruppenarbeit (lean production, Qualitätszirkel, Fertigungsinseln etc.) Effizienz- und Qualitätsgesichtspunkte im Vordergrund zu stehen (Kropp, Peter, 1994).

Die unterschiedlichen Gestaltungsmöglichkeiten von Arbeitsgruppen haben Auswirkungen, die man in den Kategorien der offenen und geschlossenen Gesellschaft beschreiben kann. Daher nehmen wir an, daß Führungskräfte, die die Nähe ihres Betriebes zur offenen oder geschlossenen Gesellschaft analysieren möchten, zusätzliche Hinweise erhalten, wenn sie die Struktur der in ihrem Unternehmen installierten Arbeitsgruppen und die Muster der dort praktizierten Gruppenarbeit betrachten.

Unser Ziel ist es also, Muster eher offener und eher geschlossener Arbeitsgruppen zu beschreiben und diese Beschreibungen so weit zu konkretisieren, daß erkennbar wird, aus welchen Phänomenen in der betrieblichen Praxis eine Tendenz zur offenen bzw. geschlossenen Gesellschaft deutlich wird. Dazu ist es wiederum notwendig, die von uns entwickelten Dimensionen der offenen und geschlossenen Gesellschaft (vgl. Abb. 8) speziell auf Arbeitsgruppen bzw. Gruppenarbeit zu beziehen. Wir stellen uns also zunächst die Frage, welche Bedeutung diese Dimensionen im Hinblick auf die horizontale Zusammenarbeit in Unternehmen haben können.

Wie lassen sich die Dimensionen der offenen und geschlossenen Gesellschaft in bezug auf Gruppen konkretisieren? Den Gedanken der anthropologischen Dimension übersetzen wir in die Frage, welche Freiheitsgrade der Gruppe innerhalb der Organisation gewährt werden. Dabei spezifizieren wir die voluntaristische Annahme, Menschen können die soziale Realität selbst gestalten, insofern, als wir fragen, in welchem Maße die Gruppe die Gelegenheit hat, sich an der Willensbildung in der Organi-

Dimensionen der offenen bzw. geschlossenen Gesellschaft	**Gruppenbezogene Leitfragen**
Anthropologische Dimension	
Welche Freiheitsgrade hat der Mensch als Mensch?	Welche Freiheitsgrade besitzt die Gruppe in der Organisation? (Willensbildung – Willensdurchsetzung)
Soziale Dimension	
Was steht im Vordergrund: das Individuum oder das Kollektiv?	Was ist Ziel der Gruppe? (Einzelinteressen – Gruppeninteresse)
Erkenntnistheoretische Dimension	
Wie zuverlässig ist menschliche Erkenntnis?	Wie beständig ist die Wissensbasis der Gruppe? (Kultivierung – Konservierung)

Abb. 20: Dimensionen der offenen und geschlossenen Gesellschaft und gruppenbezogene Leitfragen

sation zu beteiligen. Umgekehrt deuten wir es als Ausdruck des deterministischen Pols, daß die Gruppe nicht an der Willensbildung teilnimmt, sondern lediglich an der Ausführung bzw. Durchsetzung dessen, was an anderer Stelle in der Organisation entschieden wurde. Die beiden Pole dieser ersten gruppenbezogenen Leitfrage lauten also „Willensbildung versus Willensdurchsetzung“.

Die soziale Dimension beschreibt eine Frage, die weniger mit der Stellung der Gruppe im Betrieb (Außenbeziehung) zu tun hat, sondern ausschließlich die Binnenstruktur innerhalb der Gruppe selbst betrifft. Es geht um die Frage, wie die in jedem sozialen Gefüge auftretenden Spannungen zwischen dem einzelnen und der Gruppe gehandhabt werden. Wir konkretisieren dieses Problem in der Frage, ob die Gruppe primär die Interessen der einzelnen stützt oder ob primär das Interesse der ganzen Gruppe im Vordergrund steht.

Die erkenntnistheoretische Dimension bezieht sich sowohl auf die Bin-

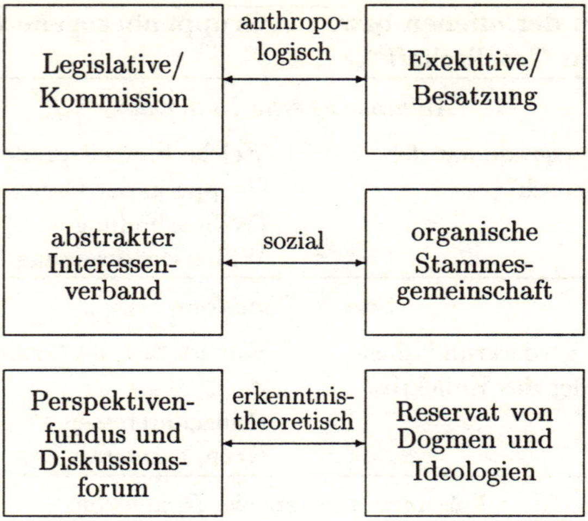

Abb. 21: Konstrukte „offener“ und „geschlossener“ Arbeitsgruppen

nenstruktur der Gruppe als auch auf die Offenheit bzw. Geschlossenheit der Gruppe nach außen. Ausgehend von der Annahme, daß in sozialen Gebilden Realitäten immer auch konstruiert werden (Watzlawick, 1992), interessiert uns hier, wie in der Gruppe die Realität konstruiert wird bzw. welche und wieviele Gruppenmitglieder daran beteiligt werden. Wird das, was in der Gruppe als Wahrheit gilt, von einigen dazu Berufenen festgelegt und dann als feststehendes Fundament ausgegeben, so betreibt die Gruppe eine „Konservierung“ ihrer kollektiven Wissensbasis im Sinne der Endgültigkeitsannahme der geschlossenen Gesellschaft. Sind dagegen alle Gruppenmitglieder an einer gemeinsamen und ständigen Realitätskonstruktion beteiligt und findet darüber hinaus ein Austausch mit Externen statt, so sprechen wir von einer „Kultivierung“ des Gruppenwissens — dies ist unter der Annahme der Vorläufigkeit von Erkenntnis vorstellbar, die wir für die offene Gesellschaft treffen.

Auf der Basis dieser drei gruppenbezogenen Leitfragen (vgl. Abb. 20) werden wir im folgenden beschreiben, wie eher offene bzw. eher geschlossene Gruppenarbeit in der Realität aussehen könnte. Die Abbildung 21 zeigt einen Überblick über die zu beschreibenden Konstrukte.

Zuvor werden wir in einem Exkurs auf solche Phänomene eingehen, die für Gruppen typisch sind, und auf die wir uns bei unserer Klassifizierung beziehen werden.

Exkurs: Gruppendynamische Phänomene: Kohäsion, Konformität und Groupthink

Die Zusammenarbeit von Mitarbeitern innerhalb einer Arbeitsgruppe wird von Faktoren geprägt, die unabhängig davon sind, wie die Gruppe in den jeweiligen Betrieb eingebettet ist. Zum Beispiel bedeutet eine größere Dezentralisierung bzw. Selbstorganisation einer Gruppe zwar eine weitgehende Selbststeuerung gegenüber der Organisation, also im Außenverhältnis, jedoch nicht automatisch auch größere Freiheiten für die Mitglieder der Arbeitsgruppe, also im Innenverhältnis. Es ist sogar die paradoxe Situation denkbar, daß die eigentlich autonomieförderliche Einrichtung von Arbeitsgruppen in einem Unternehmen, die der Gruppe als Ganze größere Möglichkeiten der Selbstkontrolle einräumt, durch autonomiebegrenzende Effekte *innerhalb* der Gruppe (mehr als) kompensiert wird (vgl. Manz 1992, S. 1122).

In allen menschlichen Gruppen werden sogenannte *gruppendynamische* Phänomene beobachtet, die nicht nur für Arbeitsgruppen typisch sind. Es ist anzunehmen, daß diese Beobachtungen auch mehr oder weniger ausgeprägt für Arbeitsgruppen gelten und daß die Auswirkungen dieser gruppendynamischen Phänomene für die Einordnung in die Muster der offenen bzw. geschlossenen Gesellschaft bedeutsam sind. Bevor wir konkrete Ausprägungen offener und geschlossener Arbeitsgruppen beschreiben, skizzieren wir im folgenden gruppendynamische Phänomene in Arbeitsgruppen und ihre möglichen Effekte.

1. Gruppenkohäsion

Mit dem Begriff der Kohäsion oder Kohärenz einer Gruppe wird die durchschnittliche Attraktivität bezeichnet, die die Gruppenmitgliedschaft für die einzelnen Mitglieder besitzt (vgl. Irle, 1975, S. 452). Dabei wird angenommen, daß die Attraktivität zwei unterschiedliche Ursachen haben kann (vgl. Gebert, v. Rosenstiel, 1992, S. 123). Attraktiv kann für den einzelnen zum einen die soziale Interaktion selbst sein, d. h. einfach die Tatsache, zu einer Gruppe zu gehören und Kontakt zu anderen Menschen zu haben. Eine andere Quelle der Attraktivität ist die Aufgabe, die innerhalb der Gruppe zu bewerkstelligen ist. Daß diese beiden möglichen Quellen für die Attraktivität in einer Gruppe unterschiedlich sind, wird plausibel, wenn man sich Situationen vorstellt, in denen man zwar eine interessante Arbeit hat, sich aber in der Gruppe der Kollegen nicht wohlfühlt, oder umgekehrt solche Situationen, in denen zwar die Arbeit selbst keinen Spaß macht, aber das Arbeitsklima innerhalb der Gruppe (z. B. Abteilung) so gut ist, daß man dafür die langweiligen Inhalte in Kauf nimmt. Kohäsion kann folglich nur dann entstehen, wenn in der Gruppe die individuellen Bedürfnisse der Gruppenmitglieder befriedigt werden (vgl. Neuberger et al., 1985, S. 75).

Kohäsion als innerer Zusammenhalt wird als stabilisierender, wenn nicht existentieller Faktor von Gruppen verstanden (vgl. Staehle, 1991, S. 257; Johnson, Johnson, 1975, S. 233). Welche Faktoren fördern das Entstehen von Gruppenkohäsion und machen es daher für den einzelnen attraktiv, in der Gruppe zu bleiben ? Im einzelnen werden folgende kohäsionsbedingende Variablen genannt (vgl. Festinger, 1950, S. 185; Sader, 1991, S. 101; Cartwright, Zander, 1968, S. 91 ff.):

- Attraktivität der Einzelmitglieder
- Attraktivität der Interaktion
- Attraktivität der Gruppenaufgaben und -ziele
- Abhängigkeit des einzelnen von der Gruppe: das Ausmaß, in dem Alternativen zur Gruppenmitgliedschaft bestehen (Dependenz)
- von außen auf die Gruppe wirkende Kräfte
- charismatische Führer
- Reputation für erfolgreiche Aufgabenerfüllung (hohes Prestige der Gruppe)
- Erfolg/Mißerfolg der Gruppe
- hilfreiches, entgegenkommendes Verhalten der Gruppenmitglieder.

Um einzuschätzen, wie hoch die mögliche Kohäsion speziell in einer *Arbeits*gruppe sein kann, ist weiter von Interesse, die Randbedingungen zu kennen, die Kohäsion fördern oder hemmen.

1. Zunächst besteht ein Zusammenhang zwischen der *Gruppengröße* und dem Ausmaß der Kohäsion. Mit abnehmender Gruppengröße steigt die Kohäsion innerhalb der Gruppe tendenziell an (vgl. Staehle, 1991, S. 258; Gebert, v. Rosenstiel, 1992, S. 123). Die Arbeitsgruppen in Betrieben, die wir im folgenden betrachten, dürften eher in die Kategorie „Kleingruppen" fallen (Staehle, 1991, S. 243), in denen direkte „face-to-face-Beziehungen" unter den Mitgliedern möglich sind und in denen keine kleineren Untergruppen existieren. Insofern ist die Annahme plausibel, daß Arbeitsgruppen ein bestimmtes Maß an Kohäsion besitzen können.

2. Eine zweite Bedingung, die die Kohärenz fördert, ist die *Nähe* der Gruppenmitglieder zueinander, die Kontakthäufigkeit innerhalb der Gruppe. Besonders Arbeitsgruppen sind im Rahmen der Aufgabenbewältigung auf häufige Kontakte angewiesen (vgl. Gebert, v. Rosenstiel, 1992, S. 123), so daß Kohäsion tendenziell gefördert wird.

3. Arbeitsgruppen vermitteln die Erfahrung der *Ähnlichkeit* von Situation und Personen (vgl. Gebert, v. Rosenstiel, 1992, S. 123). Mitglieder einer Arbeitsgruppe sind in der Regel mit einer gemeinsamen oder ähnlichen (Teil-) Aufgabe betraut. Bedingt durch ähnliche Aufgaben werden von der Organisation solche Personen als Gruppenmitglieder ausgewählt und eingesetzt, die sich im Hinblick auf verschiedene Merkmale ähneln (z. B. Qualifikation, Einstellungen). Weitere Ähnlichkeiten zwischen den Mitgliedern entstehen vermutlich im Laufe der gemeinsamen Arbeit in derselben Gruppe bzw. in derselben Organisation, so daß man annehmen kann, daß Prozesse der sekundären Sozialisation die Ähnlichkeiten der Gruppenmitglieder weiter verstärken. Da homogene Gruppen, die aus ähnlichen Mitgliedern bestehen, tendenziell höhere Kohäsion aufweisen als heterogene, ist wiederum das Auftreten von Kohäsion in Arbeitsgruppen wahrscheinlich.

4. Da in Arbeitsgruppen überwiegend solche Ziele verfolgt werden, die vom Unternehmen vorgegeben sind, ist auch die kohärenzfördernde Bedingung der *Einigkeit der Ziele* (vgl. Staehle, 1991, S. 258) prinzipiell erfüllt.

5. Der Betrieb kann die Kohäsion in der Arbeitsgruppe steuern, indem er den Faktor Wettbewerb beeinflußt. Wahrgenommener Wettbewerb zwischen verschiedenen Arbeitsgruppen (Intergruppen-Wettbewerb) fördert die Kohäsion innerhalb der einzelnen Gruppen (z. B. Profit-Center), während sich Wettbewerb innerhalb einer Gruppe (Intragruppen-Wettbewerb) hemmend auf die Kohäsion auswirkt (vgl. Staehle, 1991, S. 258). Das Ausmaß, in dem innerhalb einer Gruppe Wettbewerb zwischen den Mitgliedern wahrgenommen wird, dürfte von Arbeitsgruppe zu Arbeitsgruppe unterschiedlich sein und wird unter anderem bedingt durch die

6. *Entlohnungsform.* Individuelle Leistungsbewertung (vgl. Staehle, 1991, S. 258) und -entlohnung (z. B. Einzelakkord) hemmt tendenzielle die Kohäsion (vgl. Gebert, v. Rosenstiel, 1992, S. 124).

Wie hoch die Kohäsion in einer Arbeitsgruppe im Einzelfall ist, wird also in der Praxis unter anderem von den oben beschriebenen unterschiedenen Randbedingungen abhängen. Welche Effekte sind bei besonders hoher Gruppenkohäsion zu erwarten? Genaue Aussagen über die eintretenden Effekte lassen sich nur machen, wenn jeweils die Quellen der Attraktivität (vgl. oben) im Einzelfall bekannt sind; vorsichtig formuliert kann man jedoch folgendes über die potentiellen und zu erwartenden Wirkungen von Kohäsion in (Arbeits-) Gruppen sagen:

1. Der zentrale Effekt von Gruppenkohäsion ist die *Konformität*, die z. B. durch Gruppendruck in hochkohäsiven Gruppen erzeugt wird (vgl. Sader, 1991, S. 235). Diesen Aspekt werden wir daher in einem gesonderten Abschnitt behandeln (vgl. unten).

2. Ferner führt hohe Kohäsion tendenziell dazu, daß die Individualität der Mitglieder in den Hintergrund tritt. Das Vorherrschen des Gruppendenkens hat zur Folge, daß das Handeln des einzelnen Gruppenmitgliedes im wesentlichen unter dem Aspekt gesehen wird, welche Funktion es für die Gruppe hat; Einzelbeiträge werden im Hinblick auf die Gruppe bewertet (vgl. Sader, 1991, S. 106). Durch den Verlust der individuellen Sichtweise werden Selbständigkeit und Eigenverantwortlichkeit der Mitglieder reduziert, ebenso wie individuelle Gesichtspunkte außerhalb des Gruppenzusammenhanges in den Hintergrund treten. Insofern kann die mit zunehmender Kohäsion empfundene Nähe und Geborgenheit bedeuten,

daß die eigene Identität der einzelnen aufgegeben wird (vgl. Witte, 1989, S. 446). Bei niedriger Kohäsion ist demgegenüber als dysfunktionaler Effekt zu erwarten, daß die einzelnen Gruppenmitglieder zu viel Energie aufwenden, um den eigenen Status in der Gruppe zu verbessern (vgl. Sader, 1991, S. 235) und damit die Integration der Gruppe gefährden.

3. Kohäsion steigert das Verständnis und Vertrauen der Gruppenmitglieder untereinander, was einerseits zu größerer Offenheit führen kann und damit ein günstiges Klima für neuartige Ideen (Kreativität) schafft. Andererseits kann dies dazu führen, daß aufgrund größerer Loyalität des einzelnen zur Gruppe Entscheidungen nicht mehr in Frage gestellt werden, daß ein Klima unrealistischen Optimismus' entsteht und gemeinsame Tabus bestärkt werden (vgl. Sader, 1991, S. 235). Diese Gefahr werden wir ebenfalls gesondert unter dem Aspekt „Groupthink" betrachten.

4. Gruppenkohäsion senkt die subjektiv empfundene Angst der Gruppenmitglieder (vgl. Staehle, 1991, S. 259), verstärkt damit insbesondere die interaktionsbezogene Schutzfunktion (social support) der Gruppe (vgl. Gebert, v. Rosenstiel, 1992, S. 123) für den einzelnen und erhöht gleichzeitig die Widerstandskraft der gesamten Gruppe gegenüber dem Management (vgl. Staehle, ebenda).

2. Konformität

Unter Konformität in (Arbeits-) Gruppen wird eine Tendenz zur Übereinstimmung im Denken und Handeln der Gruppenmitglieder verstanden, die durch den unter bestimmten Bedingungen wirkenden Konformitäts- (Uniformitäts-) Druck hervorgerufen wird (vgl. Sader, 1991, S. 159). Konformität bezieht sich damit auf die in der Gruppe geltenden (impliziten, informellen) *Normen*, die bestimmen, was von den Gruppenmitgliedern erwartet wird, welches Verhalten als zulässig bzw. unzulässig gilt. Diese Normen *schaffen* nicht Konformität, sondern stabilisieren sie im Zeitablauf, machen sie sozial verbindlich und beziehen sie sachlich auf bestimmte Situationen und Handlungen (vgl. Neuberger et al., 1985, S. 123). Zu betonen ist, daß sich die Übereinstimmung nicht nur auf sichtbares *Verhalten* bezieht, sondern nachweislich auch auf *Einstellungen* und

Meinungen der Gruppenmitglieder (vgl. Gebert, v. Rosenstiel, 1992, S. 124).

Konformität normiert die Bandbreite der Verhaltensweisen, die in der Gruppe zulässig sind, und führt damit zu einer Einschränkung der Verhaltensvariabilität der Gruppenmitglieder. Der Konformitätsdruck ist beschreibbar bezüglich verschiedener Aspekte (vgl. Gebert, v. Rosenstiel, 1992, S. 125):

- besonders erwünschtes oder unerwünschtes Verhalten
- Toleranzbereich möglichen Verhaltens
- Intensität des Konformitätsdrucks (Ausmaß von Zustimmung oder Ablehnung)
- Relation der Belohnungs- und Bestrafungshäufigkeiten
- Gleichmäßigkeit des Drucks auf verschiedene Personen

Wie der Uniformitätsdruck in einer Arbeitsgruppe im Einzelfall wirkt, ist dabei vermutlich von den konkreten Bedingungen der Situation abhängig (vgl. Gebert, v. Rosenstiel, 1992, S. 126).

Wie entsteht und wie äußert sich Konformität? Das Ausmaß der Übereinstimmung innerhalb einer Arbeitsgruppe läßt sich in unterschiedlichen Konformitätsgraden ausdrücken (vgl. Staehle, 1991, S. 255):

1. Einwilligung (compliance) als schwächster Konformitätsgrad bedeutet, daß die individuellen Wertvorstellungen nicht oder nur teilweise mit den Gruppennormen übereinstimmen. Ein normenkonformes Verhalten kommt dennoch zustande
   - aufgrund des wahrgenommenen Gruppendrucks (Konformitätsdrucks)
   - weil der einzelne die Anerkennung der Gruppe sucht oder/und
   - weil Widerstand gegen die Gruppennorm zu hohe „Kosten" für den einzelnen bedeuten würde (vgl. Neuberger et al., 1985, S. 152 ff.).
2. Anerkennung (identification) als Identifikation mit den Zielen und Werten der Gruppe kommt dadurch zustande, daß der einzelne eine Beziehung zur Gruppe aufgebaut hat.

3. Internalisierung (internalization) als Zustand völliger Konformität der persönlichen Normen mit den Normen der Gruppe ist die stabilste und zuverlässigste Basis für Konformität.

Darüber hinaus werden weitere Bedingungen angenommen, die das Entstehen von Gruppenkonformität in Arbeitsgruppen fördern oder hemmen. Wie oben erwähnt, gilt als einer der wichtigsten Faktoren das Ausmaß an *Gruppenkohäsion*, die zwar einerseits zu einem Rückgang der „deliberate conformity" (bewußte Konformität, basierend auf der Angst vor einer Diskriminierung abweichenden Verhaltens) führt, doch andererseits die „nondeliberate conformity" (unbewußte Konformität, ausgelöst durch die Tendenz zur Übereinstimmung) erhöht (vgl. Janis, 1972, S. 237). Als weitere Bedingungen für Konformität werden angenommen (Staehle, 1991, S. 254; Napier, Gershenfeld, 1973, S. 84 ff.):

- erwartete Sanktionen (Belohnung, Bestrafung) bei Normerfüllung oder Normverletzung
- Konsistenz und Widerspruchsfreiheit des Normensystems: bei Normen- und Rollenkonflikten ist normenkonformes Verhalten unwahrscheinlicher.
- Art der Sozialisation: Anpassung des einzelnen oder Anpassung der Gruppe (Schein, 1974a).
- Legitimität der Normen: Je mehr die Gruppennormen von den einzelnen Mitgliedern als „legitim" angesehen werden, desto wahrscheinlicher ist ein normenkonformes Verhalten.
- Bedingungen der Personen der Gruppenmitglieder: Der Grad der Internalisierung der Gruppennormen (Konformitätsgrad) ist unter anderem abhängig von Persönlichkeitsfaktoren (Bildungsniveau, Berufsethos, Selbstsicherheit etc.). Die Motivation des einzelnen, sich in den Bezugsrahmen einer Gruppe einzuordnen, kann beipielsweise mit seinem Bedürfnis nach Ordnung und Struktur erklärt werden (vgl. Thomas, 1992, S. 96).
- Instrumentalität der Normen zur Bedürfnisbefriedigung/ Attraktivität der Gruppenmitgliedschaft: Wenn der einzelne eine Fortsetzung der Gruppenmitgliedschaft anstrebt, wird er sich eher von der Gruppe beeinflussen lassen.

Gruppenkonformität kann folglich einerseits durch *interne* Faktoren entstehen und stabilisiert werden, die in der Persönlichkeit des einzelnen liegen, und andererseits durch *externe* Faktoren, die in der Situation liegen (vgl. Napier, Gershenfeld, 1973, S. 84 ff.). So kann der Druck zur Gleichförmigkeit zum einen damit erklärt werden, daß um der Zielerreichung willen dem Denken und Handeln des einzelnen Zwang auferlegt wird („*group locomotion*"). Gleichzeitig erhöht das Orientierungsbedürfnis des einzelnen in der sozialen Realität die Bereitschaft, soziale Bewertungsmaßstäbe in Gruppen zu übernehmen. Ferner wird dem Gruppendruck dann eher nachgegeben, wenn der einzelne in der Gruppe akzeptiert werden möchte (*normative* Funktion) oder/und er einen Vergleichsmaßstab (*Vergleichsfunktion*) für die Bewertung eines sozial relevanten Sachverhaltes sucht. Diese Funktionen stehen in Zusammenhang mit der Handlungsabhängigkeit bzw. der Informationsabhängigkeit des Individuums (vgl. Thomas, 1992, S. 102).

Wenn Normen etabliert werden, die die soziale Realität für die Gruppenmitglieder bestimmen, können sich in verschiedenen Hinsichten dysfunktionale Effekte ergeben. Fehlen objektive Beurteilungskriterien, kann es durch den unvermeidlichen Vergleich mit der Gruppe dazu kommen, daß absolute Vorstellungen über die Korrektheit einer Meinung, die Güte einer Fähigkeit etc. auf den einzelnen Druck ausüben. In diesem Fall führt Konformität dann tendenziell dazu, daß die Gruppennormen als Hindernisse für die Ausschöpfung persönlicher Potentiale und Ressourcen der Gruppenmitglieder wirken.

Welche Auswirkungen sind bei hoher Gruppenkonformität zu erwarten? Zusammenfassend kann unter der Voraussetzung entsprechender situativer und personeller Randbedingungen (vgl. oben) davon ausgegangen werden, daß mit zunehmender Konformität folgende Effekte in Arbeitsgruppen wahrscheinlicher werden:

1. Gruppenkonformität wirkt auf das *Verhalten* der Gruppenmitglieder, indem es in den Bereichen, wo die Gruppe selbst Normen setzt, die Verhaltensvariabilität in Arbeitsgruppen einschränkt. So läßt sich feststellen, daß eine hohe Konformität z. B. nicht die Leistung der Gruppe an sich erhöht oder reduziert, sondern die Bandbreite des Leistungsverhaltens einschränkt. Die in der Gruppe gültige Leistungsorm kann hoch oder niedrig sein und gilt dann für alle Gruppenmitglieder (vgl. Gebert, v. Rosenstiel, 1992, S. 126 ff.).

2. Gruppenkonformität beeinflußt außerdem das *Denken* der Gruppenmitglieder in zweifacher Weise: Zum einen betont sie die bestehenden Normen und wirkt damit konservierend auf die Erhaltung des Status quo (vgl. Napier, Gershenfeld, 1973, S. 92). Zum zweiten führt die Anpassung der Gruppenmitglieder zu einem Verlust an kritischem Denken (vgl. Gebert, v. Rosenstiel, S. 127), weil die durch Gruppendruck erzeugten einheitlichen Meinungen und Überzeugungen von den Mitgliedern als unumstößlich angesehen werden. Durch Konformität werden daher sowohl Problemdefinition als auch Problemlösung normiert, was dazu führen kann, daß individuelle Initiative gehemmt wird (vgl. Napier, Gershenfeld, 1973, S. 88).

3. Groupthink

Janis (1972, S. 9) beschrieb das Phänomen Groupthink wie folgt: „... a deterioration of mental efficiency, reality testing, and moral judgement" [...] „that results from in-group-pressures". Mit dieser Bezeichnung lehnt er sich an Begriffe wie „doublethink" und „crimethink" an, die George Orwell in seinem Roman „Ninety Eighty-Four" verwendet, um zu beschreiben, welche Art des Denkens unerwünscht und verboten ist. Hauptmerkmale des Groupthink sind Gleichschaltung des Denkens und reduzierte Kritikfähigkeit innerhalb der Gruppe.

Was sind die Ursachen von Groupthink? Nach Janis stellen *Gruppenkohäsion* („amiability and esprit de corps") und *Uniformitätsdruck* („concurrence seeking tendency") die wichtigsten Entstehungsbedingungen dar; sie bilden die psychologische Basis für das Auftreten von Groupthink. Danach pflegen Mitglieder kleiner kohäsiver Gruppen eine Art Gruppengeist (esprit des corps), indem sie unbewußt von allen geteilte Illusionen und entsprechende Normen entwickeln, die kritisches Denken beeinträchtigen. Solche von allen geteilten Illusionen können sein (ebenda):

- die Illusion der Unverwundbarkeit der Gruppe
- die Illusion der Einmütigkeit
- die Unterdrückung persönlicher Zweifel

- die freiwillige Unterdrückung abweichender Standpunkte (self-appointed mindguards)
- durch milde Führung unterstützte Fügsamkeit
- Tabus gegenüber kritischen Ansichten neuer Mitglieder.

Dennoch weist Janis (ebenda, S. 199) darauf hin, daß der Zusammenhang zwischen Gruppenkohäsion und Groupthink kein deterministischer ist. Kohäsion ist eine notwendige, jedoch keine hinreichende Bedingung für das Auftreten von Groupthink. „Rather we can expect high cohesiveness to be conducive to groupthink except when certain conditions are present or special precautions are taken that counteract concurrence-seeking tendencies." So könnte zunehmender Teamgeist (esprit de corps) als eine Beschreibungsvariable von Kohäsion einerseits zu größerem Vertrauen der Mitglieder in einer Gruppe und daher zu größerer Toleranz abweichender Meinungen führen, weil die Furcht vor Sanktionen abnimmt. Gleichzeitig neigen die Mitglieder in kohäsiven Gruppen auf der anderen Seite dazu, unwissentlich ihr eigenes Denken zu „zensieren", um die Einheit der Gruppe zu wahren und sich ihren Normen zu unterwerfen. Obwohl also die Mitglieder hochkohäsiver Gruppen die Chance haben, in ihren Meinungen von der Mehrheit abzuweichen, machen sie von dieser Möglichkeit offenbar wenig Gebrauch (vgl. Janis, 1972, S. 199). Die Ursache für die Tendenz zur Einstimmigkeit vermutet er (ebenda, S. 203) in ihrer stabilisierenden Wirkung („to maintain self esteem"). Übereinstimmung in der Gruppe hilft, persönliche Unzulänglichkeiten der Mitglieder auszugleichen und reduziert Konflikte. Gleichzeitig werden einheitliche „geistige Landkarten" (cognitive maps) geschaffen, geistige Abbilder der Welt, an denen die einzelnen sich orientieren können.

Eine zweite wesentliche Bedingung von Groupthink ist die Isolation der Gruppe von ihrer Umwelt (z. B. von Experten, Meinungen anderer). „A second hypothesis is that the more insulated a cohesive group of executives becomes, the greater are the chances that its policy decisions will be products of groupthink" (ebenda, S. 197).

Schließlich bedingt das Verhalten des Führenden einer Gruppe die Entstehung von Groupthink: Je mehr der Führer einer kohäsiven Gruppe versucht, die von ihm präferierte Lösung oder Entscheidung durchzusetzen, desto größer sind die Chancen für einen auf Groupthink zurückzuführenden Konsens, und zwar auch dann, wenn der Führende nicht beabsichtigt, die Gruppenmitglieder zu Ja-Sagern zu machen und wenn die einzelnen versuchen, sich der Konformität zu widersetzen.

Janis (ebenda, S. 209 ff.) vermutet, daß es verschiedene Strategien gibt, um Groupthink- förderliches Führungsverhalten zu vermeiden. So könnte der Führende erstens versuchen, jedem Gruppenmitglied die Rolle eines „kritischen Bewerters“ (critical evaluator) zuzuschreiben, indem er die Gruppe dazu anhält, Einwänden und Zweifeln hohe Priorität beizumessen. Um eine „offene“ Atmosphäre zu schaffen, die es ermöglicht, unvoreingenommen eine Vielzahl von Handlungsalternativen zu durchdenken, sollte der Führende zweitens möglichst unparteiisch sein, anstatt persönliche Präferenzen und Erwartungen in den Vordergrund zu stellen (nondirektive Führung). Drittens ließe sich die Gefahr des Groupthink dadurch reduzieren, daß der Führende (bzw. die Organisation) mehrere voneinander unabhängige Arbeitsgruppen mit der Lösung eines Problems betraut. Damit könnte vermutlich zwar das Isolations-Problem entschärft werden, doch sind auch dysfunktionale Effekte denkbar: Störungen durch „interorganizational politics“, mangelndes Verantwortungsbewußtsein der einzelnen Gruppen.

Wie äußert sich Groupthink?

Das Phänomen des Groupthink scheint insbesondere deswegen relevant für Arbeitsgruppen, weil in empirischen Untersuchungen verschiedene *Symptome* von Groupthink gefunden werden, die das Entscheidungsverhalten von Gruppen nachhaltig beeinflussen. Janis (ebenda, S. 7) beschreibt Groupthink hauptsächlich über folgende Symptome:

1. Eine von den meisten oder allen Mitgliedern geteilte Illusion der *Unverwundbarkeit*, die exzessiven Optimismus verbreitet und das Eingehen extremer Risiken begünstigt. In diesem Zusammenhang ist das als „Risky Shift“ bekannte Phänomen zu sehen, das die in Gruppen vorherrschende Tendenz beschreibt, größere Risiken einzugehen als bei Entscheidungen einzelner Personen (vgl. Sader, 1991, S. 12 ff.; Janis, 1972, S. 237 f.). Einer der (unbestätigten) Erklärungsversuche dieses Phänomens argumentiert mit der Verantwortungsdiffusion (vgl. Thomas, 1992, S. 181), was in Richtung auf die geschlossene Gesellschaft (Kollektivismus) deutet.

2. Kollektive Anstrengungen, *Warnungen zu entwerten*, die die Mitglieder dazu veranlassen könnten, ihre Annahmen zu überdenken.

3. Ein *unkritischer* Glaube an die in der Gruppe geltende Moral, die die Mitglieder davon abhält, die ethischen oder moralischen Konsequenzen ihrer Entscheidungen selbständig zu bedenken.

4. *Stereotype* bezüglich fremder Gruppen bzw. Führer: Die eigene Gruppe wird favorisiert und fremde Gruppen diskriminiert (vgl. Thomas, 1992, S. 52 ff.).

5. Unmittelbarer *Druck* auf jedes Mitglied, das Argumente gegen Gruppenstereotype, Illusionen oder Verpflichtungen vorbringt.

6. Vor dem Hintergrund des augenscheinlichen Gruppenkonsens betreiben die Mitglieder „*Selbst-Zensur*". Der einzelne versucht, subjektive Zweifel und Gegenargumente zu minimieren.

7. Die Illusion, es bestehe *Übereinstimmung* in der Gruppe. Es wird angenommen, die Mehrheitsmeinung werde uneingeschränkt von allen geteilt. Diese Illusion entsteht teilweise durch die Selbst-Zensur der Mitglieder und teilweise durch die Annahme, daß Schweigen in Diskussionen Zustimmung bedeute. Auf diese Weise wird die vorhandene Heterogenität der Meinungen nicht wahrgenommen.

8. Das Auftreten von selbsternannten *Meinungshütern* („mindguards") — Mitgliedern, die die Gruppe vor widrigen Informationen schützen, die die Selbstzufriedenheit der Gruppe mit ihren Entscheidungen erschüttern könnten.

Welche Folgen von Groupthink sind zu erwarten?

Die beschriebenen Symptome von Groupthink wirken sich auf das *Entscheidungsverhalten* der Gruppe in einer Weise aus, wie sie Janis in seiner Studie verschiedener außenpolitischer Entscheidungen der Vergangenheit fand:

1. Die Gruppendiskussionen beschränken sich auf wenige, oft nur zwei *Handlungsalternativen*.

2. Die Gruppe verzichtet darauf, einmal von der Mehrheit akzeptierte Handlungsalternativen erneut zu *überprüfen* auf versteckte Risiken oder mögliche Nachteile, die anfangs nicht berücksichtigt wurden.

3. Die Gruppe verzichtet darauf, solche Handlungsalternativen, die anfänglich von der Mehrheit als nicht zufriedenstellend verworfen wurden, erneut auf möglicherweise übersehene Vorteile oder auf die Möglichkeit zu *untersuchen*, anscheinende Nachteile (Kosten) zu reduzieren.

4. Die Gruppenmitglieder unternehmen wenige oder keine Anstrengungen, zuverlässige *Einschätzungen Dritter* (Experten) über die zu erwartenden Vor- und Nachteile von Handlungsalternativen einzuholen.

5. Die Gruppe reagiert *selektiv* auf Informationen über Tatsachen und Experteneinschätzungen und auf Kritik von außerhalb: die Mitglieder diskutieren solche Tatsachen und Meinungen, die ihre anfänglich präferierte Politik unterstützten, während sie dazu neigen, gegenteilige Tatsachen und Meinungen zu ignorieren.

6. Mögliche *Hindernisse* der Umsetzung ihrer Politik (bürokratische Trägheit, politische Opponenten, Zwischenfälle) werden in der Gruppe wenig thematisiert. Entsprechend fehlen Pläne oder Strategien zum Umgang mit vorhersehbaren Rückschlägen, die den Erfolg der eingeschlagenen Handlungsalternative gefährden könnten.

Insbesondere bei der Lösung komplexer Probleme (Dörner, 1989) dürften die negativen Auswirkungen von Groupthink sichtbar werden. Außerdem konstatiert Janis eine Tendenz zu „hartherzigen" Entscheidungen, hervorgerufen durch die *Loyalität* der Gruppenmitglieder, die als „the highest form of morality" innerhalb der Gruppe gilt. So führt Groupthink häufig zu irrationalen und inhumanen Handlungen gegenüber Außenstehenden.

Die von Janis ermittelten Befunde zu den Wirkungen und Hypothesen über mögliche Ursachen von Groupthink beziehen sich auf eine bestimmte Art von Gruppe, deren Mitglieder sämtlich (außen-) politische Entscheidungsträger waren. Insofern ist das Phänomen vermutlich nicht uneingeschränkt auf jede Art von Gruppe beziehungsweise konkret auf Arbeitsgruppen übertragbar, doch ist es, wie Dörner (1989) zeigt, auch in Betrieben von Bedeutung. Es wurde hier ausführlich behandelt, weil es zum einen Hinweise gibt auf mögliche, auch in Arbeitsgruppen auftretende Effekte und zum anderen auf situative und personelle Randbedingungen verweist, die Groupthink wahrscheinlicher machen. Daher berücksichtigen wir die Befunde von Janis, wenn es darum geht, potentielle Effekte von Gruppenarbeit auf ihre Nähe zur offenen oder geschlossenen Gesellschaft zu untersuchen.

Die oben dargestellten potentiellen Effekte von Gruppenarbeit sind jedoch nicht im Sinne eines Determinismus zu deuten. Nicht in jeder Arbeitsgruppe in Unternehmen treten diese Effekte in gleicher Stärke auf. Die Wirksamkeit dieser Effekte ist von bestimmten Randbedingungen abhängig, die sowohl in den Gruppenmitgliedern als auch in den spezifischen Umständen der Situation liegen. Abschließend fassen wir daher diejenigen Bedingungen zusammen, die die Wahrscheinlichkeit beeinflussen, mit der die gruppendynamischen Effekte auftreten.

Die psychologische Attraktivität der oben beschriebenen Effekte von Kohäsion, Konformität und Groupthink scheint vor allem darin zu liegen, den Gruppenmitgliedern Schutz und Orientierung zu gewähren, indem sie Sicherheit und Ordnung vermitteln (vgl. Staehle, 1991, S. 253; Napier, Gershenfeld, 1973, S. 93). Neuberger et al. (1985, S. 122) weisen in diesem Zusammenhang auf die speziellen Funktionen von Normen hin:

- Schutz vor personaler Willkür und Unberechenbarkeit
- Verschleierung, Verstetigung und Universalisierung von Herrschaft
- Realitätsdefinition: Normen bestimmen, was gut und schlecht, wer Freund und Feind ist. Sie grenzen ab, stiften Homogenität und „Wir-Gefühl“ und ermöglichen dadurch soziale Identität in einem Beziehungs- und Handlungsnetz (group ideologies).
- Regulierung der sozialen Beziehungen: Normen schaffen Ordnung und Sicherheit; das Verhalten der anderen wird programmiert und vor-geregelt. Normen bieten somit auch Orientierung und Übersicht im Chaos der denkbaren sozialen Geschehnisse.
- Entlastung von ständig erneuter Problemlösung.

Damit sind Funktionen angesprochen, die die Attraktivität der geschlossenen Gesellschaft ausmachen (vgl. Kapitel 2). Es stellt sich daher die Frage, wie sich die potentiellen Wirkungen der gruppendynamischen Phänomene im Kontext von offener und geschlossener Gesellschaft einordnen

Potentielle Wirkungen von Kohäsion, Konformität und Groupthink	
Offene Gesellschaft	**Geschlossene Gesellschaft**
Anthropologische Dimension: *Welche Freiheitsgrade besitzt die Gruppe in der Organisation?*	
Willensbildung *Kohäsion* verstärkt Selbstbehauptung gegenüber der Organisation	**Willensdurchsetzung** bei Übereinstimmung mit den Leistungsnormen der Organisation steigert *Kohäsion* die Leistungsbereitschaft der Gruppe
Soziale Dimension: *Was ist Ziel der Gruppe?*	
Einzelinteressen *Konformität* reduziert die Verhaltensvariabilität	**Gruppeninteresse** *Kohäsion* fördert die Integration in der Gruppe (abnehmende Individualität)
Erkenntnistheoretische Dimension: *Wie beständig ist die Wissensbasis der Gruppe?*	
Kultivierung *Kohäsion* fördert Vertrauen: steigende Chance für Offenheit untereinander	**Konservierung** *Kohäsion* fördert wahrgenommene Gültigkeit der „Gruppenwahrheit“: steigende Chance für Tabus, „Denk-Zensur“; *Konformität* vereinheitlicht Denkweisen (Groupthink); *Groupthink* fördert „konservierendes“ Entscheidungsverhalten (Favorisieren der eigenen und Diskriminieren von fremden Gruppen, Kritiklosigkeit, Stereotype, Selbstzensur, Schutz vor widrigen Informationen, Reduktion von Alternativen, blinder Aktionismus)

Abb. 22: Potentielle Wirkungen gruppendynamischer Phänomene im Hinblick auf gruppenrelevante Leitfragen

personelle Randbedingungen

Persönlichkeitsdisposition der Gruppenmitglieder (Selbstvertrauen, Zuversicht versus Angst, Selbständigkeit, Motivation, Qualifikation, soziale Kompetenz, Informationsstand, Sozialisation [„Innovation" versus „Sozialisation"], Wille zur Partizipation, subjektive Instrumentalität der Gruppenmitgliedschaft [Dependenz]);
Verhalten des Gruppenvorgesetzten (Unterstützung oder Neutralisierung gruppendynamischer Phänomene?)

situative Randbedingungen

Organisation
Sanktionspotential der Organisation;
Isolation oder Integration der Gruppe;
Druck von außen

Gruppe
Gruppengröße (Nähe der Gruppenmitglieder);
Gruppenzusammensetzung (Ähnlichkeit der Gruppenmitglieder, Heterogenität der Perspektiven);
Zielhomogenität innerhalb der Gruppe und im Verhältnis zu den Zielen der Organisation, Sozialisation der Gruppe, Konfliktfähigkeit;
Wettbewerb (Entlohnung, Aufgabenschneidung);
Subjektiv empfundene Legitimität der Ziele/Normen der Gruppe/der Organisation

Aufgabe
kreative versus Routinetätigkeiten;
komplexe versus einfache Aufgaben;
Schwere der Konsequenz bei hohem Zeitdruck;
Technologie

Abb. 23: Randbedingungen gruppendynamischer Effekte

lassen. Die Abbildung 22 versucht, die Beziehung zu den gruppenrelevanten Leitfragen zu verdeutlichen.

Die skizzierten gruppendynamischen Effekte sind bedeutsam, wenn es im folgenden um die Positionierung von Arbeitsgruppen vor dem Hintergrund der Popperschen Gesellschaftskonzeption geht: Gruppenarbeit ist nicht gleichzusetzen mit dem Auftreten gruppendynamischer Effekte, sondern es existieren Randbedingungen (vgl. Abb. 23), die die Auftretenswahrscheinlichkeit erhöhen. In dem Maße jedoch, wie diese Phänomene vorhanden sind, fördert Gruppenarbeit tendenziell eher die geschlossene Gesellschaft.

Exkursende

6.2.1 Legislative oder Exekutive?

In dieser Dimension steht die organisatorische Einbindung der Arbeitsgruppe in den betrieblichen Organisationsrahmen im Mittelpunkt. Es geht um die Frage, welche Freiheitsgrade die Gruppe als Ganze im Betrieb besitzt. Konkret wird untersucht, ob und in welchem Maße die Arbeitsgruppe Gelegenheit hat, „ihren Willen" zu artikulieren und durchzusetzen (Willensbildung, Aktion) oder ob sie im Gegenteil ein Instrument zur Durchsetzung des „Willens" der Organisation darstellt (Willensdurchsetzung, Reaktion). Die entsprechenden Konstrukte offener und geschlossener Arbeitsgruppen sind in der Abb. 24 gegenübergestellt.

Merkmale von Legislative und Exekutive

„Legislative/Kommission" illustriert die voluntaristische Denkfigur und impliziert, daß die Gruppe primär Willensbildung betreibt. Unter der Perspektive der Gewaltenteilung auf staatlicher Ebene ist es die Aufgabe von Legislativorganen, Gesetze zu formulieren und zu erlassen. So zustandegekommene Regeln sind eher Konventionen, stellen daher keine Sachzwänge dar, und illustrieren insofern die voluntaristische Denkfigur. Auf unseren betrieblichen Kontext bezogen bedeutet dies zweierlei. Zum einen, daß die Gruppe (im Innenverhältnis) ihre eigenen Angelegenheiten weitgehend selbständig und ohne Einwirkung von außen regelt. Im organisatorischen Kontext bedeutet dies natürlich immer, daß sie dies innerhalb bestimmter Grenzen tut, die die Organisation festlegt. Entsprechend bedeutet „Exekutive" nicht, daß die Gruppe alle Entscheidungen im Innenverhältnis selbständig regelt (Aufgabeninhalte, Ausführung der Aufgaben, Personalpolitik, Entlohnung etc.), sondern nur, daß ihr Regelungsspielraum vergleichsweise groß ist. Das bedeutet, daß die Gruppe sich weitgehend selbst steuert und insofern aktiv ist. Zum zweiten äußert sich die Willensbildung darin, daß die Gruppe an der Willensbildung der

Offene und geschlossene Arbeitsgruppe	
Die anthropologische Dimension	
Voluntarismus $\Longleftrightarrow$ *Determinismus*	
Legislative/Kommission: Willensbildung/Aktion	**Exekutive/Besatzung: Willensdurchsetzung/Reaktion**
Merkmale der Arbeitsgruppe	
Innenverhältnis:	
Selbststeuerung (selbständige Willensbildung in der Gruppe, Selbstorganisation	Fremdsteuerung (Umsetzung des Willens der Organisation)
Außenverhältnis:	
Partizipation (Beteiligung an der organisatorischen Willensbildung: personell, organisatorisch, technisch), laterale Kooperation	keine Partizipation (Ausschluß von der organisatorischen Willensbildung)
Indikatoren	
„Crew", „Rat"/„Kuratorium"	„Brigade"
Dezentralisierung (z. B. participative teams, self-managed teams, self-leading teams);	Zentralisierung (z. B. externally managed teams);
dispositive Regeln (z. B. „noxiants");	direktive Regeln;
hoher (Teil-)Autonomiegrad	geringer (Teil-)Autonomiegrad
transparente Informationspolitik;	intransparente/selektive Informationspolitik
Organisationsentwicklung: Teamentwicklung, Survey-Feedback; Qualitätszirkel betriebliches Vorschlagswesen	

Abb. 24: Kennzeichen offener und geschlossener Arbeitsgruppen auf der anthropologischen Dimension

Organisation beteiligt ist. Sie ist über Partizipationschancen an der Entscheidungsfindung der Organisation beteiligt, und zwar auch und gerade bezogen auf Fragen, die nicht nur die Gruppe selbst betreffen (personelle, organisatorische und technische Fragen).

Der deterministische Gegenpol auf der anthropologischen Dimension wird mit „Exekutive/Besatzung" bezeichnet. Damit versuchen wir zum Ausdruck zu bringen, daß die Gruppe im Rahmen dieser Denkfigur vor allem ein Ausführungsorgan ist. Im Gegensatz zur Legislative stellt sie nicht Regelungen auf, sondern ist an die von der Organisation vorgegebenen Anweisungen gebunden und insofern Organ der Willensdurchsetzung. Die Gruppe reagiert primär auf Vorgaben von außen, indem sie vor allem auf Anweisung handelt. Dies einerseits bezogen auf die Arbeit in der Gruppe selbst — im Extremfall hat die Gruppe keinerlei Entscheidungsspielraum in bezug auf ihre Aufgaben, die Ausführung, die Mitgliederzusammensetzung usw. Andererseits ist die Gruppe auch nicht an der Willensbildung in der Organisation beteiligt und hat somit keinerlei Chance, an der organisationalen Entscheidungsfindung mitzuwirken.

6.2.2 Abstrakter Interessenverband oder organische Stammesgemeinschaft?

Hinweise auf Legislative und Exekutive im Betrieb

Welche Kennzeichen deuten in der betrieblichen Realität auf „Legislative" oder „Exekutive"? Ein Kennzeichen für das voluntaristische Muster „Legislative" dürfte ein vergleichsweise hoher Dezentralisierungsgrad der Unternehmung sein. Eine Dezentralisierung ist in der Regel dadurch gekennzeichnet, daß in weiten Teilen Entscheidungen auf unteren Hierarchieebenen getroffen werden — in unserem Fall würde dies bedeuten, daß die Gruppe einen großen Handlungsspielraum (Autonomie) besitzt.

Dieser Handlungsspielraum kann dabei sowohl in formaler als auch in inhaltlicher Hinsicht als Kontinuum gedacht werden, auf dem sich verschiedene Ausprägungen denken lassen. Eine Unterscheidung bezüglich des Autonomiegrades trifft Manz (1992), der die Kompetenz von Arbeitsgruppen als Kontinuum von externally managed teams — participative teams — self-managed teams — self-leading teams beschreibt. Während die fremdgesteuerten (externally managed teams) Gruppen zur deterministischen „Exekutive" zählen (vgl. unten), können alle anderen Varianten als unterschiedliche Ausprägungen des voluntaristischen Konstruktes betrachtet werden.

Eine Ausdifferenzierung in inhaltlicher Hinsicht bietet das Konzept der Teilautonomen Arbeitsgruppen, das unter dem Aspekt der Humanisierung und Demokratisierung des Wirtschaftslebens eingeführt wurde

(v. Eckardstein, 1992, S. 271). Die Hauptkennzeichen dieses Konzeptes (vgl. auch die Flexiblen Fertigungssegmente im Sinne von Wildemann, 1992) lassen sich mit Dezentralisierung einerseits und Aufgabenintegration andererseits beschreiben (ausführlich dazu Boerner, 1994). Die Zentralisierung betrifft dabei sowohl das Verhältnis Gruppe-Organisation, da die Gruppe weitgehend nach selbstgesetzten Normen (z. B. Produktionsziele, -menge etc.) arbeitet und dabei selbstverantwortlich und selbststeuernd an der organisatorischen Normensetzung teilnimmt, als auch das Verhältnis der Gruppe zu ihren Mitgliedern. Die idealtypische Konstruktion einer selbststeuernden Gruppe sieht vor, daß Mitarbeiter in bezug auf folgende Bereiche selbständig und selbstverantwortlich entscheiden (Bihl, 1973, S. 36; Klein, 1973, S. 36 ff.): Planung und Durchführung der job rotation, Festlegung des kurzfristigen Produktionsziels nach den Bedarfszahlen der Verkaufsabteilung, Gestaltung der Arbeitsplätze, Auswahl der Mitarbeiter, Festlegung der Arbeitszeiten. Eine ausführliche Zusammenstellung von Kriterien zur Erfassung der Autonomie von Arbeitsgruppen findet sich bei Gulowsen (1972). Wie schwer ein solches Muster der Zusammenarbeit zu realisieren ist, zeigen nicht nur vielfältige Widerstände zum Zeitpunkt der Einführung solcher teilautonomer Gruppen (Gebert, v. Rosenstiel, 1992, S. 248 ff.), sondern auch die Tatsache, daß diese Art der Gruppenarbeit auch heute in der Bundesrepublik nicht sehr verbreitet ist (Kleinschmidt, Pekruhl, 1994).

Eine Gruppe als „Legislative/Kommission" ist auch denkbar im Rahmen von Selbstorganisationsprozessen. Als eine Realisierungsform von Organizational Learning (vgl. oben) wird vorgeschlagen, selbststeuernden Gruppen nicht konkrete Ziele vorzugeben, sondern sie lediglich dazu zu veranlassen, bestimmte unerwünschte Tatbestände bzw. Zustände (noxiants) zu vermeiden (Morgan, 1986, S. 106). Es wird deutlich, daß eine solche Strategie des Vermeidens von Übeln auch der Stückwerktechnologie der offenen Gesellschaft entspricht.

Die Partizipationsmöglichkeiten der Gruppe an der Willensbildung in der Organisation kann man unter anderem daran erkennen, in welchem Maße die Gruppe über die anstehenden Probleme informiert wird. Partizipationschancen ergeben sich dann z. B. im Rahmen von Organisationsentwicklung (Gebert, v. Rosenstiel, 1992, S. 283 ff.; Gebert, 1995b). In diesem Rahmen werden Gruppen über Teamentwicklung und Survey-Feedback-Verfahren an personalen und strukturalen Entscheidungen der Organisation beteiligt. Eine Partizipation speziell bezogen auf organisatorisch-technische Maßnahmen ist im Rahmen von Qualitätszirkeln gegeben (Domsch, 1985). Diese Gruppen werden speziell dazu eingerichtet, bisherige Verfahrensweisen kritisch zu durchleuchten und entsprechend Verbesserungsvorschläge hervorzubringen. In dem Maße, wie solche Bemühungen zu Verbesserungsvorschlägen führen, die die gesamte Organisation betreffen, und diese dann auch realisiert werden, kann man von einer Partizipation der Gruppe an der organisationalen Entscheidungsfindung sprechen. Solche Qualitätszirkel oder qualitätszirkelähnlichen Gruppen sind in immerhin fast zwei Dritteln der hundert größten deutschen Unternehmen etabliert (Antoni, Bungard, Lehnert, 1992).

Das Gegenmodell — die Gruppe als „Exekutive/Besatzung" läßt sich entsprechend daran erkennen, daß die oben beschriebenen Indikatoren nicht vorliegen. So wäre eine Exekutive denkbar in einer stark zentralisierten Organisationsstruktur, so daß die Gruppe im Sinne der externally managed teams (Manz, 1992) vor allem Anweisungen von außen empfängt und diese Anweisungen eher direktiv sind (konkrete Ziele und Vorgaben). Darüber hinaus wird die Autonomie dieser Gruppen vergleichsweise gering sein und eine Beteiligung an der Entscheidungsbildung in der Organisation ausgeschlossen. Diese Art von Gruppe scheint in Deutschland relativ weit verbreitet zu sein (Kleinschmidt, Pekruhl, 1994).

Merkmale von abstraktem Interessenverband und organischer Stammesgemeinschaft

Arbeitsgruppen können sich danach unterscheiden, ob sie tendenziell das einzelne Mitglied oder eher das Kollektiv der Gruppe in den Vordergrund stellen. Bezogen auf die soziale Dimension betrachten wir hier ausschließlich die Kooperationsmuster innerhalb der Gruppe. Es geht um die Frage, ob die Gruppe als Instrument dient, die Interessen der einzelnen Mitglieder zu verwirklichen oder ob, umgekehrt, die Mitglieder instrumentalisiert werden, um das gemeinsame Gruppenziel zu realisieren.

Die individualistische Alternative „abstrakter Interessenverband" läßt sich wie folgt beschreiben. Die Grundannahme lautet, daß Menschen unterschiedlich sind und unterschiedliche Interessen verfolgen (vgl. oben: Interessenpluralität bzw. -heterogenität). Daher versucht jedes Gruppenmitglied, eine Gruppe zu finden, in der sich die eigenen Interessen realisieren lassen. Es existiert nicht ein gemeinsames Gruppenziel, sondern (ähnlich wie in einer Selbsthilfegruppe) geht es darum, mit Hilfe der Gruppe den Interessen der einzelnen gerecht zu werden. Aus diesem Grund fühlen sich die Gruppenmitglieder auch nicht einem Gruppenziel verpflichtet, und die Beziehungen der einzelnen zueinander sind eher rational und abstrakt als emotional und familiär. Weil jeder weiß, daß er im Prinzip nur zum eigenen Nutzen der Gruppe angehört, und dies auch von den anderen Mitgliedern weiß, sind die einzelnen eher unabhängig voneinander.

Popper (1980a, S. 235) illustriert den Extremfall einer solchen „abstrakten Gesellschaft“: „In gleicher Weise braucht auch die Mitgliedschaft in einer Gewerkschaft nicht mehr zu bedeuten als den Besitz einer Mitgliedskarte und die Bezahlung an einen unbekannten Sekretär.“ Im Vordergrund der Gruppe als abstraktem Interessenverband stehen nicht biologische oder physische Bindungen, was den Gruppenmitgliedern gleichzeitig die Freiheit gibt, innerhalb der Gruppe persönliche Beziehungen frei und nach eigenem Willen zu knüpfen.

Die kollektivistische „organische Stammesgemeinschaft“ ist dagegen einem gemeinsamen Gruppenziel verschrieben. Das kollektivistische Muster geht davon aus, daß die Interessen der einzelnen grundsätzlich gleich sind (Interessenhomogenität). Daher ist jeder einzelne dazu verpflichtet, zur Verwirklichung des Gruppenziels beizutragen, und wird damit zum Erfüllungsgehilfen der gemeinsamen Idee oder Aufgabe. Die Verpflichtung auf das gemeinsame Ziel schafft auch innerhalb der Gruppe eher emotionale und familiäre (organische) Beziehungen der Mitglieder untereinander. Im Einsatz für die gemeinsame Sache fühlt man sich auch den anderen gegenüber verpflichtet.

Die beiden Arten von Gruppen unterscheiden sich zum einen im Hinblick auf Ziel und Mittel. Im abstrakten Interessenverband ist der einzelne Ziel, die Gruppe Mittel, womit individuelle Belange gegenüber der Gemeinschaft dominieren. Diese Konstellation kommt gedanklich dem nahe, was Rawls mit dem Vorrang des einzelnen gegenüber dem Kollektiv beschreibt (vgl. Kapitel 3). Genau umgekehrt ist die Ziel-Mittel-Beziehung in der organischen Stammesgemeinschaft. Da das Wohl des Kollektivs im Vordergrund steht, werden die einzelnen Mitglieder zu austauschbaren Funktionsträgern instrumentalisiert, deren Pflicht darin besteht, im Sinne eines reibungslosen Ablaufes entsprechend zu „funktionieren“. In totalitären Regimen kommt diese Orientierung im Vorrang des Gemeinwohls zum Ausdruck. Das soziale Kollektiv funktioniert wie ein großer

Organismus (z. B. Leviathan) zum Wohle des Ganzen und weist den einzelnen Gliedern entsprechende Rollen und Aufgaben zu. Die Reduktion der einzelnen auf ihre jeweilige Funktion kann im Extremfall zur Selbstaufgabe führen und dazu, daß der einzelne sein Verhalten ausschließlich am Kollektiv ausrichtet (vgl. das Phänomen der Deindividuation, z. B. Thomas, 1992, S. 210).

Eine weitere Unterscheidung zwischen „abstraktem Interessenverband" und „organischer Stammesgemeinschaft" betrifft das Klima oder die Mentalität, die in der Gruppe jeweils vorherrschen. In der individualistisch orientierten Gruppe versucht jeder, sich selbst zu behaupten und steht prinzipiell im Wettbewerb mit den anderen. Dagegen ist das kollektivistische Muster durch Selbstaufgabe, Selbstaufopferung und Harmoniestreben gekennzeichnet (vgl. die Ausführungen zu Japan in Kapitel 7).

Hinweise auf abstrakte Interessengemeinschaft und organische Stammesgemeinschaft im Betrieb

Unterschiede werden zum einen erkennbar in bezug auf die Arbeitsteilung innerhalb der Gruppe. So werden im individualistischen Interessenverband die Aufgaben so verteilt, wie es den Interessen und Wünschen der einzelnen entspricht. Im Extremfall würde dies bedeuten: Jeder tut das, wozu er Lust hat. Damit diese Konstellation in der betrieblichen Realität wiedererkennbar wird, sind selbstverständlich Abstriche eines solchen Lustprinzips zu machen, da auch die individualistische Orientierung natürlich immer im Rahmen der Gruppenaufgabe gilt. So läßt sich dieses Prinzip zum Beispiel realisieren, wenn die einzelnen Gruppenmitglieder nicht einen sehr speziellen Aufgabenbereich bearbeiten, sondern eher Generalisten sind, die mehrere Arbeitsplätze innerhalb der Gruppe ausfüllen können und zwischen verschiedenen Funktionen wechseln können bzw. sich innerhalb der Gruppe weiterentwickeln.

Die beschriebenen Individualisierungstendnzen sind z. B. im Konzept der Teilautonomen Arbeitsgruppen realisiert (vgl. oben). Hier werden zum einen Generalisten gefördert, wenn die Gruppe einen komplexen Aufgabenbereich übertragen bekommt (Stichwort Aufgabenintegration). Darüber hinaus werden innerhalb der Gruppe Flexibilisierung und Generalistentum ermöglicht durch Besonderheiten der Arbeitsstrukturierung: Teilautonome Arbeitsgruppen verbinden die Prinzipien der qualitativen

Offene und Geschlossene Arbeitsgruppe	
Die soziale Dimension	
Individualismus ⟺ *Kollektivismus*	
abstrakter Interessenverband	**organische Stammesgemeinschaft**
Interessenheterogenität / Realisierungschance individueller Interessen	**Interessenhomogenität / Verpflichtung auf das Gruppeninteresse**
Merkmale der Arbeitsgruppe	
Orientierung an der Person	Orientierung an der Funktion
Wettbewerbsdenken (Selbstbehauptung)	Harmoniestreben (Selbstaufgabe, -opferung)
Indikatoren	
„Kollegium"	„Clan", „Sippe"
extensive Rollendifferenzierung (Funktionsmischung, Aufgabenintegration, Generalistentum)	intensive Rollendifferenzierung (hohe Arbeitsteilung, Funktionsentmischung, Spezialistentum)
flexible Rollendifferenzierung: horizontal (wechselnde Funktionen: job rotation, job enlargement, Springer-Funktionen, Ausnahmen)	stabile Rollendifferenzierung horizontal (dauerhafte Funktionen);
vertikal (Hierarchie: Durchlässigkeit, job enrichment, Karrierechancen)	vertikal (Hierarchie: „jeder an seinem Platz")
Sozialisation als Anpassung der Gruppe (Innovation)	Sozialisation als Anpassung der Mitglieder (Sozialisation)
Schutz von Minderheiten (Rücksicht, Ausnahmen), z. B. Lernstatt	Unterdrückung von Minderheiten („Störpotential")
Beiträge einzelner Mitglieder werden gewürdigt	nur die Gesamtleistung der Gruppe zählt

Abb. 25: Kennzeichen offener und geschlossener Arbeitsgruppen auf der sozialen Dimension

(job enrichment) und quantitativen (job enlargement) Arbeitsfeldvergrößerung (Gebert, v. Rosenstiel, 1992, S. 248 f.) und ermöglichen zudem einen Arbeitsplatzwechsel (job rotation).

Im Gegensatz dazu herrscht in der organischen Stammesgemeinschaft eine intensive und starre Rollendifferenzierung. Da es vorrangig darauf ankommt, das Gruppenziel zu verwirklichen, ist jedes Mitglied auf seine Funktion spezialisiert (Entmischung von Funktionen, Spezialisierung). Die ausgeprägte Arbeitsteilung stellt sicher, daß „jeder an seinem Platz" bzw. „jeder nach seinen Fähigkeiten" eingesetzt wird und dort bleibt, als Rädchen im Getriebe funktioniert und der reibungslose Ablauf nicht gefährdet wird.

Die beiden Arten von Gruppen unterscheiden sich zum anderen im Hinblick auf bestimmte Merkmale der Arbeitsabläufe. So wird in der individualistischen Arbeitsgruppe tendenziell der einzelne geschützt, was sich z. B. darin ausdrückt, daß auf Minderheiten Rücksicht genommen wird und daß Ausnahmen zugelassen werden oder einzelne Arbeitsplätze speziell auf bestimmte Gruppenmitglieder ausgerichtet werden. Ein Beispiel für eine solche Konstellation ist das Konzept der „Lernstatt" (Einsiedler, Knura, 1984) zur Integration ausländischer Arbeitnehmer. Dabei geht es nicht darum, das Leistungsergebnis der Gruppe zu steigern, sondern es steht ausdrücklich der individuelle Lerngewinn der jeweiligen Mitglieder im Vordergrund. Dagegen führt eine kollektivistische Ausrichtung auf das gemeinsame Gruppenziel zu einer Unterdrückung von Minderheiten und Ausnahmen, weil diese ein Störpotential darstellen. Jede Ausnahme stört den reibungslosen, eingefahrenen Ablauf des Geschehens und gefährdet dadurch das gemeinsame Ziel.

Ein Ausdruck des harmonischen Miteinander in der organischen Stammesgemeinschaft ist schließlich die Tatsache, daß im Ergebnis nur die Gesamtleistung der Gruppe zählt, nicht jedoch (wie im individualistischen Interessenverband) die individuellen Beiträge einzelner. Whyte (1958, S. 59) formuliert dies pointiert als Einstellung des „Gruppenmenschen", dem die Frage danach, wer etwas begonnen hat, „höchst unbequem" ist: „Sie [...] zu beantworten, wäre eine Verletzung des Gruppengeistes, und selbst der Mann, der den Plan erdacht hat, wird gegenüber allen Leuten [...] abstreiten, daß sein Beitrag sehr wichtig war. Es gehört jetzt zum guten Ton, daß es die Gruppe war, in der alle zusammenarbeiten, ein kleiner Teil der unerbittlichen Symmetrie des Gesamtplanes."

6.2.3 Diskussionsforum oder Ideologie-Reservat?

Merkmale von Diskussionsforum und Ideologie-Reservat

In unserem Exkurs haben wir beschrieben, durch welche Mechanismen das Denken (Einstellungen, Meinungen, Überzeugungen etc.) und Handeln (Normen, Verhaltensweisen) in Gruppen unter Umständen normiert und vereinheitlicht werden kann. Wenn man unterstellt, daß, ähnlich wie in Organisationen (vgl. oben Organisationskultur), auch in Arbeitsgruppen bestimmte basic assumptions (Grundannahmen) gelten, die von allen Mitgliedern geteilt werden und an denen sie sich orientieren, so geht es bei dieser Dimension um die Frage, wie die Gruppe sich dieser „Wissensbasis" gegenüber verhält. Wird diese Wissensbasis „kultiviert" und weiterentwickelt oder wird der Status quo des Gruppenwissens unverändert „konserviert"?

Der Gedanke, die Wissensbasis der Gruppe werde „kultiviert", entspricht der Vorläufigkeitsannahme der offenen Gesellschaft. Kultivieren, im ursprünglichen Wortsinn verstanden, bedeutet „verfeinern" und illustriert bezogen auf die erkenntnistheoretische Dimension ein ständiges Verbessern des Wissensfundamentes durch kleine Korrekturen. Wie wir oben (vgl. Kapitel 4) ausgeführt haben, liegt diesem Verfahren die Annahme zugrunde, daß das Wissen jeweils unvollständig, vorläufig und fehlbar ist. Dementsprechend ist es die Aufgabe der Gruppe, den momentanen Zustand zu überwinden und durch kleinere Korrekturen mit schrittweisen Verbesserungen zur Annäherung an die „Wahrheit" beizutragen.

Realisierbar ist ein solches Verfahren, wenn die Gruppe als Diskussionsforum dient und damit Kritik ermöglicht und gleichzeitig als Perspektivenfundus ein Potential für Veränderungen erzeugt. Eine „Kultivierung" der Wissensbasis verlangt das Instrument der Kritik insofern, als die Frage „Was soll geändert werden?" zunächst eine kritische Untersuchung des Bestehenden voraussetzt. Im Zusammenhang mit selbstorganisierenden, lernenden Gruppen beschreibt Morgan (1986, S. 109) eine solche Untersuchung als „democratic inquiry": In selbstorganisierenden Gruppen dienen die einzelnen Mitglieder als „learning agents", die durch ihr eigenes Lernen gleichzeitig Organisationales Lernen ermöglichen (vgl. oben). Darüber hinaus ist zu klären, worin eine Veränderung zum Besseren substantiell bestehen könnte — welche Optionen bestehen für eine Änderung?

Für beide Aspekte der Kultivierung von Wissen (Kritik und Veränderung des Bestehenden) kommt es darauf an, Synergiepotentiale zu nutzen. Gemeint ist damit das in der Gruppe liegende Potential, gemeinsam ein Ergebnis hervorzubringen, das besser ist als das beste potentielle Einzelergebnis der Gruppenmitglieder. Solche Synergieeffekte in Gruppen sind keinesfalls selbstverständlich — wir hatten bereits in unserem Exkurs darauf hingewiesen, daß Gruppen gewissen Normierungstendenzen unterliegen, die Einzelleistungen unterbinden und damit Synergiechancen vernichten. Synergie in Gruppen läßt sich dann nutzen, wenn zum einen eine möglichst große Vielfalt von Perspektiven (Meinungen, Überzeugungen, Ansichten etc.) in der Gruppe besteht. Whyte (1958, S. 64) beschreibt, daß eine solche Perspektivenvielfalt zwangsläufig zu Lasten der Übereinstimmung in der Gruppe geht. „Es ist der Preis für den Fortschritt, daß es nie eine völlige Übereinstimmung geben kann. Jeder schöpferische Vorstoß ist im wesentlichen eine Abkehr von der allseitig akzeptierten Art, die Dinge zu betrachten, und wenn man allzu viel Wert auf das legt, worüber man sich einig ist, legitimiert das bloße Feindseligkeit gegen jene Schaffenskraft, von der wir schließlich alle abhängen.“ Wenn es gelingt, möglichst viele individuelle Sichtweisen zu erhalten, so ist damit die Basis für eine „Erkenntnissuche“ entsprechend breiter. Andere, neue, ungewohnte oder bisher unberücksichtigte Perspektiven können hilfreich sein, um den Fortschritt in dieser Hinsicht zu beschleunigen. Die zweite Bedingung für die Nutzung von Synergie ist, daß diese unterschiedlichen Perspektiven auch ausgetauscht werden, um so die Synthese einer neuen, „wahrheitsähnlicheren“ Wissensbasis zu ermöglichen. Daher bezeichnen wir die Gruppe nicht nur als „Perspektivenfundus“, sondern zusätzlich als „Diskussionsforum“.

Das geschlossenheitsnahe „Reservat von Dogmen und Ideologien“ dagegen beruht auf einer anderen Grundkonzeption. Entsprechend der Endgültigkeitsannahme der geschlossenen Gesellschaft gilt, daß es ein sicheres Wahrheitsfundament gibt. Die Aufgabe der Arbeitsgruppe besteht entsprechend darin, dieses endgültige Wahrheitsfundament in möglichst unverfälschter Form zu konservieren. Zwei Mechanismen scheinen dafür notwendig. Zum einen gilt es, die Wissensbasis zu schützen und gegen Einflüsse von außen zu immunisieren. Wenn das eigene Erkenntnisfundament als gesichert gilt, dann können andere „Wahrheiten“ nur schlechter bzw. falsch sein und wären daher eine Gefahr für die Reinhaltung der eigenen Lehre.

Die Immunisierung gelingt umso besser, je genauer mögliche Feinde lokalisiert werden können und je mehr die Mitglieder der Gruppe für solche unorthodoxen Gegenweisheiten sensibilisiert sind. In der Konsequenz mündet so die Verteidigung der eigenen Wissensbasis in die Ausschaltung und Vernichtung anderer „Wahrheiten". Ein historisches Beispiel für eine solche Strategie ist die Inquisition, die nichts anderes darstellte als den Versuch, abweichende (ketzerische, herätische) Auffassungen aufzuspüren und möglichst publikumswirksam (abschreckend) zu vernichten. Beispiele solcher Reinhaltungsaktionen und Inszenierungen von „Säuberungen" lassen sich jedoch ebenso in (z. B. fundamentalistischen) Gesellschaften der Gegenwart finden.

Parallel zur Immunisierung der eigenen Erkenntnisbasis laufen zweitens Mechanismen zur Stabilisierung und Vereinheitlichung dieser Wissensbasis. Die in der Gruppe als Wahrheit geltende Erkenntnis erlangt und behält umso mehr Autorität, je intensiver sie sich im täglichen Leben niederschlägt und bewährt. Die Einhaltung bestimmter Gebräuche (z. B. Eßgewohnheiten) und die Respektierung spezifischer Tabus tragen dazu bei, daß sich solche Wahrheiten und Erkenntnisse materialisieren und in den Köpfen der Mitglieder verankern. Um eine Stabilität der Wissensbasis auch für die Zukunft zu sichern, muß sie darüber hinaus weitergegeben werden, sowohl an Außenstehende (Man denke an die aggressiven Verkündungs- und Missionsbemühungen einiger kirchenähnlicher Organisationen) als auch an neue Mitglieder der eigenen Gruppe (Initiation, Sozialisation).

Hinweise auf Diskussionsforum und Ideologie-Reservat im Betrieb

Das Ausmaß, in dem in der Gruppe liegende Synergiepotentiale durch Vielfalt und Austausch von Perspektiven realisiert werden können, ist von speziellen Voraussetzungen abhängig. Die Bedingungen, die in Gruppen Synergieeffekte fördern, wurden speziell von Hofstätter (1967) präzisiert: Eine Vielfalt von Perspektiven ist dann zu erwarten, wenn die einzelnen Mitglieder der Gruppe zunächst unabhängig voneinander Problemlösungen suchen. In betrieblichen Arbeitsgruppen kann man durch entsprechende Entscheidungs- und Kreativitätstechniken wie z. B. Brainstorming zu erreichen versuchen, daß zunächst unbeeinflußt von anderen oder von der Gruppenideologie und unzensiert von einem Gruppenführer Lösungswege gesucht werden. Die größten Gefahren für diese

Unabhängigkeitsbedingung liegen natürlich in den oben beschriebenen gruppendynamischen Phänomenen Konformität, Kohäsion und Groupthink (Gebert, v. Rosenstiel, 1992, S. 129 ff.).

Der Austausch von Perspektiven wird zweitens möglich, wenn die Mitteilungsbedingung (Hofstätter, 1967) erfüllt ist. Möglichst viele Perspektiven können dann mitgeteilt werden, wenn die Kommunikationsstrukturen offen sind, das heißt im Sinne des „all to all net" (Shaw, 1964) jeder mit jedem reden kann, und wenn sich auch jeder mit gleicher Häufigkeit äußern kann. Daß die Erfüllung dieser Bedingung in Gruppen eher die Ausnahme als die Regel darstellt, zeigen Untersuchungen über sogenannte Sprecherhäufigkeitsverteilungen (Bales, 1950) sowie die allseits bekannte Erfahrung, daß es in jeder (Arbeits-) gruppe einige wenige Vielredner und viele Schweigsame gibt.

Im Außenverhältnis ist die Gruppe als Diskussionsforum und Perspektivenfundus daran zu erkennen, daß die Grenzen der Gruppe nach außen vergleichsweise offen sind. Das bedeutet, daß die Gruppe tolerant ist gegenüber fremden Ansichten, daß die Gruppenmitglieder die Chance erhalten, fremde Perspektiven außerhalb der Gruppe kennenzulernen und so die „Betriebsblindheit" der eigenen Gruppe zu überwinden, oder daß Fremde in der Gruppe neue Perspektiven vermitteln (z. B. durch externe Schulungsmaßnahmen, Austausch mit anderen Gruppen, Beratung durch Externe).

In der „geschlossenen" Gruppe als Reservat von Dogmen und Ideologien herrschen dagegen Bedingungen, die die oben beschriebene Synergie verhindern. Im Gegensatz zur „offenen" Arbeitsgruppe werden die Sichtweisen der einzelnen durch Konformität, Kohäsion und Groupthink vereinheitlicht. Damit wird bereits die Suche nach Problemlösungen kanalisiert und folglich der Suchbereich erheblich eingeschränkt. Darüber hinaus werden nicht unterschiedliche Perspektiven mitgeteilt, sondern es werden unerwünschte Ansichten von vornherein durch Zensur ausgefiltert. (Treffend beschreibt Heinrich Heine derartige Einigungsbemühungen: „Die geistige Einheit gibt uns die Zensur, die wahrhaft ideelle — Sie gibt die innere Einheit uns, die Einheit im Denken und Sinnen.") Vorstellbar ist dies über eine entsprechende Kommunikationsstruktur, die sicherstellt, daß die Kommunikation nur über die entsprechende Zensurstelle laufen kann. Konkreter: Wenn in einer Arbeitsgruppe von allen überwiegend der Chef angesprochen und konsultiert wird, ist jedem Mitglied klar, welche Vorschläge und Anliegen Aussicht auf Erfolg haben und welche Vorschläge man erst gar nicht zu äußern braucht. Ebenso kann man die Mitteilungsschancen der Gruppenmitglieder so verteilen, daß nur diejenigen zu Wort kommen, die die gewünschten Ansichten vertreten. Eine Steigerung bestünde darin, mißliebige Mitglieder langfristig aus der Gruppe zu vertreiben.

Nach außen wird das System abgeschottet, so daß gruppenfremde Sichtweisen keinen Zugang haben. Der Vergleich mit anderen Arbeitsgruppen, die vielleicht ähnliche Aufgaben anders bewältigen, wird von vornherein als unpassend abgetan. Unerwünschtes Denken wird ähnlich wie in George Orwells Roman „Nineteen Eighty-Four" als „crimethink" diffamiert und geahndet (Orwell, 1949, S. 245). Am Beispiel der DDR wurde deutlich (vgl. Kapitel 4), daß die Zensurbehörde diese Aufgabe nicht allein wahrnehmen muß, sondern durch ein System von Spitzeln und ein Klima des allgemeinen gegenseitigen Mißtrauens unterstützt wird. Ähnlich ist in Arbeitsgruppen vorstellbar, daß eine derartige Zensur durch entsprechende „Aufpasser" in der Gruppe unterstützt wird. Dabei erleichtern klare Feindbilder (Stereotype über Ketzer, Dissidenten, Ungläubige etc.) die Unterscheidung zwischen „gut" und „böse" bzw. zwischen „wahr" und „falsch" — wobei die Identifizierung und Branntmarkung von Feinden gleichzeitig der Stabilisierung der eigenen Wissensbasis dient.

Fazit: Das von uns auf der gesellschaftlichen Ebene beschriebene Dilemma zwischen dem Gesellschaftsmuster der offenen Gesellschaft einerseits und der geschlossenen Gesellschaft andererseits (vgl. Teil I) läßt sich auch auf der Ebene des Betriebes nachzeichnen. Es zeigt sich, daß im Hinblick auf alle hier betrachteten Bereiche betrieblicher Gestaltung und Interaktion (Unternehmenskultur, Führung und Gruppenarbeit) analog eher offene von eher geschlossenen Mustern unterschieden werden können.

Dies gilt nicht nur für die abstrakt-theoretische Ebene. Vielmehr zeigt sich konkret, daß unterschiedliche, in der betrieblichen Realität *vorfindbare* Praktiken in die Logik unserer drei zugrundeliegenden Bewußtseinsdimensionen eingeordnet werden können. Das bedeutet, daß z. B. Führung in der Realität sowohl eher im Sinne der offenen als auch eher im Sinne der geschlossenen Gesellschaft *praktiziert* wird. Damit sind wir dem Ziel näher gekommen, solche eher offenen bzw. eher geschlossenen Betriebe nicht nur abstrakt beschreiben zu können, sondern darüber hinaus konkrete Hinweise darauf zu geben, wie man diese Orientierungen in der betrieblichen Realität wiedererkennen kann. Um dem Leser eine entspre-

Offene und Geschlossene Arbeitsgruppe	
Die erkenntnistheoretische Dimension	
Vorläufigkeit $\Longleftrightarrow$ *Endgültigkeit*	
Perspektivenfundus und Diskussionsforum (Kultivierung von Wissen)	**Rerservat von Dogmen und Ideologien (Konservierung von Wissen)**
Merkmale der Arbeitsgruppen	
Kritik (Analyse und Evaluation): Perspektivenaustausch	Immunisierung und Isolierung (Schutz und Verteidigung der Wissensbasis) „Feind“ lokalisieren und ausschalten („Inquisition“)
Veränderung: Perspektivenvielfalt	Stabilisierung/Einheitlichkeit: Praktizieren (Tabus, Gebräuche, Pflege der Wahrheitsquellen); „Verkündung“ (an eigene Mitglieder: Sozialisation, „Initiation“; an Fremde: „Mission“)
Indikatoren	
„Forscher-Team“	„Gralshüter“
Bedingungen für positive Synergie erfüllt: „democratic inquiry“	*Bedingungen für positive Synergie nicht erfüllt: „authoritarian belief“*
1. Unabhängigkeit des Suchens (Entscheidungsmethoden; Konformität, Kohäsion, Groupthink schwach)	1. Kanalisieren der Lösungssuche (Konformität, Kohäsion, Groupthink stark)
2. Mitteilung von Perspektiven (offene Kommunikationskanäle; ausgewogene Beteiligungschancen aller [Sprecherhäufigkeitsverteilung])	2. Zensur von Perspektiven (zentralisierte Kommunikationsstruktur, unausgewogene Beteiligungschancen)
3. Systemoffenheit und Toleranz (Durchlässigkeit der Grenzen, Austausch)	3. Systemabschottung und Intoleranz (Undurchlässigkeit der Grenzen, wertungsbezogene Filter, „crimethink“, Feindbilder, Stereotype)

Abb. 26: Kennzeichen offener und geschlossener Arbeitsgruppen auf der erkenntnistheoretischen Dimension

chende Diagnose seiner eigenen Unternehmung zu erleichtern, seien die gefundenen Denkfiguren eher offener bzw. eher geschlossener Betriebe abschließend noch einmal zusammengefaßt (vgl. Abb. 27).

Der Leser mag sich in diesem Sinne fragen, welche Führungs- bzw. Interaktionsmuster in seinem Unternehmen praktiziert werden, welche Führungsmuster etc. nachgefragt werden oder welche Kooperationsformen etc. derzeit zur Diskussion stehen. Ebenso könnte es von Interesse sein, sich zu überlegen, ob und in welcher Form offene und geschlossene Muster miteinander kombinierbar sind. Darüber hinaus könnte es aufschlußreich sein, zu überprüfen, welche „Mischung“ offener und geschlossener Formen bereits realisiert wird; ob bestehende Mißstände möglicherweise damit erklärt werden können, daß diese Mischung ungünstig ist. Ein Beispiel hierfür wäre eine tendenziell offene Führung mit der Absicht, Selbständigkeit und Kritikfähigkeit zu fördern, im Rahmen eher geschlossener betrieblicher Strukturen, die ihrerseits jede Initiative bremsen. Andererseits ließe sich darüber nachdenken, ob bestehende Mißstände durch eine „angemessenere“ Kombination (z. B. eher offene und eher geschlossene Führung jeweils in verschiedenen Kontexten; berechenbarer und nachvollziehbarer Wechsel der Interaktionsmuster durch „Konstanz der Variabilität“) behoben werden können.

Auch bliebe generell zu überlegen, welche Muster bzw. welche Zusammensetzung offener und geschlossener Komponenten im Sinne ökonomischer Effizienz von Vorteil ist. Denn ebenso wie auf der gesellschaftlichen Ebene Offenheit und Geschlossenheit eben deswegen in einem schwer auflösbaren Spannungsverhältnis stehen, weil beide Muster jeweils Vor- und Nachteile aufweisen, so sind auf der betrieblichen Ebene Vorzüge und Nachteile eher offener und eher geschlossener Unternehmen vorstellbar.

So könnte ein entscheidender Vorteil des eher offenen Betriebes darin liegen, daß Innovationen gefördert werden: In einer „offenen“ Unternehmenskultur werden Aktivität, Selbstbehauptung und Wandel gefördert, eine „offene“ Führung ermöglicht und fordert gleichzeitig die Initiative der Mitarbeiter und macht sie zu verantwortlichen Mitgestaltern des Unternehmens. Alles dies könnte unter der Perspektive der Motivationseffizienz (Frese, v. Werder, 1993, S. 24 ff.) die Annahme nahelegen, daß eher offene Unternehmen auch ökonomisch erfolgreich sind. Andererseits aber verbinden sich mit dem offenen Muster auch Gefahren. So wird mit zunehmend offener Ausrichtung (Dezentralisierung, „Fraktale Fabrik“, Flexibilisierung etc.) die Tendenz zunehmen, daß sich diffuge Kräfte entwickeln, die möglicherweise die Integration des Unternehmens gefährden. Dies könnte bedeuten, daß die Koordinationseffizienz des Betriebes leidet. Aus der Sicht des einzelnen könnte ein überwiegend offen geführtes Unternehmen darüber hinaus dazu führen, daß er sich überfordert fühlt, „underlead" im Sinne von Bennis u. a. (1985), daß er nach einer geistigen Orientierung und nach Sinn sucht bzw. daß ihm der Zusammenhalt innerhalb des Unternehmens fehlt.

Diese Gefahr besteht in eher geschlossenen Betrieben weniger: Das geschlossene Muster bietet verläßliche Maßstäbe, Schutz, klare Zuordnungen, Geborgenheit und sichere Orientierung. So scheint unter der Perspektive der Koordinationseffizienz der geschlossene Betrieb günstiger, da die innerbetriebliche Integration gefördert wird. Dies z. B. durch Harmonisierungsbemühungen und durch die Rückbesinnung auf Traditionen, die Konsens erleichtern und damit ein reibungsloses Funktionieren der betrieblichen Abläufe wahrscheinlich machen. Die Gefahr geschlossener Unternehmen dürfte eher im Bereich der Motivationseffizienz bzw. in der mangelnden Innovationsfähigkeit liegen: In dem Maße, wie alles bereits vorgeregelt und automatisiert ist und der einzelne nur noch ausführendes „Rädchen im Getriebe" sein darf, kann aus der Traditionsorientierung Erstarrung werden, kann das Eingebettetsein in eine funktionierende Maschinerie zu Passivität und Lethargie führen. Die Harmonie der Abläufe, die Uniformisierung und Übereinstimmung im Denken kann bewirken, daß abweichende Meinungen erst gar nicht mehr aufkommen bzw. Meinungsverschiedenheiten im Sinne der Harmonie- und Konsens-Ideologie erstickt werden. Wenn eine solche geschlossenheitsnahe Führung als Bevormundung und Entmündigung erlebt wird, so sinkt die Chance, daß die Mitarbeiter eigene Ideen und Initiativen entwickeln. Das Beispiel Japans zeigt allerdings, daß die Wahrnehmung und die Wirkung des geschlossenen Musters in hohem Maße kulturspezifisch ist — insofern wäre es verfehlt, die Frage der „optimalen" Kombination offener und geschlossener Aspekte pauschal beantworten zu wollen.

Betrachtet man das Spannungsfeld „offener oder geschlossener Betrieb" z. B. unter der Perspektive des Organisationalen Lernens, so läßt sich vermuten, daß beide Muster ihre Berechtigung haben. So lebt Organisationales Lernen, wie erwähnt, einerseits entscheidend von dem Prozeß der „democratic inquiry", der ständigen Fehlersuche im Unternehmen und der ständigen Korrektur entdeckter Fehler. Dieser Prozeß kann nur dann funktionieren, wenn das Unternehmen so offen ist, daß Fehler

	Charakteristika offener und geschlossener Unternehmen		
	Organisationskultur	**Führung**	**Arbeitsgruppe**
A	**Planungssubjekt:** (betriebliche) Realität als Widerspiegelung menschlichen Willens	**liberal/fördernd:** Geführter als Subjekt/Täter	**Legislative/Kommission:** Willensbildung/Aktion
A	**Planobjekt:** (betriebliche) Realität als Widerspiegelung von Sachzwängen	**direktiv/entmündigend:** Geführter als Objekt/Opfer	**Exekutive/Besatzung:** Willensdurchsetzung/Reaktion
B	**Partikularismus:** Schutzwürdig ist das Individuum	**pluralistisch:** Gleichheit der Ausgangsbedingungen/ Differenzierung	**abstrakter Interessenverband:** Interessenheterogenität/Realisierungschance individueller Interessen
B	**Holismus:** Schutzwürdig ist das Kollektiv	**uniformistisch:** Gleichheit der Ergebnisse/Schematisierung	**organische Stammesgemeinschaft:** Interessenhomogenität/Verpflichtung auf das Gruppeninteresse
C	**Erkenntnissuche:** Handeln als kontinuierliches Verbesserungsbemühen/Stückwerktechnologie	**dialogisch/aufklärend:** Führung als zweiseitiger Transfer	**Perspektivenfundus und Diskussionsforum:** Kultivierung von Wissen
C	**Erkenntnisumsetzung:** Handeln als dogmatische Durchsetzung für definitiv erklärter Ideale	**monologisch/verschleiernd:** Führung als einseitiger Transfer	**Reservat von Dogmen und Ideologien:** Konservierung von Wissen

Dimension A ~ antrophologisch (Voluntarismus – Determinismus)
Dimension B ~ sozial (Individualismus – Kollektivismus)
Dimension C ~ erkenntnistheoretisch (Vorläufigkeit – Endgültigkeit)

Abb. 27: Dimensionen der offenen bzw. geschlossenen Gesellschaft und ihre Widerspiegelung in der betrieblichen Realität

gemacht (experimentieren), erkannt und zugegeben werden (Fehlertoleranz) können, wenn aufgedeckte Fehler auch an den entscheidenden Stellen des Unternehmens wahrgenommen werden (Kommunikation von unten nach oben) und wenn die Reaktion darauf in Diskussion und Veränderungsbereitschaft (Konfliktfreundlichkeit) besteht.

Es scheint offenkundig zu sein, daß diese Bedingungen für Organisationales Lernen ihrerseits nicht ohne Voraussetzungen sind. So wird z. B. berichtet, daß Organisationales Lernen häufig daran scheitert, daß Mitarbeiter sich nicht trauen, Fehler einzugestehen oder Neues und Ungewöhnliches vorzuschlagen. Andere Hindernisse können darin liegen, daß zu offen gehaltene Anweisungen (ein zu großer „level of confusion"; Hedberg, 1981) die Mitarbeiter überfordern; ebenso scheinen Prozesse des Organisationalen Lernens mitunter daran zu scheitern, daß die notwendige Konfliktfähigkeit fehlt.

Damit wird deutlich, daß der Prozeß der Organisationalen Lernens als offenheitsnaher Mechanismus der Umweltanpassung („external adaptation") gleichzeitig geschlossenheitsnaher unterstützender Mechanismen der inneren Integration („internal integration"; Schein, 1987) bedarf, die die Anforderungen des Organisationalen Lernens erträglich werden lassen.

Es wird erkennbar, daß unser Ausgangsproblem neben der gesellschaftlichen Ebene auch auf der betrieblichen Ebene von Bedeutung ist und wir insofern, was die Folgerungen aus der beschriebenen Problematik sowie eventuelle Handlungsoptionen betrifft, an einer „doppelten Front kämpfen". Im folgenden dritten Teil werden wir uns daher parallel jeweils auf die gesellschaftliche und die betriebliche Ebene beziehen, wobei insbesondere die Verzahnung dieser beiden Felder deutlich wird.

Teil III

Das Umgehen mit dem Dilemma: Folgerungen und Handlungsoptionen für die Praxis

Wir hatten als Ergebnis unserer Analyse unter 4.2 festgestellt, daß im Zuge der Orientierungskrise die der offenen Gesellschaft inhärenten Desintegrationsprozesse in Politik und Wirtschaft, Kunst und Wissenschaft erkannt und erörtert werden und nachdrücklicher auch in das öffentliche Bewußtsein eindringen. Die offene Gesellschaft wird sowohl in bestimmten Hinsichten als auch in grundsätzlicher Form zunehmend kritisch in Frage gestellt (Beispiele wurden genannt). Dabei scheinen resignative Prozesse und Rückzugsneigungen gegenüber einer aktiven Verteidigung der offenen Gesellschaft zu dominieren (vgl. Brunkhorst, 1994).

In dem Umfang, in dem die offene Gesellschaft an Attraktivität verliert, gewinnt offenbar ihr Zwilling, nämlich die geschlossene Gesellschaft, an Zugkraft. Vor diesem Hintergrund soll in diesem dritten Teil der Arbeit versucht werden, aus den dargestellten Überlegungen zumindest einige prinzipielle Hinweise zur Frage zu geben, was zur Stabilisierung der offenen Gesellschaft getan werden kann. Wenn unter 4.2 festgestellt wurde, daß die Bundesrepublik Deutschland nach unserem Eindruck bezüglich ihrer Position zwischen dem offenen und dem geschlossenen Pol in Bewegung geraten ist, so heißt dies natürlich noch nicht, daß hierin bereits ein bedrohlicher Tatbestand liegt. Aufgrund der dargestellten Dynamik des sozialen Wandels scheint es aber sinnvoll zu sein, bereits heute prophylaktisch tätig zu werden, um einer unerwünschten, aber möglichen Intensivierung eines „Pendelschlags" in Richtung auf die geschlossene Gesellschaft zuvorzukommen. Als Kind der offenen Gesellschaft wollen wir also nicht im Sinne der deterministischen Denkfigur und der postmodernen Resignation eine passive Zuschauerrolle einnehmen, sondern Überlegungen zum Handeln anstellen.

Als denkbare Handlungsmöglichkeiten, um die Instabilität sozialer Systeme, insbesondere der offenen Gesellschaft, nicht außer Kontrolle geraten zu lassen, wurden oben (vgl. Kapitel 4) Möglichkeiten der Instabilitätsdiagnose und der Instabilitätsprophylaxe diskutiert. Dabei zielten die Ansätze zur Instabilitätsprophylaxe auf die Reduzierung der Durchtunnelungswahrscheinlichkeit (durch Pluralisierung von Subsystemen) einerseits und auf die Dämpfung der Extremisierungsneigungen (durch Rahmensetzung bzw. Integration im Sinne des Minimalkonsens) andererseits. Trotz dieser Möglichkeiten der Prophylaxe bleibt die offene Gesellschaft instabil und mühsam — daher behandeln wir in diesem Teil der Arbeit die Frage, was zusätzlich zur Stabilisierung der offenen Gesellschaft getan werden kann.

Auf der Basis der bisherigen Betrachtungen ist die Struktur unserer Lösungsrichtung eindeutig: Es geht darum, zwischen dem offenen und dem geschlossenen Pol zu vermitteln und eine von uns schon so oft angesprochene „kluge" Balance zu finden. Dem Leser ist klar, daß wir hier ein Menschheitsproblem behandeln, zu dem bisher keine überzeugenden Lösungen vorgelegt worden sind. Dies liegt schlicht daran, daß es zu dieser Frage auch keine definitiven „Lösungen" geben kann. Der Leser möge insofern auch von uns keine allzu konkreten Vorschläge erwarten. Wir versuchen in den nachstehenden Kapiteln lediglich, in konsequenter Weiterführung aller bisherigen Argumentationsstränge Handlungsoptionen aufzubauen, die für die individuelle Standortbestimmung des Lesers hilfreich sein können. Ausdrücklich wird dabei auf die gesellschaftliche Ebene, aber auch auf die betriebliche und die individuelle Ebene Bezug genommen.

Im nachfolgenden 7. Kapitel werden zunächst die grundsätzlich denkbaren Strategien des Gegensteuerns dargestellt, Aufklärung einerseits und Balancierung andererseits. Anschließend versuchen wir, mögliche Balance-Formen zu skizzieren, sowohl im gesellschaftlichen als auch im betrieblichen Bereich. Das letzte Kapitel (Kapitel 8) versucht zu zeigen, wie man speziell unter den konkreten Bedingungen der offenen Gesellschaft dennoch einer Resignation entgegenwirken kann, indem man versucht, im Rahmen der offenen Gesellschaft Sinn und Hoffnung zu vermitteln.

7. Aufklärung und Balancierung als Grundstrategien

7.1 Dilemmaakzeptanz durch Aufklärung?

7.1.1 Aufklärung worüber und mit welchen Zielen?

Im Rahmen der Aufklärung müssen drei Sachverhalte betont werden, die nacheinander erörtert werden sollen:

a. Die dilemmatische Grundstruktur aller (Sozial-) Ordnungen

Ausführlich hatten wir bereits im 2. und 3. Kapitel die These illustriert, daß sich die offene Gesellschaft (genauso wie die geschlossene Gesellschaft) im Kern als dilemmatisch erweist. In der Abb. 5 (siehe Kapitel 3) hatten wir diesen Umstand tabellarisch zusammengefaßt. Für die offene Gesellschaft gilt also etwa: Demokratie verbindet sich mit erheblichen Transaktionskosten, Pluralität verbindet sich mit Konflikten, Toleranz verbindet sich mit der Gefahr von Beliebigkeit usw. Die Pluszeichen der offenen Gesellschaft sind also mit spezifischen Minuszeichen systematisch gekoppelt. Wie schon gezeigt, vertritt Popper (1980) sehr nachdrücklich die These, daß wir insofern für die offene Gesellschaft Preise zu bezahlen haben.

Aufklärung heißt demnach: Man sage den Menschen exakt dieses. Man sage ihnen also, daß auch die offene Gesellschaft eine dilemmatische Grundstruktur aufweist und man entsprechend die Vorzüge der offenen Gesellschaft nicht umsonst erhält. Das Ziel dieser Aufklärung besteht, salopp formuliert, darin, die „Zahlungsbereitschaft" der Bürger zu erhöhen. Wer spezifische Vorteile in Anspruch nehmen möchte, muß spezifische Nachteile hierfür in Kauf zu nehmen bereit sein.

Substantiell käme es im Rahmen dieser Aufklärung entsprechend darauf an, zu verdeutlichen, in welchem Sinne die Minuszeichen der offenen Gesellschaft (vgl. Abb. 5) nicht eine Panne bzw. eine historische Besonderheit oder Zufälligkeit darstellen, sondern wesentlich auch ein Produkt der Praktizierung der offenen Gesellschaft darstellen. Je mehr es gelingt, plausibel zu machen, daß in den positiv bewerteten Strukturmerkmalen der offenen Gesellschaft der Keim für ihre negativen Ausprägungen mit angelegt ist, desto mehr wird Einsicht in einen so zu verstehenden Sachzwang vermittelt. Aufklärung dient damit der Förderung von Dilemma-Akzeptanz.

Dies heißt nicht, daß resignative Anpassungsprozesse vorprogrammiert werden sollen. Auf der theoretischen Ebene sind die Minuszeichen nicht nur als Funktion der Pluszeichen zu interpretieren; die Minuszeichen, die konkret in einer Gesellschaft beobachtbar sind, stellen wohl auch eine Funktion spezifischer historischer Randbedingungen dar, und es kann auch sein, daß verschiedene Mißstände darauf zurückzuführen sind, daß eine an sich gute Konzeption an Durchführungsmängeln leidet. Die hier gemeinte Aufklärung läßt insofern einem vorsichtig gehandhabten Prinzip Hoffnung Raum. Man kann immer noch die konstruktive Frage stellen, durch welche Art des Randbedingungsmanagements bzw. Kontextmanagements oder durch welche Verbesserung der Durchführungsmodalitäten manche der Mißstände in der offenen Gesellschaft abbaubar sind. Man kann also das Dilemma zu mildern versuchen, aber nicht abschaffen. Es kommt daher darauf an, neben diesem eher euphorisierenden Gestaltungsoptimismus *zugleich* die Einsicht in die notwendig dilemmatische Grundstruktur jeder Sozialordnung zu unterstützen und damit die Dilemmaakzeptanz zu fördern. Letztere ist wichtig, da sonst die verständlicherweise zunehmenden Klagen über die Nachteile der offenen Gesellschaft gefährlich werden könnten:

Nimmt das Lamentieren über die offene Gesellschaft zu (und diesen Trend haben wir zu belegen versucht), ohne daß das jeweils Beklagte als zwingendes, systematisches Produkt der ebenfalls angestrebten Vorzüge der offenen Gesellschaft interpretiert wird, so verständigt man sich möglicherweise vorschnell auf eine Therapie, die zwar das Beklagte abschafft, damit aber zugleich auch die offene Gesellschaft mit abschafft. Nur wenn man die systematischen Zusammenhänge zwischen den Plus- und Minuszeichen verstanden hat, ist man dagegen gefeit, die offene Gesellschaft mit völlig illusorischen und insofern falschen Ansprüchen zu konfrontieren, und nur dann läuft man weniger Gefahr, eine Therapie einsetzen zu wollen, die den Patienten nur töten kann.

Die Aufklärung verfolgt damit einen doppelten Zweck: Es geht zum einen um die Förderung der Dilemmaakzeptanz und zum zweiten um die Schärfung des Blicks für die Möglichkeiten einer Dilemmaentschärfung (durch die Analyse veränderbarer Randbedingungen und veränderbarer Durchführungsmängel).

Es reicht aber nicht, darüber aufzuklären, warum man zu zahlen hat; es muß auch darüber aufgeklärt werden, wofür man zahlt. Dies heißt mit anderen Worten: Es geht darum, daß man die Vorzüge der offenen Gesellschaft (ihr Innovationspotential, ihre Flexibilität, ihre Chance zur Freiheit, ihr Toleranzniveau usw.) als solche immer wieder herausstellt und kenntlich macht. Da das Gute in einer Gesellschaft im Verlaufe der Zeit über entsprechende Gewöhnungsprozesse immer mehr zu einer Selbstverständlichkeit wird, subjektiv also nicht mehr als Ertrag im engeren Sinne verbucht wird, sinkt natürlich auch die „Zahlungsmoral". Die Vorzüge der offenen Gesellschaft müssen insofern ergänzend aktiv umworben werden; es geht darum, die Pluszeichen der offenen Gesellschaft zum Leuchten zu bringen. Guggenberger (1994) spricht beispielsweise im Zusammenhang mit dem „Verschwinden der Politik" von unserer „theoretischen wie pädagogischen Bringschuld", die darin besteht, „Politik, — unabhängig von der oft genug erbärmlichen Tagesform ihrer jeweiligen Sachwalter — als jene Art sozialer Tätigkeit auszuzeichnen, die der Aufrechterhaltung der Vielfalt einer Ordnung dient und der Sicherung des Zustandes geordneter Freiheit. Fritz Stern hat am Beispiel des „Rembrandtdeutschen" gezeigt, daß es kein besseres Mittel wider Politikverdrossenheit und ästhetisches Unbehagen an der Politik gibt als den sachlich und historisch überzeugenden Nachweis, welche Leistung es war, eine Ordnung zu ersinnen und einzurichten, die nicht auf Gewalt, sondern auf Freiheit und Teilhabe sich gründet. Die Rehabilitierung der Politik bleibt als nüchterner Auftrag gerade der allernächsten Zukunft festzuhalten; ihre Anerkennung und Wiedereinsetzung als das, was sie noch in ihren defizienten Formen ist: eine keineswegs selbstverständliche, hochkulturelle Errungenschaft in der Evolution der Organisation — wie das Private, die Wissenschaften, das Recht oder der Sozialstaat."

Im Sinne dieser Aufklärungsstrategie wäre analog auch im Hinblick auf die geschlossene Gesellschaft zu verfahren. Es käme also darauf an, auch in bezug auf die geschlossene Gesellschaft zu verdeutlichen, daß ihre Vorzüge (vgl. Abb. 5) systematisch mit spezifischen Nachteilen verbunden sind, wie wir es am Beispiel der ehemaligen DDR zu veranschaulichen versucht haben. Auch hier wäre also herauszuarbeiten, in welchem Sinne zweifelsfrei attraktive geschlossene Muster den Keim für ihre Pervertierung schon in sich tragen, und genauso wären auch hier wiederum die Negativvorzeichen der geschlossenen Gesellschaft in eben ihrem Negativcharakter (etwa am Beispiel der Sekte) deutlich zu illustrieren. Eine Aufklärung über die dilemmatische Struktur der geschlossenen Gesellschaft sowie ein Herausarbeiten des Gefahrenpotentials der geschlossenen Gesellschaft dienen zugleich der Dilemmaakzeptanz im Hinblick auf die offene Gesellschaft.

b. Die Dynamik des sozialen Wandels im Sinne von 4.1 (Abb. 6)

Aufklärung sollte sich nicht nur darauf beziehen, daß die Pluszeichen der offenen Gesellschaft die Negativvorzeichen miterzeugen; entscheidend ist auch eine Aufklärung darüber, daß (als Reaktion hierauf) die Negativvorzeichen der offenen Gesellschaft die Attraktivität der Pluszeichen der geschlossenen Gesellschaft größer werden lassen. Der Preis der offenen Gesellschaft liegt zentral in dem Verlust der Vorzüge der geschlossenen Gesellschaft. Aufklärung hierüber, also Aufklärung über die ausführlich unter 4.1 behandelte „Pendeldynamik", bezieht sich vom Gegenstand her auf den Prozeß dieser Dynamik und verfolgt das Ziel, aktuelle Trends (z. B. die Wiederentdeckung der Kategorien „Elite" und „Nation") vor dem Hintergrund dieser Dynamik verstehen und damit als Zeichen für etwas erkennen zu können. Aufklärung über die Dynamik des sozialen Wandels zielt letztlich darauf ab, die Diagnosekompetenz zu verbessern. Auf diesem Wege werden auch Zusammenhänge zwischen Sachverhalten deutlich (z. B. zwischen der Wiederentdeckung der Kategorien Elite und Nation einerseits und einer zunehmenden Neigung zum Drogenkonsum bzw. einer zunehmenden Attraktivität von Sekten andererseits), die sonst als unverbunden betrachtet würden, obwohl sie als Widerspiegelung eines gemeinsamen grundlegenden Prozesses (des Verlustes der geschlossenen Gesellschaft) gewürdigt werden können. Aufklärung über die „Pendeldynamik", die wir im einzelnen dargestellt haben, liefert damit Konzepte, die die Funktion eines Frühwarnsystems übernehmen.

Vor dem Hintergrund der These, daß die Negativmerkmale einer sozialen Ordnung objektiv und subjektiv im Zeitverlauf anwachsen und entsprechend die Attraktivität des Gegenmodells (in regelmäßiger Verkennung seiner ebenfalls grundlegend dilemmatischen Struktur) erheblich steigt, vor dem Hintergrund also sich systematisch gleich ausrichtender

Push- und Pull-Kräfte ist nicht ein Systemwandel, sondern der (ohnehin nur vorübergehende) Zustand der Systemstabilität erstaunlich und erklärungsbedürftig. Am Beispiel der ehemaligen DDR hatten wir die Grenzen der Beheimatung von Menschen in einer derartig dilemmatischen Grundstruktur sowie die Kräfte der irgendwann fälligen Vertreibung zu veranschaulichen versucht. Je mehr also Wandel als inhärentes Merkmal sozialer Systeme durch Aufklärung begriffen wird, desto mehr steigt natürlich auch das Interesse an Frühwarnsystemen, um rechtzeitig gegensteuern zu können.

Im Rahmen der Aufklärung über die „Pendeldynamik" geht es aber nicht nur darum, aktuelle Trends in ihrem Antwortcharakter interpretieren zu lernen. Und es geht auch nicht nur darum, den Antwortcharakter ganzheitlich bzw. mehrdimensional analysieren zu lassen, also parallel auf der anthropologischen, der sozialen und der erkenntnistheoretischen Dimension, um den pattern-Charakter in den modernen Antworten rekonstruieren zu können. Unter dem Gesichtspunkt der Aufklärung wird es ergänzend darauf ankommen, sich mit der Substanz einzelner Trends näher auseinanderzusetzen; zwei Beispiele seien genannt:

Popper hat in dem magischen Denken ein wesentliches Merkmal geschlossener Gesellschaften gesehen. Da Begriffe wie Mythos, Magie, Spiritualität, Esoterik und ähnliches heute (!) Hochkonjunktur haben (Weiß, 1993), dürfte es hilfreich sein, diesen auf der erkenntnistheoretischen Dimension liegenden Trends vermehrt Aufmerksamkeit zu widmen. Es scheint bei näherer Beleuchtung gerade nicht so zu sein, daß sich — wie Popper wohl annahm — z. B. die Kategorien Magie einerseits und Wissenschaft andererseits eindeutig klar und trennscharf voneinander abgrenzen lassen. Es sieht vielmehr so aus, als ob zwischen rationalen und weniger rationalen Strategien des Erkenntnisgewinns und der Orientierungssuche fließende Übergänge bestehen, und genau darin liegt das Problem: Weniger rationale Strategien werden hoffähig. Es wäre entsprechend zu klären, was z. B. Wissenschaft einerseits und Magie andererseits gemeinsam haben, was sie aber auch als Modi der Orientierungsgewinnung unterscheidet, um durch entsprechende Differenzierungen die relativen Leistungsfähigkeiten dieser und ähnlicher Strategien herauszuarbeiten.

Neben der steigenden Hoffähigkeit wenig rationaler Erkenntnismodi dürfte inhaltlich auf der voluntaristischen Dimension die postmoderne Resignation beleuchtungswürdig sein. Wir hatten bereits herausgestellt, daß hier eine Form von Gegenaufklärung erforderlich ist. Es gibt gute Argumente dafür, daß im Sinne eines kollektiven Irrtums die Schwierigkeiten einer Orientierung und Bewertung systematisch überschätzt und die Chancen der Handlungssteuerung in der heutigen Welt systematisch unterschätzt werden. Indem die postmoderne Grabesstimmung als Bedrohungsbewältigungsstrategie interpretiert wird, büßt sie ihren Wahrheitsgehalt ein und reduziert sich auf eine zeitrelative Übertreibung.

Im Sinne einer Aufklärung käme es darauf an, daß ein geplanter Wandel sowohl auf der gesellschaftlichen als auch auf der betrieblichen Ebene deswegen nicht nicht machbar ist, sondern nur mit größeren Schwierigkeiten zu rechnen hat, als dies auf den ersten Blick hin den Anschein hat (unter 7.3.2 wird hierauf noch zurückgekommen). In dem inzwischen schon klassischen Erfahrungsfeld der Organisationsentwicklung gibt es genügend Fallstudien, die zeigen, daß geplanter Wandel möglich ist und insofern zu (selbstverständlich begrenztem) Optimismus Veranlassung besteht.

c. Die Person im Spannungsfeld zwischen dem offenen und dem geschlossenen Pol

In der Regel hat jede Person Erfahrungen sowohl zur dilemmatischen Struktur der offenen Gesellschaft als auch zur dilemmatischen Struktur der geschlossenen Gesellschaft (etwa in der eigenen Familie). Menschen verfügen auch über Erfahrungen bezüglich der Vertreibungsdynamik. Zum Zweck der Stabilisierung der offenen Gesellschaft kommt es unter der Perspektive der Aufklärung darauf an, mit dem Ziel einer höheren Bewußtheit für die Dynamik des eigenen Erlebens und Verhaltens eine Art von Selbstaufklärung zu betreiben, um damit gemachte Erfahrungen für sich und andere verwertbar werden zu lassen.

Bei dieser Bewußtwerdung ist es zum einen wichtig, die eigene Bedürfnisstruktur deutlicher zu erkennen. Im Sinne der Stabilisierung der offenen Gesellschaft wird nichts so gefährlich sein wie die Neigung, die eigenen Bedürfnisse nach geschlossener Gesellschaft zu leugnen bzw. zu ignorieren. Zumindest zeitweilig fragen wir Harmonie, die Chance zu vertrauen, wenn nicht gar symbiotische Nähe nach, also Güter der geschlossenen Gesellschaft. Will man nicht in hohem Maße verführbar sein, so ist ein Wissen um die eigenen Bedürfnisstrukturen unausweichlich.

Und so wie es gefährlich wäre, das Bedürfnis nach z. B. symbiotischer

Nähe vor allem Kindern zuzusprechen und sich selbst diesbezüglich als autark wahrzunehmen, so dürfte es im Regelfall auch ein Irrtum sein, z. B. das Verlangen nach Eindeutigkeit und Gewißheit nur den weniger Gebildeten in der Bevölkerung zuzuschreiben, für sich selbst aber die Annahme einer höheren Ambiguitätstoleranz in Anspruch zu nehmen, aufgrund derer man über derartig spießige Nachfragen erhaben sei.

Die These lautet also, daß wir unter Umständen ein Selbstbild aufgebaut haben, vor dessen Hintergrund ganz spezifische Bedürfnisse als weniger wünschenswert erscheinen, so daß wir den Gütern der geschlossenen Gesellschaft womöglich nicht den Stellenwert einräumen, der ihnen angesichts unserer tatsächlichen Bedürfnisstruktur zukommt. Erst dann, wenn die Person in dem Sinne aufgeklärt ist, daß sie sowohl das Bedürfnis nach offenen Strukturen als auch das Bedürfnis nach geschlossenen Strukturen in sich zu fühlen und zu akzeptieren bereit ist, ist sie zum einen weniger verführbar und zum zweiten eher imstande, für sich auf der individuellen Ebene eine für sie konstruktive Synthese aus offener und geschlossener Gesellschaft zu leben; Abspaltungen und Leugnungen haben ihren Preis (vgl. Morgan, 1986).

Im Sinne der Stabilisierung der offenen Gesellschaft ist es zum zweiten bedeutsam, das eigene Verhalten in geschlossenen Strukturen näher zu beleuchten. Viele Menschen haben in der Familie nicht nur die positiven Merkmale, sondern auch negative Aspekte der geschlossenen Gesellschaft kennengelernt. Man kann sich also z. B. fragen, wie man die Kategorien Macht und Abhängigkeit erlebt und verarbeitet hat, welche Anpassungsstrategien (Bedrohungsbewältigungsstrategien) von einem selbst praktiziert wurden und in welchem Maße man etwa durch Schweigen zur Stabilisierung auch unerwünschter Tatbestände in der eigenen Familie beigetragen hat; man kann zusätzlich klären, unter welchen situativen Randbedingungen letzteres in besonderem Maße der Fall war usw. Der Kern dieser Selbstanalyse besteht darin, das eigene Verhalten in geschlossenen Strukturen in seiner situativen und personalen Bedingtheit zu verstehen und im Hinblick auf unerwünschte Sekundäreffekte zu bewerten, um so aus der eigenen Erfahrung zu lernen.

Bleibt die eigene Erfahrung dagegen unaufgearbeitet, versteht man also nicht, warum man sich in einer geschlossenen Struktur so und nicht anders verhalten hat, und versteht man auch nicht, in welchem Sinne das berühmte „Mitmachen“ durch die stabilisierende Wirkung auf den jeweiligen Status quo eine Mittäterschaft darstellt, so wird eine entscheidende

Chance vertan: Der einzelne begibt sich der Möglichkeit, die dilemmatische Struktur geschlossener Muster in der eigenen Biographie auch emotional nachzuerleben (was für die Dilemmaakzeptanz im Hinblick auf die offene Gesellschaft günstig wäre). Damit reduziert sich auch die Chance, geschlossene Muster konstruktiver als bisher zu bewältigen und insofern effektiver in das jetzige Leben zu integrieren — ein Gesichtspunkt, der gerade unter der Perspektive der gewünschten Vermittlung zwischen dem offenen und dem geschlossenen Pol wichtig ist.

Die Aufarbeitung der eigenen Vergangenheit ist für den einzelnen bekanntlich nicht immer attraktiv. Strategien des Verdrängens und des Leugnens sind insofern sehr plausibel; dennoch muß betont werden, daß gerade diese Strategien langzeitbezogen auch für den einzelnen selbst dysfunktional sein können (Epstein, 1977).

Leugnungsstrategien sind speziell im politischen Bereich offenbar so naheliegend, daß sie fast den Status sozialer Billigung erreichen: Man beklagt zwar, daß etwa die geschlossene Gesellschaft des Nationalsozialismus nicht hinreichend aufgearbeitet wurde, hat aber umgekehrt auch großes Verständnis dafür, wenn man die Dinge als verjährt betrachtet und wieder zur Tagesordnung übergeht. Moeller u. a. (1993) konstatieren diesen Sachverhalt auch in bezug auf den Zusammenbruch des real existierenden Sozialismus in der DDR. Auch hier gibt es eine breite Befürwortung der Forderung „Schwamm über die Stasi-Akten". Während im betrieblichen Bereich sogenanntes organisationales Lernen (vgl. oben) derzeit sowohl für wichtig als auch für machbar gilt, wird ein gesellschaftliches Lernen offenbar zumindest für weniger aussichtsreich erachtet. Lernen, obwohl eine Basiskategorie der offenen Gesellschaft, findet in diesem politischen Bereich nach Meinung vieler Autoren zumindest nur unzureichend statt.

Aufklärung bezieht sich zusammenfassend also auf die dilemmatische Grundstruktur jeglicher sozialer Ordnung, auf die damit im Zusammenhang stehende „Pendeldynamik" sowie auf das Erleben und Verhalten der eigenen Person in diesen Feldern. Man kann sich vorstellen, daß auf diesem Wege die Dilemmaakzeptanz gegenüber der offenen Gesellschaft und die Diagnosefähigkeit gegenüber Zustandsänderungen innerhalb des sozialen Systems zunehmen. Gleichzeitig wächst die Bandbreite von Vermittlungspotentialen zwischen dem offenen und dem geschlossenen Muster, wobei gleichzeitig die Verführbarkeit der Person in Richtung auf die geschlossene Gesellschaft abnehmen wird. Alle oben besprochenen

Aufklärungsaspekte sollen im folgenden auf den betrieblichen Bereich übertragen werden.

7.1.2 *Aufklärung im Betrieb als Führungsaufgabe*

a. *Das Leben in Dilemmata*

Man kann die These vertreten, daß die Grundmuster der offenen Gesellschaft, wie sie in der Abb. 5 definiert sind, in der heutigen Zeit auch innerbetrieblich eine vernünftige Strategie darstellen. Sie begünstigen die betriebliche Flexibilität und Anpassungsgeschwindigkeit einerseits, vor allem aber auch die Innovativität des Betriebs, der im Hinblick auf den ökonomischen Erfolg des Unternehmens aufgrund veränderter Marktbedingungen eine immer größere Bedeutung zukommt. Die offene Gesellschaft wäre dann nicht nur als sozialpolitischer Ordnungsrahmen, sondern auch als innerbetriebliches Kooperationsmodell im Prinzip ein wünschenswertes Muster.

Unterstellt man, daß die Innovationsfähigkeit eines Unternehmens eine wichtige Determinante seiner Überlebensfähigkeit darstellt, so würde die Praktizierung einer offenen Gesellschaft im Betrieb auch dazu beitragen, daß Unternehmen weniger krisenanfällig sind. Für die Volkswirtschaft insgesamt könnte dies ceteris paribus bedeuten, daß tendenziell stabile Unternehmen den Ruf nach einer politischen „starken Hand" unwahrscheinlicher werden lassen, so daß im gesamtgesellschaftlichen Kontext die offene Gesellschaft insgesamt stabilisiert würde. (Dies ist selbstverständlich eine stark vereinfachte Tendenzaussage — sowohl auf der Mikroebene des Betriebes als auch auf der Makroebene der Volkswirtschaft bleiben komplexe Zusammenhänge unberücksichtigt.)

Worauf müßte sich Aufklärung innerbetrieblich beziehen? Wie im gesamtgesellschaftlichen Kontext sind auch im innerbetrieblichen Bereich zum einen Umwerbungsbemühungen im Hinblick auf die offene Gesellschaft wesentlich. Da die Praktizierung der offenen Gesellschaft auch im innerbetrieblichen Bereich mühselig ist, muß den Menschen im Betrieb vermittelt werden, worin der potentielle Ertrag dieser Mühsal liegt (nämlich in den angedeuteten betriebswirtschaftlichen und eventuellen volkswirtschaftlichen Vorzügen einerseits, aber auch in den Selbstentfaltungs- und Entwicklungsschancen der einzelnen andererseits).

Daneben geht es wiederum um die Förderung der Dilemmaakzeptanz, also auch insofern um die Förderung der „Zahlungsbereitschaft" sowohl der Führungskräfte als auch der Mitarbeiter: Aufklärung hat herauszuarbeiten, in welchem Sinne die Pluszeichen der offenen Gesellschaft auch innerbetrieblich systematisch spezifische Nachteile bedingen. Je mehr und je länger in einem Betrieb das offene Muster praktiziert wird, desto wahrscheinlicher ist es, daß die damit verbundenen Nachteile auftreten und als solche wahrgenommen werden. Um Dilemmaakzeptanz zu fördern, kommt es daher darauf an, deutlich zu machen, daß diese „Preise" keine zufälligen „Pannen" darstellen, sondern systematische Kehrseite der Erträge der offenen Medaille sind. Nachstehend wird an einigen Beispielen erläutert, wie Pluszeichen und Minuszeichen des offenen Musters auf der betrieblichen Ebene miteinander verknüpft sind:

1. Innovativität und organisationales Lernen leben davon, daß der Pfeil 1a der Abb. 6 (Angriff), also eine Kommunikation nach oben praktiziert wird, in der — im Sinne der Denkfigur nicht einer bedingungslosen, sondern kritischen Loyalität — konstruktive Kritik und Unzufriedenheit bzgl. des Status quo geäußert werden (Gebert, 1987). Ein Manager, der seine eigenen Führungskräfte mit diesem Ziel entsprechend so führt, daß die Betreffenden die bisherigen betrieblichen Vorgehensweisen, sofern sie sie als veränderungsbedürftig betrachten, auch als veränderungsfähig einstufen; ein Manager also, der das Dialogangebot glaubhaft an seine Mitarbeiter heranträgt und ihnen damit das Gefühl von Situationskontrolle vermittelt und selber gegenüber seinen eigenen Kollegen und Chefs aktiv wird, sofern er sich im Zuge des Dialogs mit seinen Mitarbeitern sachlich überzeugt fühlt, ein solcher Manager wird in der Tat eine Reihe von Veränderungsimpulsen freisetzen.

   Jeder weiß, daß exakt dieser Führungsstil, so unabdingbar notwendig er für die Förderung organisationalen Lernens ist, zugleich außerordentlich mühselig und strapaziös sein kann, weshalb er auch nicht so häufig praktiziert wird. Zur Äußerung von konstruktiver Unzufriedenheit im Sinne des Pfeiles 1a einzuladen heißt, selbst mit einer Veränderungsdynamik konfrontiert zu werden, die anschließend abgearbeitet werden muß. Dies kostet nicht nur Zeit. Es kostet Kraft und Nerven, da den Veränderungsimpulsen der Mitarbeiter in der von ihnen intendierten Weise meist nicht zur Gänze oder nicht sofort entsprochen werden kann, so daß psychisch anstrengende „Bremsmanöver" durchgeführt werden müssen, ohne daß die

Mitarbeiter enttäuscht werden dürfen. Um Geduld zu werben (und hierin liegt eine spezifische Anforderung an die Führungskraft im Rahmen eines solchen Managements), ist ein sehr schwieriger Prozeß. Da die Führungskraft möglicherweise auch noch selber aktiv werden muß, wird außerdem Zivilcourage verlangt, politisches Geschick wichtig, die Klärung potentieller Koalitionspartner bedeutsam usw. Speziell Innovationen im Bereich innerbetrieblicher Prozesse und Verfahren erweisen sich immer auch als konfliktauslösend, wie Erfahrungen im Bereich der Organisationsentwicklung zeigen (Gebert, 1995).

Hinzu kommt, daß nicht nur das eventuell notwendige „Abblocken" ungeeigneter Veränderungsvorschläge und die Umsetzung geeigneter anstrengend sind, sondern unter Umständen bereits die Tatsache an sich, daß Mitarbeiter umsetzbare Verbesserungsvorschläge machen, Probleme aufwerfen kann. So wird insbesondere bei Führungskräften im mittleren Management beobachtet, daß sie sich durch gute Vorschläge von hierarchisch Nachgeordneten in ihrer Position bedroht fühlen (vgl. oben Kapitel 6). Auf diese Weise wird zu erklären versucht, daß viele praktikable Vorschläge „von unten" auf dem Weg „nach oben" in einer „Lehmschicht" irgendwo versanden und niemals realisiert werden.

Eine innovationszentrierte offene Führung ist insofern zwar notwendig, aber mühselig; die Führungskraft zahlt hierfür in harter persönlicher Währung. Mit anderen Worten: Innovation und gleichzeitig Ruhe und Frieden um sich herum zu wollen, ist eine Illusion und ein Widerspruch in sich. Die Führungskraft hat das Dilemma auszuhalten, daß Innovation und Unruhe systematisch miteinander verbunden sind.

Aber auch der Mitarbeiter zahlt unter Umständen entsprechende Preise für die Chance, sich an der Kommunikation nach oben beteiligen zu können. So bedarf es zum einen auch hier einer gewissen Zivilcourage, um gegenüber Vorgesetzten kritische Loyalität zu üben bzw. die eigene Unzufriedenheit zu artikulieren. Die Strategie der „inneren Kündigung" anstelle aktiver Veränderungsbemühungen in anstrengenden Auseinandersetzungen scheint zumindest auf den ersten Blick wesentlich nervenschonender. Auch das Äußern möglicherweise ungewöhnlicher, zunächst abwegig klingender Innovationsvorschläge setzt entsprechenden Mut voraus (Volk, 1992). Im Zusammenhang mit der oben geschilderten Tatsache, daß natürlich nicht alle Verbesserungsvorschläge auch umgesetzt werden können (aus unterschiedlichen Gründen), ist schließlich ein gewisses Maß an Frustrationstoleranz erforderlich. Einen Verbesserungsvorschlag zu erarbeiten, setzt voraus, sich mit dem bisherigen Verfahren intensiv auseinanderzusetzen und verlangt insofern ein zusätzliches Engagement. Aufklärung der Mitarbeiter könnte darauf zielen, vorab hierauf sowie auf die Grenzen des Machbaren zu verweisen und nicht beim Mitarbeiter Erwartungen aufzubauen, die dann notwendigerweise enttäuscht werden müssen. Wir werden darauf im letzten Kapitel zurückkommen.

Der dilemmatische Charakter der innerbetrieblichen Praxis offener Muster sei knapp an einigen weiteren Beispielen veranschaulicht (vgl. auch Sattelberger, 1991; Mintzberg, 1991):

2. Das Betriebsverfassungsgesetz stellt den Versuch dar, Interessenpluralität auch im betrieblichen Kontext nicht nur als Tatbestand akzeptierbar werden zu lassen, sondern Regeln zu fixieren, die einer vernünftigen Abarbeitung dieser Interessenpluralität dienlich sind. Man muß keinem Betriebspraktiker erklären, daß der Vollzug der Kooperation mit dem Betriebsrat wiederum Transaktionskosten verursacht, die als erheblich zu bezeichnen sind. Die auf lange Sicht im Zuge der BtrVG-Beachtung gedeihlichere Zusammenarbeit zwischen Arbeitgeber und Betriebsrat erhält das Management also nicht umsonst.

   Umsonst ist ein Engagement im Rahmen des BetrVG sicherlich auch für die Mitarbeiter nicht — es kostet nicht nur Zeit und Kraft, sich in einem langwierigen, konfliktgeladenen Bereich mit ungewissen Erfolgsaussichten zu engagieren, sondern es verlangt in der Regel auch eine vorherige besondere Qualifikation und kann mitunter zu einem belastenden Rollenzwiespalt führen. Zudem dürfte ein Engagement in der betrieblichen Mitbestimmung zwar in einigen Fällen ein Karrieresprungbrett darstellen, kann einem möglicherweise aber auch ein karrierehemmendes „Nörgler-Image“ verschaffen.

3. Ein anderes Beispiel: Freiheits- bzw. Autonomiegewährung stellt

heutzutage eine mehr oder weniger selbstverständliche Forderung dar; die Vorzüge einer derartigen Strategie sind zumindest unter bestimmten Randbedingungen offenkundig. Zugleich bezahlt man aber in Form eines erhöhten Koordinationsbedarfs (Frese, 1993). Inwiefern auch die Mitarbeiter zahlen, faßt Popper (1980 a, S. 268) mit dem „Kreuz [...] der Verantwortlichkeit" zusammen: In dem Maße, wie Freiheit und Autonomie zunehmen, wachsen Entscheidungszwänge und entsprechende Verantwortlichkeiten für das eigene Tun. Daß dieses Kreuz der Verantwortlichkeit mitunter durchaus von den Mitarbeitern als Überforderung erlebt wird, zeigt z. B. die Situation in den neuen Bundesländern (Frese, 1994).

4. Als letztes Beispiel sei die für die offene Gesellschaft konstitutive Pluralität herausgestellt: Dieser Denkansatz der Pluralität wird in der Organisationslehre häufig unter dem Begriff der Differenzierung diskutiert und bezieht sich auf den Umstand, daß in verschiedenen innerbetrieblichen Funktionen (etwa: Forschung und Entwicklung, Vertrieb, Montage, Controlling) jeweils anders gemanagt und geführt werden soll, da sich die Aufgaben bzw. die sachorganisatorischen Voraussetzungen, aber auch die Personen von Funktion zu Funktion erheblich unterscheiden. Beobachtet man die diesbezügliche Praxis in den Betrieben, so sieht man in der Tat, daß dieser Pluralitätsforderung zumindest tendenziell entsprochen wird; in der klassischen Montage wird in der Regel anders geführt als im F u. E-Bereich. Pluralität erweist sich offenbar als sinnvoll. Zugleich zahlt man aber auch einen Preis: Man entspricht auf diesem Wege zwar dem Praktikerverständnis „es kommt darauf an" und hütet sich entsprechend vor gleichmacherischen pauschalen Führungs- und Organisationsprinzipien; eben durch die damit geförderte Pluralität werden aber auch die diffugen Kräfte innerhalb eines Unternehmens verstärkt. Die verschiedenen Subsysteme (Montage, F u. E usw.) bilden ihre eigene Kultur und grenzen sich zunehmend voneinander ab. Sie entwickeln eine eigene Sprache, eine eigene Denkwelt, sie kleiden sich unterschiedlich usw., womit als Folge die Kommunikation zwischen den Subsystemen in aller Regel nicht erleichtert, sondern eher erschwert wird. Vereinfachend ausgedrückt verbindet sich der Vorteil der sachangemessenen Differenzierung mit dem Preis abnehmender Koordiniertheit und Integration.

Überträgt man das Pluralitätskonzept auf die Kleingruppe, so gilt hier analoges: Pluralität ist innovationsförderlich insofern, als in ein und derselben Projektgruppe z. B. unterschiedliche Meinungen repräsentiert sind, womit sich das Innovationspotential erhöht. Wie oben ausgeführt (vgl. Kapitel 6), steigt gleichzeitig aber die Wahrscheinlichkeit von Spannungen und konfliktären Meinungspolarisierungen, womit wiederum auf dilemmatische Grundfiguren verwiesen ist.

Aus der Sicht des Mitarbeiters ist eine so verstandene Pluralisierung ebenfalls zweischneidig. Erlaubt sie zum einen eine Spezialisierung auf bestimmte Tätigkeiten (z. B. Spezialist für Konsumgütermarketing) und die Identifikation mit einer kleineren Gruppe von Kollegen, so können genau aus dieser Spezialisierung Mobilitätsbarrieren erwachsen. Je spezieller die Tätigkeit und je geringer der Überblick über den übergeordneten Aufgabenzusammenhang, desto schwieriger wird ein Wechsel in einen anderen Tätigkeitsbereich, und je stärker die Identifikation mit der „Kultur" einer Arbeitsgruppe, desto schwieriger wird unter Umständen die Umstellung und Eingewöhnung in ein neues Team.

Unter der Perspektive der Aufklärung käme es also darauf an, alle diese Zusammenhänge als systematisch bedingt verständlich werden zu lassen, um Dilemmaakzeptanz zu fördern. Wie im gesellschaftlichen Bereich muß auch im innerbetrieblichen Bereich vermieden werden, daß zur Bewältigung unvermeidlicher Frustrationen Therapien eingesetzt werden, an denen der Patient „offene Gesellschaft" stirbt.

Die „Zahlungsbereitschaft" wird unter der Perspektive der Aufklärung im übrigen erhöht, wenn man — wie im gesamtgesellschaftlichen Kontext diskutiert — auch innerbetrieblich verdeutlicht, in welchem Sinne geschlossene Muster ihrerseits negative Vorzeichen produzieren; ein Beispiel hierzu:

Die Chance zu autoritärer kraftvoller Alleinentscheidung (vgl. die Konstrukte „direktiv/entmündigende" und „monologisch/verschleiernde Führung", Kapitel 6) erscheint als Oase und hochattraktiv, da sie von den lästigen Zwängen erforderlicher Selbstdisziplinierungen im Rahmen moderner Kooperation befreit. Abwürgen von Widerspruch wird zum narzistisch befriedigenden Macht- und Potenzbeweis. Elitäre Bevormundung stärkt das Vertrauen in das eigene Bessersein mit dem Glauben an die Notwendigkeit, die Masse führen zu müssen. Innerbetrieblich verbindet sich ein derartiges Muster zusätzlich mit dem Vorteil der Ruhe. Die Preise liegen aber auf der Hand: Aus der Ruhe wird sehr schnell Friedhofsruhe, und unsere Rekonstruktionen des Zusammenbruchs der DDR zeigten, wie schnell systematische Realitätsbeschönigungen gegenüber den Mächtigen und das Ausbleiben von Kritik zum Ruin der Unternehmen führen. Ähnlich janusköpfig ist die in den ehemaligen DDR-Betrieben immer wieder herausgestellte Wärme und kollegiale Atmosphäre zu bewerten: Sie stellt einerseits ein Gut insofern dar, als auf diesem Wege social support gewährt wird. Wärme und menschliche Verbundenheit werden innerbetrieblich aber zum Problem, wenn dabei die Bereitschaft zu kurz kommt, die für die Unternehmensentwicklung wichtigen Sachfragen auch im konfliktären Fall hinreichend klar und eindeutig auszudiskutieren.

Aufklärung von Führungskräften und Mitarbeitern kann also zusammenfassend zur Dilemmaakzeptanz beitragen, wenn

- auch innerbetriebliche Ordnungen prinzipiell als dilemmatisch anerkannt werden,
- die Vorzüge des offenen Musters hinreichend verdeutlicht sind und
- die potentiellen Preise der als attraktiv erscheinenden geschlossenen Muster ebenfalls herausgearbeitet werden.

In der Rückschau hat die Organisations- und Führungswissenschaft vermutlich den Fehler gemacht, zu stark die Erwartung gefördert zu haben, es gebe so etwas wie Problemlösungen. Bei näherer Betrachtung gibt es anscheinend nur Dilemmaentschärfungen, denn wir zahlen für jede Lösungsvariante. Aufklärung bedeutet also, den Erwartungshorizont an die Leistungsfähigkeit betrieblicher Kooperationsmuster realitätsnah auszurichten. Die Devise heißt: Wir zahlen immer. Wir haben damit auch nicht Lösungsvarianten, sondern (organisatorische) Salden (aus Minus- und Pluszeichen) situativ zu relativieren. Eine so orientierte Aufklärung unterläuft also die Entwicklung überzogener Ansprüche und wirbt letztlich für Kompromißbereitschaft.

b. Die Dynamik des „Pendels“

Wie schon unter 7.1.1 geht es auch in diesem Unterabschnitt darum, die Diagnosekompetenz der Führungskräfte für Zustandsänderungen im eigenen System zu schärfen. Dies geschieht wiederum dadurch, daß die „Pendeldynamik“ (4.1) auf den betrieblichen Zusammenhang übertragen wird. Damit werden aktuelle Trends innerhalb dieser Dynamik einerseits erklärlich (nämlich als Reaktionen auf die offene Gesellschaft), andererseits aber auch bewertbar (nämlich als potentielle Überleitung zu Mustern der geschlossenen Gesellschaft). Dies sei an drei Beispielen knapp erläutert:

Auf die unruhestiftenden Wirkungen innovationsförderlicher Führung wurde bereits verwiesen. Aufklärung bedeutet in diesem Zusammenhang, verständlich zu machen, daß als Reaktion (!) auf eben diese Minuszeichen der offenen Gesellschaft die komplementären Pluszeichen der geschlossenen Gesellschaft an Attraktivität gewinnen; Konsensmanagement, Harmonie, „wir sitzen alle in einem Boot“-Haltungen werden so zu nachgefragten Gütern (vgl. die in Kapitel 6 beschriebenen Konstrukte des kollektivistischen Pols).

Damit ist bereits zum zweiten Beispiel übergeleitet: Die für den ökonomischen Erfolg wichtige organisations- und führungsbezogene Pluralität hatte ihren Preis in entsprechend diffugen Kräften und abnehmender Integration. Dieses Minuszeichen der offenen Gesellschaft aktualisiert ebenfalls eine zunehmende Nachfrage nach Konsens, Harmonie und Integration, also nach Gütern der geschlossenen Gesellschaft. Auch die seit einigen Jahren beobachtbare Nachfrage nach Organisationskultur und corporate identity kann in diesem Zusammenhang genannt werden: In dem Umfang, wie im Gefolge einer zunehmenden organisationalen Arbeitsteilung und Differenzierung Auffassungsunterschiede sowohl ziel- als auch wegbezogen innerbetrieblich zunehmen und sich diese Auffassungsunterschiede im Verlaufe der Zeit durch entsprechende Sozialisationseffekte (in den sich untereinander abgrenzenden Subsystemen) verstärken, liegt es nahe, nach einem geistigen Band zu suchen, das diesen Preis der offenen Gesellschaft kompensiert.

Für diese Annahme spricht auch die Tatsache, daß es in der ehemaligen DDR keinen einer corporate identity vergleichbaren innerbetrieblichen Integrations-Mechanismus gegeben hat. Wie Interviews mit ehemaligen Reichsbahn-Angehörigen zeigen (vgl. unten 7.2; Nietsch, 1995), durfte es eine solche eigene Identität der Reichsbahn auch nicht geben, denn die Reichsbahn war als Institution ein getreues Abbild des DDR-Staates. Damit scheint es nahezuliegen, daß in geschlossenen Gesellschaften der Bedarf und die Möglichkeit einer innerbetrieblichen Identifikation im Sinne einer corporate identity im Vergleich zu offenen Gesellschaften deutlich geringer ist.

Wie wir oben gezeigt haben, ist dabei selbstverständlich nicht jede Form von Organisationskultur bereits geschlossenheitsverdächtig. Stellt in einem konkreten Fall eine Organisationskultur aber wesentlich eine Antwort auf die diffugen Kräfte und den zunehmenden Dissens sowie die abnehmende Gemeinsamkeit in der Zielorientierung dar, so wird eine hierauf fokussierte Organisationskultur selbstverständlich die gegenteilige Dynamik zu unterstützen versuchen. Damit werden nicht Pluralität, sondern Homogenisierung, nicht innovationsträchtige Meinungsdivergenz, sondern Konsens und nicht das kritische Hinterfragen von Grundwerten, sondern gerade die appellative Bestätigung der in der Organisationskultur eingravierten Basiswerte dominieren (Kieser, 1991). Alles dies weist zumindest in die Richtung der geschlossenen Gesellschaft, und genau hierüber ist Aufklärung wichtig.

Das dritte Beispiel ist vermutlich das wichtigste Beispiel; es enthält zwei Facetten:

- Für die offene Gesellschaft ist im Zuge des kritischen Rationalismus die wissenschaftliche Durchdringung auch der betrieblichen Abläufe selbstverständlich. Im Zuge dieser wissenschaftlich-rationalen Betrachtungsweise wird Führung immer mehr entpersonalisiert und durch vergleichsweise abstrakte, wissenschaftlich mehr oder weniger gut fundierte Regelwerke ersetzt. Es liegt insofern nahe, daß als Antwort auf dieses Problem ein eher personales Führungsmuster nachgefragt wird, und dieses liegt in der sogenannten charismatischen Führung, die in den letzten Jahren wieder an Aktualität gewonnen hat.

- Wohl im Zusammenhang damit, daß es in einer offenen Gesellschaft prinzipiell schwerfällt, gemeinsame Ziele festzuschreiben (die geschlossene Gesellschaft tat sich hier z. B. in der Formulierung der sozialistischen Idee leichter), und auch im Gefolge eines wissenschaftlich-rationalen Pragmatismus dominierten innerbetrieblich immer mehr technokratisch-formale Subziele wie z. B. das Ziel, bessere Kostendeckungsbeiträge zu erwirtschaften. Derartige Formalziele sind aufgrund ihres im wesentlichen nur instrumentellen Charakters für weitere ökonomische Kennziffern vergleichsweise blaß und farblos. Es liegt nahe, daß als Antwort hierauf die Frage formuliert

> wird: „Worin liegt der Sinn dieses Tuns? Wozu dies alles?“ Der Leser weiß bereits, welche Antwort hierauf heute gegeben wird: Der Betrieb hat eine sogenannte Vision zu entwickeln.

Die Klammer für diese beiden Prozesse — die Nachfrage nach Zielsubstanz und deren Befriedigung durch die Vision einerseits sowie die Nachfrage nach personalisierter Führung und deren Befriedigung durch charismatische Führung andererseits — ist von Bennis u. a. (1985) in dem berühmten Satz verdichtet worden „we are overmanaged, but underlead“.

Nun ist natürlich nicht jede Form der visionären bzw. charismatischen Führung ein sicherer Weg in die geschlossene Gesellschaft. Es bedarf hier einiger Spezifikationen. Aufklärung hätte auch diese Funktion, nämlich zu zeigen, welche (!) Art von visionärer bzw. charismatischer Führung in der Tat einen deutlichen Kurs in die geschlossene Gesellschaft beinhaltet. Aus diesem Grund werden wir nachfolgend sowohl die charismatische Führung als auch das Phänomen der Unternehmensvision im Detail untersuchen, um erstens dem Leser vor Augen zu führen, wie sich diese Strategien in der betrieblichen Realität äußern, und um zweitens genauer differenzieren und begründen zu können, welche speziellen Aspekte von Charisma bzw. Vision unter welchen Bedingungen geschlossenheitsförderlich sind.

Für die charismatische Führung gilt, sofern man an das Verständnis von Max Weber anknüpft, daß sie in der Nähe der Priesterherrschaft steht, auf die wir bereits ausführlich eingegangen sind (vgl. 2.4). Charisma beruht auf der „außeralltäglichen Hingabe an die Heiligkeit oder die Vorbildlichkeit einer Person und der durch sie offenbarten oder geschaffenen Ordnungen“ (Weber, 1972, S. 124). Der charismatische Führer überzeugt nicht, sondern er be-geistert. Er beflügelt, er macht Mut, er regt die Phantasie an und stimuliert durch die Kraft und die Farbigkeit seiner Ideen, aber auch durch die Farbigkeit und die Expressivität seiner Persönlichkeit. Da die Beziehung zu einem so Führenden eher durch eine emotionale Identifikation gekennzeichnet ist, versteht sich von selbst, daß ein kritisches Hinterfragen dessen, was der charismatisch Führende denkt und sagt, eher unwahrscheinlich wird. Kritisches Hinterfragen setzt Distanz voraus, und genau diese Distanz wird über die Emotionalität der Beziehung und das damit zusammenhängende Phänomen des Begeistertseins aufgehoben. In Organisationen läßt sich Charisma einsetzen als „managerial tool for mobilizing employee commitment and to raise productivity“ (Bradley, 1987, S. xvi). Die Mobilisierung der Mitarbeiter vollzieht sich dabei so, daß sie aufgrund ihrer Unterwürfigkeit gegenüber dem Führer (Bass, 1990a, S. 184) eine hohe Gehorsamsbereitschaft haben (Conger, Kanungo, 1988, S. 326) und infolgedessen dazu bereit sind, sich für die Organisation und ihre Ziele aufzuopfern (House u. a., 1991, S. 366). Damit beinhaltet charismatische Führung eine Tendenz zur Manipulation der Mitarbeiter, womit das Interaktionsmodell der offenen Gesellschaft in einem zentralen Punkt außer Kraft gesetzt wird: Der Mitarbeiter hinterfragt nicht mehr.

Symmetrisch hierzu verändert sich auch die Qualität der Beziehung vom Führenden zum Geführten: Der Führende läßt sich nicht mehr hinterfragen. Für den charismatisch Führenden ist konstitutiv, daß er einen Gewißheitsanspruch vertritt, also nicht selbstkritisch Zweifel und Bedenken anmeldet, sondern gerade im Gegenteil von seinem Weltbild zutiefst überzeugt ist; und genau durch diesen Gewißheitsanspruch wirkt er im übrigen auch suggestiv. Die Vermittlung von Gewißheit wird in der charismatischen Führungsbeziehung insofern erleichtert, als die Geführten deswegen an die Richtigkeit der Überzeugungen des charismatischen Führers glauben, weil sie in ihm den Stellvertreter einer höheren Ordnung sehen (Schelsky, 1975, S. 44 f.). Insofern hat charismatische Führung teilweise dieselben Effekte wie autoritäre Führung (Stacey, 1992, S. 181). Der charismatische Führer unterstützt die Zuschreibung von Gewißheit und Wahrheit zusätzlich durch gezieltes impression management (z. B. Manipulation von Informationen, manipulative Sprache) (Conger, 1989, S. 168). Das Gebiet, für das der charismatisch Führende einen Wahrheitsanspruch vertritt, kann relativ breit sein — eine „Transformation“ der Geführten wird dabei in unterschiedlicher Weise beschrieben: Charismatische Führer beeinflussen Werte und Überzeugungen (Bass, Avolio, 1991, S. 16), Motive und Bedürfnisse (Bass, 1985, S. 54) und das gesamte Selbstkonzept der Geführten, also die Art und Weise, wie die Mitarbeiter ihre Lebensumwelt wahrnehmen und interpretieren (Bass, Avolio, 1991, S. 3; Boal, Bryson, 1988, S. 12). Der Gewißheitsanspruch befriedigt zwar die Nachfrage nach Eindeutigkeit und Sinn auf seiten der Geführten; aber auch an dieser Stelle wird der Kern des Kooperationsmodells der offenen Gesellschaft ausgehebelt (vgl. in Kapitel 6 das Konstrukt „dialogisch/aufklärende Führung“):

Für dieses ist kennzeichnend, daß sich alle Beteiligten (Führer und Geführte) der prinzipiellen und unaufhebbaren Irrtumsbehaftetheit ihres Denkens und Handelns (und damit auch der potentiellen Revisionsbedürftigkeit ihrer bisherigen Meinungen) bewußt sind. Bezogen auf die erkenntnistheoretische Dimension von Führung (vgl. Kapitel 6) stellt eine so praktizierte charismatische Führung damit eine Illustration des Konstruktes „monologisch/ verschleiernd" dar und dürfte insofern zweifelsfrei der geschlossenen Gesellschaft zuarbeiten (und damit auch ihre potentiellen Gefahren schüren).

Im folgenden soll noch genauer begründet werden, warum wir der Ansicht sind, daß charismatische Führung insbesondere das Konstrukt der „monologisch/verschleiernden" Führung illustriert. Die Aufhebung des Interaktionsmusters der offenen Gesellschaft — Führung als Dialog (vgl. Kapitel 6) — kann dabei im wesentlichen über Prozesse der Identifikation und Imitation erklärt werden. Die Identifikation des Geführten mit dem charismatischen Führer kommt dadurch zustande, daß er den Führenden idealisiert und gleichzeitig bemüht ist, an der wahrgenommenen Perfektion des Vorgesetzten teilzuhaben. Tiefenpsychologische Deutungen charismatischer Führung (Kohut, 1971; Pauchant, 1991) formulieren dieses Anliegen des Geführten so: "You are perfect, but I'm part of you".

Das Bedürfnis des Mitarbeiters nach Identifikation mit dem charismatischen Führer ist natürlich umso ausgeprägter, je mehr er einerseits seine eigene Persönlichkeitsstruktur als defizitär erlebt (z. B. Orientierungslosigkeit, Nutzlosigkeit, Isoliertheit, Entfremdung, Angst etc.) und je mehr andererseits der Führende seine Überlegenheit und Allmacht demonstriert (Conger, 1990). Beim Zusammentreffen eines in diesem Sinne „schwachen" Geführten mit einem als „stark" wahrgenommenen Führenden ist daher die Chance besonders groß, daß sich der Mitarbeiter mit dem Vorgesetzten identifiziert, wobei diese Identifikation quasi-religiösen Charakter annehmen kann: "You want to be like your leader — it's hero worship" (Conger, 1989, S. 129). Da diese Identifikation dem Wunsch des Geführten entspringt, seine eigene Schwäche durch die Teilhabe an fremder Stärke zu kompensieren, ist Kritiklosigkeit gegenüber dem Führenden vorprogrammierte Selbsterhaltungsstrategie. Denn wenn die charismatische Identifikation als angstabwehrendes Coping-Verhalten zustandekommt, würde eine Kritik am Führenden einer Kritik an der eigenen Person gleichkommen, was wiederum zur anfänglichen Ohnmacht und Orientierungslosigkeit zurückführen würde.

Der charismatische Führer ist indes nicht nur Identifikationsfigur auf der Wahrnehmungsebene, sondern dient darüber hinaus auch auf der

Handlungsebene als Rollen-Modell (Bandura, 1979). Dabei eignet sich der charismatische Führer insbesondere deshalb als Vorbild für die Mitarbeiter, weil ihm die zugeschriebenen „außerordentlichen Fähigkeiten" eine natürliche Anziehungskraft verleihen (House, 1977). Diese „günstige" Wahrnehmung des Führenden durch die Mitarbeiter kann außerdem dazu beitragen, daß der charismatische Führer nicht nur als Verhaltensmodell wirkt, sondern zusätzlich als Modell für Werte, Ziele und Moralvorstellungen der Geführten (House, 1977).

Die Prozesse der Identifikation und der Imitation liefern also zumindest Teilerklärungen für die emotionale Nähe und die kognitive Distanzlosigkeit der charismatischen Führungsbeziehung, die dem geschlossenen Führungskonstrukt der „monologisch-verschleiernden" Führung entsprechen.

Ähnliches gilt, wenngleich nicht ganz so scharf konturiert, für das visionäre Moment der neu propagierten sogenannten „transformationalen" Führung (Bass, 1985). Es wird nicht jede visionäre Führung ein Weg in die geschlossene Gesellschaft sein. Der Leser möge aber beachten, daß der Begriff der Vision auf einen Sachverhalt abzielt, der eben nicht mehr mit dem Begriff Ziel bzw. objektiv umschreibbar ist. Ziele werden in aller Regel in operationalisierter Form zu formulieren versucht, da sie nur dann auch einen Soll-Ist-Vergleich ermöglichen, also die Feststellung der Zielerreichung. Noch niemals wurde eine Vision in operationalisierter Form beschrieben, und ein Visionär, der dies täte, verstünde sein Handwerk schlecht!

Eine Vision soll ja eine Leitidee darstellen, die für viele Menschen Zugkraft aufweist. Folglich wäre es ein taktischer Fehler, eine Vision in zu konkreter Form oder gar in operationalisierter Weise zu beschreiben, da sich damit die Chancen reduzieren, daß sich die verschiedensten Menschen in eben dieser Leitidee in ihren eigenen Hoffnungen und Wünschen wiederfinden können. Ein wesentlicher Unterschied zu dem Begriff des Zieles (objective) liegt gerade in der um Hoffnungen und Sehnsüchte angereicherten Dimension, womit gute Visionen durch eine hohe gefühlsmäßige Attraktivität und geringe formale Prägnanz gekennzeichnet sind.

Zugleich haben Visionen im Unterschied zu operationalisierten Betriebszielen einen weiteren Zeithorizont und verweisen auf eine spätere Zukunft (Scholz, 1991). Visionen vermitteln damit nicht nur einen emotionalen, sondern auch einen kognitiven Bezugspunkt; sie liefern auch

Orientierung und Perspektive. Und auch deswegen darf die Vision nicht zu kleinkrämerisch-konkret formuliert sein, da sie ansonsten das befreiende Moment des weiten Atems verlieren würde. Die Vision gerät damit qualitativ (!) in die Nähe der Denkfigur der „Bewegung", die ein konstitutives Merkmal der geschlossenen Gesellschaft auf der kollektivistischen Dimension darstellt (vgl. Kapitel 2).

Visionäre Führung steht damit zwei Führungsvarianten der geschlossenen Gesellschaft nahe, der uniformistischen Führung und der monologisch/verschleiernden Führung (vgl. Kapitel 6). Die Tatsache, daß die Ziele vage und für die Zukunft formuliert werden, macht es einerseits unmöglich, die Angemessenheit des Ziels angesichts unsicherer Zukunft zu hinterfragen (Stacey, 1992) sowie die Zielerreichung zu überprüfen und verhindert andererseits systematisch, daß auf dem Weg zur Erreichung der Ziele ein Lernprozeß durch Erfahrung stattfinden kann. Überprüfen und Korrigieren durch Erfahrung wären aber gerade notwendig, um das offene Führungsmuster „Führung durch Dialog" praktizieren zu können.

Zusätzlich erhält, wie oben erwähnt, die ausgegebene Vision hohe Akzeptanz und emotionale Attraktivität durch die Möglichkeit, sie mit individuellen Wünschen und Sehnsüchten anzureichern. Boal und Bryson (1988) beschreiben, wie visionäre (charismatische) Führung dazu beiträgt, die „Lebenswelten" der Geführten insofern zu beeinflussen, als sie deren Deutungs- und Verhaltensmuster verändern. Eine Vision vermittelt Werte und Einstellungen, einen Zweck und eine Aufgabe bzw. Mission (Collins, Lazier, 1992). Das in der Vision festgelegte Ziel wird Teil der Deutungsmuster (interpretativen Schemata) der Geführten, die die Wahrnehmung und die Gefühle der Mitarbeiter steuern. Das Verhalten der Geführten wird sich folglich insoweit ändern, als sie versuchen, die (mit den eigenen Wünschen angereicherte) Vision zu erreichen. Da die Unternehmensvision außerdem von allen als verbindlich angesehen wird, als gemeinsames Ziel aller Anstrengungen, werden die Deutungs- und Verhaltensmuster der Geführten zudem vereinheitlicht. Daher rückt die visionäre Führung zusätzlich in die Nähe der uniformistischen Führung.

Sowohl charismatische Führung als auch visionäre Führung erfüllen offensichtlich vorhandene Bedürfnisse der Geführten (z. B. Identifkation, Orientierung, Teilhabe an einer Bewegung) und sind daher nicht von vornherein nur negativ einzustufen. Auch ist, wie schon ausgeführt, nicht jede Vision und nicht jede charismatische Führung ein Weg in die geschlossene Gesellschaft. Aufklärung hätte aber auf entsprechende Gefahren zu verweisen: In dem Umfang, wie die neue Führung einerseits auf die visionäre und andererseits auf die charismatische Karte setzt (die Kombination beider Strategien wird in der Literatur häufig als transformationale Führung bezeichnet), in dem Umfang also, wie individuelle Zielverantwortlichkeit durch kollektive Zielverbindlichkeit ersetzt wird und vor allem das für die offene Gesellschaft konstitutive Prinzip kritischer Rationalität durch das Prinzip Emotionalität verwässert wird, ist der Schritt in die geschlossene Gesellschaft vorprogrammiert. Aufklärung hätte die Funktion, diese Sachverhalte zur Diskussion zu stellen, damit sich Führungskräfte hierzu ein eigenes Bild machen können.

(Wenn wir hier ständig von Aufklärung gesprochen haben, so meinen wir Aufklärung im Sinne von Interpretationsangeboten. Wir wollen also nicht unter dem Deckmantel der Aufklärung in neuer Weise indoktrinieren, sondern einen Denkrahmen zur Diskussion stellen, von dem wir mit Nachdruck sagen, daß er ein möglicher Denkrahmen ist, der sich seinerseits selbstverständlich als revisionsbedürftig erweisen kann.)

Aufklärung hätte aber nicht nur zu zeigen, daß diese neuen Trends (Organisationskultur, corporate identity, visionäre Führung, charismatische Führung) als Antwort auf die innerbetrieblichen Probleme des offenen Betriebes interpretiert werden können und unter bestimmten Voraussetzungen innerbetrieblich als Weg in den geschlossenen Betrieb gedeutet werden können. Unter der Perspektive der Aufklärung kommt es vielmehr darauf an, immer wieder den gesamtgesellschaftlichen Bezug herzustellen, also zu erkennen, daß z. B. die transformationale Führung mit den visionären und charismatischen Aspekten als *innerbetriebliche* Antwort zu einer Zeit (!) formuliert wird, in der die Probleme der offenen Gesellschaft auf der *gesamtgesellschaftlichen* Ebene in hohem Maße virulent werden. So fällt auf, daß in unserer Regierungsform der Demokratie zunehmend Führungsschwäche beklagt wird, obwohl die von uns gewählten Politiker doch eigentlich eher Repräsentanten des Volkswillens und insofern eher Ausführende denn echte „Führer" sein sollten. Treffend scheint hier die von Türcke in einem Zeit-Essay (1994) geäußerte Diagnose zur Attraktivität von Charisma: „In dem Maße, wie die moderne Demokratie auf verwaltete Welt hinausläuft, hält sie den Wunsch nach charismatischen Führern wach, die ihrer toten Apparatur lebendigen Geist einhauchen oder sie einfach wegfegen und durch einen neuen Bund menschlicher Nähe und Unmittelbarkeit ersetzen sollen."

So liegt natürlich die Frage nahe, ob etwa die Praktizierung visionär-charismatischer Führung eine innerbetriebliche Antwort bleibt oder eben auch eine Rückkoppelung zur Gesamtgesellschaft aufweist und dort ohnehin ablaufende Schließungsprozesse noch verstärkt. Innerbetriebliche Aufklärung meint also, sowohl die gesamtgesellschaftliche Herkunft innerbetrieblicher Antwortmuster als auch potentielle Rückkoppelungen dieser Antworten auf die Gesamtgesellschaft gedanklich zur Disposition zu stellen, um damit die Rolle von Führungskräften als Transmissionsriemen neu zu überdenken.

Daß innerbetriebliche Schließungsprozesse in der Tat gesamtgesellschaftliche Schließungsprozesse positiv verstärken könnten, ist durchaus vorstellbar. Aus der Struktur unserer Gedankenführung folgt, daß über die Praktizierung einer visionär-charismatischen Führung zusätzlich motivationale Ressourcen freigesetzt werden können, und genau dies ist im übrigen auch die ausdrücklich formulierte Erwartung derjenigen Autoren, die die transformationale Führung propagieren (z. B. Bennis u. a., 1985). Sprechen Geführte der visionär-charismatischen Führung vor diesem Hintergrund Erfolg zu, so liegt es nahe, daß dieses Modell der Führung dann auch im gesamtgesellschaftlichen Kontext empfohlen und nachgefragt wird, nachdem dort das Bedürfnis nach starker Hand angesichts eines zunehmenden Krisenbewußtseins offenbar anwächst (Beck, 1993).

Unter der Perspektive der Aufklärung käme es vor allem immer wieder darauf an, auf die *Zeitparallelität* aller Antwortmuster zu verweisen. Erst vor diesem Hintergrund verlieren einzelne Erscheinungen den Charakter singulärer bzw. zufälliger Ereignisse und werden umgekehrt vielmehr als integraler Bestandteil eines umfassenden patterns erkennbar, das sich wandelt. Im Sinne der Anreicherung dieser Interpretation, auf die wir ja schon in den vergangenen Kapiteln vielfach eingegangen sind, sei unter Bezugnahme auf den betrieblichen Bereich noch ein Stichwort angeführt, das ebenfalls erst jüngsten Datums ist und sich in die bisherige Interpretation gut einfügt: Es handelt sich um den neuen Kometen „Organization Transformation“: Neben corporate identity, Organisationskultur, visionärer Führung und charismatischer Führung wird in der jüngsten Literatur organisationale Transformation propagiert. Auch hier handelt es sich um einen typischen Reflex: Für die offene Gesellschaft ist das Lernen und das stückweise Verbessern der Realität grundlegend. Ein solcher Prozeß ist, wie die Organisationsentwicklungsliteratur zeigt, mühselig und anstrengend. Man versteht gut, daß die Frustration einer Politik der kleinen Schritte zu Ungeduld führt, und diese Ungeduld macht sich offenbar heute breit: Statt der Verbesserungen in kleinen Schritten und einer entsprechenden Stückwerkvorgehensweise, gelenkt vom Prinzip Versuch und Irrtum, heißen die neuen Schlagworte: radical change einerseits und reengineering andererseits. Maßgebliche Quelle für das Verständnis dieser Strategie ist das Werk von Hammer und Champy (1993). Dort wird klar formuliert, was heute angeblich gebraucht wird: Radikaler Wandel, der von den Autoren selbst als revolutionärer Wandel bezeichnet wird. Darüber hinaus wird der Wandel als reengineering konzipiert. Dies verweist auf die klassische ingenieurwissenschaftliche Reißbrett-Strategie, sozialen Wandel mit spitzer Feder und elitärem Wissensanspruch nach dem Maschinenmodell von außen zu steuern.

Statt der der offenen Gesellschaft verpflichteten Konzeption des Organization Development (OD, Gebert, 1995) also nun die Strategie der Organizational Transformation (OT, Hammer, Champy, 1993). In den Popperschen Kategorien ist diese Strategie des OT ein klarer Schritt zurück in die geschlossene Gesellschaft: Wir hatten unter dem Stichwort der Priesterherrschaft die Methode der Ganzheitsplanung bereits skizziert (vgl. Kapitel 2). Indem ein soziales System als Ganzes gleichsam am Reißbrett entworfen wird (totaler Ansatz) und als Weg dorthin die revolutionäre Beseitigung des Alten propagiert wird (radikal/revolutionär), erweist sich die Technik der Ganzheitsplanung einerseits als deutlich kollektivistisch und andererseits als elitär und gewaltsam. OT ist in diesem Sinne exakt die Methode der Ganzheitsplanung. Bleibt nur noch zu erwähnen, daß das zitierte Buch von Hammer und Champy derzeit zu den Bestsellern in der Management Literatur gezählt wird.

Die dargestellten betrieblichen Beispiele galten der Frage, ob es Anzeichen dafür gibt, daß das „Pendel" sich auch innerbetrieblich möglicherweise auf den geschlossenen Pol zubewegt. Insofern ist unsere Beschreibung der betrieblichen Realität hier natürlich perspektivisch auf geschlossenheitsförderliche Tendenzen ausgerichtet. Wie auf der gesamtgesellschaftlichen Ebene (vgl. Kapitel 4), so sind — wie bereits skizziert (vgl. Teil II) — auch innerbetrieblich Gegenbewegungen beobachtbar, die eher dem offenen Pol zuneigen. So lassen sich etwa seit den 80er Jahren in Betrieben im Vergleich zu früher Öffnungstendenzen beobachten wie z. B. die Forcierung von Prozessen der Selbstorganisation, Dezentralisierung und Flexibilisierung von Strukturen und Prozessen — Stichworte wie laterale Kooperation (Klimecki, 1985) bzw. laterale Koordination (Wunderer, 1985), fraktale Fabrik (Warnecke, 1992), Konkurrenz der Subsysteme (interne Märkte), Organizational Learning, lebenslanges Lernen und Kaizen spiegeln die Tatsache wider, daß sich in manchen Betrieben die offene Gesellschaft zu etablieren beginnt. Ebenso wie gesamtgesellschaftlich und betrieblich parallele Schließungstendenzen erkennbar sind, scheinen also auch — wiederum gesellschaftlich und betrieblich parallel laufend — etwa seit den 80er Jahren gegenläufige Öffnungstendenzen in Richtung auf den offenen Pol zu existieren. Wenn wir hier im betrieblichen und oben (vgl. Kapitel 4) im gesamtgesellschaftlichen Kontext die Schließungstendenzen in den Vordergrund stellen, so ist diese Einseitigkeit ausschließlich damit zu begründen, daß wir die Diagnosefähigkeit exakt gegenüber solchen Schließungstendenzen erhöhen und daher für Anzeichen auf „Pendelbewegungen" in Richtung des geschlossenen Pols sensibilisieren möchten.

c. Der einzelne im Spannungsfeld zwischen dem offenen und dem geschlossenen Pol

Aufklärung verfolgt unter dieser Perspektive das Ziel, die Verführbarkeit des einzelnen in Richtung auf die geschlossene Gesellschaft durch Selbstkonfrontation zu senken. Dies dürfte in erster Linie bedeuten, die Faszination der geschlossenen Gesellschaft als solche in sich nicht zu leugnen, sondern als Tatbestand zu akzeptieren, das heißt die oben als Voraussetzung genannte „Charismabereitschaft" nicht nur bei den Mitarbeitern zu erkennen, sondern darüber hinaus auch bei sich selbst. Wie im gesamtgesellschaftlichen Kontext vermutlich derjenige auf externe Sinngebungsangebote von Gurus am ehesten hereinfällt, der, in Überschätzung seiner eigenen Person, Sinn in hinreichendem Maße selber produzieren zu können meint, also insofern autark zu sein glaubt, so fällt möglicherweise auch derjenige am ehesten auf Visionsangebote herein, der meint, eben dieses alles nicht nötig zu haben. Genau dieser Leugnungsstrategie muß durch Aufklärung begegnet werden:

In der Bundesrepublik gibt es ein Unternehmen, in dem sogenannte „Heldenmeetings" veranstaltet werden. Derartige Heldenmeetings können als gleichsam vorübergehende kurzfristige geschlossene Gesellschaft interpretiert werden. Heldenmeetings bestehen darin, daß eine handverlesene Gruppe Auserwählter (aus der Kernmannschaft des Managements) zu einem Treffen eingeladen wird, wo „der General" Fragen, die vorher selbstverständlich zensiert und vorbegutachtet worden sind, huldvoll entgegennimmt und wohlwollend erläutert und kommentiert. Der Informationsgehalt derartiger Veranstaltungen nähert sich dem Grenzwert Null. Der symbolisch-emotionale Gehalt einer derartigen Veranstaltung ist aber kaum zu überschätzen. Es ist eine geschlossene Veranstaltung insofern, als in ihr eine handverlesene Gruppe den Status einer Elite zelebriert, die sich harmonisch und vertrauensvoll wechselseitig in ihren Denkfiguren bestätigt. Einerseits wird durch das Beteiligtsein an diesem Heldenmeeting der Abstand zwischen dem Führer und den Auserwählten aus der Sicht der Auserwählten reduziert; man erweist sich als loyal, weil man dabei sein durfte. Im Sinne der für die geschlossene Gesellschaft konstitutiven Differenzierung wird andererseits aber der Abstand dieses elitären Zirkels zum Rest des Volkes gerade durch die Handverlesenheit unterstrichen und zugleich der qualitative Unterschied zwischen dem Führer einerseits und seiner Gefolgschaft andererseits dadurch markiert, daß sich ihm nicht alle, sondern nur einige wenige nähern dürfen.

Wer leugnet, daß ihm dieses In-Seiner-Nähe-Sein-Dürfen schmeichelt, ist wahrscheinlich am ehesten unter gegebenen Randbedingungen für die Verlockungen der geschlossenen Gesellschaft empfänglich, da er nicht versteht, was sich in ihm selbst ereignet. Insofern ist Sennett (1990) zuzustimmen, daß man nämlich in einer Autoritätsbeziehung ein Souverän nur dann bleibt, wenn man souverän die Attraktivität der Führung (durch eine Autorität) in sich anerkennt und sich insofern von der Autorität entfernt, indem man sich ihr nähert und nicht davonläuft.

Der wesentliche Kern scheint darin zu bestehen, in sich die parallele Nachfrage nach geschlossener und offener Struktur nachzufühlen, um sich dann in diesem Bewußtsein, „wissend“, auf eine Autoritätsbeziehung einzulassen, ohne in dieser Beziehung total vereinnahmt zu werden.

Genau zu dieser Haltung ist der Spießer, auf den wir eingangs schon eingegangen waren, nicht in der Lage. Die entscheidende Frage lautet jedoch: Sind Spießer immer nur die anderen?

Fazit: Auch in Betrieben kann versucht werden, durch Aufklärung einer Destabilisierung der offenen Gesellschaft entgegenzuwirken. Innerbetriebliche Aufklärung bedeutet zum einen, die Dilemmaakzeptanz des offenen Musters bei Führungskräften und Mitarbeitern zu stärken, indem Vorzüge und systematische Preise des offenen Musters einerseits sowie die Preise des geschlossenen Musters andererseits hinreichend verdeutlicht werden. Zum anderen kommt es darauf an, Führungskräfte in die Lage zu versetzen, aktuelle Trends in Betrieben (z. B. charismatische Führung, visionäre Führung, reengineering) vor dem Hintergrund der beschriebenen Pendeldynamik und im gesamtgesellschaftlichen Kontext zu bewerten und so Veränderungen im eigenen Betrieb entsprechend einzuordnen. Schließlich sollte der einzelnen Führungskraft bewußt sein, in welchem Maße auch sie selbst Geschlossenheit nachfragt, um auch selbst weniger „verführbar" zu sein.

7.2 Dilemmaentschärfung durch Balancierung?

7.2.1 Die Notwendigkeit einer Balance — der Fehler „Purismus"

In diesem Abschnitt wird im Rahmen des Gegensteuerns stärker die Handlungsseite betont. Es geht vor allem um die Frage, wie man das Spannungsverhältnis zwischen dem offenen und dem geschlossenen Pol flexibilisieren kann, um aus der gefährlichen entweder-oder-Haltung herauszukommen. Dabei soll neben den denkbaren Formen einer Flexibilisierung die Notwendigkeit dieser Flexibilisierung herausgearbeitet werden.

Versucht man noch einmal, das Wesentliche unserer Fragestellung zu kennzeichnen, so läßt sich unser Problem wie folgt skizzieren:

Die offene Gesellschaft ist ein Gut; wir zahlen hierfür aber einen Preis, und der besteht in dem Verlust der attraktiven Güter der geschlossenen Gesellschaft. Genauso gilt umgekehrt: Die geschlossene Gesellschaft ist attraktiv. Wir zahlen aber für diese Güter einen Preis, und dieser Preis besteht in dem Verlust der attraktiven Güter der offenen Gesellschaft. Dies ist die Kernfigur unserer bisherigen Argumentation. Wenn wir so argumentieren, sagen wir zugleich: Wir wollen eigentlich beides. Wir wollen die offene *und* die geschlossene Gesellschaft, wir wollen (vgl. Abb. 5) also Pluralität und schöpferische Spannung, zugleich aber Harmonie und vertrauensvolle Beziehungen, wir wollen Freiheit und Autonomie *und* Sicherheit und Ordnung, wir wollen Wandel, Flexibilität und Innovation *und* zugleich Übersichtlichkeit und Vorausschaubarkeit in der Welt, wir wollen in Frage stellen und gegebene Antworten hinterfragen *und* zugleich aber Eindeutigkeit, Gewißheit usw.

Das Kernproblem lautet also: Wir fragen Inkompatibles nach. Es ist anscheinend nicht möglich, am gleichen Ort zur gleichen Zeit beide Pluszeichenspalten (Abb. 5) zu erzielen. Als Beispiel kann auf das vorher Gesagte Bezug genommen werden: Es ist schön, sich begeistern zu lassen und innerhalb einer Autoritätsbeziehung durch eine ausstrahlungsfähige Persönlichkeit und die Farbigkeit ihrer Ideen inspiriert zu werden. Es scheint aber nur schwer möglich zu sein, in dieser Qualität der Beziehung zugleich ein souveräner, kritisch hinterfragender, den Diskurs abverlangender Partner zu sein. Stark überzeichnet könnte man auch das folgende Bild bemühen: Fragt jemand die patriarchalische Führung nach (und dies ist nicht so selten), so ist in der Verlebendigung der patriarchalischen Führung eine Rollendifferenzierung im Sinne der Vater-Sohn-Beziehung vorprogrammiert. In einer gefühlsmäßig gelebten Vater-Sohn-Beziehung kann der Sohn aber nicht zugleich ein gleichberechtigter, kritisch hinterfragender Partner sein. Der Nachdruck liegt dabei auf dem Wörtchen zugleich. Daß eine Vater-Sohn-Beziehung im Zeitablauf in eine partnerschaftliche Beziehung übergehen kann, ist selbstverständlich und trivial. Unsere Problemstruktur wird aber nur dann präzise herausgearbeitet, wenn wir zuspitzend formulieren: Es kann offenbar nicht das Muster des offenen Pols und das Muster des geschlossenen Pols am gleichen Ort zur gleichen Zeit praktiziert werden. Eine patriarchalische Führung und eine kooperative Führung sind in diesem Sinne zunächst einmal also nicht miteinander verträglich. Was also tun, wenn die Geführten aber beides wollen?

Interessant ist auch ein Blick auf den Mythos des Helden in den Vereinigten Staaten. Der Held ist selbstverständlich ein lonely hero, also ein einsamer Held. Veranschaulicht dies die prinzipiellen Antagonismen zwischen Individualität einerseits und sozialer Bindung andererseits (vgl. hierzu Bellah u. a., 1987)?

Unser Problem wird auch von Dahrendorf (1987) in interessanter Form konkretisiert. Nach Dahrendorf begann die Moderne in der Stadt. In der Stadt wurde die Person unabhängig von den Feudalherren auf dem Lande und, mit bestimmten Rechten ausgestattet, insofern frei und zu einem Bürger. Gleichzeitig ist die Stadt der Ort, an dem wirtschaftliches Wachstum einsetzte, womit sich entsprechend die Landflucht erklärt. Und schließlich ist die Stadt auch der Ort der Bildung und der Universität. Die Stadt ist insofern Ort vergrößerter Lebenschancen. An diesem Ort der offenen Gesellschaft bzw. in diesem Raum scheint es aber nicht möglich zu sein, zugleich die Güter der geschlossenen Gesellschaft zu erfahren, denn nach Dahrendorf (1987, S. 190 f.) haben wir für die Moderne einen Preis zu zahlen: Der Preis besteht im wesentlichen darin, daß sich im Laufe der Zeit eine doppelte Anomie entwickelt: „Eine passive Anomie der Langeweile, der Drogen- und Fernsehorgien in Reihenhäusern und eine aktive Anomie des Verbrechens und lebensbedrohenden Elends in den Slums".

Es scheint also nicht möglich zu sein, am gleichen Ort zur gleichen Zeit die offene Gesellschaft und die geschlossene Gesellschaft zu erfahren, womit noch einmal die Inkompatibilität dieser Muster illustriert ist. Wenn wir aber, anthropologisch bedingt, die Güter der offenen Gesellschaft *und* die Güter der geschlossenen Gesellschaft nachfragen, beide aber nicht zur gleichen Zeit am gleichen Ort leben können, so fragt sich, wie man hier balancieren kann.

Die Antwort ist in unserem Denkansatz natürlich schon vorprogrammiert: Wir können balancieren, indem wir zum einen zeitlich und zum anderen räumlich differenzieren; dies heißt im Klartext: Wir können den angemeldeten Bedarf nach offener und geschlossener Gesellschaft, der zeitparallel und am gleichen Ort nicht abarbeitbar ist, einerseits im zeitlichen Nacheinander und andererseits im räumlich-funktionalen Nebeneinander zu befriedigen versuchen.

Auf der gesamtgesellschaftlichen Ebene analysiert heißt dies z. B.: Das zeitliche *Nach*einander realisiert sich darin, daß wir 1871 eine geschlossene Gesellschaft gründeten. Nachdem die Preise dieser geschlossenen Gesellschaft hinreichend deutlich hervortraten, wurde 1919 eine offene Gesellschaft gegründet, deren Negativvorzeichen in der Weimarer Republik zum Vorschein kamen. Entsprechend begann 1933 als Reaktion darauf wieder eine geschlossene Gesellschaft, die unter schrecklichen Vorzeichen 1945 zusammenbrach. Nach dem zweiten Weltkrieg wurde eine offene Gesellschaft zu fundieren versucht, die im Augenblick wiederum in Frage gestellt wird?!

Die Abarbeitung des angemeldeten Bedarfs nach offener und geschlossener Gesellschaft im räumlich/funktionalen *Neben*einander bedeutet etwa, daß in unserer Bundesrepublik im Sinne einer Systemdifferenzierung bzw. Arbeitsteilung Subsysteme existieren (z. B. die katholische Kirche), in denen der Bedarf nach Geschlossenheit (hier: vor allem nach Sinn) befriedigt wird, während wir in derselben Gesellschaft andere Subsysteme haben (z. B. Wissenschaft), in denen gegenteilige Pole, nämlich kritische Rationalität, systematisches Hinterfragen usw. verortet sind. Die Bundesrepublik Deutschland weist also, was den Ist-Zustand anbelangt, als insgesamt offene Gesellschaft geschlossene Subsysteme auf.

Die beiden prinzipiellen Vorgehensweisen des zeitlichen Nacheinanders und räumlich/funktionalen Nebeneinanders sind zwei logisch ableitbare und in der Erfahrungswelt auch tatsächlich vorkommende Möglichkeiten, mit dem Problem umzugehen, daß wir als Menschen inkompatible

Strukturen nachfragen: Die beiden genannten Strategien zeigen insofern zumindest auf der theoretischen Ebene Flexibilitäts*potentiale* auf, die nachstehend noch genauer beleuchtet werden sollen.

Außer der zeitlichen und der räumlich/funktionalen Differenzierung ist im Prinzip auch noch so etwas wie eine Synthese aus dem offenen und geschlossenen Pol denkbar. Dahrendorf (1987, S. 208) spricht z. B. in diesem Sinne von einer „verzauberten Modernität", derer wir bedürfen, da eine rein rationale, methodisch-technokratische, nur den Verstand einsetzende Welt nicht lebenswürdig sei. Es wird also der von Max Weber eingeführte Tatbestand der Entzauberung der modernen Welt zugestanden und als Synthese die genannte Formel angeboten. Da über die inhaltliche Füllung nichts Näheres gesagt wird, verbleibt allerdings der ungute Eindruck eines begrifflich interessanten, aber doch bisher noch substanzlosen Plakates, das wohl nur die Schwierigkeiten der Synthesebildung reflektiert.

Vielleicht gibt es außer den genannten Strategien noch weitere Flexibilisierungswege, die man andenken kann. Eines scheint aber klar zu sein: Irgendeine Form von Flexibilisierung muß stattfinden, weil wir eine Doppelnachfrage abzuarbeiten haben. Dies hat eine wichtige Konsequenz. Statt einer puristischen Sauberhaltung der offenen Gesellschaft muß die Frage offenbar lauten: Wieviel geschlossene Gesellschaft bzw. welche Qualität von geschlossener Gesellschaft (in welchem Lebensraum und zu welcher Zeit) braucht die offene Gesellschaft zur Stabilisierung eben dieser offenen Gesellschaft? Diese von Dahrendorf in ähnlicher Form gestellte Frage (Dahrendorf, 1991, S. 171) dürfte in der Tat das Zentrum der Problemfigur ausmachen.

Dabei ist präzisierend anzufügen, daß zur Stabilisierung der Offenheit ein Zulassen von Geschlossenheit gewünscht ist, das, sofern wir in den Kategorien des räumlich/funktionalen Nebeneinanders denken, den Kern der offenen Gesellschaft (das geistige Dach, das allen Subsystemen etwa in Form des Grundgesetzes vorgelagert ist) nicht verwässert. Anders formuliert gilt also: Der sicherste Weg, zur Destabiliserung der offenen Gesellschaft beizutragen, besteht darin, geschlossene Muster aus der offenen Gesellschaft zu verbannen, das offene Muster also gleichsam puristisch sauberhalten zu wollen. Unter anderem an diesem Fehler (Purismus) dürfte die ehemalige DDR zugrundegegangen sein:

Wir sind ja bereits ausführlich auf die Zusammenbruchsphase innerhalb der ehemaligen DDR eingegangen. Aus der hier diskutierten theoretischen Sicht lag ein entscheidender Fehler darin, das System in allen wichtigen Bereichen in dogmatischem Purismus gleichzuschalten und nur in einigen wenigen, gesamtgesellschaftlich unbedeutenden Nischen Potentiale für die offene Gesellschaft, also Pluralität, Individualität, kritisches Hinterfragen, Widerspruch, Selbstorganisation usw. sanktionsfrei zuzulassen. Statt erforderlicher Flexibilisierungsstrategien wurde die geschlossene Gesellschaft in abschottender Weise und spießbürgerlich sauberzuhalten versucht. Daß dem so war, illustriert ein Zitat einer Führungskraft der ehemaligen Reichsbahn (Nietsch, 1995):

„... Man hat auch hier und auch bei der Bahn versucht, eine Gleichmacherei, eine Gleichstellung aller Betriebe zu erreichen, das ist unabhängig, ob das jetzt ein Maschinenbaubetrieb ist, ob das eine Eisenbahn ist, ob das eine Schule ist oder was weiß ich, ob das ein wissenschaftliches Institut gewesen ist, man hat eben versucht, die sozialistische Ideologie hineinzubringen. ... Man hatte auch, um Beispiele zu bringen, jetzt gerade solche Vereine, was ja für Deutschland eigentlich sehr typisch war, vielmehr sukzessive beseitigt. Und man hat eben versucht, so einen Einheitsmenschen zu produzieren, der letzten Endes nur in einer Richtung denkt und sozusagen den sozialistischen Staat vor Augen hat. ... Aber jedenfalls das war das primäre, also die gesamtgesellschaftliche Einstellung, die Vereinheitlichung des Menschen, und da waren eigentlich, deswegen sage ich einmal, da waren eigentlich alle Besonderheiten nicht gefragt. Man hat es in bestimmten Dingen bewußt gefördert, um auch zu zeigen, welch pluralistischer Staat man ist und wie man eben auch damals Helsinki anerkennt. Das war auch der Prozeß, der damals kam, man hat sich ein bißchen geöffnet, hat das auch bewußt gesteuert, daß nicht der Prozeß ja von selbst in den Menschen so ein Gefühl von Neigung heraus entstehen läßt, sondern man hat es bewußt gelenkt. Man hat eben durch die Partei, durch die Massenorganisationen, wie FDJ und die Gewerkschaft das hereingetragen in die Menschen eben, ob sie es wollten oder sie es hören wollten oder nicht, aber irgendwie mit einer solchen Intensität, daß man sich dem kaum entziehen konnte, und eben um diesen totalen ideologischen Druck zu sprengen, sich eben in Datschen oder was weiß ich, zurückgezogen hat, wo es eben nicht jedem zugänglich war. Man war so zurückgezogen, um so vielleicht einmal diese unheimliche Umklammerung, auch dieses Psychologische, das man einmal mit jemandem sprechen kann, auch wie man möchte, also wo man auch seine eigenen Gedanken dann loswerden konnte und eben nicht nur das nachplappern müßte und sollte, was eigentlich die staatliche Linie war".

Öffnung also nur auf der plakativen, aber nicht auf der substantiellen Ebene. Dieser Sauber-Dogmatismus zeigt sich zwingend dann auch darin, daß die Reichsbahn als wirtschaftliches Subsystem exakt denselben Mechanismen unterworfen wurde, die im politischen System der ehemaligen DDR durchgesetzt wurden (Nietsch, 1995):

Frage: „Man kann eigentlich sagen, daß die Reichsbahn praktisch die DDR widergespiegelt hat in ihrer Kommandostruktur, in ihrer Planwirtschaft, in ihrer Parteifixiertheit?"

Antwort: „In vollem Umfang, ja".

Da, wie unter 4.3 gezeigt, die Nicht-Öffnung auf der betrieblichen Ebene, also etwa das Ausbleiben kritischen Widerspruchs und die damit in Zusammenhang stehenden (und bereits geschilderten) grotesken Beschönigungsstrategien gegenüber Partei und Regierung deren Fehleinschätzung der Situation nur noch stabilisierten, kann insofern gut plausibel gemacht werden, wie die dogmatische Saubermann-Strategie wesentlich zum Untergang der ehemaligen DDR beigetragen hat.

Die offene Gesellschaft kann aus derartigen Erfahrungen nur lernen. Die Frage kann also nicht mehr heißen, ob zu flexibilisieren ist, sondern nur noch heißen, wie zu flexibilisieren ist. Vor diesem Hintergrund sei nachstehend eher typologisch das Grundmuster der zeitlichen und räumlich/funktionalen Flexibilisierung noch etwas genauer erläutert.

7.2.2 Formen der Balancierung

Nachstehend werden knapp die Strategien des zeitlichen Nacheinanders und des räumlich/funktionalen Nebeneinanders auf der gesellschaftlichen, betrieblichen und individuellen Ebene charakterisiert. Wenn wir hier und im folgenden von „Strategien" sprechen, so ist dies nicht als normativ mißzuverstehen. Die beiden Reaktionsmuster der räumlichen und zeitlichen Differenzierung stellen nicht Empfehlungen dar, sondern beschreiben lediglich, wie in der Realität mit dem skizzierten Problem umgegangen wird. Insofern beschreiben wir hier eher die Entwicklung ohne jede „Strategie", bevor wir weiter unten darauf zu sprechen kommen, welches Vorgehen uns als angemessen erscheint.

Die Schwierigkeit, eine Synthese aus dem offenen und dem geschlossenen Pol zu bilden, zeigte sich zum einen darin, daß Systeme die Nachfrage nach Offenem und Geschlossenem häufig im zeitlichen Nacheinander abarbeiten. Auf der gesamtgesellschaftlichen Ebene läßt sich dies, wie schon dargestellt, für Deutschland etwa im Beobachtungszeitraum 1871 bis heute sehr gut demonstrieren. Der geschlossenen Gesellschaft folgte — eben als Antwort hierauf — die offene Gesellschaft, die, wiederum systematisch bedingt, von einer geschlossenen Gesellschaft abgelöst wurde.

Ähnliche Hypothesen sind auch schon in bezug auf den betrieblichen Bereich formuliert worden. Greiner (1972) geht etwa davon aus, daß ein Unternehmen nach einer kreativen Gründungsphase (offener Pol) in eine Führungskrise gerät, die durch eine straffe und zentrale Führung abgelöst wird (geschlossener Pol). Bei weiterem Wachstum gerät diese Führung im Verlaufe der Zeit in eine Autoritätskrise, die eine Art von Enthierarchisierung verlangt (offene Phase). Dies wiederum mündet in eine Steuerungskrise ein, auf die das System mit dem Ausbau bürokratischer Kontrolle antwortet (geschlossene Phase).

Oszillationen zwischen dem offenen und dem geschlossenen Pol lassen sich insofern sowohl auf der gesamtgesellschaftlichen als auch auf der betrieblichen Ebene nachzeichnen. Damit soll selbstverständlich keiner deterministischen „Pendel-Dynamik" das Wort geredet werden. Die hier ablaufenden Prozesse sind viel zu komplex, als daß sie einer simplen Oszillationsmechanik gehorchend gedacht werden können. Dennoch ist es immerhin bemerkenswert, daß das dialektische Spannungsverhältnis zwischen dem offenen und dem geschlossenen Pol — widergespiegelt in entsprechenden Oszillationen — z. B. auch im betrieblichen Bereich beobachtbar ist.

Das Spannungsverhältnis zwischen Offenheit und Geschlossenheit läßt sich schließlich auch auf der individuellen Ebene rekonstruieren. Besteht parallele Nachfrage nach den Vorteilen der offenen und der geschlossenen Gesellschaft, so wird in der Realität das eine zugunsten des anderen aufgeschoben und insofern zeitlich flexibilisiert. Gleichzeitig kann man aber auch beobachten, daß Menschen im Zeitablauf unterschiedliche Bedürfnisse nach Offenheit bzw. Geschlossenheit entwickeln, so daß also nicht nur die Bedürfnisbefriedigung, sondern auch die Bedürfnisse selbst zeitlich nacheinander auftreten.

Dabei kann man unter anderem auf evolutionstheoretische Erörterungen Bezug nehmen. Bischof (1985) zeigt etwa, wie das Individuum im Familienverband aufwächst und sich in dieser geschlossenen Gesellschaft zunächst auch wohlfühlt. Wird das Individuum geschlechtsreif, entfaltet sich also seine Potenz im weitesten Sinne des Wortes, so steigt sein Unternehmungsgeist und aktiviert ein Autonomiebedürfnis, wobei zugleich das Sicherheitsstreben sinkt. Das Individuum wird durch den doppelten Mechanismus der Steigerung seines Autonomiebedürfnisses und Senkung seines Sicherheitsbedürfnisses gleichsam aus dem Nest der geschlossenen Gesellschaft herauskatapultiert, was im übrigen unter anderem der biologischen Funktion dient, einem möglichen Inzest vorzubeugen. Bekanntes und Vertrautes verliert, Neues und bisher Unbekanntes gewinnt an Attraktivität. Der Sprung in die offene Gesellschaft ist damit vorprogrammiert. Die Person erlebt die Phase des Sturm und Drang, schreitet die Welt ab, versucht sie zu verändern und huldigt damit vor allem dem voluntaristischen Prinzip. Hat sich die Energie des Individuums in der Auseinandersetzung mit der Realität verzehrt, so dreht sich die Entwicklung wieder um. Das Autonomiestreben wird rückläufig, und das Sicherheitsstreben beginnt wieder zu dominieren: Der Ältere kehrt wieder in den Schoß der Familie (also der geschlossenen Gesellschaft) zurück (Bischof, 1985, S. 435 ff.).

Die evolutionstheoretische Dynamik wird dabei von soziologischen Mechanismen überlagert. Beck (1986) beschreibt die in unserer Gesellschaft angeblich zunehmende Tendenz, unterschiedliche Lebensformen im zeitlichen Nacheinander auszutesten. Das Individuum würde eine Ehe nicht mehr als eine lebenslange Bindung interpretieren, sondern im Nacheinander Phasen des Familienlebens und Phasen des Alleinlebens durchlaufen, was sich unter anderem in einer sprunghaft ansteigenden Zahl von Einpersonenhaushalten und alleinerziehenden Müttern und Vätern dokumentiere. Im individuellen Längsschnitt komme es somit zu einer Pluralisierung der Lebensstile, so daß das Muster der „vollmobilen Singlegesellschaft“ (Beck, 1986, S. 199) zunehme.

Schließlich ist jedermann die Erfahrung von Liebe vertraut. Sartre hat in unvergleichlicher Form herausgearbeitet, daß die Entfaltung von Liebe notwendig einen eigenen Raum und eine eigene Zeit voraussetzt, also eine vorübergehende Abkapselung vom Rest der Welt. Zumindest in ihrer romantischen Variante (nur Du, für alle Ewigkeit...) erzeugt Liebe die Welt der geschlossenen Gesellschaft immer wieder neu, was ihrerseits anfeuernd auf die Liebe zurückwirkt (Sartre, 1991, S. 643 ff.). Je farbenprächtiger damit das hieraus resultierende Kunstprodukt „Liebe“ leuchtet, desto mehr ist aber — eben aufgrund der inhärenten Problematik jeglicher Schließung — das Ende dieser Liebe schon vorprogrammiert.

Prozesse der Schließung und Öffnung sind im zeitlichen Nacheinander insofern auf der gesamtgesellschaftlichen, auf der betrieblichen sowie auf der individuellen Ebene in den verschiedensten Varianten erkennbar, wobei wir gesehen haben, daß dies nicht immer zeigt, wie man mit inkompatiblen, gleichzeitigen Bedürfnissen umgeht, sondern, wie wir auf der individuellen Ebene gesehen haben, auch in der zeitverschobenen Entwicklung der Bedürfnisse selbst liegen kann. Der Wechsel von einem Zustand zum anderen scheint dabei den Kräften zu unterliegen, auf die wir schon mehrfach ausführlich eingegangen sind.

Die andere Strategie des Umgangs mit dem Problem, Inkompatibles nachzufragen, besteht im räumlich/funktionalen Nebeneinander. Auf der gesamtgesellschaftlichen Ebene wurde bereits darauf verwiesen, daß wir in der offenen Gesellschaft auch geschlossenere Subsysteme (Familie, Militär, Kirche) vorfinden, was nach unserer Interpretation nur die Kernthese reflektiert, daß wir nämlich, anthropologisch betrachtet, sowohl die offene als auch die geschlossene Gesellschaft nachfragen. Und so wie sich schon Max Weber strikt für die Trennung von „Politik und Katheder" ausgesprochen hat, so wird auch in der neueren Literatur dafür plädiert, im Sinne einer föderalistischen Idee die unterschiedlichen Strategien der Selbstregulation in den Subsystemen Politik, Wissenschaft, Ökonomie, Kirche usw. zu tolerieren und zu fördern, da dies dem Gesamtsystem nur zugute kommt (Habermas, 1992a).

Auf der betrieblichen Ebene ist ebenfalls ein Nebeneinander von offenen und geschlossenen Polen zu beobachten. Es wurde bereits darauf hingewiesen, daß sich in der traditionellen Montage häufiger geschlossenheitsnahe, im Bereich der Forschung und Entwicklung dagegen eher offenheitsnahe Führungs- und Kooperationsmuster finden, und diese Form der Differenzierung kann natürlich durchaus als eine Form der Problemlösung bzw. als eine Form der Dilemmaabarbeitung betrachtet werden (Kieser u. a., 1992, S. 300).

Das Modell des räumlich/funktionalen Nebeneinanders kann schließlich auch im Prinzip auf der individuellen Ebene nachgezeichnet werden. Man denke sich z. B. einen Physiker, der in seiner Forschungs- und Entwicklungsabteilung dem wissenschaftstheoretischen Modell des kritischen Rationalismus anhängt und spezifische Hypothesen durch die Konfrontation mit Beobachtungen zu erhärten versucht, und unmittelbar nach dieser Tätigkeit in die Kirche geht, das Heilige Abendmahl einnimmt und damit in eine Welt eintaucht, die das genaue Gegenteil von kritischem

Rationalismus beinhaltet. Wir leben also auch auf der individuellen Ebene in mehreren Welten zugleich.

Zusammenfassend läßt sich festhalten, daß auf allen drei unterschiedenen Ebenen (Gesellschaft, Betrieb, Individuum) sowohl das Modell des zeitlichen Nacheinanders als auch das Modell des räumlich-funktionalen Nebeneinanders nachzeichungsfähig ist. Es sind dies offenbar die geläufigsten Figuren, mit dem Dilemma der parallelen Attraktivität der offenen und der geschlossenen Gesellschaft umzugehen. Dabei handelt es sich, wie oben erwähnt, nicht um empfehlenswerte „Strategien", sondern bis hierher haben wir lediglich diejenigen Vorgehensweisen geschildert, die in der Realität beobachtbar sind.

Die Entscheidung für eine dieser Grundformen des Balancierens ist nicht einfach, und so haben auch wir keine Patentlösung anzubieten. Vor dem Hintergrund der oben skizzierten Dynamik des sozialen Wandels scheint uns jedoch ein räumlich/funktionales Nebeneinander am aussichtsreichsten. Unsere These lautet dabei wie folgt. Wenn man das offene oder das geschlossene Muster puristisch praktiziert (vgl. oben), wird damit zwangsläufig das jeweilige Gegenmodell verweigert. Unterstellt man, daß jedoch immer ein Bedarf nach dem Gegenmodell besteht — zeitparallelel oder sich allmählich entwickelnd — so ist es plausibel, daß mit zunehmendem Purismus das unerreichbare Gegenmodell entsprechend attraktiver wird. Bezogen auf unser „Pendelmodell" würde dies bedeuten, daß z. B. bei puristischer Praktizierung der offenen Gesellschaft die Gefahr immer größer wird, daß das „Pendel" umso heftiger und umso irreversibler in das Gegenmodell der geschlossenen Gesellschaft umschlägt. Purismus — sowohl im offenen als auch im geschlossenen Muster — heizt also die Schwingung des „Pendels" tendenziell an.

Da uns ein Anheizen des „Pendels" wegen des zu befürchtenden Umschlagens in das jeweils andere *Extrem* so gefährlich erscheint, halten wir die Strategie des räumlich/funktionalen Nebeneinanders von Offenheit und Geschlossenheit für chancenreich. Existieren offene und geschlossene Bereiche nebeneinander, so könnte damit z. B. im Rahmen der offenen Gesellschaft dem gleichzeitigen Bedarf nach Geschlossenheit zumindest partiell entsprochen werden. Wenn dieser Bedarf nicht wie im puristischen Modell zur Gänze verweigert wird, ist die Gefahr geringer, daß das geschlossene „Ufer" immer attraktiver wird. Daher wäre das gleichzeitige Zulassen von Offenheit und Geschlossenheit möglicherweise eine Chance, das „Pendel" zu bremsen. Mit anderen Worten: Das räumlich/funktionale

Nebeneinander von Offenheit und Geschlossenheit kann als Strategie betrachtet werden, um dem unkontrollierten zeitlichen *Nacheinander* der Extrema von Offenheit und Geschlossenheit zuvorzukommen. Von den oben beschriebenen beiden Vorgehensweisen halten wir also das räumlich/funktionale Vorgehen für angemessen, um die unerwünschten Extrema (z. B. diffuge Demokratie und Diktatur auf der gesellschaftlichen Ebene, Führungskrise und Autoritätskrise auf der betrieblichen Ebene) zu verhindern.

Im Hinblick auf die Strategie des räumlich/funktionalen Nebeneinanders ergibt sich freilich die Frage, *wieviel* Geschlossenheit man etwa in der offenen Gesellschaft zulassen soll. So ist es denkbar, daß das Zulassen von „geschlossenen Inseln" in der offenen Gesellschaft die beschriebene kompensatorische, den sozialen Wandel bremsende Wirkung hat, aber möglicherweise nur bis zu einer bestimmten Grenze. Derartige geschlossene Inseln können Rückkoppelungen zum Gesamtsystem aufweisen und sich möglicherweise unkontrolliert ausbreiten. Geschlossenheit, z. B. in Form einer fundamentalistisch orientierten Kirche, bleibt nicht notwendigerweise auf diese Institution beschränkt, sondern wirkt selbstverständlich mehr oder weniger stark in andere gesellschaftliche Bereiche (z. B. Familie, Politik) hinein. Es ist also nicht auszuschließen, daß diese geschlossenen Inseln ab einer gewissen Grenze eine Eigendynamik dergestalt entfalten, daß sie sich krebsartig ausbreiten, was letztlich dazu führen würde, daß nach und nach die gesamte Gesellschaft zu einer geschlossenen mutiert. In diesem Fall wäre das „Pendel" nur zeitweilig aufgehalten. Das Problem scheint darin zu liegen, exakt die Grenze zu definieren, von der ab die kompensatorische und insofern systemstabilisierende Wirkung der geschlossenen Subsysteme in eine unterminierende, systemdestabilisierende Wirkung umkippt. Wir können keine exakten Anhaltspunkte dafür geben, wie man diese Grenze festlegen kann. Balance bedeutet auch vorsichtiges Herantasten und will durch Erfahrung gelernt sein — unsere „Lösung" bzw. unsere Hoffnung besteht darin, daß man durch vorsichtiges, probeweises Zulassen von Geschlossenem in der offenen Gesellschaft diesbezügliche Erfahrungen sammeln und sich dadurch allmählich in Richtung auf eine „kluge Balance" weiterentwickeln kann. Durch schrittweises und erfahrungszentriertes Gewähren von Geschlossenheit (vgl. die Stückwerktechnologie der offenen Gesellschaft) kann man möglicherweise verhindern, daß eine partielle Schließung zurück in die negativen Aspekte der geschlossenen Gesellschaft führt.

Im nachstehenden Kapitel werden wir unter dem Gesichtspunkt des Gegensteuerns vor allem das Flexibilisierungspotential analysieren, das in der Strategie des räumlich/funktionalen Nebeneinanders liegt. Da wir im 4. Kapitel Schließungstendenzen festgestellt haben, diesen Schließungsbedarf aber natürlich nicht ignorieren können, versuchen wir im nächsten Abschnitt Überlegungen zur Frage anzustellen, in welchen Bereichen eine Annäherung an den geschlossenen Pol und in welchen Bereichen eine Annäherung an den offenen Pol gefördert werden könnte, um durch ein *paralleles* Schließen und Öffnen zur Stabilisierung der offenen Gesellschaft beizutragen.

7.3 Balancierung durch paralleles Schließen und Öffnen

7.3.1 Die gesellschaftliche Ebene

Im nachstehenden Unterabschnitt sollen mögliche Schließungs- und Öffnungsformen auf der gesamtgesellschaftlichen Ebene erörtert werden. Dabei sind wir nicht in der Lage, empfehlend irgendwelche Stellungnahmen abzugeben. Wir können bestenfalls versuchen, Handlungsoptionen erkennbar werden zu lassen. Dies wollen wir dadurch erreichen, daß wir wiedergeben, welche Schließungs- und Öffnungsstrategien in der aktuellen Diskussion einen breiteren Raum einnehmen.

Dabei werden wir die Frage untersuchen, inwiefern sich durch eine Kombination der beobachtbaren Öffnungs- und Schließungstendenzen Potentiale für eine „kluge Balance“ ausfindig machen lassen. Die Umrisse einer solchen Balance werden wir inhaltlich auf zwei unterschiedlichen Feldern erkennbar zu machen versuchen.

Der erste Bereich betrifft die Frage der Einbindung des Menschen in ein soziales Kollektiv und die Frage nach den Handlungsmöglichkeiten bzw. der Einflußnahme des einzelnen in einem sozialen Gefüge. Er steht damit in inhaltlicher Nähe zu der anthropologischen und der sozialen Dimension. Im sozialen Kontext geht es z. B. aus kommunitaristischer Sicht um das Problem, wie der Person Brücken gebaut werden können, aus der Gefahr der Isolation und Vereinzelung heraus zu kommen und wieder Anschluß an „Gemeinschaft und Tradition“ zu finden; in diesem Feld werden in der Literatur tendenziell Schließungsempfehlungen diskutiert. Gleichzeitig geht es um das Problem der Steuerung in der Gesamtgesellschaft: Zugespitzt geht es um die Alternative einer zentralen Steuerung durch die

Hierarchie oder einer dezentralen Steuerung durch den Markt bzw. durch den Wettbewerb; in diesem Feld werden in der aktuellen Diskussion eher Öffnungsstrategien erwogen, die einer Steuerung durch den Markt das Wort reden. Indem wir die kommunitaristischen Schließungstendenzen mit diesen gesamtgesellschaftlichen Öffnungstendenzen gedanklich verbinden, werden wir Balancepotentiale herauszuarbeiten versuchen.

Der zweite Bereich bezieht sich auf das Problem der Sinngebung und betrifft daher die erkenntnistheoretische Dimension. Speziell soll erörtert werden, welchen Strömungen die Institution Kirche in dem Spannungsverhältnis zwischen Beliebigkeit einerseits und Orthodoxie andererseits ausgesetzt ist. Und auch hier soll dargestellt werden, welche Strategien derzeit diskutiert werden, mit diesem Spannungsverhältnis umzugehen. Am Beispiel der amerikanischen Kirche wird gezeigt, wie eine Synthese aus Schließungs- und Öffnungsmechanismen in der Realität aussehen kann.

a. Balance durch dezentrale Rückbindung der Person an ein soziales Kollektiv

Unter 4.2.1 sind wir bereits auf die in den Vereinigten Staaten und inzwischen auch in Europa geführte Kommunitarismus-Debatte eingegangen. Unter der Perspektive des Gegensteuerns empfiehlt Walzer (1993), das Kirchenleben, die Nachbarschaftsbeziehungen und eine aktive Gemeindepolitik zu fördern, um dem einzelnen so eine dezentrale und sozial verankerte Identität in den Sinngemeinschaften und Beziehungsnetzen zu ermöglichen, in die er hineingeboren ist. Vor diesem Hintergrund empfehlen auch Bellah u. a. (1987), daß es darauf ankommt, lokale Traditionen wieder zu verlebendigen, damit die einzelne Person an die (bereits zitierten) Gewohnheiten des Herzens anknüpfen kann.

Bellah u. a. (1987) gehen davon aus, daß zwischen Individualismus einerseits und sozialer Bindung andererseits im Prinzip Brücken denkbar sind. Historisch hat es angeblich solche Brücken gegeben: Das Prinzip Individualität realisierte sich in den USA in Form des selbständigen Farmers, Handwerkers oder Einzelhändlers, während sich die soziale Bindung im wesentlichen darin konkretisierte, daß die Menschen der Kirche angehörten, in dieser Kirche auch aktiv lebten sowie an der Gemeindearbeit teilhatten. Die heutige Lage sei im wesentlichen dadurch gekennzeichnet, daß ein doppelter Verlust eingetreten sei: Aus selbständigen Menschen mit religiöser Bindung seien bindungslose Unselbständige geworden, die in anonymen Großorganisationen arbeiten. Die Förderung dezentraler Gemeindepolitik und einer entsprechenden Bürgerpartizipation stellt insofern einen wichtigen Programmpunkt der Kommunitaristen dar.

Man weiß allerdings nicht so recht, inwieweit hier eine illusionäre Vorstellung dominiert: Nach den Interviewdaten von Bellah u. a. hat man den Eindruck, daß die interviewten Personen vor allem eine konsensorientierte Gemeindepolitik nachfragen, in der untereinander ähnliche Mitglieder harmonisch und vertrauensvoll miteinander kooperieren. Man kann natürlich fragen, ob dies dem Wesen der politischen Dimension selbst auf der Ebene der Gemeindepolitik gerecht wird. Ein demokratisches Abarbeiten politischer Probleme impliziert die Akzeptanz eines Interessenplurals, und genau dieses, nämlich der Interessenplural mit dem damit korrespondierenden Konfliktpotential, scheint den von Bellah u. a. interviewten Amerikanern aber eher unheimlich zu sein. Insofern bleibt natürlich offen, inwieweit über eine dezentrale aktivere Gemeindepolitik eine soziale Rückbindung möglich wird, wenn dort nämlich Konsens und Harmonie nachgefragt wird, obwohl dies für die politische Arena eigentlich untypisch ist.

Darüber hinaus verweisen Bellah u. a. (1987, S. 185 ff.) auf die Strategie, an sogenannte „Erinnerungsgemeinschaften" anzuknüpfen. Erinnerungsgemeinschaften (z. B. die Familie, aber auch ein Verein) stiften Bedeutungszusammenhänge und konstituieren für den einzelnen seine Identität im Längsschnitt, da Erinnerungsgemeinschaften eine gemeinsame Vergangenheit, aber auch eine gemeinsame Zukunft aufweisen. Erst in dieser Erinnerungsgemeinschaft erfahre der einzelne soziale Anbindung, die ihm aber dennoch genug Raum gebe, als Person auch Individualität zu entwickeln. Dies geschieht z. B. dadurch, daß die Werte und Normen der Erinnerungsgemeinschaft durch die einzelne Person in individueller Weise weiterentwickelt werden, wenn die Person versucht, sich an die veränderten Verhältnisse anzupassen.

Die kommunitaristischen Schließungsempfehlungen sind umstritten. Es gibt Autoren, die hierin im wesentlichen eine romantizistische Flucht sehen (so ansatzweise Brunkhorst, 1994). Hält man die kommunitaristische Schließungs-Richtung im Prinzip für sinnvoll, so könnte man auch versuchen, dem kommunitaristischen Gedanken zu entsprechen und *zugleich* für die Regularien der offenen Gesellschaft einzutreten.

Vielleicht fördert ein sozialpolitisches Engagement im Verein auch ein

Engagement in der „kleinen“ Politik der Gemeinde, so daß die häufig beklagte Passivität auf der politischen Ebene, die auch von uns schon unter 4.2 erörtert wurde, zugunsten eines größeren Engagements aufgebrochen werden könnte. Dies ist in dem Maße plausibel, wie der einzelne die Erfahrung macht, daß durch individuelles Engagement tatsächlich etwas bewirkt werden kann. Passivität kann aus lerntheoretischer Sicht nur durch eine sogenannte korrigierende Erfahrung aufgebrochen werden, und eben hierfür sind die Voraussetzungen auf der Ebene des Vereinslebens und der Gemeindepolitik wohl eher günstig. Entsprechende Einübungen in der „kleinen“ Politik schaffen damit auch ein positiveres Verhältnis zur „großen“ Politik, wenn hierbei bestimmte Voraussetzungen erfüllt sind:

Zum einen käme es darauf an, im Zuge der schon erörterten Strategie der Aufklärung den Ertrag der offenen Gesellschaft zu umwerben, so daß man sich im Ergebnis sowohl in der kleinen als auch in der großen Politik wohler fühlen kann. Zum zweiten käme es zur Förderung der Akzeptanz der großen Politik darauf an, konsequenter gegen alle diejenigen (auch Politiker) vorzugehen, die den Glauben an die Vernünftigkeit demokratischer Verfahren durch Mißbrauchsaffären in substantieller Weise aushöhlen. Unter dem Stichwort der Politik- und Parteienverdrossenheit war bereits ausführlich auf Mißstände im Bereich der Politik eingegangen und vor allem die selbstreferentielle Abkopplung des politischen Systems von der Öffentlichkeit problematisiert worden. Mit anderen Worten: Es käme darauf an, komplementär zur Aufklärung auch Mängel in der politischen Praxis anzugehen, um das Vertrauen in die Funktionsfähigkeit der offenen Gesellschaft zu stützen. Scheuch u. a. (1992) haben vergleichsweise konkrete Vorschläge unterbreitet, wie z. B. durch eine verbesserte Auswahl und Ausbildung der politischen Nachwuchskräfte Schwächen des gegenwärtigen politischen Systems in der Bundesrepublik abgepuffert werden können (Scheuch u. a., 1992, S. 122). Auch Engels (1988, S. 66 ff.) vertritt die These, daß verschiedene Ärgernisse in der Bundesrepublik nicht unbedingt als Systemmängel zu interpretieren seien, sondern eine unzulängliche Praxis eines an und für sich guten Systems darstellten.

Indem man also Mängel des politischen Systems zu beseitigen versucht und zugleich den Ertrag der offenen Gesellschaft immer wieder umwirbt, könnte eine Bejahung der offenen Gesellschaft als System gefördert werden, so daß die soziale Bindung des einzelnen im Ergebnis aller Bemühungen *parallel* dezentral und zentral verankert werden kann. Es ist also denkbar, daß sich die kommunitaristischen Rückbindungsempfehlungen für eine Stabilisierung der offenen Gesellschaft nutzen lassen, wenn man die sozialen Gemeinschaften nicht als geschlossene Inseln konzipiert, sondern sie mit Attributen der offenen Gesellschaft ausstattet. *So* ausgestattete dezentrale soziale Rückbindungsgemeinschaften würden dann Brücken bauen zur offenen Gesellschaft.

Der Gedanke dezentraler Selbstkoordination kleiner sozialer Einheiten wird derzeit unter dem Stichwort „mehr Demokratie" und „mehr Markt" diskutiert. Brunkhorst (1994) vertritt nachdrücklich die These, daß der Demokratie nur eines helfen kann, nämlich mehr Demokratie zu praktizieren. Nur auf diesem Wege könne letztlich dem passiven Politikkonsum, der Resignation und dem Rückzug wirkungsvoll begegnet werden.

Die Debatte, welcher Steuerungsform (Demokratie bzw. Markt und Wettbewerb versus staatliche Reglementierung bzw. zentrale Planung) der Vorzug zu geben ist, dürfte hinlänglich bekannt sein. Da wir diese Argumente auch schon teilweise erörtert haben, sei nachstehend nur knapp auf die Frage eingegangen, welche drei komplementären Strategien wichtig sind, wenn Entscheidungsbedarfe verstärkt durch dezentrale Selbstkoordination abgearbeitet werden sollen.

Eine erste Voraussetzung thematisiert Beck (1986): Er betont, daß das politische System die (die moderne Welt bestimmenden) Subsysteme Wirtschaft und Wissenschaft eben aufgrund ihrer Relevanz für die weitere Zukunft gerne zentral zu steuern versuchen würde. Und diese Gefahr einer Rezentralisierung sei umso größer ausgeprägt, je mehr die bekannten ökologischen und ökonomischen Probleme anwachsen und entsprechend der Ruf nach einer starken Hand laut wird. Beck fordert, das politische System müsse aber zu akzeptieren lernen, daß die Welt von morgen nicht mehr im politischen System, sondern in der Tat in den Subsystemen Wirtschaft und Wissenschaft vorgeprägt werde, womit wesentliche Randbedingungen für die weitere Zukunft also nicht mehr unmittelbar im parlamentarischen Raum, sondern in den Vorstandsetagen und in den Forschungslabors gesetzt würden. Das politische System habe insofern die Aufgabe, sich dirigistischer Eingriffe zu enthalten und lediglich Rahmenbedingungen zu fördern, damit die Verlagerung der Politik in die Vorstandsetagen und Forschungslabors zum Wohl und nicht zum Wehe des Gesamtsystems ausfalle.

Bei diesen Rahmenbedingungen verweist Beck vor allem auf die Förderung solcher Bedingungen, die eine komplementär erforderliche Bereitschaft und Befähigung zur Selbstkritik in den Teilsystemen Wirtschaft und Wissenschaft unterstützen. Nur hier, gleichsam am Pulsschlag und Tatort der Entstehung von Zukunft, könnten positive Weichenstellungen rechtzeitig erkannt, aber auch potentielle Gefahren rechtzeitig durchschaut werden. Damit die Systeme Wirtschaft und Wissenschaft zu dieser dezentralen Selbstkritik befähigt sind, müsse die bisherige Blindheit der expertenorientierten Einzelentscheidungen überwunden werden, weswegen Beck zwischenfachliche bzw. fachübergreifende Teilöffentlichkeiten fordert. (Diese Forderung deckt sich im übrigen mit modernen Überlegungen zur Implementierung einer Unternehmensethik.) So fundierte und abgestützte dezentrale Selbstkritik sei wahrscheinlich der einzige Weg, der verhindere, daß uns die Welt um die Ohren fliege (Beck, 1986, S. 373).

Die Steuerung über dezentrale Selbstregulierung muß zweitens in analoger Form auch im ökonomisch-rechtlichen Bereich abgesichert werden. Dem Wettbewerb der Ideen muß der Wettbewerb der Güter im ökonomischen Bereich parallel laufen. Von Hayek (1981) betont immer wieder, daß die einzige Alternative zum Markt die Lenkung durch eine Behörde sei, womit Willkür unumgänglich sei. Jede Form von Staatsmonopol und zentraler Preiskontrolle sei die Inkarnation von Willkür und untergrabe das Prinzip der Freiheit in seinem ökonomischen Anwendungsbezug. Die Stabilisierung der offenen Gesellschaft setze die Stabilisierung der Marktwirtschaft voraus.

Ohne hier im Detail auf die komplexen Zusammenhänge zwischen der Sozialordnung einerseits und der ökonomischen Grundordnung andererseits eingehen zu können, ist jedenfalls die These wieder in Erinnerung zu bringen, daß der real existierende Sozialismus unter anderem an der Wechselwirkung zwischen der Parteiendiktatur und der zentralistischen Planwirtschaft zugrunde gegangen ist. In Umkehrung liegt zumindest die Hypothese nahe, daß die Marktwirtschaft eine wichtige Stütze für die offene Gesellschaft darstellt, zumal die Form der Kapitalverwertung in der Marktwirtschaft eine besonders effiziente Methode darstellt, somit auch im Prinzip dem Wohlstand aller dient und insofern stabilisierende Rahmenbedingungen für die Praktizierung einer offenen Gesellschaft setzt (Tuschling, 1978). Tuschling geht dabei noch weiter und betont in Umkehrung der Denkrichtung, daß die Prinzipien der offenen Gesellschaft, nämlich Individualismus und Freiheit, nicht nur einen emanzipatorisch-normativen Aspekt beinhalten; vielmehr gelte, daß gerade diese Prinzipien, auf den ökonomischen Kontext bezogen, der Entfaltung der Marktwirtschaft am besten dienen (Tuschling, 1978, S. 358). Insofern müsse man von einer sehr komplexen Wechselwirkung zwischen der Rechtsordnung einer offenen Gesellschaft einerseits und marktwirtschaftlichen Prinzipien andererseits ausgehen. Die für die offene Gesellschaft charakteristische Rechtsordnung bzw. Wertestruktur begünstige die ökonomische Entwicklung, wodurch diese Rechtsordnung wieder im Sinne einer Rückkoppelung verstärkt werde. In diesem Zusammenhang lassen sich die aktuellen Deregulierungs- und Privatisierungstendenzen in der Bundesrepublik als Stabilisierung der offenen Gesellschaft deuten.

Damit ist bereits die dritte Randbedingung thematisiert, die zu beachten ist, wenn der Steuerungsmechanismus „mehr Demokratie" bzw. mehr dezentrale Selbstkoordination angestrebt wird. Es ist die Rolle der Institution Recht. Die Praktizierung einer offenen Gesellschaft bedarf ihrer rechtsstaatlichen Fundierung. Das Grundgesetz ist in diesem Sinne nicht nur Widerspiegelung, sondern auch Voraussetzung für die Praktizierung einer offenen Gesellschaft (Häberle, 1982). Die grundlegenden Verfahren der offenen Gesellschaft müssen dabei geschützt werden, um letztlich die Herrschaft des Gesetzes zu festigen, die einer Herrschaft durch Menschen prinzipiell vorzuziehen sei (von Hayek, 1981). Der Steuerungsmechanismus „mehr Demokratie" benötigt insofern komplementär vor allem eine stabile rechtsstaatliche Fundierung. Im Augenblick häufen sich angeblich Hinweise darauf, daß die Rechtsordnung in Abhängigkeit von ihren Verteilungswirkungen auf die verschiedenen Interessengruppen in der Gesellschaft manipuliert wird und damit Gefahr läuft, die Rolle einer stabilisierenden Funktion gegenüber der offenen Gesellschaft einzubüßen (Mestmäcker, 1993).

Als Beispiel für die Praktizierung dezentraler Selbstkritik innerhalb des politischen Systems selbst sei der Gedanke der „Bürgergesellschaft" (Dahrendorf, 1992) bzw. der „offenen Bürgergesellschaft" (Gessenharter, 1994) skizziert. Ziel der Bürgergesellschaft ist es, „das Vakuum zwischen staatlicher Organisation und atomisierten einzelnen mit Strukturen zu füllen, die dem Zusammenleben der Menschen Sinn geben. Die Bürgergesellschaft ist also nicht einfach eine Gesellschaft von Individuen, sondern von Bürgern im vollen Sinne des Wortes" (Dahrendorf, 1992, S. 425 f.). Wichtige Merkmale der Bürgergesellschaft sind erstens die Vielfalt ihrer Elemente (Organisationen und Institutionen), zweitens die Autonomie der Organisationen und Institutionen) z. B. in Form von kommunaler Selbstverwaltung, aber auch Institutionen wie Universitäten oder kleine und mittlere Unternehmen) und drittens der sogenannte Bürgerstatus. Der Begriff des Bürgerstatus oder Bürgersinns ist weniger durch einen Anspruch gekennzeichnet, als vielmehr durch eine Anforderung: Der Bürger „fragt nicht, was andere, insbesondere der Staat, für ihn tun könnte, sondern tut selbst etwas" (Dahrendorf, 1992, S. 428). Organisationen und Institutionen vermitteln einerseits Zugehörigkeit und Gemeinsamkeit — insofern ergibt sich eine Parallele zur oben beschriebenen kommunitaristischen Schließungsstrategie — andererseits wird betont, daß offene Bürgergesellschaften als Konfliktdemokratien Interessengegensätze ausdrücklich zulassen und abarbeiten. So werden beispielsweise Elemente der Bürgergesellschaft als Quelle einer wirksamen Opposition gegen autoritäre Herrschaft erwähnt (z. B. die katholische Kirche in Polen oder die oppositionellen und kirchlichen Gruppen in der DDR; Dahrendorf, 1992, S. 429). Die Elemente der Bürgergesellschaft wie z. B. Runde Tische könnten daher den Aspekt der Schließung (Rückbindung an ein soziales Kollektiv) mit dem Aspekt der Öffnung (mehr Demokratie) verbinden.

Will man zusammenfassend als Steuerungsmechanismus mehr dezentrale Selbstkoordination implementieren, so kommt es komplementär darauf an, diesen Prozeß durch eine Förderung dezentraler Selbstkritik zu stützen. Zum zweiten ist es wichtig, parallel hierzu marktwirtschaftliche Prinzipien zu forcieren, um die potentiellen Synergieeffekte zwischen der offenen Gesellschaft einerseits und der Marktwirtschaft andererseits ausschöpfen zu können. Und schließlich dürfte es wichtig sein, die Institution Recht so zu stabilisieren, daß sie die offene Gesellschaft und Marktwirtschaft stützt und nicht unter der Perspektive der Tagesaktualität vorübergehender Verteilungskämpfe und Interessenkonflikte in substantieller Weise zur Disposition gestellt wird.

Fazit: Wir versuchen nachstehend, die beschriebenen Strategien der Öffnung und Schließung im gesamtgesellschaftlichen Bereich unter der Fragestellung zusammenzufassen, inwieweit in diesen Strategien Lösungspotentiale erkennbar sind, um mit den unter 4.2 beschriebenen Problemen der Orientierungskrise einerseits und der Politikverdrossenheit andererseits in der Bundesrepublik Deutschland besser umgehen zu können.

Zielgerichtetes Handeln setzt voraus, daß man einerseits weiß, was man will und andererseits weiß, was man kann bzw. was machbar und möglich ist. Unter dem Stichwort der Orientierungskrise war unter 4.2

herausgearbeitet worden, daß dieses zielorientierte Handeln erschwert zu sein scheint. In vielen Lebensbereichen (auch in der Wirtschaft) häufen sich Symptome dafür, daß die Ergebnisse des bisherigen Handelns problematisiert bzw. negativiert werden, man zugleich aber nur begrenzt Chancen sieht, den anwachsenden Problemen wirkungsvoll entgegenzutreten. Wir waren ausführlich auf die Möglichkeit eines kollektiven Irrtums eingegangen, der sich darin zeigen könnte, daß die Bewertungsproblematik systematisch überschätzt und die vorhandenen Handlungspotentiale systematisch unterschätzt werden. Darüber hinaus war herausgearbeitet worden, daß die postmoderne Resignation gerade auch im politischen Bereich wesentlich von der Selbstreferentialität, also von der Selbstabschottung des politischen Systems, mit gespeist wird und das konkrete Politikerverhalten, widergespiegelt in den monatlichen Affären-Berichten, zentral zur Politikverdrossenheit mit beiträgt.

Unter dem Blickwinkel des Gegensteuerns kommt es zum einen entsprechend darauf an, nicht das System der offenen Gesellschaft im politischen Bereich zu verändern, sondern Mängel im Rahmen seiner Praktizierung zu beseitigen. Wir meinen damit die von Scheuch u. a. (1992) angegebenen Aspekte, die schon mehrfach erwähnt wurden. Gelänge es, die Abschottung des politischen Systems zu unterbrechen, wäre schon ein wichtiger Schritt zur Stabilisierung der offenen Gesellschaft geleistet.

Der politischen Öffnung von „oben nach unten“ müßte komplementär eine politische Öffnung von „unten nach oben“ parallellaufen: Wir hatten unter 4.2 beschrieben, daß (im Zusammenhang mit der erörterten Orientierungskrise) im Umgang mit der Politikverdrossenheit resignative Fluchttendenzen dominieren. Komplementär zum Abbau der Selbstabschottung des politischen Systems ist es daher zum zweiten von Bedeutung, dem einzelnen die korrigierende Erfahrung zu ermöglichen, daß über eigenes individuelles Engagement im politischen Bereich Veränderungen von „unten nach oben“ bewirkt werden können. Unter dieser Perspektive ist eine Verstärkung der Bürgerpartizipation ein sehr wichtiger Gesichtspunkt. Daher wäre es in der Tat im Sinne von Brunkhorst (1994) entscheidend, zur Stabilisierung der Demokratie dadurch beizutragen, daß man nicht weniger, sondern mehr Demokratie wagt. Dabei war betont worden, daß die Risiken einer derartigen Strategie abgemildert werden können, wenn der dezentralen Selbstkoordination Mechanismen der dezentralen Selbstkritik parallel laufen. Auf diese Weise könnte erreicht werden, daß einerseits über eine verstärkte soziale Kontrolle in den kleineren dezentralen Einheiten und andererseits über eine Kontroll- und Beteiligungsmöglichkeit an der „großen Politik" der Politikverdrossenheit entgegengewirkt wird. Als weitere Bedingungen wurden herausgestellt, daß die rechtsstaatliche Fundierung der Ordnung der offenen Gesellschaft nicht unter Verteilungsgesichtspunkten zur Diskussion gestellt werden darf, sondern stabil bleibt, und daß man parallel bemüht ist, die potentiellen Synergieeffekte, die aus einer offenen Gesellschaft und der Marktwirtschaft resultieren können, auszuschöpfen.

Das Sprungbrett in die korrigierende Erfahrung der Handlungswirksamkeit eigenen Engagements kann durchaus in der Gemeindepolitik gesehen werden, wobei auch ein entsprechendes Engagement z. B. im Vereinsleben einen hilfreichen Zwischenschritt darstellen könnte. Auf diesem Weg würden *zugleich* die oft als fehlend beklagten lokalen bzw. dezentralen Identitäten vermittelt und eine entsprechende soziale Einbindung des einzelnen gefördert. Gelingt es damit, auf dem Wege der Erfahrung der Funktionsfähigkeit der offenen Gesellschaft auf der zentralen wie auf der dezentralen Ebene eine positive Einstellung zur offenen Gesellschaft insgesamt zu erwirken, so ist bereits auch ein Teilschritt zur Entschärfung der Orientierungkrise geleistet. Unter diesem Stichwort dürfte es zum zweiten wesentlich darauf ankommen, die unter 7.1 erörterten Aufklärungsstrategien zu aktivieren, damit die Menschen lernen, warum sie zu zahlen haben und wofür sie zahlen. Das aktive und offensive Umwerben der offenen Gesellschaft dürfte eine wichtige Teilstrategie darstellen.

Insofern scheint eine Denkmöglichkeit darin zu liegen, das Gedankengut der kommunitaristischen Kritik einerseits und die Forderung nach mehr Demokratie andererseits in einer Synthese zu verbinden. Eine Verbindung der tendenziellen kommunitaristischen Schließung mit der beschriebenen Öffnung und Demokratisierung könnte so eine „kluge Balance" darstellen, die letztlich der Stabilisierung der offenen Gesellschaft zugute käme.

b. Balance durch liberalisierte Sinngebung

Es lohnt sich, einen Blick nach Amerika zu werfen, da hier der Prozeß der Öffnung im Vergleich zu Europa weiter vorangeschritten ist. Am Beispiel der USA soll nachstehend gezeigt werden, wie sich die Öffnung vor allem in der protestantischen Kirche beschreiben läßt und welche Effekte einer derartigen Öffnung zu erwarten sind (Zöller, 1993). Der Öffnungsprozeß selbst verläuft mehrdimensional; für die USA können folgende Aspekte voneinander unterschieden werden:

- *Privatisierung:* Der historische Prozeß der Trennung von Politik und Kirche ist in den USA vergleichsweise weit vorangeschritten. Kirchen sind als Institutionen private Religionsgemeinschaften, die auf dem Prinzip der Freiwilligkeit basieren und nicht von einer staatlicherseits eingezogenen Kirchensteuer alimentiert werden (vgl. hierzu und zu den folgenden Punkten Bellah u. a., 1987 sowie Zöller, 1993). Mit dieser historischen Trennung von Kirche und Politik hängt zusammen, daß die Religion in den USA keine normative Kraft mehr im Hinblick auf die Gestaltung des *Gesamt*lebens der Bürger aufweist. Der religiöse Bereich reguliert das Leben des einzelnen Bürgers vielmehr nur noch im Hinblick auf spezifische Segmente bzw. Felder.

- *Pragmatismus:* Religion erstreckt sich nicht mehr auf das Jenseits, sondern auf konkrete Probleme der Gesellschaft oder des einzelnen im Diesseits. Religion engagiert sich insofern zunehmend mehr im sozialen und politischen Feld einerseits und bietet gleichzeitig Lebenshilfe und Psychotherapie für den einzelnen andererseits.

- *Individualisierung und Pluralisierung:* Der im amerikanischen Kontext hoch veranschlagte Wert der Individualität zeigt sich unter anderem auch in mehr oder weniger kantigen Sektenbildungen, die diesem Bedarf nach Individualismus entsprechen. Notwendigerweise steigt damit die Pluralität der Religionen. Nach Bellah u. a. (1987, S. 260 ff.) besteht in den USA eine deutliche Neigung, Religion immer mehr als Psychotherapieersatz zu interpretieren, wobei die Unterschiedlichkeit der individuellen Problemlagen eine entsprechende Unterschiedlichkeit der Psychotherapieangebote, sprich: Religionsgemeinschaften, generiere. Religionen können in zunehmendem Maße weniger in überschaubare größere Teilkirchen aufgeteilt werden. Die gegenwärtige Tendenz geht dahin, daß es so viele Religionen gibt, wie es denn religiöse Menschen gibt.

  Diese Pluralisierungsthese wird von Zöller (1993, S. 191) belegt: Durch die Vervielfältigung von Kirchengemeinden in den 60er und

70er Jahren sank die Durchschnittsgröße aller amerikanischen Religionsgemeinschaften von etwa 900 Familien pro Kirche auf 500 Familien pro Kirche.

- *Antidogmatik:* Ein weiteres Kennzeichen dieses Öffnungsprozesses besteht darin, daß der eigentliche theologische Gehalt der religiösen Aussage in den Hintergrund tritt; statt kirchlicher Dogmatik überwiege antiintellektuelle, stärker gefühlsbetonte Religiosität.

- *antiinstitutionelle Orientierung:* Im Zuge des Öffnungsprozesses verliert die Kirche als Institution an Bedeutung; in den Vordergrund treten stärker die Religionsgemeinschaft und das Leben in eben dieser Gemeinschaft.

- *Wettbewerb:* Zumal die Kirchengemeinden kleiner geworden sind (siehe oben), findet in den USA ein aktiver Wettstreit zwischen den Kirchen um die zahlenden Gemeindemitglieder statt, wobei sich im Sinne des Marketing-Gedankens Anpassungsprozesse an die Bedarfsstruktur der Menschen erkennen lassen, was wiederum den Prozeß der Pluralisierung im kirchlichen Bereich verstärkt. Das vergößerte „Angebot" an kirchlicher Sinngebung bedeutet nicht nur, daß man zwischen verschiedenen Kirchen wählen kann, sondern zusätzlich, daß man straffrei von einer Kirche zur anderen wechseln kann, ohne exkommuniziert zu werden.

Die beschriebenen Tendenzen lassen sich zusammenfassend als Öffnungsprozeß bezeichnen. Vor dem Hintergrund unserer Balance-Frage kommt es aber darauf an, daß diese Öffnung in einem Feld stattfindet, das eine Domäne der geschlossenen Gesellschaft darstellt. Die Kirche ist eine Institution, die nach den Prinzipien der geschlossenen Gesellschaft organisiert ist und die Nachfrage der Menschen nach Geschlossenheit (vor allem: Sinnstiftung) befriedigt, in den USA genauso wie in Europa.

Was wir hier mit dem skizzierten Öffnungsprozeß beobachten, ist also eine Öffnung des Geschlossenen, das dabei seine Funktion, nämlich den Bedarf nach Geschlossenheit abzuarbeiten, im Prinzip beibehält. Bemerkenswert ist vor unserem theoretischen Hintergrund die Tatsache, daß die beobachtete Liberalisierung der geschlossenen Institution Kirche (durch Privatisierung, Pluralisierung, Entdogmatisierung und Flexibilisierung) offensichtlich dazu führt, daß diese geschlossene Institution mehr Zulauf bekommt. Diese Öffnung der Kirche ist also keineswegs gleichbedeutend mit einer Abschaffung des Geschlossenen, sondern mit der Liberalisierung wird die geschlossene Welt an die Bedarfsstruktur der Menschen besser angepaßt und damit attraktiver. Insofern werden mit der Öffnung Brücken gebaut in die geschlossene Welt und diese damit — in „entschärfter Form“ — letztlich revitalisiert.

In den USA scheint darüber hinaus zu gelten, daß diese vor allem für den protestantischen Bereich diagnostizierten Entwicklungen im Prinzip inzwischen auch für die katholische Kirche gelten. Auch bei den Katholiken gebe es deutliche Anzeichen dafür, daß ein stärker individualisiertes und pragmatisches Verständnis von Religion zu dominieren beginnt.

Will man die so beschreibbaren Öffnungsprozesse in den USA bewerten, so kommt man vor dem Hintergrund unseres theoretischen Denkansatzes zwangsläufig zu einem einerseits-andererseits. Die Öffnung hat ihre Vorzüge und ihre Preise:

Die Vorzüge sind offenkundig. Da die Religion zunehmend mehr der Nachfragestruktur angepaßt wird, versteht sich von selbst, daß der Prozentsatz der Bevölkerung, die einer der vielen Religionsgemeinschaften angehören wird, in den USA vergleichsweise hoch ausfallen muß. Hierzu ist eine parallele Betrachtung im zeitlichen Längsschnitt interessant, der die Säkularisierungsthese in gewisser Weise auf den Kopf stellt (Zöller, 1993, S. 186): Die Mitgliedschaft der Bevölkerung in Religionsgemeinschaften ist in den USA (!) von ca. 15% im Jahre 1650 auf ca. 80% im Jahre 1980 kontinuierlich angestiegen. Daß hierbei in den USA noch verschiedene andere Gründe eine Rolle spielen, kann vermutet werden. Der Tatbestand, daß heute aber immerhin 80% der Bevölkerung einer der Religionsgemeinschaften angehören (und dies unter der Randbedingung der Freiwilligkeit), ist ein Datum, das sicherlich mit der beschriebenen Öffnung der Kirche in einem systematischen Zusammenhang steht. Dabei gilt gleichzeitig, daß etwa die Hälfte dieser 80% die jeweilige Religionsgemeinschaft aktiv und regelmäßig (und nicht nur sporadisch oder als „Karteileiche“) stützt. Positiver formuliert bedeutet dies (Zöller, 1993, S. 188): Statt fast leerer Staatskirchen in Europa findet man in den USA gefüllte, aktive, lebendige Religionsgemeinschaften, da hier die Menschen offenbar Hilfe, Orientierung, soziale Integration usw. finden. Es ist im übrigen noch darauf aufmerksam zu machen, daß in den amerikanischen Kirchenbänken nicht — wie in Europa — die älteren und weiblichen Gemeindemitglieder überrepräsentiert sind.

Im Kern heißt die Aussage also wohl: Die Kirche füllt sich, wenn sie sich der Nachfragestruktur ihrer Klientel anpaßt. Volle Kirchen sind also der entscheidende Ertrag des Öffnungsprozesses.

In diesem Kontext sind auch Kirchenaustritte alles andere als dramatisch. Man steigt nämlich nicht aus, sondern lediglich um (Zöller, 1993, S. 191). Ist die Kirche zu liberal, zu konservativ, zu phantasielos oder in welcher Hinsicht auch immer zu kritisieren, so wechselt man die Mitgliedschaft. Unter denjenigen, die sich gegenwärtig als Protestanten bezeichnen, haben 35% von diesem Kirchenwechsel inzwischen Gebrauch gemacht.

Die negative Seite dieses Öffnungsprozesses ist ebenfalls kaum zu übersehen: Die Kirche läuft Gefahr, zu einer beliebigen Form von Lebenshilfe zu degenerieren, die im Prinzip auch von anderen Institutionen geleistet werden kann (Lobkowicz, 1993, S. 141; ähnlich Schwan, 1992, S. 117 f.).

Der Öffnungsprozeß hat also seinen Preis. Schwan konstatiert, daß dieser Öffnungsprozeß auch in Europa im Bereich der katholischen Kirche erkennbar sei. Das zweite vatikanische Konzil habe den Durchbruch zur Bejahung von Pluralismus und Demokratie vollzogen. Die Entfernung von Inquisition, dogmatischer Scholastik und machtpolitisch auftretendem Papsttum sei zwar im Sinne der Menschenwürde und Freiheit positiv zu bewerten; der sich jetzt abzeichnende Öffnungsprozeß beinhalte aber auch die grundlegende Gefahr, daß die Kirche nicht mehr das biete, was nur sie bieten kann, nämlich über die Zeit hinweg Stabilität und Eindeutigkeit der Aussagen speziell im metaphysisch-theologischen Bereich.

Die meisten Autoren gehen davon aus, daß der für die USA beschriebene Öffnungsprozeß auch in Europa bereits vergleichsweise weit vorangeschritten sei. Der Religionsphilosoph Metz schreibt hierzu (1993): Wenn Gott immer mehr psychologisiert, verweltlicht und modernisiert werde, degeneriere Gott zu einer unverbindlichen und jederzeit ersetzbaren Kategorie, die letztlich keine Hilfe mehr bieten könne. In einer beeindruckenden Sprache verlangt Metz „metaphysische Zivilcourage" (statt feiger Marketing-orientierter Opportunismen). Metaphysische Zivilcourage sei sicherlich nicht zeitgemäß (und in diesem Sinne ungleichzeitig). Aber es gelte (Metz, 1993, S. II): „Tödlicher als der Verdacht, ungleichzeitig zu sein, wäre für das Christentum der Verdacht, überflüssig geworden zu sein".

Die beschriebenen Öffnungsprozesse erweisen sich aus kirchendogmatischer Sicht insofern durchaus als problematisch. Dieselben Öffnungsprozesse scheinen aber zumindest in den USA auch neue Bindungspotentiale zu erschließen und fördern damit eine Verstärkung der sozialen Verankerung des einzelnen, so daß die beschriebenen Öffnungsprozesse z. B. aus kommunitaristischer Sicht durchaus positiv zu bewerten sind.

Vor dem Hintergrund einer Balance ist der beschriebene Öffnungsprozeß in der amerikanischen Kirche wie folgt einzuschätzen:

Auf der Basis der obigen Ausführungen kann angenommen werden, daß ein Öffnungsprozeß in der Kirche, der zu einer zunehmenden Individualisierung und Pluralisierung der Religionsgemeinschaften führt, zwar aus kirchendogmatischer und kircheninstitutioneller Sicht problematisch ist. Unter der Perspektive der Stabilisierung der offenen Gesellschaft könnte dieser Prozeß aber insofern hilfreich sein, als in eben dieser zunehmenden Pluralität der Religionsgemeinschaften neue Bindungspotentiale freigesetzt werden. Speziell dann, wenn die Orientierungskrise durch einen kollektiven Irrtum vergrößert sein sollte — und nichts ist so schwierig, wie gegen den Zeitgeist zu denken — könnte man in einer zunehmenden Pluralisierung der Religionsgemeinschaften ein wesentliches Vehikel dafür sehen, daß auf diesem Wege für viele *neue* Bindungen ermöglicht werden, die sie dann auch wieder standpunktfähig machen.

Die etwas saloppe (wenngleich auch gelungene) Formulierung von Zöller vom „Umsteigen statt Aussteigen“ (Zöller, 1993, S. 191) ist natürlich Wasser auf die Mühlen aller kirchendogmatisch Argumentierenden, die sich — verständlich und einfühlbar — um die sakrale und theologische Dimension der Institution Kirche sorgen. Mit dieser Formulierung wird aber zugleich der entscheidende Punkt betont, daß nämlich im beschriebenen Sinne liberalisiertere Religionsgemeinschaften zugleich lebendigere Gemeinschaften sind, in denen die Kirchen weniger leer sind.

Die Förderung der Standpunktfähigkeit dürfte angesichts der beschriebenen Orientierungskrise ein wichtiger Aspekt sein. Sollte man ähnliche Effekte einer Öffnung der Kirche auch in Europa erwarten können, so gilt im übrigen, daß in diesen Kirchengemeinschaften auch wiederum der kommunitaristisch angemeldete Bedarf nach sozialer Einbindung, Harmonie, Konsensus usw. befriedigt werden kann. Derartige Religionsgemeinschaften wären, analog zur Familie, durchaus als geschlossene Gesellschaften anzusprechen. Unabhängig von ihrer social support-Funktion und ihrer Fähigkeit, dezentrale Identität abzustützen und im Rahmen der

Orientierungskrise Standpunktfähigkeit zu erzeugen, kommen sie auch dem nahe, was die Kommunitaristen unter Erinnerungsgemeinschaft (siehe vorher) thematisiert haben. Diese kleinen teil-geschlossenen Subsysteme würden damit einen wesentlichen Bedarf nach geschlossener Gesellschaft abarbeiten und entsprechend zur Stabilisierung der offenen Gesellschaft beitragen. Diese auch im geistigen Sinne im Trend eher geöffneten Religionsgemeinschaften könnten im Einzelfall konservativerer oder auch liberalerer Struktur sein. Und für Menschen, die stark konservative, fundamentalistisch orientierte Theologie nachfragen, wird sich entsprechend eine Nische anbieten. Die Religionsgemeinschaften würden aber nicht als Gesamtheit zu unerfreulicher Dogmatik und Inquisition zurückkehren, denn eine solche Bestrebung würde allein schon durch den Wettbewerb der pluralen Kirchen untereinander im Keim erstickt.

Bedenkt man schließlich noch, daß sich im Sinne der „vollmobilen Single-Gesellschaft" (Beck, 1986) die orthodoxen Familienstrukturen eher zu öffnen scheinen, so könnten auch vor diesem Hintergrund Religionsgemeinschaften im Sinne von Sinngemeinschaften eine wichtige kompensatorische Funktion erfüllen.

Bei aller Unmöglichkeit definitiver Wertungen entsteht somit insgesamt der Eindruck, daß in dem Liberalisierungsprozeß der geschlossenen Institution Kirche durchaus ein Beispiel für eine „kluge Balance" erkennbar wird, die per saldo zu einer Stabilisierung der offenen Gesellschaft beitragen könnte.

7.3.2 Die betriebliche Ebene — Balancierung als Führungsaufgabe

Im zweiten Hauptteil der Arbeit hatten wir erörtert, welche innerbetrieblichen Strategien der offenen Gesellschaft zuarbeiten, und in diesem Teil dargestellt, in welchem Sinne einige dieser Strategien (innovationszentrierte Führung, organisationales Lernen usw.) dilemmatischen Charakter aufweisen. Wir hatten auch bereits auf Handlungsstrategien verwiesen, die dem geschlossenen Pol zuzuordnen sind (visionäre Führung usw.). Insofern sind einige wichtige Handlungsweisen, die dem offenen bzw. dem geschlossenen Pol innerbetrieblich zuarbeiten, bereits erörtert worden. Wir beschränken uns daher hier zunächst einmal auf eine zusammenfassende tabellarische Darstellung. Die Abb. 28 gibt wieder, welche innerbetrieblichen Strategien einem eher offenen oder einem eher geschlossenen Betrieb dienlich sind.

Bewußtseinsdimensionen: (wie unter 1. definiert)		Förderliche Handlungsweisen/Instrumente für die offene Gesellschaft	Förderliche Handlungsweisen/Instrumente für die geschlossene Gesellschaft
Voluntaristisch/ deterministisch	I	Verfahrensinnovationen, Organisationsentwicklung (OE), Teamentwicklung, Rollenverhandlung	Betonung von Sachzwängen (technologischer, ökonomischer, biologisch-anthropologischer Art)
Interessenheterogenität/ -homogenität	II	Betonung des BetrVG, Konfliktoffenlegung, „interne" Märkte, Wettbewerb	Pflege der Human Relations, Symbolische Führung, Weihnachtsfeiern
gleichwertig/ ungleichwertig	III	Ausländerintegration, Frauenförderung, laterale Kooperation	rangspezifische Casinos, koffertragende und folienauflegende Assistenten
Einzelner/ Kollektiv	IV	Einräumen von Widerspruchsrecht, Gewährung von Freiräumen, entrepreneurship, Selbstorganisation, fraktale Fabrik, Entstandardisierung	Uniformen, Abzeichen, Corporate Identity, Belohnung von Betriebstreue, Ganzheitsplanung, organizational transformation (OT)
irrtumsbehaftet/ irrtumsfrei	V	Beurteilung nach oben, Fehlertoleranz, organizational learning	Expertokratie, visionäre Führung, transformational leadership, Wertedefinitionen von „oben", Reengineering

Abb. 28: Offenheits- und geschlossenheitsförderliche Handlungsmuster in Betrieben

Wir haben verschiedene Handlungsweisen bzw. Maßnahmen den im ersten Kapitel unterschiedenen Grunddimensionen der offenen bzw. geschlossenen Gesellschaft zugeordnet. In die obere Hälfte der Abbildung haben wir diejenigen Handlungsweisen eingruppiert, die den offenen Pol fördern, und in der unteren Hälfte diejenigen Vorgehensweisen festgehalten, die dem geschlossenen Pol dienlich sind.

Auf der theoretischen Ebene gehen wir davon aus, daß die beschriebenen Handlungsmuster die unterschiedenen fünf Bewußtseinsdimensionen verstärken, wobei im Sinne einer Rückkoppelung diese Bewußtseinsdimensionen auch die Neigung zu entsprechenden Handlungspraktiken intensivieren.

Liest man die Abbildung 28 stärker unter dem Gesichtspunkt der unterschiedenen Bewußtseinsdimensionen und entsprechend einer so definierbaren Organisationskultur, so gibt diese Abbildung Hinweise zur Frage, inwieweit die Kultur eines Betriebes auf der Handlungsebene eher dem geschlossenen oder eher dem offenen Pol zugeneigt ist (bzw. in welchen Unternehmensbereichen die Kultur dem einen oder anderen Pol zugewandt ist). Die Abbildung 28 kann insofern in *diagnostischer* Absicht gelesen werden. Dieser Absicht galt insbesondere der zweite Hauptteil dieser Arbeit, wo es neben einer Veranschaulichung unserer Konstrukte auch darauf ankam, dem Leser vor Augen zu führen, wie er diese Konstrukte in der betrieblichen Realität wiedererkennen kann. Die Abbildung 28 kann aber auch unter der Perspektive des *Gegensteuerns* gelesen werden. Kommt man, mit welchen Begründungen auch immer, zur Ansicht, daß man den eigenen Betrieb (vielleicht in bestimmten Funktionsbereichen) eher öffnen bzw. eher schließen möchte, so gibt die Abbildung Hinweise darauf, was man tun kann, um im Sinne des Gegensteuerns den einen oder anderen Pol zu intensivieren. Wir haben nachstehend diese handlungspragmatische Dimension der Abbildung 28 im Auge.

Es versteht sich von selbst, daß die Zuordnung spezifischer Handlungen zu den einzelnen Bewußtseinsdimensionen nicht immer ganz trennscharf gelingt. Wir wollen mit dieser Zusammenstellung aber veranschaulichen, welche Handlungsqualitäten schwerpunktmäßig auf welchem Wege eher dem offenen bzw. geschlossenen Pol zuarbeiten, da dies für das Verständnis der Wirkung der jeweiligen Handlungsqualitäten und damit auch für die Bewertung dieser Handlungen wichtig ist.

Es muß nicht extra betont werden, daß die konkreten Zuordnungen der Handlungsqualitäten zu dem offenen bzw. dem geschlossenen Pol hypothetischen Charakter haben und — als notwendig irrtumsbehaftet — damit auch vorläufigen Charakter aufweisen. So ist die Einordnung einer konkreten Handlungsweise als offenheits- oder geschlossenheitsförderlich keineswegs eindeutig. Eine einzelne Handlungsweise, wie z. B. die Betonung des Betriebsverfassungsgesetzes — hier der offenen Gesellschaft zugeordnet — ist als solche durchaus polyvalent. Wie wir oben im zweiten Teil der Arbeit (vgl. Kapitel 5) gezeigt haben, kann sich hinter der gesetzlich beabsichtigten Mitbestimmung in der Praxis gänzlich Unterschiedliches verbergen. Nur einige der von Kotthoff (1981) vorgefundenen innerbetrieblichen Partizipationsmuster können tatsächlich als offenheitsförderlich betrachtet werden. Genauso ist umgekehrt selbstverständlich vorstellbar, daß betriebliche Weihnachtsfeiern nicht primär Interessenhomogenität zum Ausdruck bringen und daher — wie hier unterstellt — als geschlossenheitsförderlich anzusehen sind. Eine betriebliche Weihnachtsfeier könnte auch dazu genutzt werden, nicht den Einheits- und Familiencharakter, sondern Pluralität und Aufgeschlossenheit (z. B. gegenüber Ausländern), Individualität und persönliche Wertschätzung der Mitarbeiter zu demonstrieren.

In der betrieblichen Realität scheint es daher auf die konkrete qualitative Ausdifferenzierung der jeweiligen Handlungsstrategie anzukommen. Der Leser, der unsere Zuordnungen (Abb. 28) für eine Diagnose seines eigenen Betriebes in diesem Sinne zu nutzen beabsichtigt, sei also ausdrücklich dazu aufgefordert, die jeweiligen Ausführungsmodi der innerbetrieblichen Handlungsmuster genau zu analysieren. Außerdem läßt sich die Zusammenstellung inhaltlich natürlich auch beliebig erweitern. Der Leser ist insofern dazu ermuntert, die jeweiligen Rubriken entsprechend zu ergänzen, so daß er diese Zusammenstellung auf seinen Betrieb hin feinjustieren kann.

Es wurde bereits darauf hingewiesen (vgl. Teil II), daß speziell unter dem Gesichtspunkt der Förderung von Innovationen das Muster des offenen Betriebes in vielen Branchen heute ein auch ökonomisch interessantes Modell darstellt. Zu dieser Interpretation paßt im übrigen der Trend, daß es mindestens zwei Stichworte gibt, die im Rahmen der Abbildung 28 der offenen Polung zuzuordnen sind und heute in der Diskussion deutlich an Bedeutung gewonnen haben: Zum einen wird immer mehr die Fähigkeit zum organisationalen Lernen als wichtig herausgestellt; zum anderen werden in zunehmendem Maße immer mehr Entscheidungsautonomie und damit Verantwortungsübertragung auf nachgeordnete Führungsebenen propagiert, also einer sehr weitgehenden Dezentralisierungspolitik das Wort geredet, was sich dann auch unter dem Stichwort entrepreneurship in der Literatur wiederfindet.

Diesem Trend zu einem mehr offenen Pol steht der in 7.1.2 dargestellte Schließungstrend gegenüber: Es wurde darauf verwiesen, daß Stichworte wie corporate identity, Visionen, charismatische Führung, reengineering, organizational transformation (OT) vergleichsweise eindeutig dem geschlossenen Pol zugeordnet werden können. Beschreibend kann man insofern zunächst einmal feststellen, daß innerbetrieblich derzeit gegenläufige Trends zu verzeichnen sind. Die Gegenläufigkeit dieser Trends als solche wurde allerdings bisher weder in der Theorie noch in der Praxis diskutiert und konnte auch nicht zur Diskussion gestellt werden, da bisher kein Bezugsrahmen angeboten wurde, in dem diese verschiedenen Strategien in ihrer Gegenläufigkeit abgebildet werden können. Auch dies betrachten wir als einen Fortschritt unserer Analyse, da bekannte und in der Praxis immer wieder diskutierte Strategien nun in einem gemeinsamen Bezugsrahmen thematisiert werden können, so daß potentielle Synergieeffekte, aber auch mögliche Widersprüche prägnanter herausgearbeitet werden können.

Jede Organisation kann mit Bezugnahme auf die Abbildung 28 dahingehend gekennzeichnet werden, welche *konkrete* Balance sie zwischen den beiden Polen zu praktizieren versucht. Wie bereits erwähnt (vgl. Teil II), gibt es dabei selbstverständlich keine für alle Organisationen „gültige, richtige“ Balance; alle Situationstheorien, also alle dort gespeicherte Erfahrung, lehrt, daß es nicht „den“ richtigen Weg gibt. Welche konkrete Balance der einzelne in seinem Betrieb anstrebt, kann nur zielbezogen und situativ relativiert beantwortet werden.

Geht man davon aus, daß die beschriebenen innerbetrieblichen Schließungsneigungen gerade vor dem Hintergrund, daß sie gesellschaftliche Schließungsprozesse verstärken könnten, nicht ungefährlich sind, so sei knapp angesprochen, wie diesbezüglich gegengesteuert werden kann (wenn man dies denn möchte). Es deuten sich im Prinzip drei Strategien an:

- Zum ersten käme es darauf an, über die Gefahren dieser Schließungstendenzen aufzuklären und sie als solche überhaupt, indem sie in dem hier diskutierten Bezugsrahmen abgebildet werden, offenbar werden zu lassen. Die innerbetrieblichen Schließungsprozesse als Funktion eines gesamtgesellschaftlichen Schließungsbedarfs zu interpretieren, erhöht die Chance, daß gegenüber diesen innerbetrieblichen Schließungstendenzen eine gewisse Distanz aufrechterhalten werden kann. Gleichzeitig geht es unter der Perspektive der Aufklärung, wie ausführlich dargestellt, darum, erstens immer wieder zu illustrieren, warum man für die offenen Strategien des Betriebes notwendig Preise zu zahlen hat, und zweitens zu verdeutlichen, wofür man dies tut, was der offene Betrieb also für den ökonomischen Erfolg und für die Menschen Positives bedeuten kann. Die Förderung von Dilemmaakzeptanz ist ein wichtiges Zwischenglied, um den Verführungsangeboten innerbetrieblicher „Schließungsstrategen" zu widerstehen.

– Zum zweiten ist von Bedeutung, die im Betrieb ohnehin vorfindbare Pluralität der Werte, Normen, Überzeugungen, Führungs-, Kommunikations- und Kooperationsmuster nicht primär als Gefahr, Panne oder gar Chaos, sondern als Chance interpretieren zu lernen. In der Gesamtgesellschaft ist für uns vorstellbar, daß es in einer offenen Gesellschaft sehr geschlossene Subsysteme , z. B. eine fundamentalistische Religionsgemeinschaft, gibt, die (siehe vorher) letztlich zur Stabilisierung der offenen Gesellschaft insgesamt beitragen können. Genauso ist ohne weiteres auch vorstellbar, daß bestimmte Formen der visionären oder charismatischen Führung, in einem bestimmten betrieblichen Funktionsfeld praktiziert, dort aufgrund der motivationalen Schubkraftwirkungen und der zu erwartenden Koordinierungseffekte hilfreich sein können, ohne daß der gesamte Betrieb sogleich in eine geschlossene Organisationskultur umkippt.

  Hilfreich wäre es für diesen Fall, wenn versucht würde, auf der Ebene der Unternehmensleitung eine Organisationskultur zu verlebendigen, die nicht homogenisierend dem offenen *oder* geschlossenen Pol zugeneigt ist, sondern gerade in Abweichung davon Pluralität auf ihre Fahnen schreibt. Pluralität an sich könnte ein zentrales Wertmuster einer Organisationskultur darstellen:

  Wird Pluralität als Leitlinie ausgegeben, so ergibt sich zum einen der Vorteil, daß diese Leitlinie mit den betrieblichen Realitäten besser übereinstimmt (vgl. Williamson, 1991) und insofern auch glaubhafter wirkt (sehr viele in der Praxis vorkommende Kulturkonzepte leiden bekanntlich daran, daß sie aufgrund ihrer Praxisferne als illusionär und unglaubwürdig abqualifiziert werden). Der zweite Vorteil ist, daß diese Pluralität offenbar auch ökonomisch funktional ist. Statt z. B. bei Fusionen ängstlicherweise zu versuchen, die verschiedenen Identitäten der verschiedenen Töchter einander anzugleichen, könnte es im Sinne der Pluralitätsmaxime vernünftig sein, die Identität der verschiedenen Töchter zu tolerieren und zu wahren, zumal hiermit ganz andere Synergiepotentiale erschließbar werden. Es käme also darauf an, die sich in den verschiedenen Unternehmensbereichen herausdifferenzierenden Subkulturen als solche zu akzeptieren und sogar noch zu verstärken. Das schließt andererseits nicht aus, daß man zugleich auf der Unternehmensebene Grundsätze (z. B. Führungsgrundsätze, Unternehmensleitlinien) formuliert, die inhaltlich übergreifenden Charakter haben und die Pluralitätsnorm mit interpretierender Wirkung ergänzen.

Bei einer Würdigung unserer Tendenz, innerbetriebliche Pluralität als kluge Form der Dilemmaabarbeitung zu interpretieren, sei im übrigen noch an die schon erwähnte chaostheoretische Perspektive erinnert (vgl. 4.4). Kulturpluralität, auch in bezug auf die hier diskutierten Kategorien des offenen und des geschlossenen Pols, stärkt die Unabhängigkeit der Subsysteme untereinander. Damit sinkt die Gefahr, daß in Krisenzeiten verführend Gurus das Wort (und nicht nur dieses) an sich reißen, da bei hoher Unabhängigkeit der Subsysteme untereinander die Durchtunnelungswahrscheinlichkeit sinkt. In Anlehnung an das Organisationsprinzip der „losen Kopplung“ lokal stabiler, aber voneinander unabhängiger Subsysteme, die Störungen in anderen Subsystemen ignorieren (Orton, Weick, 1990), ist davon auszugehen, daß in diesem Fall wiederum gleichzeitig spezielle (zielbezogene, sinnbezogene oder verfahrensbezogene) Arten der Kopplung notwendig werden.

Insoweit erweist sich kulturelle Pluralität möglicherweise als eine „kluge Balance“, um das Dilemma zwischen systemauflösender Diffusion einerseits und innovationsfeindlicher Integration andererseits abzuarbeiten. Auch diese Balance besteht im Kern aus parallelem Öffnen (Pluralität der Subsysteme) und Schließen (Trennung der Subsysteme).

– Schließlich ist drittens auf eine Strategie des Gegensteuerns aufmerksam zu machen, die möglicherweise für den japanischen Raum kennzeichnend ist. Es wird häufig die These vertreten, daß der japanische Betrieb (vgl. Esser u. a., 1994) das Dilemma zwischen dem offenen und dem geschlossenen Pol nicht durch ein räumlich-funktionales Nebeneinander, sondern durch ein *dimensionales* Nebeneinander bewältige: Gemeint ist, daß der japanische Betrieb als Ganzes (!) im Hinblick auf die soziale Dimension (Individualismus versus Kollektivismus) dem geschlossenen Pol, dagegen sowohl auf der anthropologischen Dimension (Determinismus versus Voluntarismus) als auch auf der erkenntnistheoretischen Dimension (irrtumsfrei versus irrtumsbehaftet) aber dem offenen Pol zuneige. Im klassischen japanischen Betrieb gelte z. B., daß das Prinzip Konsensus eine herausragende Rolle spiele, harmoniezentrierte Abstimmungsverfahren wichtig seien, die kollektivistische Orientierung im Betrieb (wie in der Gesellschaft) dominiere usw., während zugleich der japanische Betrieb aber außerordentlich innovativ sei, was wir hier in Europa ja mehr als deutlich zu spüren bekommen.

Dies würde im übrigen auf die interessante Konstellation verweisen, daß der von uns immer wieder herausgestellte Pattern-Charakter des eher offenen oder eher geschlossenen Musters nicht darüber hinwegtäuschen darf, daß dieses Pattern unter bestimmten kulturellen Voraussetzungen offenbar doch aufgebrochen werden kann. Insofern könnte Japan auf die Möglichkeit einer gänzlich anderen Form der Abarbeitung unseres Kerndilemmas verweisen, von der wir möglicherweise auch in Europa noch lernen können (vgl. Steen, 1992).

Im Sinne eines Exkurses sei auf diese japanischen Besonderheiten knapp etwas näher eingegangen:

Man hört gelegentlich die Meinung, daß im gesellschaftlichen und auch betrieblichen Leben Japans eher eine Synthese aus dem offenen und geschlossenen Muster praktiziert werde, wodurch der von uns betonte dilemmatische Grundcharakter jeder Sozialordnung überwunden werde. Diese Meinung ist in ihrer pauschalisierenden Form aber nicht bestätigungsfähig. Der Japaner Doi (1982) beschreibt das Grundmuster des sozialen Lebens in Japan unter dem Begriff „Amae". Amae wird von Doi als die Bejahung von Abhängigkeit in einer symbiotischen Harmonie definiert. Diese Harmonie ist zugleich getragen von einer tendenziell emotionalen Meister-Schüler-Beziehung, wie sie von Platon im Sinne des pädagogischen Eros bereits skizziert wurde. Der Gewinn einer derartigen Abhängigkeit liegt für den einzelnen unter anderem in der Verläßlichkeit und Geborgenheit. In dieser durch eine emotionale Bindung und nicht durch einen Diskurs getragenen Beziehung wird zugleich auch das kollektivistische Moment betont; man hat Schuldgefühle, wenn man Gruppenbelange nicht angemessen vertritt und seine eigenen Belange in den Vordergrund stellt. Während Abhängigkeit im Wertemuster der offenen Gesellschaft durch den Freiheitsverlust eher zu einem Problem wird, stellt Abhängigkeit im Rahmen der Philosophie der Amae eher eine Chance dar.

Doi (1982) betont dabei ganz ausdrücklich den widersprüchlichen Geist zwischen Amae einerseits und dem westlichen Freiheitsideal und der Unabhängigkeitsidee andererseits (Doi, 1982, S. 113). Doi erinnert daran, daß die japanische Erfahrung seit alters her die Unmöglichkeit von Freiheit lehre: „Für die Japaner existierte Freiheit praktisch nur im Tode. Deshalb wurde der Tod so oft gepriesen und ersehnt“ (Doi, 1982, S. 113).

Der tendenziell antagonistische Charakter zwischen Amae einerseits und individueller Freiheit andererseits scheint sich zumindest in Studentengruppen im modernen Japan auch bewußtseinsmäßig zu intensivieren. In informellen Gesprächen mit Repräsentanten japanischer Universitäten erfuhren wir in Tokio, daß es einen zunehmenden Anteil von Studierenden speziell in den geisteswissenschaftlichen Fächern gebe, die, im Rahmen ihres Studiums mit der europäischen Aufkärung in Berührung gekommen, das Amae-System eher als unterdrückend und insofern als bedrohlich erlebten. Interessanterweise überwiegen bei diesen japanischen Studenten eher passive coping-Strategien: Ein Teil der Studenten gehe in die USA. Da der dortige Individualismus in der Sicht der japanischen Studenten erlebnismäßig aber mit dem Recht auf Waffenbesitz gleichgesetzt werde, seien die USA als Auswanderungsland zunehmend weniger beliebt. Man gehe vielmehr nach Europa und studiere hier weiter. Eine andere Strategie bestehe darin, daß man sich in Japan einen Arbeitsplatz in einem tendenziell eher offenen Betrieb sucht, der von einem europäischen Management gesteuert wird.

Der in Japan ebenfalls sehr renommierte Autor Maruyama vertritt im Prinzip dieselbe These. Er sagt ausdrücklich, daß das Denken im politischen Bereich in Japan bestenfalls durch eine mehr oder weniger friedliche Koexistenz von offenen und geschlossenen Mustern gekennzeichnet sei. Von einer wirklich wechselseitigen Befruchtung und einer Synthese zwischen dem offenen und dem geschlossenen Muster könne überhaupt nicht die Rede sein (Maruyama, 1988, S. 75).

Gerade hier wird aber bereits eine erste Besonderheit Japans deutlich. Während in Europa das Verhältnis von offen zu geschlossen tendenziell eher als dilemmatisch begriffen wird, scheinen diese beiden Pole in Japan konfliktfreier im Sinne einer Koexistenz bewußtseinsmäßig nebeneinander bestehen zu können. Bei unserem Besuch in Tokio (1994) wurde uns zur Veranschaulichung z. B. berichtet, daß der durchschnittliche japanische Haushalt über ein europäisch eingerichtetes und über ein japanisch eingerichtetes Zimmer verfüge; der Japaner kann damit von einem Zimmer in das andere Zimmer wandern und insofern im gleichen Haus unterschiedliche Welten erleben.

Das Potential, zunächst als widersprüchlich Erscheinendes nebeneinander bestehen zu lassen, könnte philosophische Hintergründe aufweisen. Im Konfuzianismus werden Leib und Seele eher als verschmolzen und nicht als etwas Widersprüchliches interpretiert. Körper und Geist werden dagegen in der westlichen Kultur eher als antipodisch interpretiert, die in einem Spannungsverhältnis zueinander stehen (der Körper als Gefängnis der Seele). In dieser Zweiteilung (Körper und Seele) sieht Riedel (1990) ohnehin eine der Wurzeln dafür, daß die Welt zweigeteilt wird: Der einzelne erfahre seinen Körper als etwas Äußeres, das wie ein Gegenstand von außen betrachtet werden könne und den Gesetzen der Kausalität gehorche. In der Innensicht des Menschen sei über den Vorgang der Introspektion dagegen nur das Prinzip der Finalität entdeckbar, also das Vermögen des Menschen, ein Ziel anzustreben und zu wollen. Das eher voluntaristische Prinzip entspricht damit der Finalität und das eher deterministische Prinzip der Kausalität. Beide Grundprinzipien, die wir einander gegenübergestellt haben, sind im Konfuzianismus aber eher verschmolzen, da eben Leib und Seele als verschmolzen erlebt werden. Letzteres drückt sich vielleicht auch in den traditionellen japanischen Tuschzeichnungen aus: Im Unterschied zur europäischen Malerei, in der stark die Begrenzung betont wird, ist der Übergang der in den japanischen Tuschzeichnungen dargestellten Handlungstypen zu der umgebenden Natur insofern fließend, als die Ränder vom Körper zum Himmel oder zur Natur offen bleiben.

Eine Besonderheit Japans liegt demzufolge darin, daß z. B. das Verhältnis von Geborgenheit und Freiheit etwa in Studentengruppen zwar ebenfalls tendenziell als widersprüchlich erlebt wird; gleichzeitig scheint aber in Japan die Befähigung und Bereitschaft ausgeprägter zu sein, speziell in Europa als widersprüchlich Erlebtes eher im Sinne eines geistigen Nebeneinanders auszubalancieren. Doi betont in diesem Zusammenhang auch, daß man sich in unterschiedlichen sozialen Subsystemen unterschiedlich verhält. Es gibt einen sogenannten inneren Kreis (Familie, Freundschaftsgruppe, Betrieb), innerhalb dessen weitgehend das Muster der Amae praktiziert wird. Daneben aber gibt es einen äußeren Zirkel (dies sind vor allem die Fremden), in dem man sich gegebenenfalls auch völlig anders, nämlich arrogant und rücksichtslos, verhalten könne. Diese Verschiedenartigkeit werde von den Japanern nicht als ein Problem erlebt.

In der Sicht Yawatas (1994) ist die japanische Gesellschaft tendenziell nach wie vor eine insofern geschlossene Gesellschaft, als das kollektivistische Orientierungsmuster dominiere. Individualismus sei nur insofern vorzufinden, als sich Personen auch zu unterscheiden versuchten. Die in der europäischen Tradition wurzelnde Interpretation von Individualismus, die in der Aussage gipfelt „Ich bin die Gesellschaft“, sei dagegen in Japan unbekannt; sie stelle bestenfalls die Idee einer intellektuellen Teilgruppe dar, die mit derartigen Vorstellungen kokettiere. Yawata betont dabei aber einen uns wichtig erscheinenden Sachverhalt:

Das geschlossene Muster der Amae habe in Japan selbstverständlich seine philosophische Tradition; gleichzeitig gelte aber, daß verschiedene Teilstrategien innerhalb des geschlossenen Poles in Japan als das Resultat von Lernprozessen, also von Erfahrungsbildung, zu interpretieren seien. Im Zusammenhang mit der Insellage, dem begrenzten Raum und der Reiswirtschaft habe sich eine bestimmte (eher geschlossene) Sozialstruktur in der Erfahrung als funktional erwiesen, womit die geschlossene Gesellschaft nicht wie bei Platon und Hegel philosophisch-deduktiv, sondern empirisch-induktiv legitimiert wird. Dies dürfte eine wichtige Aussage insofern sein, als damit die prinzipielle Lern-Offenheit der Japaner unterstrichen wird. Yawata (1994) betont z. B., daß auch die Konsensus-Strategie unter anderem das Produkt von Erfahrungsbildung sei. Auch in Japan seien nach dem zweiten Weltkrieg wie in Deutschland verschiedene Großbetriebe in kleine Unternehmen untergliedert worden, und für diese vielen kleinen Unternehmen habe es nicht genügend Manager gegeben. In dieser Notlage sei den Managern gar keine andere Wahl geblieben, als die Mitarbeiter nach ihren einschlägigen Erfahrungen und Kenntnissen zu fragen, um zu vernünftigen Entscheidungen zu kommen. Tradition und Erfahrung vermischten sich insofern in spezifischer Weise in der Konsensus-Strategie.

Diese Lernoffenheit drückt sich dann letztlich auch in der Befähigung der Japaner aus, die Erfahrung anderer aufzuarbeiten und nicht nur nachzumachen (zu imitieren), sondern verschiedenes besser zu machen (also zu innovieren). Aber bereits der Tatbestand des Imitierens verweist auf eine prinzipielle Offenheit insofern, als die Überlegenheit anderer Vorgehensweisen nicht von vornherein als ausgeschlossen gilt; man kann von den Lernprozessen anderer vielmehr selber lernen.

Exakt an dieser Stelle liegt vielleicht auch die zweite interessante Besonderheit Japans: Die offene Orientierung im Sinne der Vorläufigkeit und potentiellen Revisionsbedürftigkeit allen eigenen Denkens wird zumindest in Grenzen auch auf den sozialen Bereich bezogen, so daß die geschlossenen Muster des Amae partiell auch als erfahrungsbedingt und insofern als offen interpretiert werden können. Soziale Geschlossenheit und geistige Offenheit bedingen sich damit möglicherweise wechselseitig: Die Erfahrung stützt das Amae-System, welches zugleich die möglichen Belastungen des offenen Musters abfedert.

Nach diesem kleinen Exkurs soll zum Abschluß aber wiederum der Blick auf die Bundesrepublik gerichtet werden. Fassen wir unsere diesbezüglichen Überlegungen zusammen, so ergibt sich als Fazit:

In der Absicht, die offene Gesellschaft dadurch stabilisieren zu wollen, daß man der Nachfrage nach Geschlossenheit partiell nachkommt, standen in diesem Kapitel mögliche Formen einer „klugen Balance“ im Vordergrund. Auf der Ebene der Gesamtgesellschaft, bezogen auf die anthropologische und die soziale Dimension, scheint eine Balance dann möglich, wenn man kommunitaristische Schließungstendenzen der Rückbindung der Person an ein soziales Kollektiv einerseits mit Demokratisierungs- und Dezentralisierungsbestrebungen andererseits so verbindet, daß die sozialen Kollektive zu dezentralen Selbstkoordinationseinheiten der offenen Gesellschaft werden. Auf der erkenntnistheoretischen Dimension könnte eine Balancierung zwischen Orthodoxie und Beliebigkeit dadurch erreicht werden, daß man die geschlossenheitsnahe Institution der Kirche in sich liberalisiert. Innerbetrieblich könnte eine Balance zwischen dem offenen und dem geschlossenen Pol durch kulturelle Pluralität der Subsysteme realisiert werden.

8. Wider die postmoderne Traurigkeit

8.1 Sinn und Hoffnung durch Führung in der offenen Gesellschaft?

Es ist eine häufig vorgebrachte These, daß es der offenen Gesellschaft schwerfalle, dem einzelnen Sinn zu vermitteln und eine Zukunftsperspektive und damit auch Hoffnung zu eröffnen. Auch für Fest liegt exakt hier eine der offenen Flanken der offenen Gesellschaft (Fest, 1993, S. 31 ff.). In diesem Kapitel soll versucht werden, diese These zu differenzieren und ihr streckenweise auch nachdrücklich entgegenzutreten.

Auch in einer offenen Gesellschaft ist die Vermittlung von Sinn, Zukunft und Hoffnung möglich, wenngleich hier bestimmte Unterscheidungen notwendig sind, die klärend wirken können.

Der Begriff „Sinn" ist in seiner Verwendung mehrdeutig — so kann man darunter zum einen die Bedeutung von metaphysisch begründetem Lebenssinn verstehen, zum anderen kann auf der Handlungsebene Sinn auch einem Tun zugeschrieben werden, das instrumentell zur Erreichung bestimmter Letztziele oder Werte ist. Die Kategorie Sinn scheint daher auf zwei Ebenen mit jeweils unterschiedlichem Gehalt interpretierbar zu sein. Unter der Perspektive unserer Frage, ob und welche Art von Sinnvermittlung in der offenen Gesellschaft möglich ist, kommt dieser Unterscheidung eine erhebliche Bedeutung zu. Wir werden daher zunächst zu klären versuchen, in welchem Verhältnis diese Sinnkategorien zueinander gesehen werden können, um anschließend darzustellen, inwiefern diese Sinnebenen systematisch mit der offenen bzw. geschlossenen Gesellschaft verbunden sind. Es wird sich zeigen, daß die Erschließung des auf den ersten Blick möglicherweise assoziierten Lebenssinns der geschlossenen Gesellschaft vorbehalten ist — die verbindliche Vermittlung eines solchen metaphysischen Letztsinnes ist im Rahmen der offenen Gesellschaft nicht denkbar. Wir werden aber zeigen, inwiefern die offene Gesellschaft in besonderem Maße Handlungssinn vermitteln kann. Die These der Zukunftslosigkeit der Menschen oder die These gar vom Ende der Geschichte, wie sie gelegentlich reißerisch in die Welt gesetzt wurde, erweisen sich dann möglicherweise mehr als Symptom eines kollektiven Irrtums (genannt „postmoderne Resignation") denn als Widerspiegelung von Wahrheit.

In der Abbildung 29 versuchen wir, die beiden unterschiedlichen Sinnebenen in einen Zusammenhang zu bringen und gleichzeitig im Kontext der offenen und geschlossenen Gesellschaft zu deuten. Die oberste Ebene in der Abb. 29 („Sinnebene") veranschaulicht die Bedeutung von Sinn, die wir mit metaphysisch verankertem Lebenssinn meinen. Ein so verstandener Sinn stellt die höchste denkbare Ebene der Handlungsorientierung dar und ist selbst nicht mehr begründbar. Die oben (vgl. Kapitel 7) diskutierte Sinngebung der Kirche fällt z. B. in diese Kategorie — die christliche Lehre gibt den Gläubigen eine eindeutige Antwort auf den Sinn des Lebens und damit auch eine verbindliche Handlungsorientierung für den Alltag. Ein solcher Sinn kann aber nicht nur durch Religion vermittelt werden. Ein weltlicher letzter Sinn ist z. B. der angenommene Sinn der Geschichte, der darin besteht, daß sich im Rahmen des bereits erwähnten Weltbildes des Historizismus der Weltgeist vollendet (Hegel). Auch dieser Sinn der Weltgeschichte ist selbst nicht mehr begründbar und gibt Handlungsorientierung insofern, als es Aufgabe der Menschen ist, den sich vollendenden Weltgeist zu unterstützen. Es ließen sich weitere Beispiele für einen so verstandenen Letztsinn anführen; der Leser wird möglicherweise seinen persönlichen Lebenssinn aus einer wieder anderen Quelle herleiten. Für die geschlossene Gesellschaft ist nun konstitutiv, daß sie einen für alle verbindlichen Letztsinn festlegt und darauf ihr Denk- und Handlungsgebäude errichtet. Dieses Sinnmonopol wurde bereits als konstitutiv für die Annahme der Endgültigkeit auf der erkenntnistheoretischen Dimension dargestellt.

Dagegen bestehen in der offenen Gesellschaft mehrere unterschiedliche Sinnangebote nebeneinander. Die offene Gesellschaft kann nicht eine universelle, metaphysische Letztbegründung bieten, sondern sie bietet die Chance für viele individuelle, unterschiedliche „letzte Gründe". Die offene Gesellschaft läßt Raum für nahezu jeden religiös, ideologisch oder anders motivierten Sinn, ohne sich festzulegen. Sie ähnelt damit einem „Sinn-Markt", einer Art „kulturellen Supermarkt für Weltdeutungsangebote aller Art" (Hitzler, Honer, 1994, S. 308). Die in der offenen Gesellschaft häufig beklagte Sinnkrise (vgl. oben) läßt sich als Reaktion darauf deuten:

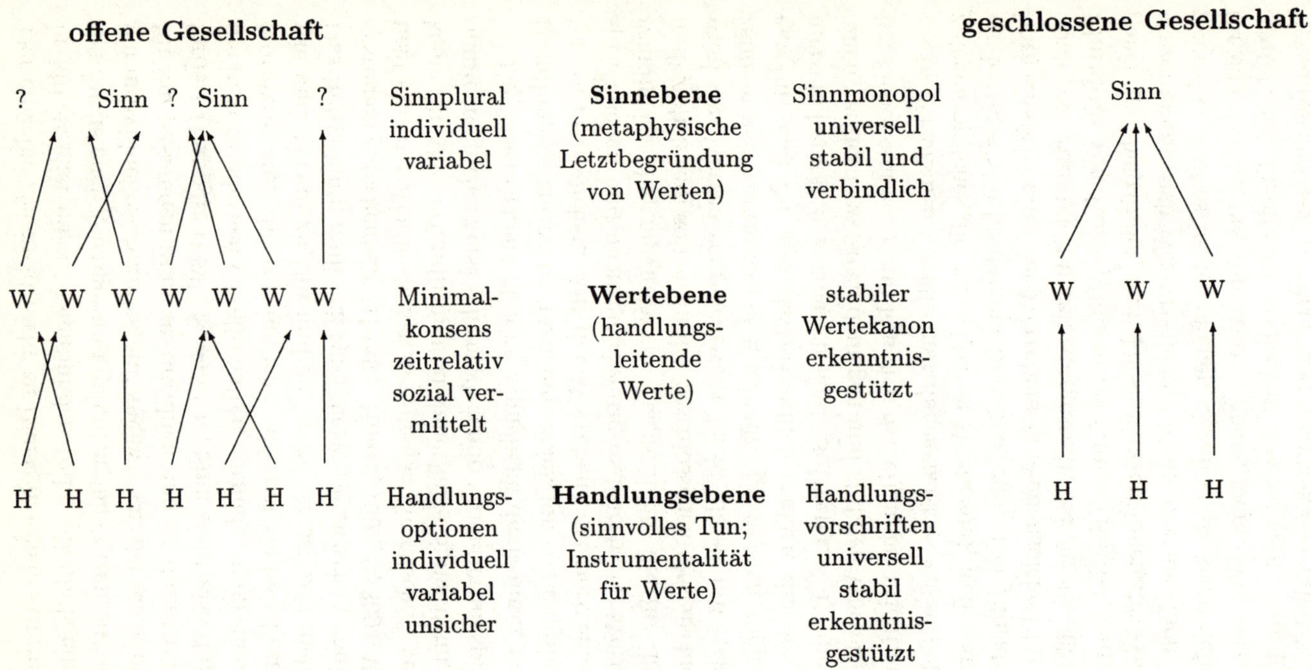

Abb. 29: Handlungsleitende Sinn- und Wertkategorien der offenen Gesellschaft und der geschlossenen Gesellschaft

Der einzelne „ist nicht mehr zu Hause in einem stimmigen Sinn-Kosmos, er ähnelt eher einem Vagabunden (oder allenfalls einem Nomaden) auf der Suche nach geistiger und gefühlsmäßiger Heimat“ (ebenda). Er ist auf ein individuelles „Sinnbasteln“angewiesen, der einzelne ist gefordert, den für ihn passenden Sinn auszuwählen und ist damit möglicherweise überfordert (Popper, 1989b, S. 345 f.). „Sinn steht also durchaus bereit, aber die in vormodernen Gesellschaften normale, umgreifende kulturelle Dauerorientierung, die verbindliche, alternativenlose Festlegung, was wann wie und warum zu tun und zu lassen ist, ist zerbrochen. Das bedeutet: Das Individuum muß sich typischerweise zwischen konkurrierenden Sinnsystemen entscheiden“ (Hitzler, Honer, 1994, S. 309). Wie schon erwähnt, liegt eine der Achillesfersen der offenen Gesellschaft genau darin, daß sie keine für alle verbindliche und dauerhafte Sinnstiftung leisten kann und damit möglicherweise schwerwiegende Orientierungsprobleme auslöst.

Die beschriebene oberste Sinnebene dient unter der Perspektive der Handlungsorientierung dazu, eine Selektion von handlungsleitenden Werten zu ermöglichen. Auf der Wertebene existiert eine Fülle von widersprüchlichen und nicht gleichzeitig realisierbaren Werten, so daß es notwendig ist, diejenigen Werte auszuwählen, die für das eigene Handeln maßgeblich sein sollen. In der geschlossenen Gesellschaft fällt diese Auswahl von Werten vergleichsweise leicht, da sie mit Rekurs auf ein transzendentales Sinnmonopol geschieht. Es werden diejenigen Werte ausgewählt und für alle als verbindlich erklärt, die dem zweifelsfrei definierten Letztsinn zuträglich sind. So bietet z. B. die christliche Ethik einen vergleichsweise eindeutigen und stabilen Wertekanon (Nächstenliebe, Gehorsam etc.), an dem sich der Gläubige orientieren kann.

In der offenen Gesellschaft dagegen ist es wesentlich schwieriger festzulegen, welches die wünschbaren Werte sind, weil man sich nicht auf ein eindeutiges Sinnfundament beziehen kann. Der Pluralität der Sinnangebote entspricht auf der Wertebene eine ebensolche Pluralität. Wir hatten oben (vgl. Kapitel 3) bereits dargestellt, daß für die offene Gesellschaft die Pluralität von Konzeptionen des Guten (Rawls) kennzeichnend ist, die gleich gut begründet sind. Diese Konzeptionen des Guten umfassen unter anderem auch Werturteile und Ideale der einzelnen, und insofern wird plausibel, daß es in der offenen Gesellschaft keine definitiven Maßstäbe für eine Festlegung von Werten geben kann. Wir hatten ebenfalls angedeutet, daß die offene Gesellschaft dieses Problem im wesentlichen durch Verfahren zu lösen versucht, während sich eine inhaltliche Festlegung von

Werten auf den sogenannten Minimalkonsens beschränkt. Es gibt also anscheinend Werte, die in der offenen Gesellschaft herausfallen, wie etwa die Auflösung der offenen Gesellschaft durch Terror — wobei sich die offene Gesellschaft auch damit schwertut, diese Werte festzulegen (vgl. oben die Frage, wieviel Toleranz auch gegenüber den Intoleranten zu gewähren ist). Es bleibt jedoch eine breite Basis von unterschiedlichen Werten übrig. Wichtig ist zu erwähnen, daß diese Wertebasis der offenen Gesellschaft im Gegensatz zur geschlossenen Gesellschaft nicht auf irgendeiner metaphysischen Erkenntnis basiert, sondern sozial vermittelt und insofern zeitrelativ — nämlich immer nur von historisch relativer Gültigkeit — ist.

Werte dienen letztlich dazu, uns handlungsfähig zu machen, indem wir diejenigen Handlungsoptionen wählen, die für die anvisierten Werte instrumentell sind. Sinnvolles Handeln — und damit beschreiben wir die zweite Bedeutungsebene von Sinn — ist also ein solches, das dazu beiträgt, daß sich bestimmte Werte materialisieren. So kann soziales Engagement einen Sinn insofern besitzen, als es den Wert der christlichen Nächstenliebe realisiert. In der geschlossenen Gesellschaft ist auf der Basis verbindlicher Werte relativ problemlos festzulegen, was das „richtige“ Handeln ist. In der geschlossenen Gesellschaft ist z. B. qua Ideologie bestimmt, was zu tun ist, um Werte und Ziele zu erreichen, und diese Handlungsanweisungen werden den einzelnen („Erfüllungsgehilfen“) verbindlich vorgeschrieben.

In der offenen Gesellschaft fällt auch die Entscheidung für eine bestimmte Handlungsalternative schwerer: nicht nur, weil es unterschiedliche Werte gibt, sondern auch, weil mitunter unklar ist, welches Handeln welchem Wert am besten dienlich ist. Es gibt, wie gesagt, immer mehrere Konzeptionen des Guten, die die praktischen Überlegungen von Personen bestimmen (Rawls), und da diese Konzeptionen prinzipiell gleich gut begründet sind, fehlt ein zuverlässiges Entscheidungskriterium. (Die Praxis der offenen Gesellschaft löst das Problem ansatzweise, indem sie solche Handlungsweisen, die mit einiger Sicherheit ihren zentralen Werten abträglich sind, unter Strafe stellt.) Die beschriebene Orientierungslosigkeit in der offenen Gesellschaft ist insofern eine mehrdimensionale und tiefgreifende, als sie sich sowohl auf Sinn als auch auf Werte bezieht und so dem einzelnen bekanntermaßen die Last der Entscheidung und der Verantwortung für sein Handeln aufbürdet. Um es noch einmal zu betonen: Eine verbindliche und eindeutige Sinnstiftung und Handlungsorientierung (im Sinne des „one best way") kann die offene Gesellschaft nicht bieten. Dennoch sind wir der Ansicht, daß daraus nicht notwendigerweise Orientierungslosigkeit und Resignation resultieren müssen, sondern daß wertzentriertes und in dieser Hinsicht sinnvolles Handeln möglich ist.

Indem in diesem Kapitel unter der Perspektive des Gegensteuerns die beiden Aspekte Sinn und Hoffnung aufgegriffen werden, sind zwei Kategorien bezeichnet, denen zentrale Bedeutung zukommt: Zum einen hatten wir bereits mehrfach herausgestellt, daß die postmoderne Resignation mit der Überschätzung der Bewertungsproblematik einerseits und der Unterschätzung der Handlungspotentiale andererseits (vgl. Abb. 6) fatalistischen Haltungen zuarbeitet, die die in der Gesellschaft ohnehin erkennbaren Schließungstendenzen dadurch verstärken, daß eine aktive Verteidigung der offenen Gesellschaft ausbleibt. Unabhängig von diesen eher gesamtgesellschaftlichen Bezügen kommt den Kategorien Sinn und Hoffnung zentrale Bedeutung insofern zu, als ein Leben ohne sie aus anthropologischer bzw. psychologischer Sicht nur schwer vorstellbar ist.

Um im Sinne des Gegensteuerns wiederum Handlungsoptionen erkennbar werden zu lassen, stellen wir den Aspekt der Führung in das Zentrum der Betrachtung. Die folgenden Ausführungen stellen zugleich eine Ergänzung zu den im 7. Kapitel erörterten Schließungs- und Öffnungsstrategien dar. Es soll gezeigt werden, mit welchen Möglichkeiten, aber auch mit welchen Begrenzungen im Rahmen der offenen Gesellschaft Sinn und Hoffnung durch Führung auf der gesamtgesellschaftlichen wie auf der betrieblichen Ebene im Prinzip als vermittlungsfähig erscheint. Spezifischer wird es darum gehen, aufzuzeigen, in welcher Weise Sinn in einer offenen Gesellschaft vermittelt werden kann, *ohne* in Dogmatik und Visionen, also tendenzielle Muster der geschlossenen Gesellschaft, abzugleiten. Analog soll gezeigt werden, wie in einer offenen Gesellschaft Hoffnung vermittelbar ist, ohne der Gefahr der Illusion und gefährlichen Utopie aufzusitzen.

Die gedankliche Leitfigur stellt die ausführlich erörterte Abbildung 6 dar (vgl. Kapitel 4), die wir nachstehend in bestimmter Weise verkürzen und zugleich durch den Aspekt der Führung erweitern. Sinn und Hoffnung vermitteln sich durch Führung so, wie es in der Abbildung 30 veranschaulicht wird.

Der Sinngehalt des Tuns kann zum einen dadurch gesteigert werden, daß im wesentlichen über den Pfeil a. Aufgaben bzw. Projekte ermittelt, definiert und den Mitarbeitern übertragen werden, denen die Mitarbei-

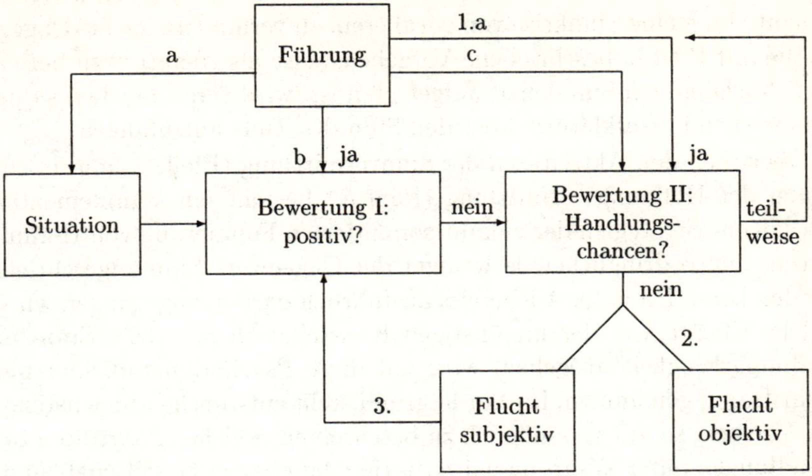

Abb. 30: Ansatzpunkte der Vermittlung von Sinn und Hoffnung durch Führung

ter Sinn zuschreiben. Damit ändert sich über eine ojektive Veränderung ihres Tätigkeitsinhalts ihre tatsächliche Situation. Einsicht- und Sinnverdeutlichung kann darüber hinaus über den Pfeil b. durch das geleistet werden, was im 7. Kapitel unter dem Stichwort der Aufklärung erörtert wurde und nicht auf eine Veränderung der objektiven Situation, sondern auf eine Veränderung der (subjektiven) Wahrnehmung und Bewertung dieser Situation hinaus läuft. Wir haben oben betont, daß damit nicht eine die gegenwärtige Situation einseitig beschönigende und damit den Mitarbeiter manipulierende Bewertungskosmetik gemeint ist, sondern eine wirkliche Aufklärung über Vor- und Nachteile der gegenwärtigen Lage. Während sich die über die Pfeile a. und b. vermittelte „Sinnstiftung" im wesentlichen auf die Gegenwart bezieht, beeinflussen Aktivitäten im Pfeil c. die wahrgenommene Veränderbarkeit bzw. Beeinflußbarkeit der Situation, damit die Kategorie Hoffnung und insofern die Kategorie Zukunft.

Die beiden Methoden der Sinnvermittlung scheinen dabei alternativ einsetzbar zu sein. Der Pfeil a. bedeutet, daß dem Mitarbeiter ein Handeln ermöglicht wird, dem er Sinn beimißt, das heißt, die Nachfrage des Mitarbeiters nach Sinn muß substantiell bekannt sein. Die Führungskraft handelt in diesem Fall „proaktiv", da sie über eine entsprechende Aufgabenzuteilung eine Sinnkrise von vornherein zu verhindern sucht. Dagegen ist die mit Pfeil b. beschriebene Vorgehensweise als „reaktiv" zu bezeichnen. Nachdem ein Sinndefizit aufgetreten ist, wird versucht, dieses durch entsprechende Aufklärung über den Sinn des Tuns aufzufangen.

Zwischen den Aktivitäten der Sinnvermittlung (Pfeile a. und b.) und denen der Hoffnungsvermittlung (Pfeil c.) besteht ein komplementäres Verhältnis: Strategien der zukunftsorientierten Fundierung von Hoffnung werden umso dringlicher, je weniger der Gegenwart Sinn zugeschrieben werden kann. Da unter 4.1 bereits ausführlich darauf eingegangen wurde, welche Effekte von der ungünstigen Konstellation paralleler Sinn- und Hoffnungslosigkeit ausgehen, wird auf diese Psychodynamik hier nicht mehr Bezug genommen. Im Vordergrund steht entsprechend nachstehend der Versuch, so gut wie möglich zu beschreiben, welche Aktivitäten bzw. Handlungen unter Wahrung der Kriterien der offenen Gesellschaft in den Pfeilen a., b. und c. als möglich erscheinen.

8.2 Vermittlung von Sinn — Chancen und Grenzen

Es sollen zunächst die bereits vorgetragenen Gedanken in die obige Denkfigur eingeordnet werden, und wir beginnen von daher mit den Handlungsoptionen im Pfeil b. Im Zentrum des Pfeiles b. steht die Aktivität der Aufklärung. Es wurde im 7. Kapitel dargelegt, daß es darauf ankommt, die Dilemmaakzeptanz gegenüber der offenen Gesellschaft dadurch zu stabilisieren, daß man einerseits erklärt, warum man zu zahlen hat und andererseits verdeutlicht, wofür man zu zahlen hat. Indem erklärt wird, auf welchem Wege im Sinne der Abbildung 5 die Pluszeichen der offenen Gesellschaft systematisch mit ihren Minuszeichen verbunden sind (gesamtgesellschaftlich wie betrieblich analysiert), also gezeigt wird, warum zu zahlen ist, werden Kausalitäten aufgezeigt. Kausalitäten vermitteln Einsicht in spezifische Zusammenhänge und fördern eben deswegen die Dilemmaakzeptanz. Vermittelt man Einsicht in bestimmte Zusammenhänge, so ist damit selbstverständlich noch nicht zugleich Sinn vermittelt; das Gefühl, das Auftreten bestimmter Nachteile der offenen Gesellschaft als systematisch bedingt verstanden und damit eingesehen zu haben, hat aber einen entlastenden Charakter. Gelingt es uns, einzelne Preise der offenen Gesellschaft als systematisch bedingt und damit als notwendig, also im Sinne eines Sachzwangs, zu interpretieren, so verlieren die entsprechend erklärten Nachteile der offenen Gesellschaft den Stachel von Willkür und Mißstand.

Aufklärung im Pfeil b. beinhaltet aber nicht nur die Darlegung von Kausalitäten; Sinnvermittlung verlangt vielmehr die ergänzende Herausstellung der Finalitäten. Bezogen auf die Gesamtgesellschaft gilt etwa: Eine rechtsstaatlich fundierte Demokratie, deren Verfassung sich auf möglichst wenige Grundaussagen konzentriert, auf die sich freie und gleiche Bürger unter als fair erlebten Bedingungen geeinigt haben, stellt im Sinne von Rawls (1992) ein Verfahren dar, das die Zuschreibung von Gerechtigkeit erleichtert; eben dieses, das Gefühl zu haben, in einem gerechten System zu leben, bedeutet für viele bereits einen Wert bzw. etwas Sinnvolles. Die Praktizierung der offenen Gesellschaft, wesentlich aus dem Geist der Toleranz geboren (vgl. 3.1), dient des weiteren unter anderem dem Schutz der Individualität und Freiheit des einzelnen. Und auch dies sind Sachverhalte, denen viele Menschen Sinn zuschreiben.

Verdeutlicht man insofern die Instrumentalität der Praxis der offenen Gesellschaft im Hinblick auf spezifische Güter, demonstriert man in diesem Sinne die Finalität einer der offenen Gesellschaft verpflichteten Praxis, so gibt die offene Gesellschaft sehr wohl Raum auch für die Zuschreibung von Sinn. Analoge Argumente gelten für den betrieblichen Bereich, wo unter dem Aspekt der Finalität unter anderem auf den immer bedeutsamer werdenden Bereich der Innovativität zu verweisen wäre.

Zusammenfassend heißt dies, daß im Pfeil b. über Aufklärung Kausalitäten und Finalitäten verdeutlicht werden können, über die sich Einsicht und Sinn vermitteln. (Als Folge hiervon steigt dann auch die Dilemmaakzeptanz gegenüber der offenen Gesellschaft.) Im 7. Kapitel war bereits ergänzend darauf hingewiesen worden, daß es sehr hilfreich sein kann, die Wertigkeit der Lebensqualität in einer offenen Gesellschaft auch immer wieder dadurch zu verdeutlichen, daß man auf die Preise des geschlossenen Systems (im Extremfall: Nationalsozialismus, real existierender Sozialismus) verweist.

Die Führungsstrategie der Aufklärung impliziert damit Verhaltensweisen, die wir oben (vgl. Kapitel 6) mit dem Konstrukt „dialogisch/aufklärend" bezeichnet haben. Dem Mitarbeiter wird deutlich gemacht, daß der offene Betrieb seine Schwächen hat und insofern nur als vorläufige Lösung gelten kann — auf diese Weise wird der Mitarbeiter in den Prozeß der gemeinsamen Wahrheitssuche (vgl. Abb. 19) einbezogen. Weiter ist das Kriterium der Rationalität insofern erfüllt, als nicht einseitig nur Vorzüge dargestellt werden; die ausgewogene rationale Darstellung von Vor- und Nachteilen des offenen Musters ist gerade der Kern der Vermittlung von Kausalität und Finalität. Schließlich ist das Kriterium der Unabhängigkeit der Geführten erfüllt. Die Aufklärung über Kausalitäten und Finalitäten läßt dem Mitarbeiter die Chance, dieses Aufklärungsmuster abzulehnen und letztlich für sich zu entscheiden, daß die Situation doch negativ zu bewerten ist, womit im Sinne der Abb. 30 Handlungsbedarf (Pfeil c.) entstünde. Die Aufklärungsstrategie ist insofern nicht totalitär-vereinnahmend, sondern auch im Ergebnis „offen".

Eine so verstandene Aufklärung vermittelt damit Sinn *ohne* Rückgriff auf geschlossene Muster:

- Es wird keine Vision oder Fata Morgana bemüht, die orakelhaft unklar am Firmament in großer zeitlicher Entfernung leuchtet. Es wird vielmehr vergleichsweise erfahrungs- und beobachtungsnah auf spezifische, bereits in der Gegenwart eintretende Effekte bestimmter Praktiken verwiesen.

- Es ist eine offene Strategie der Sinnvermittlung auch insofern, als die Interpretation bestimmter Nachteile der offenen Gesellschaft nicht auf andere Mängel des Systems ausgedehnt wird, die abgeschafft werden können. Zugleich wird betont, daß auch die Interpretation der Nachteile als Sachzwänge im Sinne des Popperschen kritischen Rationalismus nur Hypothesencharakter hat und damit vorläufig ist.

- Eine derartige Strategie der Aufklärung ist eine „offene" Strategie der Sinnvermittlung zusätzlich dann, wenn man auf die Nutzung der Verschleierungspotentiale symbolischer Führung (vgl. die Analyse von Pfeffer, 1992) verzichtet. Bei der Darlegung sowohl der Kausalitäten als auch der Finalitäten ist es entsprechend wichtig, nicht solche Symbole zu verwenden, die die Zuschreibung von definitiver Wahrheit fördern, sondern, wenn überhaupt, solche Symbole einzusetzen, die den Vorläufigkeitscharakter entsprechender Interpretationen betonen. Andernfalls schlägt Aufklärung in Indoktrination um; konstitutiv für die offene Vermittlung von Sinn ist die Offenheit für das Argument.

– Die beschriebene Aufklärung im Pfeil b. ist schließlich eine „offene“ Strategie der Sinnvermittlung, weil sie nicht teleologisch oder metaphysisch hergeleitet wird, sondern ausschließlich im Diesseits verankert ist und dabei unspekulativ vorgeht. Die Verdeutlichung von Finalitäten besteht in der Verdeutlichung bzw. Demonstration bestimmter Effekte, denen dann Sinn zugeschrieben wird, wenn diese Effekte als instrumentell für etwas wahrgenommen werden, das für die Person von zentralem Wert ist.

Der Pfeil a. bezeichnet dagegen Führungsaktivitäten, die darauf gerichtet sind, den Sinngehalt des gegenwärtigen Tuns aus der Sicht des Mitarbeiters durch eine Veränderung bzw. Erweiterung des Aufgabeninhalts zu steigern (proaktive Strategie). Ausgangspunkt für eine solche Strategie sind folglich die Werte, die der einzelne Mitarbeiter für sich als handlungsleitend akzeptiert hat. Eine solche Vorgehensweise würde etwa dem entsprechen, was wir im zweiten Teil der Arbeit mit pluralistischer Führung beschrieben haben (vgl. Abb. 18). Erste Voraussetzung ist, daß der Führende unterschiedliche Wertorientierungen und unterschiedliche Verhaltensweisen seiner Mitarbeiter zuläßt. Das bedeutet, daß den Geführten nicht von oben Werte vorgeschrieben werden, sondern daß umgekehrt zu ermitteln versucht wird, an welchen Werten die Mitarbeiter ihr Handeln orientieren. Ein Beispiel hierfür ist die Ermittlung von Wertorientierungen jüngerer oder zukünftiger Führungskräfte (v. Rosenstiel u.a., 1989). Die zweite Voraussetzung besteht darin, die Mitarbeiter insofern differenziert zu behandeln, als ihnen solche Aufgaben übertragen werden, die mit ihrer persönlichen Wertorientierung zu vereinbaren sind bzw. die dem Erreichen ihrer Werte besonders dienlich sind. Solche Aufgaben wären dann aus Sicht der Geführten sinnvoll, weil sie eine positive Instrumentalität für die von ihnen angestrebten Werte besitzen. Ein Beispiel hierfür wäre, einen ökologisch interessierten Mitarbeiter im Betrieb dort einzusetzen, wo er dieses Interesse am ehesten verwirklichen kann.

Faßt man die Pfeile a. und b. gedanklich zusammen, so heißt das Fazit: Ein (!) Gegenmittel zur Überwindung der postmodernen Orientierungskrise liegt in der Sinn*verdeutlichung* der gegebenen Praxis (Pfeil b.) sowie in der komplementären Sinn*steigerung* der gegenwärtigen Praxis (Pfeil a.).

Wie bereits erwähnt, verwendet diese durch Führung vermittelte Sinnverdeutlichung und Sinnsteigerung den Begriff Sinn damit in einem instrumentellen und insofern wesentlich bescheideneren Verständnis, als dies in der geschlossenen Gesellschaft möglich wäre. Dieser Sachverhalt dürfte psychologisch kein Problem darstellen, da bei hoher wahrgenommener Instrumentalität der eigenen Aktivitäten für zentrale Wertvorstellungen der zugeschriebene Sinn dieser Aktivitäten evident ist. Problematischer ist, daß sich die offene Gesellschaft schwertut, so etwas wie „Lebenssinn“ oder ähnliches zu vermitteln. Hier scheinen die bisher erörterten Verfahren der Pfeile a. und b. auf Grenzen zu stoßen, und entsprechend zeigen sich hier auch Grenzen der Sinnvermittlung in einer offenen Gesellschaft. Fragt man also nach dem Sinn von Enttäuschungen bzw. sogenannten Schicksalsschlägen, so scheint die ansonsten funktionierende Zuschreibung von Sinn zu versagen. (Zwar lassen sich z. B., wie dargestellt, zur Förderung von Einsicht Kausalitäten erläutern, die letztlich der Dilemmaakzeptanz gegenüber der offenen Gesellschaft förderlich sind. Fragt man aber, wozu diese Kausalitäten bestehen, fragt man also nach der Finalität dieser Kausalitäten, so fällt eine Antwort innerhalb der Denkmuster der offenen Gesellschaft schwer.)

Hier erfüllt die geschlossene Gesellschaft ihre spezifische Funktion, z. B. in Form der Institution Kirche. Unterstellt man dabei, daß die Kirche, wie in Kapitel 7 dargestellt, im Sinne einer zunehmenden Individualisierung und Pluralisierung einem Öffnungsprozeß unterliegt, so ist die Substanz der offenen Gesellschaft durch die Angebote der Kirche also nicht gefährdet, die Kirche aber aufgrund dieser Öffnung imstande, die Nachfrage auch nach Lebenssinn für viele Menschen in befriedigender Weise abzuarbeiten. Daraus könnte im Ergebnis gefolgert werden, daß in einer sich so entwickelnden offenen Gesellschaft selbst dieses, nämlich Lebenssinn und ähnliches, auffindbar ist, womit die offene Gesellschaft stabilisiert und zugleich der postmodernen Traurigkeit entgegengewirkt würde.

8.3 Vermittlung von Hoffnung — Chancen und Grenzen

Hoffnung vermittelt sich im wesentlichen abhängig von der Frage, in welchem Maße die Wirklichkeit als veränderungsfähig und gestaltbar erlebt wird und sich die Zukunft insofern zum Positiven entwickeln kann. Damit ist in der Abbildung 30 das Kästchen der Beeinflußbarkeit der Situation (Bewertung II) angesprochen, das über Aktivitäten im Pfeil c. vergrößert oder verkleinert wird. Um zu verdeutlichen, auf *welche* Aktivitäten es für die Vermittlung von Hoffnung im Pfeil c. substantiell ankommt, ist es hilfreich, diesen Pfeil zunächst in seiner negativen Ausrichtung zu beleuchten:

Scheuch u.a. (1992) haben gezeigt, wie sich das politische System selber abschottet und in elitärer Arroganz kritische Rückkoppelungen unterbindet. Derartige Aktivitäten im Pfeil c. reduzieren das Gefühl der Veränderbarkeit der Situation für den Bürger bis hin zum Grenzwert 0, so daß im Sinne der Abbildung 30 (vgl. auch Abbildung 6) resignative Anpassungsprozesse vorprogrammiert sind. Es kann kein Zweifel daran bestehen, daß auch im innerbetrieblichen Bereich (autopoietisch interpretierbare) Abschottungstendenzen von Seiten des Managements gegenüber den weiteren Führungskräften und der Belegschaft sowie elitäre Arroganz anzutreffen sind, aufgrund derer die Nachgeordneten jeglichen Mut verlieren, das zu sagen, was sie denken.

Innerbetrieblich besteht eine weitere klassische Strategie, die Situationskontrolle zu reduzieren, darin, Reorganisationen nach dem Schema des Bombenwurfs (Kirsch u.a., 1979) durchzuführen: Die Mitarbeiter bzw. die Belegschaft machen die Erfahrung, daß sie bei umfassenden Strukturreformen vor vollendete Tatsachen gestellt werden und im Zuge gravierender innerbetrieblicher Veränderungen nicht als Subjekt, sondern als Objekt betrachtet und behandelt werden. Anpassung, Resignation und ähnliches sind die Folge.

Unter der Perspektive der Effekte ist im übrigen darauf hinzuweisen, daß unter diesen Voraussetzungen natürlich nicht mehr erwartet werden kann, daß die Mitarbeiter und nachgeordneten Führungskräfte nach „oben“ sagen, was sie denken. Da insofern wesentliche Veränderungsimpulse (nämlich die in den Köpfen der nachgeordneten Mitarbeitern schlummernden) unausgeschöpft bleiben bzw. brachliegen, werden Innovationen immer weniger wahrscheinlich. Werden derartige „Bombenwürfe“ zur Bewältigung einer Krise eingesetzt (und dies ist nicht untypisch), so ergibt sich das Paradox, daß gerade dann, wenn das Unternehmen zur Bewältigung der Krise in besonderem Maße auf die Ausschöpfung der Innovationspotentiale aller Betriebsangehörigen angewiesen ist, Innovationsimpulse systematisch abgeblockt werden. Die Krise gebiert dann nur ihre Intensivierung.

Im Umkehrschluß bedeutet dies: Gerade in einer Krisensituation müßte z. B. ein Unternehmen alles daran setzen, das Gefühl für die Veränderbarkeit bzw. Beeinflußbarkeit der Situation auf seiten der Mitarbeiter zu vergrößern. Dies bedeutet unter anderem, das Angebot, verändernd auf die betriebliche Realität einwirken zu können, glaubhaft zu formulieren, um so die Innovationsbereitschaft aller Beteiligten nicht zu bremsen, sondern zu stützen. Wir werden noch präzisieren, wie dieses zu leisten ist.

Wird in diesem Sinne die Wahrnehmung gefördert, daß man durch eigenes Engagement (und gegebenenfalls mit Hilfe anderer) verändernd auf das betriebliche Geschehen Einfluß nehmen kann, so daß sich die Zukunft positiv entwickelt, so baut sich Hoffnung auf. Bloch (1980) betont dabei den Gefühlscharakter dessen, was Hoffnung (auch) ausmacht. Hoffnung als Gefühl ist der Gegenpol von Furcht und Angst. Hoffnung zerstört Angst und damit das Gefühl von Enge. Hoffnung befreit. Hoffnung und Angst stehen zueinander wie Berg und Tal (und insofern sei z. B. die Fixiertheit von Martin Heidegger auf die Kategorie Angst eine unangemessene theoretische Aufarbeitung der Realität). Hoffnung (sowie auch Angst und Furcht) weist zugleich auch eine kognitive Dimension auf: Während in der Angst bzw. Furcht die Erinnerung an die Vergangenheit dominiert, steht in der Hoffnung die konkrete geistige Vorwegnahme einer qualitativ anderen Zukunft im Vordergrund (Bloch, 1980, S. 83 ff).

In diesem Sinne ist Hoffnung ein charakteristisches Merkmal der offenen Gesellschaft, denn es reflektiert nichts anderes als den voluntaristischen Pol des offenen Musters (vgl. 1.1). Während in der geschlossenen Gesellschaft bzw. im deterministischen Muster, wie dargestellt, die Person vereinnahmt und ihrer Zukunft enteignet wird, geht es im voluntaristischen Muster gerade darum, diese Zukunft offen zu halten. Wir haben oben (vgl. Kapitel 6) erläutert, wodurch liberal/ fördernde Führung gekennzeichnet ist, die den Mitarbeiter als Subjekt bzw. Täter betrachtet und insofern den Anspruch des voluntaristischen Denkmusters einlöst. Alles dies ist Widerspiegelung des Umstandes, daß in der offenen Gesellschaft aus dem Tatbestand, daß etwas so ist, wie es ist, nicht gefolgert wird, daß es zwangsläufig so ist, wie es ist. Wie wir ausführlich dargestellt haben, ist für die offene Gesellschaft gerade konstitutiv, daß der Bereich der sozialen Realität nicht nach dem naturwissenschaftlichen Denkansatz erklärt wird, sondern daß soziale Realität zumindest teilweise als Funktion von Konventionen interpretiert wird. Exakt in dem Umfang, wie letzteres der Fall ist, soziale Realität also nicht deterministischer Regelung unterliegt, besteht im Prinzip ein Gestaltungspotential. Damit ist Zukunft nicht mehr als einfache Extrapolation der Vergangenheit bereits festgelegt, sondern kann einen mehr oder weniger großen qualitativen Sprung vollziehen.

Dieser Freiraum wird von Bloch als Potential bezeichnet, von dem er die Potenz abhebt: Unter Potenz wird einengend der Freiheitsgrad verstanden, der verbleibt, wenn man nicht nur nach dem prinzipiell Möglichen fragt, sondern zugleich nach dem praktisch unter gegebenen Ressourcenknappheiten (Zeit, Geld usw.) Machbaren.

Wo liegt aber das eigentliche Kernproblem, wenn Hoffnung als etwas begriffen werden kann, das eben gerade nicht der offenen Gesellschaft fremd ist, sondern ihr im Höchstmaße inhärent ist und insofern die offene Gesellschaft (gerade durch das Prinzip Hoffnung) doch die beste Gewähr dafür bietet, der postmodernen Traurigkeit entgegenzuwirken? Das Problem dürfte unter anderem darin liegen, daß die offene Gesellschaft Gefahr läuft, eben diese von Bloch getroffene Unterscheidung von Potenz und Potential zu vernachlässigen; Enttäuschung ist damit vorprogrammiert.

Die offene Gesellschaft (und dies war das Kernproblem der 68er-Generation) läuft Gefahr, primär den Potentialaspekt zu berücksichtigen, ohne sich einschränkend nach der Größe Potenz zu fragen. Im Ergebnis heißt dies schlicht: Die Veränderbarkeit der Realität wird häufig überschätzt. Auch Fest (1993, S. 97) sieht hierin eine entscheidende Achillesferse der offenen Gesellschaft. Die 68er-Generation glaubte an die weitgehende Veränderbarkeit der Welt und setzte hierbei vor allem auf die Veränderbarkeit des Menschen. Nur vor diesem Hintergrund sind die weitreichenden Resozialisierungs- und Repädagogisierungsbemühungen und die sonstigen auf die Person einwirkenden Anstrengungen verständlich. Der Psychoanalytiker Horst Eberhard Richter (1979) hat diese überzogenen Erwartungen unter anderem unter dem Stichwort des Gotteskomplexes gegeißelt. Als Folge dieser illusionären Überschätzung der Veränderbarkeit der Realität werden dann Utopien in die Welt gesetzt, die — zumindest prinzipiell — von der Etablierung des Dritten Reiches über die Verbrüderung der Welt im Kommunismus bis hin zum fundamentalistischen Gottesstaat reichen. Eine übersteigerte Hoffnung in der offenen Gesellschaft bei nur begrenzter Veränderbarkeit der Realität kann daher im Extremfall in das Muster der geschlossenen Gesellschaft umschlagen.

Das Kernproblem in bezug auf die Kategorie Hoffnung liegt im Rahmen der offenen Gesellschaft also nicht darin, daß in der offenen Gesellschaft kein Raum für Hoffnung gegeben ist; ganz im Gegenteil. Das Kernproblem liegt darin, daß der voluntaristische Denkansatz Gefahr läuft, für die Begrenzungen der Veränderbarkeit der Realität blind zu machen und insofern (in der Sprache von Bloch) fälschlicherweise Potential und Potenz gleichzusetzen (vgl. Bloch, 1980, S. 260 ff.). Auch Böhme (1985) irrt insofern, wenn er zumindest tendenziell aus der Variabilität der von den Menschen praktizierten Sozialstrukturen im Verlaufe der Geschichte auf die Veränderbarkeit dieser Sozialstrukturen zurückzuschließen scheint. Der Umstand, daß wir intrakulturell im zeitlichen Längsschnitt bzw. interkulturell im zeitlichen Querschnitt in der Tat gewichtige Unterschiede zwischen den Modi des Zusammenlebens feststellen können, beantwortet mitnichten die Frage nach der Größe des Veränderungspotentials und sagt vor allem nichts über das aus, was Bloch Potenz (das Machbare) nennt.

Gerade in der offenen Gesellschaft bedarf es insofern einer sorgfältigen Auseinandersetzung mit den Grenzen der Veränderbarkeit der Realität, da wir anderenfalls der offenen Gesellschaft einen schlechten Dienst erweisen: Nicht nur die 68er Erfahrung, sondern viele andere historische Prozesse und viele konkrete betriebliche Erfahrungen zeigen, daß die illusionäre Überschätzung der Veränderbarkeit der Realität über entsprechende Enttäuschungen einen nachhaltigen Absturz in resignative Prozesse vorprogrammiert. Da wir gerade diesen resignativen Tendenzen entgegenwirken wollen, wäre nichts so gefährlich, wie im Rahmen der Strategien zur Vermittlung von Hoffnung die Veränderbarkeit der Realität zu überschätzen.

Was heißt dies konkret für die Vermittlung von Hoffnung durch Führung? Betrachten wir in den folgenden Ausführungen vor allem den Aspekt der Potenz, da die Frage nach dem Potential stärker philosophischer Art ist, so lautet eine zentrale Zwischenthese im Rahmen unserer Gedankenkette wie folgt: Bezogen z. B. auf den Betrieb gilt nicht, daß der Betrieb jetzt zur Gänze veränderungsfähig ist; es gilt umgekehrt aber auch nicht, daß der Betrieb im Zeithorizont bis übermorgen zur Gänze nicht veränderungsfähig ist. Es gilt vielmehr das Wörtchen „teilweise“, und genau hier liegt für unser Verständnis eine hilfreiche Perspektive. Wird akzeptiert, daß der Betrieb nicht vollständig veränderungsfähig, aber auch nicht ganz veränderungsunfähig ist, so ergibt sich eine Differenzierungschance in zeitlicher und inhaltlicher Hinsicht.

Wird Hoffnung fälschlich nach dem zeitlichen Schema des „jetzt oder nie“ und dem inhaltlichen Anspruch des „alles oder nichts“ vermittelt, so ist dies der beste Garant dafür, daß Hoffnung in Resignation umschlägt. Unter der Perspektive der Vermittlung von Hoffnung ist also ganz entscheidend, in dieser zeitlichen und inhaltlichen Hinsicht zu differenzieren. Gefordert ist insofern ein Weg *zwischen* der Utopie einerseits und der Resignation andererseits, weil *beide* Strategien die realen Verhältnisse falsch einschätzen. (Im ersteren Fall wird das Kästchen der Beeinflußbarkeit der Situation über-, im zweiten Fall unterschätzt.)

Selbstverständlich haben wir zur Bewältigung dieser Gratwanderung bei der Vermittlung von Hoffnung, die hinreichend sein soll, um zu stimulieren, gleichzeitig aber nicht in Illusion übergehen darf, um entsprechende Enttäuschungen zu vermeiden, keine Patentrezepte anzubieten. Im Hinblick auf einen innerbetrieblichen Denkansatz schwebt uns aber folgende Möglichkeit vor:

Die Führungskraft möge die problematischen Felder der betrieblichen Realität im Sinne einer als reversibel gedachten Hypothese zweiteilen und den folgenden Kategorien zuordnen: Die eine Kategorie umfaßt diejenigen Realitätsausschnitte, die die Führungskraft mittelfristig unter den gegebenen Randbedingungen (Machtverhältnisse, Zeit, Geld usw.) für nicht veränderungsfähig erachtet. Die anderen Realitätsausschnitte ordnet sie der Kategorie „unter den gegebenen Randbedingungen mittelfristig durchaus veränderbar" zu. Für diejenigen Bereiche, die für sie diesbezüglich unklar sind, könnte sie die dritte Kategorie „Fragezeichen" einführen.

Diese dritte Kategorie hat dabei eine akzeptanzfördernde Funktion in zweierlei Weise. Zum einen dürfte, wie erwähnt, die vorgeschlagene Zuordnung von Veränderbarem und nicht Veränderbarem nicht in jedem Fall zweifelsfrei möglich sein — es verbleiben vermutlich Bereiche, die nicht unmittelbar zurordnungsfähig sind. Die Fragezeichenkategorie reflektiert damit die prinzipielle Irrtumsbehaftetheit derartiger Zuordnungen. Auch ist es möglich, einen Tatbestand, der zunächst der Kategorie „veränderbar" zugeordnet wurde, sich dann aber als nicht veränderbar erwies, vorläufig in die Fragezeichen-Kategorie einzuordnen und nicht sofort in die Kategorie „nicht veränderbar", weil er unter anderen Bedingungen eventuell doch veränderbar ist. Zum zweiten dient die Fragezeichenkategorie dazu, trotz zu erwartender unterschiedlicher Einordnungen von Führungskräften und Mitarbeitern handlungsfähig zu bleiben. Diejenigen Sachverhalte, über deren Veränderbarkeit sich Mitarbeiter und Vorgesetzte nicht auf Anhieb einigen können, können vorübergehend in der Fragezeichenkategorie aufgefangen und einer späteren Diskussion vorbehalten werden. Auf diese Weise besteht eine Handlungschance trotz Dissens, und dieser Dissens würde gleichzeitig nicht als Panne verschleiert, sondern gewissermaßen als Normalität institutionalisiert. Der Fragezeichen-Kategorie kommt insofern nicht nur in inhaltlicher, sondern auch in methodischer Hinsicht Bedeutung zu.

Hat die Führungskraft insofern die betriebliche Realität vorläufig den drei Kategorien zugeordnet und sich damit pragmatisch für das Wörtchen „teilweise" entschieden, also für den Weg zwischen Utopie und Resignation, so käme es jetzt darauf an, durch Dialog mit den Mitarbeitern (im Sinne der dialogisch/aufklärenden Führung) zu überprüfen, ob die Zuordnungen der Realität zu diesen drei Bereichen angemessen sind. Der Zweck eines solchen Dialogs mit den Mitarbeitern ist ein mehrfacher:

- Die Prüfung der Angemessenheit der Diagnose soll sicherstellen, daß sich die Hoffnung auf ein Feld konzentriert, in dem (Potential und) Potenz besteht, Hoffnung also begründbar ist. Dies wiederum ist entscheidend, um Resignationen in Folge geplatzter Illusionen und letztlich ein Abdriften zum geschlossenen Ufer zu vermeiden.

- Es geht um die Anhebung der Chance einer konzertierten Aktion: Die Mitarbeiter werden die betriebliche Realität vermutlich nicht in gleicher Weise den drei genannten Kategorien zuordnen. Es wird vielmehr der Fall sein, daß ein Mitarbeiter einen bestimmten betrieblichen Sachverhalt, den er für sehr problematisch erachtet, für nicht veränderungsfähig hält, obwohl der Vorgesetzte diesen Sachverhalt der Kategorie „veränderungsfähig" zugeordnet hat. Genauso plausibel wird das Umgekehrte vorkommen: Der Mitarbeiter hält Dinge für veränderungsfähig, in bezug auf die der Vorgesetzte keinerlei Veränderungschancen sieht. Etwas plakativ kann man den jetzt erfolgenden Angleichungsprozeß wie folgt beschreiben:

  Wir machen vereinfachend dabei die Annahme, daß die Zuordnung der Realität zu den drei Kategorien durch den Vorgesetzten der „Wahrheit" schon vergleichsweise nahe kommt. Indem der Vorgesetzte dem Mitarbeiter sagt, daß er bestimmte Dinge nicht der Kategorie „veränderungsfähig", sondern wohl zutreffender der Kategorie „nicht veränderungsfähig" zuordnet und dies entsprechend begründet, unterstützt er das konservative „Prinzip Erfahrung" und wirkt damit der Gefahr von Illusionen entgegen. Indem der Vorgesetzte demselben Mitarbeiter sagt, daß er ein anderes Problem, das er bisher der Kategorie „nicht veränderungsfähig“ zugeordnet hatte, sehr wohl der Kategorie „veränderungsfähig“ zuordnen kann und dies auch entsprechend begründet, stützt er das „Prinzip Hoffnung“ und macht in diesem Feld dem Mitarbeiter Mut. Der Weg zwischen Utopie und Resignation verlangt also, daß die Führungskraft bei der Vermittlung von Hoffnung das Prinzip Erfahrung mit dem Prinzip Hoffnung kombiniert. Gelingt dies im Zuge der Diskussion mit den Mitarbeitern in der Weise, daß in bezug auf einige wichtige betriebliche Problemfelder eine übereinstimmende Zuordnung dieser Problemfelder zu den drei Kategorien resultiert, so steigt jetzt die Chance für eine konzertierte Aktion: Die Führungskraft und ihre Mitarbeiter zerren nicht an verschiedenen Enden des Taus, sondern konzentrieren sich mit ihren Kräften gemeinsam auf ein ganz bestimmtes Problemfeld (von dem, um Motivation freizusetzen, natürlich gelten muß, daß es von den Mitarbeitern als hinreichend bedeutend wahrgenommen wird.) Kommt es in diesem Sinne zu einer konzertierten Aktion, steigt die Erfolgschance der Aktion. Steigt die Erfolgschance der Aktion, ist dies der beste Stabilisator eines „erfahrungszentrierten Prinzips Hoffnung“. (Und genau dies ist die Kompromißformel, über die die Vermittlung von Hoffnung letztlich die offene Gesellschaft bzw. den offenen Betrieb stützt.)

– Schließlich ist noch ein dritter Zweck eines solchen Dialogs hervorzuheben. Betriebliche Beispiele zeigen, daß durchaus ernstgemeinte Angebote des Managements an die Belegschaft, aktiv an der Veränderung des Betriebes mitzuwirken, mitunter auf mehr oder weniger taube Ohren stoßen. Eine Teilerklärung lautet schlicht: Aufgrund vorausgegangener negativer Erfahrungen wird diesen Angeboten wenig Glaubwürdigkeit zugesprochen. Genau hier sehen wir den Stellenwert des obigen Dialogs: Wir nehmen an, daß der Dialog mit den Mitarbeitern über die Zuordnung der Realität zu diesen drei Kategorien und das Bemühen um ein sorgfältiges Durchdenken der diesbezüglichen Erfahrungen der Mitarbeiter sowie ein sorgfältiges Austauschen von Argumenten die Glaubwürdigkeit erhöht. Es ist nicht ausgeschlossen, daß man auf diesem Wege den einen oder anderen Mitarbeiter, der bereits in die innere Kündigung abgedriftet war, wieder reaktiviert.

Unser Bemühen, Aktivitäten im Pfeil c. im Rahmen der Vermittlung von Hoffnung substantiell zu beschreiben, läßt sich also wie folgt zusammenfassen: Statt Abschottung und elitäre Arroganz zu praktizieren sowie die Mitarbeiter durch „Bombenwürfe" zum Objekt zu machen, kommt es im Sinne einer Beschreibung des Pfeiles c. wesentlich darauf an, in sensibler Weise mit den Mitarbeitern einen Dialog über die Zuordnung der betrieblichen Problemrealität zu den drei Kategorien zu führen. Sensibel meint dabei:

Illusionen einzelner Mitarbeiter zu einzelnen Aspekten müssen behutsam zu Grabe getragen werden; Hoffnungen müssen in überzeugender Weise verankert werden und sich auf solche Inhalte beziehen, denen die Mitarbeiter eine hinreichende Relevanz zusprechen. Der Vorgesetzte muß in zeitlicher (Geduld) und inhaltlicher Hinsicht ständig um Kompromißbereitschaft werben. Er muß die potentiellen Erträge des gemeinsamen Engagements so leuchten lassen, daß die Mitarbeiter bereit sind, sich hierfür zu engagieren, obwohl sie sehen, daß andere Realitätsausschnitte mittelfristig unverändert bleiben werden. Vor allem muß der Vorgesetzte selber aktiv werden und seinen eigenen Vorgesetzten gegenüber einerseits mit politischem Geschick, andererseits mit Zivilcourage dem gemeinsamen Anliegen Nachdruck verleihen, damit in nicht zu großer Ferne eine positive Rückkoppelung des gemeinsamen Engagements erfahren wird, gemessen an einer beobachtbaren Veränderung der Realität. Alles dieses sind Handlungsqualitäten des Pfeiles c., wenn durch Führung Hoffnung in einer Weise vermittelt werden soll, die wirklich trägt. Und genau dies ist im Augenblick so entscheidend, um gesamtgesellschaftlichen und innerbetrieblichen Schließungsneigungen, also der postmodernen Resignation und Traurigkeit, entgegenzuwirken.

Die vorgeschlagene Verfahrensweise zwischen Utopie und Resignation entscheidet sich gegen die jugendliche Sturm- und Drang-Strategie, aber auch gegen den alterssklerotischen Pessimismus. Diese Gegenüberstellung ist nicht von ungefähr:

Wie bereits erwähnt, zeigt Bischoff (1985) aus evolutionstheoretischer Sicht, daß der Heranwachsende im Zuge seiner steigenden Potenz durch eine Verstärkung des Autonomiebestrebens und durch eine parallele Drosselung seines Sicherheitsbestrebens zur Vermeidung von Inzest aus dem jeweiligen Nest herauskatapultiert wird. Das steigende Autonomiebestreben und die parallel sinkende Sicherheitsmotivation verstärken dabei regelkreisartig die eigene Potenzeinstufung, so daß von dem Jugendlichen im Sinne des Sturm und Drangs die Veränderbarkeit der Welt tendenziell *über*schätzt wird. Zumindest bei bestimmten Säugetieren gibt es im Alter den komplementären Mechanismus: Angesichts nachlassender Potenz und Kraft wird das Sicherheitsstreben reaktiviert und parallel das Autonomiebestreben beschränkt. Die Reaktivierung des Sicherheitsstrebens und das parallel abnehmende Autonomiebestreben verstärken dabei regelkreisartig den Eindruck nachlassender Kraft, so daß im Alter die Veränderbarkeit der Welt systematisch „unter"-schätzt wird. Das Fazit heißt: Jugend macht blind *und* Alter macht blind! Insofern ist Kompromißbereitschaft im Sinne unseres Wörtchens „teilweise" (vgl. Abbildung 30) alles andere als vorprogrammiert. In dem von Bischoff (1985) als Urkonflikt bezeichneten Dilemma zwischen Autonomie einerseits und Sicherheit andererseits ist vielmehr angelegt, daß es ganz besonderer Anstrengungen bedarf, um sich aus den schwarz-weiß-Einstufungen bezüglich der Veränderbarkeit der Realität zu befreien.

Im Fazit ist damit in bezug auf die Praxis des Pfeiles c. (Situationskontrolle) zugleich gesagt, daß die beschriebene Handhabung an alle Beteiligten erhebliche Anforderungen stellt. Entsprechend der Logik der offenen Gesellschaft wird auf „Sturm und Drang"- Revolution verzichtet und stattdessen die Stückwerktechnologie der schrittweisen Abschaffung von Übeln gefordert. Wie schon bei der Kategorie Sinn, so muß auch in bezug auf die Kategorie Hoffnung zwischen der offenen und geschlossenen Gesellschaft differenziert werden: Hoffnung in der offenen Gesellschaft meint nicht Utopie und zielt nicht auf eine revolutionäre Totalumwälzung des Bestehenden; auch hier ist die offene Gesellschaft bescheidener: Hoffnung heißt, die Welt zu verbessern, indem man ihre Übel abzuschaffen versucht, und zwar im Zuge einer Evolution schrittweise, kontrolliert und revidierbar.

Die Praktizierung der offenen Gesellschaft erweist sich auch an dieser Nahtstelle in der Tat als mühselig. Doch könnte ein Vorteil der mit der offenen Gesellschaft verbundenen Hoffnung darin liegen, daß sie im Sinne der anthropologischen Dimension größere Handlungschancen für den einzelnen bietet. Das Mitglied einer utopiegeleiteten Bewegung schwimmt als Teil eben dieser Bewegung in festgegelegten Bahnen, die Situationskontrolle ist allenfalls kollektiv. Dagegen dürfte der einzelne in der offenen Gesellschaft größere individuelle Situationkontrolle und daher größere Handlungsräume wahrnehmen — verändert wird nicht irgendwann und irgendwie, sondern die Übel werden hier und jetzt abzubauen versucht.

Die häufig beklagten und von uns hinreichend beschriebenen Defizite der offenen Gesellschaft führen zusammenfassend nicht zwangsläufig zu Orientierungslosigkeit und Resignation — die postmoderne Traurigkeit ist kein Determinismus. Vielmehr scheinen auch unter den Bedingungren der offenen Gesellschaft spezielle Sinn- und Hoffnungspotentiale erschließbar zu sein. Sinn — in der Bedeutung von sinnvollem Handeln — kann z. B. durch Führung gesteigert und verdeutlicht werden, wobei freilich ein metaphysisches Sinnangebot nicht mitvermittelt werden kann. Dafür steht es jedem frei, seinen individuellen Lebenssinn zu finden. Die offene Gesellschaft vermittelt auch Hoffnung — nicht in Richtung auf eine schwungvolle utopisch-illusionäre Wende, sondern, etwas bescheidener, in Richtung auf schrittweise und reversible Verbesserungen der Realität, jedoch möglicherweise für den einzelnen durch größere Handlungsnähe attraktiv. Fazit: In der offenen Gesellschaft liegen zugleich die Chancen, ihre mit Orientierungskrise und Politikverdrossenheit exemplarisch und symptomatisch beschriebenen Bewertungs- und Handlungskrisen zu bewältigen.

9. Zusammenfassung

Unsere Absicht war es, speziell Führungskräfte auf eine bisher nur wenig berücksichtigte Problematik aufmerksam zu machen, aus der heraus bekannte und moderne Führungs- und Kooperationsmuster in einem neuen Licht erscheinen. Der Grund für diese Absicht liegt darin, daß wir eine spezifische Wechselwirkung von betrieblichen und gesellschaftlichen Phänomenen vermuten und Führungskräfte aus dieser Sicht mit zu berücksichtigen hätten, wie innerbetriebliche und gesamtgesellschaftliche Strömungen und Tendenzen einander gegenseitig beeinflussen. Daher ist unser Zugang zur Führungsproblematik zunächst gesellschaftsbezogen.

Die jüngste Geschichte macht die enge Verzahnung gesellschaftlicher Entwicklungen mit konkreten innerbetrieblichen Problemen unmittelbar einsichtig: Die innerdeutsche Wende, der Zusammenbruch des realexistierenden Sozialismus der DDR, ist eines der herausragendsten Ereignisse der letzten Jahre in Deutschland. Und so ist „Führung in den neuen Bundesländern" eines der Themen, das Führungskräfte mit am meisten beschäftigt haben dürfte — dem Leser werden einschlägige Publikationen und eine Fülle von Handlungsempfehlungen in diesem Zusammenhang hinreichend vertraut sein.

Wenn man zu verstehen versuchen will, was die innerdeutsche Wende ausgelöst hat und wie dieser soziale Wandel sich vollzogen hat, so ist es hilfreich, zu überlegen, „von wo nach wo" eigentlich ein Wandel stattgefunden hat. Der Übergang von einem System zum anderen läßt sich unter anderem im Rahmen der Gesellschaftskonzeption von Karl Popper abbilden. Aus dieser Perspektive kann man sagen, daß die innerdeutsche Wende einen sozialen Wandel von einer geschlossenen Gesellschaft zu einer offenen Gesellschaft darstellt.

Vor dem Hintergrund unseres Anliegens, die offene Gesellschaft zu stabilisieren, interessiert uns vor allem, ob und inwieweit die heutige Bundesrepublik Deutschland als offene Gesellschaft tendenziell stabil oder ihrerseits ebenfalls gefährdet ist. Da wir meinen, daß auch die offene Gesellschaft eine prinzipiell unzulängliche und insofern labile soziale Ordnung darstellt, versuchen wir herauszuarbeiten, worin die Vorteile, aber auch die potentiellen Gefährdungen der offenen Gesellschaft liegen und welche gesamtgesellschaftlichen und innerbetrieblichen Konsequenzen daraus gezogen werden können.

Nachdem wir in den verschiedenen Kapiteln bereits jeweils Teilzusammenfassungen gegeben haben, versuchen wir im folgenden, anhand von Fragestellungen noch einmal den Hauptgedankengang unserer Analyse in komprimierter Form nachzuzeichnen.

Welche Unterschiede gibt es zwischen der offenen und der geschlossenen Gesellschaft?

1. Den Werten der offenen Gesellschaft (unter anderem Individualität, Freiheit, Pluralität, Toleranz, Innovation und Wandel) wie auch den Werten der geschlossenen Gesellschaft (z.B. Harmonie, Sicherheit und Ordnung, Sinn und Eindeutigkeit, Stabilität) liegen beschreibbare Denkweisen bzw. Überzeugungssysteme zugrunde; es läßt sich also präzisieren, welche Denkmuster der offenen Gesellschaft vorgelagert sind und welche verstärkt werden müssen, wenn man die offene Gesellschaft stabilisieren möchte. Ob sich eine Gesellschaft eher zu dem offenen Pol oder eher zu dem geschlossenen Pol hin entwickelt, hängt unter anderem davon ab, welche Position auf den folgenden drei grundlegenden Dimensionen eingenommen wird:

   - Determinismus versus Voluntarismus (die anthropologische Dimension)
   - Kollektivismus versus Individualismus (die zentrale soziale Dimension)
   - Irrtumsfreiheit versus Irrtumsbehaftetheit der Erkenntnis (die erkenntnistheoretische Dimension).

2. Der geschlossenen Gesellschaft liegt philosophisch eine Metaphysik zugrunde wie sie z. B. von Platon ausgearbeitet wurde. Dabei zeigt sich, daß die Werte der geschlossenen Gesellschaft wechselseitig aufeinander verweisen und ein Muster darstellen, aus dem man nicht beliebig einzelne Aspekte herauslösen kann, ohne die

Qualität des Ganzen zu verändern. Auch die für die offene Gesellschaft kennzeichnenden Werte sind wechselseitig aufeinander bezogen und stellen im gleichen Sinne ein Muster dar. Dies wird grundlegend durch Popper und in der modernen Philosophie unter anderem durch die Arbeiten von Rawls verdeutlicht. Vereinfachend zeigt sich: Während die idealistische Erkenntnisposition Platons mitbedingt, daß nur die Philosophen zum Regieren legitimiert sind und nur unter ihrer Herrschaft im Staat Harmonie eintreten kann, folgt aus der These der prinzipiellen Irrtumsbehaftetheit menschlicher Erkenntnis das Postulat der Toleranz, wodurch sich bei einer entsprechenden individuellen Freiheit Pluralität ergibt, die damit nicht eine Panne, sondern eine Meßlatte für die Liberalität der offenen Gesellschaft darstellt. Statt (wie in der geschlossenen Gesellschaft) metaphysisch abzuleiten, was z. B. unter Gerechtigkeit zu verstehen ist, wird in der offenen Gesellschaft Gerechtigkeit eher induktiv unter Anwendung spezifischer Verfahren bestimmt. Gerechtigkeit ist, worauf sich freie und gleiche Menschen unter fairen Bedingungen einigen. Demokratische Prozeduren werden damit zum entscheidenden Vehikel der offenen Gesellschaft.

3. Der Muster-Charakter sowohl der offenen als auch der geschlossenen Gesellschaft ist vermutlich nicht universell, sondern gilt vor allem in Europa bzw. in der westlichen Welt. Es hat den Anschein, daß z. B. in Japan vor allem im sozialen Bereich tendenziell eine geschlossene Gesellschaft vorherrscht, während hier gleichzeitig z. B. auf der erkenntnistheoretischen Dimension eher der offene Pol dominiert. Der herausgestellte Muster- bzw. pattern-Charakter der offenen bzw. der geschlossenen Wertestrukturen darf insofern nicht zwingend als unaufhebbar betrachtet werden.

Worin liegt das Dilemma der offenen und geschlossenen Gesellschaft?

4. Sowohl die offene Gesellschaft als auch die geschlossene Gesellschaft verbinden sich mit spezifischen Nachteilen und Gefahren. Bei aller Plausibilität dieser Nachteile und trotz hoher empirischer Evidenz ihres Eintretens darf nicht gefolgert werden, daß alle bekannten Nachteile z. B. der offenen Gesellschaft notwendig und unausweichlich eintreten. Zumindest in Grenzen lassen sich Mängel der offenen Gesellschaft nicht auf das Prinzip, sondern auf Unzulänglichkeiten

in der Realisierung des Prinzips bzw. auf spezifische Randbedingungen zurückführen, womit Handlungsoptionen erkennbar werden. Gleiches gilt grundsätzlich auch im Hinblick auf die geschlossene Gesellschaft.

5. Andererseits gibt es keinen Hinweis darauf, daß in der offenen Gesellschaft die Preise der offenen Gesellschaft zur Gänze vermeidbar sind. Eines der wichtigsten Ergebnisse unserer Analyse liegt darin, daß — natürlich wiederum in Grenzen — für den Vorteil der offenen Gesellschaft gleichzeitig Nachteile in Kauf zu nehmen sind, wir für die Vorteile also zu zahlen haben. Gleiche Überlegungen gelten in bezug auf die geschlossene Gesellschaft.

Wie läßt sich die prinzipielle Instabilität sozialer Systeme erklären?

6. Soziale Ordnungen erweisen sich damit im Kern als dilemmatisch. Typologisch gegenübergestellt ergibt sich, daß wir für beide Grundformen der sozialen Ordnung Nachteile in Kauf zu nehmen haben. Damit wird auch eine spezifische Dynamik freigesetzt, da wir im Trend sowohl die Güter der offenen als auch die Güter der geschlossenen Gesellschaft nachfragen; wir wollen Freiheit und Ordnung, Innovation und Orientierung, Harmonie und Pluralität usw. Wir wollen demzufolge Inkompatibles. Die Entscheidung für die Güter der einen Sozialordnung ist insofern immer mit dem Verlust der Güter der anderen Ordnung verbunden. Soziale Ordnungen sind in diesem Sinne prinzipiell unvollendet. Je mehr dabei die Inkompatibilitätsthese unterstrichen wird, desto mehr erweist sich der Glaube an eine Synthese aus offener und geschlossener Gesellschaft als Illusion. Es geht eher um Kompromisse und Balancierungen, und exakt dies zeigt sich auch in der Empirie: Aus der dilemmatischen Grundstruktur jeglicher Sozialordnung folgt, daß wir im Regelfall nicht eine eindeutig offene oder eindeutig geschlossene Sozialordnung, sondern Mischformen vorfinden.

Wie vermittelt sich die Instabilität sozialer Ordnungen in einen Prozeß des sozialen Wandels?

7. Mit dieser Konzeption von Sozialordnungen als prinzipiell dilemmatisch ist zugleich die Basis für eine Theorie des sozialen Wan-

dels gelegt. Mit zunehmender Praktizierung der offenen Gesellschaft entfalten sich ihre Nachteile. Der größte Feind der offenen Gesellschaft ist damit die im Zeitablauf anwachsende Attraktivität der geschlossenen Gesellschaft; es steigt die Sehnsucht nach den Gütern der verlorenen Welt. Diese Dynamik läßt sich durch Bezugnahme auf sozialpsychologische und individualpsychologische Prozesse näher charakterisieren. Werden die Preise der offenen Gesellschaft als hoch eingestuft, die Realität also als veränderungsbedürftig, aber nicht zugleich auch als veränderungsfähig wahrgenommen, so kommt es nicht zu einer aktiven Verteidigung der offenen Gesellschaft, sondern zu einer Flucht in die geschlossenen Gesellschaft (z.B. Sekte) respektive zu einer inneren Flucht im Sinne einer intrapsychischen Umwertung und Anpassung. Der Übergang zur geschlossenen Gesellschaft läßt sich damit aus streßtheoretischer Sicht unter Zugrundelegung einer individualpsychologischen Perspektive als Bewältigungsstrategie gegenüber den als bedrohlich wahrgenommenen Eigenheiten der offenen Gesellschaft interpretieren. Da auch die geschlossene Gesellschaft im Zuge ihrer Praktizierung ihre eigenen Nachteile entfaltet (vergleiche als Beispiel den real existierenden Sozialismus in der ehemaligen DDR), kommt irgendwann der Zeitpunkt, da mit zunehmender Praktizierung der geschlossenen Gesellschaft die Sehnsucht nach dem offenen Modell zunimmt. In diesem Sinne sind Oszillationen vorprogrammiert, die wir mit dem Bild des „Pendels" zu veranschaulichen versuchten. Es zeigte sich, daß wir unsere theoretischen Annahmen in bezug auf die Dynamik dieses Pendelschlags am Beispiel der innerdeutschen Wende (als Übergang von der geschlossenen Gesellschaft der ehemaligen DDR in die offene Gesellschaft der Bundesrepublik) plausibel illustrieren konnten. Sozialordnungen sind damit in der Konsequenz nicht nur grundsätzlich unvollendet, sondern immer auch im Kern labil. Auch die offene Gesellschaft ist somit keinesfalls garantiert. Nicht Stabilität, sondern Wandel von Sozialordnungen wird in diesem Denkansatz folglich zum Normalfall.

Lassen sich diese Gedankengänge auf den Betrieb über
daraus?

8. Die von uns unterschiedenen Grunddimensionen
geschlossenen Gesellschaft lassen sich auf den betri
übertragen. Es läßt sich die betriebliche Wirklichk
die Pole „Determinismus versus Voluntarismus",
versus Individualismus" und erkenntnistheoretisch
heit versus Irrtumsbehaftetheit" anschaulich charak
Umstand, daß eine Vielzahl von betrieblichen Allt
nen vergleichsweise unschwer und trennscharf diesen
Positionen zugeordnet werden kann, legt die Hypoth
die in bezug auf die Gesamtgesellschaft geschilderte
(dilemmatische Grundstruktur usw.) auch für den bet
reich gelten könnten, so daß z. B. die skizzierte Theorie des gesellschaftlichen Wandels zugleich auch eine Theorie organisationalen Wandels darstellt.

9. In der Tat zeigt sich, daß die dilemmatische Grundstruktur jeglicher sozialer Ordnung auch im Betrieb wiederzufinden ist. Eher offene Praktiken (z. B. Organisationsentwicklung) haben wie eher geschlossene Verfahren (z. B. rangspezifische Casinos) ihre Vorteile, aber auch ihre Nachteile. Auch im Betrieb stellt sich insofern analog das Problem einer „klugen" Balancierung, wobei die Art der Balancierung zielbezogen und situationsrelativiert gestaltet werden muß.

Woran kann man eher offene bzw. eher geschlossene Betriebe erkennen?

10. Für die betriebliche Praxis kommt es daher entscheidend darauf an, im Sinne einer Diagnose zu prüfen, welche Art von Balance zwischen dem offenen und dem geschlossenen Pol im jeweiligen Unternehmen kennzeichnend ist. Wir haben zu diesem Zweck im einzelnen Indikatoren für eine eher geschlossene bzw. offene Organisationskultur, für eine eher geschlossene bzw. offene Führung und für eine eher geschlossene bzw. offene Zusammenarbeit in Gruppen abgeleitet, so daß der Betrieb im Hinblick auf die Kategorien der Offenheit bzw. Geschlossenheit im Sinne einer ersten Diagnose zur Handlungsvorbereitung beschrieben werden kann.

Wie offen bzw. wie geschlossen sind derzeit Gesellschaft und Betriebe in der Bundesrepublik Deutschland?

11. Versucht man, sowohl die Bundesrepublik Deutschland als auch die betriebliche Ebene im Hinblick auf den Status quo in den Kategorien von Offenheit und Geschlossenheit zu beschreiben, so zeigt sich, daß derzeit (auch als Reaktion auf die Öffnungsbestrebungen der 70er Jahre) sowohl auf der gesamtgesellschaftlichen Ebene als auch auf der betrieblichen Ebene Schließungsprozesse ausfindig gemacht werden können. Dabei ist vor einer falschen Dramatisierung insofern zu warnen, als andererseits auf beiden Ebenen parallel zu diesen Schließungsprozessen Öffnungsprozesse zu beobachten sind (im gesellschaftlichen Bereich z. B. Deregulierungsvorgänge, zunehmende Bürgerbewegungen; im betrieblichen Bereich z. B. Förderung von Selbstregulation, Einrichtung dezentraler Profit Center usw.).

    Gleichzeitig sind aber auch Prozesse beschreibbar, die auf eine zunehmende Attraktivität der geschlossenen Gesellschaft hindeuten; als Indikator dafür, daß die Bundesrepublik derzeit in Bewegung gekommen zu sein scheint, kann z. B. auf folgende Phänomene verwiesen werden: Zeitparallel finden wir kollektivistisch orientierte Schließungstendenzen etwa im Rahmen der Asylantenfrage, der Nationalismus- sowie der Europadebatte sowie in der Rechtspolitik; im Rahmen der inneren Sicherheit eine prinzipielle Negativierung der offenen Gesellschaft, im sogenannten Neokonservativismus einen inzwischen auch von konservativer Seite als bedrohlich eingestuften Grad an Rechtsradikalismus, ein wieder erstarktes Interesse an der Elitenförderung sowie eine steigende Nachfrage nach Sekten; gleichzeitig dazu auf der betrieblichen Ebene eine in den späten 80er Jahren auffällige Favorisierung konservativer Führungsprinzipien wie z. B. die Betonung der visionären Führung bzw. der visionär-charismatischen Führung bei zugleich hoher Attraktivität harmonistischer Konsensusstrategien.

Welche Wechselwirkungen zwischen organisatorischem Wandel und gesellschaftlichem Wandel sind erkennbar? Was nützt diese Erkenntnis?

12. Die innerbetrieblich beobachtbaren Schließungsprozesse (z. B. visionär-charismatische Führung) können dabei nach unserer Interpre-

tation als Folge der Preise der offenen Gesellschaft (unter anderem Orientierungsverlust) interpretiert werden. Auf der betrieblichen Ebene werden Antworten zu geben versucht, die auf der gesamtgesellschaftlichen Ebene nicht gefunden werden. Da z. B. die visionär-charismatische Führung bei erfolgreichem innerbetrieblichem Einsatz unter Umständen auch als Modellfall für die Abdeckung des gesellschaftlichen Führungsbedarfs betrachtet wird, können die innerbetrieblichen Schließungsneigungen die derzeit spürbaren gesamtgesellschaftlichen Schließungsprozesse möglicherweise noch unterstützen. Genau an dieser Stelle ist erkennbar, wie die Führungskraft (unter Umständen ohne es zu merken) nicht nur auf gesamtgesellschaftlich vermittelte Defizite reagiert, sondern die gesamtgesellschaftlichen Schließungsprozesse eventuell noch intensiviert.

13. Dabei zeigt sich zugleich der Ertrag unseres Denkansatzes, Gesellschaft und Betrieb auf den gleichen theoretischen Grunddimensionen der offenen bzw. geschlossenen Sozialordnung abzubilden: Da wir Gesellschaft und Betrieb im Hinblick auf die gleichen Dimensionen charakterisieren, werden mögliche Wechselwirkungen zwischen Gesellschaft und Betrieb (der gerade angedeuteten Art) transparenter. Durch die Abbildung von Gesellschaft und Betrieb in einem gemeinsamen theoretischen Rahmen kann ein Zusammenhang zwischen Sachverhalten (z. B. „Ausländer raus“-Parolen einerseits, visionär-charismatische Führung andererseits) hergestellt und erkannt werden, die ansonsten als unverbunden wahrgenommen würden, obwohl dies möglicherweise nicht der Fall ist. Unser gemeinsames Bezugsraster fördert insofern letztlich auch präzisere Diagnosen (dies zumindest im Sinne prüfenswerter Hypothesen) zum Status quo.

Abschied von der offenen Gesellschaft? Ist ein Zurück in die geschlossene Gesellschaft vorgezeichnet?

14. Die beschriebenen zeitparallel ablaufenden Schließungsprozesse auf der gesamtgesellschaftlichen und der betrieblichen Ebene, interpretiert als Reaktion auf die Preise der offenen Gesellschaft, besagen selbstverständlich nicht, daß ein „Pendelschlag“ zur geschlossenen Gesellschaft unmittelbar bevorsteht. Bei einer Einschätzung der

gegenwärtigen gesamtgesellschaftlichen Lage muß allerdings mitbedacht werden, daß nach unserer Analyse aktive Verteidigungsbemühungen der offenen Gesellschaft rückläufig und passive Anpassungsstrategien bzw. Fluchtstrategien (Sektenbildung usw.) im Zunehmen begriffen sind. Das Problem der überwiegend passiven Anpassung an die Mißstände der offenen Gesellschaft, also das Ausbleiben aktiver konstruktiver Veränderungsversuche, liegt darin, daß damit diese Nachteile der offenen Gesellschaft stabilisiert werden und so letztlich zur Destabilisierung der offenen Gesellschaft beigetragen wird.

Warum wird die offene Gesellschaft nicht aktiv verteidigt?

15. Vor diesem Hintergrund ist zusätzlich mit Nachdruck darauf hinzuweisen, daß — möglicherweise als Ausdruck eines kollektiven Irrtums — unter dem Stichwort der Orientierungskrise die Probleme der offenen Gesellschaft überbewertet und die Handlungsmöglichkeiten angesichts dieser Probleme der offenen Gesellschaft systematisch unterschätzt werden. Auch deswegen machen sich im Augenblick postmoderne Resignation und Traurigkeit breit, die letztlich nur im Sinne einer sich selbst erfüllenden Prophezeiung problemintensivierend wirken und zur Destabilisierung der offenen Gesellschaft beitragen.

16. Zur Einschätzung der derzeitigen Lage ist schließlich zu bedenken, daß bei Vorliegen ganz bestimmter Randbedingungen die Destabilisierung gefördert werden kann. Wir haben (nicht nur in der Bundesrepublik) Probleme z. B. ökologischer, aber auch ökonomischer Art, gleichzeitig aber offenbar ein abnehmendes Vertrauen zu den Repräsentanten der Politik, diese Schwierigkeiten meistern zu können. Die subjektiv größer werdende Schere zwischen einem zunehmenden Steuerungsbedarf und einer abnehmenden Steuerungspotenz ist allein schon ein nicht ungefährlicher Katalysator. Als weitere Randbedingung kommt speziell das steigende Tempo von Veränderungen in der Gesellschaft hinzu, aufgrund dessen einerseits Erfahrungswissen entwertet und andererseits Orientierungswissen unterhöhlt wird, so daß sich für den einzelnen zusätzliche Bedrohungspotentiale aufbauen. Die These, daß eine Kombination dieser

Randbedingungen einen Katalysator für den Ruf nach der starken Hand darstellt, erscheint als plausibel.

Worin könnte die Gefahr für die offene Gesellschaft bestehen?

17. Unsere Analyse ergab, daß als mögliches Zwischen-Ergebnis einer zunehmenden Instabilität der offenen Gesellschaft zum einen die Durchtunnelungsgefahr und zum anderen die Extremisierungsgefahr steigt. Die Durchtunnelungsgefahr beschreibt den Sachverhalt, daß bei hoher Instabilität eines sozialen Systems Verführer (Gurus) eine besondere Chance erhalten, Bewegungen z. B. auch in Richtung auf die geschlossene Gesellschaft freizusetzen. Mit der Extremisierungsgefahr war der Sachverhalt beschrieben, daß — als systematisches Produkt der offenen Gesellschaft — Pluralität (vgl. die Gastarbeiterfrage) in Polarisierung und Extremisierung in dem Sinne umschlagen kann, daß zunehmend radikale Befürworter der einen Alternative (Gastarbeiterausgrenzung) den radikalen Befürwortern der anderen Alternative (Gastarbeiterintegration) gegenüberstehen und Einigungschancen entsprechend abnehmen.

Wie kann man die offene Gesellschaft stabilisieren? Welche Handlungsmöglichkeiten ergeben sich auf der gesellschaftlichen und der betrieblichen Ebene?

18. Im Sinne eines Versuches, mit diesem Problem der potentiellen Instabilität der offenen Gesellschaft konstruktiv umzugehen, kommt es zum einen darauf an, Anzeichen in der Gesellschaft für den Beginn von Destabilisierungsprozessen rechtzeitig wahrzunehmen. Die sogenannte Politikverdrossenheit könnte als ein solches Signal gedeutet werden.

    Neben einer rechtzeitigen Diagnose des Instabilitätsbeginns kommt es darauf an, einer Destabilisierung möglichst vorzubeugen. Bezogen auf den Durchtunnelungseffekt ist es wichtig, die verschiedenen Subsysteme in einer Gesellschaft bzw. in einem Betrieb so zu autonomisieren bzw. zu souveränisieren, daß Gurus und Verführer, sofern denn in einem Subsystem aktiv, aufgrund der Unabhängigkeit der Subsysteme geringe Chancen haben, auf andere Subsysteme der Gesellschaft bzw. des Betriebes in gleicher Richtung einzuwirken.

Zur Vermeidung von radikalisierenden Extremisierungen kommt es vor allem darauf an, den von Rawls immer wieder betonten Minimalkonsens innerhalb einer Gesellschaft rechtzeitig zu fördern und zu stützen, damit sich die Bandbreite der Oszillationen innerhalb eines sozialen Systems nicht über einen Korridor der Vernunft hinausgehend so erweitert, daß das System gesprengt wird. Zu diesem Minimalkonsens gehört, daß demokratisch entwickelte Verfahren von außerordentlicher Wichtigkeit für das Funktionieren einer Sozialordnung sind und insofern nicht opportunistisch tagespolitischen Aktualitäten angepaßt werden dürfen. Stützungen eines Minimalkonsens lassen damit einerseits die für die weitere Entwicklung einer Gesellschaft oder eines Betriebes entscheidenden und hilfreichen (!) Oszillationen zu, verhindern aber gleichzeitig, daß dysfunktionale Exzesse ausprobiert werden, die häufig (Anarchie, KZ) schwer bzw. nicht reversibel sind.

19. Gelingt es, die speziell in einer offenen Gesellschaft immer vorhandene Gefahr der Destabilisierung durch eine entsprechende Instabilitätsprophylaxe einzugrenzen, so ist dies aber noch nicht hinreichend. Für die offene Gesellschaft ist auch innerhalb der verbleibenden Oszillationen ein hinreichendes Spannungspotential unausweichlich, so daß nach weiteren Mechanismen gesucht werden muß, um die dilemmatische Grundstruktur jeglicher Sozialordnung abzupuffern. Als ergänzende Grundstrategien kommen die Förderung der Dilemmaakzeptanz und die Strategie der Dilemmaentschärfung in Frage.

Wie kann man erreichen, daß das Muster der offenen Gesellschaft als prinzipiell dilemmatisch akzeptiert wird?

20. Die Förderung der Dilemmaakzeptanz kann gesellschaftlich wie innerbetrieblich durch Aufklärung erreicht werden. Aufklärung sollte sich zum einen darauf beziehen, daß die Preise der offenen Gesellschaft als partiell systematisch bedingt eingesehen werden müssen, wobei zugleich zu unterstreichen wäre, daß die Güter der offenen Gesellschaft keine Selbstverständlichkeit sind, sondern einen Wert darstellen, der dem einzelnen immer wieder ins Gedächtnis zurückzurufen ist. Die Bürger und die Mitarbeiter in Betrieben müssen insofern lernen, warum sie zu zahlen haben und wofür sie zahlen.

Nichts ist gefährlicher als die Überfrachtung der offenen Gesellschaft mit illusionären Ansprüchen: Die Preise der offenen Gesellschaft radikal abschaffen zu wollen, kann nur heißen, die offene Gesellschaft selbst abzuschaffen.

Wie kann man das Grunddilemma der offenen Gesellschaft zu entschärfen versuchen? Welche Schwierigkeiten ergeben sich dabei?

21. Darüber hinaus kommt es darauf an, das Dilemma gezielt zu entschärfen. Es geht — betrieblich wie gesellschaftlich — um eine „kluge" Balance zwischen dem offenen und dem geschlossenen Pol. Dies heißt als erste Konsequenz, daß man in einer offenen Gesellschaft den Bedarf nach geschlossener Gesellschaft nicht nur anerkennen muß, sondern nach Möglichkeiten suchen sollte, wie man dieser Nachfrage nach geschlossener Gesellschaft zumindest partiell gerecht werden kann. Die offene Gesellschaft bedarf aufgrund ihres spezifischen Belastungspotentials auch eines bestimmten Maßes an Geschlossenheit, wenn sie nicht am Fehler „Purismus" zerbrechen will. Die Nachfrage nach geschlossener Gesellschaft in der offenen Gesellschaft zu leugnen, ist der sicherste Weg, das Ende der offenen Gesellschaft herbeizuführen.

    Eine „kluge" Balance besteht im Prinzip darin, Geschlossenheit zuzulassen, ohne daß damit die Substanz des offenen Systems in Frage gestellt ist. Die Sektenbildung ist insofern mit Aufmerksamkeit zu verfolgen. Sekten können einerseits den Bedarf nach geschlossener Gesellschaft abfangen, da sie Orientierung, Gewißheit, Harmonie und ähnliches bieten. Beginnen Sekten z. B., sich in Betriebe einzunisten (dieser Fall ist in der Bundesrepublik Deutschland bereits bekannt), so beginnt andererseits ein gefährlicher Prozeß: In der Etablierung von Sekten kann ein Krebsgeschwür gesehen werden, das den Schließungsvorgang in der offenen Gesellschaft in unkontrollierter Weise intensiviert.

    Das zentrale Problem liegt darin, daß es prinzipiell unmöglich ist, im voraus genau zu definieren, wo die Grenze der kompensatorischen und insofern systemstabilisierenden Wirkung geschlossener Subsysteme zu einer unterminierenden und damit systemdestabilisierenden Wirkung verläuft. Eine wichtige Konsequenz aus dieser

Problematik lautet, daß konkrete Balancierungsstrategien sowohl im gesellschaftlichen Bereich als auch im Betrieb durch ein vorsichtiges Herantasten gekennzeichnet sein sollten. Ein probeweises Zulassen von Geschlossenem in der offenen Gesellschaft und die entsprechende Sammlung von Erfahrung kann für die Stabilisierung der offenen Gesellschaft dienlich sein.

Welche Versuche der Dilemmaentschärfung sind auf der gesellschaftlichen Ebene und innerbetrieblich vorstellbar?

22. Die kommunitaristischen Rückbindungsempfehlungen, soziale Gemeinschaft zu fördern, um Anonymität zu überwinden und soziale Integration und dezentrale Identifikation zu ermöglichen, wären tendenziell als „kluge" Balance zu interpretieren. Wichtig ist dabei, die sozialen Gemeinschaften nicht als geschlossene Inseln (von Harmonie und Seligkeit) zu konzipieren, sondern sie gleichzeitig mit Attributen der offenen Gesellschaft auszustatten. So könnte z. B. durch eine aktive Förderung von Bürgerpartizipation auf einer überschaubaren kommunalen Ebene die soziale Integration im Rahmen der Kommune erleichtert werden. Diese geschlossenen Inseln würden dem einzelnen die Erfahrung ermöglichen, daß eigenes Engagement in der offenen Gesellschaft im politischen Bereich handlungswirksam ist, womit zugleich auch der viel zitierten Politikverdrossenheit entgegengewirkt werden könnte.

23. Zur Förderung von Orientierung und Standpunktfähigkeit könnte z. B. auch darüber nachgedacht werden, im Sinne einer „klugen" Balancierung die geschlossenheitsnahe Institution der Kirche in sich zu liberalisieren. Die Entwicklung der protestantischen Kirchen in den USA ist hier von Interesse: Durch eine Pluralisierung der Kirchen wird ein Wettbewerb zwischen den Kirchen gefördert, der Orientierungsangebote vermittelt, ohne daß — selbst bei fundamentalistischer Ausrichtung einzelner Kirchen — ein genereller Rückfall in inquisitionsähnliche Dogmatik zu befürchten wäre.

24. Auch innerbetrieblich kommt es darauf an, eine Balance zwischen den Polen des eher offenen und des eher geschlossenen Betriebes zu realisieren. Eine „kluge Balance" wäre zum Beispiel denkbar,

wenn innerbetrieblich nicht eine Homogenität aller Bereiche angestrebt wird, sondern versucht wird, eine Pluralität und damit eine tendenzielle Unabhängigkeit der betrieblichen Subsysteme zu erreichen, und gleichzeitig ein geistiger Rahmen definiert wird, der diese Subsysteme integriert. Durch eine Organisationskultur, die gerade der Kultur-Pluralität innerhalb des Unternehmens nicht nur Raum gibt, sondern diese Pluralität (der Denkweisen, Kooperations- und Führungsmuster) aktiv stützt und gleichzeitig ein übergeordnetes gemeinsames Dach bietet, könnte es möglich werden, das innerbetriebliche Dilemma zwischen systemauflösender Diffusion einerseits (bei Extremisierung des offenen Musters) und innovationsfeindlicher Integration (bei Überbetonung des geschlossenen Musters) andererseits zu entschärfen.

25. Die gerade genannten Strategien der Dilemmaentschärfung durch eine „kluge" Balancierungspolitik haben selbstverständlich Grenzen, da auch diese Balancierungen nicht ohne Nachteile zu erkaufen sind. Sie hätten aber zugleich den positiven Effekt, daß Fluchtstrategien aus der offenen Gesellschaft weniger wahrscheinlich würden und aktive Engagements zu Gunsten einer konstruktiven Veränderung und Verbesserung der offenen Gesellschaft zunehmen würden.

Kann man — und wenn ja: wie — durch Führung in der offenen Gesellschaft und im offenen Betrieb Sinn und Hoffnung vermitteln?

26. Schließlich kann versucht werden, Sinn und Hoffnung aufzubauen, was für die offene Gesellschaft unerläßlich ist. Es kommt dabei darauf an, in einer offenen Gesellschaft Sinn zu vermitteln, ohne in Dogmatik und Visionen, also tendenzielle Muster der geschlossenen Gesellschaft, abzugleiten. Analog kommt es darauf an, Hoffnung aufzubauen, ohne der Gefahr der Illusion und gefährlicher Utopien aufzusitzen.

    Sinn als metaphysische Letztbegründung kann in einer offenen Gesellschaft nicht vermittelt werden. Sehr wohl kann aber innerbetrieblich das Erlebnis sinnvollen Handelns gefördert werden. Zum einen kann der Führende dem Mitarbeiter den Sinngehalt des Tuns verdeutlichen (Sinnverdeutlichung); zum anderen kann durch eine entsprechende Veränderung und Erweiterung des Aufgabeninhalts der Sinngehalt des gegenwärtigen Tuns gesteigert werden (Sinnsteigerung), wenn dem Geführten z. B. stärker als bisher solche Tätigkeiten übertragen werden, die in instrumenteller Beziehung zu Werten stehen, die für den Mitarbeiter in seinem Lebensentwurf von zentraler Bedeutung sind.

Auch Hoffnung ist zumindest in Grenzen vermittelbar, ohne daß auf das Register von Illusionen und Utopien zurückgegriffen werden muß. Ohne letzte Fundamente zu leben, muß nicht bedeuten, in einen Pessimismus oder Nihilismus zu verfallen und zu resignieren. Die Führungskraft muß dem Mitarbeiter helfen, aus den illusionären Ansprüchen des „jetzt oder nie" bzw. des „alles oder nichts" herauszufinden, und Hoffnung auf das zu lenken versuchen, was in hohem Maße nach reiflicher Überlegung aller Beteiligten sowohl als veränderungsbedürftig als auch als veränderungsfähig einzustufen ist.

Wodurch erhöhen sich die Chancen, mit dem Dilemma der offenen Gesellschaft konstruktiv umzugehen?

27. Da alle genannten Maßnahmen der Instabilitätsdiagnose, der Instabilitätsprophylaxe, der Förderung von Dilemmaakzeptanz, der Dilemmaentschärfung und der Vermittlung von Sinn und Hoffnung, jeweils alleine gesehen, nur begrenzt wirksam sind und darüber hinaus auch mit ungesicherten Resultaten leben müssen, kommt es im Sinne der Verteidigung der offenen Gesellschaft bei der Balancefindung darauf an, alle diese Maßnahmen zu einem Paket des „Dilemma-Management" zu verschnüren. In diesem Sinne ist innerbetrieblich in der Tat speziell auf Vorstandsetagen wieder Führung verlangt.

Literaturverzeichnis

ADLER, F. (1992): Rückblicke auf den DDR-Realsozialismus: Strukturen - Stabilität - Erosion - Zusammenbruch. In: MEYER, H., Hg., Soziologen-Tag Leipzig 1991. Soziologie in Deutschland und die Transformation großer gesellschaftlicher Systeme, 377–391. Berlin: Akademie Verlag.

ALBERT, H. (1993): Dialektische Denkwege. Jürgen Habermas und der Kritische Rationalismus. In: ALBERT, H. & SALAMUN, K., Hg., Mensch und Gesellschaft aus der Sicht des Kritischen Rationalismus, 11–40. Amsterdam: Radopi.

ALT, J. (1992): Karl R. Popper. Reihe Campus Einführungen. Frankfurt am Main: Campus.

ALTSCHUH, E. & SCHULTZ-GAMBARD, J. (1993): Denk- und Führungsstile von Managern in Ost- und Westdeutschland. Pfaffenweiler: Centaurus-Verlagsgesellschaft.

ANTONI, C., BUNGARD, W. & LEHNERT, E. (1992): QC und ähnliche Formen der Gruppenarbeit in der Bundesrepublik Deutschland: Eine Bestandsaufnahme der Problemlösungsgruppen-Konzepte bei den 100 umsatzgrößten Industrieunternehmen. In: BUNGARD, Hg., QC in der Arbeitswelt. Ziele, Erfahrungen, Probleme, 109–138. Göttingen.

ARENDT, H. (1955): Elemente und Ursprünge totaler Herrschaft. Frankfurt am Main: Europäische Verlagsanstalt.

ARGYRIS, C. (1973): Personality and organization theory revisted. In: Administrative Science Quaterly, **18**(2), 141–167.

ARGYRIS, C. & SCHÖN, D. (1982): Theory in practice. Increasing professional effectiveness. San Francisco u. a.: Jossey-Bass.

ARGYRIS, C. & SCHÖN, D. A. (1978): Organizational learning: A theory of action perspective. Reading, Massachusetts: Addison-Wesley.

ARNIM, G. V. (1994): Der Spießbürger. Süddeutsche Zeitung, (99), April.

BALES, R. F. (1950): Interaction process analysis. Cambridge, Massachusetts.

BANDURA, A. (1979): Social learning theory. Englewood Cliffs, New Jersey: Prentice Hall.

BASS, B. M. (1985): Leadership and performance beyond expectations. New York, London: Academic Press.

BASS, B. M. (1990): Bass and Stogdill's Handbook of Leadership. Theory, research and managerial applications. 3. Aufl., New York, London: Free Press.

BASS, B. M. & AVOLIO, B. J. (1991): Transformational leadership: A response to critiques. unveröffentlichtes Manuskript.

BECK, U. (1986): Risikogesellschaft. Auf dem Weg in eine andere Moderne. Frankfurt am Main: Suhrkamp.

BECK, U. (1994): Neonationalismus oder das Europa der Individuen. In: BECK, U. & BECK-GERNSHEIM, E., Hg., Riskante Freiheiten. Individualisierung in modernen Gesellschaften, 466–481. Frankfurt am Main: edition suhrkamp.

BELLAH, R. N., MADSEN, R., SULLIVAN, W. M., SWIDLER, A. & TIPTON, S. M. (1987): Gewohnheiten des Herzens. Individualismus und Gemeinsinn in der amerikanischen Gesellschaft. Köln: Bund-Verlag.

BENNIS, W. G. & NANUS, B. (1985): Leaders. The strategies for taking charge. Cambridge, Massachusetts.

BERG, F. & MÖLLER, B. (1993): Umbruch zur Demokratie - Kontinuität im politischen Verhalten? In: REISSIG, R., Hg., Rückweg in die Zukunft. Über den schwierigen Transformationsprozeß in Ostdeutschland, 217–252. Frankfurt am Main: Campus.

BERGER, P. L. & LUCKMANN, T. (1982): Die gesellschaftliche Konstruktion der Wirklichkeit. Eine Theorie der Wissenssoziologie. 5. Aufl., Frankfurt am Main.

BERGMANN, W. (1987): Was bewegt die soziale Bewegung? Überlegungen zur Selbstkonstitution der „neuen" sozialen Bewegungen. In: BAECKER, D. ET AL., Hg., Theorie als Passion, 362–393. Frankfurt am Main: Suhrkamp.

BÖHME, C. (1985): Anthropologie in pragmatischer Sicht. Frankfurt am Main: Suhrkamp.

BISCHOF, N. (1985): Das Rätsel Ödipus. München: Piper.

BLANCKMEISTER, B. (1992): Tradition im Kontext sozialen Wandels: Vorschläge für eine neue Betrachtungsweise. In: GEBERT, D., Hg., Traditionsorientierung und unternehmerischer Erfolg, 23–43. Saarbrücken, Fort Lauderdale: Breitenbach.

BLEICHER, K. & MEYER, E. (1976): Führung in der Unternehmung. Formen und Modelle. Reinbek bei Hamburg: Rowohlt.

BLOCH, E. (1980): Das Prinzip Hoffnung. Frankfurt am Main: Suhrkamp.

BOAL, K. B. & BRYSON, J. (1988): Charismatic leadership: A phenomenological and structural approach. In: PONDY, L. R., FROST, P. J., MORGAN, G. & DANDRIDGE, T. C., Hg., Emerging leadership vistas, 11–28. Lexington, Massachusetts: D. C. Heath.

BOERNER, S. (1994): Die Organisation zwischen offener und geschlossener Gesellschaft - Athen oder Sparta? Berlin: Duncker und Humblot.

BRADLEY, R. T. (1987): Charisma and social structure. A study of love and power, wholeness and transformation. New York: Paragon.

BRUCKNER, B. (1993): Die transformationale Führung im Spannungsfeld der offenen und der geschlossenen Gesellschaft. Unveröffentlichte Diplomarbeit, Technische Universität Berlin.

BRUGGEMANN, A., GROSKURTH, P. & ULICH, E. (1975): Arbeitszufriedenheit. Bern.

BRUNKHORST, H. (1994): Demokratie und Differenz. Vom klassischen zum modernen Begriff des Politischen. Frankfurt am Main: Fischer.

BUNDESVORSTAND DES FDGB, Hg.(1985): Geschichte des Freien Deutschen Gewerkschaftsbundes, Bd. 3. Berlin: Tribüne.

BURNS, J. (1979): Leadership. New York.

CAGE, J. (1990): Rede an ein Orchester. In: METZGER, H. K. & RIEHN, V., Hg., Musik und Konzepte. Sonderband John Cage I, 56–61. München: edition Text & Kritik.

CARTWRIGHT, D. & ZANDER, A. (1986): Group dynamics: Research and theory. New York: Harper & Row.

COLLINS, J. & LAZIER, W. C. (1992): Beyond entrepreneurship: Turning your business into an enduring great company. Englewood Cliffs: Prentice Hall.

CONGER, J. A. (1989): The charismatic leader. Behind the mystique of exceptional leadership. San Francisco, CA: Jossey-Bass.

CONGER, J. A. (1990): The dark side of leadership. In: Organizational Dynamics, **20**(2), 44–55.

CONGER, J. A. & KANUNGO, R. N. (1987): Toward a behavioral theory of charismatic leadership in organizational settings. In: Academy of Management Review, **12**(4), 637–647.

CONRAD, P. (1989): Konzeptionelle Ansätze zur Beschreibung und Erklärung von Individualität und Individualisierung — eine interaktionistische Perspektive. In: DRUMM, H. J., Hg., Individualisierung der Personalwirtschaft: Grundlagen, Lösungsansätze und Grenzen, 49–58. Bern, Stuttgart: Paul Haupt.

DAHL, R. A. (1989): Democracy and its critics. New Haven, London: Yale University Press.

DAHRENDORF, R. (1987): Fragmente eines neuen Liberalismus. Stuttgart: DVA-Verlag.

DAHRENDORF, R. (1991): Die offene Gesellschaft und ihre Ängste. In: Universitas, **46**(2), 170–177.

DAHRENDORF, R. (1992): Die Zukunft der Bürgergesellschaft. In: Frankfurter Rundschau.

DAHRENDORF, R. (1994): Das Zerbrechen der Ligaturen und die Utopie der Weltbürgergesellschaft. In: BECK, U. & BECK-GERNSHEIM, E., Hg., Riskante Freiheiten. Individualisierung in modernen Gesellschaften, 421–436. Frankfurt am Main: edition suhrkamp.

DANIEL, O. (1982): Beschreibung des Vorgesetztenverhaltens. Erfahrungen mit der Vorgesetztenbeurteilung durch die Mitarbeiter. In: SCHULER, H. & STEHLE, H., Hg., Psychologie in Wirtschaft und Verwaltung, 101–114. Stuttgart: Poeschel.

DETTLING, W. (1994): Gesucht: Politik als öffentliche Diskussion über Probleme, Werte und Ziele. Festgefahren in den Details. Die Zeit, (11), März.

DÜLFER, E., Hg.(1991): Organisationskultur. Phänomen - Philosophie - Technologie. 2. Aufl., Stuttgart: Poeschel.

DOI, T. (1982): Amae. Freiheit in Geborgenheit. Zur Struktur japanischer Psyche. Frankfurt am Main: Suhrkamp.

DOMSCH, M. (1985): Qualitätszirkel — Baustein einer mitarbeiterorientierten Führung und Zusammenarbeit. In: Zeitschrift für betriebswirtschaftliche Forschung, **37**(5), 428–441.

DÖRNER, D. (1989): Die Logik des Mißlingens. Reinbek bei Hamburg: Rowohlt.

DRUMM, H. J., Hg.(1989): Individualisierung der Personalwirtschaft. Bern, Stuttgart: Paul Haupt.

DUBIEL, H. (1993): Das ethische Minimum. Von der Auszehrung verbindlicher Werte. Süddeutsche Zeitung, (72), März.

DURKHEIM, E. (1973): Der Selbstmord. Berlin.

EBELING, W. (1990): Instabilität, Mutation, Innovation, Erneuerung aus evolutionstheoretischer Sicht. In: NIEDERSEN, U. & POHLMANN, L., Hg., Selbstorganisation und Determination, 55–62. Berlin: Duncker & Humblot.

ECO, U. (1993): Das Denken ist ständige Wachsamkeit. Die Zeit, (45), November.

EINSIEDLER, H. E. & KNURA, B. (1984): Die „Lernstatt"— eine Alternative zum Quality Circle? In: Zeitschrift für betriebswirtschaftliche Forschung, **36**, 784–755.

ENDRUWEIT, G., GAUGLER, E., STAEHLE, W. & WILPERT, B., Hg.(1985): Handbuch der Arbeitsbeziehungen, Deutschland - Österreich - Schweiz. Berlin, New York.

ENGELS, W. (1988): Gewißheitsillusionen in der Wirtschaftspolitik. In: ZÖLLER, M., Hg., Der Preis der Freiheit. Grundlagen, aktuelle Gefährdungen und Chancen der offenen Gesellschaft, 65–75. Köln: Hanns Martin Schleyer-Stiftung.

EPSTEIN, S. (1977): Versuch einer Theorie der Angst. In: BIERBAUMER, N., Hg., Psychophysiologie der Angst, 208–266. München.

ESSER, K. (1994): „Kaishain", Personalmanagement in Japan. Göttingen: Verlag für angewandte Psychologie.

FALLER, P., GEHRMANN, W. & KRUSE, K. (1994): Im Supermarkt des Seelenheils. Die Zeit, (42), Oktober.

FEST, J. (1993): Die schwierige Freiheit. Über die offene Flanke der offenen Gesellschaft. Berlin: Siedler.

FESTINGER, L. (1950): Informal social communication. In: Psychological Review, 57.

FESTINGER, L. & CARLSMITH, J. (1959): Cognitive consequences of forced compliance. In: Journal of Abnormal Social Psychology, **58**, 203–210.

FEYERABEND, P. (1980): Erkenntnis für freie Menschen. Veränderte Ausgabe. Frankfurt am Main: Suhrkamp.

FINKIELKRAUT, A. (1989): Die Niederlage des Denkens. Reinbek bei Hamburg: Rowohlt.

FISCHER, E. (1992): Soziales Verhalten im Umbruchprozeß. In: MEYER, H., Hg., Soziologen-Tag Leipzig 1991. Soziologie in Deutschland und die Transformation großer gesellschaftlicher Systeme, 218–223. Berlin: Akademie Verlag.

FOLKERS, H. (1987): Verabschiedete Vergangenheit. Ein Beitrag zur unaufhörlichen Selbstdeutung der Moderne. In: BAECKER, D. ET AL., Hg., Theorie als Passion, 46–83. Frankfurt am Main: Suhrkamp.

FOUCAULT, M. (1974): Die Ordnung der Dinge. Frankfurt am Main: Suhrkamp.

FRANKL, V. E. (1982): Der Mensch vor der Frage nach dem Sinn. München and Zürich: Piper.

FRESE, M. & ERBE-HEINBOKEL, M. (1994): „Mir ist es lieber, wenn ich genau gesagt bekomme, was ich tun muß“: Probleme der Akzeptanz von Verantwortung und Handlungsspielraum in Ost und West. In: Zeitschrift für Arbeits- und Organisationspsychologie, **38**(1), 22–33.

FREY, D., Hg.(1978): Kognitive Theorien der Sozialpsychologie. Bern and Stuttgart: Huber.

FROMM, E. (1991): Die Furcht vor der Freiheit. 2. Aufl., München: Deutscher Taschenbuch Verlag.

GAITANIDES, M. (1992): Führung und Querdenken. In: Zeitschrift für Personalforschung, **6**(3), 260–271.

GEBERT, D. (1981): Belastung und Beanspruchung in Organisationen. Stuttgart: Poeschel.

GEBERT, D. (1987): Führung und Innovation. In: Zeitschrift für betriebswirtschaftliche Forschung, **39**(10), 941–951.

GEBERT, D. (1992): „Tradition“ in Nigeria: Versuch einer Konkretisierung. In: GEBERT, D., Hg., Traditionsorientierung und unternehmerischer Erfolg: Studien zum Selbstverständnis, 43–74. Saarbrücken, Fort Lauderdale: breitenbach.

GEBERT, D. (1995a): Führung im Mbo-Prozeß. In: A. KIESER U. A., Hg., Handwörterbuch der Führung, Sp. 1234ff. 2. Aufl., Stuttgart: Poeschel.

GEBERT, D. (1995b): Organization development. In: WARNER, M., ed., International Encyclopedia of Business and Management, im Druck. London: Routledge.

GEBERT, D. & STEINKAMP, T. (1990): Innovativität und Produktivität durch betriebliche Weiterbildung. Eine empirische Analyse in mittelständischen Unternehmen. Stuttgart: Poeschel.

GERSICK, C. J. G. (1991): Revolutionary change theories: A multilevel exploration of the punctuated equilibrium paradigm. In: Academy of Management Review, **16**(1), 10–36.

GESSENHARTER, W. (1994): Kippt die Republik? Die Neue Rechte und ihre Unterstützung durch Politik und Medien. München: Knaur.

GESSENHARTER, W., BIRZER, M., FEINDT, P., FRÖCHLING, H. & GEISMANN, U. (1994): Zusammenleben mit Ausländern. Dialogisches Forschungsprojekt im Auftrag der Stadt Buxtehude mit Unterstützung des Landes Niedersachsen. Hamburg.

GIESEN, B. (1980): Makrosoziologie: Eine evolutionstheoretische Einführung. Hamburg: Hoffmann und Campe.

GILBHARDT, H. & GOBLIRSCH, H. (1989): Rückkehr des Rassenwahns? In: BENZ, W., Hg., Rechtsextremismus in der Bundesrepublik, 213–231. Frankfurt am Main.

GOTTWALD, C. (1990): John Cage und Marcel Duchamp. In: METZGER, H. K. UND RIEHN, V., Hg., Musik und Konzepte. Sonderband John Cage I, 132–146. München: edition Text & Kritik.

GRAY, J. (1971): Angst und Streß. München.

GRESS, F., JASCHKE, H.-G. & SCHÖNEKÄS, K. (1990): Neue Rechte und Rechtsextremisten in Europa, Bundesrepublik, Frankreich, Großbritannien. Opladen.

GREGERSEN, H. & SAILER, L. (1993): Chaos theory and its implications for social science research. In: Human Relations, **46**(7), 777–802.

GREINER, L. (1972): Evolution and revolution as organizations grow. In: Harvard Business Review, **50**(4), 37–46.

GROYS, B. (1992): Über das Neue. Versuch einer Kulturökonomie. München, Wien: Carl Hanser Verlag.

GUGGENBERGER, B. (1994): Das Verschwinden der Politik. Die Zeit, (41), Oktober.

HABERMAS, J. (1981): Theorie des kommunikativen Handelns. Frankfurt am Main: Suhrkamp.

HABERMAS, J. (1992a): Die Moderne - ein unvollendetes Projekt. Philosophisch-politische Aufsätze 1977-1992. 2. Aufl., Leipzig: Reclam.

HABERMAS, J. (1992b): Die zweite Lebenslüge der Bundesrepublik: Wir sind wieder „normal“ geworden. Die Zeit, (51), November.

HAFERKAMP, H. (1992): Von der „Entzauberung des Staates“ zur „Wiederkehr des Leviathan“? Anmerkung zu Anthony Giddens Analyse des Nationalstaats. In: PROKLA. Zeitschrift für kritische Sozialwissenschaft, **22**(2), 262–285.

HAMMER, M. & CHAMPY, J. (1993): Reengineering the corporation. New York: Harper Business.

HANDY, C. B. (1988): Management-Stile. Hamburg.

HAWRYLYSHYN, B. (1980): Road maps to the future. Oxford, England: Pergamon Press.

HAYEK, F. A. v. (1981): Recht, Gesetzgebung und Freiheit. Bd 2: Illusion der sozialen Gerechtigkeit. Landsberg: Verlag Moderne Industrie.

HÄBERLE, P. (1982): Verfassungslehre als Kulturwissenschaft. Berlin: Duncker & Humblot.

HÜBNER, K. (1985): Die Wahrheit als Mythos. München.

HECKHAUSEN, H. (1989): Motivation und Handeln. Berlin u. a.: Springer.

HEDBERG, B. (1981): How organizations learn and unlearn. In: NYSTRÖM, P. & STARBUCK, W., Hg., Handbook of Organizational Design. Vol. 1: Adapting organizations to their environment, 3–27. New York.

HEIDENREICH, M. (1993): Vom volkseigenen Betrieb zum Unternehmen. Transformationsprobleme betrieblicher Produkt-, Organisations- und Personalkonzepte in Ostdeutschland. In: Kölner Zeitschrift für Soziologie und Sozialpsychologie, **45**(1), 76–96.

HEINEKEN, E. & HABERMANN, T. (1989): Lernpsychologie für den beruflichen Alltag, Bd. 2. Heidelberg: Sauer.

HEITMEYER, W. (1993): Gesellschaftliche Desintegrationsprozesse als Ursachen von fremdenfeindlicher Gewalt und politischer Paralysierung. Beilage zur Wochenzeitschrift „Das Parlament", (2/3), Januar.

HENNIG, E. (1983): Konservativismus und Rechtsextremismus in der BRD: Fragen der Berührung und Abgrenzung. In: HENNIG, E. & SAAGE, R., Hg., Konservativismus — Eine Gefahr für die Freiheit?, 299–317. München: Piper.

HENNIS, W., GRAF KIELMANSEGG, P. & MATZ, U. (1977): Regierbarkeit. Studien zu ihrer Problematisierung, Bd. 1. Stuttgart: Klett-Cotta.

HENTZE, J. (1990): Personalwirtschaftslehre, Bd. 2. 5. Aufl., Bern, Stuttgart: Paul Haupt.

HERZ, T. (1993): Politische Kultur im neuen Staat. Eine Kritik der aktuellen Forschung. In: PROKLA. Zeitschrift für kritische Sozialwissenschaft, **23**(2), 231–250.

HÖGER, R. (1992): Chaos-Forschung und ihre Perspektiven für die Psychologie. In: Psychologische Rundschau, **43**(4), 223–231.

HILB, M. (1992): Innere Kündigung. Ursachen und Lösungsansätze. Zürich: Verlag Industrielle Organisation.

HIRSCHMANN, A. O. (1974): Abwanderung und Widerspruch. Tübingen.

HITZLER, R. & HONER, A. (1994): Bastelexistenz. Über subjektive Konsequenzen der Individualisierung. In: BECK, U. & BECK-GERNSHEIM, E., Hg., Riskante Freiheiten. Individualisierung in modernen Gesellschaften, 307–325. Frankfurt am Main: edition suhrkamp.

HOFSTÄTTER, P. R. (1967): Sozialpsychologie. Berlin: Goeschen.

HOLZKAMP, K. (1972): Kritische Psychologie. Frankfurt am Main.

HONDRICH, K. O. (1992): Wovon wir nichts wissen wollten. Die Zeit, (40), September.

HONDRICH, K. O. (1994): Grenzen gegen die Gewalt. Die Zeit, (5), Januar.

HONNETH, A., Hg.(1993): Kommunitarismus. Frankfurt am Main: Campus.

HONNETH, A. (1994): Desintegration. Bruchstücke einer soziologischen Zeitdiagnose. Frankfurt am Main: Fischer.

HORKHEIMER, M. & ADORNO, T. W. (1947): Dialektik der Aufklärung. Nachdruck 1969. Amsterdam.

HOUSE, R. (1977): A 1976 theory of charismatic leadership. In: HUNT, J. G. & LARSON, L. L., Hg., Leadership: The cutting edge, 189–207. Carbondale: Southern Illinois University Press.

HOUSE, R. J., SPANGLER, W. D. & WOYCKE, J. (1991): Personality and charisma in the U.S. presidency: A psychological theory of leader effectiveness. In: Administrative Science Quaterly, **36**(3), 364–396.

ISENSEE, J. (1988): Bürgerfreiheit und Bürgertugend — Der Lebensbedarf des freiheitlichen Gemeinwesens. In: ZÖLLER, M., Hg., Der Preis der Freiheit. Grundlagen, aktuelle Gefährdungen und Chancen der offenen Gesellschaft, 19–31. Köln: Hanns Martin Schleyer-Stiftung.

JANIS, J. L. (1972): Victims of groupthink. Boston: Houghton Mifflin.

JÄHNER, U. (1993): Migration - Asyl - Ausländerfeindlichkeit. Zumutungen und Begründungszustände. In: PROKLA. Zeitschrift für kritische Sozialwissenschaft, **23**(1), 50–64.

JOHNSON, D. W. & JOHNSON, F. P. (1975): Joining together. Group theory and group skills. Englewood Cliffs, New Jersey.

KADRITZKE, N. (1992): Die überraschende Wiederkehr des Nationalismus in die Geschichte. In: PROKLA. Zeitschrift für kritische Sozialwissenschaft, **22**(2), 166–188.

KANT, I. (1912): Was ist Aufklärung? In: DEUTSCHE AKADEMIE DER WISSENSCHAFTEN, Hg., Gesammelte Schriften, Bd.A.A. 8, 40. Berlin und Leipzig.

KERN, H. & SCHUMANN, M. (1984): Das Ende der Arbeitsteilung? Rationalisierung in der industriellen Produktion. München: C. H. Beck.

KERNIG (1992): Welttrend 2000. In: Chemie, Ingenieur, Technik,, (12), 1055–1064.

KEUPP, H. (1993): Die Suche nach Netzen. Wege zu einer sozialen Individualität. Süddeutsche Zeitung, (66), März.

KIESER, A. (1991): Von der Morgensprache zum „Gemeinsamen HP-Frühstück“. Zur Funktion von Werte, Mythen, Ritualen und Symbolen — „Organisationekulturen“— in der Zunft und im modernen Unternehmen. In: DÜLFER, E., Hg., Organisationskultur, 253–271. 2. Aufl., Stuttgart: Poeschel.

KIESER, A. (1993): Evolutionstheoretische Ansätze. In: KIESER, A., Hg., Organisationstheorien, 243–276. Stuttgart u. a.: W. Kohlhammer.

KIESER, A. (1994): Fremdorganisation, Selbstorganisation und evolutionäres Management. In: Zeitschrift für betriebswirtschaftliche Forschung, **46**(3), 199–228.

KIESER, A. & KUBICEK, H. (1992): Organisation. 3. Aufl., Berlin: De Gruyter.

KIPNIS, D., SCHMIDT, S. M., SWAFFIN-SMITH, C. & WILKINSON, I. (1984): Patterns of managerial influence: shotgun managers, tacticians, and bystanders. In: Organizational Dynamics, **12**(winter), 58–67.

KIRSCH, W. (1992): Kommunikatives Handeln, Autopoiese, Rationalität. Sondierungen zu einer evolutionären Führungslehre. München: Barbara Kirsch.

KIRSCH, W., ESSER, W.-M. & GABELE, E. (1979): Das Management des geplanten Wandels in Organisationen. Stuttgart: Poeschel.

KLAGES, H. (1984): Wertorientierungen im Wandel: Rückblick, Gegenwartsanalyse, Prognosen. Frankfurt am Main: Campus.

KLEINSCHMIDT, M. & PEKRUHL, U. (1994): Kooperation, Partizipation und Autonomie: Gruppenarbeit in deutschen Betrieben. In: Arbeit. Zeitschrift für Arbeitsgestaltung und Arbeitspolitik, **3**(2), 150–172.

KLUCKHOHN, F. R. & STRODTBECK, F. L. (1973): Variations in value orientations. New York: Harper & Row.

KNIEPER, R. (1993): Staat und Nationalstaat. Thesen gegen eine fragwürdige Identität. In: PROKLA. Zeitschrift für kritische Sozialwissenschaft, **23**(1), 65–71.

KOCH, T. (1993): Die Ostdeutschen zwischen Einheitsschock und „doppeltem Zukunftshorizont“. Deutungs- und Handlungsmuster sozialer Akteure im Transformationsprozeß. In: REISSIG, R., Hg., Rückweg in die Zukunft. Über den schwierigen Transformationsprozeß in Ostdeutschland, 159–200. Frankfurt am Main: Campus.

KOHUT, H. (1971): The Analysis of the Self: A systematic approach to the psychoanalytic treatment of narcissistic disorders. New York: International University Press.

KOTTHOFF, H. (1981): Betriebsräte und betriebliche Herrschaft. Eine Typologie von Partizipationsmustern im Industriebetrieb. Frankfurt am Main u. a.: Campus.

KOWALSKY, W. (1993): Rechtsextremismus und Anti-Rechtsextremismus in der modernen Industriegesellschaft. Beilage zur Wochenzeitschrift „Das Parlament“, (2/3), Januar.

KRAPP, A. & WEIDENMANN, B. (1992): Entwicklungsförderliche Gestaltung von Lernprozessen — Beiträge der Pädagogischen Psychologie. In: SONNTAG, K., Hg., Personalentwicklung in Organisationen, 63–83. Göttingen u. a.: Hogrefe.

KROPP, R. & PETER, G. (1994): Gruppenarbeit damals und heute. HdA, lean production und was dann? In: Arbeit. Zeitschrift für Arbeitsforschung, Arbeitsgestaltung und Arbeitspolitik, **3**(2), 97–102.

KRUG, B. (1991): Die Transformation der sozialistischen Volkswirtschaften in Zentraleuropa: Ein Beitrag der vergleichenden ökonomischen Theorie von Institutionen. In: WAGENER, H. J., Hg., Anpassung durch Wandel — Evolution und Transformation von Wirtschaftssystemen, 39–60. Berlin: Duncker & Humblot.

LARMORE, C. (1993): Politischer Liberalismus. In: HONNETH, A., Hg., Kommunitarismus: Eine Debatte über die moralischen Grundlagen moderner Gesellschaften, 131–156. Frankfurt am Main: Campus.

LAZARUS, R. S. (1966): Psychological stress and the coping process. New York: Mc Graw-Hill.

LÜBBE, H. (1975): Fortschritt als Orientierungsproblem — Aufklärung in der Gegenwart. Freising: Rombach.

LEICHT, R. (1993): Wenn die alten Lehren wanken. Die Zeit, (42), Oktober.

LEIFER, R. (1989): Understanding organizational transformation using a dissipative structure model. In: Human Relations, **42**(10), 899–916.

LEISNER, W. (1980): Der Gleichheitsstaat — Macht durch Nivellierung. Berlin: Duncker & Humblot.

LENIN, W. I. (1927): Über Gewerkschaften. Wien, Berlin.

LERSCH, P. (1951): Aufbau der Person. München: Barth.

LINZ, J. J. (1980): Crisis, breakdown, and reequilibration. In: LINZ, J. J. & STEPHAN, A., Hg., The breakdown of democratic regimes, 3–124. Baltimore: John Hopkins University Press.

LOBKOWICZ, N. (1993): Zur Lage des Katholizismus: Religion als Institution? In: HILTERHAUS, F. & ZÖLLER, M., Hg., Kirche als Heilsgemeinschaft — Staat als Rechtsgemeinschaft: Welche Bindungen akzeptiert das moderne Bewußtsein?, 135–144. Köln: Hanns Martin Schleyer-Stiftung.

LUHMANN, N. (1987): Pradigmawechsel in der Systemtheorie. Ein Paradigma für Fortschritt? In: HERZOG, R. & KOSELLECK, R., Hg., Epochenschwellen und Epochenbewußtsein, 305–322. München.

LYOTARD, J.-F. (1990): Memorandum über die Legitimität. In: ENGELMANN, P., Hg., Postmoderne und Dekonstruktion. Texte französischer Philosophen der Gegenwart, 54–75. Stuttgart: Reclam.

MAAZ, H.-J. (1993): Gewalt in Deutschland — Eine psychologische Analyse. Beilage zur Wochenzeitschrift „Das Parlament“, (2/3), Januar.

MAIER, G. W., RAPPENSPERGER, G., ROSENSTIEL, L. v. & ZWARG, I. (1994): Berufliche Ziele und Werthaltungen des Führungsnachwuchses in den alten und neuen Bundesländern. In: Zeitschrift für Arbeits- und Organisationspsychologie. Sonderdruck, **38**(1), 4–12.

MANZ, C. C. (1992): Self-leading work teams: Moving beyond self-management myths. In: Human Relations, **45**(11), 1140–1199.

MARUYAMA, M. (1988): Denken in Japan. Frankfurt am Main: Suhrkamp.

MATIASKE, W. (1992): Wertorientierungen und Führungsstil. Ergebnisse einer Felduntersuchung zum Führungsstil leitender Angestellter. Frankfurt am Main u. a.: Peter Lang.

MATIASKE, W. (1993): Netzwerkanalysen. In: BECKER, F. & ALBERT, M., Hg., Empirische Personalforschung. Methoden und Beispiele. Sonderband 1993 der Zeitschrift für Personalforschung, 47–69. München, Mering: Hampp.

MATURANA, H. R. (1987): Kognition. In: SCHMIDT, S. J., Hg., Der radikale Konstruktivismus, 89–118. Frankfurt am Main: Suhrkamp.

MEADOWS, D. & MEADOWS, D. (1992): Die neuen Grenzen des Wachstums. Stuttgart: Deutsche Verlags-Anstalt.

MESTMÄCKER, E.-J. (1993): Der Kampf um die Rolle des Rechts. Die ordnende Kraft des Rechts wird zerstört, wenn es zum Planprogramm der Intervention und Umverteilung wird. Der Anschlag auf die offene Gesellschaft. Frankfurter Allgemeine Zeitung, (294), Dezember.

METZGER, H. K. (1990): John cage oder die freigelassene musik. In: METZGER, H. K. & RIEHN, V., Hg., Musik und Konzepte. Sonderband John Cage I, 5–17. München: edition Text & Kritik.

MEYER, H. (1992): Versuch einer Einführung. In: MEYER, H., Hg., Soziologen-Tag Leipzig 1991. Soziologie in Deutschland und die Transformation großer gesellschaftlicher Systeme, 5–10. Berlin: Akademie Verlag.

MICHELS, R. (1989): Zur Soziologie des Parteiwesens in der modernen Demokratie. Untersuchungen über die oligarchischen Tendenzen des Gruppenlebens. 4. Aufl., Stuttgart: Alfred Kröner Verlag.

MILGRAM, S. (1977): Das Erleben der Großstadt. Eine psychologische Analyse. In: LÜCK, H. E., Hg., Mitleid - Vertrauen - Verantwortung, 131–144. Stuttgart: Ernst Klett Verlag.

MINTZBERG, H. (1991): Führung und Organisation. Mythos und Realität. Wiesbaden.

MÜLLER, B. (1993): Der Mythos vom faulen Ossi. Deutsch-deutsche Vorurteile und die Erfahrungen mit der Marktwirtschaft in drei Ostberliner Betrieben. In: PROKLA. Zeitschrift für kritische Sozialwissenschaft, **23**(2), 251–268.

MÜLLER, K. (1992a): „Katastrophen", „Chaos" und „Selbstorganisation". Methoden und sozialwissenschaftliche Heuristik der jüngeren Systemtheorie. In: PROKLA. Zeitschrift für kritische Sozialwissenschaft, **22**(3), 340–373.

MÜLLER, P. (1992b): Suizid in der DDR — Ausfluß politischer Repression? In: MEYER, H., Hg., Soziologen-Tag Leipzig 1991. Soziologie in Deutschland und die Transformation großer gesellschaftlicher Systeme, 1310–1316. Berlin: Akademie Verlag.

MOELLER, M. L. & MAAZ, H.-J. (1993): Die Einheit beginnt zu zweit. Ein deutsch-deutsches Zwiegespräch. Reinbek bei Hamburg: Rowohlt.

MORGAN, G. (1986): Images of organization. London: Sage Publications.

NAPIER, R. W. & GERSHENFELD, M. K. (1973): Groups: Theory and experience. Boston.

NEIDHARDT, F. & RUCHT, D. (1993): Auf dem Weg in die „Bewegungsgesellschaft"? In: Soziale Welt, (3), 305–326.

NEUBERGER, O. (1983): Führen als widersprüchliches Handeln. In: Zeitschrift für Arbeits- und Organisationspsychologie, **27**, 22–32.

NEUBERGER, O. (1990): Führen und Geführt werden. 3. Aufl., Stuttgart.

NEUBERGER, O., CONRADI, W. & MAIER, W. (1985): Individuelles Handeln und sozialer Einfluß. Einführung in die Sozialpsychologie. Opladen.

NIEDERSEN, U. & POHLMANN, L. (1990): Komplexität, Singularität und Determination. Die Koordination der Heterogenität. In: NIEDERSEN, U. & POHLMANN, L., Hg., Selbstorganisation und Determination, 25–54. Berlin: Duncker & Humblot.

NIETSCH, C. (1995): Die Entwicklung von Corporate Identity in ostdeutschen Unternehmen — Fallstudie Deutsche Reichsbahn. im Druck.

NIPPERDEY, T. (1988): Freiheit der Kultur — Kultur der Freiheit. In: ZÖLLER, M., Hg., Der Preis der Freiheit. Grundlagen, aktuelle Gefährdungen und Chancen der offenen Gesellschaft, 119–129. Köln: Hanns Martin Schleyer-Stiftung.

NOELLE-NEUMANN, E. & STRÜMPEL, B. (1984): Macht Arbeit krank? Macht Arbeit glücklich? München.

OBERNDÖRFER, D. (1993): Der Wahn des Nationalen. Die Alternative der offenen Republik. Freiburg im Breisgau: Herder.

OBERNDÖRFER, D. (1994): Der demokratische Staat muß sich republikanisch verstehen. Abschied vom völkischen Wahn. Die Zeit, (6), Februar.

OESTERREICH, D. (1993): Jugend in der Krise — Ostdeutsche Jugendliche zwischen Apathie und politischer Radikalisierung. Eine Vergleichsuntersuchung Ost- und Westberliner Jugendlicher. Beilage zur Wochenzeitschrift „Das Parlament“, (19), Mai.

OETTINGEN, G. (1993): „Deutschland Ost und Deutschland West“. Themenheft der Zeitschrift für Sozialpsychologie. Max-Planck-Institut für Bildungsforschung. Bd. 24, Heft 3.

OPP, K. D. (1991): Die Revolution in der DDR — Eine Erklärung ihrer Entstehung und ihres Verlaufs. Unveröffentlichtes Manuskript. Bielefeld.

ORTON, J. D. & WEICK, K. E. (1990): Loosely coupled systems: A reconzeptualization. In: AMR, **15**, 203–223.

ORWELL, G. (1949): Nineteen Eighty-Four. Bungay, Suffolk: Penguin.

PAUCHANT, T. C. (1991): Transferential leadership. Towards a more complex understanding of charisma in organizations. In: Organizational Studies, (12), 507–528.

PAWLOWSKI, P. (1992): Betriebliche Qualifikationsstrategien und organisationales Lernen. In: STAEHLE, W. & CONRAD, P., Hg., Managementforschung 2, 177–237. Berlin, New York: De Gruyter.

PFEFFER, J. (1981): Power in organizations. Reading, Massachusetts.

PFEFFER, J. (1992): Managing with Power. Politics and Influence in Organizations. Boston, Massachusetts: Harvard Business School Press.

PFLÜGER, F. (1994): Deutschland driftet. Die konservative Revolution entdeckt ihre Kinder. Düsseldorf u. a.: Econ.

PHARES, E. J. (1976): Locus of control in personality. New Jersey.

PLATON (1963): Politeia. Reinbek bei Hamburg: Rowohlt.

PLATON (1964): Nomoi. Reinbek bei Hamburg: Rowohlt.

POHLMANN, L. & NIEDERSEN, U. (1990): Dynamisches Verzweigungsverhalten bei Wachstums- und Evolutionsprozessen. In: NIEDERSEN, U. & POHLMANN, L., Hg., Selbstorganisation und Determination, 63–82. Berlin: Duncker & Humblot.

POLLACK, D. (1992): Sozialstruktur und Mentalität in Ostdeutschland. In: MEYER, H., Hg., Soziologen-Tag Leipzig 1991. Soziologie in Deutschland und die Transformation großer gesellschaftlicher Systeme, 272–285. Berlin: Akademie Verlag.

POPPER, K. R. (1980a): Die offene Gesellschaft und ihre Feinde, Bd. 1. 6. Aufl., Tübingen: Francke.

POPPER, K. R. (1980b): Die offene Gesellschaft und ihre Feinde, Bd. 2. 6. Aufl., Tübingen: Francke.

POPPER, K. R. (1984): Objektive Erkenntnis. Ein evolutionärer Entwurf. 4. Aufl., Hamburg: Hoffmann und Campe.

POSTMAN, N. (1992): Wir informieren uns zu Tode.

PRIGOGINE, I. & STENGERS, I. (1990): Entwicklung und Irreversibilität. In: NIEDERSEN, U. & POHLMANN, L., Hg., Selbstorganisation und Determination, 4–18. Berlin: Duncker & Humblot.

PROBST, G. B. J. (1987): Selbstorganisation. Ordnungsprozesse in sozialen Systemen aus ganzheitlicher Sicht. Berlin u. a.: Parey.

PROBST, G. B. J. (1992): Selbstorganisation. In: FRESE, E., Hg., Handwörterbuch Organisation, 2255–2269. 3. Aufl., Stuttgart: Poeschel.

RAWLS, J. (1992): Die Idee des politischen Liberalismus. Aufsätze 1978-1989. Frankfurt am Main: Suhrkamp.

REISSIG, R. (1993): Transformationsprozeß Ostdeutschlands - Entwicklungsstand - Konflikte - Perspektiven. In: REISSIG, R., Hg., Rückweg in die Zukunft. Über den schwierigen Transformationsprozeß in Ostdeutschland, 11–48. Franfurt am Main: Campus.

REINHARDT, R. (1993): Das Modell organisationaler Lernfähigkeit und die Gestaltung lernfähiger Organisationen. Frankfurt am Main: Peter Lang.

RICHTER, H. E. (1979): Der Gotteskomplex. Reinbek bei Hamburg: Rowohlt.

RIEDL, R. (1990): Evolution und Erkenntnis. 4. Aufl., München and Zürich: Piper.

RITTER, H. (1993): Was kostet die Freiheit? Ein Symposium über die Krise nach dem Ende des Sozialismus. Frankfurter Allgemeine Zeitung, (146), Juni.

ROGGEL, P. (1994): Von der geschlossenen Gesellschaft zur offenen Gesellschaft: die innerdeutsche Wende aus streßtheoretischer Sicht. unveröffentlichte Diplomarbeit, Technische Universität Berlin.

ROKEACH, M. (1960): The open and the closed mind. Investigations into the nature of belief systems and personality systems. New York.

ROSENSTIEL, L. V. (1992): Führungs- und Führungsnachwuchskräfte: Spannungen und Wandlungen in Phasen gesellschaftlichen Umbruchs. In: Zeitschrift für Personalforschung, **6**(3), 327–351.

ROSENSTIEL, L. V., EINSIEDLER, H. & STREICH, R. (1987): Wertewandel als Herausforderung an die Unternehmenspolitik. Stuttgart: Schäffer.

ROSENSTIEL, L. V., NERDINGER, F. W., SPIESS, E. & STENGEL, M. (1989): Führungsnachwuchs im Unternehmen. Wertkonflikte zwischen Individuum und Organisation. München: C.H. Beck.

ROTTER, J. B. (1966): Generalized expectancies for internal versus external control of reinforcement. In: Psychological Monographs, (1), 1–28.

SAAGE, R. (1983): Neokonservatives Denken in der Bundesrepublik. In: FETSCHER, I., Hg., Neokonservative und Neue Rechte, 66–116. München.

SADER, M. (1991): Psychologie der Gruppe. 2. Aufl., Weinheim, München: Juventer.

SANDEL, M. (1993): Die verfahrensrechtliche Republik und das ungebundene Selbst. In: HONNETH, A., Hg., Kommunitarismus: Eine Debatte über die moralischen Grundlagen moderner Gesellschaften, 18–35. Frankfurt am Main: Campus.

SARTRE, J. P. (1991): Das Sein und das Nichts. Reinbek bei Hamburg: Rowohlt.

SATTELBERGER, T. (1991): Die lernende Organisation — Kochrezepte für eine neue Realität der Unternehmensentwicklung. Wiesbaden.

SCHEIN, E. H. (1965): Organizational Psychology. New York: Addison-Wesley.

SCHEIN, E. H. (1987): Organizational culture and leadership. A dynamic view. San Francisco, London: Jossey-Bass.

SCHELSKY, H. (1975): Die Arbeit tun die anderen — Klassenkampf und Priesterherrschaft der Intellektuellen. Opladen: Westdeutscher Verlag.

SCHEUCH, E. K. & SCHEUCH, U. (1992): Cliquen, Klüngel und Karrieren. Über den Verfall der politischen Parteien — eine Studie. Reinbek bei Hamburg: Rowohlt.

SCHIEPEK, G. & SCHOPPEK, W. (1991): Synergetik in der Psychiatrie: Simulation schizophrener Verläufe auf der Grundlage nicht-linearer Differenzengleichungen. In: NIEDERSEN, U. & POHLMANN, L., Hg., Selbstorganisation. Jahrbuch für Komplexität in den Natur-, Sozial- und Geisteswissenschaften, Band 2, 69–102. Berlin: Duncker & Humblot.

SCHILIT, W. K. & LOCKE, E. A. (1982): A study of upward influence in organizations. In: Administrative Science Quaterly, **27**, 304–316.

SCHMIDT, M. (1993): Heute gehört uns die Straße. 2. Aufl., Düsseldorf: Econ-Verlag.

SCHMIDTCHEN (1993): Der Aufstand der Person. Orte der Gefühlskultur in der rationalen Gesellschaft. In: HILTERHAUS, F. & ZÖLLER, M., Hg., Kirche als Heilsgemeinschaft — Staat als Rechtsgemeinschaft: Welche Bindungen akzeptiert das moderne Bewußtsein?, 21–35. Köln: Bachem.

SCHMITT, C. (1969): Die geistesgeschichtliche Lage des heutigen Parlamentarismus. Berlin.

SCHNEEWIND, K. A. (1973): Zum Selbstverständnis der Psychologie als anwendungsorientierter Wissenschaft vom menschlichen Handeln und Erleben. In: Psycholog. Rundschau, 227–247.

SCHOLZ, C. (1990): Personalwirtschaftliche Probleme in der DDR — eine einführende Problemskizze. In: VON ECKARDSTEIN, D., NEUBERGER, O., SCHOLZ, C., WÄCHTER, H., WEBER, W. & WUNDERER, R., Hg., Personalwirtschaftliche Probleme in DDR-Betrieben, Zeitschrift für Personalforschung. Sonderheft, 7–17. München, Mering: Hampp.

SCHOLZ, C. (1991): Visionäres Personalmanagement. Vision oder Illusion? In: Die Unternehmung, **45**(4), 241–253.

SCHRAMM, F. (1992): Beschäftigungsunsicherheit. Wie die Arbeitnehmer die Risiken des Arbeitsmarktes erleben. Berlin: Edition Sigma.

SCHRAMM, F. (1993): Arbeitsplatzunsicherheit: Ein zentrales Hemmnis der Transformation? In: STEINLE, C. & BRUCH, H., Hg., Führung und Qualifizierung. Handlungsweise für die Praxis in den neuen Bundesländern, Sonderdruck, 169–185. Frankfurt am Main: Frankfurter Allgemeine Zeitung.

SCHWAN, A. (1992): Ethos der Demokratie. Normative Grundlagen des freiheitlichen Pluralismus. Paderborn u. a.: Ferdinand Schöningh.

SEBALD, H. (1987): Hexen. damals — und heute? Frankfurt am Main: Umschau Verlag.

SELIGMANN, M. E. P. (1979): Erlernte Hilflosigkeit. München.

SENNETT, R. (1983): Verfall und Ende des öffentlichen Lebens. Die Tyrannei der Intimität. Frankfurt am Main.

SENNETT, R. (1990): Autorität. Frankfurt am Main: Fischer Verlag.

SHAW, B. (1964): Communication networks. In: BERKOWITZ, L., ed., Advances in experimental social psychology, vol. 1, 111–147. New Yersey.

SHRIVASTAVA, P. (1983): A typology of organizational learning systems. In: Journal of Management Studies, **20**(1), 7–28.

SMITH, C. & CONER, D. (1994): Self-organization in small groups: A study of group effectiveness within non-equilibrium conditions. In: Human Relations, **47**(5), 553–581.

SPINNER, H. F. (1978): Popper und die Politik. Geschlossenheitsprobleme. Berlin, Bonn: Dietz Verlag.

SPITZ, R. A. (1957): Streß—Psychische Beanspruchung und ihre Folgen. In: ADORNO, T. & DIRKS, W., Hg., Freud in der Gegenwart. Stuttgart.

STACEY, R. D. (1992): Managing the unknowable. Strategic boundaries between order and chaos in organizations. San Francisco: Jossey-Bass.

STAEHLE, W. H. (1989): Management. 4. Aufl., München: Franz Vahlen.

STEEN, M. (1992): Kultur als Erfolgsfaktor in Unternehmen. unveröffentlichte Diplomarbeit, Universität Bayreuth.

STEGMÜLLER, W. (1980): Neue Wege der Wissenschaftsphilosophie. Berlin: Springer.

STRÜMPEL, B. & SCHRAMM, F. (1989): Arbeitslosigkeit und Arbeitsumverteilung in der Bundesrepublik Deutschland — Betroffenheit, Konflikt, Reformpotential. Gutachten für das Bundeskanzleramt. Berlin: Freie Universität Berlin - Forschungsstelle Sozialökonomik der Arbeit.

TANNENBAUM, R. & SCHMIDT, W. H. (1958): How to choose a leadership pattern. In: Harvard Business Review, **36**(2), 95–101.

TASSEIT, S. (1992): Anomie und Alkoholismus in Ostdeutschland. In: MEYER, H., Hg., Soziologen-Tag Leipzig 1991. Soziologie in Deutschland und die Transformation großer gesellschaftlicher Systeme, 1328–1341. Berlin: Akademie Verlag.

TAYLOR, C. (1993): Aneinander vorbei: Die Debatte zwischen Liberalismus und Kommunitarismus. In: HONNETH, A., Hg., Kommunitarismus: Eine Debatte über die moralischen Grundlagen moderner Gesellschaften, 103–130. Frankfurt am Main: Campus.

THOMAS, A. (1992): Grundriß der Sozialpsychologie. Bd. 2: Individuum - Gruppe - Gesellschaft. Göttingen.

TÜRCKE, C. (1994): Wo Charisma schwindet, ist die Perspektivlosigkeit besiegelt und aller Tage Abend. Die Zeit, (23), Juni.

TUSCHLING, B. (1978): Die offene und die abstrakte Gesellschaft. Berlin: Argument Verlag.

TYRELL, H. (1987): Romantische Liebe — Überlegungen zu ihrer „quantitativen Bestimmtheit“. In: BAECKER, D. ET AL., Hg., Theorie als Passion, 570–599. Frankfurt am Main: Suhrkamp.

UHRLAU, E. (1994): Gibt es neue „Aufschaukelungs“-Phänomene zwischen dem Links- und Rechtsextremismus? In: HEITMEYER, W., Hg., Das Gewalt-Dilemma, 435–452. Frankfurt am Main: edition suhrkamp.

ULRICH, J. G. (1990): Selbstkonzept und berufliche Orientierung von Unternehmen. Eine psychologische Analyse nigerianischer Händler und Produzenten unter Berücksichtigung entwicklungspolitischer Aspekte. Fuchsstadt: Wilfer.

VICKERS, W. T. (1976): Cultural adaptation to amazonian habitats: the Seona-Secoya of Eastern Ecuador. Michigan: Ann Arbor. dissertation, University of Florida.

VOLK, H. (1993): Angst vor Fehlern — eine wirkungsvolle Innovationsbremse. In: Zeitschrift für Führung und Organisation, **6**, 429–431.

VOLLMER, G. R. (1991): Ursachen von Erfolg und Mißerfolg im Betrieb. Heidelberg: Sauer.

VROOM, V. H. (1964): Work and Motivation. New York et. al.: John Wiley and Sons, Inc.

WAGENER, H. J. (1991): Einleitung. In: WAGENER, H. J., Hg., Anpassung durch Wandel — Evolution und Transformation von Wirtschaftssystemen, 7–16. Berlin: Duncker & Humblot.

WAGNER, D. & GRAWERT, A. (1989): Motivationstheoretische Aspekte der Individualisierung von Anreizsystemen. In: DRUMM, H. J., Hg., Individualisierung der Personalwirtschaft: Grundlagen, Lösungsansätze und Grenzen, 97–108. Bern, Stuttgart: Paul Haupt.

WAGNER, P. (1993): A sociology of modernity — liberty and discipline. London: Routledge.

WALZER, M. (1993): Die kommunitaristische Kritik am Liberalismus. In: HONNETH, A., Hg., Kommunitarismus: Eine Debatte über die moralischen Grundlagen moderner Gesellschaften, 157–180. Frankfurt am Main: Campus.

WARNECKE, H.-J. (1992): Die Fraktale Fabrik. Revolution der Unternehmenskultur. Berlin u. a.: Springer.

WATZLAWICK, P. (1977): Die Möglichkeit des Andersseins. Zur Technik der therapeutischen Kommunikation. Bern u. a.: Huber.

WATZLAWICK, P. (1992): Wie wirklich ist die Wirklichkeit? 20. Aufl., München: Piper.

WATZLAWICK, P., BEAVIN, J. H. & JACKSON, D. D. (1990): Menschliche Kommunikation. Formen, Störungen, Paradoxien. 8. Aufl., Bern u. a.: Huber.

WEBER, M. (1980): Wirtschaft und Gesellschaft. Grundriß der verstehenden Soziologie. Villingen: J. C. B. Mohr.

WEISS, J. (1993): Vernunft und Vernichtung. Darmstadt: Westdeutscher Verlag.

WEICK, K. E. (1979): Cognitive processes in organizations. In: Research in Organizational Behavior, **1**, 41–74.

WESTLE, B. (1992): Strukturen nationaler Identität in Ost- und Westdeutschland. In: Kölner Zeitschrift für Soziologie und Sozialpsychologie, **44**(3), 461–488.

WICHERT, E. (1945): Die Jeromin Kinder. Berlin: Zinnen-Verlag.

WILDEMANN, H. (1992): Gestaltungsaspekte indirekter Funktionen in Fertigungssegmenten: Die Bestimmung des Autonomiegrades. In: Die Betriebswirtschaft, **52**(6), 777–792.

WILLIAMSON, O. E. (1991): Comparative economic organization: The analysis of discrete structural alternatives. In: Administrative Science Quaterly, **36**, 269–296.

WITTE, E. (1989): Sozialpsychologie. München.

WUNDERER, R. (1985): Zusammenarbeit zwischen Organisationseinheiten. In: PROBST, G. J. B. & SIEGWART, H., Hg., Integriertes Management. Bausteine des systemorientierten Managements, 509–527. Bern und Stuttgart.

WUNDERER, R. (1992): Managing the boss - „Führung von unten". In: Zeitschrift für Personalforschung, **6**(3), 287–311.

WUNDERER, R. & GRUNWALD, W. (1980): Führungslehre. Kooperative Führung, Bd. 2. Berlin, New York.

YAWATA, Y. (1994): Persönliche Mitteilungen in Tokyo im August.

ZAPF, W. (1994): Staat, Sicherheit und Individualisierung. In: BECK, U. & BECK-GERNSHEIM, E., Hg., Riskante Freiheiten. Individualisierung in modernen Gesellschaften, 296–304. Frankfurt am Main: edition suhrkamp.

ZÖLLER, M. (1988): Einführung. In: ZÖLLER, M., Hg., Der Preis der Freiheit. Grundlagen, aktuelle Gefährdungen und Chancen der offenen Gesellschaft, 11–17. Köln: Hanns Martin Schleyer-Stiftung.

ZÖLLER, M. (1993): Entchristlichung oder Entkirchlichung? Das ganz andere Amerika: Soziale Formen moderner Religion. In: HILTERHAUS, F. & ZÖLLER, M., Hg., Kirche als Heilsgemeinschaft — Staat als Rechtsgemeinschaft: Welche Bindungen akzeptiert das moderne Bewußtsein?, 185–195. Köln: Hanns Martin Schleyer-Stiftung.

Sachwortverzeichnis